2015年4月28日,陕西省方言语音档案建档试点工作培训会召开。

2016年3月31日,陕西省方言语音建档工作培训会召开。

2016年3月31日,陕西师范大学语言资源开发研究中心主任、博士生导师、教育部长江学者特聘教授邢向东为建档区县工作人员做业务培训和指导。

2016年8月25日,陕西省方言语音建档工作推进会召开。

2017年5月26日，陕西省方言语音建档工作会在西安召开。

2017年8月27日，《陕西方言集成》大纲研讨会在陕西省档案局召开。

2019年7月,方言建档团队在录制现场合影。从左到右依次是镇巴县档案馆副馆长陈洪斌,发音人李章富、蒋德忠,方言调查人陕西理工大学人文学院副教授张璐。

2019年7月24日,镇巴发音人蒋德忠(右一)、李章富(右二)和摄录团队在录制现场整理调查材料。

陕西方言集成

汉中卷

王建领 主编

2022年·北京

图书在版编目（CIP）数据

陕西方言集成. 汉中卷/王建领主编. —北京：商务印书馆，2022
ISBN 978-7-100-21000-3

Ⅰ.①陕… Ⅱ.①王… Ⅲ.①西北方言—汇编—陕西 ②西北方言—汇编—汉中 Ⅳ.①H172.2

中国版本图书馆 CIP 数据核字（2022）第 057807 号

权利保留，侵权必究。

陕西方言集成
（汉中卷）
王建领 主编

商 务 印 书 馆 出 版
（北京王府井大街36号　邮政编码100710）
商 务 印 书 馆 发 行
北京顶佳世纪印刷有限公司印刷
ISBN 978-7-100-21000-3

2022年10月第1版　　开本 787×1092　1/16
2022年10月北京第1次印刷　印张 40½
定价：218.00 元

《陕西方言集成》编委会

主　任：王建领

编　委：赵万吉　邢向东　申　虹　柯西钢　解华波
　　　　　郑惠姿　崔　林　齐周怀　康亚民　白宏民
　　　　　王美丽　李庆锋　刘竹梅　孙启祥　邱志华
　　　　　阮景霞　韩少兵　刘围星　汪明哲

《陕西方言集成》编辑部

主　　编：王建领
副 主 编：柯西钢　赵万吉　刘围星　汪明哲
资料统筹：王　辉　徐　方

陕西省方言语音建档首席专家

邢向东

陕西省方言语音建档普通话语音首席专家

申　虹

本卷编纂

柯西钢　张　璐

序 一

语言是人类交际的情感纽带,是人类交流的主要工具,人类文明进化正是借助语言的功能,才得以留存、传承。作为人类繁衍进化的产物,不同的民族会有不同的语言,而同一民族,也会因特定地域而产生特有的乡音,如汉语方言;又会因特定族群而产生独特的族语,如客家话。这些不同的语言一旦形成统一标码的声音指令,就会以其强大的社会性反作用于社会,成为一个民族的主要特征,成为别样文明鲜活的特性,成为多彩文化鲜明的特色,这种差异和多元,正是文明生命力的象征和标志。

文化自信,我们底气从何而来?来自上下五千年不间断的中华文明,来自中华大地上留存的遗迹、陈列的文物、书写在典籍中的文字,来自流布在民间的民俗、存活在口头上的语言。也就是说,文明并不抽象,而是具体真实的存在;文化也并不高冷,而是近在眼前,就在自己的日常生活和言谈举止中。身为国家非物质文化遗产"陕北民谚"传承人,我长期研究方言发现,九州方言千差万别,但都有小众群体、大众格局的共性。如信天游"一十三省的女娃子,数上蓝花花好","一十三省"并非简单的数字,而是全中国、普天下之义,这来源于元明两朝中国均十三行省的建制,可以说听见方言,就听见了古代。陕北民谚"米脂婆姨绥德汉,清涧石板瓦窑堡炭",这"婆姨"二字是印度语,是佛教女居士之梵文音译,因武则天借礼佛登基,上有所好,下必盛也,逢男多优婆塞,逢女多优婆夷(唐《敦煌变文集·金刚般若波罗蜜经讲经文》),"婆姨"借此而进入语言,又因唐武宗灭佛而淡出人们的视线。感谢陕北方言存活下"婆姨"这一词汇,也就保留下了中华文明的一抹色彩,从中我们可以看到佛教在华的传播、兴衰过程,看到中华文明的构建过程。即使众多方言中作为叹词普遍使用、人们又难于启齿的"毬"字,其实与粗口脏话无关,它是人类生殖崇拜文明留存下来的语言图腾,让我们能打通时空隧道,了解人类文明进化的心路历程。党的十九大特别强调中华优秀传统文化的传承发展,中共中央办公厅 2017 年还专门下发 5 号文件,提出实施意见,这里语言资源保护利用当为关键。

汉语作为世界第一大语种,这是中华民族的骄傲,也是中国对人类文明的特殊贡献。但中国作为崇尚大一统的国度，一直有"语同音"的冲动，周有"雅言"，两汉有《释名》《说文》，三国两晋南北朝有《声类》《韵集》《玉篇》，隋有《切韵》，唐有《唐韵》，宋有《广韵》，明有官话，今有普通话，在秦始皇书同文、车同轨、统一度量衡两千多年后的今天，普通话在强力吞噬方言阵地。好在汉语一统天下与方言碎片化分布并存状态还未彻底改变，而方言的这种多点多元，折射的正是中华文明的多姿多彩。汉语作为中华文明的名片，灿若星河的唐诗宋词，妙为仙幻的书法金石，美若天籁的京剧、昆曲、信天游等戏剧、曲艺、民歌，成为中国给世界的一大惊喜，所以珍惜祖先文化遗产，传承发展汉语语言文化，不仅应成为传承中华文明基因的一种自发，更应成为一种文化安全的自觉。

面对全球化、城镇化、现代化的裹挟，在大数据时代的今天，从世界范围来讲，弱势语言让位给强势语言，已成为不可逆转的趋势；从中国来讲，方言生态环境被严重破坏，保护方言迫在眉睫。推广普通话绝不能与保护方言对立，更不等于要消灭方言。好在现代科技的发展，音频、视频的普及，《诗经》十五国风民歌总集有文无音的遗憾不会再出现。档案局（馆）作为守护历史、传承文明的职能部门，为方言建档、留住祖先的声音，让后人知道我们怎样或曾经怎样说话，是档案人义不容辞的历史使命。

陕西地处中国东西坐标轴、南北自然气候分界线、长江黄河分水岭，集中国大地原点、北京时间标点、中华文明始点、丝绸之路起点于一处，是中华民族的精神高地、文化福地、资源宝地。三秦大地三个文化圈，语言文化承东启西、南腔北调、说古话今、风情万种，自有其丰富且独特的风韵，保存、展示、开发利用地方方言，就是弘扬优秀传统文化、宣传陕西的有声行动。中国艺术研究院音乐研究所所长田青先生，在为王六著《留住祖先的声音——陕北方言成语3000条》一书序中说，方言是世界上最美的音乐，是一个人来到这个世界最先听到的声音，也是离开这个世界时最后呢喃的声音。方言是有感情、有温度的，唐代大诗人贺知章"少小离家老大回，乡音无改鬓毛衰"的千古绝唱，不知让多少人唏嘘不已，早已成为中国人难以释怀的永远乡愁。

陕西省政府审时度势，2016年由省政府办公厅行文下发了《关于支持开展方言语音建档工作的通知》，陕西省档案局（馆）组织全省各级国家档案馆，举全省档案部门之力，在各县区政府特别是财政、文化、教育、广电等部门的支持下，在方言、普通话专家的学术指导下，历时三年，将此时——公元2017年，此地——陕西省107县区，此人——生于斯、长于斯的陕人方言取样存照，完成了陕西省以县（区）为单元的方言语音建档工作，为扩大宣传利用效果，现将已形成的1000多G方言语音建档音频、文本档案汇总，形成750多万字，300G音频，既能看又能听的《陕西方言集成》丛书，将由商务印书馆正式出版发行。全书共分西安、宝鸡、咸阳、铜川杨陵韩城、渭南、延安、榆林、安康、汉中、商洛十卷，每卷以县（区）分为不同单元，各县（区）除以县城为定点采录方言音频、视频外，还增设如西安回民坊方言、陕南一些外来语孤岛布点，从总论、语音、语法、词汇方面立体展示了陕西地域方言风貌，还通过对以方言为载体的民间歌舞、戏剧、曲艺的经典记录，展现了陕西丰富个性的文化魅力。作为奉献给三秦父老乡亲的一份厚礼，《陕西方言集成》不但对地方语言保护、陕西非物质文化遗产保护意义重大，还将对普通话推广、语言规范化服务发挥积极作用。当然，作为创新性工作，难免出现缺点、失误，虚心接受社会各方建议、意见，当是至盼。

中华优秀传统文化的传承发展，离不开与文化相互依赖、相互影响的语言，方言作为汉语的独特表现形式，在语言文化、语言学中地位独特。放在中华五千年文明谱系中考量，中国人从哪里来、到哪里去，方言就是基因密码；寻找中华文明内涵特质和价值取向，方言就是文化解码。用中国话讲好中国故事，不仅意义重大，而且十分紧迫。回顾方言语音建档，一些地方寻找正宗发音人已十分困难、颇费周折，一些非物质文化遗产传承人更是以个位计，可以说抢救性保留方言，时不我待。而保留下方言，就等于保留下了打开中华文明奥妙之门的钥匙，从这个意义上讲，《陕西方言集成》的出版发行，是档案人为历史负责、为社会负责、为民族负责的担当，是档案服务大局、服务陕西、服务民生的可喜成果，故感而为序。

王建领

2017 年 10 月于西安

序　二

方言及其所承载的地域文化是国家重要的语言资源，是中华民族优秀传统文化的根脉。然而在城市化进程日益加快、共同语的影响与日俱增的当下，方言却在呈加速度地大量消亡。在此形势下，国家有关部门于 2015 年开始实施 "中国语言资源保护工程"（简称 "语保工程"）。

面对语言资源迅速消失、地方文化日渐衰微的严峻情势，陕西省档案局高瞻远瞩，积极应对，与 "语保工程" 同步开展了 "陕西方言语音建档" 工作。这是在共时平面上一次性地将境内的方言记录、保存下来的大工程。和 "语保工程" 一样，是一项功在当代、利在千秋的事业。《陕西方言集成》就是陕西方言语音建档的阶段性成果。

陕西省档案局在 2015 年发布《关于开展陕西方言语音档案建档工作的通知》，在全省启动陕西方言语音建档工作。2016 年 3 月陕西省政府办公厅发出《关于支持开展方言语音建档工作的通知》，省档案局随后发布《关于开展方言语音建档工作的实施意见》，方言语音建档工作遂正式展开。目前，全省绝大多数方言语音建档成果已通过验收，方言建档任务已基本完成。

一、陕西省汉语方言及其分布

陕西省的汉语方言包括晋语、中原官话、西南官话、江淮官话以及少量赣语、客家话方言岛。

（一）晋语

晋语指 "山西及其毗连地区有入声的方言"。陕西晋语分布在陕北榆林市、延安市的 19 个县、市，分属五台片、吕梁片、大包片、志延片。

五台片包括 7 个县、市：府谷县、神木市、靖边县、米脂县、绥德县、子洲县、子长县。

吕梁片汾州小片包括黄河沿岸的 4 个县：佳县、吴堡县、清涧县、延川县。

大包片包括2个区：榆林市榆阳区、横山区。

志延片包括延安市6个区、县：宝塔区、志丹县、吴起县、安塞县、延长县、甘泉县。

（二）中原官话

陕西境内的中原官话分别属于汾河片、关中片、秦陇片和南鲁片。分布在71个县、市、区。

汾河片解州小片包括4个县、市：宜川县、韩城市、合阳县、大荔县。

关中片包括关中、陕北、陕南的46个县、市、区：西安市临潼区、阎良区、长安区、高陵区、蓝田县、鄠邑区、周至县，铜川市王益区、印台区、耀州区、宜君县，咸阳市秦都区、渭城区、礼泉县、泾阳县、永寿县、淳化县、三原县、彬县、兴平市、乾县、旬邑县、武功县，延安市洛川县、黄陵县、黄龙县，渭南市临渭区、蒲城县、白水县、华阴市、澄城县、华州区、富平县、潼关县，安康市汉滨区（部分）、旬阳县（县城及部分）、白河县（县城及部分）、平利县（县城、老县镇、大贵镇等），商洛市商州区、洛南县、山阳县（县城及部分）、丹凤县（县城及南部）、镇安县（县城及东部），汉中市洋县、西乡县（部分乡镇）、城固县（部分城镇）。

秦陇片分布在20个县、市、区：宝鸡市渭滨区、金台区、陈仓区、岐山县、凤翔县、扶风县、千阳县、麟游县、眉县、陇县、太白县、凤县，汉中市汉台区（北关、西关）、勉县、略阳县、南郑区（县城及北部）、宁强县（北部），咸阳市长武县，延安市富县，榆林市定边县。

南鲁片分布在商洛市的商南县。

（三）西南官话

陕西的西南官话分别属于川黔片陕南小片和湖广片鄂北小片，分布在汉中市和安康市。

川黔片陕南小片，分布在16个县、市、区：汉中市汉台区（东关、南关）、佛坪县、留坝县、镇巴县、宁强县（县城及南部）、南郑区（南部）、西乡县（西南部）、城固县（二里镇、大盘乡）、勉县（漆树坝乡、小河庙乡）、略阳县，安康市宁陕县、石泉县、汉阴县、岚皋县、紫阳县、镇坪县。

湖广片鄂北小片，分布在安康市白河县和平利县。

（四）江淮官话

陕西省的江淮官话属于竹柞片，主要分布在6个县、区：商洛市柞水县、镇安县

（西部）、安康市汉滨区（部分）、旬阳县（部分）、白河县（部分）、平利县（部分）。这6个县、区与湖北竹山、竹溪的江淮官话连成一片。此外，还包括商洛市商州区、山阳县、商南县、丹凤县，安康市宁陕县、镇坪县、岚皋县、紫阳县的少数乡镇。

（五）赣语

陕南的赣语方言有两片和两个方言岛，分布在商洛市、安康市东部山区的5个县、市。商洛市商南县、丹凤县赣语方言，涉及2县25个乡镇；山阳南部赣语方言，分布在商洛市山阳县鹤岭以南的山区；商洛市镇安县木王赣语方言岛；安康市汉滨区牛蹄赣语方言岛。

（六）客家话方言岛

陕南的客家话方言岛全部分布在商洛市境内。包括商州区黑龙口镇罗湾、刘村、铁炉子，三岔河镇闫坪、大水岔，杨斜镇川明、平安，砚池河镇西联，北宽坪镇广东坪；柞水县红岩寺镇蓝家湾，瓦房口镇西北沟、颜家庄，杏坪镇肖台，镇安县灵龙镇安乐村。

二、陕西方言语音建档的调查点和内容

（一）调查点

方言语音建档实施方案规定，在全省107个市、区、县中，除了西安市城区以外，全部区、县级行政单位均要开展方言语音建档工作。在区、县范围内，可以根据方言实际情况设置多个调查点。

在语音建档培训会和推进会上，项目首席专家强调，要以保证每个区、县代表点的质量为首要任务，其次可以根据方言的实际情况和经费增加调查点。代表点必须完成所有规定的项目内容，其他点则可灵活安排，以完成音系和单字音为最低要求。

从验收情况看，方言复杂的区、县设置多个调查点的比较多，其内容和质量均达到了要求。如榆林市：米脂2个点，横山2个点，靖边3个点，子洲2个点；商洛市：山阳3个点，宁陕2个点；安康市：平利3个点，白河2个点；汉中市：宁强2个点。

（二）建档内容

陕西方言语音建档的所有内容均同时要求提供纸笔调查成果和音频、视频文件。

实施过程分两个阶段：首先在全省选择10个县进行试点，对调查内容、纸笔调查规范、摄录标准规范、工作量等进行测试、评估。试点结束后，档案局方言语音建档领导小组会同首席专家对试点情况进行评估,最终确定《陕西方言语音建档实施方案》,进一步明确调查内容、摄录标准和工作流程。2016年3月进入正式实施阶段。

正式发布的调查、摄录内容包括规定文本和自选文本两部分:

1. 规定文本

(1) 音系调查表(同"语保工程");(2) 单字表(1000字,同"语保工程");(3) 连读调调查表(可不入档);(4) 词汇表(1200词,同"语保工程");(5) 语法表(《汉语方言词汇调查手册》语法部分);(6) 故事:《北风和太阳》。

在规定文本中,音系、单字、词汇的调查表与"语保工程"一致,主要出于两种考虑:第一,两项工程尽管行为主体不同,但工程性质和建设目标相同;第二,"语保工程"的方言调查表,是经过千锤百炼才投入正式使用的,且已正式出版,全国共享。另搞一套,既浪费资源,又很难达到同样的水平。

2. 自选文本

(1) 自选词汇(300~500条,分类同规定词汇,须解释);(2) 地方文化,包括谚语、歇后语、山曲、酒曲、民谣、地方戏曲(唱段)等。

实施办法规定,自选词汇必须由方言专家和当地发音人、档案局有关人员共同讨论后制定。现在看起来,这部分内容相当充实,大部分区、县都达到了500条的上限。方言文化的内容更是丰富多样,真实地记录了许多鲜活生动的地方文化现象。

三、建设目标和实施过程

(一) 建设目标

方言语音建档在实施伊始,就确立了明确的建设目标。这就是:着眼于档案服务地方经济文化建设,打造档案文化品牌。在这个目标下,确定了相应的工作原则。

(二) 工作原则和理念

1. 工作原则:体现特色,突出重点,科学操作,建立体系。区、县设点首先要突出代表点。全心全意依靠专家。首席专家负责方言专业内容、标准的制定和解释,各区、县必须聘请方言专家开展调查。首席专家还向各市推荐了方言专家名单。要求必须采用国际音标注音,保证建档的科学性、专业性、系统性。

2. 工作理念:"解密陕西方言密码,全面保存陕西记忆。"这是陕西省档案局局长王建领先生提出的口号。方言语音建档中强调方言的文化属性和文化特质,把方言作为地方文化的承载体和非物质文化资源加以保存。强调记录各地方言中储存的地方文化信息和印记。

（三）实施步骤

1. 动员、部署、培训与推进：档案局先后召开数次专题工作会议，动员和部署、推进方言语音建档工作。同时分省、市（部分市）两级开展专业培训。解读《实施方案》和《细化标准》，具体讲解方言调查方法和纸笔调查同音频、视频摄录的衔接。有的市档案局还邀请首席专家进行区、县有关人员的培训，并与当地方言专家进行直接对接，效果良好。

2. 过程指导：首席专家与大多数调查团队、摄录团队保持联系，随时就记音、语料整理、字幕处理、摄录标准与规范等进行沟通。

3. 预验收：由陕西师范大学语言资源开发研究中心组织专业团队进行。验收后向有关区、县反馈整改意见，同时向各区、县发布预验收中发现的普遍问题，提醒注意。

4. 正式验收：由陕西师范大学语言资源开发研究中心组织专业团队实施。对于通过验收的区、县，反馈整改意见，限期完成整改，合格后档案入库。未达到标准的不予验收。

四、方言语音建档的专业团队

方言语音建档是专业化要求很高的工作，陕西省档案局在一开始就对这一工作的专业性提出了要求。并聘请本人担任首席专家，参与制定实施方案。调查内容基本上由首席专家来确定。

（一）专家队伍

由首席专家向各区、县推荐方言专家名单。文件规定各区、县必须由方言专家和档案局工作人员组成课题组，建档中的专业问题完全由专家负责。事实上，有95%以上的区、县聘用了方言专业人员，绝大多数聘任的是推荐名单上的专家。

在项目的实施过程中，陕西师范大学语言资源开发研究中心发挥了重要的作用，体现了陕西高校哲学社会科学重点研究基地"服务社会"的宗旨。实验师韩夏担任方言语音建档技术顾问。韩夏实验师、孙建华博士后以及西安工业大学贺雪梅、西安石油大学徐朋彪等参加了验收工作。

（二）摄录团队

音频、视频的摄录是方言语音建档的重要环节。陕西省档案局在项目实施中，灵活安排摄录团队，既有一家合作的专业公司，又不硬性规定摄录团队，而是由各市、区、县乃至方言专家自行选择摄录团队。档案局层面主要负责专业标准的掌握和验收。

首席专家多次就摄录中的标准、规范和有关问题的处理与有关摄录团队交换意见。这样的安排，既避免了摄录档期的限制和"纸笔调查为摄录团队打工"的尴尬局面，又保证了摄录质量。

（三）方言工作者在语保工作中的作用

在陕西省的语言资源保护工作中，方言工作者发挥了巨大的作用。2015年以来，全省约有50位语言学者、博士后、博士生投身到"语保工程"中，在两条战线、三个方面开展工作。

第一，语保工程，包括两项工作。一是一般方言调查，陕西省共设30个点，已立项调查21个，2018年度将有9个调查点。二是濒危方言调查，2016年度立项4个点。此外，黑维强、周政和本人三位学者入选"语保工程"核心专家组。

第二，陕西方言语音建档，涉及近100个区、县。几乎所有的方言学者都动员起来，投入了此项工程。

因此，两年多来，陕西省方言工作者投入语保工作的力量是空前的。大家本着为国家战略服务、为社会服务的宗旨，抱持为后人留下珍贵的方言文化记录的态度，以极大的工作热忱和高度的责任感，为陕西省的语言资源保护做出了最大的努力。语保工作中留下的许多感人故事和语保人的哭哭笑笑，至今想起来还令人感叹唏嘘。两个"语保工程"，既使陕西省方言学者的调查能力和研究水平得到了提高，培养了一批新人，也显示了我省方言学者，尤其是青年学者的高度责任心、良好素质和空前的团结。

五、《陕西方言集成》

陕西省档案局在确保方言语音建档工作按期完成的同时，也在研究如何将建档成果展示出来，让它们在当代就发挥应有的社会作用，将"利在当代"落在实处。由此，2017年度又启动了《陕西方言集成》项目。组成了以王建领局长任主编的编委会，聘请陕西师范大学语言资源开发研究中心副主任柯西钢领衔，选拔了十几位参加方言语音建档和语保工程、成绩突出的年轻学者，组成精干的编写团队。西钢精力充沛，富有合作精神，立即进入工作状态。编写启动会暨大纲讨论会于8月底召开，档案局领导、省内的方言学家和全体编辑人员出席。会议就《集成》的内容、体例进行了深入讨论，达成了一致的意见。

编写体例上，《集成》以地、市为单位，汇集各区、县的方言语音建档纸笔调查成果，每个县、区自成单元，每个地、市为一卷，共包括十大卷。每个代表点的内容包括：音系及其说明，连读变调，单字音表，分类词汇表（规定部分），自选词汇表，语法例句，口头文化。同一个区、县内有两个以上调查点的，则根据调查情况灵活安排，

至少包括音系及其说明，单字音表，分类词汇表（规定部分）。《集成》将是有史以来陕西方言语音、词汇、语法、口头文化最系统、全面的调查成果。

在大纲讨论会上，大家一致认为，《集成》要在方言语音建档成果的基础上，对调查材料做进一步的提高和补充，在水平上力求超越存档的部分。因此，《集成》的编写是将方言语音建档工作水平进一步提高的重要举措，也是对方言语音建档成果的检验。

经过半年多来的紧张工作，现在《集成》就要陆续出版了。我们怀着敬畏和真诚的心情，期待来自广大读者和专业工作者的意见。同时，作为陕西方言语音建档的首席专家，我想把崇高的敬意，献给为保护方言文化资源奔走呼号、身体力行的王建领先生，献给为保护语言资源做出卓越贡献的陕西语保人；把最醇厚的感情，献给陕西这片孕育了多姿多彩的方言文化的厚土。

邢向东

2017 年 12 月 31 日

目 录

凡　例 ·· i
《陕西方言集成》（汉中卷）调查人 ······································ iii
汉中市人文地理概况 ·· iv
汉中市语言特点综述 ·· vi

汉台区篇

第一章　总　论 ·· 2
　　第一节　人文地理、历史沿革、人口概况 ······························ 2
　　第二节　方言归属与内部差异 ·· 2
　　第三节　发音人和调查人概况 ·· 3
第二章　语　音 ·· 5
　　第一节　声　母 ·· 5
　　第二节　韵　母 ·· 5
　　第三节　单字调 ·· 6
　　第四节　连读变调 ··· 6
　　第五节　单　字 ·· 7
第三章　词　汇 ·· 16
　　第一节　规定词汇 ··· 16
　　第二节　自选词汇 ··· 38
第四章　语法与口头文化 ·· 44
　　第一节　语法例句 ··· 44
　　第二节　北风和太阳 ··· 50
　　第三节　口头文化 ··· 51

i

汉台区东关篇

第一章 语音 ··· 56
 第一节 声　母 ··· 56
 第二节 韵　母 ··· 56
 第三节 单字调 ··· 57
 第四节 单　字 ··· 57

勉县篇

第一章　总　论 ··· 68
 第一节　人文地理、历史沿革、人口概况 ······················· 68
 第二节　方言归属与内部差异 ································· 69
 第三节　发音人和调查人概况 ································· 69

第二章 语　音 ··· 71
 第一节 声　母 ··· 71
 第二节 韵　母 ··· 71
 第三节 单字调 ··· 72
 第四节 连读变调 ··· 72
 第五节 单　字 ··· 73

第三章 词　汇 ··· 81
 第一节 规定词汇 ··· 81
 第二节 自选词汇 ··· 105

第四章 语法与口头文化 ····································· 112
 第一节 语法例句 ··· 112
 第二节 北风和太阳 ··· 118
 第三节 口头文化 ··· 119

南郑区篇

第一章　总　论 ··· 128
 第一节　人文地理、历史沿革、人口概况 ······················· 128
 第二节　方言归属与内部差异 ································· 129
 第三节　发音人和调查人概况 ································· 129

第二章　语　音 …………………………………………………… 131
　　第一节　声　母 ………………………………………………… 131
　　第二节　韵　母 ………………………………………………… 131
　　第三节　单字调 ………………………………………………… 132
　　第四节　连读变调 ……………………………………………… 132
　　第五节　单　字 ………………………………………………… 133
第三章　词　汇 …………………………………………………… 141
　　第一节　规定词汇 ……………………………………………… 141
　　第二节　自选词汇 ……………………………………………… 163
第四章　语法与口头文化 ………………………………………… 169
　　第一节　语法例句 ……………………………………………… 169
　　第二节　北风和太阳 …………………………………………… 175
　　第三节　口头文化 ……………………………………………… 176

西乡县篇

第一章　总　论 …………………………………………………… 180
　　第一节　人文地理、历史沿革、人口概况 …………………… 180
　　第二节　方言归属与内部差异 ………………………………… 181
　　第三节　发音人和调查人概况 ………………………………… 181
第二章　语　音 …………………………………………………… 183
　　第一节　声　母 ………………………………………………… 183
　　第二节　韵　母 ………………………………………………… 183
　　第三节　单字调 ………………………………………………… 184
　　第四节　连读变调 ……………………………………………… 184
　　第五节　单　字 ………………………………………………… 185
第三章　词　汇 …………………………………………………… 194
　　第一节　规定词汇 ……………………………………………… 194
　　第二节　自选词汇 ……………………………………………… 199
第四章　语法与口头文化 ………………………………………… 206
　　第一节　语法例句 ……………………………………………… 206
　　第二节　北风和太阳 …………………………………………… 212
　　第三节　口头文化 ……………………………………………… 213

略阳县篇

第一章　总　论 ··········216
　　第一节　人文地理、历史沿革、人口概况 ··········216
　　第二节　方言归属和内部差异 ··········216
　　第三节　发音人和调查人概况 ··········217
第二章　语　音 ··········219
　　第一节　声　母 ··········219
　　第二节　韵　母 ··········219
　　第三节　单字调 ··········220
　　第四节　连读变调 ··········220
　　第五节　单　字 ··········220
第三章　词　汇 ··········229
　　第一节　规定词汇 ··········229
　　第二节　自选词汇 ··········252
第四章　语法与口头文化 ··········260
　　第一节　语法例句 ··········260
　　第二节　北风和太阳 ··········266
　　第三节　口头文化 ··········267

宁强县篇

第一章　总　论 ··········274
　　第一节　人文地理、历史沿革、人口概况 ··········274
　　第二节　方言归属和内部差异 ··········275
　　第三节　发音人和调查人概况 ··········275
第二章　语　音 ··········277
　　第一节　声　母 ··········277
　　第二节　韵　母 ··········277
　　第三节　单字调 ··········278
　　第四节　连读变调 ··········278
　　第五节　单　字 ··········279
第三章　词　汇 ··········287
　　第一节　规定词汇 ··········287

　　　　第二节　自选词汇 310

第四章　语法与口头文化 318
　　　　第一节　语法例句 318
　　　　第二节　北风和太阳 324
　　　　第三节　口头文化 325

洋县篇

第一章　总　　论 332
　　　　第一节　人文地理、历史沿革、人口概况 332
　　　　第二节　方言归属和内部差异 333
　　　　第三节　发音人和调查人概况 333

第二章　语　　音 335
　　　　第一节　声　　母 335
　　　　第二节　韵　　母 335
　　　　第三节　单字调 336
　　　　第四节　连读变调 336
　　　　第五节　单　　字 337

第三章　词　　汇 346
　　　　第一节　规定词汇 346
　　　　第二节　自选词汇 370

第四章　语法与口头文化 378
　　　　第一节　语法例句 378
　　　　第二节　北风和太阳 384
　　　　第三节　口头文化 385

留坝县篇

第一章　总　　论 390
　　　　第一节　人文地理、历史沿革、人口概况 390
　　　　第二节　方言归属与内部差异 391
　　　　第三节　发音人和调查人概况 391

第二章　语　　音 393
　　　　第一节　声　　母 393

　　第二节　韵　　母 ………………………………………………… 393
　　第三节　单字调 ………………………………………………… 394
　　第四节　连读变调 ……………………………………………… 394
　　第五节　单　　字 ……………………………………………… 395
第三章　词　汇 …………………………………………………………… 404
　　第一节　规定词汇 ……………………………………………… 404
　　第二节　自选词汇 ……………………………………………… 426
第四章　语法与口头文化 ………………………………………………… 433
　　第一节　语法例句 ……………………………………………… 433
　　第二节　北风和太阳 …………………………………………… 439
　　第三节　口头文化 ……………………………………………… 440

佛坪县篇

第一章　总　论 …………………………………………………………… 444
　　第一节　人文地理、历史沿革、人口概况 …………………… 444
　　第二节　方言归属与内部差异 ………………………………… 445
　　第三节　发音人和调查人概况 ………………………………… 446
第二章　语　音 …………………………………………………………… 448
　　第一节　声　　母 ……………………………………………… 448
　　第二节　韵　　母 ……………………………………………… 448
　　第三节　单字调 ………………………………………………… 449
　　第四节　连读变调 ……………………………………………… 449
　　第五节　单　　字 ……………………………………………… 450
第三章　词　汇 …………………………………………………………… 459
　　第一节　规定词汇 ……………………………………………… 459
　　第二节　自选词汇 ……………………………………………… 482
第四章　语法与口头文化 ………………………………………………… 489
　　第一节　语法例句 ……………………………………………… 489
　　第二节　北风和太阳 …………………………………………… 495
　　第三节　口头文化 ……………………………………………… 496

镇巴县篇

第一章　总　论 …………………………………………………………… 504

第一节　人文地理、历史沿革、人口概况 …………………… 504
   第二节　方言归属与内部差异 …………………………………… 505
   第三节　发音人和调查人概况 …………………………………… 505
第二章　语　音 …………………………………………………………… 507
   第一节　声　母 …………………………………………………… 507
   第二节　韵　母 …………………………………………………… 507
   第三节　单字调 …………………………………………………… 508
   第四节　连读变调 ………………………………………………… 508
   第五节　单　字 …………………………………………………… 508
第三章　词　汇 …………………………………………………………… 517
   第一节　规定词汇 ………………………………………………… 517
   第二节　自选词汇 ………………………………………………… 542
第四章　语法与口头文化 ………………………………………………… 550
   第一节　语法例句 ………………………………………………… 550
   第二节　北风和太阳 ……………………………………………… 556
   第三节　口头文化 ………………………………………………… 557

城固县篇

第一章　总　论 …………………………………………………………… 568
   第一节　人文地理、历史沿革、人口概况 …………………… 568
   第二节　方言归属和内部差异 …………………………………… 569
   第三节　发音人和调查人概况 …………………………………… 569
第二章　语　音 …………………………………………………………… 570
   第一节　声　母 …………………………………………………… 570
   第二节　韵　母 …………………………………………………… 570
   第三节　单字调 …………………………………………………… 571
   第四节　连读变调 ………………………………………………… 571
   第五节　单　字 …………………………………………………… 572
第三章　词　汇 …………………………………………………………… 580
   第一节　规定词汇 ………………………………………………… 580
第四章　语法与口头文化 ………………………………………………… 603
   第一节　语法例句 ………………………………………………… 603
   第二节　北风和太阳 ……………………………………………… 609

第三节　口头文化 …………………………………………………… 610

听书二维码 …………………………………………………………… 612
参考文献 ……………………………………………………………… 614
后　记 ………………………………………………………………… 615

凡　例

1. 《陕西方言集成》以市为单位，每市一卷（铜川、杨陵、韩城三市合列一卷），如《陕西方言集成》（宝鸡卷）。每卷内以县为单位分篇行文；一县一点的，只有一篇，如《陕西方言集成》（汉中卷）——"勉县篇"；一县多点的，除城关点外，其他点只保留"声母系统、韵母系统、单字调系统、单字"四部分，并另起篇单列，标题注明乡镇。如《陕西方言集成》（安康卷）——"白河城关篇""白河茅坪篇"。

2. 语音部分列出声韵调表，表后附例字，例字一般为 4 个，古今演变类型特殊的最多不超过 6 个。

3. 语音的"单字"部分，如出现一字多音的，读音之间用"/"隔开；如有文白新老异读对举的，统一用小一号字体的"（文）""（白）""（新）""（老）"注明，如：0270. 尾 Øi53（白）/vei53（文）。

4. 词汇部分按照条目、方言说法、标音三列的形式列出。方言说法有两种及以上的，根据词频排列顺序，用"/"隔开，如：

0001. 太阳　爷婆 Øiɛ24phɤ0/日头 Øər53thou0

5. 词汇的"规定词汇"部分共 1200 条，统一编码。词条按意义分类，如"天文、地理""人品、称谓"，每一类再按照小的义项分类排列，如"动作、行为"类又分列"具体动作""抽象动作""言语"。"自选词汇"部分各点词条数目不一，从 1201 开始编码；自选词汇一般也按词义分类，分类标准和规定词汇相同。

6. 语法部分的例句部分按照普通话、方言、音标分三栏排列。有自选例句的，分"规定例句""自选例句"两类。

7. 语法的"北风和太阳"部分先列原文，再将方言说法分句罗列，每句下列出标音。

8. 语法的"口头文化"部分不用国际音标标音，出现有音无字的，用"□"表示，部分后标国际音标，并用小字注释。

9. 词汇、语法部分出现连读变调的，只标连读调不标单字调；轻声调值标 0 或标实际调值（根据原调查结果）。

10. 词汇、语法部分的用字需要尊重已有研究成果，例如参照"语保工程"的常用字表；实在找不出本字的，用"□"表示，后注国际音标，不用同音字代替。

11. 文中国际音标统一用 IpapanNew 字体，送气符号用平行标注的 h，零声母用 Ø，卷舌央元音用 ər，合音用"[ ]"。

12. 注释一律用小一号字体，注释例词例句中的"～"代指本字。

13. 引用原文统一用页下注的形式注明出处，下注的格式为（例）：① 游汝杰. 汉语方言学教程［M］. 上海教育出版社，2004 年，第 100 页。

14. 陕西方言语音档案建档工作前期曾确定了十余个县、区为试点单位，试点县、区的调查内容、调查体例均与正式调查点不同，属于试点县、区的，我们在正文篇目标题处用脚注的形式注明。

15. 本丛书在编写过程中涉及音频与文本的对应问题时，为保持文本的一致性、系统性和科学性，我们只调整文本，不调整音频。少数二者不相符的地方，以文本为准。试点单位因调查内容等与其他点不同，音频亦和其他点不一致。

《陕西方言集成》（汉中卷）调查人

汉台区	李　丹	南郑区	李　丹
略阳县	张　璐	洋　县	张　璐
佛坪县	张　璐	城固县	陈立智
勉　县	张　璐	西乡县	张　璐
宁强县	张　璐	留坝县	李　丹
镇巴县	张　璐		

汉中市人文地理概况

　　汉中位于陕西省西南部，北依秦岭，南屏巴山，与甘肃、四川毗邻，中部为盆地，中国古代称为"江淮河汉"四大河流之一的汉江，流经汉中、安康和荆襄大地，汇入长江，成为长江最长、最大的支流。市域总面积2.72万平方公里，其中盆地占6%，浅山丘陵占36%，中高山区占58%。自古以来，汉中就是连接西北与西南、东南的通道和辐射川陕甘鄂的主要物资、信息集散地之一。汉中景色秀丽，气候温和、湿润，年平均气温14.3摄氏度，降雨量871.8毫米，素有西北"小江南"和"金瓯玉盆"之美称。1996年经国务院批准撤地改市。截至2019年6月，全市辖汉台区、南郑区、城固县、勉县、洋县、西乡县、宁强县、略阳县、镇巴县、留坝县、佛坪县11个县（区）。

　　汉中市自古被称为"天府之国""鱼米之乡"，有"汉家发祥地，中华聚宝盆"之美誉。早在商朝时期，这里就有了人类生息劳作的身影，在以后的历史中，汉中又一度成为兵家争战之地，如刘邦、诸葛亮等都以汉中作为军事基地。自公元前312年秦惠文王首置汉中郡，迄今已有2300多年的历史。公元前206年，汉王刘邦以汉中为发祥地，筑坛拜韩信为大将，明修栈道，暗度陈仓，逐鹿中原，平定三秦，统一天下，成就了汉室天下四百多年，自此，汉朝、汉人、汉族、汉语、汉文化等称谓就一脉相承至今。三国时期，汉中是魏、蜀两国兵戎相见的主战场，老将黄忠在汉中定军山下刀劈夏侯渊，骁将赵云汉水之滨大败曹军，刘备自立为汉中王；一代名相诸葛亮在汉中屯兵8年，度过了他一生最为呕心沥血的岁月，六出祁山，北伐曹魏，鞠躬尽瘁，最终归葬定军山下，其安息地武侯祠，被称为"天下第一武侯祠"。这里是丝绸之路开拓者张骞的故里、四大发明造纸术发明家蔡伦的封地和葬地。韩信、诸葛亮、曹操等帝王将相曾在这里建功立业，李白、杜甫、苏轼、陆游等伟大诗人曾探访、辗转或生活在这片土地上，并留下了瑰丽的墨迹诗章。

　　汉中资源富集，其生物、矿产、水能、旅游、军工企业五大资源在全省乃至全国具有重要位置，极具经济开发潜力。汉中生物资源丰富，被誉为"地球同一纬度生态环境最好的区域"，形成了植物南北共生的特点和生物种群的多样性，素有"生物资源宝库""天然物种基因库"之称。汉中旅游资源众多，著名的历史文化古迹有古汉台、拜将坛、张良庙、蔡伦墓、武侯墓、褒斜古栈道、石门十三品、灵崖寺摩崖石刻等；

自然景观有南湖、红寺湖、南沙河、天台山、午子山等 7 处省级风景名胜区。汉中也是川陕革命根据地的一部分，李先念、徐向前、徐海东等老一辈无产阶级革命家曾在这里生活和战斗过。①

---

① 根据汉中市人民政府网 2019 年 6 月 12 日发布汉中概况材料整理。

汉中市语言特点综述[①]

  汉中方言最显著的特点是多方言的叠置和混合。多种方言成分在不同地区以不同的形式混合在一起，混合叠置的成分及比重与地理位置、交通状况、移民分布密切相关。安康和汉中两市交界的西乡茶镇以西至汉中盆地一带方言混合了中原官话关中片和西南官话的特征；汉台区以西方言则主要以中原官话秦陇片和西南官话的特征为主。

  西乡（茶镇以西）、洋县、城固三个县的汉江河谷及秦岭驿道沿线地区方言保留着很多中原官话关中片的特征，例如：古泥来母字今均不混，古泥母字今读［n、ȵ］，古来母字今读［l］；西乡城关有唇齿塞擦音［pf、pfh、f］系统，如：中［pfəŋ］/出［pfhu］/树［fu］；洋县城关方言端透定母细音字都读［ts］组声母，如：点［tsian］/停［tshiŋ］/弟［tsi］；城固城关、洋县城关方言德陌麦韵开口一二等字与来自蟹止摄的合口字合流，今读复元音韵母［ei］，如：北［pei］/特［thei］/黑［xei］/格［kei］。

  勉县、南郑北部和宁强北部方言属中原官话秦陇片，语音特点表现为：臻曾梗通摄合口舒声字合流，读［uŋ、yŋ］，如勉县城关：顿［tuŋ］/存［tshuŋ］/军［tɕyŋ］/训［ɕyŋ］；深臻曾梗摄开口舒声字今读［ən、in］，如勉县城关：沉［tʂhən］/凳［tən］/亲［tɕhin］/领［lin］；古泥来母字洪混细分，泥来母洪音字读［l］，泥母细音字读［ȵ］，来母细音字读［l］，如宁强大安：南［lan］/路［lu］/尿［ȵuɛi］/料［luɛi］。

  上述两片方言也受到西南官话的影响，如去声字单字调都读西南官话的典型调值曲折调213，口语系统中也融入了大量川渝地区的代表词汇。

  汉台方言东西南北四关存在差异，大致分东关、南关和北关、西关两片。两片方言的性质和归属在方言学界尚存在争议：邢向东认为："东关南关古入声字全部读阳平，属西南官话；西关古清入次浊入字归阴平，全浊入归阳平，北关老派清入、次浊入字大多数归阴平，少数归阳平，当属中原官话。"[②] 张崇认为，"把汉中方言归入都属于西南官话区"[③]，但同时又注明："汉中市中心以及西关、北关古清声母及次浊声母入声字今归阴平，古全浊声母入声字今归阳平，与中原官话相同；但是东关、南关

[①] 本部分主要参考柯西钢. 汉江上游地区方言的混合特征及历史成因［J］. 中山大学学报（社会科学版），2018年第5期。
[②] 邢向东. 陕西省的汉语方言［J］. 方言，2007年第4期。
[③] 张崇主编. 陕西方言词汇集［M］. 西安交通大学出版社，2007年，第2页。

话古入声字今全归阳平,与西南官话相同。"① 这两片方言语音方面的主要差别有:

第一,古入声字的归调不同,东关、南关话入声字今都读阳平,北关、西关话清入和次浊入大多读阴平,全浊入读阳平。

第二,古山摄三等精见晓影组入声字如"薛绝雪悦阅倔掘月越粤"等字韵母东关、南关话读[yɛ],北关、西关话读[yo]。根据古入声字的归调,汉台东关、南关方言应属西南官话,但方言中也表现出部分中原官话的特征;北关、西关方言属中原官话秦陇片,方言同时也深受西南官话影响。例如:

1. 东关、南关话古泥来母字今洪混细分,与周边勉县、南郑北部等中原官话秦陇片的特征相同。

2. 北关、西关话清入和次浊入读阴平,全浊入读阳平,属中原官话,但四个单字调调值与西乡高川、城固二里等后山地区西南官话调值相似,说明其调类虽然和中原官话保持一致,但调值已经向西南官话靠拢。

3. 汉江上游中原官话秦陇片臻摄与曾梗通摄合口舒声字合流,读[əŋ、uŋ、yŋ],而汉台区两片方言臻摄合口舒声字读[ən、uən、yn],不与曾梗通摄合口舒声字合流。这个特征与周边的秦陇片方言有别,与西南官话成渝片相同。

受地理位置和移民分布的影响,西乡茶镇以西的汉江南北山区方言中,西南官话的渗透和同化越来越明显,如西乡县的南部山区高川镇,其方言就表现出明显的西南官话特征。其他如洋县、城固的汉江南北山地以及南郑南部地区、宁强南部地区方言等,也都可以归入西南官话区。

---

① 张崇主编. 陕西方言词汇集[M]. 西安交通大学出版社,2007年,第2页。

汉台区篇

第一章　总　论

第一节　人文地理、历史沿革、人口概况

　　汉台区位于陕西省西南部汉中盆地中心，是汉中市政治、经济、文化的中心，下辖汉王、河东店等镇和鑫源、舒家营等街道办事处。汉台区地处北纬33°02′～33°22′，东经106°51′～107°10′，北依秦岭，南临汉江，素有"汉家之源、天府之心、中华汉城、天汉胜地、川陕要塞、秦巴首府"的盛誉。汉台区总面积556平方公里，东与城固县相连，南与南郑区隔汉江相望，西与勉县为邻，北与留坝县接壤。其气候温和，四季分明，属北亚热带与暖温带交接的秦巴气候区，因此，动植物生长环境得天独厚，汉台有"天然植物基因库"和"天然药库之称"，是国家级生态示范区和重要农产品生产基地，被专家誉为地球同纬度生态环境最好的地区。同时，汉台区还是陕南最大的商品集散地、国家级历史文化名城、全国优秀旅游城市等。

　　汉台，因刘邦行宫汉台而得名，前身为南郑区。春秋时南郑属秦，秦厉共公二十六年（前451年），"左庶长城南郑"。周赧王三年（前312年），秦楚丹阳之战大败楚军，置汉中郡，治西城（今安康），南郑为汉中郡属县。现今古城旧址为南宋嘉定十三年（1220年）所筑。历代均为郡、县、州、路、道、府的治所。唐兴元元年（784年）被升为"赤县"，与京畿县同等。1949年12月6日汉中解放，称南郑市。1954年更名为汉中市。1964年8月，撤销汉中市，设汉中县。1980年9月，恢复汉中市建制。1996年2月，国务院批准，撤销县级汉中市，设立汉台区。

　　汉台区历史悠久，漫长的岁月给汉台区留下了众多珍贵的文化遗址，如张氏摩崖石刻拓印技艺、龙舞道具制作技艺、汉中杆秤制作等被列入省级非物质文化遗产名录。

第二节　方言归属与内部差异

　　汉台区方言可分为东关和西关两个方言片，两区语言迥异。东关方言属于西南官话，西关方言属于中原官话。部分韵母音值不同。第一，中古泥来两母字在洪音前相

混，细音前相分；第二，调类各片都是四个，但阴平调值有所不同，西关的阴平调值为 55，东关的阴平调值为 45；第三，西南官话古入声字归阳平，中原官话的古入声字除了全浊字归阳平以外，其余归阴平。

第三节　发音人和调查人概况

方言发音人（一）

1. 姓名：王元成

2. 单位（退休前）：陕西省汉中工艺美术厂

3. 通信地址：陕西省汉中市汉台区西关正街

4. 性别：男　　民族：汉

5. 出生年月日（公历）：1952 年 1 月 5 日

6. 出生地（从省级至自然村级）：陕西省汉中市汉台区西关正街

7. 主要经历：1960 年至 1969 年，汉中县中山街小学；1969 年至 1971 年，汉中县一中初中；1971 年至 1999 年，汉中工艺美术厂；1999 至今，在家。

8. 文化程度：初中

9. 职业：工人

10. 会说哪几种话（包括普通话、外语）：汉中方言

11. 父亲是哪里人，会说什么话：汉中市汉台区西关正街人，会说汉中方言。

12. 母亲是哪里人，会说什么话：汉中市汉台区西关正街人，会说汉中方言。

13. 配偶是哪里人，会说什么话：汉中市汉台区老君镇人，会说汉中方言。

方言发音人（二）

1. 姓名：付良汉

2. 单位（退休前）：汉中啤酒厂

3. 通信地址：陕西省汉中市汉台区东关街道办事处东塔社区

4. 性别：男　　民族：汉

5. 出生年月日（公历）：1953 年 9 月 17 日

6. 出生地（从省级至自然村级）：陕西省汉中市汉台区小关子街

7. 主要经历：1963 年至 1969 年，汉台区东关小学；1969 年至 1972 年，东关 7 年制学校；1980 年至 1999 年，汉中啤酒厂；1999 至今，在家。

8. 文化程度：初中

9. 职业：农副工
10. 会说哪几种话（包括普通话、外语）：汉中方言
11. 父亲是哪里人，会说什么话：汉中市汉台区汉王镇付家岭人，会说汉中方言。
12. 母亲是哪里人，会说什么话：汉中市汉台区汉王镇殷家村人，会说汉中方言。
13. 配偶是哪里人，会说什么话：汉中市汉台区龙江街道白花村人，会说汉中方言。

方言发音人（三）

1. 姓名：付治安
2. 单位（退休前）：汉中公墓
3. 通信地址：陕西省汉中市汉台区老君镇金星村十二组
4. 性别：男　民族：汉
5. 出生年月日（公历）：1940 年 12 月 27 日
6. 出生地（从省级至自然村级）：陕西省汉中市汉台区老君镇金星村十二组
7. 主要经历：1950 年至 1953 年，老君殿小学；1953 年至 1956 年，老君镇付家庙小学；1997 至今，汉中公墓工作。
8. 文化程度：小学
9. 职业：工人
10. 会说哪几种话（包括普通话、外语）：汉中方言。
11. 父亲是哪里人，会说什么话：汉中市汉台区老君镇金星村人，会说汉中方言。
12. 母亲是哪里人，会说什么话：汉中市汉台区老君镇金星村人，会说汉中方言。
13. 配偶是哪里人，会说什么话：汉中市汉台区武乡镇人，会说汉中方言。

调查人

1. 姓名：李　丹
2. 单位：陕西理工大学
3. 通信地址：陕西省汉中市汉台区东一环路 1 号
4. 协助调查人 1 姓名：黄党生
5. 协助调查人 2 姓名：黄宝庆
6. 协助调查人 3 姓名：熊兆军
7. 协助调查人 4 姓名：刘宝林

第二章　语　音

第一节　声　母

声母共二十三个，包括零声母在内。

p 八兵布宝　　　ph 派片爬　　　m 麦明母庙　　　f 飞风副饭
t 多东毒党　　　th 讨天甜特　　　ȵ 年泥业孽眼　　　　　　　l 脑南老连
ts 资早租字　　　tsh 刺草寸祠　　　　　　　s 丝三酸事顺
tʂ 张州汁针　　　tʂh 抽车城车　　　　　　　ʂ 手十商勺　　　ʐ 热软让褥
tɕ 九金假举　　　tɕh 清全轻权　　　　　　　ɕ 雪谢响县
k 高共瓜哥　　　kh 开跪口课　　　ŋ 熬安藕爱　　　x 好灰活下
ø 味月用药

第二节　韵　母

韵母三十六个，不包括儿化韵。

ɿ 师丝试紫
ʅ 十直尺日　　　i 米戏急七　　　u 苦五猪骨　　　y 雨橘局女
ʌ 茶塔法辣　　　iʌ 牙鸭家夹　　　uʌ 瓦刮花滑
ɤ 歌盒壳热　　　　　　　　　　　uɤ 过活托郭　　　yɤ 靴药月学
ər 二儿耳日
　　　　　　　　　iɛ 写接贴节
ai 开排鞋胎　　　　　　　　　　　uai 快怪坏拐
ei 陪北色白　　　　　　　　　　　uei 对鬼国雷
ɑo 宝饱早刀　　　iɑo 笑桥鸟小
əu 豆走狗藕　　　iəu 油绿六丢
an 南山半碗　　　ian 盐年眼间　　　uan 短官惯　　　yan 权院卷馅

ən 根灯深升　　in 心硬病星　　uən 滚春寸墩　　yn 云寻俊裙
ɑŋ 塘钢仓忙　　iɑŋ 响讲娘亮　　uɑŋ 床王双光
əŋ 棚蓬风梦　　　　　　　　　uəŋ 翁
oŋ 东荣通粽　　ioŋ 兄用穷熊

第三节　单字调

单字调四字。

阴平 55 东六麦叶　阳平 42 门白盒罚　上声 354 懂买老五　去声 213 近硬乱地

说明：

①阴平调值记为 55，但尾音有时略有下降。

②上声调值记为 354，但有时尾音下降不明显。

第四节　连读变调

后字非轻声两字组连调模式见表 2-1。

表 2-1　后字非轻声两字组连调模式

后字 前字	1 阴平 55	2 阳平 42	3 上声 354	4 去声 213
1 阴平 55	55+55	55+42	55+354	55+213
2 阳平 42	42+55	42+42	42+354	42+213
3 上声 354	354+55	354+42	35+354	35+213
4 去声 213	213+55	213+42	21+354	21+213

非叠字组后字轻声两字组连调模式见表 2-2。

表 2-2　非叠字组后字轻声两字组连调模式

后字 前字	1 阴平 55	2 阳平 42	3 上声 354	4 去声 213
1 阴平 55	55+0	55+0	55+0	55+0
2 阳平 42	42+0	42+0	42+0	42+0
3 上声 354	354+0	354+0	354+0	354+0
4 去声 213	213+0	213+0	213+0	213+0

第五节　单　字

0001. 多 tuɤ55
0002. 拖 thuɤ55
0003. 大～小 tᴀ213
0004. 锣 luɤ42
0005. 左 tsuɤ354
0006. 歌 kɤ55
0007. 个一～ kɤ213
0008. 可 kɤ354
0009. 鹅 ŋɤ42
0010. 饿 ŋɤ213
0011. 河 xɤ42
0012. 茄 tɕhiE42
0013. 破 phɤ213
0014. 婆 phɤ42
0015. 磨动 mɤ42
0016. 磨名 mɤ213
0017. 躲 tuɤ354
0018. 螺 luɤ42
0019. 坐 tsuɤ213
0020. 锁 suɤ354
0021. 果 kuɤ354
0022. 过 kuɤ213
0023. 课 khɤ213
0024. 火 xuɤ354
0025. 货 xuɤ213
0026. 祸 xuɤ213
0027. 靴 Øyɤ55
0028. 把量 pᴀ354
0029. 爬 phᴀ42
0030. 马 mᴀ354

0031. 骂 mᴀ213
0032. 茶 tshᴀ42
0033. 沙 sᴀ55
0034. 假真～ tɕiᴀ354
0035. 嫁 tɕiᴀ213
0036. 牙 ØiA42
0037. 虾 ɕiᴀ55
0038. 下底～ xᴀ213
0039. 夏春～ ɕiᴀ213
0040. 哑 ØiA354
0041. 姐 tɕiE354
0042. 借 tɕiE213
0043. 写 ɕiE354
0044. 斜 ɕiE42
0045. 谢 ɕiE213
0046. 车不是棋子 tʂhɤ55
0047. 蛇 ʂɤ42
0048. 射 ʂɤ213
0049. 爷 ØiE42
0050. 野 ØiE354
0051. 夜 ØiE213
0052. 瓜 kuᴀ55
0053. 瓦 ØuA354
0054. 花 xuᴀ55
0055. 化 xuᴀ213
0056. 华中～ xuᴀ42
0057. 谱家～ phu354
0058. 布 pu213
0059. 铺动 pu55

0060. 簿 pu213
0061. 步 pu213
0062. 赌 tu354
0063. 土 thu354
0064. 图 thu42
0065. 杜 tu213
0066. 奴 lu42
0067. 路 lu213
0068. 租 tsu55
0069. 做 tsu213
0070. 错对～ tshuɤ213
0071. 箍～桶 khu55
0072. 古 ku354
0073. 苦 khu354
0074. 裤 khu213
0075. 吴 Øu42
0076. 五 Øu354
0077. 虎 xu354
0078. 壶 xu42
0079. 户 xu213
0080. 乌 Øu55
0081. 女 ȵy354
0082. 吕 ly354
0083. 徐 ɕy42
0084. 猪 tsu55
0085. 除 tshu42
0086. 初 tshu55
0087. 锄 tshu42
0088. 所 suɤ354

0089. 书 su55
0090. 鼠 su354
0091. 如 ʐu42
0092. 举 tɕy354
0093. 锯名 tɕy213
0094. 去 tɕhi213
0095. 渠～道 tɕhy42
0096. 鱼 Øy42
0097. 许 ɕy354
0098. 余剩～，多～ Øy42
0099. 府 fu354
0100. 付 fu213
0101. 父 fu213
0102. 武 Øu354
0103. 雾 Øu213
0104. 取 tɕhy354
0105. 柱 tsu213
0106. 住 tsu213
0107. 数动 su354
0108. 数名 su213
0109. 主 tsu354
0110. 输 su55
0111. 竖 su213
0112. 树 su213
0113. 句 tɕy213
0114. 区地～ tɕhy55
0115. 遇 Øy213
0116. 雨 Øy354
0117. 芋 Øy213

0118. 裕 Øy213	0150. 败 pai213	0183. 怪 kuai213	0215. 眉 mi42
0119. 胎 thai55	0151. 币 pi213	0184. 块 khuai42	0216. 地 ti213
0120. 台戏~ thai42	0152. 制~造 tʂʅ213	0185. 怀 xuai42	0217. 梨 li42
0121. 袋 tai213	0153. 世 ʂʅ213	0186. 坏 xuai213	0218. 资 tsʅ55
0122. 来 lai42	0154. 艺 Øi213	0187. 拐 kuai354	0219. 死 sʅ55
0123. 菜 tshai213	0155. 米 mi354	0188. 挂 kuA213	0220. 四 sʅ213
0124. 财 tshai42	0156. 低 ti55	0189. 歪注意声母 Øuai55	0221. 迟 tshʅ42
0125. 该 kai55	0157. 梯 thi55		0222. 指 tsʅ354
0126. 改 kai354	0158. 剃 thi213	0190. 画 xuA213	0223. 师 sʅ55
0127. 开 khai55	0159. 弟 ti213	0191. 快 khuai213	0224. 二 Øər213
0128. 海 xai354	0160. 递 ti213	0192. 话 xuA213	0225. 饥~饿 tɕi55
0129. 爱 ŋai213	0161. 泥 ɲi42	0193. 岁 suei213	0226. 器 tɕhi213
0130. 贝 pei213	0162. 犁 li42	0194. 卫 Øuei213	0227. 姨 Øi42
0131. 带动 tai213	0163. 西 ɕi55	0195. 肺 fei213	0228. 李 li354
0132. 盖动 kai213	0164. 洗 ɕi354	0196. 桂 kuei213	0229. 子 tsʅ354
0133. 害 xai213	0165. 鸡 tɕi55	0197. 碑 pi55	0230. 字 tsʅ213
0134. 拜 pai213	0166. 溪 ɕi55	0198. 皮 phi42	0231. 丝 sʅ55
0135. 排 phai42	0167. 契 tɕhi213	0199. 被~子 pei213	0232. 祠 tshʅ42
0136. 埋 mai42	0168. 系联~ ɕi213	0200. 紫 tsʅ55	0233. 寺 sʅ213
0137. 戒 tɕiɛ213	0169. 杯 pei55	0201. 刺 tshʅ213	0234. 治 tsʅ213
0138. 摆 pai354	0170. 配 phei213	0202. 知 tsʅ55	0235. 柿 sʅ213
0139. 派 phai213	0171. 赔 phei42	0203. 池 tshʅ42	0236. 事 sʅ213
0140. 牌 phai42	0172. 背~诵 pei213	0204. 纸 tsʅ354	0237. 使 sʅ354
0141. 买 mai354	0173. 煤 mei42	0205. 儿 Øər42	0238. 试 sʅ213
0142. 卖 mai213	0174. 妹 mei213	0206. 寄 tɕi213	0239. 时 sʅ42
0143. 柴 tshai42	0175. 对 tuei213	0207. 骑 tɕhi42	0240. 市 sʅ213
0144. 晒 sai213	0176. 雷 luei42	0208. 蚁注意韵母 Øi42	0241. 耳 Øər354
0145. 街 kai55	0177. 罪 tsuei213	0209. 义 Øi213	0242. 记 tɕi213
0146. 解~开 kai354	0178. 碎 suei213	0210. 戏 ɕi213	0243. 棋 tɕhi42
0147. 鞋 xai42	0179. 灰 xuei55	0211. 移 Øi42	0244. 喜 ɕi354
0148. 蟹注意声调 xai42	0180. 回 xuei42	0212. 比 pi354	0245. 意 Øi213
	0181. 外 Øuai213	0213. 屁 phi213	0246. 几~个 tɕi354
0149. 矮 ŋai354	0182. 会开~ xuei213	0214. 鼻注意声调 pi42	0247. 气 tɕhi213

0248. 希 çi55	0280. 刀 tao55	0310. 表手～piao354	0340. 狗 kəu354
0249. 衣 Øi55	0281. 讨 thao354	0311. 票 phiao213	0341. 够 kəu213
0250. 嘴 tsuei354	0282. 桃 thao42	0312. 庙 miao213	0342. 口 khəu354
0251. 随 suei42	0283. 道 tao213	0313. 焦 tçiao55	0343. 藕 ŋəu354
0252. 吹 tshuei55	0284. 脑 lao354	0314. 小 çiao354	0344. 后前～xəu213
0253. 垂 tshuei42	0285. 老 lao354	0315. 笑 çiao213	0345. 厚 xəu213
0254. 规 kuei55	0286. 早 tsao354	0316. 朝～代 tshao42	0346. 富 fu213
0255. 亏 khuei55	0287. 灶 tsao213	0317. 照 tṣao213	0347. 副 fu213
0256. 跪注意声调 khuei213	0288. 草 tshao354	0318. 烧 ṣao55	0348. 浮 fu42
0257. 危 Øuei42	0289. 糙注意声调 tshao213	0319. 绕～线 ẓao354	0349. 妇 fu213
0258. 类 luei213	0290. 造 tshao213	0320. 桥 tçhiao42	0350. 流 liəu42
0259. 醉 tsuei213	0291. 嫂 sao354	0321. 轿 tçiao213	0351. 酒 tçiəu354
0260. 追 tsuei55	0292. 高 kao55	0322. 腰 Øiao55	0352. 修 çiəu55
0261. 锤 tshuei42	0293. 靠 khao213	0323. 要重～Øiao213	0353. 袖 çiəu213
0262. 水 suei354	0294. 熬 ŋao42	0324. 摇 Øiao42	0354. 抽 tṣhəu55
0263. 龟 kuei55	0295. 好～坏 xao354	0325. 鸟注意声母 ȵiao354	0355. 绸 tṣhəu42
0264. 季 tçi213	0296. 号名 xao213	0326. 钓 tiao213	0356. 愁 tṣhəu42
0265. 柜 kuei213	0297. 包 pao55	0327. 条 thiao42	0357. 瘦 ṣəu213
0266. 位 Øuei213	0298. 饱 pao354	0328. 料 liao213	0358. 州 tṣəu55
0267. 飞 fei55	0299. 炮 phao213	0329. 箫 çiao55	0359. 臭香～ tṣhəu213
0268. 费 fei213	0300. 猫 mao55	0330. 叫 tçiao213	0360. 手 ṣəu354
0269. 肥 fei42	0301. 闹 lao213	0331. 母丈～，舅～ mu354	0361. 寿 ṣəu213
0270. 尾 Øuei354	0302. 罩 tsao213	0332. 抖 təu354	0362. 九 tçiəu354
0271. 味 Øuei213	0303. 抓用手～牌 tṣuA42	0333. 偷 thəu55	0363. 球 tçhiəu42
0272. 鬼 kuei354	0304. 找～零钱 tsao354	0334. 头 thəu42	0364. 舅 tçiəu213
0273. 贵 kuei213	0305. 抄 tshao55	0335. 豆 təu213	0365. 旧 tçiəu213
0274. 围 Øuei42	0306. 交 tçiao55	0336. 楼 ləu42	0366. 牛 ȵiəu42
0275. 胃 Øuei213	0307. 敲 tçhiao55	0337. 走 tsəu354	(55)
0276. 宝 pao354	0308. 孝 çiao213	0338. 凑 tshəu213	0367. 休 çiəu55
0277. 抱 pao213	0309. 校学～çiao213	0339. 钩注意声母 kəu55	0368. 优 Øiəu55
0278. 毛 mao42			0369. 有 Øiəu354
0279. 帽 mao213			0370. 右 Øiəu213

0371. 油 Øiəu42
0372. 丢 tiəu55
0373. 幼 Øiəu213
0374. 贪 than55
0375. 潭 than42
0376. 南 lan42
0377. 蚕 tshan42
0378. 感 kan354
0379. 含～一口水 xan42
0380. 暗 ŋan213
0381. 搭 tʌ55
0382. 踏注意声调 thʌ42
0383. 拉注意声调 lʌ55
0384. 杂 tsʌ42
0385. 鸽 kɤ42
0386. 盒 xɤ42
0387. 胆 tan354
0388. 毯 than354
0389. 淡 tan213
0390. 蓝 lan42
0391. 三 san55
0392. 甘 kan55
0393. 敢 kan354
0394. 喊注意声调 xan354
0395. 塔 thʌ42
0396. 蜡 lʌ42
0397. 赚 tsuan213
0398. 杉～木，注意韵母 sʌ55

0399. 减 tɕian354
0400. 咸～淡 xan42
0401. 插 tshʌ55
0402. 闸 tsʌ42
0403. 夹～子 tɕiʌ55
0404. 衫 san55
0405. 监 tɕian55
0406. 岩 Øian42
0407. 甲 tɕiʌ55
0408. 鸭 ØiA55
0409. 黏～液 zʑan42
0410. 尖 tɕian55
0411. 签～名 tɕhian55
0412. 占～领 tsan213
0413. 染 zʑan354
0414. 钳 tɕhian42
0415. 验 Øian213
0416. 险 ɕian354
0417. 厌 Øian213
0418. 炎 Øian55
0419. 盐 Øian42
0420. 接 tɕiɛ55
0421. 折～叠 tsɤ55
0422. 叶树～ Øiɛ55
0423. 剑 tɕian213
0424. 欠 tɕhian213
0425. 严 Øian42
0426. 业 nʑiɛ55
0427. 点 tian354
0428. 店 tian213
0429. 添 thian55

0430. 甜 thian42
0431. 念 nʑian213
0432. 嫌 ɕian42
0433. 跌注意声调 tiɛ55
0434. 贴 thiɛ55
0435. 碟 tiɛ42
0436. 协 ɕiɛ42
0437. 犯 fan213
0438. 法 fʌ354
0439. 品 phin354
0440. 林 lin42
0441. 浸 tɕhin213
0442. 心 ɕin55
0443. 寻 ɕyn42
0444. 沉 tʂhən42
0445. 参人～ sən55
0446. 针 tʂən55
0447. 深 ʂən55
0448. 任责～ zʑən213
0449. 金 tɕin55
0450. 琴 tɕhin42
0451. 音 Øin55
0452. 立 li55
0453. 集 tɕi42
0454. 习 ɕi42
0455. 汁 tʂʅ55
0456. 十 ʂʅ42
0457. 入 zʑu55
0458. 急 tɕi42
0459. 及 tɕi42
0460. 吸 ɕi55

0461. 单简～ tan55
0462. 炭 than213
0463. 弹～琴 than42
0464. 难～易 lan42
0465. 兰 lan42
0466. 懒 lan354
0467. 烂 lan213
0468. 伞注意声调 san354
0469. 肝 kan55
0470. 看～见 khan213
0471. 岸 ŋan213
0472. 汉 xan213
0473. 汗 xan213
0474. 安 ŋan55
0475. 达 tʌ42
0476. 辣 lʌ55
0477. 擦 tshʌ55
0478. 割 kɤ55
0479. 渴 khɤ55
0480. 扮 pan213
0481. 办 pan213
0482. 铲 tshan354
0483. 山 san55
0484. 产注意声母 tshan354
0485. 间房～，一～房 tɕian55
0486. 眼 nʑian354
0487. 限 ɕian213
0488. 八 pʌ55
0489. 扎 tsʌ55

0490. 杀 sᴀ55	0520. 热 zɤ55	0552. 搬 pan55	0583. 还动 xuan42
0491. 班 pan55	0521. 杰 tɕiE42	0553. 半 pan213	0584. 还副 xai42
0492. 板 pan354	0522. 孽 ɲiE55	0554. 判 phan213	0585. 弯 Øan55
0493. 慢 man213	0523. 建 tɕian213	0555. 盘 phan42	0586. 刷 suᴀ55
0494. 奸 tɕian55	0524. 健 tɕian213	0556. 满 man354	0587. 刮 kuᴀ55
0495. 颜 Øian42	0525. 言 Øian42	0557. 端 ~午 tuan55	0588. 全 tɕhyan42
0496. 瞎 xᴀ55	0526. 歇 ɕiE55	0558. 短 tuan354	0589. 选 ɕyan354
0497. 变 pian213	0527. 扁 pian354	0559. 断绳~了 tuan213	0590. 转 ~眼，~送 tsuan354
0498. 骗欺~ phian213	0528. 片 phian213	0560. 暖 luan354	0591. 传 ~下来 tshuan42
0499. 便方~ pian213	0529. 面~条 mian213	0561. 乱 luan213	0592. 传 ~记 tshuan213
0500. 棉 mian42	0530. 典 tian354	0562. 酸 suan55	0593. 砖 tsuan55
0501. 面~孔 mian213	0531. 天 thian55	0563. 算 suan213	0594. 船 tshuan42
0502. 连 lian42	0532. 田 thian42	0564. 官 kuan55	0595. 软 zuan354
0503. 剪 tɕian354	0533. 垫 tian213	0565. 宽 khuan55	0596. 卷 ~起 tɕyan354
0504. 浅 tɕhian354	0534. 年 ɲian42	0566. 欢 xuan55	0597. 圈圆~ tɕhyan55
0505. 钱 tɕhian42	0535. 莲 lian42	0567. 完 Øuan42	0598. 权 tɕhyan42
0506. 鲜 ɕyan55	0536. 前 tɕhian42	0568. 换 xuan213	0599. 圆 Øyan42
0507. 线 ɕian213	0537. 先 ɕian55	0569. 碗 Øuan354	0600. 院 Øyan213
0508. 缠 tshan42	0538. 肩 tɕian55	0570. 拨 puɤ55	0601. 铅 ~笔，注意声调 tɕhian55
0509. 战 tsan213	0539. 见 tɕian213	0571. 泼 phuɤ55	0602. 绝 tɕyɤ42
0510. 扇名 san213	0540. 牵 tɕhian55	0572. 末 muɤ55	0603. 雪 ɕyɤ354
0511. 善 san213	0541. 显 ɕian354	0573. 脱 thuɤ55	0604. 反 fan354
0512. 件 tɕian213	0542. 现 ɕian213	0574. 夺 tuɤ42	0605. 翻 fan55
0513. 延 Øian42	0543. 烟 Øian55	0575. 阔 khuɤ55	0606. 饭 fan213
0514. 别 ~人 piE42	0544. 憋 piE55	0576. 活 xuɤ42	0607. 晚 Øuan354
0515. 灭 miE55	0545. 篾 mi42	0577. 顽 ~皮，~固 Øuan42	0608. 万麻将牌 Øuan213
0516. 列 liE55	0546. 铁 thiE354	0578. 滑 xuᴀ42	
0517. 撒 tshɤ42	0547. 捏 ɲiE55	0579. 挖 Øuᴀ55	
0518. 舌 ʂɤ42	0548. 节 tɕiE55	0580. 闩 suan213	
0519. 设 ʂɤ55	0549. 切动 tɕhiE55	0581. 关 ~门 kuan55	
	0550. 截 tɕiE42	0582. 惯 kuan213	
	0551. 结 tɕiE55		

0609. 劝 tɕhyan213	0642. 银 ȵin42	0674. 魂 xuən42	0706. 忙 maŋ42
0610. 原 ȵyan42	0643. 印 ȵin213	0675. 温 ȵuən55	0707. 党 taŋ354
0611. 冤 ȵyan55	0644. 引 ȵin354	0676. 卒棋子 tsu42	0708. 汤 thaŋ55
0612. 园 ȵyan42	0645. 笔 pi55	0677. 骨 ku55	0709. 糖 thaŋ42
0613. 远 ȵyan354	0646. 匹 phi354	0678. 轮 luən42	0710. 浪 laŋ213
0614. 发头~ fʌ55	0647. 密 mi55	0679. 俊注意声母 tɕyn213	0711. 仓 tshaŋ55
0615. 罚 fʌ42	0648. 栗 li42		0712. 钢 kaŋ55
0616. 袜 ȵuʌ55	0649. 七 tɕi55	0680. 笋 suən354	0713. 糠 khaŋ55
0617. 月 ȵyɤ55	0650. 侄 tʂʅ42	0681. 准 tsuən354	0714. 薄形 puɤ42
0618. 越 ȵyɤ55	0651. 虱 sei55	0682. 春 tshuən55	0715. 摸注意声调 muɤ55
0619. 县 ɕian213	0652. 实 ʂʅ42	0683. 唇 tshuən42	
0620. 决 tɕyɤ42	0653. 失 ʂʅ55	0684. 顺 suən213	0716. 托 thuɤ55
0621. 缺 tɕhyɤ55	0654. 日 zʅ55	0685. 纯 tshuən42	0717. 落 luɤ55
0622. 血 ɕiɛ55	0655. 吉 tɕi42	0686. 闰 zuən213	0718. 作 tsuɤ42
0623. 吞 thən55	0656. 一 ȵi55	0687. 均 tɕyn55	0719. 索 suɤ354
0624. 根 kən55	0657. 筋 tɕin55	0688. 匀 ȵyn42	0720. 各 kɤ42
0625. 恨 xən213	0658. 劲有~ tɕin213	0689. 律 ly42	0721. 鹤 xɤ213
0626. 恩 ŋən55	0659. 勤 tɕhin42	0690. 出 tshu55	0722. 恶形, 入声 ŋɤ55
0627. 贫 phin42	0660. 近 tɕin213	0691. 橘 tɕy55	
0628. 民 min42	0661. 隐 ȵin354	0692. 分动 fən55	0723. 娘 ȵiaŋ42
0629. 邻 lin42	0662. 本 pən354	0693. 粉 fən354	0724. 两斤~ liaŋ354
0630. 进 tɕin213	0663. 盆 phən42	0694. 粪 fən213	0725. 亮 liaŋ213
0631. 亲 tɕhin55	0664. 门 mən42	0695. 坟 fən42	0726. 浆 tɕiaŋ55
0632. 新 ɕin55	0665. 墩 tuən55	0696. 蚊 ȵuən42	(213)
0633. 镇 tʂən213	0666. 嫩 luən213	0697. 问 ȵuən213	0727. 抢 tɕhiaŋ354
0634. 陈 tʂhən42	0667. 村 tshuən55	0698. 军 tɕyn55	0728. 匠 tɕiaŋ213
0635. 震 tʂən213	0668. 寸 tshuən213	0699. 裙 tɕhyn42	0729. 想 ɕiaŋ354
0636. 神 ʂən42	0669. 蹲注意声母 tuən55	0700. 熏 ɕyn55	0730. 像 ɕiaŋ213
0637. 身 ʂən55		0701. 云~彩 ȵyn42	0731. 张量 tsaŋ55
0638. 辰 tʂhən42	0670. 孙~子 suən55	0702. 运 ȵyn213	0732. 长~短 tʂhaŋ42
0639. 人 zən42	0671. 滚 kuən354	0703. 佛~像 fuɤ42	0733. 装 tsuaŋ55
0640. 认 zən213	0672. 困 khuən213	0704. 物 ȵuɤ55	0734. 壮 tsuaŋ213
0641. 紧 tɕin354	0673. 婚 xuən55	0705. 帮 paŋ55	0735. 疮 tshuaŋ55

0736. 床 tshuaŋ42
0737. 霜 suaŋ55
0738. 章 tsaŋ55
0739. 厂 tşaŋ354
0740. 唱 tşaŋ213
0741. 伤 şaŋ55
0742. 尝 şaŋ42
0743. 上 ~去 şaŋ213
0744. 让 ʐaŋ213
0745. 姜 生~ tɕiaŋ55
0746. 响 ɕiaŋ354
0747. 向 ɕiaŋ354
0748. 秧 Øiaŋ55
0749. 痒 Øiau354
0750. 样 Øiaŋ213
0751. 雀 注意声母
　　　 tɕhyɤ42
0752. 削 ɕyɤ55
0753. 着 火~了
　　　 tsuɤ42
0754. 勺 ʂuɤ42
0755. 弱 ʐuɤ55
0756. 脚 tɕyɤ55
0757. 约 Øyɤ55
0758. 药 Øyɤ55
0759. 光 ~线 kuaŋ55
0760. 慌 xuaŋ55
0761. 黄 xuaŋ42
0762. 郭 kuɤ55
0763. 霍 xɤ42
0764. 方 faŋ55
0765. 放 faŋ213
0766. 纺 faŋ354

0767. 房 faŋ42
0768. 防 faŋ42
0769. 网 Øuaŋ354
0770. 筐 khuaŋ55
0771. 狂 khuaŋ42
0772. 王 Øuaŋ42
0773. 旺 Øuaŋ213
0774. 缚 fu42
0775. 绑 paŋ354
0776. 胖 phaŋ213
0777. 棒 paŋ213
0778. 桩 tsuaŋ55
0779. 撞 tshuaŋ213
0780. 窗 tshuaŋ55
0781. 双 suaŋ55
0782. 江 tɕiaŋ55
0783. 讲 tɕiaŋ354
0784. 降 投~ ɕiaŋ42
0785. 项 xaŋ42
　　　 （213）
0786. 剥 puɤ55
0787. 桌 tsuɤ55
0788. 镯 tsuɤ42
0789. 角 tɕyɤ55
0790. 壳 khɤ55
0791. 学 ɕyɤ42
0792. 握 Øuɤ55
0793. 朋 phəŋ42
0794. 灯 təŋ55
0795. 等 təŋ354
0796. 凳 təŋ213
0797. 藤 thəŋ42
0798. 能 ləŋ42

0799. 层 tshən42
0800. 僧 注意声母
　　　 sən55
0801. 肯 khən354
0802. 北 pei55
0803. 墨 mei42
0804. 得 tei55
0805. 特 thei55
0806. 贼 tsei42
0807. 塞 sei55
0808. 刻 khei55
0809. 黑 xei55
0810. 冰 pin55
0811. 证 tşən213
0812. 秤 tşhən213
0813. 绳 şən42
0814. 剩 şən213
0815. 升 şən55
0816. 兴 高~ ɕin213
0817. 蝇 注意声母
　　　 Øin42
0818. 逼 pi55
0819. 力 li55
0820. 息 ɕi42
0821. 直 tʂʅ42
0822. 侧 注意声母
　　　 tshei55
0823. 测 tshei55
0824. 色 sei55
0825. 织 tʂʅ55
0826. 食 ʂʅ42
0827. 式 ʂʅ213
0828. 极 tɕi42

0829. 国 kuɤ55
0830. 或 xuai42
0831. 猛 məŋ354
0832. 打 注意韵母
　　　 tʌ354
0833. 冷 lən354
0834. 生 sən55
0835. 省 ~长 sən354
0836. 更 三~，打~
　　　 kən55
0837. 梗 注意韵母
　　　 kən55
0838. 坑 khən55
0839. 硬 ȵin213
0840. 行 ~为，~走
　　　 ɕin42
0841. 百 pei55
0842. 拍 phei55
0843. 白 pei42
0844. 拆 tshei55
0845. 择 tsei42
0846. 窄 tsei55
0847. 格 kei55
0848. 客 khei55
0849. 额 ŋei55
0850. 棚 phəŋ42
0851. 争 tsən55
0852. 耕 kən55
0853. 麦 mei55
0854. 摘 tsei42
0855. 策 tshei55
0856. 隔 kei55
0857. 兵 pin55

13

0858. 柄注意声调 pin354
0859. 平 phin42
0860. 病 pin213
0861. 明 min42
0862. 命 min213
0863. 镜 tɕin213
0864. 庆 tɕhin213
0865. 迎 Øin42
0866. 影 Øin354
0867. 剧戏～tɕy213
0868. 饼 pin354
0869. 名 min42
0870. 领 lin354
0871. 井 tɕin354
0872. 清 tɕhin55
0873. 静 tɕin213
0874. 姓 ɕin213
0875. 贞 tʂən55
0876. 程 tʂhən42
0877. 整 tʂən354
0878. 正～反 tʂən213
0879. 声 ʂən55
0880. 城 tʂhən42
0881. 轻 tɕhin55
0882. 赢 Øin42
0883. 积 tɕi55
0884. 惜 ɕi42
0885. 席 ɕi42
0886. 尺 tʂʅ55
0887. 石 sʅ42
0888. 益 Øi213
0889. 瓶 phin42

0890. 钉名 tin55
0891. 顶 tin354
0892. 厅 thin55
0893. 听～见，注意声调 thin55
0894. 停 thin42
0895. 挺 thin354
0896. 定 tin213
0897. 零 lin42
0898. 青 tɕhin55
0899. 星 ɕin55
0900. 经 tɕin55
0901. 形 ɕin42
0902. 壁 pi55
0903. 劈 phi42
0904. 踢 thi55
0905. 笛 ti42
0906. 历农～li213
0907. 锡 ɕi55
0908. 击 tɕi55
0909. 吃 tʂʅ55
0910. 横 xən213
0911. 划计～xuʌ213
0912. 兄 ɕioŋ55
0913. 荣 ʐoŋ42
0914. 永 Øyn354
0915. 营 Øin42
0916. 蓬～松 phəŋ42
0917. 东 toŋ55
0918. 懂 toŋ354
0919. 冻 toŋ213
0920. 通 thoŋ55
0921. 桶注意声调 thoŋ354

0922. 痛 thoŋ213
0923. 铜 thoŋ42
0924. 动 toŋ213
0925. 洞 toŋ213
0926. 聋注意声调 loŋ55
0927. 弄注意声母 loŋ213
0928. 粽 tsoŋ213
0929. 葱 tshoŋ55
0930. 送 soŋ213
0931. 公 koŋ55
0932. 孔 khoŋ354
0933. 烘～干 xoŋ55
0934. 红 xoŋ42
0935. 翁 Øuəŋ55
0936. 木 mu55
0937. 读 tu42
0938. 鹿 lu55
0939. 族 tshu42
0940. 谷稻～ku55
0941. 哭 khu55
0942. 屋 Øu55
0943. 冬～至 toŋ55
0944. 统注意声调 thoŋ354
0945. 脓注意声调 loŋ42
0946. 松～紧 soŋ55
0947. 宋 soŋ213
0948. 毒 tu42
0949. 风 fəŋ55
0950. 丰 fəŋ55
0951. 凤 fəŋ213

0952. 梦 məŋ213
0953. 中当～tsoŋ55
0954. 虫 tshoŋ42
0955. 终 tsoŋ55
0956. 充 tshoŋ55
0957. 宫 koŋ55
0958. 穷 tɕhioŋ42
0959. 熊注意声母 ɕioŋ42
0960. 雄注意声母 ɕioŋ42
0961. 福 fu55
0962. 服 fu42
0963. 目 mu55
0964. 六 liəu55
0965. 宿住～,～舍 su55
0966. 竹 tsu55
0967. 畜～生 tshu55
0968. 缩 suɣ42
0969. 粥 tsəu55
0970. 叔 su42
0971. 熟 su42
0972. 肉 ʐəu213
0973. 菊 tɕy55
0974. 育 Øy213
0975. 封 fəŋ55
0976. 蜂 fəŋ55
0977. 缝一条～fəŋ213
0978. 浓 loŋ42
0979. 龙 loŋ42
0980. 松～树，注意声调 soŋ55

14

0981. 重轻~ tsoŋ213	0987. 凶吉~ ɕioŋ55	0992. 足 tsu55	tɕhy55
0982. 肿 tsoŋ55	0988. 拥注意声调	0993. 烛 tsu42	0998. 局 tɕy42
0983. 种~树 tsoŋ213	Øioŋ55	0994. 赎 su42	0999. 玉 Øy213
0984. 冲 tshoŋ55	0989. 容 z̻oŋ42	0995. 属 su42	1000. 浴 Øy213
0985. 恭 koŋ55	0990. 用 Øioŋ213	0996. 褥 z̻u55	
0986. 共 koŋ213	0991. 绿 liəu55	0997. 曲~折，歌~	

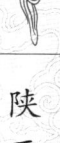

第三章　词　汇

第一节　规定词汇

一、天文、地理

（一）天文

0001. 太阳 ~下山了　太阳 thai213ɵiaŋ42／日头 zʅ55thəu0
0002. 月亮 ~出来了　月亮 ɵyɤ55liaŋ0
0003. 星星　星星 ɕin55ɕin0／星宿 ɕin55ɕiəu354
0004. 云　云 ɵyn42
0005. 风　风 fəŋ55
0006. 台风　台风 thai42fəŋ55
0007. 闪电 名词　闪电 san35tian213
0008. 雷　雷 luei42
0009. 雨　雨 ɵy354
0010. 下雨　下雨 ɕiʌ21ɵy354
0011. 淋 衣服被雨~湿了　淋 lin42
0012. 晒 ~粮食　晒 sai213
0013. 雪　雪 ɕyɤ55
0014. 冰　冰 pin55／冰碴 pin55tshʌ42
0015. 冰雹　冰雹 pin55pao55／冷子 ləŋ354tsɿ0
0016. 霜　霜 suaŋ55
0017. 雾　雾 ɵu213
0018. 露　露水 lu21suei354
0019. 虹 统称　虹 kaŋ213
0020. 日食　日食 zʅ55ʂʅ42／天狗吃太阳 thian55kəu354tʂʰʅ55thai213ɵiaŋ42
0021. 月食　月食 ɵyɤ55ʂʅ42／天狗吃月亮 thian55kəu354tʂʰʅ55ɵyɤ55liaŋ0
0022. 天气　天气 thian55tɕhi0
0023. 晴天 ~　晴 tɕhin42
0024. 阴天 ~　阴 ɵin55／暗 ŋan213
0025. 旱天 ~　旱 xan213／干 kan55
0026. 涝天 ~　无
0027. 天亮　天亮 thian55liaŋ213

（二）地貌

0028. 水田　水田 suei354thian42
0029. 旱地 浇不上水的耕地　旱地 xan21ti213
0030. 田埂　田坎 thian42khan354
0031. 路 野外的　路 lu213
0032. 山　山 san55
0033. 山谷　山谷 san55ku55
0034. 江 大的河　江 tɕiaŋ55

0035. 溪小的河　小河 ɕiao354xɤ42

0036. 水沟儿较小的水道　水沟沟 suei354kəu55kəu0

0037. 湖　湖 xu42

0038. 池塘　塘 thaŋ42

0039. 水坑儿地面上有积水的小洼儿　水坑坑 suei354khən55khən0

0040. 洪水　大水 tʌ21suei354

0041. 淹被水～了　淹 øian55

0042. 河岸　河坎 xɤ42khan354

0043. 坝拦河修筑拦水的　坝 pʌ213

0044. 地震　地震 ti21tʂən213

0045. 窟窿小的　窟窿 khu55loŋ42／洞洞 toŋ213toŋ0

0046. 缝儿统称　缝缝 fəŋ213fəŋ0

(三) 物象

0047. 石头统称　石头 ʂʅ42thəu0

0048. 土统称　土 thu354／泥巴 n̠i42pʌ0

0049. 泥湿的　稀泥巴 ɕi55n̠i42pʌ0

0050. 水泥旧称　洋灰 øiaŋ42xuei55

0051. 沙子　沙子 sʌ55tsʅ0

0052. 砖整块的　砖头 tsuan55thəu0

0053. 瓦整块的　瓦 øuʌ354

0054. 煤　煤 mei42

0055. 煤油　洋油 øiaŋ42øiəu42

0056. 炭木炭　炭 than213

0057. 灰烧成的　灰 xuei55

0058. 灰尘桌面上的　灰 xuei55

0059. 火　火 xuɤ354

0060. 烟烧火形成的　烟子 øian55tsʅ0

0061. 失火　着火 tʂuɤ42xuɤ354

0062. 水　水 suei354

0063. 凉水　凉水 liaŋ42suei354／冷水 lən35suei354

0064. 热水如洗脸的热水，不是指喝的开水　热水 ʐɤ55suei354

0065. 开水喝的　开水 khai55suei354

0066. 磁铁　吸铁石 ɕi55thiE55ʂʅ0

二、时间、方位

(一) 时间

0067. 时候吃饭的～　时候 ʂʅ42xəu0

0068. 什么时候　啥时候 sʌ213ʂʅ42xəu0

0069. 现在　这歇 tʂɤ213ɕiE42

0070. 以前十年～　前 tɕhian42

0071. 以后十年～　后 xəu213

0072. 一辈子　一辈子 øi42pei213tsʅ0

0073. 今年　今年 tɕin55n̠ian42

0074. 明年　明年 min42n̠ian42

0075. 后年　后年 xəu213n̠ian42

0076. 去年　昨年 tsuɤ42n̠ian42

0077. 前年　前年 tɕhian42n̠ian42

0078. 往年过去的年份　往年 øuaŋ354n̠ian42

0079. 年初　开年 khai55n̠ian42

0080. 年底　年底 n̠ian42ti354

0081. 今天　今天 tɕin55thian42

0082. 明天　明天 min42thian42

0083. 后天　后天 xəu213thian42

0084. 大后天　大后天 tʌ21xəu213thian42

0085. 昨天　昨天 tsuɤ42thian42

0086. 前天　前天 tɕhian42thian42

0087. 大前天　大前天

tA213tɕhian42thian42

0088. 整天　一天 Øi55thian42
0089. 每天　成天 tʂən42thian42
0090. 早晨　早晨 tsao354tʂən42
0091. 上午　上午 ʂaŋ210u354
0092. 中午　中午 tʂoŋ55Øu354
0093. 下午　下午 ɕiA210u354
0094. 傍晚　擦黑 tshA42xei55
0095. 白天　白天 pei42thian42
0096. 夜晚 与白天相对，统称　晚上
　　　　Øuan354ʂaŋ0
0097. 半夜　半夜 pan210iE213
0098. 正月 农历　正月 tʂən55Øyɤ0
0099. 大年初一 农历　正月初一
　　　　tʂən55Øyɤ0tshu55Øi42
0100. 元宵节　正月十五
　　　　tʂən55Øyɤ0ʂɿ42Øu354
0101. 清明　清明 tɕhin55min42
0102. 端午　端阳 tuan55Øiaŋ42
0103. 七月十五 农历，节日名　七月半
　　　　tɕhi55Øyɤ55pan213
0104. 中秋　八月十五
　　　　pA55Øyɤ0ʂɿ42Øu354
0105. 冬至　冬至 toŋ55tsɿ213
0106. 腊月 农历十二月　腊月 lA55Øyɤ0
0107. 除夕 农历　三十晚上
　　　　san55ʂɿ42Øuan354ʂaŋ0
0108. 历书　黄历 xuaŋ42li42
0109. 阴历　阴历 Øin55li42/农历
　　　　loŋ42li42
0110. 阳历　阳历 Øiaŋ42li42
0111. 星期天　礼拜天 li42pai42thian55

（二）方位

0112. 地方　地方 ti213faŋ0
0113. 什么地方　啥地方 ʂA21ti213faŋ0
0114. 家里　屋里 Øu55li0
0115. 城里　城里 tʂhən42li0
0116. 乡下　乡下 ɕiaŋ55ɕiA0
0117. 上面 从～滚下来　上头 ʂaŋ213thəu0
0118. 下面 从～爬上去　下头 ɕiA213thəu0
0119. 左边　左面 tsuɤ354mian0
0120. 右边　右面 Øiəu213mian0
0121. 中间 排队排在～　中间
　　　　tsoŋ55tɕian55
0122. 前面 排队排在～　前头 tɕhian42təu0
0123. 后面 排队排在～　后头 xəu213təu0
0124. 末尾 排队排在～　最后头
　　　　tsuei21xəu213thəu0
0125. 对面　对过 tuei42kuɤ213
0126. 面前　跟前 kən55tɕhian42
0127. 背后　后头 xəu213thəu0
0128. 里面 躲在～　里头 li354thəu0
0129. 外面 衣服晒在～　外头 Øuai213thəu0
0130. 旁边　边边 pian55pian0
0131. 上 碗在桌子～　上 ʂaŋ213
0132. 下 凳子在桌子～　底下 ti354xA0
0133. 边儿 桌子的～　沿沿 Øian42Øian0
0134. 角儿 桌子的～　角角 tɕyɤ55tɕyɤ0
0135. 上去 他～了　上去 ʂaŋ213tɕhi0
0136. 下来 他～了　下来 xa213lai0
0137. 进去 他～了　进去 tɕin213tɕhi0
0138. 出来 他～了　出来 tshu55lai0
0139. 出去 他～了　出去 tshu55tɕhi0
0140. 回来 他～了　回来 xuei42lai0

0141. 起来天冷~了　起来 tɕhi354lai0

三、植物

（一）一般植物

0142. 树　树 su213

0143. 木头　木头 mu55thəu0

0144. 松树统称　松树 soŋ55su213

0145. 柏树统称　柏树 pei55su213

0146. 杉树　杉树 sᴀ55su213

0147. 柳树　柳树 liəu35su213

0148. 竹子统称　竹子 tsu55tsʅ0

0149. 笋　笋子 suən354tsʅ0

0150. 叶子　叶子 ØiE55tsʅ0

0151. 花　花 xuᴀ55

0152. 花蕾花骨朵儿　花苞苞 xuᴀ55pao55pao0/花骨朵 xuᴀ55ku55tu0

0153. 梅花　腊梅花 la55mei42xuᴀ42

0154. 牡丹　牡丹花 mu354tan0xuᴀ42

0155. 荷花　莲花 lian42xuᴀ42

0156. 草　草 tshao354

0157. 藤　藤 thən42

0158. 刺名词　刺 tshʅ213

0159. 水果　果木 kuɤ354mu0

0160. 苹果　苹果 phin42kuɤ354

0161. 桃子　桃子 thao42tsʅ0/桃儿 thao42Øər0

0162. 梨　梨 li42

0163. 李子　李子 li354tsʅ0

0164. 杏　杏子 xən213tsʅ0

0165. 橘子　橘子 tɕy55tsʅ0

0166. 柚子　柚子 Øiəu213tsʅ0

0167. 柿子　柿子 sʅ213tsʅ0

0168. 石榴　石榴 sʅ42liəu42

0169. 枣　枣子 tsao354tsʅ0/枣儿 tsao354Øər0

0170. 栗子　板栗 pan354li42

0171. 核桃　核桃 xɤ42thao0

0172. 银杏白果　白果 pei42kuɤ0

0173. 甘蔗　甘蔗 kan55tʂɤ0

0174. 木耳　耳子 Øər354tsʅ0

0175. 蘑菇野生的　菌子 tɕyn213tsʅ0

0176. 香菇　香菇 ɕiaŋ55ku55

（二）农作物

0177. 稻子指植物　水稻 suei35tɑo213

0178. 稻谷指籽实（脱粒后是大米）　谷子 ku55tsʅ0

0179. 稻草脱粒后的　稻草 tao21tshao354

0180. 大麦指植物　大麦 tᴀ213mei55

0181. 小麦指植物　麦子 mei55tsʅ0

0182. 麦秸脱粒后的　麦秆 mei55kan354

0183. 谷子指植物（籽实脱粒后是小米）　无

0184. 高粱指植物　高粱 kao55liaŋ42

0185. 玉米指成株的植物　包谷 pao55ku42

0186. 棉花指植物　棉花 mian42xuᴀ42

0187. 油菜油料作物，不是蔬菜　油菜 Øiəu42tshai0/菜麻 tshai21mᴀ354

0188. 芝麻　芝麻 tsʅ55mᴀ42

0189. 向日葵指植物　向日葵 ɕiaŋ21Øər354khuei42

0190. 蚕豆　胡豆 xu42təu0

0191. 豌豆　豌豆 Øuan55təu0

0192. 花生指果实，注意婉称　花生 xuᴀ55sən0

0193. 黄豆　豆子 təu213tsʅ0

0194. 绿豆　绿豆 liəu55təu0

0195. 豇豆长条形的　豇豆 tɕiaŋ55təu0

0196. 大白菜东北～　白菜 pei42tshai0

0197. 包心菜卷心菜，圆白菜，球形的　包包菜 pao55pao0tshai0

0198. 菠菜　菠菜 puɤ55tshai0

0199. 芹菜　芹菜 tɕhin42tshai0

0200. 莴笋　莴笋 ɵuɤ55suən0

0201. 韭菜　韭菜 tɕiəu354tshai0

0202. 香菜芫荽　芫荽 ɵian42ɕy0

0203. 葱　葱 tshoŋ55

0204. 蒜　蒜 suan213

0205. 姜　姜 tɕiaŋ55

0206. 洋葱　洋葱 ɵiaŋ42tshoŋ55

0207. 辣椒统称　辣子 lʌ55tsʅ0

0208. 茄子统称　茄子 tɕhiɛ42tsʅ0

0209. 西红柿　海柿子 xai35sʅ213tsʅ0

0210. 萝卜统称　萝卜 luɤ42pu0

0211. 胡萝卜　红萝卜 xoŋ42luɤ42pu0

0212. 黄瓜　黄瓜 xuaŋ42kuʌ0

0213. 丝瓜无棱的　丝瓜 sʅ55kuʌ0

0214. 南瓜扁圆形或梨形，成熟时呈赤褐色　北瓜 pei55kuʌ0

0215. 荸荠　荸荠 pu42tɕi0

0216. 红薯统称　苕 ʂao42

0217. 马铃薯　洋芋 ɵiaŋ42ɵy0

0218. 芋头　芋头 ɵy213thəu0

0219. 山药圆柱形的　山药 san55ɵyɤ42

0220. 藕　藕 ŋəu354

四、动物

(一) 一般动物

0221. 老虎　老虎 lao55xu0

0222. 猴子　猴娃子 xəu42ɵuʌ42tsʅ0

0223. 蛇统称　长虫 tʂhaŋ42tshoŋ42

0224. 老鼠家里的　老鼠 lao354su42

0225. 蝙蝠　檐老鼠 ɵian42lao354su42

0226. 鸟儿飞鸟，统称　鸟 ȵiao354

0227. 麻雀　麻雀 mʌ42tɕhyɤ42

0228. 喜鹊　喜鹊 ɕi354tɕhyɤ42 / 鸦鹊 ɵiʌ354tɕhyɤ42

0229. 乌鸦　老鸹 lao354ɵuʌ42

0230. 鸽子　鹁鸽 pu42kɤ42

0231. 翅膀鸟的，统称　翅膀 tshʅ21paŋ354

0232. 爪子鸟的，统称　爪爪 tsuʌ354tsuʌ0 / 爪子 tsuʌ354tsʅ0

0233. 尾巴　尾巴 ɵiɛ354pʌ0

0234. 窝鸟的　窝 ɵuɤ55

0235. 虫子统称　虫 tshoŋ42

0236. 蝴蝶统称　蛾蛾 ŋɤ42ŋɤ0

0237. 蜻蜓统称　蚂螂 mʌ42laŋ42

0238. 蜜蜂　蜂子 fəŋ55tsʅ0

0239. 蜂蜜　蜂蜜 fəŋ55mi42

0240. 知了统称　知了子 tsʅ42lao354tsʅ0

0241. 蚂蚁　蚂蚁 mʌ35ɵi354

0242. 蚯蚓　蛐蟮子 tɕhy42ʂan213tsʅ0

0243. 蚕　蚕子 tshan42tsʅ0

0244. 蜘蛛会结网的　蠦娃蛛蛛 laŋ42ɵuʌ0tsu55tsu0

0245. 蚊子统称　末子 muɤ55tsʅ0

0246. 苍蝇统称　蝇子 ɵin42tsʅ0

0247. 跳蚤咬人的　虼蚤 kɤ42tsao354

0248. 虱子　虱子 sei55tsʅ0

0249. 鱼　鱼 ɵy42

0250. 鲤鱼　鲤鱼 li354ɵy42

0251. 鳙鱼胖头鱼　大头鱼 ta213thəu42ɵy42

0252. 鲫鱼　鲫鱼 tɕi55øy42

0253. 甲鱼　鳖娃子 piE55øuʌ42tsʅ0

0254. 鳞鱼的　甲 tɕiʌ55

0255. 虾统称　虾 ɕiʌ55

0256. 螃蟹统称　螃蟹 paŋ42xai42

0257. 青蛙统称　青蛙 tɕhin55øuʌ42

0258. 癞蛤蟆表皮多疙瘩　疥疤子 kai21pʌ354tsʅ0

（二）家畜、家禽

0259. 马　马 mʌ354

0260. 驴　毛驴子 mɑo42lyɤ42tsʅ0

0261. 骡　骡子 luɤ42tsʅ0

0262. 牛　牛 ȵiəu42

0263. 公牛统称　公牛 koŋ55ȵiəu42

0264. 母牛统称　母牛 mu354ȵiəu42

0265. 放牛　放牛 faŋ213ȵiəu42

0266. 羊　羊 øiaŋ42

0267. 猪　猪 tsu55

0268. 种猪配种用的公猪　脚猪 tɕyɤ55tsu42

0269. 公猪成年的，已阉的　牙猪 øiʌ42tsu42

0270. 母猪成年的，未阉的　母猪 mu354tsu42

0271. 猪崽　猪娃子 tsu55øuʌ42tsʅ0

0272. 猪圈　猪圈 tsu55tɕyan213

0273. 养猪　喂猪 øuei42tsu55

0274. 猫　猫 mɑo55

0275. 公猫　公猫 koŋ55mɑo55/男猫 lan42mɑo55

0276. 母猫　母猫 mu354mɑo55/女猫 ȵy354mɑo55

0277. 狗统称　狗 kəu354

0278. 公狗　公狗 koŋ55kəu354

0279. 母狗　母狗 mu35kəu354

0280. 叫狗～　咬 ȵiɑo354

0281. 兔子　兔娃子 thu213øuʌ42tsʅ0

0282. 鸡　鸡 tɕi55

0283. 公鸡成年的，未阉的　公鸡 koŋ55tɕi55

0284. 母鸡已下过蛋的　母鸡 mu354tɕi55

0285. 叫公鸡～（打鸣儿）　叫鸣 tɕiɑo213min42

0286. 下鸡～蛋　下 ɕiʌ213

0287. 孵～小鸡　菢 pɑo213

0288. 鸭　鸭子 øiʌ55tsʅ0

0289. 鹅　鹅 ŋɤ42

0290. 阉～公的猪　骟 san213

0291. 阉～母的猪　骟 san213

0292. 阉～鸡　骟 san213

0293. 喂～猪　喂 øuei213

0294. 杀猪统称，注意婉称　杀猪 sʌ55tsu55

0295. 杀～鱼　擘 phuɤ213

五、房舍、器具

（一）房舍

0296. 村庄一个～　村 tshuən55

0297. 胡同统称：一条～　巷子 xaŋ213tsʅ0

0298. 街道　街道 kai55tɑo213

0299. 盖房子　修房 ɕiəu55faŋ42

0300. 房子整座的，不包括院子　房 faŋ42

0301. 屋子房子里分隔而成的，统称

　　　　屋 Øu55

0302. 卧室　睡房 suei213faŋ42

0303. 茅屋茅草等盖的　草房 tʂhɑo354faŋ42

0304. 厨房　灶火 tsɑo21xuɤ354

0305. 灶统称　灶 tsɑo213

0306. 锅统称　锅 kuɤ55

0307. 饭锅煮饭的　锅 kuɤ55

0308. 菜锅炒菜的　锅 kuɤ55

0309. 厕所旧式的,统称　茅厕 mɑo42sʅ354

0310. 檩左右方向的　檩条 lin354thiɑo42

0311. 柱子　柱头 tʂu213thəu0

0312. 大门　大门 tʌ213mən42

0313. 门槛儿　门槛 mən42khan354

0314. 窗旧式的　窗子 tʂhuaŋ55tsʅ0/窗户 tʂhuaŋ55xu0

0315. 梯子可移动的　梯子 thi55tsʅ0

0316. 扫帚统称　笤帚 thiɑo42tsu42/扫把 sɑo21pʌ0

0317. 扫地　扫地 sɑo35ti213

0318. 垃圾　渣子 tsʌ55tsʅ0

（二）家具

0319. 家具统称　家具 tɕiʌ55tɕy0

0320. 东西我的～　东西 toŋ55ɕi0

0321. 炕土、砖砌的,睡觉用　无

0322. 床木质的,睡觉用　床 tʂhuaŋ42

0323. 枕头　枕头 tʂən354thəu42

0324. 被子　铺盖 phu55kai0

0325. 棉絮　棉絮 mian42ɕy213

0326. 床单　单子 tan55tsʅ0

0327. 褥子　坝铺盖 pʌ213phu55kai0

0328. 席子　席 ɕi42

0329. 蚊帐　帐子 tsaŋ213tsʅ0

0330. 桌子统称　桌子 tsuɤ55tsʅ0

0331. 柜子统称　柜子 kuei213tsʅ0

0332. 抽屉桌子的　抽匣 tʂhəu55ɕiʌ42

0333. 案子长条形的　案子 ŋan213tsʅ0

0334. 椅子统称　椅子 Øi354tsʅ0

0335. 凳子统称　板凳 pan354təŋ0

0336. 马桶有盖的　尿桶 ȵiɑo21thoŋ354

（三）用具

0337. 菜刀　刀 tɑo55

0338. 瓢舀水的　水马勺 suei354mʌ42ʂuɤ42

0339. 缸　缸 kaŋ55

0340. 坛子装酒的～　坛子 than42tsʅ0

0341. 瓶子装酒的～　瓶子 phin42tsʅ0

0342. 盖子杯子的～　盖盖 kai213kai0

0343. 碗统称　碗 Øuan354

0344. 筷子　筷子 khuai213tsʅ0

0345. 汤匙　勺勺 ʂuɤ42ʂuɤ0

0346. 柴火统称　柴 tʂhai42

0347. 火柴　洋火 Øiaŋ42xuɤ354

0348. 锁　锁子 suɤ354tsʅ0

0349. 钥匙　钥匙 Øyɤ55ʂʅ42

0350. 暖水瓶　电壶 tian213xu42

0351. 脸盆　洗脸盆 ɕi35lian354phən42

0352. 洗脸水　洗脸水 ɕi35lian35suei354

0353. 毛巾洗脸用　洗脸手巾 ɕi35lian35ʂəu354tɕin42

0354. 手绢　手巾 ʂəu354tɕin55/手帕 ʂəu354phʌ213

0355. 肥皂洗衣服用　洋碱 Øiaŋ42tɕian354

0356. 梳子旧式的,不是篦子　木梳

mu55su42

0357. 缝衣针　针 tʂən55

0358. 剪子　剪子 tɕian354tsʅ0

0359. 蜡烛　洋蜡 Øiaŋ42lʌ55

0360. 手电筒　手电 ʂəu35tian213

0361. 雨伞挡雨的，统称　伞 san354

0362. 自行车　自行车 tsʅ213ɕin42tʂhɤ55

六、服饰、饮食

（一）服饰

0363. 衣服统称　衣裳 Øi55saŋ0

0364. 穿～衣服　穿 tʂhuan55

0365. 脱～衣服　脱 thuɤ55

0366. 系～鞋带　绑 paŋ354

0367. 衬衫　衬衣 tʂhən213Øi42

0368. 背心带两条杠的，内衣　背心 pei213ɕin55

0369. 毛衣　毛衣 mɑo42Øi55

0370. 棉衣　棉袄 mian42ŋɑo354

0371. 袖子　袖子 ɕiəu213tsʅ0

0372. 口袋衣服上的　包包 pɑo55pɑo0

0373. 裤子　裤子 khu213tsʅ0

0374. 短裤外穿的　裤衩 khu21tshʌ354

0375. 裤腿　裤腿 khu21thuei354

0376. 帽子统称　帽子 mɑo213tsʅ0

0377. 鞋子　鞋 xai42

0378. 袜子　袜子 ØuʌA55tsʅ0

0379. 围巾　围巾 Øuei42tɕin42

0380. 围裙　裙裙 tɕhyn42tɕhyn0

0381. 尿布　尿片子 ɲiɑo21phian213tsʅ0

0382. 扣子　纽子 ɲiəu354tsʅ0

0383. 扣～扣子　扣 khəu213

0384. 戒指　戒指 tɕiɛ213tsʅ0

0385. 手镯　镯子 tsuɤ42tsʅ0

0386. 理发　剃头 thi213thəu42

0387. 梳头　梳头 su55thəu42

（二）饮食

0388. 米饭　蒸饭 tʂən55fan0

0389. 稀饭用米熬的，统称　稀饭 ɕi55fan0

0390. 面粉麦子磨的，统称　面 mian213

0391. 面条统称　面 mian213

0392. 面儿玉米～，辣椒～　面 mian213

0393. 馒头无馅儿的，统称　蒸馍 tʂən55muɤ42

0394. 包子　包子 pɑo55tsʅ0

0395. 饺子　饺子 tɕiɑo354tsʅ0

0396. 馄饨　馄饨 xuən42thuən55

0397. 馅儿　馅子 ɕyan213tsʅ0

0398. 油条长条形的，旧称　油果子 Øiəu42kuɤ354tsʅ0

0399. 豆浆　豆浆 təu213tɕiaŋ55

0400. 豆腐脑儿　豆腐脑 təu213fu0lɑo354

0401. 元宵食品　元宵 Øyan42ɕiɑo0

0402. 粽子　粽子 tsoŋ213tsʅ0

0403. 年糕用黏性大的米或米粉做的　无

0404. 点心统称　糕点 kɑo55tian354

0405. 菜吃饭时吃的，统称　菜 tshai213

0406. 干菜统称　干菜 kan55tshai213

0407. 豆腐　豆腐 təu213fu0

0408. 猪血当菜的　猪血 tshu55ɕiɛ55

0409. 猪蹄当菜的　蹄子 thi42tsʅ0

0410. 猪舌头当菜的，注意婉称　口条 khəu354thiɑo42

0411. 猪肝当菜的，注意婉称　肝子

kan55tsʅ0

0412. 下水猪、牛、羊的内脏　下水 ɕiʌ21suei354

0413. 鸡蛋　鸡蛋 tɕi55tan0

0414. 松花蛋　皮蛋 phi42tan0

0415. 猪油　大油 tʌ213Øiəu42

0416. 香油　香油 ɕiaŋ55Øiəu42

0417. 酱油　酱油 tɕiaŋ213Øiəu42

0418. 盐名词　盐 Øian42

0419. 醋注意婉称　醋 tʂhu213

0420. 香烟　纸烟 tsʅ354Øian55

0421. 旱烟　旱烟 xan213Øian55

0422. 白酒　酒 tɕiəu354

0423. 黄酒　黄酒 xuaŋ42tɕiəu354

0424. 江米酒酒酿，醪糟　醪糟 lao42tsɑo42

0425. 茶叶　茶 tshʌ42

0426. 沏~茶　泡 phɑo213

0427. 冰棍儿　冰棍儿 pin55kuənr213

0428. 做饭统称　做饭 tsu21fan213

0429. 炒菜统称，和做饭相对　炒菜 tshɑo35tshai213

0430. 煮~带壳的鸡蛋　煮 tsu354

0431. 煎~鸡蛋　炕 khaŋ213

0432. 炸~油条　炸 tsʌ42

0433. 蒸~鱼　蒸 tʂən55

0434. 揉~面做馒头等　□tshai55

0435. 擀~面，~皮儿　擀 kan354

0436. 吃早饭　吃早饭 tʂhʅ55tsɑo354fan0

0437. 吃午饭　吃晌午 tʂhʅ55ʂaŋ354Øu0

0438. 吃晚饭　吃夜饭 tʂhʅ55ØiE213fan0

0439. 吃~饭　吃 tʂhʅ55

0440. 喝~酒　喝 xɤ55

0441. 喝~茶　喝 xɤ55

0442. 抽~烟　吃 tʂhʅ55

0443. 盛~饭　舀 Øiao354

0444. 夹用筷子~菜　叨 tao55

0445. 斟~酒　倒 tao213

0446. 渴口~　渴 khɤ55

0447. 饿肚子~　饿 ŋɤ213

0448. 噎吃饭~着了　噎 ØiE55

七、身体、医疗

（一）身体

0449. 头人的，统称　脑壳 lao354kɤ42

0450. 头发　头发 thəu42fʌ0

0451. 辫子　毛紒 mao213kai0

0452. 旋　旋 ɕyan42

0453. 额头　额颅 ŋei55lu0

0454. 相貌　样子 Øiaŋ213tsʅ0

0455. 脸洗~　脸 lian354

0456. 眼睛　眼睛 ȵian354tɕin0

0457. 眼珠统称　眼珠 ȵian354tsu55

0458. 眼泪哭的时候流出来的　眼泪水 ȵian35luei21suei354

0459. 眉毛　眉毛 mi42mao0

0460. 耳朵　耳朵 Øər354tuɤ0

0461. 鼻子　鼻子 pi42tsʅ0

0462. 鼻涕统称　鼻 pi42

0463. 擤~鼻涕　擤 ɕin354

0464. 嘴巴人的，统称　嘴 tsuei354

0465. 嘴唇　嘴皮 tsuei354phi42

0466. 口水~流出来　口水 khəu35suei354

0467. 舌头　舌头 ʂɤ42thəu42

0468. 牙齿　牙 ØiʌA42

0469. 下巴　下巴 xʌ213pʌ0

0470. 胡子嘴周围的　胡子 xu42tsɿ0

0471. 脖子　颈项 tɕin354xaŋ0

0472. 喉咙　喉咙 xəu42loŋ42

0473. 肩膀　肩膀 tɕian55paŋ354

0474. 胳膊　胳膊 kɤ55phuɤ42

0475. 手方言指（打√）：只指手√；包括臂：他的～撑断了　手 ʂəu354

0476. 左手　左手 tsuɤ35ʂəu354

0477. 右手　右手 øiəu21ʂəu354

0478. 拳头　掟子 tin213tsɿ0

0479. 手指　手指拇 ʂəu35tsɿ35mu354

0480. 大拇指　大指拇 ta213tsɿ35mu354

0481. 食指　二指拇 øər213tsɿ35mu354

0482. 中指　中指拇 tsoŋ55tsɿ35mu354

0483. 无名指　四指拇 si213tsɿ35mu354

0484. 小拇指　小指拇 ɕiao35tsɿ35mu354

0485. 指甲　指甲 tsɿ354tɕiʌ42

0486. 腿　腿杆 thuei354kan42

0487. 脚方言指（打√）：只指脚√；包括小腿；包括小腿和大腿：他的～轧断了　脚 tɕyɤ55

0488. 膝盖指部位　圪膝盖 khɤ55tɕi0kai213

0489. 背名词　背 pei213

0490. 肚子腹部　肚子 tu213tsɿ0

0491. 肚脐　脐脐窝 pu42tɕiəu0øuɤ42

0492. 乳房女性的　奶奶 lai354lai0

0493. 屁股　沟子 kəu55tsɿ0

0494. 肛门　屁眼 phi21ȵian354

0495. 阴茎成人的　鸡巴 tɕi55pʌ0

0496. 女阴成人的　屄 phi55

0497. 肏动词　合 zɿ55

0498. 精液　尿 soŋ42

0499. 来月经注意婉称　来例假 lai42li21tɕiʌ354

0500. 拉屎　屙屎 pʌ35sɿ354

0501. 撒尿　屙尿 øuɤ55ȵiao213

0502. 放屁　放屁 faŋ21phi213

0503. 相当于"他妈的"的口头禅　去他妈的 tɕhi213thA55ma55ti0

（二）疾病、医疗

0504. 病了　有病了 øiəu35pin213lao0

0505. 着凉　受凉 ʂəu213liaŋ42

0506. 咳嗽　咳嗽 kɤ42səu0

0507. 发烧　发烧 fʌ55ʂao55

0508. 发抖　发冷惊 fʌ55lən354tɕin0

0509. 肚子疼　肚子痛 tu213tsɿ0thoŋ42

0510. 拉肚子　拉稀 lʌ55ɕi55

0511. 患疟疾　打摆子 tʌ35pai354tsɿ0

0512. 中暑　中暑 tsoŋ21su354

0513. 肿　肿 tsoŋ354

0514. 化脓　溃脓 xuei213loŋ42

0515. 疤好了的　僵疤 tɕiaŋ55pʌ0

0516. 癣　癣 ɕyan354

0517. 痣凸起的　鷰子 ȵian354tsɿ0

0518. 疙瘩蚊子咬后形成的　包 pao55

0519. 狐臭　臭根子 tʂhəu213kən55tsɿ0

0520. 看病　看病 khan21pin213

0521. 诊脉　拉脉 lʌ55mei55

0522. 针灸　扎针 tsʌ55tʂən55

0523. 打针　打针 tʌ354tʂən55

0524. 打吊针　打吊针 tʌ35tiao213tʂən55

0525. 吃药统称　喝药 xɤ55øyɤ55

0526. 汤药　中药 tsoŋ55øyɤ42

0527. 病轻了　病松了 piŋ213soŋ55lɑo0

八、婚丧、信仰

（一）婚育

0528. 说媒　说媒 suɤ55mei42

0529. 媒人　媒婆 mei42phuɤ42/红爷 xoŋ42ØiE42

0530. 相亲　相亲 ɕiaŋ55tɕhin55

0531. 订婚　订婚 tiŋ213xuən55

0532. 嫁妆　陪嫁 phei42tɕiʌ213

0533. 结婚统称　结婚 tɕiE55xuən55

0534. 娶妻子男子～，动宾　接老婆 tɕiE55lɑo354phuɤ0

0535. 出嫁女子～　嫁人 tɕiʌ213ʐən42

0536. 拜堂　拜堂 pai213thɑŋ42

0537. 新郎　新郎官 ɕin55laŋ42kuan0

0538. 新娘子　新媳妇 ɕin55ɕi42fu0

0539. 孕妇　怀娃婆 xuai42ØuʌNG42phuɤ42

0540. 怀孕　怀娃 xuai42ØuʌNG42

0541. 害喜妊娠反应　害喜 xai21ɕi354

0542. 分娩　生娃 sən55ØuʌNG42

0543. 流产　小产 ɕiɑo35tshan354

0544. 双胞胎　双生子 suaŋ42sən55tsɿ0

0545. 坐月子　坐月子 tsuɤ213Øyɤ55tsɿ0

0546. 吃奶　吃奶 tʂʰɿ55lai354

0547. 断奶　断奶 tuan21lai354

0548. 满月　满月 man354Øyɤ55

0549. 生日统称　生日 sən55ʐɿ0

0550. 做寿　做生日 tsu213sən55ʐɿ0

（二）丧葬

0551. 死统称　死 sɿ354

0552. 死婉称，最常用的几种，指老人：他～了　走 tsəu354

0553. 自杀　寻短见 ɕyn42tuan354tɕian0

0554. 咽气　断气 tuan21tɕhi213

0555. 入殓　入棺 ʐu55kuan55

0556. 棺材　枋子 faŋ55tsɿ0

0557. 出殡　发丧 fʌ55saŋ55

0558. 灵位　灵牌 liŋ42phai42

0559. 坟墓单个的，老人的　坟 fən42

0560. 上坟　上坟 ʂaŋ213fən42

0561. 纸钱　纸 tsɿ354

（三）信仰

0562. 老天爷　天老爷 thian55lɑo0ØiE42

0563. 菩萨统称　菩萨 phu42sʌ0

0564. 观音　观音菩萨 kuan55Øin55phu42sʌ0

0565. 灶神口头的叫法，其中如有方言亲属称谓要释义　灶神爷 tsɑo213ʂən0ØiE42

0566. 寺庙　庙 miɑo213

0567. 祠堂　祠堂 tshɿ42thaŋ42

0568. 和尚　和尚 xɤ42ʂaŋ0

0569. 尼姑　尼姑 ȵi42ku0

0570. 道士　道人 tɑo213ʐən42

0571. 算命统称　算命 suan21miŋ213

0572. 运气　运气 Øyn213tɕhi0

0573. 保佑　保佑 pɑo35Øiəu213

九、人品、称谓

（一）人品

0574. 人一个～　人 ʐən42

0575. 男人成年的，统称　男人 lan42ʐən42

0576. 女人三四十岁已婚的，统称　女人 ŋ̍y354z̩ən42

0577. 单身汉　光棍 kuaŋ55kuən213

0578. 老姑娘　老姑娘 lao354ku55n̡iaŋ42

0579. 婴儿　月娃 øyɤ55øuʌ42

0580. 小孩儿三四岁的，统称　小娃 ɕiao354øuʌ42

0581. 男孩儿统称：外面有个～在哭　男娃 lan42øuʌ42

0582. 女孩儿统称：外面有个～在哭　女娃 n̡y354øuʌ42

0583. 老人七八十岁的，统称　老人 lao354z̩ən42

0584. 亲戚统称　亲戚 tɕhin55tɕhi0

0585. 朋友统称　朋友 phəŋ42øiəu354

0586. 邻居统称　邻居 lin42tɕy0

0587. 客人　客 khei55

0588. 农民　农民 loŋ42min42

0589. 商人　生意人 sən55øi0z̩ən42

0590. 手艺人统称　匠人 tɕiaŋ213z̩ən0

0591. 泥水匠　泥瓦匠 n̡i42øuʌ35tɕiaŋ213

0592. 木匠　木匠 mu55tɕiaŋ0

0593. 裁缝　裁缝 tshai42fəŋ42

0594. 理发师　剃头匠 thi213thəu42tɕiaŋ213

0595. 厨师　厨子 tshu42ts̩0

0596. 师傅　师傅 s̩55fu0

0597. 徒弟　徒弟 thu42ti0

0598. 乞丐统称，非贬称（无统称则记成年男的）　叫花子 tɕiao213xuʌ42ts̩0

0599. 妓女　野鸡 øiE354tɕi55

0600. 流氓　流氓 liəu42maŋ42

0601. 贼　贼娃子 tsei42øuʌ42ts̩0

0602. 瞎子统称，非贬称（无统称则记成年男的）　瞎子 xʌ55ts̩0

0603. 聋子统称，非贬称（无统称则记成年男的）　聋子 loŋ55ts̩0

0604. 哑巴统称，非贬称（无统称则记成年男的）　哑巴 øiʌ354pʌ0

0605. 驼子统称，非贬称（无统称则记成年男的）　驼背 thuɤ42pei213

0606. 瘸子统称，非贬称（无统称则记成年男的）　跛子 pai55ts̩0

0607. 疯子统称，非贬称（无统称则记成年男的）　疯子 fəŋ55ts̩0

0608. 傻子统称，非贬称（无统称则记成年男的）　瓜子 kuʌ354ts̩0

0609. 笨蛋蠢的人　笨蛋 pən21tan213

（二）称谓

0610. 爷爷呼称，最通用的　爷爷 øiE42øiE0

0611. 奶奶呼称，最通用的　婆婆 phuɤ42phuɤ0

0612. 外祖父叙称　外爷 øuei213øiE0

0613. 外祖母叙称　外婆 øuei213phuɤ0

0614. 父母合称　老的 lao354ti0/老人 lao354z̩ən42

0615. 父亲叙称　爸爸 pʌ42pʌ0

0616. 母亲叙称　妈 mʌ55

0617. 爸爸呼称，最通用的　爸爸 pʌ42pʌ0

0618. 妈妈呼称，最通用的　妈 mʌ55

0619. 继父叙称　后爸 xəu213pʌ42

0620. 继母叙称　后妈 xəu213mʌ55

0621. 岳父叙称　姨父 øi42fu0

0622. 岳母叙称　姨姨 ɵi42ɵi0

0623. 公公叙称　公公 koŋ55koŋ0

0624. 婆婆叙称　婆婆 phuɣ42phuɣ0

0625. 伯父呼称，统称　爸 pʌ42

0626. 伯母呼称，统称　妈 mʌ55

0627. 叔父呼称，统称　爸 pʌ42

0628. 叔父呼称，排行最小的，如"幺叔" 幺爸 ɵiao55pʌ42

0629. 叔母呼称，统称　幺妈 ɵiao55mʌ55

0630. 姑呼称，统称（无统称则记分称：比父大，比父小；已婚，未婚）　姑姑 ku55ku0

0631. 姑父呼称，统称　姑父 ku55fu0

0632. 舅舅呼称　舅舅 tɕiəu213tɕiəu0

0633. 舅妈呼称　舅母 tɕiəu21mu354

0634. 姨呼称，统称（无统称则记分称：比母大，比母小；已婚，未婚）　姨姨 ɵi42ɵi0

0635. 姨父呼称，统称　姨父 ɵi42fu0

0636. 弟兄合称　弟兄 ti213ɕioŋ0

0637. 姊妹合称　姊妹 tsʅ354mei0

0638. 哥哥呼称，统称　哥 kɣ55

0639. 嫂子呼称，统称　嫂嫂 sao354sao0

0640. 弟弟叙称　弟弟 ti213ti0

0641. 弟媳叙称　兄弟媳妇 ɕioŋ55ti0ɕi42fu0

0642. 姐姐呼称，统称　姐姐 tɕiɛ354tɕiɛ0

0643. 姐夫呼称　姐夫 tɕiɛ354fu0

0644. 妹妹叙称　妹妹 mei213mei0

0645. 妹夫叙称　妹夫 mei213fu0

0646. 堂兄弟叙称，统称　堂兄弟 thaŋ42ɕioŋ55ti0

0647. 表兄弟叙称，统称　老表 lao35piao354

0648. 妯娌弟兄妻子的合称　先后 ɕian213xəu0

0649. 连襟姊妹丈夫的关系，叙称　挑担 thiao354tan0

0650. 儿子叙称：我的～　儿 ɵər42

0651. 儿媳妇叙称：我的～　儿媳妇 ɵər42ɕi42fu0

0652. 女儿叙称：我的～　女子 ny354tsʅ0

0653. 女婿叙称：我的～　女婿 ny354ɕi0

0654. 孙子儿子之子　孙子 suən55tsʅ0

0655. 重孙子儿子之孙　重孙 tshoŋ42suən0

0656. 侄子弟兄之子　侄儿 tsʅ42ɵər0

0657. 外甥姐妹之子　外甥 ɵuai213səŋ0

0658. 外孙女儿之子　外孙 ɵuai213suən55

0659. 夫妻合称　两口子 liaŋ35khəu354tsʅ0

0660. 丈夫叙称，最通用的，非贬称：她的～　家里人 tɕiʌ55li0ʐən42

0661. 妻子叙称，最通用的，非贬称：他的～　屋里人 ɵu55li0ʐən42

0662. 名字　名字 min42tsʅ0

0663. 绰号　外号 ɵuai21xao213

十、农、工、商、文

（一）农业

0664. 干活儿统称：在地里～　做活 tsu213xuɣ42

0665. 事情一件～　事 sʅ213

0666. 插秧　栽秧 tsai55ɵiaŋ55

0667. 割稻　割谷子 kɣ55ku55tsʅ0

0668. 种菜　种菜 tsoŋ21tshai213

0669. 犁名词　犁 li42
0670. 锄头　锄头 tʂhu42thəu42
0671. 镰刀　镰刀 lian42tɑo0
0672. 把儿刀~　把把 pʌ213pʌ0
0673. 扁担　扁挑 pian354thiao42
0674. 箩筐　箩斗 luɤ42təu0
0675. 筛子统称　筛子 sai55tsʅ0
0676. 簸箕农具，有梁的　撮箕 tshuɤ55tɕi0
0677. 簸箕簸米用　簸箕 puɤ354tɕi0
0678. 独轮车　鸡公车 tɕi55koŋ55tʂhɤ55
0679. 轮子旧式的，如独轮车上的　轱辘 ku55lu0
0680. 碓整体　碓窝 tuei213Øuɤ42
0681. 臼　石窝 ʂʅ42Øuɤ42
0682. 磨名词　磨 muɤ213
0683. 年成　年成 ȵian42tʂhən42

(二) 工商业

0684. 走江湖统称　跑江湖 phao354tɕiaŋ55xu42
0685. 打工　打工 tʌ354koŋ55
0686. 斧子　斧头 fu354thəu0
0687. 钳子　钳子 tɕhian42tsʅ0
0688. 螺丝刀　起子 tɕhi354tsʅ0
0689. 锤子　钉锤 tin55tshuei42
0690. 钉子　钉子 tin55tsʅ0
0691. 绳子　绳子 sən42tsʅ0
0692. 棍子　棍棍 kuən213kuən0／棒棒 paŋ213paŋ0
0693. 做买卖　做生意 tsu213sən55Øi0
0694. 商店　铺子 phu213tsʅ0
0695. 饭馆　馆子 kuan354tsʅ0
0696. 旅馆旧称　旅店 ly35tian213

0697. 贵　贵 kuei213
0698. 便宜　便宜 phian42Øi0
0699. 合算　划得来 xuʌ42ti0lai42
0700. 折扣　折扣 tʂɤ55khəu213
0701. 亏本　亏了 kuei55lao0
0702. 钱统称　钱 tɕhian42
0703. 零钱　零钱 lin42tɕhian42
0704. 硬币　硬币 ȵin21pi213
0705. 本钱　本钱 pən354tɕhian42
0706. 工钱　工钱 koŋ55tɕhian42
0707. 路费　盘缠 phan42tʂhan0
0708. 花~钱　使 sʅ354
0709. 赚卖一斤能~一毛钱　挣 tsən213
0710. 挣打工~了一千块钱　挣 tsən213
0711. 欠~他十块钱　欠 tɕhian213
0712. 算盘　算盘 suan213phan0
0713. 秤统称　秤 tʂhən213
0714. 称用秤~　称 tʂhən55
0715. 赶集　赶集 kan354tɕi42
0716. 集市　集 tɕi42
0717. 庙会　会 xuei213

(三) 文化、娱乐

0718. 学校　学校 ɕyɤ42ɕiao213
0719. 教室　教室 tɕiao213ʂʅ42
0720. 上学　上学 ʂaŋ213ɕyɤ42
0721. 放学　放学 faŋ213ɕyɤ42
0722. 考试　考试 khao35sʅ213
0723. 书包　书包 su55pao55
0724. 本子　本子 pən354tsʅ0
0725. 铅笔　铅笔 tɕhian55pi55
0726. 钢笔　钢笔 kaŋ55pi55
0727. 圆珠笔　圆子笔 Øyan42tsʅ0pi55

0728. 毛笔　毛笔 mɑo42pi55
0729. 墨　　墨 mei42
0730. 砚台　砚台 ɸian213thai42
0731. 信一封~　信 ɕin213
0732. 连环画　娃娃书 ɸuʌ42ɸuʌ0su55
0733. 捉迷藏　藏猫虎 tɕiɑŋ42mɑo55xu0
0734. 跳绳　跳绳 thiɑo213ʂən42
0735. 毽子　毽子 tɕian213tsʅ0
0736. 风筝　风筝 fəŋ55tsən0
0737. 舞狮　耍狮子 suʌ354sʅ55tsʅ0
0738. 鞭炮统称　炮 phɑo213
0739. 唱歌　唱歌 tʂhaŋ213kɤ55
0740. 演戏　唱戏 tʂhaŋ21ɕi213
0741. 锣鼓统称　锣鼓家什
　　　　luɤ42ku0tɕiʌ55sʅ0
0742. 二胡　二胡 ɸər213xu42
0743. 笛子　笛子 ti42tsʅ0
0744. 划拳　猜猜猜
　　　　tshai42tshai354tshai42
0745. 下棋　下棋 ɕiʌ213tɕhi42
0746. 打扑克　打牌 tʌ354phai42
0747. 打麻将　打麻将 tʌ354mʌ42tɕiaŋ0
0748. 变魔术　耍把戏 suʌ35pʌ354ɕi0
0749. 讲故事　讲故事 tɕiaŋ35ku21sʅ213
0750. 猜谜语　猜谜语 tshuai42mi21y354
0751. 玩儿游玩：到城里~　耍 suʌ354
0752. 串门儿　串门 tshuan213mən42
0753. 走亲戚　走亲戚
　　　　tsəu354tɕhin55tɕhi0

十一、动作、行为

（一）具体动作

0754. 看~电视　看 khan213

0755. 听用耳朵~　听 thin55
0756. 闻嗅：用鼻子~　闻 ɸuən42
0757. 吸~气　吸 ɕi55
0758. 睁~眼　睁 tsən55
0759. 闭~眼　闭 pi213
0760. 眨~眼　眨 tsʌ354
0761. 张~嘴　张 tʂaŋ55
0762. 闭~嘴　闭 pi213
0763. 咬狗~人　咬 ȵiɑo354
0764. 嚼把肉~碎　嚼 tɕiɑo42
0765. 咽~下去　咽 ɸian213
0766. 舔人用舌头~　舔 thian354
0767. 含~在嘴里　含 xan42
0768. 亲嘴　亲嘴 tɕhin55tsuei354
0769. 吮吸用嘴唇聚拢吸取液体，如吃奶时
　　　　ʈʂʌ55
0770. 吐上声，把果核儿~掉　吐 thu354
0771. 吐去声，呕吐：喝酒喝~了
　　　　吐 thu354
0772. 打喷嚏　打喷嚏 tʌ35phən213thiɛ0
0773. 拿用手把苹果~过来　拿 lʌ42
0774. 给他~我一个苹果　给 kei213
0775. 摸~头　摸 muɤ55
0776. 伸~手　伸 tʂhən55
0777. 挠~痒痒　抠 khəu55
0778. 掐用拇指和食指的指甲~皮肉　掐
　　　　tɕhiʌ55
0779. 拧~螺丝　拧 ȵin42
0780. 拧~毛巾　拧 ȵin42
0781. 捻用拇指和食指来回~碎
　　　　捻 ȵian354
0782. 掰把橘子~开，把馒头~开
　　　　掰 pei55

0783. 剥 ～花生　剥 puɤ55

0784. 撕把纸～了　扯 tʂhɤ354

0785. 折把树枝～断　撇 phiE354

0786. 拔 ～萝卜　拔 pʌ42

0787. 摘 ～花　摘 tsei42

0788. 站站立：～起来　站 tsan213

0789. 倚斜靠：～在墙上　靠 khɑo213

0790. 蹲 ～下　跍 ku55

0791. 坐 ～下　坐 tsuɤ213

0792. 跳青蛙～起来　跳 thiɑo213

0793. 迈跨过高物：从门槛上～过去　□ tɕhiʌ42

0794. 踩脚～在牛粪上　踩 tshai354

0795. 翘 ～腿　翘 tɕhiɑo213

0796. 弯 ～腰　弯 Øuan55

0797. 挺 ～胸　挺 thin354

0798. 趴 ～着睡　趴 phʌ42

0799. 爬小孩儿在地上～　爬 phʌ42

0800. 走慢慢儿～　走 tsəu354

0801. 跑慢慢儿走，别～　跑 phɑo354

0802. 逃逃跑：小偷儿～走了　逃 thɑo42

0803. 追追赶：～小偷儿　撵 ȵian354/断 tuan213

0804. 抓 ～小偷儿　逮 tai42

0805. 抱把小孩儿～在怀里　抱 pɑo213

0806. 背 ～孩子　背 pei55

0807. 搀 ～老人　搀 tshan55

0808. 推几个人一起～汽车　㧢 tshəu55

0809. 摔跌：小孩儿～倒了　蹿 pan213

0810. 撞人～到电线杆　怼 tuei42

0811. 挡你～住我了，我看不见　挡 taŋ354

0812. 躲躲藏：他～在床底下　藏 tɕhiaŋ42

0813. 藏藏放，收藏：钱～在枕头下面　藏 tɕhiaŋ42

0814. 放把碗～在桌子上　放 faŋ213

0815. 摞把砖～起来　摞 luɤ213

0816. 埋 ～在地下　埋 mai42

0817. 盖把茶杯～上　盖 kai213

0818. 压用石头～住　压 ØiʌA213

0819. 摁用手指按：～图钉　按 ŋan213

0820. 捅用棍子～鸟窝　瓦 tuɤ55

0821. 插把香～到香炉里　插 tshʌ55

0822. 戳 ～个洞　戳 tshuɤ55

0823. 砍 ～树　砍 khan354

0824. 剁把肉～碎做馅儿　剁 tuɤ213

0825. 削 ～苹果　削 ɕyɤ55

0826. 裂木板～开了　□ piE213

0827. 皱皮～起来　簇 tshu55

0828. 腐烂死鱼～了　发 fʌ55

0829. 擦用毛巾～手　擦 tshʌ55

0830. 倒把碗里的剩饭～掉　倒 tɑo213

0831. 扔丢弃：这个东西坏了，～了它　扔 Øər354

0832. 扔投掷：比一比谁～得远　撂 liɑo213

0833. 掉掉落，坠落：树上～下一个梨　落 luɤ55

0834. 滴水～下来　跌 tiE55

0835. 丢丢失：钥匙～了　折 ʂɤ42

0836. 找寻找：钥匙～到了　找 tsɑo354

0837. 捡 ～到十块钱　捡 tɕian354

0838. 提用手把篮子～起来　□ tiʌ55

0839. 挑 ～担　担 tan55

0840. 扛把锄头～在肩上　挼 lɑo354

0841. 抬 ～轿　抬 thai42

0842. 举 ～旗子　㧗 tsəu354

0843. 撑 ~伞　　　撑 tshən55
0844. 撬把门~开　撬 tɕhiɑo213
0845. 挑挑选，选择：你自己~一个
　　　 选 ɕyan354
0846. 收拾 ~东西　拾掇 ʂʅ42tuɤ0
0847. 挽 ~袖子　　挽 mian354
0848. 涮把杯子~一下　涮 suan213
0849. 洗 ~衣服　　洗 ɕi354
0850. 捞 ~鱼　　　捞 lɑo42
0851. 拴 ~牛　　　拴 suan55
0852. 捆 ~起来　　捆 khuən354
0853. 解 ~绳子　　解 kai354
0854. 挪 ~桌子　　攒 tsan354
0855. 端 ~碗　　　端 tuan55
0856. 摔碗~碎了　打 tʌ354
0857. 掺 ~水　　　掺 tshan55
0858. 烧 ~柴　　　烧 ʂɑo55
0859. 拆 ~房子　　拆 tshei55
0860. 转 ~圈儿　　转 tsuan213
0861. 搥用拳头~　　扠 tsaŋ42
0862. 打统称：他~了我一下　打 tʌ354
0863. 打架动手：两个人在~　打捶
　　　 tʌ354tshuei42
0864. 休息　　歇气 ɕiE55tɕhi354
0865. 打哈欠　打哈欠 tʌ354xɤ55ɕian0
0866. 打瞌睡　窜盹 tshuan55tuən354
0867. 睡他已经~了　睡 suei213
0868. 打呼噜　扯鼾 tʂhɤ354xan55
0869. 做梦　　做梦 tsu21məŋ213
0870. 起床　　起来 tɕhi354lai0
0871. 刷牙　　刷牙 suʌ55ŋiʌ42
0872. 洗澡　　洗澡 ɕi35tsɑo354

（二）抽象动作

0873. 想思索：让我~一下　想 ɕiaŋ354
0874. 想想念：我很~他　想 ɕiaŋ354
0875. 打算我~开个店　想 ɕiaŋ354
0876. 记得　　记得 tɕi213ti0
0877. 忘记　　忘 ø̃uaŋ213
0878. 怕害怕：你别~　怕 phʌ213
0879. 相信我~你　相信 ɕiaŋ55ɕin213
0880. 发愁　　愁 tshəu42
0881. 小心过马路要~　小心
　　　 ɕiɑo354ɕin55
0882. 喜欢 ~看电视　爱 ŋai213
0883. 讨厌 ~这个人　讨厌
　　　 thɑo35ø̃ian213
0884. 舒服凉风吹来很~　舒服 su55fu0
0885. 难受生理的　难受 lan42ʂəu213
0886. 难过心理的　难受 lan42ʂəu213
0887. 高兴　　高兴 kɑo55ɕin213
0888. 生气　　怄气 ŋəu21tɕhi213
0889. 责怪　　怪 kuai213
0890. 后悔　　后悔 xəu21xuei354
0891. 忌妒　　勾嫉 kəu21tɕi213
0892. 害羞　　嫌羞人 ɕian42ɕiəu55ʐən42
0893. 丢脸　　丢人 tiəu55ʐən42
0894. 欺负　　欺负 tɕhi55fu0
0895. 装 ~病　　装 tsuaŋ55
0896. 疼 ~小孩儿　爱 ŋai213
0897. 要我~这个　要 ø̃iɑo213
0898. 有我~一个孩子　有 ø̃iəu354
0899. 没有他~孩子　没得 muɤ42ti0
0900. 是我~老师　是 sʅ213
0901. 不是他~老师　不是 pu42sʅ213

0902. 在他~家　在 tsai213
0903. 不在他~家　不在 pu42tsai213
0904. 知道我~这件事　知道 tʂɿ55tao0
0905. 不知道我~这件事　不知道 pu42tʂɿ55tao0
0906. 懂我~英语　会 xuei213
0907. 不懂我~英语　不会 pu42xuei213
0908. 会我~开车　会 xuei213
0909. 不会我~开车　不会 pu42xuei213
0910. 认识我~他　认得 zʅən213ti0
0911. 不认识我~他　认不得 zʅən213pu0ti0
0912. 行应答语　行 ɕin42
0913. 不行应答语　不行 pu42ɕin42
0914. 肯~来　愿意 Øyan21ʅi213
0915. 应该~去　应该 Øin213kai55
0916. 可以~去　可以 khɤ354Øi0

(三) 言语

0917. 说~话　说 suɤ55
0918. 话说~　话 xuʌ213
0919. 聊天儿　谝闲传 phian354ɕian42tʂhuan42
0920. 叫~他一声儿　叫 tɕiao213
0921. 吆喝大声喊　吼 xəu354
0922. 哭小孩儿~　哭 khu55
0923. 骂当面~人　噘 tɕyɤ42
0924. 吵架动嘴：两个人在~　吵嘴 tʂhao35tsuei354
0925. 骗~人　哄 xoŋ354
0926. 哄~小孩儿　哄 xoŋ354
0927. 撒谎　说谎 suɤ55xuaŋ354
0928. 吹牛　谝嘴 phian35tsuei354

0929. 拍马屁　舔沟子 liʌ354kəu55tsɿ0
0930. 开玩笑　说笑 suɤ55ɕiao213
0931. 告诉~他　说 suɤ55
0932. 谢谢致谢语　谢了 ɕiɛ213lao0
0933. 对不起致歉语　对不起 tuei213pu0tɕhi354
0934. 再见告别语　再见 tsai21tɕian213

十二、性质、状态

(一) 形貌

0935. 大苹果~　大 tʌ213
0936. 小苹果~　小 ɕiao354
0937. 粗绳子~　粗 tʂhu55
0938. 细绳子~　细 ɕi213
0939. 长线~　长 tʂhaŋ42
0940. 短线~　短 tuan354
0941. 长时间~　长 tʂhaŋ42
0942. 短时间~　短 tuan354
0943. 宽路~　宽 khuan55
0944. 宽敞房子~　宽 khuan55
0945. 窄路~　窄 tsei55
0946. 高飞机飞得~　高 kao55
0947. 低鸟飞得~　低 ti55
0948. 高他比我~　高 kao55
0949. 矮他比我~　矮 ŋai354
0950. 远路~　远 Øyan354
0951. 近路~　近 tɕin213
0952. 深水~　深 sən55
0953. 浅水~　浅 tɕhian354
0954. 清水~　清 tɕhin55
0955. 浑水~　浑 xuən55
0956. 圆　圆 Øyan42

0957. 扁　□ piʌ354
0958. 方　方 faŋ55
0959. 尖　尖 tɕian55
0960. 平　平 phin42
0961. 肥 ~肉　肥 fei42
0962. 瘦 ~肉　瘦 səu213
0963. 肥形容猪等动物　肥 fei42
0964. 胖形容人　胖 phaŋ213
0965. 瘦形容人、动物　瘦 səu213
0966. 黑黑板的颜色　黑 xei55
0967. 白雪的颜色　白 pei42
0968. 红国旗的主颜色，统称　红 xoŋ42
0969. 黄国旗上五星的颜色　黄 xuaŋ42
0970. 蓝蓝天的颜色　蓝 lan42
0971. 绿绿叶的颜色　绿 liəu55
0972. 紫紫药水的颜色　紫 tsʅ55
0973. 灰草木灰的颜色　灰 xuei55

（二）状态

0974. 多东西~　多 tuɤ55
0975. 少东西~　少 sɑo354
0976. 重担子~　重 tsoŋ213
0977. 轻担子~　轻 tɕhin55
0978. 直线~　直 tsʅ42
0979. 陡坡~，楼梯~　陡 təu354
0980. 弯弯曲：这条路是~的　弯 Øuan55
0981. 歪帽子戴~了　歪 Øuai55
0982. 厚木板~　厚 xəu213
0983. 薄木板~　薄 puɤ42
0984. 稠稀饭~　干 kan55/稠 tʂhəu42
0985. 稀稀饭~　稀 ɕi55
0986. 密菜种得~　密 mi55
0987. 稀稀疏：菜种得~　稀 ɕi55

0988. 亮指光线，明亮　亮 liaŋ213
0989. 黑指光线，完全看不见　暗 ŋan42
0990. 热天气~　热 zɤ55
0991. 暖和天气~　暖和 luan354xuɤ0
0992. 凉天气~　凉 liaŋ42
0993. 冷天气~　冷 lən354
0994. 热水~　热 zɤ55
0995. 凉水~　凉 liaŋ42
0996. 干干燥：衣服晒~了　干 kan55
0997. 湿潮湿：衣服淋~了　湿 ʂʅ55
0998. 干净衣服~　干净 kan55tɕin0
0999. 脏肮脏，不干净，统称：衣服~　脏 tsaŋ55
1000. 快锋利：刀子~　利 li213
1001. 钝刀子~　钝 tuən213
1002. 快坐车比走路~　快 khuai213
1003. 慢走路比坐车~　慢 man213
1004. 早来得~　早 tsao354
1005. 晚来~了　迟 tʂhʅ42
1006. 晚天色~　晚 Øuan354
1007. 松捆得~　松 soŋ55
1008. 紧捆得~　紧 tɕin354
1009. 容易这道题~　容易 zoŋ42Øi213
1010. 难这道题~　难 lan42
1011. 新衣服~　新 ɕin55
1012. 旧衣服~　旧 tɕiəu213
1013. 老人~　老 lao354
1014. 年轻人~　年轻 ȵian42tɕhin55
1015. 软糖~　软 zuan354
1016. 硬骨头~　硬 ȵin213
1017. 烂肉煮得~　绒 zoŋ42
1018. 煳饭烧~了　焦 tɕiao55
1019. 结实家具~　结实 tɕiɛ55ʂʅ0

34

1020. 破衣服～　烂 lan213
1021. 富他家很～　有钱 Øiəu354tɕhian42
1022. 穷他家很～　穷 tɕhioŋ42
1023. 忙最近很～　忙 maŋ42
1024. 闲最近比较～　闲 xan42
1025. 累走路走得很～　累 luei213
1026. 疼摔～了　疼 thən42
1027. 痒皮肤～　咬 Øiao354
1028. 热闹看戏的地方很～　热闹 zʅ55lao0
1029. 熟悉这个地方我很～　熟 su42
1030. 陌生这个地方我很～　生 sən55
1031. 味道尝尝　味道 Øuei42tao0
1032. 气味闻闻　气气 tɕhi213tɕhi0
1033. 咸菜～　咸 xan42
1034. 淡菜～　淡 tan213
1035. 酸　酸 suan55
1036. 甜　甜 thian42
1037. 苦　苦 khu354
1038. 辣　辣 lʌ55
1039. 鲜鱼汤～　鲜 ɕyan55
1040. 香　香 ɕiaŋ55
1041. 臭　臭 tʂhəu213
1042. 馊饭～　馊气 sʅ55tɕhi0
1043. 腥鱼～　腥气 ɕin55tɕhi0

（三）品性

1044. 好人～　好 xao354
1045. 坏人～　瞎 xʌ55
1046. 差东西质量～　撇 phiɛ213
1047. 对账算～了　对 tuei213
1048. 错账算～了　错 tshuɤ213
1049. 漂亮形容年轻女性的长相：她很～　漂亮 phiao213liaŋ0
1050. 丑形容人的长相：猪八戒很～　难看 lan42khan213
1051. 勤快　勤快 tɕhin42kuai0
1052. 懒　懒 lan354
1053. 乖　乖 kuai55
1054. 顽皮　调皮 thiao42phi42
1055. 老实　老实 lao354ʂʅ0
1056. 傻痴呆　瓜 kuʌ354
1057. 笨蠢　笨 pən213
1058. 大方不吝啬　大方 tʌ213faŋ0
1059. 小气吝啬　啬皮 sei55phi42
1060. 直爽性格～　直 tʂʅ42
1061. 犟脾气～　犟 tɕiaŋ213

十三、数量

（一）数字

1062. 一～二三四五……，下同　一 Øi55
1063. 二　二 Øər213
1064. 三　三 san55
1065. 四　四 sʅ213
1066. 五　五 Øu354
1067. 六　六 liəu55
1068. 七　七 tɕhi55
1069. 八　八 pʌ55
1070. 九　九 tɕiəu42
1071. 十　十 ʂʅ42
1072. 二十有无合音　二十无合音 Øər213ʂʅ42
1073. 三十有无合音　三十无合音 san55ʂʅ42
1074. 一百　一百 Øi42pei55

1075. 一千　一千 ø̠i42tɕhian55

1076. 一万　一万 ø̠i42ø̠uan213

1077. 一百零五　一百零五 ø̠i42pei55lin42ø̠u354

1078. 一百五十　一百五 ø̠i42pei55ø̠u354

1079. 第一～，第二　第一 ti213ø̠i55

1080. 二两重量　二两 ø̠ər21liaŋ354

1081. 几个你有～孩子？　几个 tɕi35kɤ213

1082. 俩你们～　两个 liaŋ35kɤ213

1083. 仨你们～　三个 san55kɤ213

1084. 个把　个把 kɤ213pʌ0

(二) 量词

1085. 个一～人　个 kɤ213

1086. 匹一～马　匹 phi42

1087. 头一～牛　头 thəu42

1088. 头一～猪　口 kəu354

1089. 只一～狗　条 thiɑo42

1090. 只一～鸡　只 tʂʅ55

1091. 只一～蚊子　个 kɤ213

1092. 条一～鱼　条 thiɑo42

1093. 条一～蛇　条 thiɑo42

1094. 张一～嘴　张 tʂaŋ55

1095. 张一～桌子　张 tʂaŋ55

1096. 床一～被子　床 tshuaŋ42

1097. 领一～席子　床 tshuaŋ42

1098. 双一～鞋　双 suaŋ55

1099. 把一～刀　把 pʌ354

1100. 把一～锁　把 pʌ354

1101. 根一～绳子　根 kən55

1102. 支一～毛笔　支 tʂʅ55

1103. 副一～眼镜　副 fu213

1104. 面一～镜子　个 kɤ213/面 mian213

1105. 块一～香皂　块 khuai213

1106. 辆一～车　辆 liaŋ354

1107. 座一～房子　座 tsuɤ213

1108. 座一～桥　座 tsuɤ213

1109. 条一～河　条 thiɑo42

1110. 条一～路　条 thiɑo42

1111. 棵一～树　棵 khɤ55

1112. 朵一～花　朵 tuɤ354

1113. 颗一～珠子　颗 khɤ55

1114. 粒一～米　粒 li42/颗 khɤ55

1115. 顿一～饭　顿 tuən213

1116. 剂一～中药　副 fɤ213

1117. 股一～香味　股 ku354

1118. 行一～字　行 xaŋ213

1119. 块一～钱　块 kuai55

1120. 毛角：一～钱　毛 mao42

1121. 件一～事情　件 tɕian213

1122. 点儿一～东西　点 tian354

1123. 些一～东西　些 ɕiᴇ42

1124. 下打一～，动量，不是时量　下 xʌ213

1125. 会儿坐了一～　下 xʌ213

1126. 顿打一～　顿 tuən213

1127. 阵下了一～雨　阵 tʂən213

1128. 趟去了一～　趟 thaŋ213

十四、代词、副词、介词、连词

(一) 代词

1129. 我～姓王　我 ŋɤ354

1130. 你～也姓王　你 ȵi354

1131. 您尊称　无

1132. 他~姓张　他 tʰʌ42

1133. 我们不包括听话人：你们别去，~去
　　　我们 ŋɤ354mən0

1134. 咱们包括听话人：他们不去，~去吧
　　　我们 ŋɤ354mən0

1135. 你们~去　你们 ȵi354mən0

1136. 他们~去　他们 tʰʌ42mən

1137. 大家~一起干　大家 lʌ213tɕiʌ55

1138. 自己我~做的　自己 tsʅ21tɕi354

1139. 别人这是~的　别人 piɛ42ʐən42

1140. 我爸~今年八十岁　我爸爸
　　　ŋɤ354pʌ42pʌ0

1141. 你爸~在家吗？　你爸爸
　　　ȵi354pʌ42pʌ0

1142. 他爸~去世了　他爸爸
　　　tʰʌ42pʌ42pʌ0

1143. 这个我要~，不要那个　这个
　　　tʂɤ213kɤ0

1144. 那个我要这个，不要~　兀个
　　　ɸuɤ213kɤ0

1145. 哪个你要~杯子？　哪个 lʌ354kɤ0

1146. 谁你找~？　谁 sei42

1147. 这里在~，不在那里　这里
　　　tʂɤ213li0

1148. 那里在这里，不在~　兀里
　　　ɸuɤ213li0

1149. 哪里你到~去？　哪 lʌ354

1150. 这样事情是~的，不是那样　这
　　　们家 tʂɤ213mən0tɕiʌ0

1151. 那样事情是这样的，不是~的　兀
　　　门家
　　　ɸuɤ213mən0tɕiʌ0

1152. 怎样什么样：你要~的？　啥样

sʌ21ɸiɑŋ213

1153. 这么~贵啊？　这们 tʂɤ213mən0

1154. 怎么这个字~写？　咋 tsʌ354

1155. 什么这个是~字？　哪们家
　　　lʌ354mən0tɕi0

1156. 什么你找~？　啥 sʌ213

1157. 为什么你~不去？　咋 tsʌ354/
　　　为啥 ɸuei21sʌ213

1158. 干什么你在~？　干啥 kan21sʌ213

1159. 多少这个村有~人？　多少
　　　tuɤ55sɑo0

(二) 副词

1160. 很今天~热　好 xɑo354

1161. 非常比上条程度深：今天~热　太
　　　tʰai213

1162. 更今天比昨天~热　还 xai42

1163. 太这个东西~贵，买不起　太 tʰai213

1164. 最弟兄三个中他~高　最 tsuei213

1165. 都大家~来了　都 təu55

1166. 一共~多少钱？　一共 ɸi55koŋ213

1167. 一起我和你~去　一路 ɸi55lu213

1168. 只我~去过一趟　只 tsʅ42

1169. 刚这双鞋我穿着~好　刚 kaŋ55

1170. 刚我~到　刚 kaŋ55

1171. 才你怎么~来啊？　才 tsʰai42

1172. 就我吃了饭~去　就 təu213

1173. 经常我~去　经常 tɕin55tʂʰaŋ42

1174. 又他~来了　又 ɸiəu213

1175. 还他~没回家　还 xai42

1176. 再你明天~来　再 tsai213

1177. 也我~去；我~是老师　也 ɸiɛ354

1178. 反正不用急，~还来得及　反正

fan354tʂən0

1179. 没有 昨天我~去　没 muɤ42

1180. 不 明天我~去　不 pu42

1181. 别 你~去　覅 pao42

1182. 甭 不用，不必：你~客气　覅 pao42

1183. 快 天~亮了　要 Øiao213

1184. 差点儿 ~摔倒了　差一点 tshʌ55Øi42tian354

1185. 宁可 ~买贵的　情愿 tɕhin42Øyan0

1186. 故意 ~打破的　例便 li42pian0

1187. 随便 ~弄一下　随便 suei42pian213

1188. 白 ~跑一趟　白 pei42

1189. 肯定 ~是他干的　肯定 khən35tin213/绝对 tɕyɤ42tuei213

1190. 可能 ~是他干的　可能 khɤ354lən42

1191. 一边 ~走，~说　旋 ɕyan213

（三）介词、连词

1192. 和 我~他都姓王　跟 kən55

1193. 和 我昨天~他去城里了　跟 kən55

1194. 对 他~我很好　对 tuei213

1195. 往 ~东走　往 Øuaŋ354

1196. 向 ~他借一本书　跟 kən55

1197. 按 ~他的要求做　按 ŋan213

1198. 替 ~他写信　替 thi213

1199. 如果 ~忙你就别来了　要是 Øiao21sʅ213

1200. 不管 ~怎么劝他都不听　不管 pu42kuan354

第二节　自选词汇

一、饮食

1201. 锅巴 kuɤ55pʌ0

1202. 麻花 mʌ42xuʌ0

1203. 饼子 烧饼 pin354tsʅ0

1204. 花卷 xuʌ55tɕyan354

1205. 核桃馍 核桃饼 xɤ42thao0mɤ42

1206. 挂面 kuʌ213mian0

1207. 臊子 sao213tsʅ0

1208. 面片 mian213phian0

1209. 面糊茶 炒面 mian213xu0tshʌ42

1210. 拌汤 pan213thaŋ55

1211. 月饼 Øyɤ21pin354

1212. 摊馍 煎饼 than55mɤ0

1213. 骨头 ku55təu0

1214. 蹄筋 thi42tɕin55

1215. 肠子 猪肠子 tʂhaŋ42tsʅ0

1216. 猪尾巴 tʂu55ØiE354pʌ0

1217. 肘子 猪肘子 tʂəu354tsʅ0

1218. 猪耳朵 tʂu55Øər354tuɤ0

1219. 心 猪心 ɕin55

1220. 鸡胗子 鸡胗 tɕi55tʂən55tsʅ0

1221. 鸭肠子 鸭肠 Øiʌ55tʂhaŋ42tsʅ0

1222. 鸭胗子 鸭胗 Øiʌ55tʂən55tsʅ0

1223. 鸭掌 Øiʌ55tʂaŋ354

1224. 鸭脖子 鸭脖 Øiʌ55puɤ42tsʅ0

1225. 咸鸭蛋 ɕian42Øiʌ55tan0

1226. 香肠 ɕiaŋ55tʂhaŋ42

1227. 蒸鸡蛋鸡蛋羹 tʂən55tɕi55tan0

1228. 荷包蛋 xɤ42pɑo55tan0

1229. 豆腐皮 təu213fu0phi42

1230. 粉条 fən354thiɑo42

1231. 腐竹 fu354tsu55

1232. 素菜 su21tʂhai213

1233. 荤菜 xuən55tʂhai213

1234. 粉面芡粉 fən35mian213

1235. 苕粉红薯粉 ʂɑo42fən0

1236. 洋芋粉马铃薯粉 ∅iɑŋ42∅y0fən0

1237. 浆水面 tɕiɑŋ55suei0mian213

1238. 菜豆腐 tʂhai213təu55fu0

1239. 泡菜 phɑo21tʂhai213

1240. 盐菜 ∅ian42tʂhai213

1241. 腊肉 lʌ55ʐəu0

1242. 酢肉米粉肉 tsʌ354ʐəu0

二、天文

1243. 白雨雷阵雨 pei42∅y354

1244. 霖雨连阴雨 lin21∅y354

1245. 毛毛雨 mɑo42mɑo0∅y354

三、时间

1246. 春天 tʂhuən55thian0

1247. 热天夏天 ʐɤ55thian0

1248. 秋天 tɕhiəu55thian0

1249. 冬天 toŋ55thian0

1250. 七月七七夕 tɕhi55∅yɤ0tɕhi55

1251. 九月九重阳 tɕiəu354∅yɤ0tɕiəu354

1252. 闰年 ʐuən213ȵian42

1253. 闰月 ʐuən213∅yɤ42

1254. 擦黑黄昏 tʂha42xei55

1255. 天快亮了黎明 thian55kuai213liɑŋ213lɑo0

四、代词

1256. 这回这次 tʂɤ213xuei42

1257. 兀回那次 ∅uɤ213xuei42

1258. 这些 tʂɤ213ɕiɛ0

1259. 兀些那些 ∅uɤ213ɕiɛ0

五、植物

1260. 桑泡儿桑葚 saŋ55phɑor0

1261. 莲子 lian42tsʅ354

1262. 葫芦 xu42lu0

1263. 荠荠菜荠菜 tɕi213tɕi0tʂhai213

1264. 鱼腥草 ∅y42ɕin55tʂhɑo213

1265. 五味子 ∅u35∅uei213tsʅ0

1266. 人参 ʐ̩ən42sən42

1267. 党参 taŋ354sən42

1268. 西洋参 ɕi55∅iɑŋ42sən42

1269. 柴胡 tʂhai42xu42

1270. 元胡 ∅yan42xu42

1271. 小茴香茴香 ɕiɑo354xuei42ɕiɑŋ42

1272. 车前子 tʂhɤ55tɕhian42tsʅ0

1273. 地木地软 ti213mu42

1274. 旱菜苋菜 xan21tʂhai213

1275. 蕨菜 tɕyɤ42tʂhai213

1276. 黄花 xuaŋ42xuʌ42

1277. 干果 kan55kuɤ354

1278. 花生皮皮花生皮 xuʌ55sən0phi42phi0

1279. 花生米 xuʌ55sən0mi354

1280. 桂花 kuei354xuʌ42

1281. 旱莲 xan213lian42

1282. 月季 ∅yɤ55tɕi0

1283. 菊花 tɕy55xuʌ42

1284. 茉莉花 muɣ55li0xuʌ42

1285. 喇叭花牵牛花 la354pʌ0xuʌ42

1286. 芍药 suɣ42Øyɣ42

1287. 金银花 tɕin55Øin42xuʌ42

1288. 鸡冠花 tɕi55kuan0xuʌ42

1289. 马蹄莲 ma354thi0lian42

1290. 杜鹃花 tu213tɕyan0xuʌ42

1291. 夹竹桃 tɕiʌ55tʂu55thao42

1292. 桑树 saŋ55su42

1293. 桑叶 saŋ55ØiE42

1294. 芭茅芦苇 pʌ55mao42

1295. 芭茅秆芦秆 pa55mao42kan354kan0

1296. 青苔 tɕhin55thai42

六、农业

1297. 背斗 pei213təu0

1298. 井水井 tɕin354

1299. 桶水桶 thoŋ354

1300. 拉拉车人力车 lʌ55lʌ0tʂɣ55

1301. 磨盘 muɣ213phan42

1302. 钉耙 tin55phʌ42

1303. 铁铲铁锹 tiE55tʂhan354

1304. 篾条篾片 mi42thiao42

七、动物

1305. 母马 mu35mʌ354

1306. 绵羊 mian42Øiaŋ42

1307. 山羊 san55Øiaŋ42

1308. 羊娃娃羊羔 Øiaŋ42uʌ42uʌ0

1309. 毛毛虫 mao42mao0tʂhoŋ42

1310. 蚂蚱蝗虫 mʌ354tsʌ0

1311. 蛐蛐蟋蟀 tɕhy55tɕhy0

1312. 泥鳅 ȵi42tɕhiəu42

1313. 鸡冠子鸡冠 tɕi55kuan55tsʅ0

1314. 公鸭 koŋ55Øiɑ55

1315. 母鸭 mu354Øiɑ42

1316. 猴娃子螳螂 xəu42Øuʌ42tsʅ0

1317. 黄鳝鳝鱼 xuaŋ42ʂan0

1318. 鸭蛋 ØiʌA55tan0

1319. 狗熊 kəu354ɕioŋ42

1320. 狐狸 xu42li0

1321. 黄老鼠黄鼠狼 xuaŋ42lao42su0

1322. 马蜂 mʌ354faŋ55

1323. 拨丝网网蜘蛛网
       puɣ55sʅ0uaŋ354Øuaŋ0

1324. 猫头鹰 mao55thəu0Øin55

1325. 老鹰 lao213Øin55

1326. 蚕牛牛蚕蛹 tshan42ȵiəu42ȵiəu0

1327. 四脚蛇壁虎 sʅ213tɕyʌ0ʂɣ42

1328. 亮火虫萤火虫 liaŋ213xuɣ0tshoŋ42

1329. 新媳妇瓢虫 ɕin55ɕi42fu0

八、房舍

1330. 院墙 Øyan213tɕhiaŋ55

1331. 堂屋 thaŋ42Øu42

1332. 洒房厢房 sʌ354faŋ42

1333. 窗台 tʂhuaŋ55thai42

1334. 房顶 faŋ42tin354

1335. 栏檐房檐 lan42Øian42

1336. 狗窝 kəu354Øuɣ55

1337. 门栓栓门栓 mən42suan213suan0

1338. 鸡窝 tɕi55Øuɣ55

1339. 鸡笼笼鸡笼 tɕi55loŋ42loŋ0

九、日用品

1340. 衣柜 Øi55kuei213

1341. 书柜 su55kuei213
1342. 碗柜 Øuan35kuei213
1343. 枕套 tsən35thɑo213
1344. 枕头瓤瓤枕头芯
　　　tsən354thəu0ʐɑŋ42ʐɑŋ0
1345. 躺椅 thɑŋ35Øi354
1346. 夜壶 ØiE213xu0
1347. 毯子 than354tsʅ0
1348. 被窝 pei213Øuɤ42
1349. 火盆 xuɤ354phən42
1350. 铺盖里子被里 phu55kai0li354tsʅ0
1351. 铺盖面子被面 phu55kai0mian213tsʅ0
1352. 草席 tshɑo354çi42
1353. 篾席竹席 mi42çi42
1354. 风匣风箱 fəŋ55çiʌ42
1355. 火剪火钳 xuɤ35tçian354
1356. 抹布 mʌ55pu0
1357. 烟筒 Øian55thoŋ354
1358. 锅盖 kuɤ55kai42
1359. 茶杯 tshʌ42pei55
1360. 筷笼子筷笼 khuai21loŋ213tsʅ0
1361. 酒杯 tçiəu354pei55
1362. 案板面板 ŋan21pan354
1363. 酒壶 tçiəu354xu42
1364. 笼蒸笼 loŋ42
1365. 洗澡盆澡盆 çi35tsɑo354phən42
1366. 挖耳耳挖子 ØuʌØər354
1367. 搓板洗衣板 tshuɤ55pan0
1368. 胰子香皂 Øi213tsʅ0
1369. 拖把拖布 tuɤ55pʌ0
1370. 洗脚盆脚盆 çi213tçyɤ55phən42
1371. 擦脚布 tshʌ55tçyɤ55pu213
1372. 煤油灯 mei42Øiəu42tən55

1373. 电杠日光灯 tian21kɑŋ213
1374. 灯笼 tən55loŋ42
1375. 糨子糨糊 tçiɑŋ213tsʅ0
1376. 拐棍拐杖 kuai354kuən0
1377. 顶针 tin354tsən0
1378. 针眼眼针鼻 tsən55n̢ian354n̢ian0
1379. 熨头 Øyn213thəu0
1380. 锥子 tsuei55tsʅ0

十、称谓

1381. 学娃子学生 çyɤ42ØuA42tsʅ0
1382. 戏子演员 çi213tsʅ0
1383. 艄公 sɑo55koŋ0
1384. 大老婆 tʌ21lao354phuɤ0
1385. 小老婆 çiao35lao354phuɤ0
1386. 大姨子 tʌ213Øi42tsʅ0
1387. 小姨子 çiao354Øi42tsʅ0
1388. 侄女 tsʅ42ly354
1389. 侄女婿侄女的丈夫 tsʅ42ly354çi0
1390. 侄儿媳妇侄子的妻子
　　　tsʅ42Øər0çi42fu0
1391. 孙女 suən55n̢y0
1392. 重孙女 tshoŋ42suən55ly0
1393. 外孙女 Øuai213suen55ly0
1394. 外甥 Øuai213sən55ly0
1395. 大舅舅 tʌ21tçiəu213tçiəu0
1396. 大舅母 tʌ213tçiəu213mu0
1397. 小舅舅 çiao35tçiəu213tçiəu0
1398. 小舅母 çiao35tçiəu213mu0
1399. 大姑 tʌ213ku55
1400. 大姑父 tʌ213ku55fu0
1401. 幺姑 Øiao55ku55
1402. 小姑夫 çiao354ku55fu0

1403. 大姨 tᴀ213Øi42

1404. 大姨父 tᴀ213Øi42fu0

1405. 幺姨小姨 Øiɑo55Øi42

1406. 小姨父 ɕiɑo354Øi42fu0

1407. 大爸大伯父 tᴀ213pᴀ42

1408. 大妈大伯母 tᴀ213mᴀ55

1409. 干爸拜认的父亲 kan55pᴀ42

1410. 干妈拜认的母亲 kan55mᴀ55

1411. 寡妇 kuᴀ354fu0

1412. 私生子 sʅ55sən55tsʅ0

1413. 婊子 piɑo354tsʅ0

1414. 犯人囚犯 fan21ʐən213

1415. 太爷曾祖父 thai213Øiɛ42

1416. 太婆曾祖母 thai213phuɤ42

1417. 姑婆婆姑奶奶 ku55phuɤ42phuɤ0

1418. 姨婆婆姨奶奶 Øi42phuɤ42phuɤ0

1419. 表姐 piɑo35tɕiɛ354

1420. 表妹 piɑo35mei213

1421. 表弟 piɑo35ti213

1422. 表哥 piɑo354kɤ55

1423. 表嫂 piɑo35sɑo354

1424. 亲家母 tɕhin55tɕiᴀ0mu354

1425. 亲家 tɕhin55tɕiᴀ0

1426. 娘家 ȵiaŋ42tɕiᴀ0

1427. 婆家 phuɤ42tɕiᴀ0

1428. 瓜子白痴 kuᴀ354tsʅ0

1429. 结巴口吃的人 tɕiɛ55pᴀ0

1430. 夹舌子大舌头 tɕiᴀ55ʂɤ42tsʅ0

1431. 棒客土匪 paŋ213khei42

1432. 坏人 xuai213ʐən42

1433. 羊儿疯癫病 Øiᴀŋ42Øər0fəŋ42

1434. 癞子麻风病人 lai213tsʅ0

1435. 疯子神经病 fəŋ55tsʅ0

1436. 杀猪匠屠户 sᴀ55tsu55tɕiɑŋ213

十一、身体

1437. 精巴子半裸 tɕin55pᴀ42tsʅ0

1438. 精屁眼全裸 tɕin55phi213ȵian0

1439. 秃顶谢顶 thu55tin354

1440. 鼻子尖尖鼻子尖
      pi42tsʅ0tɕian55tɕian0

1441. 门牙 mən42Øiᴀ42

1442. 虎牙 xu354Øiᴀ42

1443. 蛀牙虫牙 tshoŋ42Øiᴀ42

1444. 头顶 thəu42tin354

1445. 后脑爪爪后脑勺
      xəu213lɑo0tʂuᴀ42tʂuᴀ0

1446. 后颈窝 xəu21tɕin354Øuɤ0

1447. 鼻梁杆鼻梁 pi42liaŋ42kan0

1448. 垢圿人身上的脏东西 kəu35tɕiᴀ354

1449. 鼻圿子鼻屎 pi42tɕiᴀ42tsʅ0

1450. 眼角屎眼屎 ȵian354tɕyɤ0sʅ354

1451. 耳朵眼眼耳朵眼儿
      Øər354tuɤ0ȵian354ȵian0

1452. 巴掌手掌 pᴀ55tʂaŋ354

1453. 耳巴耳光 Øər354pᴀ0

1454. 少年白 ʂɑo213ȵian42pei42

1455. 刘海 liəu42xai354

1456. 手心 səu354ɕin55

1457. 手背 səu35pei213

1458. 肋巴骨肋骨 lei55pᴀ0ku354

1459. 胳夹窝腋窝 kɤ42tɕiᴀ0Øuɤ42

1460. 倒拐子胳膊肘 tɑo21kuai354tsʅ0

1461. 大腿 tᴀ21thuei354

1462. 小腿 ɕiɑo35thuei354

1463. 腰杆腰 Øiɑo55kan42

1464. 腿肚子 thuei35tu213tsʅ0

1465. 脚趾拇 脚趾头 tɕyɤ55tsʅ55mu354

1466. 脚后跟 脚跟 tɕyɤ35xəu213kən0

1467. 精脚片 赤脚 tɕin55tɕyɤ35phian0

1468. 颧骨 tɕhyan42ku354

1469. 酒窝窝 酒窝 tɕiəu354Øuɤ55Øuɤ0

1470. 腮帮子 腮帮 sai55paŋ42tsʅ0

1471. 眼皮 ȵian354phi42

1472. 眼眨毛 眼睫毛 ȵian35tsʌ42mao42

1473. 心口子 胸口 ɕin55kəu354tsʅ0

1474. 汗毛 xan42mao42

十二、服饰

1475. 中山装 tsoŋ55san42tsuaŋ42

1476. 西服 ɕi55fu42

1477. 旗袍 tɕhi42phao42

1478. 首饰 ʂəu354ʂʅ0

1479. 项链 ɕiaŋ21lian354

1480. 耳环 Øər354xuan42

1481. 项圈 xiaŋ213tɕhyan55

1482. 簪子 tsan55tsʅ0

1483. 裤腰带 khu213Øiao55tai213

1484. 裤裆 khu213taŋ55

1485. 布鞋 pu213xai42

1486. 窝窝鞋 棉鞋 Øuɤ55Øuɤ0xai42

1487. 皮鞋 phi42xai42

1488. 手套子 手套 ʂəu35thao213tsʅ0

1489. 草帽 tshao35mao213

十三、婚育

1490. 婚事 亲事 xuən55sʅ213

1491. 喜酒 ɕi35tɕiəu354

1492. 花轿 xuʌ55tɕiao213

1493. 新房 洞房 ɕin55faŋ42

1494. 回门 xuei42mən42

1495. 遗腹子 Øi42fu354tsʅ0

十四、日常生活

1496. 烤火 khao35xuɤ354

1497. 落枕 luɤ55tsən354

1498. 插嘴 tshʌ55tsuei354

1499. 摆架子 pai35tɕiʌ213tsʅ0

1500. 出洋相 tshu55Øiaŋ42ɕiaŋ213

1501. 肉办事 不利落 zʅəu213

1502. 没日月 无聊 muɤ42zʅ55Øyɤ213

1503. 没法没办法 muɤ42fʌ55

1504. 模糊（占）便宜 muɤ354xɤ42

1505. 扯筋找事 tshɤ354tɕin55

1506. 歪训斥 Øuai55

1507. 嚼舌头 说三道四 tɕiao42ʂɤ42thəu0

1508. 理识 理睬 Øər354ʂʅ0

1509. 细密 节约 ɕi213mi42

1510. 扑吃来嗨邋遢 phu55tshʅ0lai42xai42

1511. 怪眉日眼 长相奇怪
    kuai213mi42zʅ42ȵian354

第四章　语法与口头文化

第一节　语法例句

1. 你是哪里人？
   你是哪里的人？
   ȵi35ṣɿ213lʌ354li0ti0zʅən42？

2. 我是陕西_____人。（说出所在县或市）
   我是陕西汉中人。
   ŋɤ35ṣɿ213san354çi0xan213tsoŋ0zʅən42.

3. 你今年多大？
   你今年多大了？
   ȵi354tçin55ȵian42tuɤ55tʌ213lɑo0？

4. 我_____岁了。（说出自己的实际年龄）
   我六十五了。
   ŋɤ354liəu55ṣɿ42ɵu354lɑo0.

5. 你叫什么名字？
   你叫啥名字？
   ȵi354tçiao21ʂʌ213min42tsɿ0？

6. 我叫_____。（说出自己的名字）
   我叫王元成。
   ŋɤ35tçiao213ɵuaŋ42ɵyan42tsʰən42.

7. 你家住哪里？
   你们家住到哪台的？
   ȵi354mən0tçiʌ55tsu213tɑo0lʌ354tʰai0ti0？

8. 我家住_____。（说出自己居住的地址）
   我们家住到西关的。

ŋɤ354mən0tɕiʌ55tsu213tɑo0ɕi55kuan55ti0.

9. 谁呀？我是老三。

   谁个？我是老三。

   sei42kɤ0? ŋɤ35sʅ21lɑo354san55.

10. 老四呢？他正在跟一个朋友说着话呢。

    老四呀？他在跟朋友说话哩。

    lɑo354sʅ213ØiʌO? thʌ42tsai213kən55pəŋ42Øiəu0suɤ55xuʌ213li0.

11. 他还没有说完吗？

    他还没说完哩吗？

    thʌ42xai42muɤ42suɤ55Øuan42li0mʌ0?

12. 还没有。大约再有一会儿就说完了。

    还没有。还得一下。

    xai42mei213ØiəuO. xai42tei55Øi42xʌ0.

13. 他说马上就走，怎么这半天了还在家里呢？

    他说马上就走，哪们这半天了还在屋里？

    thʌ42suɤ42mʌ354ʂəŋ0təu42tsəu354，lʌ354mən0tʂɤ21pan213thian0lɑo0xai42tsai213Øu55li0?

14. 你到哪儿去？我到城里去。

    你到哪里去呀？我进城去呀。

    ȵi35tɑo21lʌ354li0tɕhi213ØiʌO? ŋɤ35tɕin213tshən42tɕhi213Øiʌ0.

15. 在那儿，不在这儿。

    在兀里，没在这里。

    tsai213Øuɤ213li0, muɤ42tsai213tʂɤ213li0.

16. 不是那么做，是要这么做的。

    不是兀们家的，是这们家的。

    pu42sʅ213Øuɤ213mən0tɕiʌ0ti0, sʅ213tʂɤ213mən0tɕiʌ0ti0.

17. 太多了，用不着那么多，只要这么多就够了。

    太多了，用不到那们多，只要这些就够了。

    thai213tuɤ55lɑo0, Øioŋ213pu42thɑo0Øuɤ213mən0tuɤ55, tsʅ42Øiɑo21tʂɤ213ɕiᴇ0təu42kəu213lɑo0.

18. 这个大，那个小，这两个哪一个好点呢？

    这个大，兀个小，哪个要好些？

    tʂɤ213kɤ0tʌ213, Øuɤ213kɤ0ɕiɑo354, lʌ354kɤ0iɑo213xɑo354ɕiᴇ0?

19. 这个比那个好。

   这个比兀个好。

   tʂɤ213kɤ0pi354ʉɤ213kɤ0xɑo354.

20. 这些房子不如那些房子好。

   这些房没得兀些房好。

   tʂɤ213ɕiɛ0faŋ42muɤ42tei0ʉɤ213ɕiɛ0faŋ42xɑo354.

21. 这句话用_____话怎么说？（填本地地名，本地音）

   这个话用汉中话咋说？

   tʂɤ213kɤ0xuʌ213ɵioŋ213xan213tsoŋ0xuʌ213tsʌ354suɤ55?

22. 他今年多大岁数？

   他今年有多大岁数了？

   thʌ42tɕin55n̠ian42ɵiəu354tuɤ55tʌ21suei21su354lɑo0?

23. 大概有三十来岁吧。

   可能有三十来岁。

   khɤ354n̠ən42ɵiəu354san55ʂ̩42lai42suei213.

24. 这个东西有多重呢？

   这个东西有多重？

   tʂɤ213kɤ0toŋ55ɕi0ɵiəu354tuɤ55tsoŋ213?

25. 有五十斤重呢。

   有五十斤哩。

   ɵiəu35ʋu354ʂ̩42tɕin55li0.

26. 拿得动吗？

   拿得动吧？

   lʌ42ti0toŋ213pʌ0?

27. 我拿得动，他拿不动。

   我拿得动，他拿不动。

   ŋɤ354lʌ42ti0toŋ213, thʌ42lʌ42pu42toŋ213.

28. 真不轻，重得连我都拿不动了。

   好重呀，连我都拿不动。

   xɑo35tsoŋ213ɵiʌ0, lian42ŋɤ354təu42lʌ42pu42toŋ213.

29. 你说得很好，你还会说点儿什么呢？

   你说得才好哩，你还会说些啥？

   n̠i354suɤ55ti0tshai21xɑo354li0, n̠i354xai42xuei213suɤ55ɕiɛ0sʌ0?

30. 我嘴笨，我说不过他。

    我嘴巴笨，说不过他。

    ŋɤ35tsuei354pʌ0pən213，suɤ55pu42kuɤ213thʌ42.

31. 说了一遍，又说了一遍。

    说了一道又说一道。

    suɤ55lɑo0ɸi42tɑo213ɸiəu213suɤ55ɸi42tɑo213.

32. 请你再说一遍。

    请你再说一道。

    tɕhin35ȵi35tsai213suɤ55ɸi42tɑo213.

33. 不早了，快去吧！

    不早了，赶紧去！

    pu42tsɑo354lɑo0，kan35tɕin354tɕhi213！

34. 现在还很早呢，等一会儿再去吧。

    这阵还早得很，等一下再去。

    tʂɤ213tsən0xai42tsɑo354ti0xən354，tən354ɸi42xʌ0tsai21tɕhi213.

35. 吃了饭再去好吧？

    饭吃了再去吧？

    fan213tʂʅ55lɑo0tsai21tɕhi213pʌ0？

36. 慢慢儿地吃啊！不要急嘛！

    慢慢价吃！覅急！

    man21man213tɕiʌ0tʂʅ55！pɑo42tɕi42！

37. 坐着吃比站着吃好些。

    坐到吃比站到吃好些。

    tsuɤ213tɑo0tʂʅ55pi354tsan213tɑo0tʂʅ55xɑo354ɕiɛ0.

38. 这个吃得，那个吃不得。

    这个吃得，兀个吃不得。

    tʂɤ213kɤ0tʂʅ55ti0，ɸuɤ213kɤ0tʂʅ55pu42ti0.

39. 他吃了饭了，你吃了饭没有呢？

    他饭都吃了，你吃了吧？

    thʌ42fan213təu42tʂʅ55lɑo0，ȵi354tʂʅ55lɑo0pʌ0？

40. 他去过上海，我没有去过。

    他到过上海，我没到过。

    thʌ42tɑo213kuɤ0ʂaŋ21xai354，ŋɤ354muɤ42tɑo213kuɤ0.

41. 来闻闻这朵花香不香？

　　来闻一下这个花香吧？

　　lai42∅uən42∅i42xᴀ0tʂɤ213kɤ0xuʌ55ɕiaŋ55pʌ0？

42. 香得很，是不是？

　　是不是香得很？

　　sʅ213pu42sʅ213ɕiaŋ55ti0xən354？

43. 给我一本书！

　　给我一本书！

　　kei35ŋɤ354∅i42pən354su55！

44. 我实在没有书嘛！

　　我都是没得书！

　　ŋɤ354təu42sʅ0muɤ42ti0su55！

45. 你告诉他。

　　你给他说。

　　ȵi354kei354thʌ55suɤ55.

46. 好好儿地走！不要跑！

　　好好价走！夒跑！

　　xɑo354xɑo354tɕiʌ0tsəu354！ pɑo42phɑo354！

47. 小心跌下去爬也爬不上来！

　　招呼掉下去爬不上来！

　　tʂɑo55xu0tiɑo213xᴀ0tɕhi0pʌ55pu42ʂaŋ213lai42！

48. 医生叫你多睡一睡。

　　大夫叫你多睡些觉。

　　tai213fu0tɕiɑo213ȵi354tuɤ55suei213ɕiᴇ0tɕiɑo213.

49. 吸烟或者喝茶都不可以。

　　吃烟喝茶都不行。

　　tʂhʅ55∅ian55xɤ55tshʌ42təu55pu42ɕin42.

50. 烟也好，茶也好，我都不喜欢。

　　管它是烟还是茶，我都不喜欢。

　　kuan354thʌ42sʅ213∅ian55xai42sʅ213tshʌ42， ŋɤ354təu55pu42ɕi354xuan0.

51. 不管你去不去，反正我是要去的，我非去不可。

　　管你去不去，反正我非要去。

　　kuan35ȵi35tɕhi213pu0tɕhi213， fan354tʂən0ŋɤ354fei55∅iɑo0tɕhi213.

52. 你是哪一年来的？

    你是哪一年来的？

    ȵi354sʅ213la354Øi42ȵian42lai42ti0?

53. 我是前年到的北京。

    我是前年到的北京。

    ŋɤ354sʅ213tɕhian42ȵian42tao213ti0pei55tɕin0.

54. 今天开会谁的主席？

    今天开会谁是主席？

    tɕin55tɕhian42khai55xuei213sei42sʅ213tsu354ɕi42?

55. 你得请我的客。

    你得请我的客。

    ȵi354tei55tɕhin35ŋɤ354ti0kei55.

56. 这是他的书，那一本是他哥哥的。

    这是他的书，兀一本是他哥哥的。

    tʂɤ213sʅ213thʌ42ti0su42, Øuɤ213Øi42pən35sʅ213thʌ55kɤ55kɤ0ti0.

57. 一边走，一边说。

    旋走旋说。

    ɕyan21tsəu35ɕyan354suɤ55.

58. 看书的看书，看报的看报，写字的写字。

    有的看书，有的看报，有的写字。

    Øiəu354ti0khan213su55, Øiəu354ti0khan21pao213, Øiəu354ti0ɕiɛ35tsʅ213.

59. 越走越远，越说越多。

    越走越远，越说越多。

    Øyɤ21tsəu35Øyɤ21yan354, Øyɤ213suɤ55Øyɤ213tuɤ55.

60. 把那个东西拿给我。

    把兀个东西拿给我。

    pʌ42Øuɤ213kɤ0toŋ55ɕi0lʌ42kei0ŋɤ354.

61. 有些地方把太阳叫日头。

    有的地方把太阳叫的是日头。

    Øiəu354ti0ti213faŋ0pʌ42thai213Øiaŋ0tɕiao213ti0sʅ213Øɚ55thəu0.

62. 您贵姓？我姓王。

    你贵姓？我姓王。

    ȵi35kuei21ɕin213? ŋɤ35ɕin213Øuaŋ42.

63. 你姓王，我也姓王，咱们两个人都姓王。

你姓王，我也姓王，我们是一家子。

ȵi354ɕin213Øuaŋ42，ŋɤ354ØiE354ɕin213Øuaŋ42，ŋɤ354mən0sʅ213Øi42tɕiʌ55tsʅ0.

64. 你先去吧，我们等一会儿再去。

你先去，我们等一下再去。

ȵi354ɕian55tɕhi213，ŋɤ354mən0tən354Øi42xʌ0tsai21tɕhi213.

第二节 北风和太阳

北风跟太阳

有一回，北风跟太阳在那儿争论谁的本事大。争来争去就是分不出高低来。这时候路上来了个走道儿的，他身上穿着件厚大衣。他们俩就说好了，谁能先叫这个走道儿的脱下他的厚大衣，就算谁的本事大。北风就使劲地刮起来了，不过他刮得越是厉害，那个走道儿的把大衣裹得越紧。后来北风没法儿了，只好就算了。过了一会儿，太阳出来了。他火辣辣地一晒，那个走道儿的马上就把那件厚大衣脱下来了。这下儿北风只好承认，他们俩当中还是太阳的本事大。

北风跟太阳

pei55fəŋ55kən55thai213Øiaŋ42

有一回，北风跟太阳在兀里争讲谁的本事大。争讲了半天，分不出个输赢。

Øiəu354Øi42xuei42，pei55fəŋ55kən55thai213Øiaŋ42tsai21Øuɤ213li0tsən55tɕiaŋ0sei42ti0pən354sʅ0tʌ213. tsən55tɕiaŋ0lɤ0pan213thian55，fən55pu42tshu55kɤ0su55Øin42.

这个时候来了个过路的，他身上穿了一件厚棉袄。

tsɤ213kɤ0sʅ42xəu0lai42lɤ0kɤ21kuɤ21lu213ti0，thʌ42ʂən55ʂaŋ0tshuan55lao0Øi42tɕian21xəu213mian42ŋao354.

他们两个都说，谁能叫这个过路的把厚棉袄脱了，都算谁的本事大。

thʌ42mən0liaŋ354kɤ0təu213suɤ42，sei42ȵən42tɕiao21tsɤ213kɤ0kuɤ21lu213ti0pʌ42xəu213mian42ŋao354thuɤ55lao0，təu213suan213sei42ti0pən354sʅ0tʌ213.

北风都使劲地吹开了，结果他越吹得厉害，兀个过路的把棉袄裹得越紧。

pei55fəŋ55təu213sʅ35tɕin213ti0tshuei55khai55lao0，tɕiE55kuɤ354thʌ42Øyɤ213tshuei55ti0li213xai0，Øuɤ213kɤ0kuɤ213lu213ti0pʌ42mian42ŋao35kuɤ354ti0Øyɤ21tɕin354.

最后北风没法了，只好算了。

tsuei21xəu213pei55fəŋ55muɤ42fʌ0lɑo0，tsʅ42xɑo35suan213lɑo0.

过了一下，太阳出来了，晒得火辣辣的，兀个过路的赶紧都把厚棉袄脱了。
kuɤ213lɑo0Øi42xʌ0，thai213Øiaŋ42tshu55lai42lɑo0，sai213ti0xuɤ35lʌ213lʌ0ti0，Øuɤ213kɤ0kuɤ21lu213ti0kan35çin354təu213pʌ42xəu213mian42ŋao354thuɤ55lɑo0.

这下北风只得承认，他们两个里头还是太阳的本事大！
tʂɤ213xʌ0pei55fəŋ55tsʅ42tei55tʂhən42ẓən213，thʌ42mən0liaŋ354kɤ0li354thəu0xai42sʅ21thai213Øiaŋ42ti0pən354sʅ0tʌ213！

第三节　口头文化

一、汉中花鼓：灶王诉苦

新春嘛锣鼓都闹喧咪天喽，
驾起彩船来呀拜年喽，
今天我不把嘛别的耶谈喽，
唱一段灶王诉苦来一段。
那灶王爷上天去朝玉皇，
跪在了凌霄宝殿泪汪汪。
他对玉皇啊说：那你给我什么差事全都好，
你大不该嘛派我去当灶王。
那个人家是把我买了去呀，
是用糨糊贴在他们灶屋里那个黑土墙上。
那白天黑夜在喔墙上站呐，
是熬的我两眼发了黄。
他涮锅他沾我一身的水，
是就像那个长了黄水疮。
他初一十五也不上供啊，
是年三十我神小才混了一炷香。
那腊月二十三他来辞的灶哇，
他这才那个想起了嘛我灶王。
他硬叫我上天给他言善事啊，
是下地来嘛还要叫给他降吉祥。
给我插来一个白纸扎的小马呀马，

是临走时给我嘴巴上抹了一点糖。
那个灶王爷正然把呀苦诉啊,
是门神爷他也来到喊冤枉。
那个门神说:灶王爷,你那个差事还呀好受哇,
是只有我这个门神,这个差事更难搪。
那人家是把我买也了去呀,
是用糨糊贴在他们堂屋那个门呐板上。
是白天家是门一开,
我闷在那门里边站呐。
是到夜晚那个门一闩,
门栓子它端端地别住我的后脊梁。
是但还有人找他都来要账啊,他摸着我嘛,
他摸着我是青红不分、皂白不问,
"嘭嘭嘭"是三那巴呀掌。
那冬天家,我门神呐还呀好受哇,
是一到那个热天才更窝囊。
那屋里头是有床啊他不去睡呀,
他嫌那个睡到屋里头热得个慌。
他卸下门板就去乘凉,
在兀院坝当中就去罢凉床。
那蚊子咬得他睡不着觉哇,
他一个滚翻身爬起来一屁股就坐在了嘛我的脸上。
那白天他吃的是新麦子面哪,
他肚子里头那气鼓乱胀。
是攻来攻去到底胀得个慌啊,
五谷那个之气忙才难出仓。
那忽听得"通"的一声响,
他一屁冲在了嘛我的嘴上,
把他裤子也给冲啊坏了裆。
那思一嘛思来想一想哦,
我吃屁,哪及你灶王爷吃红糖咪。

二、陕南端公戏

（一）快二六板：打麦场

急急忙忙把路赶咯，
跑的我嗓子都直冒烟喽，
山下有一座茅草庵呐，
急忙上前把门喊：
大嫂喂！开门喽！

（二）神歌调：打麦场

我名叫一个刘老五哦嘛，
家中那个土地才没一亩，
忙天都给人家卖活路哎，
闲天喂猪我就推豆腐，
今日乡场上卖活路哎，
碰到了一个坏买主，
他看我人穷是罟得住哇，
他看我人穷嘛好欺负，
他一天嘛才给我一串五，
这个呦是活路我不干了欸，
再也呦没人把活路喊来把活呦咿呦吼吼，
活耶路喊喽咿呦咿呦吼吼。

三、民歌：月儿落西下

月儿那个落西下耶，
心想奴冤家耶，
那冤家耶他不哇在我呃家耍耶，
我心里头乱如麻。
两脚都进绣房哎嗨，
打开龙凤箱哎，
红白呦的纸儿取呀一张啊，
我把纸儿都叠成行，

纸儿都叠成行哎嗨，
墨儿都研成浆哎，
把砚台呦都放在呀圪呀膝上哎，
自写自思量。

四、小调：双探妹

正月里那个探小妹嘛正那月正，
我带上那个小妹子嘛去呀观灯，
观灯嘛是假意呀，
妹子儿我试试你的心呐，
你知情嘛不知情。

正月子里来嘛正那月正，
我和那个小哥哥去呀观灯，
你的心腹事啊，小哥，
我妹妹嘛早知情呐，
妹妹我早知情。

汉台区东关篇

第一章　语　音

第一节　声　母

声母共二十三个,包括零声母在内。

p 八兵布宝　　ph 派片爬盘　　m 麦明母庙　　f 飞副肥饭
t 多东毒低　　th 讨天甜条　　ȵ 年泥业孽　　　　　　　l 脑南老连
ts 资早租字　　tsh 刺草寸祠　　　　　　　　　s 丝三酸事
tʂ 张真知照　　tʂh 抽车吃车　　　　　　　　　ʂ 手十蛇世　　ʐ 热软让褥
tɕ 酒九假举　　tɕh 清全轻权　　　　　　　　　ɕ 想谢响县
k 高共柜歌　　kh 开看哭困　　ŋ 熬安藕爱　　x 好灰活化
ø 味月用药

第二节　韵　母

韵母三十六个,不包括儿化韵。

ɿ 师丝试紫
ʅ 十直尺池　　　i 米戏急七　　　u 苦五猪绿　　　y 雨橘局女
a 茶塔法辣　　　iA 牙鸭夹嫁　　　uA 瓦刮华划
ɤ 歌盒壳热　　　iE 写接贴节　　　uɤ 过活托郭　　yɤ 药月靴学
ər 二儿耳而
ai 开排鞋歪　　　　　　　　　　　uai 快怪快拐
ei 陪北色白　　　　　　　　　　　uei 对鬼回亏
ɑo 宝饱早桃　　　iɑo 笑桥鸟焦
əu 口豆走狗　　　iəu 油六绿丢
an 南山半安　　　ian 盐年点天　　uan 官完乱欢　　yan 权原选院
ən 根灯深升　　　in 心硬病星　　　uən 滚春寸嫩　　yn 云寻俊均

ɑŋ 塘上帮忙   iɑŋ 响讲浆抢   uɑŋ 床王双装
əŋ 棚蓬风梦ʮ   uəŋ 翁
                                 oŋ 东弄聋葱   ioŋ 兄用穷荣

第三节　单字调

单字调四字。

阴平 45 东灯春天　阳平 42 麦门白罚　上声 354 懂古买老　去声 213 近硬乱地

第四节　单　字

0001. 多 tuɤ45	0023. 课 kɤ213	0044. 斜 ɕiɛ42	0065. 杜 tu213
0002. 拖 thuɤ45	0024. 火 xuɤ354	0045. 谢 ɕiɛ213	0066. 奴 lu42
0003. 大~小 ta213	0025. 货 xuɤ213	0046. 车不是棋子	0067. 路 lu213
0004. 锣 luɤ42	0026. 祸 xuɤ213	tʂʅ45	0068. 租 tsu45
0005. 左 tsuɤ354	0027. 靴 ɕiɛ42	0047. 蛇 ʂɤ42	0069. 做 tsuɤ213
0006. 歌 kɤ45	0028. 把量 pa354	0048. 射 ʂɤ213	0070. 错对~
0007. 个一~ kɤ213	0029. 爬 pha42	0049. 爷 Øiɛ42	tshuɤ213
0008. 可 khɤ354	0030. 马 ma354	0050. 野 Øiɛ354	0071. 箍~桶,注意
0009. 鹅 ŋɤ42	0031. 骂 ma213	0051. 夜 Øiɛ213	声母 khu45
0010. 饿 ŋɤ213	0032. 茶 tsha42	0052. 瓜 kuA45	0072. 古 khu354
0011. 河 xɤ42	0033. 沙 sa45	0053. 瓦 ØuA354	0073. 苦 khu354
0012. 茄 tɕhiɛ42	0034. 假真~	0054. 花 xuA45	0074. 裤 khu213
0013. 破 phuɤ213	tɕiA354	0055. 化 xuA213	0075. 吴 Øu42
0014. 婆 phuɤ42	0035. 嫁 tɕiA213	0056. 华中~ xuA42	0076. 五 Øu354
0015. 磨动 muɤ213	0036. 牙 ØiA42	0057. 谱家~ phu354	0077. 虎 xu354
0016. 磨名 muɤ42	0037. 虾 ɕiA45	0058. 布 pu213	0078. 壶 xu42
0017. 躲 tuɤ354	0038. 下底~ ɕiA213	0059. 铺动 phu45	0079. 户 xu213
0018. 螺 luɤ42	0039. 夏春~ ɕiA213	0060. 簿 puɤ42	0080. 乌 Øu45
0019. 坐 tsuɤ213	0040. 哑 ØiA354	0061. 步 pu213	0081. 女 ȵy354
0020. 锁 suɤ45	0041. 姐 tɕiɛ354	0062. 赌 tu354	0082. 吕 ly354
0021. 果 kuɤ354	0042. 借 tɕiɛ213	0063. 土 thu354	0083. 徐 xy42
0022. 过 kuɤ213	0043. 写 ɕiɛ354	0064. 图 thu42	0084. 猪 tsu45

0085. 除 tsʰu42
0086. 初 tsʰu45
0087. 锄 tsʰu42
0088. 所 suɤ354
0089. 书 su45
0090. 鼠 su354
0091. 如 zu42
0092. 举 tɕy354
0093. 锯 tɕy213
0094. 去 tɕʰy213
0095. 渠~道 tɕʰy42
0096. 鱼 Øy42
0097. 许 ɕy354
0098. 余剩~，多~ Øy42
0099. 府 fu354
0100. 付 fu213
0101. 父 fu213
0102. 武 Øu354
0103. 雾 Øu213
0104. 取 tɕʰy354
0105. 柱 tsu213
0106. 住 tsu213
0107. 数动 su354
0108. 数名 su213
0109. 主 tsu354
0110. 输 su45
0111. 竖 su213
0112. 树 su213
0113. 句 tɕy213
0114. 区地~ tɕʰy45
0115. 遇 Øy213
0116. 雨 Øy354

0117. 芋 Øy213
0118. 裕 Øy213
0119. 胎 tʰai45
0120. 台戏~ tʰai42
0121. 袋 tai213
0122. 来 lai42
0123. 菜 tsʰai213
0124. 财 tsʰai42
0125. 该 kai42
0126. 改 kai354
0127. 开 kʰai45
0128. 海 xai354
0129. 爱 ŋai213
0130. 贝 pei213
0131. 带动 tai213
0132. 盖动 kai213
0133. 害 xai213
0134. 拜 pai213
0135. 排 pʰai42
0136. 埋 mai42
0137. 戒 tɕiɛ213
0138. 摆 pai354
0139. 派注意声调，~别，~饭 pʰai213
0140. 牌 pʰai42
0141. 买 mai354
0142. 卖 mai213
0143. 柴 tsʰai42
0144. 晒 sai213
0145. 街 kai45
0146. 解~开 kai354
0147. 鞋 xiɛ42

0148. 蟹注意声调 xai42
0149. 矮 ŋai354
0150. 败 pai213
0151. 币 pi213
0152. 制~造 tʂɿ213
0153. 世 ʂɿ213
0154. 艺 Øi213
0155. 米 mi354
0156. 低 ti45
0157. 梯 tʰi45
0158. 剃 tʰi213
0159. 弟 ti213
0160. 递 ti213
0161. 泥 ɲi42
0162. 犁 li42
0163. 西 ɕi45
0164. 洗 ɕi354
0165. 鸡 tɕi45
0166. 溪 ɕi45
0167. 契 tɕʰi213
0168. 系联~ ɕi42
0169. 杯 pei45
0170. 配 pʰei213
0171. 赔 pʰei42
0172. 背~诵 pei213
0173. 煤 mei42
0174. 妹 mei213
0175. 对 tuei213
0176. 雷 luei42
0177. 罪 tsuei213
0178. 碎 suei213
0179. 灰 xuei45

0180. 回 xuei42
0181. 外 Øuai213
0182. 会开~ xuei213
0183. 怪 kuai213
0184. 块 kʰuai42
0185. 怀 xuai42
0186. 坏 xuai213
0187. 拐 kuai354
0188. 挂 kuʌ213
0189. 歪注意声母 Øuai45
0190. 画 xuʌ213
0191. 快 kʰuai213
0192. 话 xuʌ213
0193. 岁 suei213
0194. 卫 Øuei213
0195. 肺 fei213
0196. 桂 kuei213
0197. 碑 pi45
0198. 皮 pʰi42
0199. 被~子 pei213
0200. 紫 tsɿ354
0201. 刺 tsʰɿ213
0202. 知 tʂɿ45
0203. 池 tʂʰɿ42
0204. 纸 tsɿ354
0205. 儿 Øər42
0206. 寄 tɕi213
0207. 骑 tɕʰi42
0208. 蚁注意韵母 Øi354
0209. 义 Øi213
0210. 戏 ɕi213

0211. 移 Øi42	0244. 喜 çi354	0275. 胃 Øuei213	tsɑo354
0212. 比 pi354	0245. 意 Øi213	0276. 宝 pɑo354	0305. 抄 tʂhɑo45
0213. 屁 phi213	0246. 几 ～个 tçi354	0277. 抱 pɑo213	0306. 交 tçiɑo45
0214. 鼻 注意声调 pi42	0247. 气 tçhi213	0278. 毛 mɑo42	0307. 敲 tçhiɑo45
0215. 眉 mei42	0248. 希 çi45	0279. 帽 mɑo213	0308. 孝 çiɑo213
0216. 地 ti213	0249. 衣 Øi45	0280. 刀 tɑo45	0309. 校学～ çiɑo213
0217. 梨 li42	0250. 嘴 tsuei354	0281. 讨 thɑo354	0310. 表手～ piɑo354
0218. 资 tsʅ45	0251. 随 suei42	0282. 桃 thɑo42	0311. 票 phiɑo213
0219. 死 sʅ354	0252. 吹 tʂhuei45	0283. 道～德，街～ tɑo213	0312. 庙 miɑo213
0220. 四 sʅ213	0253. 垂 tʂhuei42		0313. 焦 tçiɑo45
0221. 迟 tʂhʅ42	0254. 规 kuei45	0284. 脑 lɑo354	0314. 小 çiɑo354
0222. 指 tʂʅ354	0255. 亏 khuei45	0285. 老 lɑo354	0315. 笑 çiɑo213
0223. 师 ʂʅ45	0256. 跪 注意声调 kuei213	0286. 早 tsɑo354	0316. 朝～代 tʂhɑo42
0224. 二 Øər213		0287. 灶 tsɑo213	0317. 照 tʂɑo213
0225. 饥～饿 tçi45	0257. 危 Øuei42	0288. 草 tshɑo354	0318. 烧 ʂɑo45
0226. 器 tçhi213	0258. 类 luei213	0289. 糙 注意声调 tshɑo213	0319. 绕～线 ʐɑo354
0227. 姨 Øi42	0259. 醉 tsuei213		0320. 桥 tçhiɑo42
0228. 李 li354	0260. 追 tsuei45	0290. 造 tsɑo213	0321. 轿 tçiɑo213
0229. 子 tsʅ354	0261. 锤 tʂhuei42	0291. 嫂 sɑo354	0322. 腰 Øiɑo45
0230. 字 tsʅ213	0262. 水 suei354	0292. 高 kɑo45	0323. 要重～ Øiɑo213
0231. 丝 sʅ45	0263. 龟 kuei45	0293. 靠 khɑo213	0324. 摇 Øiɑo42
0232. 祠 tʂhʅ42	0264. 季 tçi213	0294. 熬 ŋɑo42	0325. 鸟 注意声母 n̠iɑo354
0233. 寺 sʅ213	0265. 柜 kuei213	0295. 好～坏 xɑo354	
0234. 治 tʂʅ213	0266. 位 Øuei213	0296. 号名 xɑo213	0326. 钓 tiɑo213
0235. 柿 sʅ213	0267. 飞 fei45	0297. 包 pɑo45	0327. 条 thiɑo42
0236. 事 sʅ213	0268. 费 fei213	0298. 饱 pɑo354	0328. 料 liɑo213
0237. 使 sʅ354	0269. 肥 fei42	0299. 炮 phɑo213	0329. 箫 çiɑo45
0238. 试 sʅ213	0270. 尾末～，～巴 Øuei354	0300. 猫 mɑo45	0330. 叫 tçiɑo213
0239. 时 ʂʅ42		0301. 闹 lɑo213	0331. 母丈～，舅～ mu354
0240. 市 sʅ213	0271. 味 Øuei213	0302. 罩 tsɑo213	
0241. 耳 Øər354	0272. 鬼 kuei354	0303. 抓用手～牌 tsuʌ45	0332. 抖 thəu354
0242. 记 tçi213	0273. 贵 kuei213		0333. 偷 thəu45
0243. 棋 tçhi42	0274. 围 Øuei42	0304. 找～零钱	0334. 头 thəu42

59

0335. 豆 təu213	0366. 牛 ȵiəu42	0396. 蜡 la42	0426. 业 ȵiɛ42
0336. 楼 ləu42	0367. 休 ɕiəu45	0397. 赚 tsuan213	0427. 点 tian354
0337. 走 tsəu354	0368. 优 Øiəu45	0398. 杉~木 sa45	0428. 店 tian213
0338. 凑 tshəu213	0369. 有 Øiəu354	0399. 减 tɕian354	0429. 添 thian45
0339. 钩注意声母 kəu45	0370. 右 Øiəu213	0400. 咸~淡 ɕian42	0430. 甜 thian42
	0371. 油 Øiəu42		0431. 念 ȵian213
0340. 狗 kəu354	0372. 丢 tiəu45	0401. 插 tsha42	0432. 嫌 ɕian42
0341. 够 kəu213	0373. 幼 Øiəu213	0402. 闸 tsa42	0433. 跌注意声调 tiɛ213
0342. 口 khəu354	0374. 贪 than45	0403. 夹~子 tɕiʌ45	
0343. 藕 ŋəu354	0375. 潭 than42	0404. 衫 san45	0434. 贴 thiɛ213
0344. 后前~ xəu213	0376. 南 lan42	0405. 监 tɕian45	0435. 碟 tiɛ42
0345. 厚 xəu213	0377. 蚕 tshan42	0406. 岩 Øian42	0436. 协 ɕiɛ42
0346. 富 fu213	0378. 感 kan354	0407. 甲 tɕiʌ42	0437. 犯 fan213
0347. 副 fu213	0379. 含~一口水 xan42	0408. 鸭 ØiʌA42	0438. 法 fa42
0348. 浮 fu42		0409. 黏~液 zȵan42	0439. 品 phin354
0349. 妇 fu213	0380. 暗 ŋan213	0410. 尖 tɕian45	0440. 林 lin42
0350. 流 liəu42	0381. 搭 ta42	0411. 签~名 tɕhian45	0441. 浸 tɕhin213
0351. 酒 tɕiəu354	0382. 踏注意声调 tha42	0412. 占~领 tsan213	0442. 心 ɕin45
0352. 修 ɕiəu45			0443. 寻 ɕyn42
0353. 袖 ɕiəu213	0383. 拉注意声调 la45	0413. 染 zȵan354	0444. 沉 tʂhən42
0354. 抽 tʂhəu45	0384. 杂 tsa42	0414. 钳 tɕhian42	0445. 参人~ sən45
0355. 绸 tʂhəu42	0385. 鸽 kɤ42	0415. 验 Øian213	0446. 针 tsen45
0356. 愁 tʂhəu42	0386. 盒 xɤ42	0416. 险 ɕian354	0447. 深 ʂən42
0357. 瘦 səu213	0387. 胆 tan354	0417. 厌 Øian213	0448. 任责~ zȵən213
0358. 州 tʂəu45	0388. 毯 than354	0418. 炎 Øian42	0449. 金 tɕin45
0359. 臭香~ tʂhəu213	0389. 淡 tan213	0419. 盐 Øian42	0450. 琴 tɕhin45
	0390. 蓝 lan42		0451. 音 Øin45
0360. 手 ʂəu354	0391. 三 san45	0420. 接 tɕiɛ45	0452. 立 li42
0361. 寿 ʂəu213	0392. 甘 kan45	0421. 折~叠 tʂɤ42	0453. 集 tɕi42
0362. 九 tɕiəu354	0393. 敢 kan354	0422. 叶树~ ØiɛE45	0454. 习 ɕi42
0363. 球 tɕhiəu42	0394. 喊注意声调 xan354	0423. 剑 tɕian213	0455. 汁 tʂʅ42
0364. 舅 tɕiəu213		0424. 欠 tɕhian213	0456. 十 ʂʅ42
0365. 旧 tɕiəu213	0395. 塔 tha42	0425. 严 Øian42	0457. 入 zȵu42

0458. 急 tɕi42
0459. 及 tɕi42
0460. 吸 ɕi45
0461. 单简～tan45
0462. 炭 than213
0463. 弹～琴 than42
0464. 难～易 lan42
0465. 兰 lan42
0466. 懒 lan354
0467. 烂 lan213
0468. 伞注意声调 san354
0469. 肝 kan45
0470. 看～见 khan213
0471. 岸 ŋan213
0472. 汉 xan213
0473. 汗 xan213
0474. 安 ŋan45
0475. 达 ta42
0476. 辣 la45
0477. 擦 tsha42
0478. 割 kɤ42
0479. 渴 khɤ42
0480. 扮 pan213
0481. 办 pan213
0482. 铲 tshuan354
0483. 山 san45
0484. 产注意声母 tshan354
0485. 间房～，一～房 tɕian45
0486. 眼 ɲian354

0487. 限 ɕian213
0488. 八 pa45
0489. 扎 tsa45
0490. 杀 sa45
0491. 班 pan45
0492. 板 pan354
0493. 慢 man213
0494. 奸 tɕian45
0495. 颜 Øian42
0496. 瞎 ɕia45
0497. 变 pian213
0498. 骗欺～ phian213
0499. 便方～ pian213
0500. 棉 mian42
0501. 面～孔 mian213
0502. 连 lian42
0503. 剪 tɕian354
0504. 浅 tɕhian354
0505. 钱 tɕhian42
0506. 鲜新～，味～ ɕyan45
0507. 线 ɕian213
0508. 缠 tshan42
0509. 战 tsan213
0510. 扇名 san213
0511. 善 san213
0512. 件 tɕian213
0513. 延 Øian42
0514. 别～人 piE42
0515. 灭 miE213

0516. 列 liE42
0517. 撤 tʂhɤ42
0518. 舌 ʂɤ42
0519. 设 ʂɤ213
0520. 热 ʐɤ213
0521. 杰 tɕiE42
0522. 孽 niE42
0523. 建 tɕian213
0524. 健 tɕian213
0525. 言 Øian42
0526. 歇 ɕiE213
0527. 扁 pian354
0528. 片 phian213
0529. 面～条 mian213
0530. 典 tian354
0531. 天 thian45
0532. 田 thian42
0533. 垫 tian213
0534. 年 ɲian42
0535. 莲 lian42
0536. 前 tɕhian42
0537. 先 ɕian42
0538. 肩 tɕian42
0539. 见 tɕian213
0540. 牵 tɕhian45
0541. 显 ɕian354
0542. 现 ɕian213
0543. 烟 Øian45
0544. 憋 piE42
0545. 篾 mi42
0546. 铁 thiE42
0547. 捏 niE42

0548. 节 tɕiE42
0549. 切动 tɕhiE42
0550. 截 tɕhiE42
0551. 结 tɕhiE42
0552. 搬 pan45
0553. 半 pan213
0554. 判 phan213
0555. 盘 phan42
0556. 满 man354
0557. 端～午 tuan45
0558. 短 tuan354
0559. 断绳～了 tuan213
0560. 暖 luan354
0561. 乱 luan213
0562. 酸 suan45
0563. 算 suan213
0564. 官 kuan45
0565. 宽 khuan45
0566. 欢 xuan45
0567. 完 Øuan42
0568. 换 xuan213
0569. 碗 Øuan354
0570. 拨 puɤ42
0571. 泼 phuɤ42
0572. 末 muɤ354
0573. 脱 thuɤ42
0574. 夺 tuɤ42
0575. 阔 khuɤ213
0576. 活 xuɤ42
0577. 顽～皮，～固 Øuan42
0578. 滑 xuʌ42

陕西方言集成 汉台区东关篇

61

0579. 挖 Øuʌ42	0606. 饭 fan213	0637. 身 sən45	tuən45
0580. 闩 suan213	0607. 晚 Øuan354	0638. 辰 tʂhən42	0670. 孙 ~子 suən45
0581. 关 ~门 kuan45	0608. 万麻将牌 Øuan213	0639. 人 zən42	0671. 滚 kuən354
0582. 惯 kuan213		0640. 认 zən213	0672. 困 khuən213
0583. 还动 xuan42	0609. 劝 tɕhyan213	0641. 紧 tɕin354	0673. 婚 xuən45
0584. 还副 xai42	0610. 原 Øyan42	0642. 银 Øin42	0674. 魂 xuən42
0585. 弯 Øuan45	0611. 冤 Øyan45	0643. 印 Øin213	0675. 温 Øuən45
0586. 刷 suʌ42	0612. 园 Øyan42	0644. 引 Øin354	0676. 卒棋子 tsu42
0587. 刮 kuʌ42	0613. 远 ~近，~过去 Øyan354	0645. 笔 pi42	0677. 骨 ku354
0588. 全 tɕhyan42		0646. 匹 phi42	0678. 轮 luən42
0589. 选 ɕyan354	0614. 发头~ fa354	0647. 密 mi42	0679. 俊注意声母 tɕyn213
0590. 转 ~眼，~送 tsuan354	0615. 罚 fa42	0648. 栗 li42	
	0616. 袜 Øuʌ42	0649. 七 tɕhi42	0680. 笋 suən354
0591. 传 ~下来 tshuan42	0617. 月 Øyɤ42	0650. 侄 tʂʅ42	0681. 准 tsuən354
	0618. 越 Øyɤ42	0651. 虱 sei42	0682. 春 tshuən45
0592. 传 ~记 tsuan213	0619. 县 ɕian213	0652. 实 ʂʅ42	0683. 唇 tshuən42
	0620. 决 tɕyɤ42	0653. 失 ʂʅ42	0684. 顺 suən213
0593. 砖 tsuan45	0621. 缺 tɕhyɤ42	0654. 日 zʅ42	0685. 纯 tsuən42
0594. 船 tshuan42	0622. 血 ɕyɤ42	0655. 吉 tɕi42	0686. 闰 z̩uən213
0595. 软 z̩uan354	0623. 吞 than45	0656. 一 Øi42	0687. 均 tɕyn45
0596. 卷 ~起 tɕyan354	0624. 根 kən45	0657. 筋 tɕin45	0688. 匀 Øyn42
	0625. 恨 xən213	0658. 劲有~ tɕin213	0689. 律 ly42
0597. 圈圆~ tɕhyan45	0626. 恩 ŋən45	0659. 勤 tɕhin42	0690. 出 tshu42
	0627. 贫 phin42	0660. 近 tɕin213	0691. 橘 tɕy42
0598. 权 tɕhyan42	0628. 民 min42	0661. 隐 Øin354	0692. 分动 fən45
0599. 圆 Øyan42	0629. 邻 lin42	0662. 本 pən354	0693. 粉 fən354
0600. 院 Øyan213	0630. 进 tɕin213	0663. 盆 phən42	0694. 粪 fən213
0601. 铅 ~笔,注意声调 tɕhian45	0631. 亲 tɕhin45	0664. 门 mən42	0695. 坟 fən42
	0632. 新 ɕin45	0665. 墩 tuən45	0696. 蚊 Øuən42
0602. 绝 tɕyɤ42	0633. 镇 tʂən213	0666. 嫩 luən213	0697. 问 Øuən213
0603. 雪 ɕyɤ42	0634. 陈 tʂhən42	0667. 村 tshuən45	0698. 军 tɕyn45
0604. 反 fan354	0635. 震 tʂən213	0668. 寸 tshuən213	0699. 裙 tɕhyn42
0605. 翻 fan45	0636. 神 ʂən42	0669. 蹲注意声母	0700. 熏 ɕyn45

0701. 云～彩 Øyn42	0732. 长～短 tʂhaŋ42	0763. 霍 xɤ213	0795. 等 tən354
0702. 运 Øyn213	0733. 装 tsuaŋ45	0764. 方 faŋ45	0796. 凳 təŋ213
0703. 佛～像 fɤ42	0734. 壮 tsuaŋ213	0765. 放 faŋ213	0797. 藤 thən42
0704. 物 Øuɤ42	0735. 疮 tshuaŋ45	0766. 纺 faŋ354	0798. 能 lən42
0705. 帮 paŋ45	0736. 床 tshuaŋ42	0767. 房 faŋ42	0799. 层 tshən42
0706. 忙 maŋ42	0737. 霜 suaŋ45	0768. 防 faŋ42	0800. 僧 注意声母
0707. 党 taŋ354	0738. 章 tsaŋ45	0769. 网 Øuaŋ354	sən45
0708. 汤 thaŋ45	0739. 厂 tʂhaŋ354	0770. 筐 kuaŋ45	0801. 肯 khən354
0709. 糖 thaŋ42	0740. 唱 tʂhaŋ213	0771. 狂 kuaŋ42	0802. 北 pei42
0710. 浪 laŋ213	0741. 伤 ʂaŋ45	0772. 王 Øuaŋ42	0803. 墨 muɤ42
0711. 仓 tshaŋ45	0742. 尝 ʂaŋ42	0773. 旺 Øuaŋ213	0804. 得 tɤ42
0712. 钢 kaŋ45	0743. 上～去 ʂaŋ213	0774. 缚 fu213	0805. 特 thɤ42
0713. 糠 khaŋ45	0744. 让 ʐaŋ213	0775. 绑 paŋ354	0806. 贼 tsei42
0714. 薄 puɤ42	0745. 姜生～ tɕiaŋ45	0776. 胖 phaŋ213	0807. 塞 sei42
0715. 摸 注意声调	0746. 响 ɕiaŋ354	0777. 棒木～ paŋ213	0808. 刻 khei42
muɤ42	0747. 向 ɕiaŋ213	0778. 桩 tsuaŋ45	0809. 黑 xei42
0716. 托 thuɤ42	0748. 秧 Øiaŋ45	0779. 撞 tshuaŋ213	0810. 冰 piŋ45
0717. 落 luɤ42	0749. 痒 Øiaŋ354	0780. 窗 tshuaŋ45	0811. 证 tʂən213
0718. 作 tsuɤ42	0750. 样 Øiaŋ354	0781. 双 suaŋ45	0812. 秤 tʂhən213
0719. 索 suɤ42	0751. 雀 注意声母	0782. 江 tɕiaŋ45	0813. 绳 ʂən42
0720. 各 kɤ213	tɕhyɤ42	0783. 讲 tɕiaŋ354	0814. 剩 ʂən213
0721. 鹤 xɤ213	0752. 削 ɕyɤ42	0784. 降投～ ɕiaŋ42	0815. 升 ʂən45
0722. 恶形，入声	0753. 着火～了	0785. 项 ɕiaŋ213	0816. 兴高～ ɕin213
ŋɤ42	tʂuɤ42	0786. 剥 puɤ45	0817. 蝇 注意声母
0723. 娘 niaŋ42	0754. 勺 ʂuɤ42	0787. 桌 tsuɤ42	Øin42
0724. 两斤～ liaŋ354	0755. 弱 ʐuɤ42	0788. 镯 tsuɤ42	0818. 逼 pi42
0725. 亮 liaŋ213	0756. 脚 tɕyɤ42	0789. 角 tɕyɤ42	0819. 力 li42
0726. 浆 tɕiaŋ45	0757. 约 Øyɤ42	0790. 壳大烟～～	0820. 息 ɕi42
0727. 抢 tɕhiaŋ354	0758. 药 Øyɤ42	kɤ42	0821. 直 tʂʅ42
0728. 匠 tɕiaŋ213	0759. 光～线 kuaŋ45	0791. 学 ɕyɤ42	0822. 侧 注意声母
0729. 想 ɕiaŋ354	0760. 慌 xuaŋ45	0792. 握 Øuɤ213	tshei213
0730. 像 ɕiaŋ213	0761. 黄 xuaŋ42	0793. 朋 phəŋ42	0823. 测 tshei213
0731. 张量 tsaŋ45	0762. 郭 kuɤ42	0794. 灯 təŋ45	0824. 色 sei213

0825. 织 tʂʅ42	0854. 摘 tsei42	0886. 尺 tʂʅ42	0919. 冻 toŋ213
0826. 食 ʂʅ42	0855. 策 tshei42	0887. 石 ʂʅ42	0920. 通 thoŋ45
0827. 式 ʂʅ213	0856. 隔 kei42	0888. 益 Øi213	0921. 桶注意声调 thoŋ354
0828. 极 tɕi42	0857. 兵 pin45	0889. 瓶 phin42	0922. 痛 thoŋ213
0829. 国 kuɤ42	0858. 柄注意声调 pin354	0890. 钉 tin45	0923. 铜 thoŋ42
0830. 或 xɤ42	0859. 平 phin42	0891. 顶 tin354	0924. 动劳～ toŋ213
0831. 猛 məŋ354	0860. 病 pin213	0892. 厅 thin45	0925. 洞 toŋ213
0832. 打注意韵母 ta354	0861. 明 min42	0893. 听～见 thin45	0926. 聋注意声调 loŋ42
0833. 冷 lən354	0862. 命 min213	0894. 停 thin42	0927. 弄注意声母 loŋ213
0834. 生 sən45	0863. 镜 tɕin213	0895. 挺 thin354	0928. 棕 tsoŋ213
0835. 省～长 sən354	0864. 庆 tɕhin213	0896. 定 tin213	0929. 葱 tshoŋ45
0836. 更三～，打～ kən45	0865. 迎 Øin42	0897. 零 lin42	0930. 送 soŋ213
0837. 梗注意韵母 ken354	0866. 影 Øin354	0898. 青 tɕhin45	0931. 公 koŋ45
0838. 坑 khən45	0867. 剧戏～ tɕy213	0899. 星 ɕin45	0932. 孔 khoŋ354
0839. 硬 ŋin213	0868. 饼 pin354	0900. 经 tɕin45	0933. 烘～干 xoŋ45
0840. 行～为，～走 ɕin42	0869. 名 min42	0901. 形 ɕin42	0934. 红 xoŋ42
0841. 百 pei354	0870. 领 lin354	0902. 壁 pi42	0935. 翁 Øuəŋ45
0842. 拍 phei42	0871. 井 tɕin354	0903. 劈 phi42	0936. 木 mu42
0843. 白 pei42	0872. 清 tɕhin45	0904. 踢 thi42	0937. 读 tu42
0844. 拆 tshei42	0873. 静 tɕin213	0905. 笛 ti42	0938. 鹿 lu42
0845. 择 tsei42	0874. 姓 ɕin213	0906. 历农～ li213	0939. 族 tshu42
0846. 窄 tsei213	0875. 贞 tʂən45	0907. 锡 ɕi42	0940. 谷稻～ ku354
0847. 格 kei213	0876. 程 tʂhən42	0908. 击 tɕi42	0941. 哭 khu42
0848. 客 khei42	0877. 整 tʂən354	0909. 吃 tʂhʅ42	0942. 屋 Øu45
0849. 额 ŋei42	0878. 正～反 tʂən213	0910. 横 xən213	0943. 冬～至 toŋ45
0850. 棚 phen45	0879. 声 sən45	0911. 划计～ xuʌ213	0944. 统注意声调 thoŋ354
0851. 争 tʂən45	0880. 城 tʂhən42	0912. 兄 ɕioŋ45	
0852. 耕 kən45	0881. 轻 tɕhin45	0913. 荣 Øioŋ42	0945. 脓注意声调 loŋ42
0853. 麦 mei42	0882. 赢 Øin42	0914. 永 Øioŋ354	
	0883. 积 tɕi42	0915. 营 Øin42	
	0884. 惜 ɕi42	0916. 蓬～松 phəŋ42	
	0885. 席 ɕi42	0917. 东 toŋ45	
		0918. 懂 toŋ354	0946. 松～紧 soŋ45

0947. 宋 soŋ213
0948. 毒 tu42
0949. 风 fəŋ45
0950. 丰 fəŋ45
0951. 凤 fəŋ213
0952. 梦 məŋ213
0953. 中当～ tsoŋ45
0954. 虫 tshəŋ42
0955. 终 tsoŋ45
0956. 充 tshoŋ45
0957. 宫 koŋ45
0958. 穷 tɕhioŋ42
0959. 熊注意声母 ɕioŋ42
0960. 雄注意声母 ɕioŋ42

0961. 福 fu42
0962. 服 fu42
0963. 目 mu42
0964. 六 liəu42
0965. 宿住～，～舍 ɕy42
0966. 竹 tsu42
0967. 畜～生 tshu45
0968. 缩～小，～脖子 suɤ42
0969. 粥 tʂəu42
0970. 叔 su42
0971. 熟 su42
0972. 肉 zˌəu213
0973. 菊 tɕy42
0974. 育 Øy213

0975. 封 fəŋ45
0976. 蜂 fəŋ45
0977. 缝一条～ fəŋ213
0978. 浓 loŋ42
0979. 龙 loŋ42
0980. 松～树 soŋ45
0981. 重轻～ tsoŋ213
0982. 肿 tsoŋ354
0983. 种～树 tsoŋ213
0984. 冲 tshoŋ45
0985. 恭 koŋ45
0986. 共 koŋ213
0987. 凶吉～ ɕioŋ45
0988. 拥注意声调 Øioŋ45

0989. 容 zˌoŋ42
0990. 用 Øioŋ213
0991. 绿 liəu42
0992. 足 tɕy213
0993. 烛 tsu42
0994. 赎 su42
0995. 属 su42
0996. 褥 zˌu42
0997. 曲～折，歌～ tɕhy42
0998. 局 tɕy42
0999. 玉 Øy213
1000. 浴 Øy42

勉县篇

第一章　总　论

第一节　人文地理、历史沿革、人口概况

勉县位于陕西省南部、汉中市（汉中盆地）西端，地处汉江上游。北依秦岭，南连巴山，中为汉江流域平川地带。县域地处东经106°21′～106°57′，北纬32°53′～33°38′，南北长约140公里，总面积2386平方公里。地形复杂多样，根据地貌分为：中部盆地区，占8.8%，南、北丘陵区，占16.4%，北、西、南山地区，占74.8%。地势北高东低，最高点海拔2621米（长沟河镇庙坪村葱滩梁），最低处海拔513米（长林镇汉江河滩），东西宽约65公里，四邻分别为：东接汉中市汉台区，南邻南郑区，西靠宁强县、略阳县，北连留坝县、宝鸡市凤县和甘肃省两当县。

勉县资源丰富，生物资源独特，气候温暖湿润，长江最大支流汉江横贯全境，境内盆地珠串，森林覆盖率达58%。勉县的矿产资源储量大、品位高，位于"勉略宁"金三角，被地质学家李四光誉为亚洲的"乌拉尔"，为陕西省汉中市重要的冶金工业基地和化工工业基地。

勉县历史悠久，据考古发现，早在六千年前的新石器时期，即有先民在此繁衍生息。夏、商时勉地属西国，西周时属雍州，东周、春秋时属蜀，战国初属白马氏东境，秦时属褒县。西汉初始建沔阳县。北魏分沔阳县，东设华阳县，西设嶓冢、沔闲二县。隋开皇元年（581年）撤沔阳县，并入嶓冢县；大业三年（607年）改嶓冢县为西县。元至元二十年（1283年）设铎水县，省西县入略阳。明洪武三年（1370年）省铎水入沔州；洪武七年（1374年）始称沔县。1935年2月8日，中国工农红军第四方面军占领沔县，曾成立县苏维埃政权。1949年12月6日中国人民解放军解放沔县。1959年迄今版图未变。勉县原名"沔县"，因沔水而得名。后因"沔"字生僻难认，1964年9月10日经国务院批准将"沔县"改为"勉县"。1965年6月属陕西省汉中专员公署。1978年起属汉中地区行政公署。

勉县还是一个两汉三国历史文化积淀非常深厚的地方。西汉初年，高祖刘邦派大将韩信从勉县"暗度陈仓"出定三秦；东汉初年，张鲁在此创办"五斗米教"，"雄踞

巴汉三十余载"；尤其是三国时期，一代智星诸葛亮在定军山下设八阵图、制木牛流马，八年屯兵，五次北伐，留下了丰富的历史文化积淀。

勉县民族以汉族为主，少数民族中回族居多。现全县辖 1 个街道办事处，17 个镇，198 个村（社区），总人口 34.49 万人。①

第二节　方言归属与内部差异

依据地理分布情况和当地人语感，勉县方言可以分为三支。以县城为中心，到邻近县城的原高潮、温泉一带，以及东到黄沙，西到老城，南到元墩、镇川这些主要乡镇的平川和丘陵，语音较为一致，以原城关镇方言为代表；以原褒联地区为中心，向东延伸至金泉、老道寺一带的平坝地区，地理位置上邻近汉中市区，相对勉县县城属于汉江下游，是勉县方言的另一支，当地人称"下路腔"；阜川、新铺、茶店、长沟河、张家河等西南和西北部周边山区乡镇所在地，与宁强、略阳邻近，语音词汇更多表现出西南官话特点，当地人称为"山腔"。

第三节　发音人和调查人概况

方言发音人（一）

1. 姓名：吴新华

2. 单位（退休前）：无

3. 通信地址：陕西省汉中市勉县周家山镇弥陀寺村五组

4. 性别：男　　民族：汉

5. 出生年月日（公历）：1958 年 3 月

6. 出生地（从省级至自然村级）：陕西省汉中市勉县勉阳街道办

7. 主要经历：出生至今一直在勉阳街道办生活。

8. 文化程度：高中

9. 职业：农民

10. 会说哪几种话（包括普通话、外语）：勉县方言

11. 父亲是哪里人，会说什么话：汉中市勉县勉阳街道办人，会说勉县方言。

12. 母亲是哪里人，会说什么话：汉中市勉县勉阳街道办人，会说勉县方言。

13. 配偶是哪里人，会说什么话：汉中市勉县勉阳街道办人，会说勉县方言。

---

① 根据勉县人民政府网发布勉县概况材料整理。

方言发音人（二）

1. 姓名：毛明生
2. 单位（退休前）：无
3. 通信地址：陕西省汉中市勉县周家山镇柳营村八组
4. 性别：男　　民族：汉
5. 出生年月日（公历）：1953年1月
6. 出生地（从省级至自然村级）：陕西省汉中市勉县勉阳街道办
7. 主要经历：出生、学习、工作一直在勉县勉阳街道办。
8. 文化程度：初中
9. 职业：农民
10. 会说哪几种话（包括普通话、外语）：勉县方言
11. 父亲是哪里人，会说什么话：汉中市勉县勉阳街道办人，会说勉县方言。
12. 母亲是哪里人，会说什么话：汉中市勉县勉阳街道办人，会说勉县方言。
13. 配偶是哪里人，会说什么话：汉中市勉县勉阳街道办人，会说勉县方言。

调查人

1. 姓名：张　璐
2. 单位：陕西理工大学
3. 通信地址：陕西省汉中市汉台区东一环路1号
4. 协助调查人姓名：谢岳生

第二章 语 音

第一节 声 母

声母共二十四个，包括零声母在内。

p 八兵病比	ph 派片爬铺	m 麦明磨骂	f 飞副双书	v 味问温王
t 多东毒袋	th 讨天拖梯		ȵ 年泥牛捏	l 老脑兰南
ts 资早租坐	tsh 刺草寸抄		s 丝三酸碎	
tʂ 张竹争纸	tʂh 抽茶初床		ʂ 事山手十	ʐ 热软黏绕
tɕ 酒九居记	tɕh 清全轻权		ɕ 谢响县靴	
k 高共果个	kh 开可苦亏	ŋ 熬安饿爱	x 好灰活花	
ø 月云用药				

第二节 韵 母

韵母三十三个，不包括儿化韵。

ɿ 丝寺资祠	i 米戏七一	u 五苦猪出	y 女吕雨局
ʅ 师试直尺			
ər 二儿耳尔			
a 茶瓦辣八	ia 牙鸭虾夹	ua 刮瓜花化	
ɣ 歌盒热色		uɣ 坐过活托	yɣ 靴月药学
	iɛ 写接贴节		
ai 开排鞋袋		uai 快怪坏拐	
ei 赔飞北白		uei 对鬼雷罪	
ɑu 宝饱闹找	iɑu 交表笑桥		
əu 豆走手头	iəu 油六绿牛		
an 南山半顽	ian 盐年点甜	uan 短官暖乱	yan 权圆卷远

71

ən 深根灯争　　　　in 心新硬病
ɑŋ 糖双浪仓　　　　iɑŋ 响讲亮样　　　　uɑŋ 床王光黄
əŋ 本盆门翁　　　　　　　　　　　　　　uŋ 寸滚春东　　　yŋ 云兄用轮

第三节　单字调

单字调四个。

阴平 42 东通百麦　　阳平 21 门铜白罚　　上声 35 古九老有　　去声 213 近怪硬洞

第四节　连读变调

后字非轻声两字组连调模式见表 2-1。

表 2-1　后字非轻声两字组连调模式

后字 前字	1 阴平 42	2 阳平 21	3 上声 35	4 去声 213
1 阴平 42	42+42 44+42	42+21 44+21	42+35 44+35	42+213 44+213
2 阳平 21	21+42	21+21	21+35	21+213
3 上声 35	35+42	35+21	35+35	35+213
4 去声 213	21+42 24+42	24+21	21+35	24+213

非叠字组后字轻声两字组连调模式见表 2-2。

表 2-2　非叠字组后字轻声两字组连调模式

前字 后字	1 阴平 42	2 阳平 21	3 上声 35	4 去声 213
1 阴平 42	42+0 44+0 21+24	42+0 44+0	42+0 44+0	42+0 44+0 21+24
2 阳平 21	21+0	21+0	21+0 21+24	21+0 21+24
3 上声 35	35+0	35+0	35+0 21+24	35+0

续表

前字\后字	1 阴平 42	2 阳平 21	3 上声 35	4 去声 213
4 去声 213	21 + 0 21 + 24	21 + 0 21 + 24	21 + 0 21 + 24	21 + 0 21 + 24

第五节　单　字

0001. 多 tuɤ42
0002. 拖 thuɤ42
0003. 大 ~小 ta213
0004. 锣 luɤ21
0005. 左 tsuɤ35
0006. 歌 kɤ42
0007. 个 一~ kɤ213
0008. 可 khɤ35
0009. 鹅 ŋɤ21
0010. 饿 ŋɤ213
0011. 河 xɤ21
0012. 茄 tɕhiɛ21
0013. 破 phuɤ213
0014. 婆 phuɤ21
0015. 磨动 muɤ21
0016. 磨名 muɤ213
0017. 躲 tuɤ35
0018. 螺 luɤ21
0019. 坐 tsuɤ213
0020. 锁 suɤ35
0021. 果 kuɤ35
0022. 过 kuɤ213
0023. 课 khɤ213
0024. 火 xuɤ35
0025. 货 xuɤ213

0026. 祸 xuɤ213
0027. 靴 ɕyɤ42
0028. 把量 pa35
0029. 爬 pha21
0030. 马 ma35
0031. 骂 ma213
0032. 茶 tʂha21
0033. 沙 ʂa42
0034. 假真~ tɕia35
0035. 嫁 tɕia213
0036. 牙 Øia21
0037. 虾 ɕia42
0038. 下底~ xa213
0039. 夏春~ ɕia213
0040. 哑 Øia35
0041. 姐 tɕiɛ35
0042. 借 tɕiɛ213
0043. 写 ɕiɛ35
0044. 斜 ɕiɛ21
0045. 谢 ɕiɛ213
0046. 车不是棋子 tʂhɤ42
0047. 蛇 ʂɤ21
0048. 射 ʂɤ213
0049. 爷 Øiɛ21

0050. 野 Øiɛ35
0051. 夜 Øiɛ213
0052. 瓜 kua42
0053. 瓦 va35
0054. 花 xua42
0055. 化 xua213
0056. 华中~ xua21
0057. 谱家~ phu35
0058. 布 pu213
0059. 铺 phu42
0060. 簿 pu213
0061. 步 pu213
0062. 赌 tu35
0063. 土 thu35
0064. 图 thu21
0065. 杜 tu213
0066. 奴 lu21
0067. 路 lu213
0068. 租 tsu42
0069. 做 tsu213
0070. 错对~ tshuɤ213
0071. 箍~桶 ku42
0072. 古 ku35
0073. 苦 khu35

0074. 裤 khu213
0075. 吴 vu21
0076. 五 vu35
0077. 虎 xu35
0078. 壶 xu21
0079. 户 xu213
0080. 乌 vu42
0081. 女 ŋy35
0082. 吕 ly35
0083. 徐 ɕy21
0084. 猪 tʂu42
0085. 除 tʂhu21
0086. 初 tʂhu42
0087. 锄 tʂhu21
0088. 所 fuɤ35
0089. 书 fu42
0090. 鼠 fu35
0091. 如 ʐu21
0092. 举 tɕy35
0093. 锯名 tɕy213
0094. 去 tɕhi213
0095. 渠 ~道 tɕhy21
0096. 鱼 Øy21
0097. 许 ɕy35
0098. 余剩~, 多~

Øy21
0099. 府 fu35
0100. 付 fu213
0101. 父 fu213
0102. 武 vu35
0103. 雾 vu213
0104. 取 tɕhy35
0105. 柱 tʂu213
0106. 住 tʂu213
0107. 数动 fu35
0108. 数名 fu213
0109. 主 tʂu35
0110. 输 fu42
0111. 竖 fu213
0112. 树 fu213
0113. 句 tɕy213
0114. 区地～ tɕhy42
0115. 遇 Øy213
0116. 雨 Øy35
0117. 芋 Øy213
0118. 裕 Øy42
0119. 胎 thai42
0120. 台戏～ thai21
0121. 袋 tai213
0122. 来 lai21
0123. 菜 tshai213
0124. 财 tshai21
0125. 该 kai42
0126. 改 kai35
0127. 开 khai42
0128. 海 xai35
0129. 爱 ŋai213
0130. 贝 pei213

0131. 带动 tai213
0132. 盖动 kai213
0133. 害 xai213
0134. 拜 pai213
0135. 排 phai21
0136. 埋 mai21
0137. 戒 tɕiɛ213
0138. 摆 pai35
0139. 派 phai213
0140. 牌 phai21
0141. 买 mai35
0142. 卖 mai213
0143. 柴 tshai21
0144. 晒 ʂai213
0145. 街 kai42
0146. 解～开 kai35
0147. 鞋 xai21
0148. 蟹 xai21
0149. 矮 ŋai35
0150. 败 pai213
0151. 币 pi213
0152. 制～造 tʂɿ213
0153. 世 ʂɿ213
0154. 艺 Øi213
0155. 米 mi35
0156. 低 ti42
0157. 梯 thi42
0158. 剃 thi213
0159. 弟 ti213
0160. 递 ti213
0161. 泥 ȵi21
0162. 犁 li21
0163. 西 ɕi42

0164. 洗 ɕi35
0165. 鸡 tɕi42
0166. 溪 ɕi42
0167. 契 tɕhi213
0168. 系联～ ɕi213
0169. 杯 pei42
0170. 配 phei213
0171. 赔 phei21
0172. 背～诵 pei213
0173. 煤 mei21
0174. 妹 mei213
0175. 对 tuei213
0176. 雷 luei21
0177. 罪 tsuei213
0178. 碎 suei35
0179. 灰 xuei42
0180. 回 xuei21
0181. 外 vai213
0182. 会开～ xuei213
0183. 怪 kuai213
0184. 块 khuai35
0185. 怀 xuai21
0186. 坏 xuai213
0187. 拐 kuai35
0188. 挂 kua213
0189. 歪 vai42
0190. 画 xua213
0191. 快 khuai213
0192. 话 xua213
0193. 岁 suei213
0194. 卫 vei213
0195. 肺 fei213
0196. 桂 kuei213

0197. 碑 pi42
0198. 皮 phi21
0199. 被～子 pi213
0200. 紫 tsɿ42
0201. 刺 tshɿ213
0202. 知 tʂɿ42
0203. 池 tʂhɿ21
0204. 纸 tsɿ35
0205. 儿 Øər21
0206. 寄 tɕi213
0207. 骑 tɕhi21
0208. 蚁 Øi21
0209. 义 Øi213
0210. 戏 ɕi213
0211. 移 Øi21
0212. 比 pi35
0213. 屁 phi213
0214. 鼻 pi21
0215. 眉 mi21
0216. 地 ti213
0217. 梨 li21
0218. 资 tsɿ42
0219. 死 sɿ35
0220. 四 sɿ213
0221. 迟 tʂhɿ21
0222. 指 tʂɿ42
0223. 师 ʂɿ42
0224. 二 Øər213
0225. 饥～饿 tɕi42
0226. 器 tɕhi213
0227. 姨 Øi21
0228. 李 li35
0229. 子 tsɿ35

0230. 字 tsɿ213
0231. 丝 sɿ42
0232. 祠 tshɿ21
0233. 寺 sɿ213
0234. 治 tsɿ213
0235. 柿 sɿ213
0236. 事 sɿ213
0237. 使 sɿ35
0238. 试 sɿ213
0239. 时 sɿ21
0240. 市 sɿ213
0241. 耳 Øər35
0242. 记 tɕi213
0243. 棋 tɕhi21
0244. 喜 ɕi35
0245. 意 Øi213
0246. 几～个 tɕi35
0247. 气 tɕhi213
0248. 希 ɕi42
0249. 衣 Øi42
0250. 嘴 tsuei35
0251. 随 suei21
0252. 吹 tʂhuei42
0253. 垂 tʂhuei21
0254. 规 kuei42
0255. 亏 khuei42
0256. 跪 kuei213
0257. 危 vei42
0258. 类 luei35
0259. 醉 tsuei213
0260. 追 tsuei42
0261. 锤 tʂhuei21
0262. 水 fei35

0263. 龟 kuei42
0264. 季 tɕi213
0265. 柜 kuei213
0266. 位 vei213
0267. 飞 fei42
0268. 费 fei213
0269. 肥 fei21
0270. 尾 vei35
0271. 味 vei213
0272. 鬼 kuei35
0273. 贵 kuei213
0274. 围 vei21
0275. 胃 vei213
0276. 宝 pɑɔ35
0277. 抱 pɑɔ213
0278. 毛 mɑɔ21
0279. 帽 mɑɔ213
0280. 刀 tɑɔ42
0281. 讨 thɑɔ35
0282. 桃 thɑɔ21
0283. 道 tɑɔ213
0284. 脑 lɑɔ42
0285. 老 lɑɔ35
0286. 早 tsɑɔ35
0287. 灶 tsɑɔ213
0288. 草 tshɑɔ35
0289. 糙 tshɑɔ213
0290. 造 tsɑɔ213
0291. 嫂 sɑɔ35
0292. 高 kɑɔ42
0293. 靠 khɑɔ213
0294. 熬 ŋɑɔ21
0295. 好～坏 xɑɔ35

0296. 号名 xɑɔ213
0297. 包 pɑɔ42
0298. 饱 pɑɔ35
0299. 炮 phɑɔ213
0300. 猫 mɑɔ42
0301. 闹 lɑɔ213
0302. 罩 tʂɑɔ213
0303. 抓用手～牌 tʂuɑ42
0304. 找 tʂɑɔ35
0305. 抄 tshɑɔ42
0306. 交 tɕiɑɔ42
0307. 敲 tɕhiɑɔ42
0308. 孝 ɕiɑɔ213
0309. 校学～ ɕiɑɔ213
0310. 表手～ piɑɔ35
0311. 票 phiɑɔ213
0312. 庙 miɑɔ213
0313. 焦 tɕiɑɔ42
0314. 小 ɕiɑɔ35
0315. 笑 ɕiɑɔ213
0316. 朝～代 tʂhɑɔ21
0317. 照 tʂɑɔ213
0318. 烧 ʂɑɔ42
0319. 绕～线 ʐɑɔ35
0320. 桥 tɕhiɑɔ21
0321. 轿 tɕiɑɔ213
0322. 腰 Øiɑɔ42
0323. 要重～ Øiɑɔ213
0324. 摇 Øiɑɔ21
0325. 鸟 niɑɔ35
0326. 钓 tiɑɔ213

0327. 条 thiɑɔ21
0328. 料 liɑɔ213
0329. 箫 ɕiɑɔ42
0330. 叫 tɕiɑɔ213
0331. 母丈～，舅～ mu35
0332. 抖 thəu35
0333. 偷 thəu42
0334. 头 thəu21
0335. 豆 təu213
0336. 楼 ləu21
0337. 走 tsəu35
0338. 凑 tshəu213
0339. 钩 kəu42
0340. 狗 kəu35
0341. 够 kəu213
0342. 口 khəu35
0343. 藕 ŋəu35
0344. 后前～ xəu213
0345. 厚 xəu213
0346. 富 fu213
0347. 副 fu213
0348. 浮 fu21
0349. 妇 fu213
0350. 流 liəu21
0351. 酒 tɕiəu35
0352. 修 ɕiəu42
0353. 袖 ɕiəu213
0354. 抽 tʂhəu42
0355. 绸 tʂhəu21
0356. 愁 tshəu21
0357. 瘦 ʂəu213
0358. 州 tʂəu42

0359. 臭香～ tʂhəu213
0360. 手 ʂəu35
0361. 寿 ʂəu213
0362. 九 tɕiəu35
0363. 球 tɕhiəu21
0364. 舅 tɕiəu213
0365. 旧 tɕiəu213
0366. 牛 ȵiəu21
0367. 休 ɕiəu42
0368. 优 Øiəu42
0369. 有 Øiəu35
0370. 右 Øiəu213
0371. 油 Øiəu21
0372. 丢 tiəu42
0373. 幼 Øiəu213
0374. 贪 than42
0375. 潭 than21
0376. 南 lan21
0377. 蚕 tshan21
0378. 感 kan35
0379. 含～一口水 xan21
0380. 暗 ŋan35
0381. 搭 ta42
0382. 踏 tha21
0383. 拉 la42
0384. 杂 tsa21
0385. 鸽 kɤ42
0386. 盒 xɤ21
0387. 胆 tan35
0388. 毯 than35
0389. 淡 tan213

0390. 蓝 lan21
0391. 三 san42
0392. 甘 kan42
0393. 敢 kan35
0394. 喊 xan35
0395. 塔 tha42
0396. 蜡 la42
0397. 赚 tʂuan213
0398. 杉～木 ʂa42
0399. 减 tɕian35
0400. 咸～淡 xan21
0401. 插 tʂha42
0402. 闸 tʂa213
0403. 夹～子 tɕia42
0404. 衫 ʂan42
0405. 监 tɕian42
0406. 岩 ŋan21
0407. 甲 tɕia42
0408. 鸭 Øia21
0409. 黏～液 zan21
0410. 尖 tɕian42
0411. 签～名 tɕhian42
0412. 占～领 tʂan213
0413. 染 zan35
0414. 钳 tɕhian21
0415. 验 Øian213
0416. 险 ɕian35
0417. 厌 Øian213
0418. 炎 Øian42
0419. 盐 Øian21
0420. 接 tɕiɛ42

0421. 折～叠 tʂɤ42
0422. 叶树～ Øiɛ42
0423. 剑 tɕian213
0424. 欠 tɕhian213
0425. 严 Øian21
0426. 业 ȵiɛ42
0427. 点 tian35
0428. 店 tian213
0429. 添 thian42
0430. 甜 thian21
0431. 念 ȵian213
0432. 嫌 ɕian21
0433. 跌 tiɛ42
0434. 贴 thiɛ42
0435. 碟 tiɛ21
0436. 协 ɕiɛ21
0437. 犯 fan213
0438. 法 fa21
0439. 品 phin35
0440. 林 lin21
0441. 浸 tɕhin35
0442. 心 ɕin42
0443. 寻 ɕin21
0444. 沉 tʂhən21
0445. 参人～ ʂən42
0446. 针 tʂən42
0447. 深 ʂən42
0448. 任责～ zən213
0449. 金 tɕin42
0450. 琴 tɕhin21
0451. 音 Øin42
0452. 立 li42
0453. 集 tɕi21

0454. 习 ɕi21
0455. 汁 tʂʅ42
0456. 十 ʂʅ21
0457. 入 zu21
0458. 急 tɕi21
0459. 及 tɕi42
0460. 吸 ɕi42
0461. 单简～ tan42
0462. 炭 than213
0463. 弹～琴 than21
0464. 难～易 lan21
0465. 兰 lan21
0466. 懒 lan35
0467. 烂 lan213
0468. 伞 san35
0469. 肝 kan42
0470. 看～见 khan213
0471. 岸 ŋan213
0472. 汉 xan213
0473. 汗 xan213
0474. 安 ŋan42
0475. 达 ta21
0476. 辣 la42
0477. 擦 tsha42
0478. 割 kɤ42
0479. 渴 khɤ42
0480. 扮 pan213
0481. 办 pan213
0482. 铲 tʂhan35
0483. 山 ʂan42
0484. 产 tʂhan35
0485. 间房～，一～

房 tɕian42
0486. 眼 ȵian35
0487. 限 ɕian213
0488. 八 pa42
0489. 扎 tsa42
0490. 杀 ʂa42
0491. 班 pan42
0492. 板 pan35
0493. 慢 man213
0494. 奸 tɕian42
0495. 颜 Øian21
0496. 瞎 xa42
0497. 变 pian213
0498. 骗欺～ phian213
0499. 便方～ pian213
0500. 棉 mian21
0501. 面～孔 mian213
0502. 连 lian21
0503. 剪 tɕian35
0504. 浅 tɕhian35
0505. 钱 tɕhian21
0506. 鲜 ɕian42
0507. 线 ɕian213
0508. 缠 tʂhan21
0509. 战 tʂan213
0510. 扇 ʂan213
0511. 善 ʂan213
0512. 件 tɕian213
0513. 延 Øian21
0514. 别～人 piɛ21
0515. 灭 miɛ42

0516. 列 liɛ42
0517. 撤 tʂhɤ35
0518. 舌 ʂɤ21
0519. 设 ʂɤ42
0520. 热 ʐɤ42
0521. 杰 tɕiɛ21
0522. 孽 ȵiɛ42
0523. 建 tɕian213
0524. 健 tɕian213
0525. 言 Øian21
0526. 歇 ɕiɛ42
0527. 扁 pian35
0528. 片 phian213
0529. 面～条 mian213
0530. 典 tian35
0531. 天 thian42
0532. 田 thian21
0533. 垫 tian213
0534. 年 ȵian21
0535. 莲 lian21
0536. 前 tɕhian21
0537. 先 ɕian42
0538. 肩 tɕian42
0539. 见 tɕian213
0540. 牵 tɕhian42
0541. 显 ɕian35
0542. 现 ɕian213
0543. 烟 Øian42
0544. 憋 piɛ42
0545. 篾 mi21
0546. 铁 thiɛ21
0547. 捏 ȵiɛ42

0548. 节 tɕiɛ21
0549. 切动 tɕhiɛ42
0550. 截 tɕiɛ21
0551. 结 tɕiɛ42
0552. 搬 pan42
0553. 半 pan213
0554. 判 phan213
0555. 盘 phan21
0556. 满 man35
0557. 端～午 tuan42
0558. 短 tuan35
0559. 断绳～了 tuan213
0560. 暖 luan35
0561. 乱 luan213
0562. 酸 suan42
0563. 算 suan213
0564. 官 kuan42
0565. 宽 khuan42
0566. 欢 xuan42
0567. 完 Øuan21
0568. 换 xuan213
0569. 碗 Øuan35
0570. 拨 puɤ42
0571. 泼 phuɤ42
0572. 末 muɤ42
0573. 脱 thuɤ42
0574. 夺 tuɤ21
0575. 阔 khuɤ42
0576. 活 xuɤ21
0577. 顽～皮,～固 van21
0578. 滑 xua21

0579. 挖 va42
0580. 闩 fan213
0581. 关～门 kuan42
0582. 惯 kuan213
0583. 还动 xuan21
0584. 还副 xai21
0585. 弯 van42
0586. 刷 fa42
0587. 刮 kua42
0588. 全 tɕhyan21
0589. 选 ɕyan35
0590. 转～眼,～送 tʂuan213
0591. 传～下来 tʂhuan21
0592. 传～记 tʂuan213
0593. 砖 tʂuan42
0594. 船 tʂhuan21
0595. 软 ʐuan35
0596. 卷～起 tɕyan35
0597. 圈圆～ tɕhyan42
0598. 权 tɕhyan21
0599. 圆 Øyan21
0600. 院 Øyan213
0601. 铅～笔 tɕhian42
0602. 绝 tɕyɤ21
0603. 雪 ɕyɤ42
0604. 反 fan35
0605. 翻 fan42

0606. 饭 fan213	0639. 人 zʮən21	0672. 困 khuŋ213	0705. 帮 paŋ42
0607. 晚 van35	0640. 认 zʮən213	0673. 婚 xuŋ42	0706. 忙 maŋ21
0608. 万麻将牌 van213	0641. 紧 tɕin35	0674. 魂 xuŋ21	0707. 党 taŋ35
0609. 劝 tɕhyan213	0642. 银 Øin21	0675. 温 vəŋ42	0708. 汤 thaŋ42
0610. 原 Øyan21	0643. 印 Øin213	0676. 卒棋子 tʂu21	0709. 糖 thaŋ21
0611. 冤 Øyan42	0644. 引 Øin35	0677. 骨 ku21	0710. 浪 laŋ213
0612. 园 Øyan21	0645. 笔 pi42	0678. 轮 lyŋ21	0711. 仓 tshaŋ42
0613. 远 Øyan35	0646. 匹 phi21	0679. 俊 tɕyŋ213	0712. 钢 kaŋ42
0614. 发头~ fɑ42	0647. 密 mi42	0680. 笋 suŋ35	0713. 糠 khaŋ42
0615. 罚 fɑ21	0648. 栗 li42	0681. 准 tʂuŋ35	0714. 薄形 puɤ21
0616. 袜 vɑ42	0649. 七 tɕhi42	0682. 春 tʂhuŋ42	0715. 摸 muɤ42
0617. 月 Øyɤ42	0650. 侄 tʂʅ21	0683. 唇 tʂhuŋ21	0716. 托 thuɤ42
0618. 越 Øyɤ42	0651. 虱 ʂei42	0684. 顺 fəŋ213	0717. 落 luɤ42
0619. 县 ɕian213	0652. 实 ʂʅ21	0685. 纯 tʂhuŋ21	0718. 作 tsuɤ213
0620. 决 tɕyɤ21	0653. 失 ʂʅ42	0686. 闰 zʮuŋ213	0719. 索 suɤ42
0621. 缺 tɕhyɤ42	0654. 日 zʮʅ42	0687. 均 tɕyŋ42	0720. 各 kɤ42
0622. 血 ɕiɛ21	0655. 吉 tɕi42	0688. 匀 Øyŋ21	0721. 鹤 xɤ42
0623. 吞 thən42	0656. 一 Øi42	0689. 律 ly42	0722. 恶形 ŋɤ42
0624. 根 kən42	0657. 筋 tɕin42	0690. 出 tʂhu42	0723. 娘 ȵiaŋ21
0625. 恨 xən213	0658. 劲有~ tɕin213	0691. 橘 tɕy42	0724. 两斤~ liaŋ35
0626. 恩 ŋən42	0659. 勤 tɕhin21	0692. 分动 fəŋ42	0725. 亮 liaŋ213
0627. 贫 phin21	0660. 近 tɕin213	0693. 粉 fəŋ35	0726. 浆 tɕiaŋ42
0628. 民 min21	0661. 隐 Øin35	0694. 粪 fəŋ213	0727. 抢 tɕhiaŋ35
0629. 邻 lin21	0662. 本 pəŋ35	0695. 坟 fəŋ21	0728. 匠 tɕiaŋ213
0630. 进 tɕin213	0663. 盆 phəŋ21	0696. 蚊 vəŋ21	0729. 想 ɕiaŋ35
0631. 亲 tɕhin42	0664. 门 məŋ21	0697. 问 vəŋ213	0730. 像 tɕhiaŋ213
0632. 新 ɕin42	0665. 墩 tuŋ42	0698. 军 tɕyŋ42	0731. 张量 tʂaŋ42
0633. 镇 tʂən213	0666. 嫩 lyŋ213	0699. 裙 tɕhyŋ21	0732. 长~短 tʂhaŋ21
0634. 陈 tʂhən21	0667. 村 tshuŋ42	0700. 熏 ɕyŋ42	0733. 装 tʂuaŋ42
0635. 震 tʂən213	0668. 寸 tshuŋ213	0701. 云~彩 Øyŋ21	0734. 壮 tʂuaŋ213
0636. 神 ʂən21	0669. 蹲 tuŋ42	0702. 运 Øyŋ213	0735. 疮 tʂhuaŋ42
0637. 身 ʂən42	0670. 孙~子 suŋ42	0703. 佛~像 fuɤ21	0736. 床 tʂhuaŋ21
0638. 辰 ʂən21	0671. 滚 kuŋ35	0704. 物 vɤ21	0737. 霜 faŋ42

0738. 章 tṣaŋ42
0739. 厂 tṣhaŋ35
0740. 唱 tṣhaŋ213
0741. 伤 ṣaŋ42
0742. 尝 ṣaŋ21
0743. 上 ~去 ṣaŋ213
0744. 让 zaŋ213
0745. 姜 生~ tɕiaŋ42
0746. 响 ɕiaŋ35
0747. 向 ɕiaŋ213
0748. 秧 ɵiaŋ42
0749. 痒 ɵiaŋ35
0750. 样 ɵiaŋ213
0751. 雀 tɕhyɤ35
0752. 削 ɕyɤ42
0753. 着 火~了 tṣao21
0754. 勺 fuɤ42
0755. 弱 zuɤ42
0756. 脚 tɕyɤ42
0757. 约 ɵyɤ42
0758. 药 ɵyɤ42
0759. 光 ~线 kuaŋ42
0760. 慌 xuaŋ42
0761. 黄 xuaŋ21
0762. 郭 kuɤ42
0763. 霍 xɤ42
0764. 方 faŋ42
0765. 放 faŋ213
0766. 纺 faŋ35
0767. 房 faŋ21
0768. 防 faŋ21
0769. 网 vaŋ35
0770. 筐 khuaŋ42

0771. 狂 khuaŋ21
0772. 王 vaŋ21
0773. 旺 vaŋ213
0774. 缚 fuɤ21
0775. 绑 paŋ35
0776. 胖 phaŋ213
0777. 棒 paŋ213
0778. 桩 tṣuaŋ42
0779. 撞 tṣuaŋ213
0780. 窗 tṣhuaŋ42
0781. 双 faŋ42
0782. 江 tɕiaŋ42
0783. 讲 tɕiaŋ35
0784. 降 投~ ɕiaŋ21
0785. 项 ɕiaŋ213
0786. 剥 puɤ42
0787. 桌 tṣuɤ42
0788. 镯 tṣuɤ21
0789. 角 tɕyɤ42
0790. 壳 khɤ42
0791. 学 ɕyɤ42
0792. 握 vuɤ42
0793. 朋 phəŋ21
0794. 灯 təŋ42
0795. 等 təŋ35
0796. 凳 təŋ213
0797. 藤 thəŋ21
0798. 能 ləŋ21
0799. 层 tshəŋ21
0800. 僧 səŋ42
0801. 肯 khəŋ35
0802. 北 pei42
0803. 墨 mei21
0804. 得 tei42

0805. 特 thɤ21
0806. 贼 tsei21
0807. 塞 sei42
0808. 刻 khɤ42
0809. 黑 xei42
0810. 冰 piŋ42
0811. 证 tṣəŋ213
0812. 秤 tṣhəŋ213
0813. 绳 ṣəŋ21
0814. 剩 ṣəŋ213
0815. 升 ṣəŋ42
0816. 兴 高~ ɕiŋ213
0817. 蝇 ɵiŋ21
0818. 逼 pi42
0819. 力 li42
0820. 息 ɕi42
0821. 直 tṣʅ42
0822. 侧 tṣhɤ42
0823. 测 tṣhɤ42
0824. 色 ṣɤ42
0825. 织 tṣʅ42
0826. 食 ṣʅ21
0827. 式 ṣʅ213
0828. 极 tɕi21
0829. 国 kuɤ42
0830. 或 xuɑi21
0831. 猛 məŋ35
0832. 打 ta35
0833. 冷 ləŋ35
0834. 生 ṣəŋ42
0835. 省 ~长 ṣəŋ35
0836. 更 三~，打~ kəŋ213
0837. 梗 kəŋ35

0838. 坑 khəŋ42
0839. 硬 ȵiŋ213
0840. 行 ~为，~走 ɕiŋ21
0841. 百 pei42
0842. 拍 phei42
0843. 白 pei21
0844. 拆 tṣhei42
0845. 择 tṣɤ21
0846. 窄 tsei42
0847. 格 kɤ42
0848. 客 khei42
0849. 额 ŋai42
0850. 棚 phəŋ21
0851. 争 tṣəŋ42
0852. 耕 kəŋ42
0853. 麦 mei42
0854. 摘 tsei42
0855. 策 tshɤ42
0856. 隔 kei21
0857. 兵 piŋ42
0858. 柄 piŋ35
0859. 平 phiŋ21
0860. 病 piŋ213
0861. 明 miŋ21
0862. 命 miŋ213
0863. 镜 tɕiŋ213
0864. 庆 tɕhiŋ213
0865. 迎 ɵiŋ21
0866. 影 ɵiŋ35
0867. 剧 戏~ tɕy213
0868. 饼 piŋ35
0869. 名 miŋ21
0870. 领 liŋ35

0871. 井 tɕin35	0904. 踢 thi42	0938. 鹿 lu42	0971. 熟 fu21
0872. 清 tɕhin42	0905. 笛 ti21	0939. 族 tshu21	0972. 肉 ʐəu213
0873. 静 tɕin213	0906. 历农～li213	0940. 谷稻～ku42	0973. 菊 tɕy21
0874. 姓 ɕin213	0907. 锡 ɕi42	0941. 哭 khu42	0974. 育 Øy42
0875. 贞 tʂən42	0908. 击 tɕi42	0942. 屋 vu42	0975. 封 fəŋ42
0876. 程 tʂhən21	0909. 吃 tʂhʅ42	0943. 冬～至 tuŋ42	0976. 蜂 fəŋ42
0877. 整 tʂən35	0910. 横 xən213	0944. 统 thuŋ35	0977. 缝一条～ fəŋ213
0878. 正～反 tʂən213	0911. 划计～xuɑ213	0945. 脓 luŋ21	0978. 浓 luŋ21
0879. 声 ʂən42	0912. 兄 ɕyŋ42	0946. 松～紧 suŋ42	0979. 龙 luŋ21
0880. 城 tʂhən21	0913. 荣 Øyŋ21	0947. 宋 suŋ213	0980. 松～树 suŋ42
0881. 轻 tɕhin42	0914. 永 Øyŋ35	0948. 毒 tu21	0981. 重轻～tʂuŋ213
0882. 赢 Øin21	0915. 营 Øin21	0949. 风 fəŋ42	0982. 肿 tʂuŋ35
0883. 积 tɕi42	0916. 蓬～松 phən21	0950. 丰 fəŋ42	0983. 种～树 tʂuŋ213
0884. 惜 ɕi42	0917. 东 tuŋ42	0951. 凤 fəŋ213	0984. 冲 tʂhuŋ42
0885. 席 ɕi21	0918. 懂 tuŋ35	0952. 梦 məŋ213	0985. 恭 kuŋ42
0886. 尺 tʂhʅ42	0919. 冻 tuŋ213	0953. 中当～tʂuŋ42	0986. 共 kuŋ213
0887. 石 ʂʅ21	0920. 通 thuŋ42	0954. 虫 tʂhuŋ21	0987. 凶吉～ɕyŋ42
0888. 益 Øi42	0921. 桶 thuŋ35	0955. 终 tʂuŋ42	0988. 拥 Øyŋ42
0889. 瓶 phin21	0922. 痛 thuŋ213	0956. 充 tʂhuŋ42	0989. 容 Øyŋ21
0890. 钉 tin42	0923. 铜 thuŋ21	0957. 宫 kuŋ42	0990. 用 Øyŋ213
0891. 顶 tin35	0924. 动 tuŋ213	0958. 穷 tɕhyŋ21	0991. 绿 liəu42
0892. 厅 thin42	0925. 洞 tuŋ213	0959. 熊 ɕyŋ21	0992. 足 tɕy42
0893. 听～见 thin42	0926. 聋 luŋ21	0960. 雄 ɕyŋ21	0993. 烛 tʂu21
0894. 停 thin21	0927. 弄 luŋ213	0961. 福 fu42	0994. 赎 fu21
0895. 挺 tin35	0928. 粽 tsuŋ213	0962. 服 fu21	0995. 属 fu21
0896. 定 tin213	0929. 葱 tshuŋ42	0963. 目 mu42	0996. 褥 ʐu42
0897. 零 lin21	0930. 送 suŋ213	0964. 六 liəu42	0997. 曲～折, 歌～tɕhy42
0898. 青 tɕhin42	0931. 公 kuŋ42	0965. 宿住～,～舍 ɕy42	0998. 局 tɕy21
0899. 星 ɕin42	0932. 孔 khuŋ35	0966. 竹 tʂu42	0999. 玉 Øy42
0900. 经 tɕin42	0933. 烘～干 xuŋ42	0967. 畜～生 tʂhu42	1000. 浴 Øy42
0901. 形 ɕin21	0934. 红 xuŋ21	0968. 缩 suɣ42	
0902. 壁 pi42	0935. 翁 vəŋ42	0969. 粥 tʂəu42	
0903. 劈 phi35	0936. 木 mu42	0970. 叔 fu21	
	0937. 读 tu21		

第三章　词　汇

第一节　规定词汇

一、天文、地理

（一）天文

0001. 太阳~下山了　日头 Øər44thəu0/
　　　太阳 thai21Øiaŋ24
0002. 月亮~出来了　月亮 Øyɤ44liaŋ0
0003. 星星　星星 ɕin44ɕin0/
　　　星宿 ɕin44ɕiəu0
0004. 云　云 Øyŋ21
0005. 风　风 fəŋ42
0006. 台风　旋风 ɕyan21fəŋ0
0007. 闪电名词　闪电 ʂan35tian0
0008. 雷　雷 luei21
0009. 雨　雨 Øy35
0010. 下雨　下雨 ɕia21Øy35
0011. 淋衣服被雨~湿了　淋 lyŋ21
0012. 晒~粮食　晒 ʂai213
0013. 雪　雪 ɕyɤ42
0014. 冰　冰碴 pin42tʂha0
0015. 冰雹　冷子 lən35tsʅ0/硬雨
　　　ȵin21Øy35
0016. 霜　霜 faŋ42

0017. 雾　雾子 Øu21tsʅ24
0018. 露　露水 lu21fei35
0019. 虹统称　虹 tɕiaŋ213
0020. 日食　天狗吃太阳
　　　thian44kəu0tʂhʅ42thai21Øiaŋ24
0021. 月食　天狗吃月亮
　　　thian44kəu0tʂhʅ42Øyɤ44liaŋ0
0022. 天气　天气 thian42tɕhi0
0023. 晴天~　晴 tɕhin21
0024. 阴天~　暗 ŋan35
0025. 旱天~　干 kan42
0026. 涝天~　淋 lin35
0027. 天亮　天亮了 thian42liaŋ213laɤ0

（二）地貌

0028. 水田　田 thian21
0029. 旱地浇不上水的耕地　地 ti213
0030. 田埂　田埂子 thian21kən24tsʅ0
0031. 路野外的　路 lu213
0032. 山　山 ʂan42
0033. 山谷　山沟沟 ʂan42kəu44kəu0
0034. 江大的河　江 tɕiaŋ42
0035. 溪小的河　河 xɤ21

81

0036. 水沟儿较小的水道　水沟沟 fei35kəu42kəu0

0037. 湖　湖 xu21

0038. 池塘　塘子 thaŋ21tsʅ0

0039. 水坑儿地面上有积水的小洼儿　水坑坑 fei35kən42kən0

0040. 洪水　大水 tɑ21fei35

0041. 淹被水~了　淹 Øian42

0042. 河岸　河坝 xɤ21pɑ0

0043. 坝拦河修筑拦水的　坝 pɑ213

0044. 地震　地震 ti24tʂən213/地啸 ti24ɕiɑɔ213/地动 ti24tuŋ213

0045. 窟窿小的　眼眼 ȵian35ȵian0/洞洞 tuŋ21tuŋ24

0046. 缝儿统称　缝缝 fəŋ21fəŋ24/裂裂 liɛ21liɛ0

（三）物象

0047. 石头统称　石头 ʂʅ21thəu0

0048. 土统称　土 thu35

0049. 泥湿的　泥巴 ȵi21pɑ0

0050. 水泥旧称　洋灰 Øiaŋ21xuei42

0051. 沙子　沙子 ʂɑ42tsʅ0

0052. 砖整块的　砖 tʂuan42

0053. 瓦整块的　瓦 vɑ35

0054. 煤　煤 mei21

0055. 煤油　煤油 mei21Øiəu21

0056. 炭木炭　炭 than213

0057. 灰烧成的　灰 xuei42

0058. 灰尘桌面上的　灰灰 xuei42xuei0

0059. 火　火 xuɤ35

0060. 烟烧火形成的　烟子 Øian42tsʅ0

0061. 失火　着火 tʂuɤ21xuɤ35

0062. 水　水 fei35

0063. 凉水　冷水 lən35fei0

0064. 热水如洗脸的热水，不是指喝的开水　热水 zɤ21fei0

0065. 开水喝的　开水 khai44fei0

0066. 磁铁　吸铁 ɕi44thiɛ0

二、时间、方位

（一）时间

0067. 时候吃饭的～　时候 ʂʅ21xəu0/嗓乎 tsaŋ35xu0

0068. 什么时候　啥时候 ʂɑ35ʂʅ21xəu0

0069. 现在　这歇 tʂei35ɕiɛ0/这阵 tʂei35tʂən0/这嗓乎 tʂʅ21tsaŋ35xu0

0070. 以前十年~　前 tɕhian21/以前 Øi44tɕhian21

0071. 以后十年~　后 xəu213/以后 Øi44xəu213

0072. 一辈子　一辈子 Øi42pei21tsʅ24

0073. 今年　今年 tɕin42ȵian0

0074. 明年　明年 min21ȵian0

0075. 后年　后年 xəu21ȵian24

0076. 去年　年时个 ȵian21ʂʅ21kɤ0

0077. 前年　前年个 tɕhian21ȵian21kɤ0

0078. 往年过去的年份　往年 vaŋ35ȵian0

0079. 年初　开年 khai42ȵian21

0080. 年底　年底 ȵian21ti35

0081. 今天　今儿 tɕin42Øər0

0082. 明天　明儿 min21Øər0

0083. 后天　后儿 xəu213Øər0

0084. 大后天　外儿 vai213Øər0

0085. 昨天　夜儿 Øiɛ35Øər0

0086. 前天　前儿 tɕhian21ɵər0

0087. 大前天　上前儿 ʂaŋ35tɕhian21ɵər0

0088. 整天　一天 ɵi21thian42

0089. 每天　天天 thian44thian0

0090. 早晨　赶早 kan42tsɑɔ35／
早起 tsɑɔ35tɕhi0

0091. 上午　上半天 ʂaŋ21pan24thian0／
早晨 tsɑɔ35tʂhən0

0092. 中午　中午 tsuŋ42ɵu35

0093. 下午　晌午 ʂaŋ35ɵu0／后半天
xəu21pan24thian0

0094. 傍晚　擦黑子 tshɑ42xei42tsŋ0／麻影子 mɑ21in0tsŋ0

0095. 白天　白天 pei21thian0

0096. 夜晚 与白天相对，统称　黑了 xei42lɑɔ0

0097. 半夜　半夜 pan21ɵiɛ24

0098. 正月 农历　正月 tʂən42ɵyɤ0

0099. 大年初一 农历　大年初一 tɑ21nian0tʂhu42ɵi21

0100. 元宵节　正月十五 tʂən42ɵyɤ0ʂŋ21ɵu35

0101. 清明　清明 tɕhin44min0

0102. 端午　五月端午 ɵu35ɵyɤ0taŋ42ɵu0

0103. 七月十五 农历，节日名　七月十五 tɕhi44ɵyɤ0ʂŋ21ɵu35

0104. 中秋　八月十五 pɑ44ɵyɤ0ʂŋ21ɵu35

0105. 冬至　冬至 tuŋ42tʂŋ213

0106. 腊月 农历十二月　腊月 lɑ42ɵyɤ0

0107. 除夕 农历　大年三十儿 tɑ42nian0san42ʂər21

0108. 历书　黄历 xuaŋ21li0

0109. 阴历　阴历 ɵin42li0

0110. 阳历　阳历 ɵiaŋ21li0

0111. 星期天　礼拜天 li35pai0thian42／
礼拜日 li35pai0ɵər42

（二）方位

0112. 地方　踏踏 thɑ21thɑ0

0113. 什么地方　啥地方 ʂɑ35ti21faŋ0／
哪个当 lɑ35kɤ21taŋ0

0114. 家里　屋里 ɵu44li0

0115. 城里　城里 tʂhən21li0

0116. 乡下　乡里 ɕiaŋ44li0

0117. 上面从～滚下来　高头 kɑɔ44thəu0

0118. 下面从～爬上去　底下 ti35xɑ0

0119. 左边　左面 tsuɤ35mian0／左手里 tsuɤ35ʂəu0li0

0120. 右边　右面 ɵiəu21mian24／
右手里 ɵiəu21ʂəu24li0

0121. 中间 排队排在～　当中 taŋ42tsuŋ42

0122. 前面 排队排在～　前头 tɕhian21thəu0

0123. 后面 排队排在～　后头 xəu21thəu24

0124. 末尾 排队排在～　巴巴尾 pɑ42pɑ0ɵi42／末巴尾 muɤ44pɑ0ɵuei35

0125. 对面　对面 tuei24mian213

0126. 面前　跟前 kən44tɕhian0

0127. 背后　脊背后头 tɕi21pei0xəu21thəu24

0128. 里面 躲在～　里头 li35thəu0

0129. 外面 衣服晒在～　外头 ɵuai21thəu24

83

0130. 旁边　肋巴里 lei44pa42li0

0131. 上碗在桌子～　高头 kɑɔ44thəu0

0132. 下凳子在桌子～　底下 ti35xa0

0133. 边儿桌子的～　沿沿 ɕian21ɕian0

0134. 角儿桌子的～　角角 tɕyɤ42tɕyɤ0

0135. 上去他～了　上去 ʂaŋ21tɕhi24

0136. 下来他～了　下来 xa21lai24

0137. 进去他～了　进去 tɕin21tɕhi24

0138. 出来他～了　出来 tʂhu44lai0

0139. 出去他～了　出去 tʂhu44tɕhi0

0140. 回来他～了　回来 xuei21lai0

0141. 起来天冷～了　开 khai42

三、植物

（一）一般植物

0142. 树　树 fu213

0143. 木头　木头 mu42thəu0

0144. 松树统称　松树 suŋ42fu0

0145. 柏树统称　柏树 pei42fu0

0146. 杉树　杉树 ʂa42fu0

0147. 柳树　柳树 liəu35fu0

0148. 竹子统称　竹子 tʂu42tsɿ0

0149. 笋　竹笋 tʂu42suŋ35

0150. 叶子　叶叶 Øiɛ21Øiɛ0

0151. 花　花 xua42

0152. 花蕾花骨朵儿　花苞苞 xua42pɑɔ44pɑɔ0

0153. 梅花　梅花 mei21xua0

0154. 牡丹　牡丹 mu35tan0

0155. 荷花　藕莲花 ŋəu35lian21xua0

0156. 草　草 tshɑɔ35

0157. 藤　蔓蔓 van21van24

0158. 刺名词　刺 tshɿ213

0159. 水果　水果 fei35kuɤ35

0160. 苹果　苹果 phin21kuɤ35

0161. 桃子　桃儿 thɑɔ210ər0

0162. 梨　梨儿 lin210ər0

0163. 李子　李子 li35tsɿ0

0164. 杏　杏儿 xən210ər0

0165. 橘子　橘子 tɕy21tsɿ0

0166. 柚子　柚子 Øiəu21tsɿ24

0167. 柿子　柿子 ʂɿ21tsɿ24

0168. 石榴　石榴 ʂɿ21liəu0

0169. 枣　枣儿 tsɑɔ350ər0

0170. 栗子　板栗子 pan35li0tsɿ0

0171. 核桃　核桃 xɤ21thɑɔ0

0172. 银杏白果　白果 pei21kuɤ0

0173. 甘蔗　甘蔗 kan44tʂɿ0

0174. 木耳　耳子 Øər35tsɿ0

0175. 蘑菇野生的　菌子 tɕyŋ21tsɿ24

0176. 香菇　香菇 ɕiɑŋ44ku42

（二）农作物

0177. 稻子指植物　水稻 fei35tɑɔ213

0178. 稻谷指籽实（脱粒后是大米）　谷子 ku42tsɿ0

0179. 稻草脱粒后的　稻草 tɑɔ21tshɑɔ35

0180. 大麦指植物　大麦 ta21mei24

0181. 小麦指植物　麦子 mei44tsɿ0

0182. 麦秸脱粒后的　麦草 mei44tshɑɔ0

0183. 谷子指植物（籽实脱粒后是小米）
　　　无

0184. 高粱指植物　高粱 kɑɔ44liɑŋ0

0185. 玉米指成株的植物　包谷 pɑɔ44ku0

0186. 棉花指植物　棉花 mian21xua0

0187. 油菜油料作物，不是蔬菜　菜麻 tshai21ma35

0188. 芝麻　芝麻 tʂɿ42ma0

0189. 向日葵指植物　向日葵 ɕiaŋ21ʐər0khuei21

0190. 蚕豆　胡豆 xu21təu0

0191. 豌豆　豌豆 van44təu0

0192. 花生指果实，注意婉称　花生 xua44ʂən0

0193. 黄豆　豆子 təu21tsɿ24

0194. 绿豆　绿豆 liəu42təu0

0195. 豇豆长条形　豇豆 tɕiaŋ44təu0

0196. 大白菜东北~　白菜 pei21tshai0

0197. 包心菜卷心菜，圆白菜，球形的　包包菜 paɔ42paɔ0tshai0

0198. 菠菜　菠菜 puɣ44tshai0

0199. 芹菜　芹菜 tɕhin21tshai0

0200. 莴笋　莴笋 vuɣ44suŋ0

0201. 韭菜　韭菜 tɕiəu35tshai0

0202. 香菜芫荽　芫荽 Øian21ɕy0

0203. 葱　葱 tshuŋ42

0204. 蒜　蒜 suan213

0205. 姜　姜 tɕiaŋ42

0206. 洋葱　大头葱 ta21thəu0tshuŋ42

0207. 辣椒统称　辣子 la42tsɿ0

0208. 茄子统称　茄子 tɕhiɛ21tsɿ0/茄娃子 tɕhiɛ21Øua0tsɿ0

0209. 西红柿　海柿子 xai35ʂɿ21tsɿ0

0210. 萝卜统称　萝卜 luɣ21pu0

0211. 胡萝卜　红萝卜 xuŋ21luɣ21pu0

0212. 黄瓜　黄瓜 xuaŋ21kua0

0213. 丝瓜无棱的　丝瓜 sɿ44kua0

0214. 南瓜扁圆形或梨形，成熟时呈赤褐色　北瓜 pei44kua0

0215. 荸荠　荸荠 pu21tɕiəu0

0216. 红薯统称　苕 ʂaɔ21

0217. 马铃薯　洋芋 Øiaŋ21ʯ0

0218. 芋头　芋子 Øy21tsɿ24

0219. 山药圆柱形的　山药 ʂan44Øyɣ0

0220. 藕　藕 ŋəu35

四、动物

（一）一般动物

0221. 老虎　老虎 laɔ42xu0

0222. 猴子　猴娃子 xəu21Øua0tsɿ0

0223. 蛇统称　长虫 tʂhaŋ21tʂhuŋ0

0224. 老鼠家里的　老鼠子 laɔ42tʂhu0tsɿ0

0225. 蝙蝠　檐蝙蝠 Øian21piɛ35fu0

0226. 鸟儿飞鸟，统称　鸟 ȵiaɔ35

0227. 麻雀　麻雀子 ma21tɕhyɣ0tsɿ0/麻拐子 ma21kuai0tsɿ0

0228. 喜鹊　野鹊 Øiɛ35tɕhiaɔ0

0229. 乌鸦　老鸹 laɔ35ʯua0

0230. 鸽子　鹁鸪 pu21kɤ0

0231. 翅膀鸟的，统称　翅膀 tʂhɿ21paŋ24

0232. 爪子鸟的，统称　爪爪 tʂua35tʂua0

0233. 尾巴　尾巴 Øiɛ35pa0

0234. 窝鸟的　窝 Øuɣ42

0235. 虫子统称　虫虫 tʂhuŋ21tʂhuŋ0

0236. 蝴蝶统称　蛾蛾 ŋɣ21ŋɣ0

0237. 蜻蜓统称　蚂螂 ma21laŋ0

0238. 蜜蜂　蜂子 fəŋ44tsɿ0

0239. 蜂蜜　蜂蜜 fəŋ44mi0

0240. 知了统称　蝉娃子 ʂan21Øua21tsɿ0/

知了子 tṣʅ44liɑɔ0tsʅ0

0241. 蚂蚁　蚂蚁 mɑ44ø i0

0242. 蚯蚓　蛐蟮 tɕhy44ʂɑn0

0243. 蚕　蚕娃子 tshan21øuɑ21tsʅ0

0244. 蜘蛛会结网的　蜋娃蛛蛛
laŋ21øuɑ0tʂu44tʂu0

0245. 蚊子统称　末子 muɤ42tsʅ0

0246. 苍蝇统称　苍蝇 tshaŋ44ø in0

0247. 跳蚤咬人的　虼蚤 kɤ21tsɑɔ0

0248. 虱子　虱 ʂei42

0249. 鱼　鱼 øy21

0250. 鲤鱼　鲤鱼 li35øy21

0251. 鳙鱼胖头鱼　大头鱼 tɑ42thəu0øy21

0252. 鲫鱼　鲫鱼 tɕi21øy21/鲫蚵子 tɕi21khɤ0tsʅ0

0253. 甲鱼　鳖 piɛ42

0254. 鳞鱼的　甲 tɕiɑ42

0255. 虾统称　虾 ɕiɑ42

0256. 螃蟹统称　螃蟹 phan21xai0

0257. 青蛙统称　青蛙 tɕhin42øuɑ0

0258. 癞蛤蟆表皮多疙瘩　疥疤子
kai21pɑ24tsʅ0

（二）家畜、家禽

0259. 马　马 mɑ35

0260. 驴　毛驴子 mɑɔ21ly21tsʅ0

0261. 骡　骡子 luɤ21tsʅ0

0262. 牛　牛 ȵiəu21

0263. 公牛统称　牯牛 ku35ȵiəu0

0264. 母牛统称　牸牛 tsʅ21ȵiəu24

0265. 放牛　放牛 faŋ24niəu21

0266. 羊　羊 øiaŋ21

0267. 猪　猪 tʂu42

0268. 种猪配种用的公猪　脚猪子
tɕyɤ21tʂu42tsʅ0

0269. 公猪成年的，已阉的　牙猪 øiɑ21tʂu0

0270. 母猪成年的，未阉的　奶翘子
lai35tɕhiɑɔ21tsʅ0

0271. 猪崽　猪儿子 tʂu44ø ər21tsʅ0

0272. 猪圈　猪圈 tʂu44tɕyan213

0273. 养猪　看猪 khan44tʂu42

0274. 猫　猫 mɑɔ42

0275. 公猫　男猫 lan21mɑɔ42

0276. 母猫　女猫 ȵy35mɑɔ42

0277. 狗统称　狗 kəu35

0278. 公狗　牙狗 øiɑ21kəu0

0279. 母狗　母狗 mu35kəu0

0280. 叫狗～　□ tʂai42

0281. 兔子　兔娃子 thu21øuɑ24tsʅ0

0282. 鸡　鸡 tɕi42

0283. 公鸡成年的，未阉的　公鸡 kuŋ44tɕi0

0284. 母鸡已下过蛋的　母鸡 mu35tɕi0

0285. 叫公鸡～（打鸣儿）　叫 tɕiɑɔ213

0286. 下鸡～蛋　下 ɕiɑ213

0287. 孵～小鸡　菢 pɑɔ213

0288. 鸭　鸭子 øiɑ44tsʅ0

0289. 鹅　鹅 ŋɤ21

0290. 阉～公的猪　骟 ʂan213

0291. 阉～母的猪　骟 ʂan213

0292. 阉～鸡　无

0293. 喂～猪　喂 vei213

0294. 杀猪统称，注意婉称　杀猪
ʂɑ42tʂu42

0295. 杀～鱼　杀 ʂɑ42

五、房舍、器具

（一）房舍

0296. 村庄一个~ 村子 tʂhuŋ44tsʅ0

0297. 胡同统称：一条~ 道道 tɑɔ21tɑɔ24/巷巷 xɑŋ21xɑŋ24

0298. 街道 街道 kai42tɑɔ0

0299. 盖房子 修房 ɕiəu44faŋ21

0300. 房子整座的，不包括院子 房 faŋ21

0301. 屋子房子里分隔而成的，统称 间间 tɕian44tɕian0

0302. 卧室 睡房 fei21faŋ24

0303. 茅屋茅草等盖的 草房 tshɑɔ35faŋ0

0304. 厨房 灶房 tsɑɔ21faŋ24

0305. 灶统称 锅头 kuɤ44thəu0

0306. 锅统称 锅 kuɤ42

0307. 饭锅煮饭的 锅 kuɤ42

0308. 菜锅炒菜的 锅 kuɤ42

0309. 厕所旧式的，统称 茅肆 mɑɔ21sʅ0

0310. 檩左右方向的 檩棒 lin35paŋ0

0311. 柱子 柱头 tʂu21thəu24

0312. 大门 大门 tɑ21məŋ24

0313. 门槛儿 门槛 məŋ21khan0

0314. 窗旧式的 窗子 tʂhuaŋ44tsʅ0

0315. 梯子可移动的 梯子 thi44tsʅ0

0316. 扫帚统称 扫把 sɑɔ21pa24

0317. 扫地 扫地 sɑɔ35ti213

0318. 垃圾 渣渣 tʂa44tʂa0

（二）家具

0319. 家具统称 家具 tɕia44tɕy0

0320. 东西我的~ 东西 tuŋ44ɕi0

0321. 炕土、砖砌的，睡觉用 无

0322. 床木质的，睡觉用 床 tʂhuaŋ21

0323. 枕头 枕头 tʂən35thəu0

0324. 被子 铺盖 phu44kai0

0325. 棉絮 棉絮 mian21ɕy0

0326. 床单 单子 tan44tsʅ0

0327. 褥子 坝铺盖 pa21phu24kai0/坝褥子 pa21ʐu24tsʅ0

0328. 席子 席 ɕi21

0329. 蚊帐 帐子 tʂaŋ21tsʅ24

0330. 桌子统称 桌子 tʂuɤ44tsʅ0

0331. 柜子统称 柜柜 kuei21kuei24

0332. 抽屉桌子的 抽匣 tʂhəu44ɕia0

0333. 案子长条形的 案子 ŋan21tsʅ24

0334. 椅子统称 椅子 øi35tsʅ0

0335. 凳子统称 板凳 pan35təŋ0

0336. 马桶有盖的 尿罐子 ȵiɑɔ21kuan24tsʅ0

（三）用具

0337. 菜刀 切刀 tɕhiɛ44tɑɔ0

0338. 瓢舀水的 水马勺 fei35mɑ0fuɤ0

0339. 缸 缸 kaŋ42

0340. 坛子装酒的~ 坛子 than21tsʅ0

0341. 瓶子装酒的~ 瓶瓶 phin21phin0

0342. 盖子杯子的~ 盖盖 kai21kai24

0343. 碗统称 碗 van35

0344. 筷子 划食子 xua21sʅ0tsʅ0/筷子 khuai21tsʅ24

0345. 汤匙 勺勺 fuɤ21fuɤ0/调羹 thiɑɔ21kən0

0346. 柴火统称 柴 tʂhai21

0347. 火柴 洋火 øiaŋ21xuɤ35

0348. 锁　锁子 suɤ35tsɿ0

0349. 钥匙　钥匙 Øyɤ21ʂɿ0

0350. 暖水瓶　电壶 tian24xu21

0351. 脸盆　洗脸钵钵
　　　 ɕi35lian35puɤ44puɤ0

0352. 洗脸水　洗脸水 ɕi35lian0fei0

0353. 毛巾洗脸用　手巾 ʂəu35tɕin0／
　　　 羊肚子手巾 Øiaŋ21tu24tsɿ0ʂəu35
　　　 tɕin0

0354. 手绢　手巾 ʂəu35tɕin0

0355. 肥皂洗衣服用　洋碱 Øiaŋ21ɕian35

0356. 梳子旧式的，不是篦子　木梳
　　　 mu42fu0

0357. 缝衣针　针 tʂən42

0358. 剪子　剪子 tɕian35tsɿ0

0359. 蜡烛　洋蜡 Øiaŋ21la21

0360. 手电筒　手电 ʂəu35tian213

0361. 雨伞挡雨的，统称　伞 san35

0362. 自行车　车子 tʂʰɤ44tsɿ0／洋马马
　　　 Øiaŋ21ma24ma0

六、服饰、饮食

（一）服饰

0363. 衣服统称　衣裳 Øi44ʂaŋ0

0364. 穿～衣服　穿 tʂʰuan42

0365. 脱～衣服　脱 tʰuɤ21

0366. 系～鞋带　绑 paŋ35

0367. 衬衫　衬衣 tʂʰən21Øi24

0368. 背心带两条杠的，内衣　背心
　　　 pei21ɕin24

0369. 毛衣　毛衣 mɑo21Øi42

0370. 棉衣　袄袄 ŋɑo35ŋɑo0

0371. 袖子　袖子 ɕiəu21tsɿ24

0372. 口袋衣服上的　包包 pɑo44pɑo0

0373. 裤子　裤子 kʰu21tsɿ24

0374. 短裤外穿的　裤衩子
　　　 kʰu21tʂʰa24tsɿ0

0375. 裤腿　裤腿子 kʰu21tʰuei24tsɿ0

0376. 帽子统称　帽子 mɑo21tsɿ24

0377. 鞋子　鞋 xai21

0378. 袜子　袜子 Øua44tsɿ0

0379. 围巾　围巾 vei21tɕin0／风帕
　　　 fəŋ44pʰa213

0380. 围裙　裙裙 tɕʰyŋ21tɕʰyŋ0

0381. 尿布　尿片子 ȵiɑo21pʰian24tsɿ0

0382. 扣子　纽子 ȵiəu35tsɿ0

0383. 扣～扣子　扣 kʰəu213

0384. 戒指　箍子 ku44tsɿ0

0385. 手镯　手圈子 ʂəu35tɕʰyan42tsɿ0

0386. 理发　剃脑壳 tʰi21lɑo35kɤ0

0387. 梳头　梳头 fu44tʰəu21

（二）饮食

0388. 米饭　蒸饭 tʂən44fan0

0389. 稀饭用米熬的，统称　米汤 mi35tʰaŋ0

0390. 面粉麦子磨的，统称　灰面
　　　 xuei44mian0

0391. 面条统称　面 mian213

0392. 面儿玉米～，辣椒～　面面
　　　 mian21mian24

0393. 馒头无馅儿的，统称　蒸馍
　　　 tʂən44muɤ0

0394. 包子　包子 pɑo44tsɿ0

0395. 饺子　饺子 tɕiɑo35tsɿ0

0396. 馄饨　抄手 tʂʰɑo44ʂəu0

0397. 馅儿　馅子 ɕyan21tsʅ24
0398. 油条长条形的，旧称　油条 Øiəu21thiɑ21
0399. 豆浆　豆浆 təu21tɕiaŋ35
0400. 豆腐脑儿　豆腐脑 təu21fu0lɑɔ0
0401. 元宵食品　元宵 Øyan21ɕiɑɔ0
0402. 粽子　粽子 tsuŋ21tsʅ24
0403. 年糕用黏性大的米或米粉做的　糍粑 tsʅ21pɑ0
0404. 点心统称　点心 tian35ɕin0
0405. 菜吃饭时吃的，统称　菜 tshai213
0406. 干菜统称　干菜 kan44tshai0
0407. 豆腐　豆腐 təu21fu24
0408. 猪血当菜的　血 ɕiɛ42
0409. 猪蹄当菜的　猪腿腿 tʂu44thuei35thuei0
0410. 猪舌头当菜的，注意婉称　口条 khəu35thiɑ0
0411. 猪肝当菜的，注意婉称　肝子 kan44tsʅ0
0412. 下水猪、牛、羊的内脏　杂件子 tsɑ21tɕian21tsʅ0
0413. 鸡蛋　鸡蛋 tɕi44tan0
0414. 松花蛋　皮蛋 phi21tan0
0415. 猪油　板油 pan35Øiəu21
0416. 香油　香油 ɕiaŋ44Øiəu0
0417. 酱油　酱油 tɕiaŋ24Øiəu21
0418. 盐名词　盐 Øian21
0419. 醋注意婉称　醋 tshu213
0420. 香烟　纸烟 tsʅ35Øian0
0421. 旱烟　烟叶子 Øian44Øiɛ21tsʅ0
0422. 白酒　辣酒 lɑ44tɕiəu0
0423. 黄酒　黄酒 xuaŋ21tɕiəu0

0424. 江米酒酒酿，醪糟　醪糟 lɑɔ21tsɑɔ0
0425. 茶叶　茶叶 tʂha21ɕiɛ21
0426. 沏 ~ 茶　泡 phɑɔ213
0427. 冰棍儿　冰棍儿 pin44kuər213
0428. 做饭统称　做饭 tsu24fan213
0429. 炒菜统称，和做饭相对　炒菜 tʂhɑɔ35tshai213
0430. 煮 ~ 带壳的鸡蛋　煮 tsu35
0431. 煎 ~ 鸡蛋　炕 khaŋ213
0432. 炸 ~ 油条　炸 tʂa21
0433. 蒸 ~ 鱼　蒸 tʂən42
0434. 揉 ~ 面做馒头等　揉 zəu21
0435. 擀 ~ 面，~ 皮儿　擀 kan35
0436. 吃早饭　吃早饭 tʂhʅ44tsɑɔ35fan0
0437. 吃午饭　吃晌午 tʂhʅ44ʂaŋ35ɣu0
0438. 吃晚饭　吃夜饭 tʂhʅ44Øiɛ21fan24
0439. 吃 ~ 饭　吃 tʂhʅ42／咥 tiɛ42
0440. 喝 ~ 酒　嘘 ɕy42
0441. 喝 ~ 茶　喝 xɣ42
0442. 抽 ~ 烟　吃 tʂhʅ42
0443. 盛 ~ 饭　舀 Øai35
0444. 夹用筷子 ~ 菜　扔 tɑɔ42
0445. 斟 ~ 酒　倒 tɑɔ213
0446. 渴口 ~　渴 khɣ42
0447. 饿肚子 ~　饿 ŋɣ213
0448. 噎吃饭 ~ 着了　噎 Øiɛ42

七、身体、医疗

（一）身体

0449. 头人的，统称　脑壳 lɑɔ35khɣ0
0450. 头发　帽盖子 mɑɔ21kai24tsʅ0

0451. 辫子　辫子 pian21tʂʅ24

0452. 旋　旋窝子 ɕyan21Øuɤ24tsʅ0

0453. 额头　额颅 ŋei21lu0

0454. 相貌　脸模子 lian35mu0tsʅ0

0455. 脸洗~　脸 lian35

0456. 眼睛　眼睛 ȵian35tɕin0/眼窝子 ȵian35Øuɤ0tsʅ0/招子 tʂau44tsʅ0

0457. 眼珠统称　眼珠子 ȵian35tʂu44tsʅ0

0458. 眼泪哭的时候流出来的　眼泪水 ȵian35luei21fei0

0459. 眉毛　眉毛 mi21mɑ0

0460. 耳朵　耳聒 Øər35kuɑ0

0461. 鼻子　鼻子 pi21tsʅ0

0462. 鼻涕统称　鼻 pi21

0463. 擤～鼻涕　擤 ɕin35

0464. 嘴巴人的，统称　嘴巴 tsuei35pɑ0

0465. 嘴唇　嘴皮子 tsuei35phi21tsʅ0

0466. 口水~流出来　颔水 xan44fei0

0467. 舌头　舌头 ʂɤ21thəu0

0468. 牙齿　牙 Øia21

0469. 下巴　下巴 xa21pha24

0470. 胡子嘴周围的　胡子 xu21tsʅ0/买卖 mai35mai0

0471. 脖子　脖浪骨 puɤ21laŋ0ku42/膀骨 paŋ44ku42

0472. 喉咙　喉咙 xu21luŋ0

0473. 肩膀　胛骨 tɕia44ku0

0474. 胳膊　胳膊 kɤ44phuɤ0

0475. 手方言指（打√）：只指手√；包括臂：他的~摔断了　手 ʂəu35

0476. 左手　左手 tsuɤ35ʂue0

0477. 右手　右手 Øiəu21ʂəu24

0478. 拳头　掟子 tin21tsʅ24

0479. 手指　手指拇 ʂəu35tʂʅ0məŋ0

0480. 大拇指　大指拇 ta21tʂʅ35məŋ0

0481. 食指　二指拇 Øər21tʂʅ35məŋ0

0482. 中指　中指拇 tʂuŋ44tʂʅ21məŋ0

0483. 无名指　四指拇 sʅ21tʂʅ35məŋ0

0484. 小拇指　小指拇 ɕiau35tʂʅ0məŋ0

0485. 指甲　指甲 tʂʅ44tɕia0

0486. 腿　腿 thuei35

0487. 脚方言指（打√）：只指脚√；包括小腿；包括小腿和大腿：他的~轧断了　脚 tɕyɤ42

0488. 膝盖指部位　圪膝盖 khɤ44tɕhi21kai0

0489. 背名词　脊背 tɕi21pei0

0490. 肚子腹部　肚子 tu21tsʅ24

0491. 肚脐　脖脐窝 pu21ɕiəu0Øuɤ0

0492. 乳房女性的　奶奶 lai44lai0

0493. 屁股　沟子 kəu44tsʅ0

0494. 肛门　屁眼 phi21ȵian24

0495. 阴茎成人的　鸡娃子 tɕi44Øua21tsʅ0

0496. 女阴成人的　屄 phi42

0497. 肏动词　肏 zʅ21

0498. 精液　戾 suŋ21

0499. 来月经注意婉称　月经 Øyɤ44tɕin0/例假 li21tɕia24

0500. 拉屎　屙屎 pa21ʂʅ24

0501. 撒尿　尿尿 ȵiau24ȵiau213

0502. 放屁　放屁 faŋ24phi213

0503. 相当于"他妈的"的口头禅　肏他妈去去 zʅ21tha44ma44 tɕhi21tɕhi0/他妈的屄 tha44ma44ti0phi42

（二）疾病、医疗

0504. 病了　有病了 Øiəu35pin21lɑɔ24

0505. 着凉　受凉 ʂəu24liaŋ21

0506. 咳嗽　咳嗽 khɤ21səu0

0507. 发烧　发烧 fa44ʂɑɔ42

0508. 发抖　抖 thəu35

0509. 肚子疼　肚子疼 tu21tsʅ0thən0

0510. 拉肚子　过肚子 kuɤ24tu21tsʅ24/
打标枪 ta24piɑɔ42tɕhiaŋ0

0511. 患疟疾　打摆子 ta35pai35tsʅ0

0512. 中暑　中暑 tʂuŋ21fu35

0513. 肿　肿 tʂuŋ35

0514. 化脓　化脓 xua24luŋ21

0515. 疤好了的　疤疤 pa44pa0

0516. 癣　癣 ɕyan35

0517. 痣凸起的　记 tɕi213

0518. 疙瘩蚊子咬后形成的　疙瘩 kɤ44ta0

0519. 狐臭　臭根子 tʂhəu21kən24tsʅ0

0520. 看病　看病 khan24pin213

0521. 诊脉　拉脉 la44mei21

0522. 针灸　扎干针 tʂa44kan44tʂən42

0523. 打针　打针 ta35tʂən42

0524. 打吊针　打吊针 ta35tiɑɔ21tʂən24/
挂吊瓶 kua24tiɑɔ24phin21

0525. 吃药统称　吃药 tʂʅ44Øyɤ42/
喝药 xɤ44Øyɤ42

0526. 汤药　水药 fei35Øyɤ42/
中药 tʂuŋ44Øyɤ0

0527. 病轻了　病松了 pin21suŋ44lɑɔ0

八、婚丧、信仰

（一）婚育

0528. 说媒　说媳妇 fuɤ44ɕi21fu0/
说婆家 fuɤ44phuɤ21tɕia0

0529. 媒人　媒婆子 mei21phuɤ21tsʅ0/
介绍人 tɕiɛ35ʂɑɔ24ʐən21

0530. 相亲　背见 pei24tɕian213

0531. 订婚　订婚 tin21xuŋ42

0532. 嫁妆　陪嫁 phei21tɕia0

0533. 结婚统称　结婚 tɕiɛ21xuŋ42

0534. 娶妻子男子～，动宾　接媳妇 tɕiɛ44ɕi21fu0

0535. 出嫁女子～　走婆家 tsəu35phuɤ21tɕia0

0536. 拜堂　拜堂 pa24thaŋ21

0537. 新郎　新女婿 ɕin44ȵy0ɕi0

0538. 新娘子　新媳妇 ɕin44ɕi21fu0

0539. 孕妇　怀娃婆娘 xuai21ua21phuɤ21ȵiaŋ0

0540. 怀孕　身不困 ʂən44pu21khuŋ213

0541. 害喜妊娠反应　嫌饭 ɕian21fan213

0542. 分娩　生娃 ʂən44Øua21

0543. 流产　小月 ɕiɑɔ35Øyɤ0

0544. 双胞胎　双生子 faŋ21ʂən24tsʅ0

0545. 坐月子　坐月子 tsuɤ21Øyɤ42tsʅ0

0546. 吃奶　吃奶 tʂʅ44lai35

0547. 断奶　隔奶 kei21lai35

0548. 满月　满月 man35Øyɤ0

0549. 生日统称　生日 ʂən44Øər0

0550. 做寿　办生日 pan24ʂən42Øər0

（二）丧葬

0551. 死统称　死 sʅ35

0552. 死婉称，最常用的几种，指老人：他～了　僵了 tɕiaŋ42laɔ0/走了 tsəu35laɔ0/去世 tɕhy24sʅ213

0553. 自杀　寻短见 ɕyŋ21tuan35tɕian0/寻无常 ɕin21ɵu21tʂhaŋ21

0554. 咽气　落气 luɤ42tɕhi213

0555. 入殓　入棺 zṷ42kuan42

0556. 棺材　寿材 ʂəu24tshai21/枋子 faŋ44tsʅ0

0557. 出殡　发灵 fa44lin21

0558. 灵位　灵台 lin21thai0

0559. 坟墓单个的，老人的　坟院 fəŋ21ɵyan0

0560. 上坟　攒坟 tshuan21fəŋ21

0561. 纸钱　烧纸子 ʂaɔ44tsʅ0tsʅ0

（三）信仰

0562. 老天爷　老天爷 laɔ35thian44ɵiɛ0

0563. 菩萨统称　菩萨 phu21sa0

0564. 观音　观音 kuan44ɵin0

0565. 灶神口头的叫法　灶神爷 tsaɔ21ʂən24ɵiɛ0

0566. 寺庙　庙 miaɔ213

0567. 祠堂　祠堂 tshʅ21thaŋ0

0568. 和尚　和尚 xuɤ21ʂaŋ0

0569. 尼姑　女姑姑 n̠y35ku21ku0

0570. 道士　道人 taɔ21zən24

0571. 算命统称　算命 suan24min213

0572. 运气　运气 ɵyŋ21tɕhi24

0573. 保佑　保佑 paɔ35ɵiəu213

九、人品、称谓

（一）人品

0574. 人一个～　人 zən21

0575. 男人成年的，统称　男的 lan21ti0

0576. 女人三四十岁已婚的，统称　女的 n̠y35ti0

0577. 单身汉　光棍 kuaŋ44kuŋ0

0578. 老姑娘　老姑娘 laɔ35ku0n̠iaŋ0

0579. 婴儿　月娃 ɵyɤ44ɵua0

0580. 小孩儿三四岁的，统称　娃儿子 ɵua21ər0tsʅ0

0581. 男孩儿统称：外面有个～在哭　娃 ɵua21

0582. 女孩儿统称：外面有个～在哭　女子 n̠y35tsʅ0

0583. 老人七八十岁的，统称　老人 laɔ35zən0

0584. 亲戚统称　亲戚 tɕhin44tɕhi0

0585. 朋友统称　朋友 phəŋ21ɵiəu24

0586. 邻居统称　邻居 lin21tɕy0

0587. 客人　客 khei42

0588. 农民　农民 luŋ21min21

0589. 商人　做生意的 tsu21ʂəŋ44ɵi0ti0

0590. 手艺人统称　匠人 tɕiaŋ21zən24

0591. 泥水匠　泥水匠 n̠i21fei0tɕiaŋ0

0592. 木匠　木匠 mu44tɕiaŋ0

0593. 裁缝　裁缝 tshai21fəŋ0

0594. 理发师　待诏 tai21tʂaɔ24

0595. 厨师　厨子 tʂhu21tsʅ0

0596. 师傅　师傅 ʂʅ44fu0

0597. 徒弟　徒弟 thu21ti0

0598. 乞丐统称，非贬称（无统称则记成年男的） 叫花子 tɕiɑɔ21xuɑ24tsɿ0／讨口子 thɑɔ21khəu0tsɿ0

0599. 妓女 野鸡 øiɛ35tɕi0／婊子 piɑɔ35tsɿ0

0600. 流氓 流氓 liəu21mɑŋ0

0601. 贼 贼娃子 tsei21ʋɑ0tsɿ0

0602. 瞎子统称，非贬称（无统称则记成年男的） 瞎子 xɑ44tsɿ0

0603. 聋子统称，非贬称（无统称则记成年男的） 聋子 luŋ21tsɿ0／聋拐拐 luŋ21kuɑi21kuɑi0

0604. 哑巴统称，非贬称（无统称则记成年男的） 哑巴 øiɑ35pɑ0

0605. 驼子统称，非贬称（无统称则记成年男的） 驼背子 thuɤ21pei21tsɿ0

0606. 瘸子统称，非贬称（无统称则记成年男的） 跛子 puɤ35tsɿ0／摆子 pɑi44tsɿ0

0607. 疯子统称，非贬称（无统称则记成年男的） 疯子 fəŋ44tsɿ0／癫子 tian44tsɿ0

0608. 傻子统称，非贬称（无统称则记成年男的） 瓜子 kuɑ35tsɿ0

0609. 笨蛋蠢的人 笨蛋 pəŋ24tan213

（二）称呼

0610. 爷爷呼称，最通用的 爷爷 øiɛ21øiɛ0

0611. 奶奶呼称，最通用的 婆婆 phuɤ21phuɤ0／爸爸（古）pɑ21pɑ0

0612. 外祖父叙称 外爷 vei21øiɛ24

0613. 外祖母叙称 外婆 vɑ21phuɤ24

0614. 父母合称 父母 fu21mu35／爸妈 pɑ21mɑ42

0615. 父亲叙称 老子 lɑɔ35tsɿ0／爸爸 pɑ21pɑ0

0616. 母亲叙称 妈 mɑ42

0617. 爸爸呼称，最通用的 爸爸 pɑ21pɑ0／爹爹 tiɛ44tiɛ0／大大 tɑ21tɑ24／伯伯 pei21pei24

0618. 妈妈呼称，最通用的 妈 mɑ42

0619. 继父叙称 后老子 xəu21lɑɔ35tsɿ0

0620. 继母叙称 后妈 xəu21mɑ42

0621. 岳父叙称 姨夫 øi21fu0

0622. 岳母叙称 姨娘 øi21ȵiaŋ0

0623. 公公叙称 老公公 lɑɔ35kuŋ42kuŋ0

0624. 婆婆叙称 婆子娘 phuɤ21tsɿ0ȵiaŋ021

0625. 伯父呼称，统称 大爸 tɑ24pɑ21／佬佬 lɑɔ35lɑɔ0

0626. 伯母呼称，统称 娘 ȵiaŋ21／娘娘 ȵiaŋ44ȵiaŋ0

0627. 叔父呼称，统称 佬佬 lɑɔ35lɑɔ0／爸 pɑ21

0628. 叔父呼称，排行最小的，如"幺叔" 幺爸 øiɑɔ44pɑ21

0629. 叔母呼称，统称 娘 ȵiaŋ21／娘娘 ȵiaŋ44ȵiaŋ0

0630. 姑呼称，统称（无统称则记分称：比父大，比父小；已婚，未婚） 姑姑 ku42ku0

0631. 姑父呼称，统称 姑父 ku44fu0

0632. 舅舅呼称 舅舅 tɕiəu21tɕiəu24

0633. 舅妈呼称 舅母 tɕiəu21mu24

0634. 姨呼称，统称（无统称则记分称：比母

大，比母小；已婚，未婚） 姨姨 Øi21Øi0

0635. 姨父呼称，统称　姨父 Øi21fu0
0636. 弟兄合称　兄弟 ɕyŋ44ti0
0637. 姊妹合称，注明是否可包括男性　姊妹可以包括男性 tsɿ35mei0
0638. 哥哥呼称，统称　哥哥 kɤ44kɤ0
0639. 嫂子呼称，统称　嫂嫂 sɑɔ35sɑɔ0/嫂子 sɑɔ35tsɿ0
0640. 弟弟叙称　兄弟 ɕyŋ44ti0
0641. 弟媳叙称　兄弟媳妇 ɕyŋ44ti0ɕi21fu0
0642. 姐姐呼称，统称　姐姐 tɕiɛ35tɕiɛ0
0643. 姐夫呼称　姐夫哥 tɕiɛ35fu0kɤ0/哥哥 kɤ44kɤ0
0644. 妹妹叙称　妹妹 mei21mei24
0645. 妹夫叙称　妹夫子 mei21fu24tsɿ0
0646. 堂兄弟叙称，统称　排房兄弟 phai21fɑŋ21ɕyŋ44ti0
0647. 表兄弟叙称，统称　老表 lɑɔ21piɑɔ24
0648. 妯娌弟兄妻子的合称　先后 ɕiɑŋ21xəu24
0649. 连襟姊妹丈夫的关系，叙称　挑担 thiɑɔ42tan0
0650. 儿子叙称：我的～　娃 Øua21
0651. 儿媳妇叙称：我的～　儿媳妇 Øər21ɕi21fu0
0652. 女儿叙称：我的～　女子 ȵy35tsɿ0
0653. 女婿叙称：我的～　女婿 ȵy35ɕi0/相公 ɕiɑŋ21kuŋ24
0654. 孙子儿子之子　孙娃子 suŋ44Øua0tsɿ0

0655. 重孙子儿子之孙　重孙子 tʂhuŋ21suŋ21tsɿ0
0656. 侄子弟兄之子　侄娃子 tʂɿ21Øua0tsɿ0
0657. 外甥姐妹之子　外甥 vai21ʂən24
0658. 外孙女儿之子　外孙子 vai21suŋ24tsɿ0
0659. 夫妻合称　两口子 liaŋ44khəu0tsɿ0
0660. 丈夫叙称，最通用的，非贬称：她的～　男的 lan21ti0/老汉 lɑɔ35xan0/老公 lɑɔ35kuŋ42
0661. 妻子叙称，最通用的，非贬称：他的～　媳妇 ɕi21fu0/老婆子 lɑɔ35phuɤ21tsɿ0
0662. 名字　名字 min21tsɿ0
0663. 绰号　外号 vai24xɑɔ213

十、农、工、商、文

（一）农业

0664. 干活儿统称：在地里～　做活 tsu24xuɤ21
0665. 事情一件～　事 ʂɿ213
0666. 插秧　栽秧 tsai44Øiaŋ42
0667. 割稻　割谷子 kɤ42ku21tsɿ0
0668. 种菜　种菜 tsuŋ24tshai213
0669. 犁名词　犁头 li21thəu0
0670. 锄头　锄头 tʂhu21thəu0
0671. 镰刀　镰刀 lian21tɑ0
0672. 把儿刀～　把把 pa21pa24
0673. 扁担　扁担 pian35tan0
0674. 箩筐　筐筐 khuaŋ44khuaŋ0

0675. 筛子统称 筛子 ʂai44tʂɿ0

0676. 簸箕农具，有梁的 蒲篮 phu21lan0

0677. 簸箕簸米用 簸箕 puɤ35tɕi0

0678. 独轮车 鸡公车 tɕi44kuŋ0tʂɤ42

0679. 轮子旧式的，如独轮车上的 滚滚 kuŋ35kuŋ0/滚子 kuŋ35tʂɿ0

0680. 碓整体 碓窝 tuei21øuɤ24

0681. 臼 窝窝 øuɤ44uɤ0

0682. 磨名词 磨 muɤ213

0683. 年成 年成 n̠ian21tʂhən0

（二）工商业

0684. 走江湖统称 跑江湖 phɔ35tɕiaŋ42xu0

0685. 打工 打工 ta35kuŋ42

0686. 斧子 毛铁 mɔ21thiɛ0/开山子 khai44ʂan0tʂɿ0

0687. 钳子 钳子 tɕhian21tʂɿ0

0688. 螺丝刀 起子 tɕhi35tʂɿ0/改锥 kai35tʂuei0

0689. 锤子 锤 tʂhuei21

0690. 钉子 钉子 tin42tʂɿ0

0691. 绳子 绳绳 ʂən21ʂən0/绳子 ʂən21tʂɿ0

0692. 棍子 棍棍 kuŋ21kuŋ24/棒棒 paŋ21paŋ24

0693. 做买卖 做生意 tsu21ʂən44øi0

0694. 商店 铺子 phu21tʂɿ24/铺铺 phu21phu24

0695. 饭馆 馆子 kuan35tʂɿ0

0696. 旅馆旧称 店子 tian21tʂɿ24/旅社 ly35ʂɤ213

0697. 贵 贵 kuei213

0698. 便宜 便宜 phian21øi0

0699. 合算 划着 xua21tʂhuɤ0/划算 xua21suan0

0700. 折扣 折扣 tʂɤ21khou0

0701. 亏本 赔本 phei21pəŋ35/贴本 thiɛ44pəŋ35

0702. 钱统称 钱 tɕhian21/开销 khai44ɕiɔ0/票子 phiɔ21tʂɿ24

0703. 零钱 零钱 lin21tɕhian21

0704. 硬币 银毫毫 øin21xɔ21xɔ0

0705. 本钱 本钱 pəŋ35tɕhian0

0706. 工钱 工钱 kuŋ44tɕhian0

0707. 路费 盘缠 phan21tʂhan0

0708. 花~钱 使 ʂɿ35

0709. 赚卖一斤能~一毛钱 长 tʂhaŋ21/见 tɕian213

0710. 挣打工~了一千块钱 挣 tʂən213

0711. 欠~他十块钱 争 tʂən42

0712. 算盘 算盘 suan21phan24

0713. 秤统称 秤 tʂhən213

0714. 称用秤~ 志 tʂɿ213/过 kuɤ213

0715. 赶集 赶场 kan35tʂhaŋ21

0716. 集市 市场 ʂɿ21tʂhaŋ24

0717. 庙会 庙会 miɔ24xuei213

（三）文化、娱乐

0718. 学校 学堂 ɕyɤ21thaŋ0/学校 ɕyɤ21ɕiɔ213

0719. 教室 教室 tɕiɔ35ʂɿ42

0720. 上学 上学 ʂaŋ24ɕyɤ21

0721. 放学 放学 faŋ24ɕyɤ21

0722. 考试 考试 khɔ35ʂɿ213

0723. 书包　书包 fu44pɑɔ42
0724. 本子　本本 pəŋ35pəŋ0
0725. 铅笔　铅笔 tɕhiɑn44pi0
0726. 钢笔　钢笔 kɑŋ44pi0/自来水笔 tsʅ24lɑi21fei35pi42
0727. 圆珠笔　油笔 Øiəu21pi42
0728. 毛笔　管子 kuɑn35tsʅ0
0729. 墨　墨 mei42
0730. 砚台　砚台 Øiɑn21tʰɑi24
0731. 信一封～　信 ɕin213
0732. 连环画　娃娃书 Øuɑ21uɑ0fu42
0733. 捉迷藏　藏猫乎 tɕhiɑŋ21mɑɔ44xu0
0734. 跳绳　跳绳 tʰiɑɔ24ʂən21
0735. 毽子　毽儿 tɕiɑn21Øər24
0736. 风筝　风筝 fəŋ42tsən0
0737. 舞狮　耍狮子 fɑ35ʂʅ44tsʅ0
0738. 鞭炮统称　炮子 pʰɑɔ21tsʅ24
0739. 唱歌　唱歌 tʂhɑŋ24kɤ42
0740. 演戏　唱戏 tʂhɑŋ24ɕi213
0741. 锣鼓统称　锣鼓家什 luɤ21ku0tɕiɑ44ʂʅ0/响器 ɕiɑŋ35tɕhi0
0742. 二胡　弦子 ɕiɑn21tsʅ0/胡琴 xu21tɕhin21
0743. 笛子　笛子 ti21tsʅ0
0744. 划拳　划拳 xuɑ24tɕhyɑn21
0745. 下棋　下棋 ɕiɑ24tɕhi21
0746. 打扑克　打牌 tɑ35pʰɑi21
0747. 打麻将　打牌 tɑ35pʰɑi21
0748. 变魔术　耍把戏 fɑ35pɑ24ɕi0
0749. 讲故事　说古今 fuɤ21ku35tɕin0
0750. 猜谜语　猜谜子 tʂhuɑi35mi21tsʅ24
0751. 玩儿游玩；到城里～　耍 fɑ35
0752. 串门儿　串门子 tʂhuɑn35məŋ21tsʅ0
0753. 走亲戚　走亲戚 tsəu35tɕhin44tɕhi0

十一、动作、行为

（一）具体动作

0754. 看～电视　看 kʰɑn213
0755. 听用耳朵～　听 tʰin42
0756. 闻嗅：用鼻子～　闻 vəŋ21
0757. 吸～气　吸 ɕi42
0758. 睁～眼　睁 tʂən42
0759. 闭～眼　闭 pi213
0760. 眨～眼　闪 ʂɑn35
0761. 张～嘴　张 tʂɑŋ42
0762. 闭～嘴　绷 pəŋ35
0763. 咬狗～人　□ tsɑi42
0764. 嚼把肉～碎　嚼 tɕiɑ21
0765. 咽～下去　咽 Øiɑn213
0766. 舔人用舌头～　舔 tʰiɑn35
0767. 含～在嘴里　噙 tɕhin21
0768. 亲嘴　亲嘴 tɕhin44tsuei35
0769. 吮吸用嘴唇聚拢吸取液体，如吃奶时　咂 tsɑ42
0770. 吐上声，把果核儿～掉　唾 tʰuɤ213
0771. 吐去声，呕吐：喝酒喝～了　吐 tʰu35
0772. 打喷嚏　打喷嚏 tɑ35pʰən21tʰiɛ24
0773. 拿用手把苹果～过来　搌 xɑn35
0774. 给他～我一个苹果　给 kei213
0775. 摸～头　摸 muɤ42
0776. 伸～手　伸 tʂən42
0777. 挠～痒痒　抠 kʰəu42

0778. 掐用拇指和食指的指甲～皮肉　掐 tɕhia42

0779. 拧～螺丝　拧 ȵin21/扭 ȵiəu35

0780. 拧～毛巾　拧 ȵin21

0781. 捻用拇指和食指来回～碎　□ tʂʅ35/捻 ȵian35

0782. 掰把橘子～开，把馒头～开　掰 pei42

0783. 剥～花生　剥 puɤ21

0784. 撕把纸～了　撕 sʅ42/扯 tʂhɤ35

0785. 折把树枝～断　搣 miɛ35/折 tʂɤ35

0786. 拔～萝卜　拔 pa21

0787. 摘～花　掐 tɕhia42

0788. 站站立：～起来　立 li21

0789. 倚斜靠：～在墙上　靠 khɑɔ213

0790. 蹲～下　蹴 tɕiəu213/跍 ku42

0791. 坐～下　坐 tsuɤ213

0792. 跳青蛙～起来　跳 thiɑɔ213/蹦 pəŋ42

0793. 迈跨过高物：从门槛上～过去　□ tɕhia21

0794. 踩脚～在牛粪上　踏 tha21

0795. 翘～腿　翘 tɕhiɑɔ42

0796. 弯～腰　弓 kuŋ42

0797. 挺～胸　挺 thin35

0798. 趴～着睡　匍爬 phu44pha0

0799. 爬小孩儿在地上～　爬 pha21

0800. 走慢慢儿～　走 tsəu35

0801. 跑慢慢儿走，别～　跑 phɑɔ35

0802. 逃逃跑：小偷儿～走了　跑 phɑɔ35

0803. 追追赶：～小偷儿　撵 ȵian35

0804. 抓～小偷儿　抓 tʂua42/逮 tai21

0805. 抱把小孩儿～在怀里　搂 ləu35

0806. 背～孩子　背 pei42

0807. 搀～老人　搀 tʂhan42

0808. 推几个人一起～汽车　拑 tʂhəu42

0809. 摔跌：小孩儿～倒了　跘 pan213

0810. 撞人～到电线杆　碰 phəŋ213/撞 tʂuaŋ213

0811. 挡你～住我了，我看不见　挡 taŋ35

0812. 躲躲藏：他～在床底下　藏 tɕhiaŋ21

0813. 藏藏放，收藏：钱～在枕头下面　藏 tɕhiaŋ21

0814. 放把碗～在桌子上　搁 kɤ213/□ təŋ213

0815. 摞把砖～起来　垒 luei35/码 ma35

0816. 埋～在地下　埋 mai21/壅 Øyŋ42

0817. 盖把茶杯～上　扛 khaŋ35/扣 khəu21

0818. 压用石头～住　轧 tʂa213

0819. 摁用手指按：～图钉　按 ŋan213

0820. 捅用棍子～鸟窝　毌 tuɤ42/戳 tʂhuɤ42

0821. 插把香～到香炉里　插 tʂha42

0822. 戳～个洞　毌 tuɤ42

0823. 砍～树　剁 tuɤ213

0824. 剁把肉～碎做馅儿　剁 tuɤ213

0825. 削～苹果　削 ɕyɤ42

0826. 裂木板～开了　裂 liɛ42

0827. 皱皮～起来　皱 tʂhu42

0828. 腐烂死鱼～了　烂 lan213/臭 tʂhəu213

0829. 擦用毛巾～手　擦 tsha42

0830. 倒把碗里的剩饭～掉　倒 tɑɔ213

0831. 扔丢弃：这个东西坏了，～了它　扔 Øər35

0832. 扔投掷：比一比谁～得远　撇 phiɛ42

0833. 掉掉落，坠落：树上～下一个梨　落 luɣ42

0834. 滴水～下来　跌 tiɛ42

0835. 丢丢失：钥匙～了　掉 tiɑɔ213/没 muɣ42

0836. 找寻找：钥匙～到了　寻 ɕin21/找 tʂɑ35

0837. 捡～到十块钱　捡 tɕian35

0838. 提用手把篮子～起来　掂 tiɑ42

0839. 挑～担　担 tan42

0840. 扛把锄头～在肩上　掮 tɕiɛ21/捞 lɑɔ42

0841. 抬～轿　抬 thai21

0842. 举～旗子　拥 tʂəu35

0843. 撑～伞　打 tɑ35

0844. 撬把门～开　撬 ŋɑɔ213

0845. 挑挑选，选择：你自己～一个　挑 thiɑɔ42/选 ɕyan35

0846. 收拾～东西　拾掇 ʂʅ21tuɣ0

0847. 挽～袖子　缏 pian35

0848. 涮把杯子～一下　涮 fan213

0849. 洗～衣服　洗 ɕi35

0850. 捞～鱼　逮 tai21

0851. 拴～牛　拴 fan42

0852. 捆～起来　绑 pɑŋ35

0853. 解～绳子　解 kai35

0854. 挪～桌子　攒 tsan35

0855. 端～碗　端 tuan42

0856. 摔碗～碎了　绊 pan213

0857. 掺～水　掺 tʂhan42/兑 tuei213

0858. 烧～柴　烧 ʂɑɔ42

0859. 拆～房子　拆 tʂhei42

0860. 转～圈儿　转 tʂuan213

0861. 捶用拳头～　扷 tsɑŋ21/擂 luei21

0862. 打统称：他～了我一下　打 tɑ35

0863. 打架动手：两个人在～　打捶 tɑ35tʂhuei21/戈业 kɣ21ȵiɛ42

0864. 休息　歇气 ɕiɛ42tɕhi213

0865. 打哈欠　打哈欠 tɑ35xɣ44ɕian0

0866. 打瞌睡　窜盹 tʂhuan21tuŋ35

0867. 睡他已经～了　睡 fei213

0868. 打呼噜　扯鼾 tʂhɣ35xan42

0869. 做梦　做梦 tsu24məŋ213

0870. 起床　起床 tɕhiɛ35tʂhuaŋ21

0871. 刷牙　刷牙 fa44ɵia21

0872. 洗澡　洗澡 ɕi35tsɑɔ35

（二）抽象动作

0873. 想思索：让我～一下　想 ɕiɑŋ35

0874. 想想念：我很～他　牵心 tɕhian44ɕin0

0875. 打算我～开个店　计划 tɕi24xuɑ213

0876. 记得　记得 tɕi21ti24

0877. 忘记　忘 vɑŋ213

0878. 怕害怕：你别～　怯火 tɕhiɛ21xuɣ35/害怕 xai21phɑ0/怕 phɑ213

0879. 相信我～你　相信 ɕiɑŋ21ɕin213

0880. 发愁　焦 tɕiɑɔ42

0881. 小心过马路要～　小意 ɕiɑɔ35ɵi213

0882. 喜欢～看电视　爱 ŋai213

0883. 讨厌～这个人　烦 fan21/见不得 tɕian21pu24ti0

0884. 舒服凉风吹来很～　安逸 ŋan42ɵi0

0885. 难受生理的　难受 lan21ʂəu213／
不安逸 pu21ŋan42ɕi0

0886. 难过心理的　难过 lan21kuɤ213／
怄气 ŋəu24tɕhi213

0887. 高兴　欢喜 xuan42ɕi0

0888. 生气　怄气 ŋəu24tɕhi213

0889. 责怪　怪 kuai213

0890. 后悔　后悔 xəu21xuei35

0891. 忌妒　嗔恨 tʂhən44xən0

0892. 害羞　嫌羞 ɕian21ɕiəu42

0893. 丢脸　丢人 tiəu44ʐən21

0894. 欺负　相欺 ɕiaŋ42tɕhi42

0895. 装～病　装 tʂuaŋ42

0896. 疼～小孩儿　爱 ŋai213

0897. 要我～这个　要 Øɔai213

0898. 有我～一个孩子　有 Øiəu35

0899. 没有他～孩子　没的 muɤ21ti0

0900. 是我～老师　是 ʂʅ213

0901. 不是他～老师　不是 pu21ʂʅ213

0902. 在他～家　在 tsai213／到 tɔ213

0903. 不在他～家　没在 muɤ21tsai213／
没到 muɤ21tɔ213

0904. 知道我～这件事　晓得 ɕiaɔ35ti0

0905. 不知道我～这件事　不晓得
pu21ɕiaɔ35ti0

0906. 懂我～英语　会 xuei213

0907. 不懂我～英语　不会 pu21xuei213

0908. 会我～开车　会 xuei213

0909. 不会我～开车　不会 pu21xuei213

0910. 认识我～他　认得 ʐən21ti24／知
道 tʂʅ44tɔ0

0911. 不认识我～他　认不得
ʐən21pu24ti0

0912. 行应答语　得行 tei44ɕin21

0913. 不行应答语　不得行 pu21tei44ɕin21

0914. 肯～来　愿意 Øyan21Øi24

0915. 应该～去　该 kai42

0916. 可以～去　能 lən21

（三）言语

0917. 说～话　说 fuɤ42

0918. 话说～　话 xua213

0919. 聊天儿　谝传 phian35tʂhuan21／
谝山板子 phian35ʂan44pan0tsʅ0／
拐淡话 kuai35tan21xua24

0920. 叫～他一声儿　叫 tɕiaɔ213

0921. 吆喝大声喊　吼 xəu35／吆喝
Øiaɔ44xuɤ0

0922. 哭小孩儿～　哭 khu42

0923. 骂当面～人　嚷 tɕhyɤ21

0924. 吵架动嘴：两个人在～　嚷架
tɕhyɤ21tɕia213

0925. 骗～人　哄 xuŋ35／日弄 ʐʅ44luŋ0

0926. 哄～小孩儿　哄 xuŋ35

0927. 撒谎　日白 ʐʅ21pei21／扯谎
tʂhɤ21xuaŋ24

0928. 吹牛　说大话 fuɤ42ta21xua24

0929. 拍马屁　舔沟子 thian35kəu42tsʅ0

0930. 开玩笑　说笑 fuɤ42ɕiaɔ213

0931. 告诉～他　说 fuɤ42

0932. 谢谢致谢语　谢谢 ɕiɛ24ɕiɛ213

0933. 对不起致歉语　对不起
tuei21pu0tɕhiɛ35

0934. 再见告别语　二天见
Øər35thian42tɕian213

十二、性质、状态

(一) 形貌

0935. 大苹果~　大 tɑ213/太 thɑi213/魁 khuei21

0936. 小苹果~　小 ɕiɑɔ35/碎 suei213

0937. 粗绳子~　粗 tshu42/壮 tʂuɑŋ35

0938. 细绳子~　细 ɕi213

0939. 长线~　长 tʂhɑŋ21

0940. 短线~　短 tuɑn35

0941. 长时间~　长 tʂhɑŋ21

0942. 短时间~　短 tuɑn35

0943. 宽路~　宽 khuɑn42

0944. 宽敞房子~　宽绰 khuɑn44tʂhɑɔ0

0945. 窄路~　窄 tʂei21/卡 tɕhiɑ21

0946. 高飞机飞得~　高 kɑɔ42

0947. 低鸟飞得~　低 ti42/矮 ŋɑi35

0948. 高他比我~　高 kɑɔ42

0949. 矮他比我~　矮 ŋɑi35

0950. 远路~　远 Øyɑn35

0951. 近路~　近 tɕin213

0952. 深水~　深 ʂən42

0953. 浅水~　浅 tɕhiɑn35

0954. 清水~　清 tɕhin42

0955. 浑水~　浑 xuŋ42

0956. 圆　圆 Øyɑn21

0957. 扁　扁 piɑ35

0958. 方　方 fɑŋ42

0959. 尖　尖 tɕiɑn42

0960. 平　平 phin21

0961. 肥~肉　肥 fei21

0962. 瘦~肉　瘦 ʂəu213

0963. 肥形容猪等动物　肥 fei21

0964. 胖形容人　胖 phɑŋ213

0965. 瘦形容人、动物　瘦 ʂəu213

0966. 黑黑板的颜色　黑 xei42

0967. 白雪的颜色　白 pei21

0968. 红国旗的主颜色,统称　红 xuŋ21

0969. 黄国旗上五星的颜色　黄 xuɑŋ21

0970. 蓝蓝天的颜色　蓝 lɑn21

0971. 绿绿叶的颜色　绿 liəu42

0972. 紫紫药水的颜色　紫 tsɿ42

0973. 灰草木灰的颜色　灰 xuei42

(二) 状态

0974. 多东西~　多 tuɤ42

0975. 少东西~　少 ʂɑɔ35

0976. 重担子~　重 tʂuŋ213

0977. 轻担子~　轻 tɕhin42

0978. 直线~　直 tʂɿ21/端 tuɑn42

0979. 陡坡~,楼梯~　陡 təu35

0980. 弯弯曲:这条路是~的　弯 vɑn42

0981. 歪帽子戴~了　偏 phiɑn42

0982. 厚木板~　厚 xəu213

0983. 薄木板~　薄 puɤ21

0984. 稠稀饭~　稠 tʂhəu21

0985. 稀稀饭~　稀 ɕi42

0986. 密菜种得~　密 mi42

0987. 稀稀疏:菜种得~　稀 ɕi42

0988. 亮指光线,明亮　亮 liɑŋ213

0989. 黑指光线,完全看不见　黑 xei42

0990. 热天气~　热 zɤ42

0991. 暖和天气~　暖和 luɑn35xuɤ0

0992. 凉天气~　凉 liɑŋ21

0993. 冷天气~　冷 lən35

0994. 热水～ 热 zɤ42
0995. 凉水～ 冷 lən35
0996. 干干燥：衣服晒～了 干 kan42
0997. 湿潮湿：衣服淋～了 湿 ʂʅ42
0998. 干净衣服～ 干净 kan42tɕin0
0999. 脏肮脏，不干净，统称：衣服～ 脏 tsaŋ42/涞稀 lai44ɕi0
1000. 快锋利：刀子～ 利 li213
1001. 钝刀子～ 钝 tuŋ213/肉 zɤu213
1002. 快坐车比走路～ 快 khuai213
1003. 慢走路比坐车～ 慢 man213
1004. 早来得～ 早 tsɑɔ35
1005. 晚来～了 迟 tʂʅ21
1006. 晚天色～ 晚 van35
1007. 松捆得～ 松 suŋ42
1008. 紧捆得～ 紧 tɕin35
1009. 容易这道题～ 容易 ʐyŋ21i24/简单 tɕian35tan42
1010. 难这道题～ 难 lan21
1011. 新衣服～ 新 ɕin42
1012. 旧衣服～ 旧 tɕiəu213
1013. 老人～ 老 lɑɔ35
1014. 年轻人～ 年轻 ȵian21tɕhin42
1015. 软糖～ 炕 pha42
1016. 硬骨头～ 硬 ȵin213
1017. 烂肉煮得～ 烂 lan213/融 ʐuŋ21
1018. 糊饭烧～了 焦 tɕiaɔ42
1019. 结实家具～ 结实 tɕiɛ42ʂʅ0/结作 tɕiɛ42tsuɤ0
1020. 破衣服～ 烂 lan213
1021. 富他家很～ 富 fu213
1022. 穷他家很～ 穷 tɕhyŋ21
1023. 忙最近很～ 忙 maŋ21

1024. 闲最近比较～ 闲 xan21
1025. 累走路走得很～ 累 luei213
1026. 疼摔～了 疼 thən21
1027. 痒皮肤～ 咬 ȵiaɔ35
1028. 热闹看戏的地方很～ 热闹 zɤ42laɔ0/闹热 laɔ21zɤ24
1029. 熟悉这个地方我很～ 熟 fu21
1030. 陌生这个地方我很～ 生疏 ʂən44su0
1031. 味道尝尝～ 味道 vei21taɔ24
1032. 气味闻闻～ 气气 tɕhi21tɕhi24
1033. 咸菜～ 咸 xan21
1034. 淡菜～ 淡 tan213/甜 thian21
1035. 酸 酸 suan42
1036. 甜 甜 thian21
1037. 苦 苦 khu35
1038. 辣 辣 la42
1039. 鲜鱼汤～ 鲜 ɕyan42/蹿火 tshuan21xuɤ35
1040. 香 香 ɕiaŋ42
1041. 臭 臭 tʂhəu213
1042. 馊饭～ 撕气 sʅ44tɕhi0
1043. 腥鱼～ 腥气 ɕin44tɕhi0

（三）品性

1044. 好人～ 好 xɑɔ35
1045. 坏人～ 坏 xuai213/撇 phiɛ213
1046. 差东西质量～ 撇 phiɛ213
1047. 对账算～了 对 tuei213
1048. 错账算～了 错 tshuɤ213
1049. 漂亮形容年轻女性的长相：她很～ 惜 ɕi42
1050. 丑形容人的长相：猪八戒很～ 难看

lan21khan213

1051. 勤快　勤快 tɕhin21khuai0
1052. 懒　懒 lan35
1053. 乖　乖 kuai42
1054. 顽皮　调皮 thiɔ21phi21/匪 fei35
1055. 老实　老实 lɑɔ35ʂʅ0
1056. 傻痴呆　瓜 kua35
1057. 笨蠢　笨 pən213/闷 mən213
1058. 大方不吝啬　大方 ta21faŋ24
1059. 小气吝啬　啬皮 sei44phi0
1060. 直爽性格～　直 tʂʅ21
1061. 犟脾气～　犟 tɕiaŋ213

十三、数量

（一）数字

1062. 一～二三四五……，下同　一 Øi42
1063. 二　二 Øər213
1064. 三　三 san42
1065. 四　四 sʅ213
1066. 五　五 Øu35
1067. 六　六 liɔu42
1068. 七　七 tɕhi42
1069. 八　八 pa42
1070. 九　九 tɕiəu35
1071. 十　十 ʂʅ21
1072. 二十有无合音　二十无合音 Øər24ʂʅ21
1073. 三十有无合音　三十无合音 san44ʂʅ0
1074. 一百　一百 Øi21pei42
1075. 一千　一千 Øi21tɕhian42
1076. 一万　一万 Øi21van213

1077. 一百零五　一百零五 Øi21pei42lin21Øu35
1078. 一百五十　百五 pei42Øu35
1079. 第一～，第二　第一 ti21Øi42
1080. 二两重量　二两 Øər21liaŋ24
1081. 几个你有～孩子？　几个 tɕi35kɤ0
1082. 俩你们～　两个 liaŋ35kɤ0
1083. 仨你们～　三个 san44kɤ0
1084. 个把　个把 kɤ21pa24

（二）量词

1085. 个一～人　个 kɤ213
1086. 匹一～马　匹 phi42
1087. 头一～牛　头 thəu21
1088. 头一～猪　头 thəu21/个 kɤ213
1089. 只一～狗　条 thiɔ21/只 tʂʅ42
1090. 只一～鸡　只 tʂʅ42
1091. 只一～蚊子　个 kɤ213
1092. 条一～鱼　条 thiɔ21
1093. 条一～蛇　条 thiɔ21/根 kən42
1094. 张一～嘴　张 tʂaŋ42
1095. 张一～桌子　张 tʂaŋ42/个 kɤ213
1096. 床一～被子　床 tʂhuaŋ21
1097. 领一～席子　床 tʂhuaŋ21
1098. 双一～鞋　双 faŋ42
1099. 把一～刀　把 pa35
1100. 把一～锁　把 pa35
1101. 根一～绳子　根 kən42
1102. 支一～毛笔　支 tʂʅ42
1103. 副一～眼镜　副 fu213
1104. 面一～镜子　面 mian213
1105. 块一～香皂　块 khuai35
1106. 辆一～车　辆 liaŋ35

1107. 座—～房子　座 tsuɤ213/栋 tuŋ213
1108. 座—～桥　座 tsuɤ213
1109. 条—～河　条 thiɑɔ21
1110. 条—～路　条 thiɑɔ21
1111. 棵—～树　棵 khuɤ35/根 kən42
1112. 朵—～花　朵 tuɤ35/枝 tʂʅ42
1113. 颗—～珠子　颗 khuɤ35
1114. 粒—～米　颗 khuɤ35
1115. 顿—～饭　顿 tuŋ213
1116. 剂—～中药　副 fu213/包 pɑɔ42
1117. 股—～香味　股 ku35
1118. 行—～字　行 xɑŋ213
1119. 块—～钱　块 khuai213/元 Øyan21
1120. 毛角：一～钱　毛 mɑɔ21/角 tɕyɤ42
1121. 件—～事情　件 tɕian213
1122. 点儿—～东西　点点 tian35tian0
1123. 些—～东西　些 ɕiɛ42
1124. 下打—～, 动量, 不是时量　下 xɑ213
1125. 会儿坐了一～　一下下 Øi21xɑ21xɑ24
1126. 顿打一～　顿 tuŋ213
1127. 阵下了一～雨　阵 tʂən213/刚刚 kɑŋ35kɑŋ0/下下 xɑ21xɑ24
1128. 趟去了一～　趟 thɑŋ213

十四、代词、副词、介词、连词

(一) 代词

1129. 我～姓王　我 ŋɤ35
1130. 你～也姓王　你 ȵi35
1131. 您尊称　你 ȵi35
1132. 他～姓张　他 thɑ35
1133. 我们不包括听话人：你们别去，～去　我们 ŋɤ35məŋ0
1134. 咱们包括听话人：他们不去，～去吧　咱们 tsa21məŋ0
1135. 你们～去　你们 ȵi35məŋ0
1136. 他们～去　他们 thɑ35məŋ0
1137. 大家～一起干　大家 ta21tɕia24
1138. 自己我～做的　个家 kɤ44ȵia0
1139. 别人这是～的　[人家] ȵia21
1140. 我爸～今年八十岁　我爸爸 ŋɤ35pa42pa0
1141. 你爸～在家吗?　你爸爸 ȵi35pa42pa0
1142. 他爸～去世了　他爸爸 thɑ35pa42pa0
1143. 这个我要～, 不要那个　这个 tʂʅ21kɤ24
1144. 那个我要这个, 不要～　兀个 Øu21kɤ24
1145. 哪个你要～杯子?　哪个 la35kɤ0
1146. 谁你找～?　谁 ʂei21
1147. 这里在～, 不在那里　这个当 tʂʅ21kɤ24tɑŋ0
1148. 那里在这里, 不在～　兀个当 Øu21kɤ24tɑŋ0
1149. 哪里你到～去?　哪个当 la35kɤ0tɑŋ0
1150. 这样事情是～的, 不是那样的　这个家 tʂʅ21kɤ24ȵia0
1151. 那样事情是这样的, 不是～的　兀个家 Øu21kɤ24ȵia0

1152. 怎样 什么样：你要～的？ 咋块 tsa21kuai24

1153. 这么 ～贵啊？ 这们 tʂʅ21mən24

1154. 怎么 这个字～写？ 咋 tsa21

1155. 什么 这个是～字？ 啥 ʂa35

1156. 什么 你找～？ 啥 ʂa35

1157. 为什么 你～不去？ 为啥 vei24ʂa213

1158. 干什么 你在～？ [做啥] 哩 za35li0

1159. 多少 这个村有～人？ 多少 tuɤ44ʂɔ0／多 tuɤ42

(二) 副词

1160. 很 今天～热 很 xən35

1161. 非常 比上条程度深：今天～热 特别 thai44piɛ0

1162. 更 今天比昨天～热 还 xai21

1163. 太 这个东西～贵，买不起 太 thai213

1164. 最 弟兄三个中他～高 最 tsuei213

1165. 都 大家～来了 都 təu42

1166. 一共 ～多少钱？ 总共 tsuŋ35kuŋ213

1167. 一起 我和你～去 一路 Øi21lu213

1168. 只 我～去过一趟 只 tʂʅ42／就 tsəu213

1169. 刚 这双鞋我穿着～好 刚 tɕiaŋ42

1170. 刚 我～到 刚 tɕiaŋ42

1171. 才 你怎么～来啊？ 才 tshai21

1172. 就 我吃了饭～去 就 tsəu213

1173. 经常 我～去 经常 tɕin44tʂhaŋ0

1174. 又 他～来了 又 Øiəu213

1175. 还 他～没回家 还 xai21

1176. 再 你明天～来 再 tsai213

1177. 也 我～去；我～是老师 也 Øiɛ35

1178. 反正 不用急，～还来得及 横顺 çyɤ21fəŋ213

1179. 没有 昨天我～去 没 muɤ21

1180. 不 明天我～去 不 pu21

1181. 别 你～去 覅 paɔ21

1182. 甭 不用，不必：你～客气 覅 paɔ21

1183. 快 天～亮了 就 tsəu213

1184. 差点儿 ～摔倒了 争点 tʂəŋ44tian0／争一点 tʂəŋ44Øi42tian0

1185. 宁可 ～买贵的 宁愿 ɲin21Øyan213／情愿 tɕhin21Øyan213

1186. 故意 ～打破的 □□ luei21pa24／专工 tʂuan44kuŋ42

1187. 随便 ～弄一下 随便 suei21pian213／不论咋个 pu21lyŋ24tsa21kɤ0

1188. 白 ～跑一趟 白 pei21

1189. 肯定 ～是他干的 肯定 khən35tin213／绝对 tɕyɤ21tuei213

1190. 可能 ～是他干的 恐怕 khuŋ35pha0

1191. 一边 ～走，～说 旋 suan213

(三) 介词、连词

1192. 和 我～他都姓王 连 lian21／跟 kən42

1193. 和 我昨天～他去城里了 跟 kən42／连 lian21

1194. 对 他～我很好 对 tuei213

1195. 往～东走 往 øuaŋ35/朝 tʂhɔ21
1196. 问～他借一本书 跟 kən42/问 vəŋ213
1197. 按～他的要求做 照 tʂɔ213/依 øi42
1198. 替～他写信 代 tai213
1199. 如果～忙你就别来了 假如 tɕia35 zu0/要是 øiɔ24ʂɿ213
1200. 不管～怎么劝他都不听 不论 pu21lyŋ213

第二节　自选词汇

一、称谓

1201. 先人祖先 ɕian44 zən0
1202. 后人后辈 xəu21 zən24
1203. 弟兄伙弟兄之间合称，包括血缘和非血缘 ti21ɕyŋ24xuɤ0
1204. 小舅子妻子的兄弟 ɕiɔ35tɕiəu21tsɿ0
1205. ［姑阿］姑奶奶 kua44kua0
1206. 姨婆姨奶奶 øi21phuɤ0
1207. 舅婆舅奶奶 tɕiəu21phuɤ24
1208. 家门户族家族中 tɕia45məŋ0xu21tʂhu21
1209. 娘儿们 ȵiaŋ21ər21məŋ0/娘母母 ȵiaŋ21mu21mu0 母女、婆媳之间
1210. 摇婆子对当了婆婆的人的戏称 øiɔ21phuɤ21tsɿ0
1211. 烧包头对当了公公的人的戏称 ʂɔ44pɔthəu0
1212. 幺家子兄弟、姐妹当中排行最小的 øiɔ44tɕia21tsɿ0
1213. 先后妯娌，兄弟媳妇之间的叙称 ɕiaŋ21xəu24

二、身体

1214. 鬓角太阳穴 pin21tɕyɤ24
1215. 后脑爪子后脑勺 xəu21lɔ24tʂua42tsɿ0
1216. 鼻疙瘩鼻尖 pi21kɤ21ta0
1217. 胭脂骨颧骨 øian44tʂɿ21ku0
1218. 眉梢骨眉骨 mi21ʂɔ0ku0
1219. 上壳子上腭 ʂaŋ21khɤ24tsɿ0
1220. 下壳子下腭 xa21khɤ24tsɿ0
1221. 脑冒顶头顶 lɔ35mɔ0tin35
1222. 后颈窝后颈 xəu21tɕin24øu0
1223. 下巴子下巴 xa21pha24tsɿ0
1224. 胛骨肩膀 tɕia44ku0
1225. 胳夹窝腋下 kɤ21tɕia21øuɤ42
1226. 倒拐子肘 tɔ21kuai24tsɿ0
1227. 小肚子下腹部 ɕiɔ35tu21tsɿ0
1228. 肋巴骨肋骨 lei44pa0ku0
1229. 大胯大腿 ta21khua24
1230. 干腿子小腿 kan44thuei0tsɿ0
1231. 螺丝拐脚踝 luɤ21tʂɿ21kuai0
1232. 龇牙门牙外露 tʂhɿ44øia21tsɿ0
1233. 瘿瓜瓜大脖子 øin35kua21kua0

三、动植物

1234. 黄老鼠黄鼠狼 xuaŋ21lɔ21tʂhu0
1235. 黑娃子黑熊 xei44øua21tsɿ0

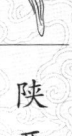

1236. 毛狗子狐狸 mɑɔ21kəu21tsʅ0

1237. 猫儿娃松鼠 mɑɔ21øɚ21Øuɑ0

1238. 明火虫萤火虫 min21xuɣ0tʂuŋ21

1239. 犄角 ti44kɣ0

1240. 信猴猫头鹰 ɕin21xəu24

1241. 豌豆雀雀杜鹃鸟
　　　Øuan44təu0tɕhyɣ24tɕhyɣ0

1242. 海蚌河蚌 xai35phɑ0

1243. 蚂蟥水蛭 mɑ35xuaŋ0

1244. 刺猪子刺猬 tshʅ21tʂu24tsʅ0

1245. 蛆牙子蛆虫 tɕhy44Øia21tsʅ0

1246. 屎盘牛蜣螂 ʂʅ35phan21ȵiəu21

1247. 娃娃鱼大鲵 Øuɑ21Øuɑ21Øy21

1248. 丝棉树杜仲树 sʅ44mian21fu213

1249. 分葱小葱 fəŋ44tshuŋ0

1250. 洋桃猕猴桃 Øiaŋ21thɑɔ21

1251. 青桩鹭鸟 tɕhin44tʂuaŋ0

1252. 灶几子蟋蟀 tsɑɔ21tɕi24tsʅ0

1253. 兔娃子兔子 thu21Øuɑ24tsʅ0

1254. 狼娃子狼 laŋ21Øuɑ21tsʅ0

1255. 燕娃子燕子 Øian21Øuɑ24tsʅ0

1256. 骚胡子羊公羊 sɑɔ44xu21tsʅ0Øiaŋ21

1257. 青竹标竹叶青蛇 tɕhin44tʂu21piɑɔ42

1258. 啄木倌啄木鸟 tʂua44mu0kuan0

1259. 臭婆娘鱼腥草 tʂhəu21phuɣ24ȵiaŋ0

四、日用品

1260. 腰腰 Øiɑɔ21Øiɑɔ24/绳绳
　　　ʂən21ʂən0 捆东西的绳子

1261. 电杠日光灯 tian24kaŋ213

1262. 笼子 luŋ35tsʅ0/笼笼 luŋ35luŋ0 竹篮

1263. 外套 vai24thɑɔ213

1264. 斗篷雨帽 təu35phəŋ0

1265. 撒娃娃木偶 tʂɑu35Øuɑ21uɑ0

1266. 老衣去世的人穿的衣服 lɑɔ35Øi0

1267. 洋瓷钵钵搪瓷盆
　　　Øiaŋ21tshʅ21puɣ44puɣ0

五、社会人物

1268. 贼娃子小偷儿 tsei21Øuɑ21tsʅ0

1269. 野雀花秃子 Øiɛ35tɕhiɑɔ0xuɑ42

1270. 癞子得麻风病的人 lai21tsʅ24

1271. 猪牙子买卖猪的说客
　　　tʂu44Øia21tsʅ0

1272. 牛牙子买卖牛的说客
　　　ȵiəu21Øia21tsʅ0

1273. 贩高脚骡子的买卖人口的人
　　　fan21kɑɔ44tɕyɣ21luɣ21tsʅ0ti0

1274. 骟匠阉割牲畜的人
　　　ʂan21tɕian24

1275. 棒老二 paŋ21lɑɔ24Øɚ213/棒客
　　　paŋ21khei21 土匪

1276. 神婆子巫婆 ʂən21phuɣ21tsʅ0

1277. 媒婆子 mei21phuɣ21tsʅ0/介绍人
　　　tɕiɛ24ʂɑɔ24zən21 给别人介绍对象的人

1278. 艺人卖艺的人 Øi21zən24

1279. 咕噜子以赌博为生的人 ku44lu21tsʅ0

1280. 月母子产妇 Øyɣ44mu21tsʅ0

1281. 尖脑壳显尖讨好的人
　　　tɕian44lɑɔ21khɣ0

1282. 犟牛性格倔强的人 tɕiaŋ24ȵiəu21

1283. 瓜女子傻女子 kuɑ21ȵy21tsʅ0

1284. 皮踏踏遇事不急，言语不多的人
　　　phi21thɑ21thɑ0

1285. 阴肚子嘴上不说心里爱算计的人
　　　Øin44tu0tsʅ0

1286. 结子说话口吃的人 tɕiɛ44tsʅ0

1287. 咬舌子吐字不清的人
ȵiaɔ35ʂɤ21tsʅ0

1288. 温肚子不爱多说话的人
vən44tu21tsʅ0

1289. 葛拧子性格怪僻难于相处的人
kɤ21ȵin21tsʅ0

1290. 背时的干啥啥不成，倒霉的人
pei24ʂʅ21ti0

1291. 臧棒调皮幽默的人 tsaŋ24paŋ213

1292. 日巴欻人品不好的人
zʅ42pa0tʂhua24

1293. 老实疙瘩憨厚，不多言的人
laɔ35ʂʅ21kɤ44ta0

1294. 漂儿嘴光说不干的人
phiaɔ21ɵr0tsuei35

1295. 睁眼瞎不识字的人 tʂən44ȵian0xa42

1296. 烂草墩久坐闲聊不走的人
lan21tshaɔ35tuŋ0

1297. 搅屎棒挑事找事的人
tɕiaɔ35ʂʅ24paŋ213

1298. 懒干手好吃懒做的人 lan35kan0ʂəu0

1299. 把式做事有技术的人 pa35ʂʅ0

1300. 夙管娃不操心的人
suŋ21kuan35ɵua21

1301. 木脑壳不聪明，不懂事的人
mu42laɔ21khɤ0

1302. 谝嘴子 phian35tsuei0tsʅ0/谝儿匠
phian35ɵr0tɕiaŋ213 没有真才实学的人

1303. 直肠子 tʂʅ21tshaŋ21tsʅ0/直戳戳
tʂʅ21tshuɤ42tshuɤ0 有话直说的人

1304. 恍恍子 xuaŋ21xuaŋ24tsʅ0/新儿货
ɕin44ɵr0xuɤ213 做事不牢靠的人

1305. 瞎尿 xa44suŋ21/瞎日三 xa44zʅ0
san42 爱做坏事的人

1306. 母老虎泼妇 mu35laɔ21xu0

1307. 冷尿尽做出格事的人 lən35suŋ21

1308. 没日月没出息 muɤ21zʅ42ɵyɤ0

1309. 不成行不成器 pu21tʂhəŋ21xaŋ21

1310. 炸辣子 tʂa21la24tsʅ0/叫叫子
tɕiaɔ21tɕiaɔ24tsʅ0 形容话多的人

1311. 缠皮遇事与人纠缠不清的人
tʂhan35phi21

1312. 见眼穷见别人做啥就做啥
tɕian21ȵian24tɕhyŋ21

1313. 老相做事不吃亏的人 laɔ35ɕiaŋ213

1314. 炮耳朵怕媳妇的人 pha44ɵr0tuɤ0

1315. 门槛猴上不了台面的人
mən21khan0xəu21

1316. □拐总爱找麻烦的人 tsai21kuai24

1317. 不担嫌不操心的人 pu21tan44ɕian21

1318. 一根筋爱钻牛角尖的人
ɵi44kən44tɕin42

1319. 灵醒人办事灵活，会找窍门的人
lin21ɕin0zʅ.ən21

1320. 尖像人有心计的人
tɕian44ɕiaŋ24zʅ.ən21

1321. 老好人性格温顺，任人宰割的人
laɔ21xaɔ35zʅ.ən21

1322. 是非精爱搬弄是非的人
ʂʅ21fei0tɕin42

1323. 冷苕 lən35ʂaɔ21/冷哥子
lən35kɤ0tsʅ0 爱办傻事没出息的人

1324. 半杆子处事忽冷忽热的人
pan21kan24tsʅ0

1325. 红脚杆 办事外行的人
xuŋ21tɕyɤ21kan0

1326. 烂货 lan24xuɤ213／破鞋
phuɤ24xai21 生活作风轻浮的妇女

1327. 炮筒子 说话爱大喊大叫的人
phɔ21thuŋ35tsʅ0

1328. 肉搋搋 行动迟缓的人
zəu24tʂhuai21tʂhuai24

1329. 二转子 说话南腔北调的人
Øɚ24tʂuan21tsʅ24

1330. 烧料子 轻狂漂浮的人 ʂɑ44liɑ0tsʅ0

1331. 半汤子 学艺未精的人 pan21thaŋ24tsʅ0

1332. 没名堂 人无内才或事无意义
muɤ21min21thaŋ0

六、社会生活

1333. 水缸馍 大米发糕 fei35kaŋ42muɤ0

1334. 浆巴糊糊 鲜玉米磨碎做的稀粥
tɕiaŋ44pa0xu21xu24

1335. 甜浆 用豆浆和大米煮的稀饭
thian21tɕiaŋ0

1336. 搭杵子 负重歇气时的支撑棒
ta44tʂhu21tsʅ0

1337. 窝子鞋 棉鞋 Øuɤ44tsʅ0xai21

1338. 跋板子 拖鞋 sa44pan21tsʅ0

1339. 煨罐 烧水用的瓦罐 vei44kuan0

1340. 笊篱子 灶上用带把小竹篮
tʂɔ21li24tsʅ0

1341. 签刷 竹制的锅刷 tɕhian21fa24

1342. 纸捻子 草纸搓成点火用的空心纸条
tsʅ35ȵian35tsʅ0

1343. 出坡 tʂhu44phuɤ42／撵交
ȵian35tɕiɑ42 打猎去了

1344. 打秋 荡秋千 ta35tɕhiəu42

1345. 别腿 给人使绊 piɛ21thuei0

1346. 仰叉叉 跌倒时胸朝上
Øiaŋ35tʂha42tʂha0

1347. 扑趴 跌倒时胸朝下 phu44pha0

1348. 趔趄 身体向一侧倾斜 liɛ21tɕhiɛ24

1349. 跑趟子 跑步 phɔ35thaŋ21tsʅ24

1350. 收捡 收藏起来 ʂəu44tɕian0

1351. 拾掇 收拾东西 ʂʅ21tuɤ0

1352. 跷尿骚 从头上跨过去
tɕhia21ȵiɑ21sɔ24

1353. 赌咒 发誓 tu35tʂəu213

1354. 送情 红白事送礼 suŋ24tɕhin21

1355. 回节 红白事还礼 xuei21tɕiɛ21

1356. 断路尾随 tuan24lu213

1357. 洗澡 游泳 ɕi35tsɔ35

1358. 打迷儿沱 潜水 ta35mi21Øɚ0thuɤ21

1359. □踢 tsua42

1360. 睡瞌睡 睡觉 fei21khɤ44fei0

1361. 日弄人 作弄人 zʅ44luŋ21zən0

1362. 日塌了 东西弄坏了 zʅ44tha0lɑ0

1363. 正婚 女嫁男方：这是一门～
tʂəŋ21xuŋ42

1364. 上门 ʂaŋ24məŋ21／倒插门
tɔ21tʂha44məŋ21 男嫁女方：～女婿

1365. 抖活 扶助：～一下 tʂəu44xuɤ213

1366. 唱臧戏 tʂhaŋ24tsaŋ24ɕi213／日瞎
话 zʅ21xa44xua0 背地贬低别人

1367. 逞能 逞强 tʂhən44ȵən21

1368. 调皮 thiɔ21phi21／捣蛋
tɔ35tan213 调皮

1369. 耍大比 阔气 fa35ta213

1370. 玩格 讲究，享受 van21kei42

1371. 搬扯摆架子 pan44tʂɤ0

1372. 日嘛 zʅ42tɕyɤ0/培治 phei24tʂʅ0
教训人

1373. 整你 tʂən35n̢i21/捶你 tʂhuei21
n̢i21/咥你 tiɛ21n̢i21 打你

1374. 颇烦人 麻烦人 phuɤ44fan0zən21

1375. 将息 好好休息 tɕiaŋ44çi0

1376. 造孽 受罪，可怜：～得很 tsɑɔ21n̢iɛ21

1377. 害扫人 拖累别人 xai21sɑɔ24zən21

1378. 不识耍 开玩笑翻脸 pu21ʂʅ21fa35

1379. 打恍恍 心不在焉 ta35ʔuaŋ21kuaŋ0

1380. 鼓人 非要让人做某事 ku35zən21

1381. 央及人 Øian44tɕi0zən21/求奔人
tɕhiəu21pəŋ0zən21 求人帮忙

1382. 筋筋串串 办事不利索的样子
tɕin44tɕin0tʂhuan21tʂhuan24

1383. 直杠子 遇事不会转弯子
tʂʅ21kaŋ0tsʅ0

1384. 淡尿话 废话 tan24tɕhiəu21xuɑ213

1385. 重话 翻来覆去说的话 tʂhuŋ21xuɑ0

1386. 蔫不来搋 没精打采
Øian44pu0lai0tʂhuai0

1387. 懒腰撒胯 干活不想出力
lan24Øiɑɔ0sɑ21khuɑ0

1388. 不要脸 脸厚，赖皮
pu21Øiɑɔ21lian35

1389. 厚脸皮 从不害臊，脸厚
xəu21lian24phi21

1390. 不嫌羞 不知道害臊 pu21çian21çiəu42

1391. 没正经 尽说玩笑话
muɤ21tʂəŋ21tɕiŋ24

1392. 毛脚毛手 办事走路不稳重
mɑɔ21tɕyɤ0mɑɔ21ʂəu0

1393. 二不棱子 不规矩，不整齐
Øər24pu0lən21tsʅ0

1394. 哦呵 感到意外的感叹词 Øəu21xəu24

1395. 哎呀 叹惜的感叹词 Øai42Øiɑ0

1396. 隔外 见外 kei42vai213

1397. 溢了 Øi42lɑɔ0/翻了 fan44lɑɔ0

1398. 温出出 形容食物有点凉
vən44tʂu44tʂu0

1399. 疵交子 形容半干不干的样子
tʂhʅ44tɕiɑɔ21tsʅ0

1400. 一子儿 很少的样子 Øi21tsʅ24Øər0

1401. 一抹多 Øi21muɤ24tuɤ0/超光
tʂhɑɔ44kuaŋ0 形容很多的样子

1402. 饿痨 ŋɤ24lɑɔ0/□夙 vən44suŋ0 形
容对利益多吃多占

1403. 动荤 吃肉，吃大餐 tuŋ21xuŋ42

1404. 腰台 吃非正餐的点心 Øiɑɔ44thai0

1405. 精脚 不投资就想赚钱 tɕiŋ42tɕyɤ42

1406. 模糊 不花代价而得到的 muɤ35xɤ0

1407. 麻缠 事情麻烦的样子 mɑ21tʂhan21

1408. 起欠 没事找事，挑刺 tɕhi35tɕhian213

1409. 扯皮聊筋 遇事纠缠不休的样子
tʂhɤ35phi21liɑɔ21tɕin42

1410. 缠三搅四 tʂhan21san42tɕiɑɔ35
sʅ213/缠酸酸搅水水 tʂhan21
suan42suan0tɕiɑɔ35fei235fei0
再三纠缠的样子

1411. 不稀奇不稀罕 pu21çi44tɕhi0

1412. 怯火 害怕 tɕhiɛ21xuɤ35

1413. 委窝 屈才，糟蹋 vei35ʔuɤ0

1414. 稀乎 差一点儿 çi21xəu24

1415. 舔沟子 thian35kəu44tsʅ0/显殷勤
çian35Øin44tɕhin0 热情过分，讨好
献媚

1416. 麻利 ma21li0/利索 li21suɤ24 办事利落的样子

1417. 一瓜瓜一起拿上 Øi42kua44kua0

1418. 板也整齐，干净 pan35Øiɛ0

1419. 嫽得很好得很 liɔ21ti0xən35

1420. 撇气非常不好 phiɛ42tɕhi0

1421. 简麻 tɕian35ma0/利撒 li21sa24 干脆、利索

1422. 亮堂形容房子光线好 liaŋ21thaŋ24

1423. 恼火太累，受不了 lɔ21xuɤ35

1424. 屎事了完蛋了 tɕhiəu21ʂʅ21lɔ24

1425. 胖臭非常臭 phaŋ44tʂhəu213

1426. 扯故推诿 tʂhɤ35ku213

1427. 背时的 pei24ʂʅ21ti0/遭瘟的 tsɔ42vəŋ42ti0 贬义地或亲切无恶意地称呼对方

1428. 着扎了吃了大亏 tʂɔ21tsa44lɔ0

1429. 央及拜托 Øiaŋ44tɕi0

1430. 羞人丢人得很 ɕiəu44ʐ̩ən0

1431. 捡现成做现成事 tɕian35ɕian21tʂhən24

1432. 没按到 muɤ21ŋan21tɔ0/没按估 muɤ21ŋan21ku0 预计不到

1433. 塌伙了失败，塌台，散伙 tha44xuɤ0lɔ0

1434. 不牵扯不影响 pu21tɕhian44tʂhɤ35

1435. 不合窍 pu21xɤ21tɕhiɔ213/不安逸 pu21ŋan42Øi0 身体不舒服

1436. 不合窍不好合作 pu21xɤ21tɕhiɔ213

1437. 不日□不安分守己 pu21ʐ̩42tsai42

1438. 没搞长没多大作用 muɤ21kɔ35tʂhaŋ0

1439. 没名堂无聊，没意思 muɤ21min21thaŋ0

1440. 没挖抓没办法 muɤ21Øua44tʂua0

1441. 没下数不懂规矩 muɤ21xa21fu24

1442. 没眼隙事情没指望 muɤ21ŋian35ɕi0

1443. 没耳性屡教不改，不听劝告 muɤ21Øər35ɕiŋ0

1444. 少家教家教不好的样子 ʂɔ35tɕia44tɕiɔ0

1445. 烧骄傲自大的样子 ʂɔ42

1446. 二马阑干事情没做完的样子 Øər21ma24lan21kan0

1447. 二不跨五事情做到一半，不完整 Øər24pu21khua21Øu35

1448. 八毛十远相差非常远 pa44mɔ0ʂʅ21Øyan35

1449. 假巴意思假情假意 tɕia35pa0Øi21ʂʅ24

1450. 七谷八杂种类比较多 tɕhi44ku0pa44tsa21

1451. 爱人样子可爱 ŋai21ʐ̩ən24

1452. 屎没名堂没意义的举动 tɕhiəu21muɤ0min21thaŋ0

1453. 骚洋情不适时地献殷勤 sɔ44Øiaŋ21tɕhin42

1454. 霉脑壳倒霉的人 mei21lɔ21khɤ0

1455. 湿沁沁 ʂʅ44tɕhin21tɕhin0/湿巴巴 ʂʅ44pia21pia0 水没晾干的样子

1456. 汗流帕水满头大汗的样子 xan21liəu24pha21fei0

1457. 乱麻咕咚乱七八糟 luan21ma24ku0tuŋ0

1458. 吊儿郎当不务正业

tiɔ44ør0əŋ0taŋ0

1459. 胡日鬼 搞歪门邪道
xu21zʅ21kuei35

1460. 偷腔摸腔 偷偷地做事
thəu44tɕiaŋ0muɤ0tɕhiaŋ0

1461. 冒失 盲目地做事 mɔ21ʂʅ24

1462. 冒日悬天 办事不想后果的样子
mɔ21zʅ0ɕyan21thian42

1463. 胡扯筋 摆歪道理 xu21tʂhɤ24tɕin42

1464. 丢凉腔 说怪话 tiəu44liaŋ21 tɕhiaŋ42

1465. 怪眉日眼窝 形容长相古怪
kuai21mi24zʅ21ȵian24øuɤ0

1466. 鬼画桃符 形容写字不认真，很乱
kuei35xua24thɔ21fu0

1467. 搞不赢的舞不赢 形容见到利益抢吃抢占 kɔ35pu0in21ti0øu35 pu21øiŋ21

1468. 没本事 muɤ21pəŋ35ʂʅ0/没出息
muɤ21tʂhu44ɕi0 没能力把事办好

1469. 冒失 贸然办事 mɔ21ʂʅ24

1470. 细作 办事认真 ɕi21tsuɤ24

1471. 有规矩 øiəu35kuei44tɕy0/有礼节
øiəu35li35tɕiɛ0 ȵuei35li35tɕiɛ0 文雅或有礼貌

1472. 撇 东西质量不好 phiɛ213

1473. 奸 像耍滑头或奸狡 tɕian44ɕiaŋ213

1474. 咬牙印 ȵiɔ35øia21øin213/拍板
phei44pan213 说个名堂，决定下来

1475. 接下句 指别人说话时插话
tɕiɛ44ɕia21tɕy24

1476. 残个 其他或别的 tshan21kɤ0

1477. 没眼隙 事情没希望
muɤ21ȵian35ɕi0

1478. 悬吊吊 事情几乎办不成
ɕyan21tiɔ21tɕai0

1479. 面和 形容人脾气好，好说话
mian21xuɤ24

1480. 燥 tshɔ213/□ ʂɑ42 形容突然生气

1481. 㵚□ 肮脏 lai44ɕi0

1482. 二混三 做事糊涂的人
øər24xuŋ21san42

1483. 便宜虫 爱多占便宜
phian21ɵi0tʂhuŋ21

1484. 泼实 phuɤ44ʂʅ0/攒劲 tsan24 tɕin213 干活踏实卖力

1485. 细密 生活很俭朴 ɕi21mi24

1486. 啬皮 ʂei44phi0/老抠 lɔ35khəu42/ 铁公鸡 thiɛ21kuŋ44tɕi0 吝啬

1487. 惜怜 令人可怜 ɕi44lian0

1488. 心厚 ɕin44xəu213/心大 ɕin44ta213 贪婪，贪图利益

1489. 猴急暴跳 不安分，不稳重
xəu21tɕi0pɔ24thiɔ213

1490. 不搁群 不合众 pu21kɤ44tɕhyŋ21

1491. 显尖 在领导面前说别人坏话
ɕian24tɕian42

1492. 日鬼搞鬼：耍~ zʅ21kuei35

1493. 嚼舌根 在别人面前说是弄非
tɕiɔ21ʂɤ21kən0

1494. 试摸 形容试着做事 ʂʅ21muɤ24

第四章　语法与口头文化

第一节　语法例句

1. 你是哪里人？
   你是哪搭人？
   ȵi35ʂʅ21la35thai0zən21?

2. 我是_____人。（说出所在县或市）
   我是勉县人。
   ŋɤ35ʂʅ21mian35ɕian0zən21.

3. 你今年多大？
   你今年多大年纪？
   ȵi35tɕin44ȵian0tuɤ44ta24ȵian21tɕi0?

4. 我_____岁了。（说出自己的实际年龄）
   六十了。
   liəu44ʂʅ0lɑɔ0.

5. 你叫什么名字？
   你叫啥名字？
   ȵi35tɕiaɔ24ʂa24min21tsʅ0?

6. 我叫_____。（说出自己的名字）
   我叫吴新华。
   ŋɤ35tɕiaɔ24u21ɕin42xua21.

7. 你家住哪里？
   你们家住哪搭？
   ȵi35mən0tɕia44tʂu21la24thai0?

8. 我家住_____。（说出自己居住的地址）
   我家住周家山镇弥陀寺村五组。

ŋɤ35tɕia44tʂu21tʂəu44tɕia0ʂaŋ44tʂən21mi21thuɤ21sʅ21tʂhuŋ42ɵu35tsu35.

9. 谁呀？我是老三。

   谁？老三。

   ʂei21？lɑɔ35sɑn42.

10. 老四呢？他正在跟一个朋友说着话呢。

    老四啦？跟他朋友在谝传哩。

    lɑɔ35sʅ31la45？kən44thɑ44phəŋ21ɵiəu35tsai21phian35tʂhuan21li0.

11. 他还没有说完吗？

    还没谝毕吗？

    xai21muɤ0phian35pi0ma44？

12. 还没有。大约再有一会儿就说完了。

    还没有。恐怕还得一下。

    xai21muɤ21ɵiəu35. khuŋ35phɑ0xai21tei21ɵi21xa0.

13. 他说马上就走，怎么这半天了还在家里呢？

    他说马上就走，咋这一歇还在屋里哩？

    thɑ44fuɤ42mɑ35ʂaŋ0tsəu21tsəu35, tsa21tʂei21ɵi44ɕiɛ0xai21tsai21ɵu44li0li0？

14. 你到哪儿去？我到城里去。

    你到哪搭去？我街上去呀。

    ȵi35tɑɔ21la24thai0tɕhi0？ŋɤ35kai44ʂaŋ0tɕhi21ɵia0.

15. 在那儿，不在这儿。

    到外里，没到这搭。

    tɑɔ24vai21li24, muɤ21tɑɔ21tʂʅ21thai0.

16. 不是那么做，是要这么做的。

    要这个家做，耍兀个家做。

    ɵiaɔ24tʂʅ21kɤ24ȵia0tsu213, paɔ21ɵu21kɤ24ȵia0tsu213.

17. 太多了，用不着那么多，只要这么多就够了。

    太多了，要不到兀们多，有这些就够了。

    thai21tuɤ42lɑɔ0, ɵiaɔ21pu0tɑɔ44vu21mən24tuɤ42, ɵiəu35tʂʅ21ɕiɛ0tɕiəu21kəu21lɑɔ24.

18. 这个大，那个小，这两个哪一个好点呢？

    这个大，兀个碎，这两个哪个好？

    tʂʅ21kɤ0ta213, vu21kɤ0suei213, tʂʅ21liaŋ24kɤ0la35kɤ0xaɔ35？

19. 这个比那个好。

这个赶兀个好。

tʂʅ21kɤ0kan35vu21kɤ0xɑɔ35.

20. 这些房子不如那些房子好。

这些房没得兀些房好。

tʂʅ21ɕiɛ0faŋ21muɤ21ti0vu21ɕiɛ0faŋ21xɑɔ35.

21. 这句话用_____话怎么说？（填本地地名，本地音）

这个话拿勉县话咋说哩？

tʂʅ21kɤ0xuɑ24lɑ21mian24ɕian0xuɑ213tsɑ21fuɤ44li0?

22. 他今年多大岁数？

他今年多大年纪？

thɑ35tɕin44n̠ian0tuɤ44tɑ24n̠ian21tɕi0?

23. 大概有三十来岁吧。

恐怕三十多吧。

khuŋ35phɑ0san44ʂʅ0tuɤ44pɑ0.

24. 这个东西有多重呢？

这个东西有好重？

tʂɤ21kɤ0tuŋ44ɕi0θiəu35xɑɔ35tʂuŋ213?

25. 有五十斤重呢。

有五十斤。

Øiəu35ʮ35ʂʅ0tɕin0.

26. 拿得动吗？

拿得动吧？

lɑ21ti0tuŋ21pɑ24?

27. 我拿得动，他拿不动。

我拿得起，他拿不起。

ŋɤ35lɑ21ti0tɕiɛ35，thɑ35lɑ21pu0tɕiɛ35.

28. 真不轻，重得连我都拿不动了。

重得很，我都拿不起。

tʂuŋ21ti0xən35，ŋɤ35təu0lɑ21pu21tɕiɛ35.

29. 你说得很好，你还会说点儿什么呢？

你说的好得很，你还会说啥？

n̠i35fuɤ44ti0xɑɔ35ti0xən35，n̠i35xai21xuei21fuɤ44ʂɑ21?

30. 我嘴笨，我说不过他。

我嘴笨，说不过他。

ŋɤ35tsuei35pəŋ213，fuɤ44pu0kuɤ21thɑ44.

31. 说了一遍，又说了一遍。

说了一道，又说了一道。

fuɤ44lɑɔ0ɵi21tɑɔ213，ɵiəu24fuɤ44lɑɔ0ɵi21tɑɔ213.

32. 请你再说一遍。

请你再说一道。

tɕhin35n̠i35tsɑi21fuɤ44ɵi21tɑɔ213.

33. 不早了，快去吧！

要迟了，快当走！

ɵiɑɔ24tʂʅ21lɑ0，khuɑi21tɑŋ0tsəu35！

34. 现在还很早呢，等一会儿再去吧。

这歇还早，等一下去。

tʂei21ɕiɛ0xɑi21tsɑɔ35，təŋ35ɵi21xɑ0tɕhi213.

35. 吃了饭再去好吧？

饭吃了去，要得吧？

fɑn24tʂʅ44lɑɔ0tɕhi21，ɵiɑɔ21ti24pɑ0？

36. 慢慢儿地吃啊！不要急嘛！

慢慢吃！嫑急！

mɑn24mɑn24tʂʅ42！pɑɔ21tɕi21！

37. 坐着吃比站着吃好些。

坐到吃赶站到吃好。

tsuɤ21tɑɔ0tʂʅ42kɑn35tʂɑn21tɑɔ0tʂʅ42xɑɔ35.

38. 这个吃得，那个吃不得。

这个能吃，兀个吃不得。

tʂei21kɤ0lən21tʂʅ42，vu21kɤ0tʂʅ44pu21ti0.

39. 他吃了饭了，你吃了饭没有呢？

他把饭吃了，你吃了吧？

thɑ35pɑ21fɑn21tʂʅ44lɑɔ0，n̠i35tʂʅ44lɑɔ0pɑ0？

40. 他去过上海，我没有去过。

他到上海去过，我没去过。

thɑ35tɑɔ21ʂɑŋ21xɑi24tɕhi21kuɤ0，ŋɤ35muɤ21tɕhi21kuɤ24.

41. 来闻闻这朵花香不香？

闻一下，这个花香吧？

vən21∅i21xa0，tʂɤ21kɤ0xua44ɕiaŋ44pa0？

42. 香得很，是不是？

香得很，是吧？

ɕiaŋ44ti0xən35，ʂʅ21pa0？

43. 给我一本书！

给我本书！

kei21ŋɤ35pəŋ0fu42！

44. 我实在没有书嘛！

我确实没得书！

ŋɤ35tɕhyɤ35ʂʅ0muɤ21ti0fu42！

45. 你告诉他。

你给他说。

ȵi35kei21tha44fuɤ42.

46. 好好儿地走！不要跑！

好好走！耍跑！

xɑɔ35xɑɔ0tsəu35！pɑɔ21phɑɔ35！

47. 小心跌下去爬也爬不上来！

招呼跘下去爬不上来！

tʂɑɔ44xu0pan21xɑ24tɕhi0pha21pu0ʂaŋ21lai0！

48. 医生叫你多睡一睡。

大夫叫你多睡一下。

tai21fu0tɕiɑɔ21ȵi35tuɤ44fei21∅i44xɑ213.

49. 吸烟或者喝茶都不可以。

吃烟，喝茶，都不行。

tʂhʅ44∅ian42，xɤ44tʂha21，təu44pu21ɕin21.

50. 烟也好，茶也好，我都不喜欢。

烟呀，茶呀，我都不爱。

∅ian44∅ia0，tʂha21∅ia0，ŋɤ35təu44pu21ŋai213.

51. 不管你去不去，反正我是要去的，我非去不可。

管你去不去，我肯定要去。

kuan35ȵi35tɕhi21pu0tɕhi213，ŋɤ35khən35tin0iɑɔ24tɕhi213.

52. 你是哪一年来的？

你是哪一年来的？

ȵi35ʂʅ21la35ɵi21ȵian0lai21ti0?

53. 我是前年到的北京。

我是前年到北京来的。

ŋɤ35ʂʅ21tɕhian21ȵian0tɑ21pei44tɕiŋ0lai21ti0.

54. 今天开会谁的主席？

今天开会谁是主席？

tɕin44thian44khai42xuei213ʂei21ʂʅ21tʂu35ɕi21?

55. 你得请我的客。

你得请我。

ȵi35tei44tɕhiŋ35ŋɤ21.

56. 这是他的书，那一本是他哥哥的。

这个书是他的，兀本书是他哥的。

tʂʅ21kɤ0fu44ʂʅ21thɑ35ti0, vei35pəŋ0fu42ʂʅ21thɑ35kɤ42ti0.

57. 一边走，一边说。

旋走旋说。

ɕyan21tsəu35ɕyan21fuɤ42.

58. 看书的看书，看报的看报，写字的写字。

看书的看书，看报的看报，写字的写字。

khan21fu44ti0khan21fu42, khan24pɑɔ21ti0khan24pɑɔ213, ɕiɛ35tsʅ21ti0ɕiɛ35tsʅ213.

59. 越走越远，越说越多。

越走越远，越说越多。

Øyɤ21tsəu35Øyɛ21Øyan35, Øyɛ21fuɤ42Øyɛ21tuɤ42.

60. 把那个东西拿给我。

把那个东西给我□来。

pɑ21Øu44kɤ0tuŋ44ɕi0kei21ŋɤ35xan35lai0.

61. 有些地方把太阳叫日头。

有些地方把太阳叫日头。

Øiəu35ɕiɛ0ti21faŋ24pɑ21thai21Øiaŋ24tɕiɑɔ21Øɻ42thəu0.

62. 您贵姓？我姓王。

你姓啥？我姓王。

ȵi35ɕin24ʂɑ213? ŋɤ35ɕin24Øuaŋ21.

63. 你姓王，我也姓王，咱们两个人都姓王。

你姓王，我也姓王，我们是一家子。

ȵi35ɕin35ɵuaŋ21，ŋɤ35øiɛ21ɕin24ɵuaŋ21，ŋɤ35məŋ0ʂʅ21øi21tɕia44tsʅ0.

64. 你先去吧，我们等一会儿再去。

你先去，我们等下来。

ȵi35ɕian44tɕhi213，ŋɤ35məŋ0təŋ35xɑ0lai21.

第二节　北风和太阳

北风跟太阳

有一回，北风跟太阳在那儿争论谁的本事大。争来争去就是分不出高低来。这时候路上来了个走道儿的，他身上穿着件厚大衣。他们俩就说好了，谁能先叫这个走道儿的脱下他的厚大衣，就算谁的本事大。北风就使劲地刮起来了，不过他刮得越是厉害，那个走道儿的把大衣裹得越紧。后来北风没法儿了，只好就算了。过了一会儿，太阳出来了。他火辣辣地一晒，那个走道儿的马上就把那件厚大衣脱下来了。这下儿北风只好承认，他们俩当中还是太阳的本事大。

北风跟太阳

pei44fəŋ0xɤ21thai21øiaŋ24

有一天，北风和太阳在那里争犟看谁的本事大。争了半天，也没分出个高低来。

øiəu35øi42thian42，pei44fəŋ0xɤ21thai21øiaŋ24tsai21la21liʅtɕiaŋ0khan24ʂei21ti0pəŋ24ʂʅ0ta213. tʂəŋ44laɔ0pan21thian42，øiɛ35muɤ21fəŋ44tʂhu0kɤ0kaɔ44ti44lai0.

这时候，路上来了一个人，身上穿了一件又长又厚的袄袄。

tʂɤ24ʂʅ21xəu0，lu21ʂaŋ0lai21laɔ0øi21kɤ0zən21，ʂən44ʂaŋ0tʂhuan44laɔ0øi21tɕian0øiəu24tʂhaŋ21øiəu24xəu21ti0ŋaɔ35ŋaɔ0.

他们两个就说，谁能叫这个人把袄袄脱下来谁就算赢。

tha35məŋ0liaŋ35kɤ0tɕiəu21fuɤ42，ʂei21lən21tɕiaɔ24tʂʅ21kɤ24zən21pa21ŋaɔ24ŋaɔ0thuɤ42xɑ0lai0ʂei21tsəu21suan24øin21.

北风先来。他把吃奶的劲都攒上了，狠劲地吹。但他吹得越凶，那个人把袄袄就裹得越紧。

pei44fəŋ0ɕian44lai21. tha44pa21tʂʅ44lai35ti0tɕin213təu21tsan35ʂaŋ0laɔ0，xən35tɕin0ti0tʂhuei42. tan21tha35tʂhuei44ti0øyɤ21ɕyŋ42，la21kɤ0zən21pa21ŋaɔ35ŋaɔ0tsəu21kuɤ35ti0øyɤ21tɕin35.

信了一个咋，北风看没办法了，只好算了。

çin21lɑɔ0ɵi42kɤ0tsɑ42，pei44fəŋ0khan24muɤ21pan21fɑ24lɑɔ0，tʂʅ21xɑɔ35suan21lɑɔ24.

这时候太阳出来了。他火焦火辣地才晒了一下下，那个人头上的汗珠啊，就像黄豆颗颗呀似的直往下淌，很麻利地把袄袄脱下来。

tʂʅ24ʂʅ21xəu0thai21ɵiaŋ24tʂhu44lai0lɑɔ0. thɑ44xuɤ35tɕiɑɔ0xuɤ35lɑ21ti0tʂhai21ʂai21lɑɔ0ɵi42xɑ21xɑ24，lɑ21kɤ24ʐən21thəu21ʂaŋ0ti0xan42tʂu44ɵɑ0，tɕəu24ɕiaŋ24xuaŋ21təu0khuɤ24khuɤ0ɵɑ0ʂʅ0ti0tʂʅ21ɵuaŋ21xɑ21thaŋ35，xən35ma21li0ti0pɑ21ŋɑɔ35ŋɑɔ0thuɤ44xɑ21lai0.

看到这，北风认输了，承认还是太阳有出息，本事比他大。

khan21tɑɔ0tʂʅ213，pei44fəŋ42ʐən21fu44lɑɔ0，tʂhən21ʐən24xai21ʂʅ0thai21ɵiaŋ0ɵiəu35tʂhu44çi0，pəŋ35ʂʅ0pi35thɑ44ta213.

第三节　口头文化

一、歇后语

1. 碓窝里摊摊馍——心厚。
2. 狗拉犁头——玩格。
3. 喇嘛的拐棍——藏棒。
4. 老婆婆上梯子——不服（扶）不行。
5. 驼背子睡在案上——两头翘。
6. 瘸子跳沟——一拾。
7. 飞机上生娃——高升（生）。
8. 飞机上搁电壶——高水平。
9. 正月里坐月子——春生。
10. 差人的沟子——挨的。
11. 坟院里插擀杖——捣鬼。
12. 坟院里栽扑爬——日鬼。
13. 鸡沟子插筷子——捣蛋。
14. 麻柳树上摘梨儿——错盯了叶子。
15. 怀娃婆娘放屁——娃娃气。
16. 肚脐窝里生娃——打捷路。
17. 两个哑巴睡一头——没说的。

18. 哑巴吃黄连——有苦说不出。
19. 一家人害眼——瞎完了。
20. 瞎婆娘喂奶——胡擩。
21. 两个瞎子挤眼——谁看到谁了的。
22. 瞎娃碰墙——不着。
23. 沟口子上招手——叫屎。
24. 聋子的耳聒——样样子。
25. 鸡娃子打鼓——淡屎疼。
26. 鸡娃子搭到田埂上——地头蛇。
27. 丫鬟带钥匙——当家不做主。
28. 外甥打灯笼——照旧（舅）。
29. 外甥戴孝——没救（舅）了。
30. 半夜里吃柿子——捡扒的捏。
31. 叫花子挑米——一身（升）。
32. 麻子打哈欠——大家齐动员。
33. 待诏的手——冰凉。
34. 脚底板里抹石灰——白跑。
35. 做梦娶媳妇——光想好事。
36. 瓜娃子进面店——给啥吃啥。
37. 秃子头上摸一把——没法（发）。
38. 秃子剃头——白葬钱。
39. 秃子头上一颗虱——明赞赞地。
40. 秃娃脑壳上顶豌豆——稀里呼噜。
41. 眨巴眼看太阳——一手遮天。
42. 十亩地里一棵葱——独苗。
43. 瞎子点灯——白费油蜡。
44. 瘸子的沟子——俏（翘）货。
45. 抱上娃儿回娘屋——显能。
46. 筷子擀面——能破了。
47. 茅坑里的瓦片子——有几个臭片片。
48. 月经带上的虱——红人。
49. 月里娃儿嗑瓜米——胡嚼。
50. 屎盘牛爬到秤杆上——自秤。

51. 疥巴子的脊背——有点点。

52. 青蛙跳到尿坑里——不懂（不咚）。

53. 肚脐窝里放屁——腰气。

54. 山里人送饭——冷苕一罐。

55. 黄连树底下弹月琴——苦中求乐。

56. 疥疤子打呵欠——好大的口气。

57. 左瓜瓜打拳——又（右）来。

58. 独眼龙看告示——一目了然。

59. 瞎子探路——胡乩。

60. 东北松做尿格斗——大材小用。

61. 死人的沟子——冷洞。

62. 哑巴吃馒头——心里有数。

63. 肩膀上架火笼——恼火。

64. 擀面杖吹火——一窍不通。

65. 竹篮打水——一场空。

66. 母鸡找窝——淡（蛋）事。

67. 康熙王带斗篷——吓坏老百姓。

68. 脱了裤子放屁——多一皮事。

69. 嫂嫂的肚皮——咯吧（哥爬）。

70. 西装裤子倒穿起——转向。

71. 正月十五卖门神——迟了半月。

72. 小葱拌豆腐——一清二白。

73. 两个瓜母子睡一头——争这样，少那样。

74. 瓜母子尿尿——光有出来的，没得进去的。

75. 姐姐穿的妹妹鞋——前进（紧）。

76. 脱了毛的狮子——癞狗。

77. 背上案板下河——装鳖不圆。

78. 算命匠问顾客——算啥。

79. 瞎子把儿死了——没眼睛看。

80. 秃娃睡到娘怀里——我的光光。

81. 鼻子里插大葱——装相（象）。

82. 木娃娃拌嘴——不吃啥。

121

二、花鼓戏

1. 水磨湾的蒸馍

水磨湾的蒸馍白生生，

一朵莲花鲜又红，

掰开里面起层层，

吃到嘴里柔筋筋。

有女不嫁珍宝坝，

红苕北瓜吃死她；

有女要嫁珍宝坝，

白糖蒸馍下西瓜。

2. 麻雀

麻雀麻雀尾巴长，

接了媳妇忘了娘。

把娘背到粪堆上，

把媳妇背到热炕上。

娘呀娘呀你不哭，

给你买个辣萝卜；

媳妇媳妇你不哭，

给你杀鸡烩豆腐。

3. 九九

头九、二九，关门闭守；

三九、四九，冻破茬口；

五九、六九，河里洗手；

七九、八九，隔河看柳；

九九八十一，老婆、老汉顺墙立。

4. 黄樑树

黄樑树，黄樑丫，

黄樑树底下住了人一家，

看了个狗儿子没尾巴，

看了个猫娃子没下巴。

家有三个好儿子，

拉到人前来夸一夸，

大儿子是个秃娃，
二儿子不秃没头发，
只有三儿子长得好，
脑壳上顶了一箱豆腐渣。
家有三个好媳妇，
拉到人前来夸一夸，
大媳妇是瓜瓜瘿，
二媳是个瘿瓜瓜，
只有三儿媳妇长得好，
脖浪骨里吊了一个肉疙瘩。
家有三个好女婿，
拉在人前也来夸一夸，
大女婿是个哑巴，
二女婿不哑他不说话，
只有我三女婿长得好，
说话就是哑哑哑。
家有三个好女子，
拉在人前也夸一夸，
大女子是个眨巴眼，
二女子是一个眼眨巴，
只有三女子长得好，
扯吧扯吧还是个萝卜花，
端端剩下没人要她。
隔壁住了王妈妈，
她会说话，
就给咱三女子说婆家，
端端说了个山外家，
看了一个日子才好屈掐，
就在腊月的二十八，
请了些帮忙的来把衣裳绞，
请了些女工来扎花，
大家忙得不开交，
三女子叫了声妈，

看到我就要走婆家，
你们叫我吃啥呀，
吃七品碗包子八品碗面，
还有三十二个荷包蛋，
五十个蒸馍还不上算，
又吃二升米的冷糍粑，
还喝了两品碗温热子茶。
这时候三女子叫了声妈，
我放屁呀，"咚"地一个屁，
把帮忙的冲得没见地，
各位要问这唱的啥，
唱的这些全都是笑话。

5. 五点红

锣鼓打地响叮咚，
我给大家唱个五点红。
太阳出来一点红，
月亮出来白铃铃，
犁湾星颠倒挂，
北斗七星金宝龙。
圣仙头上两点红，
关平的长剑白铃铃，
张飞的钢鞭颠倒挂，
赵云四弟金宝龙。
姐儿脸上三点红，
脸上的笑粉白铃铃，
玉镯耳环颠倒挂，
口里的牙齿金宝龙。
金鸡头上四点红，
白鹤展翅白铃铃，
鹞子在空中颠倒挂，
喜鹊肚里金宝龙。
牡丹开花五点红，
水里的莲花白铃铃，

茄子开花颠倒挂，
向日葵开花金宝龙。
诸位听了这五点红，
百事顺意都安康。

6. 月亮走

月亮走，我也走，
我给月亮提花，
一下提到大门口，
大门口摘石榴，
石榴树下一只鹅，
嘎、嘎，叫公婆，
公婆不吃油泼面，
要吃河里水鸭蛋，
蛋、蛋、蛋勉县，
勉县姑娘会擀面，
擀的面如绸缎，
切的面条条线，
舀到碗里团团转，
下到锅里莲花瓣。

三、黄龙山歌

1. 太阳出来

太阳出来四山亮，乡亲哎，
扛起家伙我们下田坝。
黄龙岗下把活干，乡亲哎，
鼓足干劲夺高产，
太阳落坡四山红，乡亲哎，
收拾家伙我们回家转。

2. 对门岗上一堆灰

对门岗上一堆灰，
妹子哎，
姊妹三个坐一堆，
大姐放了个出出屁，

妹子哎,
冲了二姐一脸灰,
幸亏三姐跑得快,
妹子哎,
差点吃了屁的亏。

南郑区篇

第一章 总 论

第一节 人文地理、历史沿革、人口概况

　　南郑区位于陕西省西南边陲、汉中盆地西南部，北临汉江，南依巴山。地理坐标为北纬32°24′～33°07′，东经106°30′～107°22′。区境东与陕西省城固县、西乡县毗连；南部与四川省通江县、南江县、旺苍县接壤；西部与陕西省宁强县、勉县为邻；北与汉台区隔江相望。全县总面积2809.04平方公里。南郑地处汉江南岸，与汉台区隔江相望，为汉中双百城市组成部分。至2016年末，全县城镇建成区面积24.5平方公里，城镇化率达到45%。已建成省级园林县城、国家级卫生县城、国家义务教育均衡发展和双高双普通过验收。境内生态良好，雨量充沛，资源丰富，文化底蕴深厚，基础设施功能齐全。经济特色鲜明，茶叶、烟叶、生猪、中药材、蔬菜为农村经济的主导产业，烟草、设备制造、新型建材、矿产冶金、绿色农产品加工为工业经济的支柱；旅游重点景区两山（黎坪山、龙头山）两湖（南湖、红寺湖）一中心（大汉山休闲旅游中心）建设步伐加快，小南海、龙岗寺、圣水寺开发初具规模，大汉山、红寺湖、圣水法镇三大旅游环线基本形成。

　　南郑是汉水流域人类文明的发祥地之一。据区境北部梁山脚下的龙岗旧石器遗址遗物证实，南郑早在120万年以前即有古人类生息繁衍；原始公社时期，已有较发达的农牧业和手工业。南郑置县时间，史无明载。其地夏、商两代属梁州，为褒国所有；西周并于雍州，为周代古邑。进入春秋后，为诸侯国争夺地盘时期。自公元前451年秦左庶长建筑南郑城以后，历为汉中郡、道、府、县所在地，为陕南经济、政治、文化中心。1928年撤销汉中道，南郑县直属陕西省辖；1932年12月，中国工农红军第四方面军在川山边建立川陕革命根据地，南郑成为川陕革命根据地组成部分。1935年，汉中各县为陕西省第六行政督察区，专员公署进驻南郑城。2400多年来，南郑经过多次历史变迁，行政区划随政权更替而变化。2017年9月撤销南郑县建制，设立汉中市南郑区。

　　据县民族宗教局统计数据：截至2016年末，县内居住民族，其中汉族人口最多，

占总人口99.9%。此外，有回族、满族、蒙古族、壮族、土家族、苗族、彝族、布依族、朝鲜族、黎族、侗族、维吾尔族、土族、仡佬族、畲族、藏族、佤族、拉祜族、么佬族等少数民族共627人，占全县人口总数的千分之一。少数民族相对集中的有圣水镇、汉山街道办、大河坎镇、新集镇、梁山镇等。境内有佛教、道教、伊斯兰教、基督教、天主教五大宗教。信教群众近4万人，占全县总人口的7%，主要分布于小南海、圣水、汉山、新集、梁山等地。据公安口径统计：至2016年末，全县户籍人口192967户，总人口565324人。全区人口密度每平方公里201.25人。其中，人口较稠密的有汉山街道办事处、大河坎镇、梁山镇，人口密度分别为每平方公里1179人、1137人、702人；人口密度较小的有黎坪镇、福成镇、碑坝镇，分别为每平方公里21人、27人、29人。①

第二节 方言归属与内部差异

南郑（县城以北部及沿汉江南岸除外）方言属于西南官话群，南郑北部汉江南岸一带北邻勉县、汉中，故属于西南官话和中原官话的混合区，在语气语调、词汇上受西南官话的影响很大。南郑区行政区域属西北，但地处长江流域，与四川接壤，加之历代天灾战乱人口流徙，有大量四川、两湖人杂居于此，对本地方言影响很深，故语言基本属于西南方言，个别地区还是地道的四川话。

第三节 发音人和调查人概况

方言发音人

1. 姓名：何兴荣
2. 单位（退休前）：陕西省汉中市南郑区城关镇政府
3. 通信地址：陕西省汉中市南郑区大河坎镇新华小区
4. 性别：男   民族：汉
5. 出生年月日（公历）：1947年11月23日
6. 出生地（从省级至自然村级）：陕西省汉中市南郑区汉山街道办河家湾村
7. 主要经历：1956年至1961年，周家坪小学；1962年至1970年，在家务农；1971年至1985年，南郑县桂花秦家坝公社工作；1986年至1995年，南郑县里八沟乡工作；1996年至2002年，南郑县城关政府工作。

---

① 根据汉中市南郑区人民政府网2020年3月6日发布南郑概况材料整理。

8. 文化程度：高小

9. 职业：乡镇干部

10. 会说哪几种话（包括普通话、外语）：南郑方言

11. 父亲是哪里人，会说什么话：汉中市南郑区汉山街道办河家湾村人，会说南郑方言。

12. 母亲是哪里人，会说什么话：汉中市南郑区法镇骑龙村岩窝坪村，会说南郑方言。

13. 配偶是哪里人，会说什么话：汉中市南郑区法镇水磨村三队，会说南郑方言。

调查人

1. 姓名：李　丹
2. 单位：陕西理工大学
3. 通信地址：陕西省汉中市汉台区东一环路1号
4. 协助调查人1 姓名：黄党生
5. 协助调查人2 姓名：古　彬
6. 协助调查人3 姓名：李东升
7. 协助调查人4 姓名：谭振华

第二章 语 音

第一节 声 母

声母共二十三个，包括零声母在内。

p 八兵病布	pʰ 派片爬破	m 麦明磨骂	f 法副蜂虎
t 多东毒低	tʰ 讨天甜拖		l 脑南老连
ts 资早租字	tsʰ 刺草抄愁		s 丝三酸事
tʂ 张竹纸装	tʂʰ 抽茶车除	ʂ 山双唇尝	ʐ 热软如绕
tɕ 酒九姐假	tɕʰ 清全轻权	ȵ 业年捏女	ɕ 想谢响县
k 高共歌果	kʰ 开可苦跪	ŋ 熬安鹅爱	x 飞肥饭好
ø 味月瓦爷			

说明：在南郑方言中，声母［f］和［x］在一些情况中有自由变读的情况，如：风［fəŋ45］／［xuŋ45］，蜂［fəŋ45］／［xuŋ45］等。

第二节 韵 母

韵母三十九个，不包括儿化韵。

ɿ 师丝紫池

ʅ 试十直尺	i 米戏急七	u 苦五猪骨	y 雨橘局吕
a 茶塔八辣	ia 牙鸭下哑	ua 瓦刮花抓	
o 过活托郭			yo 药学雀脚
ər 二儿耳日			
ɛ 热北白色	iɛ 接写去叶	uɛ 国穗	yɛ 靴月绝雪
æ 开排鞋台	iæ 戒	uæ 快怀外拐	
ei 陪杯妹配		uei 对飞鬼碎	
au 宝刀毛早	iau 笑桥表票		

131

ou 豆走口楼   iou 油流酒修
an 南山半染   ian 盐年尖险   uan 短官赚犯   yan 权鲜选卷
ən 根寸灯升   in 新硬病星   uən 滚春困温   yn 云均永熏
ɑŋ 塘帮党仓   iɑŋ 响讲娘两   uɑŋ 床王双装
əŋ 棚风丰梦   uəŋ 翁
                                    uŋ 横东弄公   yŋ 兄用荣穷

第三节 单字调

单字调四个。

阴平 45 东通开天　阳平 31 门铜龙皮　上声 53 古九苦草　去声 324 动痛卖地

第四节 连读变调

后字非轻声两字组连调模式见表 2-1。

表 2-1 后字非轻声两字组连调模式

后字 前字	1 阴平 45	2 阳平 31	3 上声 53	4 去声 324
1 阴平 45	45 + 45	45 + 31	45 + 53	45 + 324
2 阳平 31	31 + 45	31 + 31	31 + 53	31 + 324
3 上声 53	53 + 45	53 + 31	53 + 53	53 + 324
4 去声 324	324 + 45	324 + 31 24 + 31	324 + 53	24 + 324

非叠字组后字轻声两字组连调模式见表 2-2。

表 2-2 非叠字组后字轻声两字组连调模式

后字 前字	1 阴平 45	2 阳平 31	3 上声 53	4 去声 324
1 阴平 45	45 + 0	45 + 0	45 + 0	45 + 0
2 阳平 31	31 + 0	31 + 0	31 + 0	31 + 0
3 上声 53	53 + 0	53 + 0	53 + 0	53 + 0
4 去声 324	324 + 0	324 + 0	324 + 0	324 + 0

第五节 单　字

0001. 多 to45
0002. 拖 tho45
0003. 大～小 ta324
0004. 锣 lo31
0005. 左 tso53
0006. 歌 ko45
0007. 个一～ ko324
0008. 可 kho53
0009. 鹅 ŋo31
0010. 饿 ŋo324
0011. 河 xo31
0012. 茄 tɕhiɛ31
0013. 破 pho324
0014. 婆 pho31
0015. 磨名 mo31
0016. 磨动 mo324
0017. 躲 to53
0018. 螺 lo31
0019. 坐 tso324
0020. 锁 so53
0021. 果 ko53
0022. 过 ko324
0023. 课 kho324
0024. 火 xo53
0025. 货 xo324
0026. 祸 xo324
0027. 靴 ɕyɛ45
0028. 把量 pa53
0029. 爬 pha31
0030. 马 ma53

0031. 骂 ma324
0032. 茶 tʂha31
0033. 沙 ʂa45
0034. 假真～ tɕia53
0035. 嫁 tɕia324
0036. 牙 øia31
0037. 虾 ɕia45
0038. 下底～ ɕia324
0039. 夏春～ ɕia324
0040. 哑 øia53
0041. 姐 tɕiɛ53
0042. 借 tɕiɛ324
0043. 写 ɕiɛ53
0044. 斜 ɕiɛ31
0045. 谢 ɕiɛ324
0046. 车不是棋子
　　　tʂhɛ45
0047. 蛇 ʂɛ31
0048. 射 ʂɛ324
0049. 爷 øiɛ31
0050. 野 øiɛ53
0051. 夜 øiɛ324
0052. 瓜 kua45
0053. 瓦 øua53
0054. 花 xua45
0055. 化 xua324
0056. 华中～ xua31
0057. 谱家～ phu53
0058. 布 pu324
0059. 铺 phu45

0060. 簿 po31
0061. 步 pu324
0062. 赌 tu53
0063. 土 thu53
0064. 图 thu31
0065. 杜 tu324
0066. 奴 lu31
0067. 路 lu324
0068. 租 tsu45
0069. 做 tsu324
0070. 错 tsho31
0071. 箍 khu45
0072. 古 ku53
0073. 苦 khu53
0074. 裤 khu324
0075. 吴 øu31
0076. 五 øu53
0077. 虎 fu53
0078. 壶 fu31
0079. 户 fu324
0080. 乌 øu45
0081. 女 ny53
0082. 吕 ly53
0083. 徐 ɕy31
0084. 猪 tʂu45
0085. 除 tʂhu31
0086. 初 tʂhu45
0087. 锄 tʂhu31
0088. 所 so53
0089. 书 ʂu45

0090. 鼠 ʂu53
0091. 如 ʐu31
0092. 举 tɕy53
0093. 锯名 tɕy324
0094. 去 tɕhiɛ324
0095. 渠～道 tɕhy31
0096. 鱼 øy31
0097. 许 ɕy53
0098. 余剩～，多～
　　　øy31
0099. 府 fu53
0100. 付 fu324
0101. 父 fu324
0102. 武 øu53
0103. 雾 øu324
0104. 取 tɕhy53
0105. 柱 tʂu324
0106. 住 tʂu324
0107. 数动 su53
0108. 数名 su324
0109. 主 tʂu53
0110. 输 ʂu45
0111. 竖 ʂu324
0112. 树 ʂu324
0113. 句 tɕy324
0114. 区地～ tɕhy45
0115. 遇 øy324
0116. 雨 øy53
0117. 芋 øy324
0118. 裕 øy31

0119. 胎 thæe45	0152. 制～造 tʂɿ324	0185. 怀 xuæe31	0218. 资 tsɿ45
0120. 台戏～ thæe31	0153. 世 ʂɿ324	0186. 坏 xuæe324	0219. 死 sɿ53
0121. 袋 tæe324	0154. 艺 Øi324	0187. 拐 kuæe53	0220. 四 sɿ324
0122. 来 læe31	0155. 米 mi53	0188. 挂 kua324	0221. 迟 tshɿ31
0123. 菜 tshæe324	0156. 低 ti45	0189. 歪 Øuæe45	0222. 指 tʂɿ53
0124. 财 tshæe31	0157. 梯 thi45	0190. 画 xua324	0223. 师 sɿ45
0125. 该 kæe45	0158. 剃 thi324	0191. 快 khuæe324	0224. 二 Øər324
0126. 改 kæe53	0159. 弟 ti324	0192. 话 xua324	0225. 饥～饿 tɕi45
0127. 开 khæe45	0160. 递 ti324	0193. 岁 suei324	0226. 器 tɕhi324
0128. 海 xæe53	0161. 泥 ȵi31	0194. 卫 Øuei324	0227. 姨 Øi31
0129. 爱 ŋæe324	0162. 犁 li31	0195. 肺 xuei324	0228. 李 li53
0130. 贝 pei324	0163. 西 ɕi45	0196. 桂 kuei324	0229. 子 tsɿ53
0131. 带动 tæe324	0164. 洗 ɕi53	0197. 碑 pei45	0230. 字 tsɿ324
0132. 盖动 kæe324	0165. 鸡 tɕi45	0198. 皮 phi31	0231. 丝 sɿ45
0133. 害 xæe324	0166. 溪 ɕi45	0199. 被～子 pei324	0232. 祠 tshɿ31
0134. 拜 pæe324	0167. 契 tɕhi324	0200. 紫 tsɿ53	0233. 寺 sɿ324
0135. 排 phæe31	0168. 系联～ ɕi324	0201. 刺 tshɿ324	0234. 治 tʂɿ324
0136. 埋 mæe31	0169. 杯 pei45	0202. 知 tʂɿ45	0235. 柿 ʂɿ324
0137. 戒 tɕiæe324	0170. 配 phei324	0203. 池 tshɿ31	0236. 事 sɿ324
0138. 摆 pæe53	0171. 赔 phei31	0204. 纸 tsɿ53	0237. 使 sɿ53
0139. 派 phæe324	0172. 背～诵 pei324	0205. 儿 Øər31	0238. 试 sɿ324
0140. 牌 phæe31	0173. 煤 mei31	0206. 寄 tɕi324	0239. 时 sɿ31
0141. 买 mæe53	0174. 妹 mei324	0207. 骑 tɕhi31	0240. 市 sɿ324
0142. 卖 mæe324	0175. 对 tuei324	0208. 蚁 Øi324	0241. 耳 Øər53
0143. 柴 tshæe31	0176. 雷 luei31	0209. 义 Øi324	0242. 记 tɕi324
0144. 晒 ʂæe324	0177. 罪 tsuei324	0210. 戏 ɕi324	0243. 棋 tɕhi31
0145. 街 kæe45	0178. 碎 suei324	0211. 移 Øi31	0244. 喜 ɕi53
0146. 解～开 kæe53	0179. 灰 xuei45	0212. 比 pi53	0245. 意 Øi324
0147. 鞋 xæe31	0180. 回 xuei31	0213. 屁 phi324	0246. 几～个 tɕi53
0148. 蟹 xæe31	0181. 外 Øuæe324	0214. 鼻 pi31	0247. 气 tɕhi324
0149. 矮 ŋæe53	0182. 会开～ xuei324	0215. 眉 mi31	0248. 希 ɕi45
0150. 败 pæe324	0183. 怪 kuæe324	0216. 地 ti324	0249. 衣 Øi45
0151. 币 pi324	0184. 块 khuæe31	0217. 梨 li31	0250. 嘴 tsuei53

0251. 随 suei31
0252. 吹 tʂhuei45
0253. 垂 tʂhuei31
0254. 规 kuei45
0255. 亏 khuei45
0256. 跪 khuei324
0257. 危 Øuei31
0258. 类 luei324
0259. 醉 tsuei324
0260. 追 tsuei45
0261. 锤 tʂhuei31
0262. 水 ʂuei53
0263. 龟 kuei45
0264. 季 tɕi324
0265. 柜 kuei324
0266. 位 Øuei324
0267. 飞 xuei45
0268. 费 xuei324
0269. 肥 xuei31
0270. 尾 Øuei53
0271. 味 Øuei324
0272. 鬼 kuei53
0273. 贵 kuei324
0274. 围 Øuei31
0275. 胃 Øuei324
0276. 宝 pau53
0277. 抱 pau324
0278. 毛 mau31
0279. 帽 mau324
0280. 刀 tau45
0281. 讨 thau53
0282. 桃 thau31
0283. 道 tau324

0284. 脑 lau53
0285. 老 lau53
0286. 早 tsau53
0287. 灶 tsau324
0288. 草 tshau53
0289. 糙 tshau324
0290. 造 tshau324
0291. 嫂 sau53
0292. 高 kau45
0293. 靠 khau324
0294. 熬 ŋau31
0295. 好～坏 xau53
0296. 号名 xau324
0297. 包 pau45
0298. 饱 pau53
0299. 炮 phau324
0300. 猫 mau45
0301. 闹 lau324
0302. 罩 tʂau324
0303. 抓用手～牌 tʂua45
0304. 找 tʂau53
0305. 抄 tʂhau45
0306. 交 tɕiau45
0307. 敲 tɕhiau45
0308. 孝 ɕiau324
0309. 校学～ ɕiau324
0310. 表 piau53
0311. 票 phiau324
0312. 庙 miau324
0313. 焦 tɕiau45
0314. 小 ɕiau53
0315. 笑 ɕiau324

0316. 朝～代 tʂhau31
0317. 照 tʂau324
0318. 烧 ʂau45
0319. 绕～线 ʐau53
0320. 桥 tɕhiau31
0321. 轿 tɕiau324
0322. 腰 Øiau45
0323. 要重～ Øiau324
0324. 摇 Øiau31
0325. 鸟 n̻iau53
0326. 钓 tiau324
0327. 条 thiau31
0328. 料 liau324
0329. 箫 ɕiau45
0330. 叫 tɕiau324
0331. 母丈～，舅～ mu53
0332. 抖 thou53
0333. 偷 thou45
0334. 头 thou31
0335. 豆 tou324
0336. 楼 lou31
0337. 走 tsou53
0338. 凑 tshou324
0339. 钩 kou45
0340. 狗 kou53
0341. 够 kou324
0342. 口 khou53
0343. 藕 ŋou53
0344. 后前～ xou324
0345. 厚 xou324
0346. 富 fu324
0347. 副 fu324

0348. 浮 fu31
0349. 妇 fu324
0350. 流 liou31
0351. 酒 tɕiou53
0352. 修 ɕiou45
0353. 袖 ɕiou324
0354. 抽 tʂhou45
0355. 绸 tʂhou31
0356. 愁 tʂhou31
0357. 瘦 sou324
0358. 州 tʂou45
0359. 臭香～ tʂhou324
0360. 手 ʂou53
0361. 寿 ʂou324
0362. 九 tɕiou53
0363. 球 tɕhiou31
0364. 舅 tɕiou324
0365. 旧 tɕiou324
0366. 牛 n̻iou31
0367. 休 ɕiou45
0368. 优 Øiou45
0369. 有 Øiou53
0370. 右 Øiou324
0371. 油 Øiou31
0372. 丢 tiou45
0373. 幼 Øiou324
0374. 贪 tan45
0375. 潭 tan31
0376. 南 lan31
0377. 蚕 tshan31
0378. 感 kan53
0379. 含～一口水

	kan31		tɕhian45	0443. 寻 ɕun31	0474. 安 ŋan45
0380.	暗 ŋan53	0412.	占 ~领	0444. 沉 tʂhən31	0475. 达 ta31
0381.	搭 ta31		tʂan324	0445. 参 人~ sən45	0476. 辣 la31
0382.	踏 tha31	0413.	染 ʐan53	0446. 针 tʂen45	0477. 擦 tsha31
0383.	拉 la45	0414.	钳 tɕhian31	0447. 深 ʂən45	0478. 割 ko31
0384.	杂 tsa31	0415.	验 Øian324	0448. 任责~	0479. 渴 kho31
0385.	鸽 ko31	0416.	险 ɕian53	ʐən324	0480. 扮 pan324
0386.	盒 xo31	0417.	厌 Øian324	0449. 金 tɕin45	0481. 办 pan324
0387.	胆 tan53	0418.	炎 Øian45	0450. 琴 tɕhin31	0482. 铲 tshuan53
0388.	毯 than53	0419.	盐 Øian31	0451. 音 Øin45	0483. 山 san45
0389.	淡 tan324	0420.	接 tɕiE31	0452. 立 li31	0484. 产 tshan53
0390.	蓝 lan31	0421.	折 ~叠 tʂE31	0453. 集 tɕi31	0485. 间 房~, 一~
0391.	三 san45	0422.	叶 树~ ØiE31	0454. 习 ɕi31	房 tɕian45
0392.	甘 kan45	0423.	剑 tɕian324	0455. 汁 tʂɿ31	0486. 眼 Øian53
0393.	敢 kan53	0424.	欠 tɕhian324	0456. 十 ʂɿ31	0487. 限 ɕian324
0394.	喊 xan53	0425.	严 Øian31	0457. 入 ʐu31	0488. 八 pa31
0395.	塔 tha31	0426.	业 ȵiE31	0458. 急 tɕi31	0489. 扎 tsa31
0396.	蜡 la31	0427.	点 tian53	0459. 及 tɕi31	0490. 杀 ʂa31
0397.	赚 tʂuan324	0428.	店 tian324	0460. 吸 ɕi45	0491. 班 pan45
0398.	杉 ~木 ʂa45	0429.	添 thian45	0461. 单 简~ tan45	0492. 板 pan53
0399.	减 tɕian53	0430.	甜 thian31	0462. 炭 than324	0493. 慢 man324
0400.	咸 ~淡 xan31	0431.	念 ȵian324	0463. 弹 ~琴 than31	0494. 奸 tɕian45
0401.	插 tsha31	0432.	嫌 ɕian31	0464. 难 ~易 lan31	0495. 颜 Øian31
0402.	闸 tʂa45	0433.	跌 tiE31	0465. 兰 lan31	0496. 瞎 ɕia31
0403.	夹 ~子 tɕia31	0434.	贴 thiE31	0466. 懒 lan53	0497. 变 pian324
0404.	衫 ʂan45	0435.	碟 tiE31	0467. 烂 lan324	0498. 骗欺~
0405.	监 tɕian45	0436.	协 ɕiE31	0468. 伞 san53	phian324
0406.	岩 ŋæ31	0437.	犯 xuan324	0469. 肝 kan45	0499. 便方~
0407.	甲 tɕia31	0438.	法 fa31	0470. 看 ~见	pian324
0408.	鸭 Øia31	0439.	品 phin53	khan324	0500. 棉 mian31
0409.	黏 ~液 ʐan31	0440.	林 lin31	0471. 岸 ŋan324	0501. 面 ~孔
0410.	尖 tɕian45	0441.	浸 tɕhin324	0472. 汉 xan324	mian324
0411.	签 ~名	0442.	心 ɕin45	0473. 汗 xan324	0502. 连 lian31

0503. 剪 tɕian53	0535. 莲 lian31	0566. 欢 xuaŋ45	0595. 软 zuan53
0504. 浅 tɕhian53	0536. 前 tɕhian31	0567. 完 Øuan31	0596. 卷 ~起
0505. 钱 tɕhian31	0537. 先 ɕian31	0568. 换 xuan324	tɕyan53
0506. 鲜 ɕyan45	0538. 肩 tɕian45	0569. 碗 Øuan53	0597. 圈 圆~
0507. 线 ɕian324	0539. 见 tɕian324	0570. 拨 po31	tɕhyan45
0508. 缠 tʂhan31	0540. 牵 tɕhian45	0571. 泼 pho31	0598. 权 tɕhyan31
0509. 战 tʂan324	0541. 显 ɕian53	0572. 末 mo31	0599. 圆 Øyan31
0510. 扇 ʂan324	0542. 现 ɕian324	0573. 脱 tho31	0600. 院 Øyan324
0511. 善 ʂan324	0543. 烟 Øian45	0574. 夺 to31	0601. 铅 tɕhian45
0512. 件 tɕian324	0544. 憋 piɛ45	0575. 阔 ko31	0602. 绝 tɕyɛ31
0513. 延 Øian31	0545. 篾 miɛ31	0576. 活 xo31	0603. 雪 ɕyɛ53
0514. 别 ~人 piɛ31	0546. 铁 thiɛ31	0577. 顽 ~皮，~固	0604. 反 fan53
0515. 灭 miɛ31	0547. 捏 ȵiɛ31	Øuan31	0605. 翻 fan45
0516. 列 liɛ31	0548. 节 tɕiɛ31	0578. 滑 xua31	0606. 饭 fan324
0517. 撤 tʂhɛ53	0549. 切动 tɕhiɛ31	0579. 挖 Øua45	0607. 晚 Øuan53
0518. 舌 ʂɛ31	0550. 截 tɕiɛ31	0580. 闩 ʂuan324	0608. 万 麻将牌
0519. 设 ʂɛ31	0551. 结 tɕiɛ31	0581. 关 ~门	Øuan324
0520. 热 zɛ31	0552. 搬 pan45	kuan45	0609. 劝 tɕhyan324
0521. 杰 tɕiɛ31	0553. 半 pan324	0582. 惯 kuan324	0610. 原 Øyan31
0522. 孽 ȵiɛ31	0554. 判 phan324	0583. 还动 xuan31	0611. 冤 Øyan45
0523. 建 tɕian324	0555. 盘 phan31	0584. 还副 xæ31	0612. 园 Øyan31
0524. 健 tɕian324	0556. 满 man53	0585. 弯 Øuan45	0613. 远 Øyan53
0525. 言 Øian31	0557. 端 ~午	0586. 刷 ʂua31	0614. 发头 ~ xua31
0526. 歇 ɕiɛ31	tuaŋ45	0587. 刮 kua31	0615. 罚 xua31
0527. 扁 pian53	0558. 短 tuan53	0588. 全 tɕhyan31	0616. 袜 Øua31
0528. 片 phian324	0559. 断绳 ~了	0589. 选 ɕyan53	0617. 月 Øyɛ31
0529. 面 ~条	tuan324	0590. 转 ~眼，~送	0618. 越 Øyɛ31
mian324	0560. 暖 luan53	tʂuan53	0619. 县 ɕian324
0530. 典 tian53	0561. 乱 luan324	0591. 传 ~下来	0620. 决 tɕyɛ31
0531. 天 thian45	0562. 酸 suan45	tʂhuan31	0621. 缺 tɕhyɛ31
0532. 田 thian31	0563. 算 suan324	0592. 传 tsuan324	0622. 血 ɕyɛ31
0533. 垫 tian324	0564. 官 kuan45	0593. 砖 tʂuan45	0623. 吞 thən45
0534. 年 ȵian31	0565. 宽 khuan45	0594. 船 tʂhuan31	0624. 根 kən45

0625. 恨 xən324	0658. 劲有～ tɕin324	0691. 橘 tɕy31	0724. 两斤～ liaŋ53
0626. 恩 ŋən45	0659. 勤 tɕhin31	0692. 分动 fən45	0725. 亮 liaŋ324
0627. 贫 phin31	0660. 近 tɕin324	0693. 粉 fən53	0726. 浆 tɕiaŋ45
0628. 民 min31	0661. 隐 Øin53	0694. 粪 fən324	0727. 抢 tɕhiaŋ53
0629. 邻 lin31	0662. 本 pən53	0695. 坟 fən31	0728. 匠 tɕiaŋ324
0630. 进 tɕin324	0663. 盆 phən31	0696. 蚊 Øuən31	0729. 想 ɕiaŋ53
0631. 亲 tɕhin45	0664. 门 mən31	0697. 问 Øuən324	0730. 像 ɕiaŋ324
0632. 新 ɕin45	0665. 墩 tuən45	0698. 军 tɕyn45	0731. 张量 tʂaŋ45
0633. 镇 tʂən324	0666. 嫩 lən324	0699. 裙 tɕhyn31	0732. 长～短 tʂhaŋ31
0634. 陈 tʂhən31	0667. 村 tshən45	0700. 熏 ɕyn45	0733. 装 tʂuaŋ45
0635. 震 tʂən324	0668. 寸 tshən324	0701. 云～彩 Øyn31	0734. 壮 tʂuaŋ324
0636. 神 ʂən31	0669. 蹲 tən45	0702. 运 Øyn324	0735. 疮 tʂhuaŋ45
0637. 身 ʂən45	0670. 孙～子 sən45	0703. 佛～像 fo31	0736. 床 tʂhuaŋ31
0638. 辰 ʂən31	0671. 滚 kuən53	0704. 物 Øo31	0737. 霜 ʂuaŋ45
0639. 人 zʅən31	0672. 困 khuən324	0705. 帮 paŋ45	0738. 章 tʂaŋ45
0640. 认 zʅən324	0673. 婚 fən45	0706. 忙 maŋ31	0739. 厂 tʂhaŋ53
0641. 紧 tɕin53	0674. 魂 fən31	0707. 党 taŋ53	0740. 唱 tʂhaŋ324
0642. 银 Øin31	0675. 温 Øuən45	0708. 汤 thaŋ45	0741. 伤 ʂaŋ45
0643. 印 Øin324	0676. 卒棋子 tsu31	0709. 糖 thaŋ31	0742. 尝 ʂaŋ31
0644. 引 Øin53	0677. 骨 ku31	0710. 浪 laŋ324	0743. 上～去 ʂaŋ324
0645. 笔 pi31	0678. 轮 lən31	0711. 仓 tshaŋ45	0744. 让 zʅaŋ324
0646. 匹 phi31	0679. 俊 tɕyn324	0712. 钢 kaŋ45	0745. 姜生～ tɕiaŋ45
0647. 密 mi31	0680. 笋 sən53	0713. 糠 khaŋ45	0746. 响 ɕiaŋ53
0648. 栗 li31	0681. 准 tʂuən53	0714. 薄形 po31	0747. 向 ɕiaŋ324
0649. 七 tɕhi31	0682. 春 tʂhuən45	0715. 摸 mo45	0748. 秧 Øiaŋ45
0650. 侄 tsʅ31	0683. 唇 ʂuən31	0716. 托 tho31	0749. 痒 Øiaŋ53
0651. 虱 sE31	0684. 顺 ʂuən324	0717. 落 lo31	0750. 样 Øiaŋ324
0652. 实 ʂʅ31	0685. 纯 ʂuən31	0718. 作 tso31	0751. 雀 tɕhyo31
0653. 失 ʂʅ31	0686. 闰 zʅuən324	0719. 索 so31	0752. 削 ɕyE31
0654. 日 Øər53	0687. 均 tɕyn45	0720. 各 ko31	0753. 着火～了 tʂo31
0655. 吉 tɕi31	0688. 匀 Øyn31	0721. 鹤 xo31	0754. 勺 ʂo31
0656. 一 Øi31	0689. 律 ly31	0722. 恶 ŋo31	0755. 弱 zʅo31
0657. 筋 tɕin45	0690. 出 tʂhu31	0723. 娘 ȵiaŋ31	0756. 脚 tɕyo31

0757. 约 Øyo31
0758. 药 Øyo31
0759. 光～线 kuaŋ45
0760. 慌 faŋ53
0761. 黄 xuaŋ31
0762. 郭 ko31
0763. 霍 xo31
0764. 方 faŋ45
0765. 放 faŋ324
0766. 纺 faŋ53
0767. 房 faŋ31
0768. 防 faŋ31
0769. 网 Øuaŋ53
0770. 筐 khuaŋ45
0771. 狂 khuaŋ31
0772. 王 Øuaŋ31
0773. 旺 Øuaŋ324
0774. 缚 po31
0775. 绑 paŋ53
0776. 胖 phaŋ324
0777. 棒 paŋ324
0778. 桩 tʂuaŋ45
0779. 撞 tʂuaŋ324
0780. 窗 tʂhaŋ45
0781. 双 ʂuaŋ45
0782. 江 tɕiaŋ45
0783. 讲 tɕiaŋ53
0784. 降投～ tɕiaŋ324
0785. 项 xaŋ324
0786. 剥 po31
0787. 桌 tʂo31
0788. 镯 tʂo31

0789. 角 tɕyo31
0790. 壳 kho31
0791. 学 ɕyo31
0792. 握 Øo31
0793. 朋 phəŋ31
0794. 灯 təŋ45
0795. 等 təŋ53
0796. 凳 təŋ324
0797. 藤 thəŋ31
0798. 能 ləŋ31
0799. 层 tshəŋ31
0800. 僧 səŋ45
0801. 肯 khəŋ53
0802. 北 pE31
0803. 墨 mE31
0804. 得 tE31
0805. 特 thE31
0806. 贼 tsE31
0807. 塞 sE31
0808. 刻 khE31
0809. 黑 xE31
0810. 冰 pin45
0811. 证 tʂəŋ45
0812. 秤 tʂhəŋ324
0813. 绳 ʂəŋ31
0814. 剩 ʂəŋ45
0815. 升 ʂəŋ45
0816. 兴高～ ɕin324
0817. 蝇 Øin31
0818. 逼 pi45
0819. 力 li31
0820. 息 ɕi31
0821. 直 tʂʅ31

0822. 侧 tʂhE31
0823. 测 tʂhE31
0824. 色 sE31
0825. 织 tʂʅ31
0826. 食 ʂʅ31
0827. 式 ʂʅ324
0828. 极 tɕi31
0829. 国 kuE31
0830. 或 xuæ31
0831. 猛 məŋ53
0832. 打 ta53
0833. 冷 lən53
0834. 生 sən45
0835. 省～长 sən53
0836. 更三～, 打～ kən45
0837. 梗 kən324
0838. 坑 khən45
0839. 硬 ŋən324
0840. 行～为, ～走 ɕin31
0841. 百 pE31
0842. 拍 phE31
0843. 白 pE31
0844. 拆 tʂhE31
0845. 择 tsE31
0846. 窄 tsE31
0847. 格 kE31
0848. 客 khE31
0849. 额 ŋE31
0850. 棚 phəŋ31
0851. 争 tsən45
0852. 耕 kən45

0853. 麦 mE31
0854. 摘 tsE31
0855. 策 tshE31
0856. 隔 kE31
0857. 兵 pin45
0858. 柄 pin53
0859. 平 phin31
0860. 病 pin324
0861. 明 min31
0862. 命 min324
0863. 镜 tɕin324
0864. 庆 tɕhin324
0865. 迎 Øin31
0866. 影 Øin53
0867. 剧戏～ tɕy324
0868. 饼 pin53
0869. 名 min31
0870. 领 lin53
0871. 井 tɕin53
0872. 清 tɕhin45
0873. 静 tɕin324
0874. 姓 ɕin324
0875. 贞 tʂən45
0876. 程 tʂhən31
0877. 整 tʂən53
0878. 正～反 tʂən324
0879. 声 ʂən45
0880. 城 tʂhən31
0881. 轻 tɕhin45
0882. 赢 Øin31
0883. 积 tɕi31
0884. 惜 ɕi31

0885. 席 ɕi31	0915. 营 Øin31	0945. 脓 luŋ31	0974. 育 Øy31
0886. 尺 tʂʅ31	0916. 蓬～松 phəŋ31	0946. 松～紧 suŋ45	0975. 封 fəŋ45
0887. 石 ʂʅ31	0917. 东 tuŋ45	0947. 宋 suŋ324	0976. 蜂 fəŋ45
0888. 益 Øi31	0918. 懂 tuŋ53	0948. 毒 tu31	0977. 缝一条～ xuŋ324
0889. 瓶 phin31	0919. 冻 tuŋ324	0949. 风 xuŋ45	
0890. 钉 tin45	0920. 通 thuŋ45	0950. 丰 xuŋ45	0978. 浓 luŋ31
0891. 顶 tin53	0921. 桶 thuŋ53	0951. 凤 xuŋ324	0979. 龙 luŋ31
0892. 厅 thin45	0922. 痛 thuŋ324	0952. 梦 məŋ324	0980. 松～树 suŋ45
0893. 听～见 thin45	0923. 铜 thuŋ31	0953. 中当～ tsuŋ45	0981. 重轻～ tsuŋ324
0894. 停 thin31	0924. 动 tuŋ324	0954. 虫 tʂhuŋ31	0982. 肿 tsuŋ53
0895. 挺 thin53	0925. 洞 tuŋ324	0955. 终 tsuŋ45	0983. 种～树 tsuŋ324
0896. 定 tin324	0926. 聋 luŋ45	0956. 充 tʂhuŋ45	
0897. 零 lin31	0927. 弄 luŋ45	0957. 宫 kuŋ45	0984. 冲 tʂhuŋ45
0898. 青 tɕhin45	0928. 粽 tsuŋ324	0958. 穷 tɕhyŋ31	0985. 恭 kuŋ45
0899. 星 ɕin45	0929. 葱 tshuŋ45	0959. 熊 ɕyŋ31	0986. 共 kuŋ324
0900. 经 tɕin45	0930. 送 suŋ324	0960. 雄 ɕyŋ31	0987. 凶吉～ ɕyŋ45
0901. 形 ɕin31	0931. 公 kuŋ45	0961. 福 fu31	0988. 拥 Øyŋ31
0902. 壁 pi31	0932. 孔 khuŋ53	0962. 服 fu31	0989. 容 Øyŋ31
0903. 劈 phi53	0933. 烘～干 xuŋ45	0963. 目 mu31	0990. 用 Øyŋ324
0904. 踢 thi31	0934. 红 xuŋ31	0964. 六 liou31	0991. 绿 lu31
0905. 笛 ti31	0935. 翁 Øuəŋ45	0965. 宿住～，～舍 ɕy31	0992. 足 tɕy31
0906. 历农～ li324	0936. 木 mu31		0993. 烛 tʂu31
0907. 锡 ɕi31	0937. 读 tu31	0966. 竹 tʂu31	0994. 赎 ʂu31
0908. 击 tɕi31	0938. 鹿 lu31	0967. 畜～生 tʂhu31	0995. 属 ʂu31
0909. 吃 tʂʅ31	0939. 族 tshu31	0968. 缩 so31	0996. 褥 ʐu53
0910. 横 xəŋ324	0940. 谷稻～ ku31	0969. 粥 tsou45	0997. 曲～折，歌 tɕhy31
0911. 划计～ xua324	0941. 哭 khu31	0970. 叔 ʂu31	
0912. 兄 ɕyŋ45	0942. 屋 Øu31	0971. 熟 ʂu31	0998. 局 tɕy31
0913. 荣 Øyŋ31	0943. 冬～至 tuŋ45	0972. 肉 ʐou324	0999. 玉 Øy324
0914. 永 Øyn53	0944. 统 thuŋ53	0973. 菊 tɕy31	1000. 浴 Øy324

第三章 词　汇

第一节　规定词汇

一、天文、地理

（一）天文

0001. 太阳～下山了　太阳 thæe324Øiaŋ0

0002. 月亮～出来了　月亮 ØyE31liaŋ0

0003. 星星　星星 ɕin45ɕin0

0004. 云　云 Øyn31

0005. 风　风 fəŋ45

0006. 台风　台风 thæe31fəŋ45

0007. 闪电名词　扯火闪 tʂhE53xo53ʂan0

0008. 雷　雷 luei31

0009. 雨　雨 Øy53

0010. 下雨　下雨 ɕia324Øy53

0011. 淋衣服被雨～湿了　淋 lin31

0012. 晒～粮食　晒 ʂæe324

0013. 雪　雪 ɕyE53

0014. 冰　凌冰子 lin324pin45tsɿ0

0015. 冰雹　冷子 lən53tsɿ0

0016. 霜　霜 ʂuaŋ45

0017. 雾　雾罩 Øu31tʂau31

0018. 露　露水 lu31ʂuei53

0019. 虹统称　虹 kaŋ324

0020. 日食　黑天了 xei31thian45lau0/ 天狗吃太阳 thian45kou53tʂʅ31thæe324Øiaŋ0

0021. 月食　天狗吃月亮 thian45kou53tʂʅ31ØyE31liaŋ0

0022. 天气　天气 thian45tɕhi0

0023. 晴天～　晴 tɕhin31

0024. 阴天～　阴 Øin45

0025. 旱天～　旱 xan324

0026. 涝天～　涝 lau31

0027. 天亮　天亮 thian45liaŋ324

（二）地貌

0028. 水田　水田 ʂuei53thian31

0029. 旱地浇不上水的耕地　旱地 xan24ti324

0030. 田埂　田坎 thian31khan53

0031. 路野外的　路 lu324

0032. 山　山 ʂan45

0033. 山谷　峡里 ɕia31li0

0034. 江大的河　大河 ta324xo31

0035. 溪小的河　小河沟 ɕiau53xo31kou0

0036. 水沟儿较小的水道　水沟 ʂuei53kou0

141

0037. 湖　无

0038. 池塘　堰塘 yan324thɑŋ31

0039. 水坑儿地面上有积水的小洼儿　水坑坑 ʂuei53khən45khən0

0040. 洪水　大水 ta324ʂuei53

0041. 淹被水～了　淹 ŋan45

0042. 河岸　河坎 xo31khan53

0043. 坝拦河修筑拦水的　滚水坝 kuən53ʂuei53pa324

0044. 地震　地震 ti24tʂən324

0045. 窟窿小的　洞洞 tuŋ324tuŋ0

0046. 缝儿统称　缝缝 xuŋ324xuŋ0

(三) 物象

0047. 石头统称　石头 ʂɿ31thou0

0048. 土统称　土 thu53

0049. 泥湿的　稀泥巴 ɕi45n̩i31pa0

0050. 水泥旧称　洋灰 Øiɑŋ31xuei45

0051. 沙子　沙子 ʂa45tsɿ0

0052. 砖整块的　砖 tʂuan45/砖头 tʂuan45thou0

0053. 瓦整块的　瓦 Øua53

0054. 煤　煤 mei31

0055. 煤油　煤油 mei31Øiou31

0056. 炭木炭　炭 than324

0057. 灰烧成的　灰 xuei45

0058. 灰尘桌面上的　灰灰 xuei45xuei0

0059. 火　火 xo53

0060. 烟烧火形成的　烟子 Øian45tsɿ0

0061. 失火　失水 ʂɿ31ʂuei53

0062. 水　水 ʂuei53

0063. 凉水　冷水 lən53ʂuei53

0064. 热水如洗脸的热水，不是指喝的开水　热水 zɻE31ʂuei53

0065. 开水喝的　开水 khæ45ʂuei53

0066. 磁铁　吸铁 ɕi45thiE53

二、时间、方位

(一) 时间

0067. 时候吃饭的～　时候 ʂɿ31xou0

0068. 什么时候　啥时候 ʂa324ʂɿ31xou0

0069. 现在　这歇 tʂE324ɕiE31

0070. 以前十年～　前 tɕhian31

0071. 以后十年～　后 xou324

0072. 一辈子　一辈子 Øi45pei324tsɿ0

0073. 今年　今年 tɕin45n̩ian31

0074. 明年　明年 min31n̩ian31

0075. 后年　后年 xou324n̩ian31

0076. 去年　昨年 tso31n̩ian31

0077. 前年　前年 tɕhian31n̩ian31

0078. 往年过去的年份　往年 Øuɑŋ53n̩ian31

0079. 年初　开了年 khæ45lau0n̩ian31

0080. 年底　年底 n̩ian31ti53

0081. 今天　今天 tɕin45thian0

0082. 明天　明天 min31thian0

0083. 后天　后天 xou324thian0

0084. 大后天　大后天 ta324xou324thian0

0085. 昨天　昨天 tso31thian0

0086. 前天　前天 tɕhian31thian0

0087. 大前天　大前天 ta324tɕhian31thian0

0088. 整天　一闷天 Øi31mən45thian0

0089. 每天　天天 thian45thian0

0090. 早晨　早晨 tsau53ʂən0

0091. 上午　上午 ʂɑŋ324Øu53

0092. 中午　晌午 ʂaŋ53ɵu0

0093. 下午　下午 ɕia324ɵu53

0094. 傍晚　擦黑 tsha31xei31

0095. 白天　白天 pɛ31thian0

0096. 夜晚与白天相对，统称　晚上
　　　 ɵuan53ʂaŋ0

0097. 半夜　半晚上 pan324ɵuan53ʂaŋ0

0098. 正月农历　正月 tʂən45ɵyɛ31

0099. 大年初一农历　正月初一
　　　 tʂən24ɵyɛ31tʂhu24ɵi31／大年初一
　　　 ta324n̠ian31tʂhu24ɵi31

0100. 元宵节　正月十五
　　　 tʂən24ɵyɛ31ʂʅ24ɵu53

0101. 清明　清明节 tɕhin45min31tɕiɛ0

0102. 端午　端阳节 thuan45ɵiaŋ31tɕiɛ0

0103. 七月十五农历，节日名　月半节
　　　 ɵyɛ31pan324tɕiɛ0

0104. 中秋　八月十五中秋节 pa24ɵyɛ31
　　　 ʂʅ24ɵu53tʂuŋ24tɕhiou24tɕiɛ0

0105. 冬至　冬至 tuŋ45tʂʅ324

0106. 腊月农历十二月　腊月 la31ɵyɛ31

0107. 除夕农历　大年三十晚上
　　　 ta324n̠ian31san45ʂʅ0ɵuan53ʂaŋ0

0108. 历书　黄历 xuaŋ31li324

0109. 阴历　农历 luŋ31li324

0110. 阳历　阳历 ɵiaŋ31li324

0111. 星期天　礼拜天 li31pæ324thian0

（二）方位

0112. 地方　地点 ti324tian53／塌塌
　　　 tha31tha0

0113. 什么地方　啥地点 ʂa31ti324tian53／
　　　 啥塌塌 ʂa31tha31tha0

0114. 家里　屋里 ɵu45li0

0115. 城里　城里 tʂhən31li0

0116. 乡下　乡里 ɕiaŋ45li0

0117. 上面从～滚下来　上头 ʂaŋ324thou0

0118. 下面从～爬上去　下头 ɕia324thou0

0119. 左边　左面 tso53mian0

0120. 右边　右面 ɵiou324mian0

0121. 中间排队排在～　中间 tʂuŋ45tɕian0

0122. 前面排队排在～　前头
　　　 tɕhian31thou0

0123. 后面排队排在～　后头 xou324thou0

0124. 末尾排队排在～　尾巴 ɵuei53pa0

0125. 对面　对门 tuei324mən0

0126. 面前　跟前 kən45tɕhian0

0127. 背后　后头 xou324thou0

0128. 里面躲在～　里头 li53thou0

0129. 外面衣服晒在～　外头
　　　 ɵuæe324thou0

0130. 旁边　侧面 tsɛ31mian0

0131. 上碗在桌子～　上 ʂaŋ324

0132. 下凳子在桌子～　底下 ti53xia0

0133. 边儿桌子的～　边边 pian45pian0

0134. 角儿桌子的～　角角 ko31ko0

0135. 上去他～了　上去 ʂaŋ324tɕhiɛ0

0136. 下来他～了　下去 xia324tɕhiɛ0

0137. 进去他～了　进去 tɕin324tɕhiɛ0

0138. 出来他～了　出来 tʂhu45læ0

0139. 出去他～了　出去 tʂhu45tɕhiɛ0

0140. 回来他～了　回来 xuei31læ0

0141. 起来天冷～了　起来 tɕhiɛ53læ0

三、植物

（一）一般植物

0142. 树　树 ʂu324
0143. 木头　木头 mu31thou0
0144. 松树统称　松树 suŋ45ʂu324
0145. 柏树统称　柏树 pɛ31ʂu324
0146. 杉树　杉树 ʂa31ʂu324
0147. 柳树　柳树 liou53ʂu324
0148. 竹子统称　竹子 tʂu31tsʅ0
0149. 笋　笋子 sən53tsʅ0
0150. 叶子　叶子 ØiE324tsʅ0/叶叶 ØiE324ØiE0
0151. 花　花 xua45/花花 xua45xua0
0152. 花蕾花骨朵儿　花苞苞 xua45pau45pau0
0153. 梅花　腊梅花 la324mei31xua0/梅花 mei31xua0
0154. 牡丹　牡丹花 mu53tan45xua0
0155. 荷花　藕莲花 ŋou53lian31xua0
0156. 草　草 tshau53/草草 tshau53tshau0
0157. 藤　藤藤 thən31thən0
0158. 刺名词　刺 tshʅ324/刺刺 tshʅ324tshʅ0
0159. 水果　水果 ʂuei53ko0
0160. 苹果　苹果 phin31ko0
0161. 桃子　桃子 thau31tsʅ0
0162. 梨　梨子 li31tsʅ0
0163. 李子　李子 li53tsʅ0
0164. 杏　杏子 xən324tsʅ0
0165. 橘子　橘子 tɕy31tsʅ0
0166. 柚子　柚子 Øiou324tsʅ0

0167. 柿子　柿子 ʂʅ324tsʅ0
0168. 石榴　石榴 ʂʅ31liou0
0169. 枣　枣子 tsau53tsʅ0
0170. 栗子　板栗子 pan53li31tsʅ0
0171. 核桃　核桃 xɛ31thau0
0172. 银杏白果　白果 pɛ31ko0
0173. 甘蔗　甘汁杆 kan45tʂʅ31kan0
0174. 木耳　耳子 Øər53tsʅ0
0175. 蘑菇野生的　菌子 tɕyn324tsʅ0
0176. 香菇　香菇 ɕiaŋ45ku0

（二）农作物

0177. 稻子指植物　水稻 ʂuei53tau0
0178. 稻谷指籽实（脱粒后是大米）
　　　谷子 ku31tsʅ0
0179. 稻草脱粒后的　谷草 ku31tshau53
0180. 大麦指植物　大麦 ta324mɛ31
0181. 小麦指植物　麦子 mɛ31tsʅ0/小麦 ɕiau53mɛ31
0182. 麦秸脱粒后的　麦草 mɛ31tshau0
0183. 谷子指植物（籽实脱粒后是小米）
　　　无
0184. 高粱指植物　高粱 kau45liaŋ31
0185. 玉米指成株的植物　包谷 pau45ku53
0186. 棉花指植物　棉花 mian31xua0
0187. 油菜油料作物，不是蔬菜　菜籽 tshæ324tsʅ0/油菜 Øiou31tshæ0
0188. 芝麻　芝麻 tʂʅ45ma31
0189. 向日葵指植物　向儿葵 ɕiaŋ324Øər0khuei31
0190. 蚕豆　胡豆 fu45tou324
0191. 豌豆　豌豆 Øuan45tou324
0192. 花生指果实，注意婉称　花生

144

xua45sən0

0193. 黄豆　黄豆 xuaŋ31tou324

0194. 绿豆　绿豆 lu31tou324

0195. 豇豆长条形的　豇豆 tɕiaŋ45tou324

0196. 大白菜东北～　白菜 pE31tshæe0

0197. 包心菜卷心菜，圆白菜，球形的　包包菜 pau45pau0tshæe0

0198. 菠菜　菠菜 po45tshæe0

0199. 芹菜　芹菜 tɕhin31tshæe0

0200. 莴笋　莴笋 ȵo45sən0

0201. 韭菜　韭菜 tɕiou53tshæe0

0202. 香菜芫荽　芫荽子 ȵian31ɕy31tsɿ0

0203. 葱　葱子 tshuŋ45tsɿ0

0204. 蒜　蒜 suan324

0205. 姜　生姜 sən45tɕiaŋ0

0206. 洋葱　洋葱 ȵiaŋ31tshuŋ45

0207. 辣椒统称　辣子 la31tsɿ0

0208. 茄子统称　茄子 tɕhiE31tsɿ0

0209. 西红柿　海柿子 xæe53ʂɿ324tsɿ0

0210. 萝卜统称　萝卜 lo31pu0

0211. 胡萝卜　红萝卜 xuŋ31lo31pu0

0212. 黄瓜　黄瓜 xuaŋ31kua0

0213. 丝瓜无棱的　丝瓜 sɿ45kua0

0214. 南瓜扁圆形或梨形，成熟时呈赤褐色　南瓜 lan31kua0

0215. 荸荠　荸荠子 pu31tɕi324tsɿ0

0216. 红薯统称　红苕 xuŋ31ʂau31

0217. 马铃薯　洋芋 ȵiaŋ31ȵy0

0218. 芋头　芋子 ȵy324tsɿ0

0219. 山药圆柱形的　山药 ʂan45ȵyo31

0220. 藕　藕 ŋou53

四、动物

（一）一般动物

0221. 老虎　老虎 lau53fu53

0222. 猴子　猴子 xou31tsɿ0

0223. 蛇统称　长虫 tʂhaŋ31tʂhuŋ31

0224. 老鼠家里的　老鼠子 lau53ʂu31tsɿ0

0225. 蝙蝠　檐老鼠 ȵian31lau53ʂuE0

0226. 鸟儿飞鸟，统称　雀儿 tɕhyo31ɵr0

0227. 麻雀　麻雀子 ma31tɕhyo31tsɿ0

0228. 喜鹊　鸦鹊子 ȵia45tɕhyo31tsɿ0

0229. 乌鸦　乌鸦 ȵu45ȵia0

0230. 鸽子　鹁鸽子 phu31ko31tsɿ0

0231. 翅膀鸟的，统称　翅膀 tʂɿ324paŋ53

0232. 爪子鸟的，统称　爪爪 tʂua53tʂua0/脚脚 tɕyo53tɕyo0

0233. 尾巴　尾巴 ȵuei53pa0

0234. 窝鸟的　窝 ȵo45

0235. 虫子统称　虫虫 tʂhuŋ31tʂhuŋ31

0236. 蝴蝶统称　飞蛾子 fei45ŋo31tsɿ0

0237. 蜻蜓统称　洋咪咪 ȵiaŋ31mi31mi0

0238. 蜜蜂　糖蜂子 thaŋ31xuŋ31tsɿ0

0239. 蜂蜜　蜂糖 xuŋ45thaŋ31

0240. 知了统称　懒扇子 lan53ʂan31tsɿ0

0241. 蚂蚁　蚂蚁子 ma53ȵin31tsɿ0

0242. 蚯蚓　蛐蟮子 tɕhy31ʂan31tsɿ0

0243. 蚕　蚕子 tshan31tsɿ0

0244. 蜘蛛会结网的　拨丝 po45sɿ0

0245. 蚊子统称　末子 mo45tsɿ0

0246. 苍蝇统称　蚊子 ȵuən31tsɿ0

0247. 跳蚤咬人的　虼蚤子 kɛ31tsau31tʂɿ0

0248. 虱子　虱子 sɛ31tʂɿ0

0249. 鱼　鱼 øy31

0250. 鲤鱼　鲤鱼 li53øy0

0251. 鳙鱼胖头鱼　花鲢鱼 xua45lian31øy0/大头鱼 ta324thou31øy0

0252. 鲫鱼　鲫蝌子 tɕi31kho31tsɿ0

0253. 甲鱼　鳖娃子 piɛ31øua31tsɿ0

0254. 鳞鱼的　甲 tɕia31

0255. 虾统称　虾 ɕia45

0256. 螃蟹统称　螃蟹 phan31xæe0

0257. 青蛙统称　青蛙 tɕhin45øua0

0258. 癞蛤蟆表皮多疙瘩　癞圪包 læ324kɛ31pau0

（二）家畜、家禽

0259. 马　马 ma53

0260. 驴　毛驴子 mau31ly31tsɿ0

0261. 骡　骡子 lo31tsɿ0

0262. 牛　牛 ȵiou31

0263. 公牛统称　牯牛 ku53ȵiou0

0264. 母牛统称　牸牛 tsɿ24ȵiou31/□牛 ʂa45ȵiou31

0265. 放牛　放牛 faŋ324ȵiou31

0266. 羊　羊子 øiaŋ31tsɿ0

0267. 猪　猪 tʂu45

0268. 种猪配种用的公猪　脚猪 tɕyo31tʂu0

0269. 公猪成年的，已阉的　牙猪 øia31tʂu0

0270. 母猪成年的，未阉的　母猪 mu53tʂu0

0271. 猪崽　小猪儿 ɕiau53tʂu31ər0

0272. 猪圈　猪圈 tʂu45tɕyan324

0273. 养猪　喂猪 øuei324tʂu0

0274. 猫　猫娃子 mau45øua31tsɿ0

0275. 公猫　男猫 lan31mau45

0276. 母猫　女猫 ȵy53mau45

0277. 狗统称　狗 kou53

0278. 公狗　牙狗 øia31kou53

0279. 母狗　母狗 mu53kou53

0280. 叫狗～　咬 ȵiau53

0281. 兔子　兔娃子 thu324øua31tsɿ0

0282. 鸡　鸡 tɕi45

0283. 公鸡成年的，未阉的　鸡公 tɕi45kuŋ0

0284. 母鸡已下过蛋的　鸡母 tɕi45mu53

0285. 叫公鸡～（打鸣儿）　叫鸣 tɕiau324min31

0286. 下鸡～蛋　下 ɕia324

0287. 孵～小鸡　菢 pau324

0288. 鸭　鸭子 øia31tsɿ0

0289. 鹅　大鸭子 ta324øia31tsɿ0

0290. 阉～公的猪　骟 ʂan324

0291. 阉～母的猪　骟 ʂan324

0292. 阉～鸡　骟 ʂan324

0293. 喂～猪　喂 øuei324

0294. 杀猪统称，注意婉称　杀猪 ʂa31tʂu45

0295. 杀～鱼　劐 pho324

五、房舍、器具

（一）房舍

0296. 村庄一个～　村子 tshən45tsɿ0

0297. 胡同统称：一条～　巷巷 xaŋ45xaŋ0

0298. 街道　街道 kæ45tau324

0299. 盖房子　修房子 ɕiou45faŋ31tsɿ0

0300. 房子整座的，不包括院子　房子 faŋ31tsɿ0

0301. 屋子房子里分隔而成的，统称　屋 Øu31
0302. 卧室　歇房 ɕiɛ31faŋ31
0303. 茅屋茅草等盖的　草房 tʂhau53faŋ31
0304. 厨房　灶屋 tsau324Øu0
0305. 灶统称　灶 tsau324
0306. 锅统称　锅 ko45
0307. 饭锅煮饭的　锅 ko45
0308. 菜锅炒菜的　锅 ko45
0309. 厕所旧式的，统称　茅房 mau31faŋ31
0310. 檩左右方向的　檩棒 lin53paŋ0
0311. 柱子　柱头 tʂu324thou0
0312. 大门　大门 ta53mən31
0313. 门槛儿　门槛 mən31khan53
0314. 窗旧式的　窗子 tʂhaŋ45tsʅ0
0315. 梯子可移动的　梯子 thi45tsʅ0
0316. 扫帚统称　扫把 sau324pa53
0317. 扫地　扫地 sau53ti324
0318. 垃圾　渣渣 tʂa45tʂa0

（二）家具

0319. 家具统称　家具 tɕia45tɕy324
0320. 东西我的～　东西 tuŋ45xi0
0321. 炕土、砖砌的，睡觉用　无
0322. 床木质的，睡觉用　床 tʂhuaŋ31
0323. 枕头　枕头 tʂən53thou0
0324. 被子　铺盖 phu45kæ0
0325. 棉絮　棉絮 mian31suɛ0
0326. 床单　单子 tan45tsʅ0
0327. 褥子　垻铺盖 pa324phu45kæ0
0328. 席子　席子 ɕi31tsʅ0
0329. 蚊帐　帐子 tʂaŋ324tsʅ0
0330. 桌子统称　桌子 tʂo31tsʅ0
0331. 柜子统称　柜子 kuei324tsʅ0
0332. 抽屉桌子的　抽匣 tʂhou45ɕia31
0333. 案子长条形的　案子 ŋan324tsʅ0
0334. 椅子统称　椅子 Øi53tsʅ0
0335. 凳子统称　板凳 pan53tən0
0336. 马桶有盖的　尿桶 ȵiau324thuŋ53

（三）用具

0337. 菜刀　菜刀 tʂhæ324tau0
0338. 瓢舀水的　瓜勺 kua45ʂo31
0339. 缸　缸 kaŋ45
0340. 坛子装酒的～　坛子 than31tsʅ0
0341. 瓶子装酒的～　瓶子 phin31tsʅ0
0342. 盖子杯子的～　盖盖 kæ324kæ0
0343. 碗统称　碗 Øuan53
0344. 筷子　筷子 khuæ324tsʅ0
0345. 汤匙　瓢瓢 phiau31phiau0
0346. 柴火统称　柴 tʂhæ31
0347. 火柴　洋火 Øiaŋ31xo53
0348. 锁　锁子 so53tsʅ0
0349. 钥匙　钥匙 Øyo31ʂʅ0
0350. 暖水瓶　电壶 tian324fu31
0351. 脸盆　洗脸盆 ɕi53lian53phən31
0352. 洗脸水　洗脸水 ɕi53lian53ʂuei53
0353. 毛巾洗脸用　洗脸帕 ɕi53lian53pha324
0354. 手绢　手巾儿 ʂou53tɕinr31
0355. 肥皂洗衣服用　洋碱 Øiaŋ31tɕian53
0356. 梳子旧式的，不是篦　梳子 ʂu45tsʅ0
0357. 缝衣针　针 tʂən45
0358. 剪子　剪刀 tɕian53tau31
0359. 蜡烛　洋蜡 Øiaŋ31la0
0360. 手电筒　手电 ʂou53tian0

0361. 雨伞挡雨的，统称　伞 san53

0362. 自行车　洋马儿 Øiɑŋ31mar53

六、服饰、饮食

（一）服饰

0363. 衣服统称　衣裳 Øi45ʂaŋ31

0364. 穿～衣服　穿 tʂhuan45

0365. 脱～衣服　脱 tho31

0366. 系～鞋带　拴 ʂuan45

0367. 衬衫　衬衣 tʂhən324Øi45

0368. 背心带两条杠的，内衣　背心 pei324ɕin45

0369. 毛衣　毛衣 mau31Øi45

0370. 棉衣　袄子 ŋau53tsŋ0

0371. 袖子　袖子 ɕiou324tsŋ0

0372. 口袋衣服上的　包包 pau45pau0

0373. 裤子　裤子 khu324tsŋ0

0374. 短裤外穿的　裤衩子 khu324tʂha53tsŋ0

0375. 裤腿　裤腿子 khu324thuei53tsŋ0

0376. 帽子统称　帽子 mau324tsŋ0

0377. 鞋子　鞋子 xæe31tsŋ0

0378. 袜子　袜子 Øua31tsŋ0

0379. 围巾　围巾 Øuei31tɕin0

0380. 围裙　裙裙 tɕhyn31tɕhyn0

0381. 尿布　尿片片 ȵiau24phian324phian0

0382. 扣子　纽子 ȵiou53tsŋ0

0383. 扣～扣子　扣 khou324

0384. 戒指　戒指 tɕiæe324tsŋ0

0385. 手镯　圈子 tɕhyan45tsŋ0

0386. 理发　剃脑壳 thi324lau53kho0

0387. 梳头　梳脑壳 ʂu45lau53kho0

（二）饮食

0388. 米饭　干饭 kan45fan0

0389. 稀饭用米熬的，统称　稀饭 ɕi45fan0

0390. 面粉麦子磨的，统称　麦面 mᴇ45mian324

0391. 面条统称　面条 mian324thiau31

0392. 面儿玉米～，辣椒～　面 mian324

0393. 馒头无馅儿的，统称　馍馍 mo31mo0

0394. 包子　包子 pau45tsŋ0

0395. 饺子　饺子 tɕiau53tsŋ0

0396. 馄饨　馄饨 fən31tuən0

0397. 馅儿　馅子 ɕian324tsŋ0

0398. 油条长条形的，旧称　油条 Øiou31thiau31

0399. 豆浆　豆浆 tou324tɕiɑŋ0

0400. 豆腐脑儿　豆腐脑 tou324fu0lau53

0401. 元宵食品　元宵 Øyan31ɕiau45

0402. 粽子　粽子 tsuŋ324tsŋ0

0403. 年糕用黏性大的米或米粉做的　无

0404. 点心统称　糕点 kau45tian53

0405. 菜吃饭时吃的，统称　菜 tʂhæe324

0406. 干菜统称　干菜 kan45tʂhæe324

0407. 豆腐　豆腐 tou324fu0

0408. 猪血当菜　猪血 tʂu45ɕyᴇ53

0409. 猪蹄当菜的　猪脚脚 tʂu45tɕyo53tɕyo0

0410. 猪舌头当菜的，注意婉称　猪舌条 tʂu45ʂᴇ31thiau0

0411. 猪肝当菜的，注意婉称　猪肝子

148

tʂu45kan45tsɿ0

0412. 下水猪、牛、羊的内脏　下水 ɕia324ʂuei0

0413. 鸡蛋　鸡蛋 tɕi45tan0

0414. 松花蛋　皮蛋 phi31tan0

0415. 猪油　猪油 tʂu45Øiou31

0416. 香油　芝麻油 tsɿ45ma0Øiou31

0417. 酱油　酱油 tɕiɑŋ324Øiou31

0418. 盐名词　盐 Øian31

0419. 醋注意婉称　醋 tshu324

0420. 香烟　纸烟 tsɿ53Øian0

0421. 旱烟　叶子烟 ØiE324tsɿ0Øian45

0422. 白酒　烧酒 ʂau45tɕiou53

0423. 黄酒　黄酒 xuaŋ31tɕiou53

0424. 江米酒酒酿，醪糟　醪糟子 lau31tsau31tsɿ0

0425. 茶叶　茶叶子 tʂha31ØiE324tsɿ0

0426. 沏～茶　泡 phau324

0427. 冰棍儿　冰棍儿 pin45kuənr324

0428. 做饭统称　煮饭 tʂu53fan324

0429. 炒菜统称，和做饭相对　炒菜 tʂhau53tshæ324

0430. 煮～带壳的鸡蛋　煮 tʂu53

0431. 煎～鸡蛋　炕 khaŋ324

0432. 炸～油条　炸 tʂa31

0433. 蒸～鱼　蒸 tʂən45

0434. 揉～面做馒头等　揉 z̩ou31

0435. 擀～面，～皮儿　擀 kan53

0436. 吃早饭　吃早饭 tʂhɿ31tsau53fan324

0437. 吃午饭　吃响午 tʂhɿ31ʂaŋ53Øu53

0438. 吃晚饭　吃夜饭 tʂhɿ31ØiE324fan324

0439. 吃～饭　吃 tʂhɿ31

0440. 喝～酒　喝 xo45

0441. 喝～茶　喝 xo45

0442. 抽～烟　吃 tʂhɿ31

0443. 盛～饭　舀 Øiau53

0444. 夹用筷子～菜　挑 thiau45

0445. 斟～酒　倒 tau324

0446. 渴口～　渴 kho31

0447. 饿肚子～　饿 ŋo324

0448. 噎吃饭～着了　哽 kən53

七、身体、医疗

（一）身体

0449. 头人的，统称　脑壳 lau53kho31

0450. 头发　头发 thou31fa31

0451. 辫子　髦絃子 mau324kæ31tsɿ0 / 髦絃儿 mau324kær31

0452. 旋　旋 ɕyan324

0453. 额头　额颅 ŋE31lu0

0454. 相貌　相貌 ɕiɑŋ324mau0

0455. 脸洗～　脸 lian53

0456. 眼睛　眼睛 Øian53tɕin0

0457. 眼珠统称　眼珠 Øian53tʂu45

0458. 眼泪哭的时候流出来的　眼泪水 Øian53lu0ʂuei53

0459. 眉毛　眉毛 mi31mau31

0460. 耳朵　耳朵 Øər53to53

0461. 鼻子　鼻子 pi31tsɿ0

0462. 鼻涕统称　鼻脓 pi31luŋ31

0463. 擤～鼻涕　擤 ɕin53

0464. 嘴巴人的，统称　嘴巴 tsuei53pa0

0465. 嘴唇　嘴皮 tsuei53phi31

0466. 口水～流出来　口水 khou53ʂuei53

0467. 舌头　舌条 ʂɛ31thiau31
0468. 牙齿　牙齿 øia31tʂʅ0
0469. 下巴　下巴子 ɕia324pha0tsʅ0
0470. 胡子嘴周围的　胡子 fu31tsʅ0
0471. 脖子　颈项 tɕin53xaŋ0
0472. 喉咙　喉咙 xou31luŋ31
0473. 肩膀　肩膀 tɕian45paŋ53
0474. 胳膊　手杆 ʂou53kan0
0475. 手方言指（打√）：只指手√；包括臂：他的～摔断了　手 ʂou53
0476. 左手　左手 tso53ʂou53
0477. 右手　右手 øiou324ʂou53
0478. 拳头　掟子 tin324tsʅ0
0479. 手指　手指拇 ʂou53tʂʅ53mu0
0480. 大拇指　大指拇 ta324tʂʅ53mu0
0481. 食指　二指拇 øər324tʂʅ53mu0
0482. 中指　中指拇 tʂuŋ45tʂʅ53mu0
0483. 无名指　小指拇 ɕiau53tʂʅ53mu0
0484. 小拇指　边指拇 pian45tʂʅ53mu0
0485. 指甲　指甲子 tʂʅ53tɕia31tsʅ0
0486. 腿　腿杆 thuei53kan0
0487. 脚方言指（打√）：只指脚√；包括小腿；包括小腿和大腿：他的～轧断了　脚 tɕyo53
0488. 膝盖指部位　圪膝包 khɛ31ɕi0pau31
0489. 背名词　背壳子 pei324kho31tsʅ0/背壳儿 pei324khor31
0490. 肚子腹部　肚子 tu324tsʅ0
0491. 肚脐　肚脐眼 tu324tɕi0ȵian53
0492. 乳房女性的　奶奶 læ53læ0
0493. 屁股　沟子 kou45tsʅ0
0494. 肛门　屁眼子 phi324øian53tsʅ0

0495. 阴茎成人的　屄 tɕhiou31/鸡娃子 tɕi45ʂua31tsʅ0
0496. 女阴成人的　屄 phi45
0497. 肏动词　合 zʅ31
0498. 精液　屄 suŋ31
0499. 来月经注意婉称　身上来了 ʂən45ʂaŋ0læ31lau0
0500. 拉屎　屙屎 øo45ʂʅ53
0501. 撒尿　屙尿 øo45ȵiau324
0502. 放屁　打屁 ta53phi324
0503. 相当于"他妈的"的口头禅　肏妈的 zʅ45ma31ti0

（二）疾病、医疗

0504. 病了　害病了 xæ24pin324lau0
0505. 着凉　风凉了 xuŋ45liaŋ31lau0
0506. 咳嗽　咳嗽 khɛ31sou324
0507. 发烧　发烧 fa45ʂau45
0508. 发抖　打冷噤 ta324lən53tɕin0
0509. 肚子疼　肚子痛 tu324tsʅ0thuŋ324
0510. 拉肚子　过肚子 ko24tu324tsʅ0
0511. 患疟疾　打摆子 ta53pæ53tsʅ0
0512. 中暑　受暑热 ʂou324ʂu53ʐɛ31
0513. 肿　肿 tʂuŋ53
0514. 化脓　灌脓 kuan324luŋ31
0515. 疤好了的　僵疤 tɕiaŋ45pa0
0516. 癣　癣 ɕyan53
0517. 痣凸起的　痣 tʂʅ324
0518. 疙瘩蚊子咬后形成的　疙瘩 kɛ45ta31
0519. 狐臭　狐臭 fu31tʂhou324
0520. 看病　看病 khan24pin324
0521. 诊脉　拉脉 la31mɛ31
0522. 针灸　扎针 tsa31tʂən45

0523. 打针　打针 ta53tʂən45

0524. 打吊针　打吊针 ta53tiau324tʂən45

0525. 吃药统称　喝药 xo45Øyo31

0526. 汤药　药 Øyo31

0527. 病轻了　病好些了
　　　 pin324xau53ɕi31lau0

八、婚丧、信仰

（一）婚育

0528. 说媒　说媒 ʂo31mei31

0529. 媒人　媒婆儿 mei31phor31/
　　　 红爷男 xuŋ31ØiE31

0530. 相亲　相亲 ɕiaŋ45tɕin45

0531. 订婚　看门户 khan324men31fu0

0532. 嫁妆　行嫁 ɕin31tɕia324

0533. 结婚统称　结婚 tɕiE45fən45

0534. 娶妻子男子～，动宾　接婆娘
　　　 tɕiE45pho31ȵiaŋ31

0535. 出嫁女子～　嫁人 tɕia324ʐən31

0536. 拜堂　拜堂 pæe324thaŋ31

0537. 新郎　新郎官儿 ɕin45laŋ31kuanr31

0538. 新娘子　新媳妇儿 ɕin45ɕi31fər31

0539. 孕妇　怀肚婆 xuæe31tu324pho31

0540. 怀孕　怀娃儿 xuæe31ua31Øər0

0541. 害喜妊娠反应　害喜 xæe324ɕi53

0542. 分娩　生娃儿 sən45Øua31Øər0

0543. 流产　小产 ɕiau53tʂhan53

0544. 双胞胎　双生子 ʂuaŋ45sən0tsʅ0

0545. 坐月子　坐月子 tso324ØyE31tsʅ0

0546. 吃奶　吃奶奶 tʂhʅ31læe53læe0

0547. 断奶　隔奶 kE31læe53

0548. 满月　满月 man53ØyE31

0549. 生日统称　生日 sən45Øər0

0550. 做寿　办生 pan324sən45

（二）丧葬

0551. 死统称　死 sʅ53

0552. 死婉称，最常用的几种，指老人：他～
　　　 了　走 tsou53

0553. 自杀　寻短见 ɕyn31tuan53tɕian324

0554. 咽气　断气 tuan24tɕhi324

0555. 入殓　装棺 tʂuaŋ45kuan45

0556. 棺材　枋子 faŋ45tsʅ0

0557. 出殡　发丧 fa31saŋ45

0558. 灵位　灵牌子 lin31phæe31tsʅ0

0559. 坟墓单个的，老人的　坟 fən31

0560. 上坟　上坟 ʂaŋ324fən31

0561. 纸钱　纸 tsʅ53

（三）信仰

0562. 老天爷　天老爷 thian24lau53ØiE0

0563. 菩萨统称　菩萨 phu31sa0

0564. 观音　观音菩萨
　　　 kuan24Øin0phu31sa0

0565. 灶神口头的叫法，其中如有方言亲属称
　　　 谓要释义　灶神菩萨 tsau324ʂən0
　　　 phu31sa0

0566. 寺庙　庙 miau324

0567. 祠堂　祠堂 tshʅ31thaŋ31

0568. 和尚　和尚 xo31ʂaŋ0

0569. 尼姑　尼姑 ȵi31ku0

0570. 道士　道人 tau324ʐən31

0571. 算命统称　算命 suan24min324

0572. 运气　运气 Øyn324tɕhi0

0573. 保佑　保佑 pau53Øiou324

151

九、人品、称谓

（一）人品

0574. 人一个~　人 ʐṇ31
0575. 男人成年的，统称　男人 lan31ʐṇ31
0576. 女人三四十岁已婚的，统称　女人 ȵy53ʐṇ31
0577. 单身汉　光棍儿 kuaŋ24kuər324
0578. 老姑娘　老姑娘 lau53ku24ȵiaŋ31
0579. 婴儿　月娃儿 ØyE324Øuar31
0580. 小孩儿三四岁的，统称　碎娃儿 suei324Øuar31
0581. 男孩儿统称：外面有个~在哭　男娃 lan31Øua31
0582. 女孩儿统称：外面有个~在哭　女娃 ȵy53Øua31
0583. 老人七八十岁的，统称　老的 lau53ti0
0584. 亲戚统称　亲戚 tɕhin45tɕhi31
0585. 朋友统称　朋友 phəŋ31Øiou53
0586. 邻居统称　挨到的 ŋæ24tau0ti0
0587. 客人　客 khE31
0588. 农民　庄稼汉 tʂuaŋ24tɕia0xan324
0589. 商人　生意人 səŋ24i0ʐṇ31
0590. 手艺人统称　匠人 tɕiaŋ324ʐṇ31
0591. 泥水匠　泥水匠 ȵi31ʂuei0tɕiaŋ324
0592. 木匠　木匠 mu31tɕiaŋ324
0593. 裁缝　裁缝 tshæ31xuŋ31
0594. 理发师　待诏 tæ324tʂau24
0595. 厨师　厨馆师 tʂhu31kuan53sṇ45
0596. 师傅　师傅 sṇ45fu0
0597. 徒弟　徒弟 thu31ti324

0598. 乞丐统称，非贬称（无统称则记成年男的）　讨口子 thau53khou53tsṇ0
0599. 妓女　妓女 tɕi324ȵy53
0600. 流氓　流氓 liou31maŋ31
0601. 贼　贼娃子 tsei31Øua31tsṇ0
0602. 瞎子统称，非贬称（无统称则记成年男的）　瞎子 ɕia31tsṇ0
0603. 聋子统称，非贬称（无统称则记成年男的）　聋子 luŋ31tsṇ0
0604. 哑巴统称，非贬称（无统称则记成年男的）　哑巴 Øia53pa0
0605. 驼子统称，非贬称（无统称则记成年男的）　驼背子 tho31pei324tsṇ0
0606. 瘸子统称，非贬称（无统称则记成年男的）　跛子 pæ45tsṇ0
0607. 疯子统称，非贬称（无统称则记成年男的）　疯子 fəŋ45tsṇ0
0608. 傻子统称，非贬称（无统称则记成年男的）　瓜子 kua53tsṇ0
0609. 笨蛋蠢的人　笨蛋 pən24tan324

（二）称谓

0610. 爷爷呼称，最通用的　爷 ØiE31
0611. 奶奶呼称，最通用的　婆 pho31
0612. 外祖父叙称　外公 Øuæ324kuŋ0
0613. 外祖母叙称　外婆 Øuæ324pho0
0614. 父母合称　父母 fu324mu53
0615. 父亲叙称　父亲 fu324tɕhin0
0616. 母亲叙称　母亲 mu53tɕhin0
0617. 爸爸呼称，最通用的　伯伯 pE31pE0／爸爸 pa324pa0
0618. 妈妈呼称，最通用的　妈 ma45
0619. 继父叙称　后老子 xou324lau53tsṇ0

0620. 继母叙称　后妈 xou324ma45

0621. 岳父叙称　姨父 Øi31fu0

0622. 岳母叙称　姨娘 Øi31ȵiaŋ31

0623. 公公叙称　公爹 kuŋ45tiɛ0

0624. 婆婆叙称　老人婆 lau53zʅən31pho0

0625. 伯父呼称，统称　伯伯 pɛ31pɛ0

0626. 伯母呼称，统称　伯娘 pɛ31ȵiaŋ31

0627. 叔父呼称，统称　□□ man53man0

0628. 叔父呼称，排行最小的，如"幺叔"　幺□ Øiau45man53

0629. 叔母呼称，统称　婶婶 ʂən53ʂən0

0630. 姑呼称，统称（无统称则记分称：比父大，比父小；已婚，未婚）　姑 ku45

0631. 姑父呼称，统称　姑父 ku45fu0

0632. 舅舅呼称　舅舅 tɕiou324tɕiou0

0633. 舅妈呼称　舅娘 tɕiou324ȵiaŋ31

0634. 姨呼称，统称（无统称则记分称：比母大，比母小；已婚，未婚）　姨姨 Øi31Øi31

0635. 姨父呼称，统称　姨父 Øi31fu0

0636. 弟兄合称　兄弟 ɕyŋ45ti0

0637. 姊妹合称，注明是否可包括男性　姊妹包括男性 tsʅ53mei324

0638. 哥哥呼称，统称　哥哥 ko45ko0

0639. 嫂子呼称，统称　嫂嫂 sau53sau0

0640. 弟弟叙称　弟弟 ti324ti0

0641. 弟媳叙称　兄弟媳妇 ɕyŋ45ti0ɕi31fu0

0642. 姐姐呼称，统称　姐姐 tɕiɛ53tɕiɛ0

0643. 姐夫呼称　姐夫 tɕiɛ53fu0

0644. 妹妹叙称　妹妹 mei324mei0

0645. 妹夫叙称　妹夫 mei324fu0

0646. 堂兄弟叙称，统称　堂兄弟 thaŋ31ɕyŋ45ti0

0647. 表兄弟叙称，统称　表兄弟 piau53ɕyŋ45ti0

0648. 妯娌弟兄妻子的合称　子嫂 tsʅ53sau53

0649. 连襟姊妹丈夫的关系，叙称　老挑 lau53thiau45

0650. 儿子叙称：我的～　儿子 Øər31tsʅ0

0651. 儿媳妇叙称：我的～　儿媳妇 Øər31ɕi31fu0

0652. 女儿叙称：我的～　女子 ȵy53tsʅ0

0653. 女婿叙称：我的～　女婿 ȵy53ɕi0

0654. 孙子儿子之子　孙娃子 sən45Øua31tsʅ0

0655. 重孙子儿子之孙　重孙子 tshuŋ31sən24tsʅ0

0656. 侄子弟兄之子　侄娃子 tsʅ31Øua31tsʅ0

0657. 外甥姐妹之子　外侄 Øuæ324tsʅ31

0658. 外孙女儿之子　外孙子 Øuæ324sən24tsʅ0

0659. 夫妻合称　两口子 liaŋ53khou53tsʅ0

0660. 丈夫叙称，最通用的，非贬称：她的～　男人 lan31zʅən0

0661. 妻子叙称，最通用的，非贬称：他的～　婆娘 pho31ȵiaŋ31/女人 ȵy53zʅən0

0662. 名字　名字 min31tsʅ0

0663. 绰号　外号 Øuæ24xau324

十、农、工、商、文

（一）农业

0664. 干活儿统称：在地里～　做活路

tsu324xo31lu0

0665. 事情一件~ 事 sʅ324

0666. 插秧　栽秧 tsæ45ɸiaŋ45

0667. 割稻　割谷子 ko45ku31tsʅ0

0668. 种菜　种菜 tʂuŋ24tʂhæe324

0669. 犁名词　犁头 li31thou0

0670. 锄头　锄头 tʂhu31thou0

0671. 镰刀　镰刀 lian31tau45

0672. 把儿刀~　把把 pa324pa0

0673. 扁担　扁挑 pian53thiau31

0674. 箩筐　箩兜 lo31tou45

0675. 筛子统称　筛子 ʂæe45tsʅ0

0676. 簸箕农具,有梁的　撮箕 tsho45tɕi31

0677. 簸箕簸米用　柳簸 liou53po31

0678. 独轮车　鸡公车 tɕi45kuŋ45tʂhε45

0679. 轮子旧式,如独轮车上的　滚滚 kuən53kuən0

0680. 碓整体　碓窝 tuei324ɸo45

0681. 臼　擂窝子 luei31ɸo45tsʅ0

0682. 磨名词　磨子 mo324tsʅ0

0683. 年成　年成 ȵian31tʂhən31

(二) 工商业

0684. 走江湖统称　跑江湖 phau53tɕiaŋ45fu31

0685. 打工　打工 ta53kuŋ45

0686. 斧子　开山子 khæe45ʂan53tsʅ0

0687. 钳子　钳子 tɕhian31tsʅ0

0688. 螺丝刀　起子 tɕhi53tsʅ0

0689. 锤子　铁锤 thiε53tʂhuei31

0690. 钉子　钉子 tin45tsʅ0

0691. 绳子　绳子 ʂən31tsʅ0

0692. 棍子　棒棒 paŋ324paŋ0

0693. 做买卖　做生意 tsu324sən45ɸi0

0694. 商店　商店 ʂaŋ45tian0

0695. 饭馆　馆子 kuan53tsʅ0

0696. 旅馆旧称　旅社 ly53ʂε0

0697. 贵　贵 kuei324

0698. 便宜　便宜 phian31ɸi31

0699. 合算　划得来 xua31tε0læe31

0700. 折扣　折扣 tʂε31khou324

0701. 亏本　亏本 khuei45pən53

0702. 钱统称　钱 tɕhian31

0703. 零钱　零钱 lin31tɕhian31

0704. 硬币　银元 ɸin31ɸyan31

0705. 本钱　本钱 pən53tɕhian31

0706. 工钱　工钱 kuŋ45tɕhian31

0707. 路费　盘缠 phan31tʂhan31

0708. 花~钱　使 sʅ53

0709. 赚卖一斤能~一毛钱　赚 tʂuan324

0710. 挣打工~了一千块钱　挣 tsən324

0711. 欠~他十块钱　欠 tɕhian324

0712. 算盘　算盘 suan324phan31

0713. 秤统称　秤 tʂhən324

0714. 称用秤~　称 tʂhən45

0715. 赶集　赶场 kan53tʂhaŋ31

0716. 集市　集 tɕi31

0717. 庙会　庙会 miau24xuei324

(三) 文化、娱乐

0718. 学校　学堂 ɕyo31thaŋ31

0719. 教室　教室 tɕiau324sʅ31

0720. 上学　上学 ʂaŋ324ɕyo31

0721. 放学　放学 faŋ324ɕyo31

0722. 考试　考试 khau53sʅ324

0723. 书包　书包 ʂu45pau45

0724. 本子　本子 pən53tsʅ0

0725. 铅笔　铅笔 tɕhian45pi31

0726. 钢笔　钢笔 kɑŋ45pi31

0727. 圆珠笔　圆珠笔 ɸyan31tʂu0pi31

0728. 毛笔　毛笔 mau31pi31

0729. 墨　墨 mɛ31

0730. 砚台　砚台 ɸian324thæ31

0731. 信一封～　信 ɕin324

0732. 连环画　娃娃书 ɸua31ɸua0ʂu45

0733. 捉迷藏　躲猫猫 to53mau45mau0

0734. 跳绳　跳绳 thiau324ʂən31

0735. 毽子　毽子 tɕian324tsʅ0

0736. 风筝　风筝 xuŋ45tsən0

0737. 舞狮　耍狮子 ʂua53ʂʅ45tsʅ0

0738. 鞭炮统称　火炮子 xo53phau324tsʅ0

0739. 唱歌　唱歌 tʂhaŋ324ko45

0740. 演戏　唱戏 tʂhaŋ24ɕi324

0741. 锣鼓统称　锣鼓 lo31ku53

0742. 二胡　二胡 ɸər324fu31

0743. 笛子　笛子 ti31tsʅ0

0744. 划拳　划拳 fa31tɕhyan31

0745. 下棋　下棋 ɕia324tɕhi31

0746. 打扑克　打牌 ta53phæ31

0747. 打麻将　打麻将 ta53ma31tɕiaŋ0

0748. 变魔术　耍魔术 ʂua53mo31su0

0749. 讲故事　摆龙门阵
　　　　　pæ53luŋ31mən0tʂən324

0750. 猜谜语　猜谜子 tʂhæ45mi31tsʅ0

0751. 玩儿游玩：到城里～　耍 ʂua53

0752. 串门儿　串门子
　　　　　tʂhuan324mən31tsʅ0

0753. 走亲戚　走亲戚
　　　　　tsou53tɕhin45tɕhi31

十一、动作、行为

（一）具体动作

0754. 看～电视　看 khan324

0755. 听用耳朵～　听 thin45

0756. 闻嗅：用鼻子～　闻 ɸuən31

0757. 吸～气　吸 ɕi45

0758. 睁～眼　睁 tsən45

0759. 闭～眼　眯 mi45

0760. 眨～眼　眨 tsa31

0761. 张～嘴　张 tʂaŋ45

0762. 闭～嘴　闭 pi324

0763. 咬狗～人　咬 ȵiau53

0764. 嚼把肉～碎　嚼 tɕiau31

0765. 咽～下去　吞 thən45

0766. 舔人用舌头～　舔 thian53

0767. 含～在嘴里　含 xan31

0768. 亲嘴　打啵 ta53po45

0769. 吮吸用嘴唇聚拢吸取液体，如吃奶时
　　　□ tɕin45

0770. 吐上声，把果核儿～掉　吐 thu53

0771. 吐去声，呕吐：喝酒喝～了
　　　吐 thu53

0772. 打喷嚏　打喷秋 ta53fən324tɕhiou31

0773. 拿用手把苹果～过来　拿 la31

0774. 给他～我一个苹果　给 kei324

0775. 摸～头　摸 mo45

0776. 伸～手　伸 tʂhən45

0777. 挠～痒痒　抠 khou45

0778. 掐用拇指和食指的指甲～皮肉
　　　掐 tɕhia31

0779. 拧～螺丝　拧 ȵin53

0780. 拧～毛巾　揪 tɕiou45

0781. 捻用拇指和食指来回～碎
　　　捻 ȵian45

0782. 掰把橘子～开，把馒头～开
　　　搣 miE45

0783. 剥～花生　剥 po31

0784. 撕把纸～了　撕 sʅ45

0785. 折把树枝～断　折 tʂE31

0786. 拔～萝卜　扯 tʂhE53

0787. 摘～花　摘 tsE31

0788. 站站立：～起来　站 tʂan324

0789. 倚斜靠：～在墙上　斜靠
　　　ɕiE31khau324

0790. 蹲～下　偻 lou53

0791. 坐～下　坐 tso324

0792. 跳青蛙～起来　跳 thiau324

0793. 迈跨过高物：从门槛上～过去
　　　□ tɕhia31

0794. 踩脚～在牛粪上　踩 tʂhæe53

0795. 翘～腿　翘 tɕhiau324

0796. 弯～腰　弯 ɵuan45

0797. 挺～胸　挺 thin53

0798. 趴～着睡　趴 pha31

0799. 爬小孩儿在地上～　爬 pha31

0800. 走慢慢儿～　走 tsou53

0801. 跑慢慢儿走，别～　跑 phau53

0802. 逃逃跑：小偷儿～走了　逃 thau31

0803. 追追赶：～小偷儿　追 tsuei45

0804. 抓～小偷儿　抓 tʂua45

0805. 抱把小孩儿～在怀里　抱 pau324

0806. 背～孩子　背 pei45

0807. 搀～老人　搀 tʂhan45

0808. 推几个人一起～汽车　推 thuei45

0809. 摔跌：小孩儿～倒了　摔 ʂuæe53

0810. 撞人～到电线杆　撞 tʂhuaŋ53

0811. 挡你～住我了，我看不见　挡
　　　taŋ324

0812. 躲躲藏：他～在床底下　躲 to53

0813. 藏藏放，收藏：钱～在枕头下面　藏
　　　tshaŋ31

0814. 放把碗～在桌子上　放 faŋ324

0815. 摞把砖～起来　摞 lo324

0816. 埋～在地下　埋 mæe31

0817. 盖把茶杯～上　盖 kæe324

0818. 压用石头～住　压 ɵia324

0819. 摁用手指按：～图钉　按 ŋan324

0820. 捅用棍子～鸟窝　捅 thuŋ45

0821. 插把香～到香炉里　插 tʂha31

0822. 戳～个洞　戳 tʂho31

0823. 砍～树　砍 khan53

0824. 剁把肉～碎做馅儿　剁 to324

0825. 削～苹果　削 ɕyE31

0826. 裂木板～开了　裂 liE31

0827. 皱皮～起来　皱 tsuŋ324

0828. 腐烂死鱼～了　烂 lan324

0829. 擦用毛巾～手　擦 tsha31

0830. 倒把碗里的剩饭～掉　倒 tau324

0831. 扔丢弃：这个东西坏了，～了它
　　　扔 ɵər53

0832. 扔投掷：比一比谁～得远　撂
　　　liau324

0833. 掉掉落，坠落：树上～下一个梨
　　　落 lo31

0834. 滴水～下来　滴 ti31

0835. 丢丢失：钥匙～了　折 ʂE31

0836. 找寻找：钥匙～到了　找 tʂau53

0837. 捡 ～到十块钱　捡 tɕian53

0838. 提用手把篮子～起来　□ tia45

0839. 挑 ～担　担 tan45

0840. 扛把锄头～在肩上　挸 lau53

0841. 抬 ～轿　抬 thæe31

0842. 举 ～旗子　抈 tʂou53

0843. 撑 ～伞　撑 tʂhən45

0844. 撬把门～开　撬 tɕhiau324

0845. 挑挑选，选择：你自己～一个
　　选 ɕyan53

0846. 收拾 ～东西　收拾 ʂou45ʂʅ31

0847. 挽 ～袖子　挽 mian53

0848. 涮把杯子～一下　涮 ʂuan324

0849. 洗 ～衣服　洗 ɕi53

0850. 捞 ～鱼　捞 lau31

0851. 拴 ～牛　拴 ʂuan45

0852. 捆 ～起来　捆 khuən53

0853. 解 ～绳子　解 kæe53

0854. 挪 ～桌子　挪 lo45

0855. 端 ～碗　端 tuan45

0856. 摔碗 ～碎了　摔 ʂuæe31

0857. 掺 ～水　掺 tʂhan45

0858. 烧 ～柴　烧 ʂau45

0859. 拆 ～房子　拆 tʂhɛ31

0860. 转 ～圈儿　转 tʂuan324

0861. 捶用拳头～　捶 tʂhuei31

0862. 打统称：他～了我一下　打 ta53

0863. 打架动手：两个人在～　打架
　　ta53tɕia324

0864. 休息　歇气 ɕiɛ31tɕhi324

0865. 打哈欠　打呵嗨 ta53xo45xæe31

0866. 打瞌睡　窜瞌睡
　　tʂhuan45kho31ʂuei31

0867. 睡他已经～了　睡 ʂuei324

0868. 打呼噜　扯噗鼾 tʂhɛ53phu31xan31

0869. 做梦　做梦 tso24məŋ324

0870. 起床　起来 tɕhi53læe31

0871. 刷牙　刷牙 ʂua31ɸia31

0872. 洗澡　洗澡 ɕi53tsau53

（二）抽象动作

0873. 想思索：让我～一下　想 ɕiaŋ53

0874. 想想念：我很～他　想 ɕiaŋ53

0875. 打算我～开个店　打算 ta53suan0

0876. 记得　记得 tɕi324tɛ31

0877. 忘记　忘 ɸuaŋ324

0878. 怕害怕：你别～　怕 pha324

0879. 相信我～你　相信 ɕiaŋ45ɕin324

0880. 发愁　焦 tɕiau45

0881. 小心过马路要～　小心 ɕiau53ɕin45

0882. 喜欢 ～看电视　爱 ŋæe324

0883. 讨厌 ～这个人　讨厌
　　thau53ɸian324

0884. 舒服凉风吹来很～　舒服 su45fu0

0885. 难受生理的　难受 lan31ʂou324

0886. 难过心理的　不好过
　　pu31xau53ko324

0887. 高兴　高兴 kau45ɕin324

0888. 生气　恼气 ŋou45tɕhi324

0889. 责怪　怪 kuæe324

0890. 后悔　后悔 xou324xuei53

0891. 忌妒　眼红 ɸian53xuŋ31

0892. 害羞　怕羞 pha324ɕiou45

0893. 丢脸　丢人 tiou45ʐən31

0894. 欺负　欺负 tɕhi45fu31

0895. 装 ～病　装 tʂuaŋ45

0896. 疼～小孩儿　爱 ŋæe324
0897. 要我～这个　要 Øiau324
0898. 有我～一个孩子　有 Øiou53
0899. 没有他～孩子　没得 mo31tɛ31
0900. 是我～老师　是 ʂɿ324
0901. 不是他～老师　不是 pu31ʂɿ324
0902. 在他～家　在 tsæe324
0903. 不在他～家　不在 pu31tsæe324
0904. 知道我～这件事　晓得 ɕiau53tɛ31
0905. 不知道我～这件事　不晓得 pu31ɕiau53tɛ31
0906. 懂我～英语　懂 tuŋ53
0907. 不懂我～英语　不懂 pu31tuŋ53
0908. 会我～开车　会 xuei324
0909. 不会我～开车　不会 pu31xuei324
0910. 认识我～他　认得 zʅən324tɛ31
0911. 不认识我～他　认不得 zʅən324pu0tɛ31
0912. 行应答语　要得 Øiau324tɛ31
0913. 不行应答语　要不得 Øiau324pu0tɛ31
0914. 肯～来　肯 khən53
0915. 应该～去　该 kæe45
0916. 可以～去　可以 kho53Øi53

（三）言语

0917. 说～话　说 ʂo31
0918. 话说～　话 xua324
0919. 聊天儿　摆龙门阵 pæe53luŋ31men0tʂən31
0920. 叫～他一声儿　喊 xan53
0921. 吆喝大声喊　吆喝 Øiau45xo53
0922. 哭小孩儿～　哭 khu31
0923. 骂当面～人　嚼 tɕyɛ31

0924. 吵架动嘴：两个人在～　吵架 tʂhau53tɕia324
0925. 骗～人　骗 phian324
0926. 哄～小孩儿　哄 xuŋ53
0927. 撒谎　日白 zʅ31pɛ31
0928. 吹牛　谝嘴 phian53tsuei53
0929. 拍马屁　舔沟子 thian53kou45tsʅ0
0930. 开玩笑　说笑 ʂo45ɕiau324
0931. 告诉～他　说 ʂo31
0932. 谢谢致谢语　谢谢 ɕiɛ24ɕiɛ324
0933. 对不起致歉语　对不起 tuei324pu0tɕhi53
0934. 再见告别语　再见 tsæe24tɕian324

十二、性质、状态

（一）形貌

0935. 大苹果～　大 ta324
0936. 小苹果～　小 ɕiau53
0937. 粗绳子～　粗 tshu45
0938. 细绳子～　细 ɕi324
0939. 长线～　长 tʂhaŋ31
0940. 短线～　短 tuan53
0941. 长时间～　长 tʂhaŋ31
0942. 短时间～　短 tuan53
0943. 宽路～　宽 khuan45
0944. 宽敞房子～　宽 khuan45
0945. 窄路～　窄 tsɛ31
0946. 高飞机飞得～　高 kau45
0947. 低鸟飞得～　矮 ŋæe53
0948. 高他比我～　高 kau45
0949. 矮他比我～　矮 ŋæe53
0950. 远路～　远 Øyan53

0951. 近路～　近 tɕin324
0952. 深水～　深 ʂən45
0953. 浅水～　浅 tɕhian53
0954. 清水～　清 tɕhin45
0955. 浑水～　浑 fən45
0956. 圆　圆 Øyann31
0957. 扁　扁 pian53
0958. 方　方 faŋ45
0959. 尖　尖 tɕian45
0960. 平　平 phin31
0961. 肥～肉　肥 xuei31
0962. 瘦～肉　瘦 sou324
0963. 肥形容猪等动物　肥 xuei31
0964. 胖形容人　胖 phaŋ324
0965. 瘦形容人、动物　瘦 sou324
0966. 黑黑板的颜色　黑 xɛ31
0967. 白雪的颜色　白 pɛ31
0968. 红国旗的主颜色，统称　红 xuŋ31
0969. 黄国旗上五星的颜色　黄 xuaŋ31
0970. 蓝蓝天的颜色　蓝 lan31
0971. 绿绿叶的颜色　绿 lu31
0972. 紫紫药水的颜色　紫 tsʅ53
0973. 灰草木灰的颜色　灰 xuei45

（二）状态

0974. 多东西～　多 to45
0975. 少东西～　少 ʂau53
0976. 重担子～　重 tʂuŋ324
0977. 轻担子～　轻 tɕhin45
0978. 直线～　直 tʂʅ31
0979. 陡～，楼梯～　陡 tou53
0980. 弯弯曲：这条路是～的　弯 Øuan45
0981. 歪帽子戴～了　歪 Øuæ45

0982. 厚木板～　厚 xou324
0983. 薄木板～　薄 po31
0984. 稠稀饭～　干 kan45
0985. 稀稀饭～　稀 ɕi45
0986. 密菜种得～　密 mi31
0987. 稀稀疏：菜种得～　稀 ɕi45
0988. 亮指光线，明亮　亮 liaŋ324
0989. 黑指光线，完全看不见　黑 xɛ31
0990. 热天气～　热 zɛ31
0991. 暖和天气～　热和 zɛ31xo31
0992. 凉天气～　凉 liaŋ31
0993. 冷天气～　冷 lən53
0994. 热水～　热 zɛ31
0995. 凉水～　冷 lən53
0996. 干干燥：衣服晒～了　干 kan45
0997. 湿潮湿：衣服淋～了　湿 ʂʅ31
0998. 干净衣服～　干净 kan45tɕin0
0999. 脏肮脏，不干净，统称：衣服～
　　　脏 tsaŋ45
1000. 快锋利：刀子～　快 khuæ324
1001. 钝刀子～　钝 tən324
1002. 快坐车比走路～　快 khuæ324
1003. 慢走路比坐车～　慢 man324
1004. 早来得～　早 tsau53
1005. 晚来～了　晚 Øuan53
1006. 晚天色～　晚 Øuan53
1007. 松捆得～　松 suŋ45
1008. 紧捆得～　紧 tɕin53
1009. 容易这道题～　容易 Øyŋ310i31
1010. 难这道题～　难 lan31
1011. 新衣服～　新 ɕin45
1012. 旧衣服～　旧 tɕiou324
1013. 老人～　老 lau53

1014. 年轻人～　年轻 ȵian31tɕhin45

1015. 软糖～　软 ʐuan53

1016. 硬骨头～　硬 ŋən324

1017. 烂肉煮得～　融 ʐuŋ31

1018. 煳饭烧～了　煳 fu31

1019. 结实家具～　结实 tɕiE31ʂʅ31

1020. 破衣服～　烂 lan324

1021. 富他家很～　富 fu324

1022. 穷他家很～　穷 tɕhyŋ31

1023. 忙最近很～　忙 maŋ31

1024. 闲最近比较～　闲 ɕian31

1025. 累走路走得很～　累 luei324

1026. 疼摔～了　痛 thuŋ324

1027. 痒皮肤～　咬 ȵiau53

1028. 热闹看戏的地方很～　闹热 lau324ʐE31

1029. 熟悉这个地方我很～　熟 ʂu31

1030. 陌生这个地方我很～　不熟 pu31ʂu31

1031. 味道尝尝～　味道 Øuei31tau324

1032. 气味闻闻～　气气 tɕhi324tɕhi0

1033. 咸菜～　咸 xan31

1034. 淡菜～　淡 tan324

1035. 酸　酸 suan45

1036. 甜　甜 thian31

1037. 苦　苦 khu53

1038. 辣　辣 la31

1039. 鲜鱼汤～　鲜 ɕyan45

1040. 香　香 ɕiaŋ45

1041. 臭　臭 tʂhou324

1042. 馊饭～　馊气 sʅ45tɕhi0

1043. 腥鱼～　腥气 ɕin45tɕhi0

（三）品性

1044. 好人～　好 xau53

1045. 坏人～　坏 xuæe324

1046. 差东西质量～　撇 phiE324

1047. 对账算～了　对 tuei324

1048. 错账算～了　错 tsho31

1049. 漂亮形容年轻女性的长相：她很～　漂亮 phiau324liaŋ0

1050. 丑形容人的长相：猪八戒很～　撇 phiE324

1051. 勤快　勤快 tɕhin31khuæe0

1052. 懒　懒 lan53

1053. 乖　乖 kuæe45

1054. 顽皮　调皮 thiau31phi31

1055. 老实　老实 lau53ʂʅ0

1056. 傻痴呆　瓜 kua53

1057. 笨蠢　笨 pən324

1058. 大方不吝啬　大方 ta324faŋ0

1059. 小气吝啬　啬皮 sE31phi0

1060. 直爽性格～　耿直 kən53tʂʅ0

1061. 犟脾气～　犟 tɕiaŋ324

十三、数量

（一）数字

1062. 一～二三四五……，下同　一 Øi31

1063. 二　二 Øər324

1064. 三　三 san45

1065. 四　四 sʅ324

1066. 五　五 Øu53

1067. 六　六 liou31

1068. 七　七 tɕhi31

1069. 八　八 pa31

1070. 九　九 tɕiou53

1071. 十　十 ʂʅ31

1072. 二十有无合音　二十无合音
　　　 Øər324ʂʅ31

1073. 三十有无合音　三十无合音
　　　 san45ʂʅ31

1074. 一百　一百 Øi31pE31

1075. 一千　一千 Øi31tɕhian45

1076. 一万　一万 Øi31Øuan324

1077. 一百零五　一百零五
　　　 Øi31pE31lin31Øu53

1078. 一百五十　一百五 Øi31pei53Øu53

1079. 第一～，第二　第一 ti24Øi31

1080. 二两重量　二两 Øər324liaŋ53

1081. 几个你有～孩子？　几个 tɕi53ko324

1082. 俩你们～　两个 liaŋ53ko0

1083. 仨你们～　三个 san45ko0

1084. 个把　个把 ko324pa0

（二）量词

1085. 个—～人　个 ko324

1086. 匹—～马　匹 phi31

1087. 头—～牛　条 thiau31

1088. 头—～猪　头 thou31

1089. 只—～狗　条 thiau31

1090. 只—～鸡　只 tʂʅ45

1091. 只—～蚊子　个 ko324

1092. 条—～鱼　条 thiau31

1093. 条—～蛇　条 thiau31

1094. 张—～嘴　张 tʂaŋ45

1095. 张—～桌子　张 tʂaŋ45

1096. 床—～被子　床 tʂhuaŋ31

1097. 领—～席子　床 tʂhuaŋ31

1098. 双—～鞋　双 ʂuaŋ45

1099. 把—～刀　把 pa53

1100. 把—～锁　把 pa53

1101. 根—～绳子　根 kən45

1102. 支—～毛笔　支 tʂʅ45

1103. 副—～眼镜　副 fu324

1104. 面—～镜子　面 mian324

1105. 块—～香皂　个 ko324

1106. 辆—～车　辆 liaŋ53

1107. 座—～房子　座 tso324

1108. 座—～桥　座 tso324

1109. 条—～河　条 thiau31

1110. 条—～路　条 thiau31

1111. 棵—～树　窝 Øo45

1112. 朵—～花　朵 to53

1113. 颗—～珠子　颗 kho53

1114. 粒—～米　颗 kho53

1115. 顿—～饭　顿 tən324

1116. 剂—～中药　副 fu324

1117. 股—～香味　股 ku53

1118. 行—～字　行 xaŋ31

1119. 块—～钱　块 khuæe31

1120. 毛角：—～钱　毛 mau31

1121. 件—～事情　件 tɕian324

1122. 点儿—～东西　点 tian53

1123. 些—～东西　些 ɕiE45

1124. 下打一～，动量，不是时量
　　　 下 xa324

1125. 会儿坐了一～　下儿 xa324Øər0

1126. 顿打一～　顿 tən324

1127. 阵下了一～雨　刚 kaŋ53

1128. 趟去了一～　趟 thaŋ324

十四、代词、副词、介词、连词

（一）代词

1129. 我～姓王　我 ŋo53
1130. 你～也姓王　你 n̨i53
1131. 您尊称　无
1132. 他～姓张　他 tha45
1133. 我们不包括听话人：你们别去，～去　我们 ŋo53mən0
1134. 咱们包括听话人：他们不去，～去吧　我们 ŋo53mən0
1135. 你们～去　你们 n̨i53mən0
1136. 他们～去　他们 tha45mən0
1137. 大家～一起干　大家 ta324tɕia0
1138. 自己我～做的　自家 tsʅ324tɕia0
1139. 别人这是～的　别个 piE31ko31
1140. 我爸～今年八十岁　我爸 ŋo53pa31/我伯 ŋo53pE31
1141. 你爸～在家吗?　你爸 n̨i53pa31/你伯 n̨i53pE31
1142. 他爸～去世了　他爸 tha45pa31/他伯 tha45pE31
1143. 这个我要～，不要那个　这个 tʂE324ko0
1144. 那个我要这个,不要～　那个 la324ko0
1145. 哪个你要～杯子?　哪个 la53ko0
1146. 谁你找～?　哪个 la53ko0
1147. 这里在～,不在那里　这里 tʂE324li0
1148. 那里在这里,不在～　那里 la324li0

1149. 哪里你到～去?　哪里 la53li0
1150. 这样事情是～的,不是那样的　这们家 tʂE324mən0tɕia31
1151. 那样事情是这样的,不是～的　那们家 la324mən0tɕia31
1152. 怎样什么样:你要～的?　咋块 tsa53khuæe53
1153. 这么～贵啊?　这们 tʂE324mən0
1154. 怎么这个字～写?　哪们 la53mən0
1155. 什么这个是～字?　啥 ʂa324
1156. 什么你找～?　啥 ʂa324
1157. 为什么你～不去?　为啥 Øuei324ʂa324
1158. 干什么你在～?　做啥 tsu324ʂa324
1159. 多少这个村有～人?　好多 xau53to45

（二）副词

1160. 很今天～热　好 xau53
1161. 非常比上条程度深:今天～热　太 thæe324
1162. 更今天比昨天～热　还 xæe31
1163. 太这个东西～贵,买不起　太 thæe324
1164. 最弟兄三个中他～高　最 tsuei324
1165. 都大家～来了　都 tou45
1166. 一共～多少钱?　一共 Øi31kuŋ324
1167. 一起我和你～去　一路 Øi31lu324
1168. 只我～去过一趟　只 tsʅ31
1169. 刚这双鞋我穿着～好　刚 tɕiaŋ45
1170. 刚我～到　刚 kaŋ45
1171. 才你怎么～来啊?　才 tshæe31
1172. 就我吃了饭～去　就 tɕiou324
1173. 经常我～去　经常 tɕin45tʂhaŋ31

1174. 又他～来了　又 ɸiou324
1175. 还他～没回家　还 xæe31
1176. 再你明天～来　又 ɸiou324
1177. 也我～去；我～是老师　也 ɸiɛ53
1178. 反正不用急，～还来得及　反正 fan53tʂən324
1179. 没有昨天我～去　没 mo31
1180. 不明天我～去　不 pu31
1181. 别你～去　莫 mo31
1182. 甭不用，不必：你～客气　莫 mo31
1183. 快天～亮了　快 khuæe324
1184. 差点儿～摔倒了　惜忽 ɕi31fu31
1185. 宁可～买贵的　情愿 tɕhin31ɸyan324
1186. 故意～打破的　利巴 li324pian53
1187. 随便～弄一下　随便 suei31pian324
1188. 白～跑一趟　白 pɛ31

1189. 肯定～是他干的　肯定 khən53tin324
1190. 可能～是他干的　可能 kho53lən31
1191. 一边～走，～说　旋 ɕyan324

（三）介词、连词

1192. 和我～他都姓王　和 xo31
1193. 和我昨天～他去城里了　和 xo31
1194. 对他～我很好　对 tuei324
1195. 往～东走　朝 tʂhau31
1196. 向～他借一本书　跟 kən45
1197. 按～他的要求做　按 ŋan324
1198. 替～他写信　帮 pɑŋ45
1199. 如果～忙你就别来了　要是 ɸiau24ʂʅ324
1200. 不管～怎么劝他都不听　不管 pu31kuan53

第二节　自选词汇

一、天文

1201. 白雨雷阵雨 pɛ31ɸy53
1202. 北斗星 pɛ31tou53ɕin0
1203. 星星屙屎流星 ɕin45ɕin0o45ʂʅ53
1204. 早霞 tsau53ɕia31
1205. 晚霞 ɸuan53ɕia31
1206. 小雨 ɕiau53ɸy53
1207. 毛毛雨 mau31mau0ɸy53
1208. 大雨暴雨 ta324ɸy53
1209. 凌冰子 lin324pin45tsʅ0/凌珠儿 lin324tʂur45 冰锥
1210. 冻成凌冰子结冰

tuŋ324tʂhən31lin324pin45tsʅ0

二、地理

1211. 菜地 tshæe24ti324
1212. 坡坡地坡地 pho45pho0ti324
1213. 崖山崖 ŋæe31
1214. 山根根底下山脚
　　 ʂan45kən45kən0ti53ɕia0
1215. 堰沟水渠 ɸian324kou45

三、时间

1216. 春天 tʂhuən45thian0
1217. 夏天 ɕia324thian0

1218. 秋天 tɕhiou45thian0

1219. 冬天 tuŋ45thian0

1220. 七月七七夕 tɕhi31ØyE31tɕhi31

1221. 重阳节重阳 tʂhuŋ31Øiaŋ31tɕiE31

1222. 大前年 ta324tɕhian31ȵian31

1223. 闰月 ʐuən324ØyE31

1224. 上半年 ʂaŋ324pan53ȵian31

1225. 下半年 ɕia324pan53ȵian31

四、农作物

1226. 田米大米 thian31mi53

1227. 茬子米糙米 tsha31tʂɿ0mi53

1228. 稗子 pæ324tʂɿ0

1229. 藕莲子莲子 ŋou53lian31tʂɿ0

1230. 葫子瓜葫芦 fu324tʂɿ0kua45

1231. 荠荠菜荠菜 ti324ti0tʂhæ324

五、植物

1232. 蔗儿根鱼腥草 tsE r31kən31

1233. 秤砣儿五味子 tʂhən324thor31

1234. 人参 ʐən31sən31

1235. 党参 taŋ53sən31

1236. 柴胡 tʂhæ31fu31

1237. 葛藤根葛根 ko53thən31kən45

1238. 茴香子茴香 xuei31xiaŋ45tʂɿ0

1239. 麝包子麝香 ʂE324pau45tʂɿ0

1240. 石菖蒲菖蒲 ʂɿ31tsaŋ45phu31

1241. 竹瓢子竹茹 tʂu31ʐaŋ31tʂɿ0

1242. 咳麻叶车前子 khE31ma31ØiE31

1243. 陈艾茵陈 tʂhən31ȵæ31

1244. 地木耳地软 ti324mu31Øər53

1245. 苋菜 xan24tʂhæ324

1246. □点点蕨菜 tɕyan45tian53tian0

1247. 干果 kan45ko53

1248. 瓜米子瓜子 kua45mi53tʂɿ0

1249. 香瓜甜瓜 ɕiaŋ45kua45

1250. 花生 xua45sən0

1251. 花生皮皮花生皮 xua45sən0phi31phi0

1252. 花生米米花生米 xua45sən0mi53mi0

1253. 桂花 kuei324xua45

1254. 菊花 tɕy31xua45

1255. 茉莉花 mo31li0xua45

1256. 喇叭花牵牛花 la53pa0xua45

1257. 映山红杜鹃花 Øian324ʂan0xuŋ31

1258. 巴茅芦苇 pa53mau31

1259. 青苔 tɕhin45thæe31

六、农业

1260. 锨 ɕyan45

1261. 背斗 pei324tou53

1262. 铲子铲 tʂhuan53tʂɿ0

1263. 拌桶 pan324thuŋ53

1264. 割麦子割麦 ko45mE31tʂɿ0

1265. 茅坑粪坑 mau31khən45

1266. 粪粪肥 fən324

1267. 水井 ʂuei53tɕin0

1268. 水桶 ʂuei53thuŋ53

1269. 水车 ʂuei53tʂhE45

1270. 牛嘴笼牛笼嘴 ȵiou31tsuei53luŋ31

1271. 碾子石碾 ȵian53tʂɿ0

1272. 磨盘 mo324phan31

1273. 钉耙 tin45pha31

1274. 洋镐镐 Øian31kau31

1275. 大扫把扫帚 ta324sau53pa0

1276. 地扫把笤帚 ti324sau53pa0

1277. 篾条篾片 miE31thiau31

七、动物

1278. 公毛驴子公驴 kuŋ45mau31ly31tsʅ0
1279. 母毛驴子母驴 mu53mau31ly31tsʅ0
1280. 绵羊 mian31Øiaŋ31
1281. 山羊 ʂan45Øiaŋ31
1282. 羊崽崽羊羔 Øiaŋ31tsæe53tsæe0
1283. 毛毛虫毛虫 mau31mau0tʂhuŋ31
1284. 蛐蛐蟋蟀 tɕhy31tɕhy0
1285. 泥鳅 n̠i31tɕhiou0
1286. 鸡冠子鸡冠 tɕi45kuan45tsʅ0
1287. 鸡脚脚鸡爪 tɕi45tɕyo31tɕyo0
1288. 鸭青公鸭 Øia31tɕhin45
1289. 鸭母母鸭 Øia31mu53
1290. 猴子猢狲 xou31tsʅ0
1291. 灶鸡子蟋蟀 tsau324tɕi45tsʅ0
1292. 黄鳝鳝鱼 xuaŋ31ʂan31
1293. 小鸭子 ɕiau53Øia31tsʅ0
1294. 鸭蛋 Øia31tan324
1295. 黑娃子熊 xɛ24Øua31tsʅ0
1296. 毛狗子狐狸 mau31kou53tsʅ0
1297. 黄老鼠黄鼠狼 xuaŋ31lau53ʂuɛ53
1298. 蜂子马蜂 fəŋ45tsʅ0
1299. 鱼蛋鱼子 Øy31tan324
1300. 四脚蛇蜥蜴 sʅ324tɕyo31ʂɛ31
1301. 猫头鹰 mau45thou31Øin45
1302. 闹麻鹰老鹰 lau324ma31Øin45
1303. 蚕牛子蚕蛹 tshan31n̠iou31tsʅ0
1304. 壁虎 pi324fu53
1305. 亮火虫萤火虫 liaŋ324xo53tʂhuŋ31
1306. 瓢瓢虫瓢虫 phiau31phiau0tʂhuŋ31

八、房舍

1307. 院坝院子 Øyan324pa0
1308. 院墙 Øyan324tɕhiaŋ31
1309. 正房 tʂən324faŋ31
1310. 环房厢房 xuan31faŋ31
1311. 窗台子窗台 tʂhaŋ45thæe31tsʅ0
1312. 磨房 mo324faŋ31
1313. 平房 phin31faŋ31
1314. 楼房 lou31faŋ31
1315. 牛圈 n̠iou31tɕyan324
1316. 房脊梁房顶 faŋ31tɕi0liaŋ31
1317. 屋檐 Øu45Øian31
1318. 猪槽猪食槽 tʂu45tʂhau31
1319. 狗窝 kou53Øo31
1320. 椽子 tʂhuan31tsʅ0
1321. 门栓子门栓 mən31ʂuan324tsʅ0
1322. 鸡窝 tɕi45Øo31
1323. 鸡圈鸡笼 tɕi45tɕyan324
1324. 鸡罩子鸡罩 tɕi45tʂau324tsʅ0

九、日用品

1325. 立柜 li31kuei324
1326. 书柜 ʂu45kuei324
1327. 碗柜 Øuan53kuei324
1328. 枕套子枕套 tʂən53thau324tsʅ0
1329. 电壶暖壶 tian324fu31
1330. 案子条案 ŋan324tsʅ0
1331. 躺椅 thaŋ53Øi53
1332. 蒲团 phu31thuan31
1333. 镜子 tɕin324tsʅ0
1334. 夜壶 Øiɛ324fu31
1335. 床板铺板 tʂhuaŋ31pan53
1336. 毯子 than53tsʅ0
1337. 被窝 pei324Øo0
1338. 烘笼子手炉 xuŋ45luŋ31tsʅ0

1339. 火盆 xo53phən31
1340. 铺盖里子被里 phu45kæe324li53tsʅ0
1341. 铺盖面子被面
　　　phu45kæe24mian324tsʅ0
1342. 草席子草席 tshau53çi31tsʅ0
1343. 竹席子竹席 tʂu31çi31tsʅ0
1344. 风箱 xuŋ45çiaŋ0
1345. 火钳 xo53tɕhian31
1346. 火铲子火铲 xo53tʂhuan53tsʅ0
1347. 抹布 ma31pu324
1348. 锯木面锯末 tɕy324mu0mian324
1349. 木花儿刨花 mu324xuar31
1350. 烟筒烟囱 Øian45thuŋ53
1351. 锅盖 ko45kæe0
1352. 茶缸子茶杯 tʂha31kaŋ45tsʅ0
1353. 墩墩砧板 tən53tən0
1354. 筷兜兜筷笼 khuæe324tou45tou0
1355. 酒杯子酒杯 tɕiou53pei45tsʅ0
1356. 案板面板 ŋan324pan53
1357. 酒壶壶酒壶 tɕiou53fu31fu0
1358. 罐罐罐子 kuan324kuan0
1359. 蒸笼 tʂən45luŋ31
1360. 洗澡盆澡盆 çi53tsau53phən31
1361. 挖耳子耳挖子 Øua45Øər53tsʅ0
1362. 搓衣板洗衣板儿 tsho45Øi0pan324
1363. 胰子香皂 Øi324tsʅ0
1364. 洗脚盆脚盆 çi53tɕyo0phən31
1365. 棒槌 paŋ324tʂhuei31
1366. 抹脚布擦脚布 ma31tɕyo53pu324
1367. 煤油灯 mei31Øiou31tən45
1368. 蒲扇 phu31ʂan324
1369. 灯笼 tən45luŋ31
1370. 浆子糨糊 tɕiaŋ324tsʅ0

1371. 拐拐拐杖 kuæe53kuæe0
1372. 顶针子顶针 tin53tʂən31tsʅ0
1373. 针眼眼针鼻 tʂən45Øian53Øian0
1374. 锥子 tsuei45tsʅ0

十、称谓

1375. 城里人 tʂhən31li0zʅ.ən31
1376. 乡里人 çiaŋ45li0zʅ.ən31
1377. 外人 Øuæe324zʅ.ən0
1378. 背佬二脚夫 pei45lau53Øər0
1379. 抬轿娃轿夫 thæe31tɕiau324Øua31
1380. 艄公 sau45kuŋ31
1381. 大婆子大老婆 ta324pho31tsʅ0
1382. 小婆子小老婆 çiau53pho31tsʅ0
1383. 大姨妹大姨子 ta324Øi31mei324
1384. 小姨妹小姨子 çiau53Øi31mei324
1385. 侄女子侄女 tsʅ31n̠y53tsʅ0
1386. 寡妇 kua53fu31
1387. 婊子 piau53tsʅ0
1388. 嫖客 phiau31khɛ31
1389. 私娃子私生子 sʅ45Øua31tsʅ0
1390. 犯人囚犯 fan324zʅ.ən31
1391. 太爷曾祖父 thæe324ØiE31
1392. 太婆曾祖母 thæe324pho31
1393. 堂兄 thaŋ31çyŋ45
1394. 堂弟 thaŋ31ti324
1395. 堂姐 thaŋ31tɕiE53
1396. 堂妹 thaŋ31mei324
1397. 掌柜的老板 tʂaŋ53kuei324ti0
1398. 老板娘 lau53pan0n̠iaŋ31
1399. 姑婆姑奶奶 ku45pho31
1400. 姨婆姨奶奶 Øi31pho31
1401. 表姐 piau53tɕiE53

1402. 表妹 piau53mei324

1403. 表弟 piau53ti324

1404. 表哥 piau53ko45

1405. 表嫂 piau53sau53

1406. 亲家母 tɕhin45tɕia0mu53

1407. 亲家亲家翁 tɕhin45tɕia0

1408. 娘屋娘家 ȵiaŋ31Øu31

1409. 婆家 pho31tɕia0

1410. 瓦匠 Øua53tɕiaŋ324

1411. 铜匠 thuŋ31tɕiaŋ324

1412. 铁匠 thiɛ53tɕiaŋ324

1413. 杀猪匠屠户 ʂa31tʂu45tɕiaŋ324

十一、身体

1414. 身材 ʂən45tshæe31

1415. 光脑壳秃头 kuaŋ45lau53ko0

1416. 谢顶秃顶 ɕiɛ324tin53

1417. 鼻子蛋蛋鼻子尖儿 pi31tʂ0tan324tan0

1418. 口水唾沫 khou53ʂuei0

1419. 门牙 mən31Øia31

1420. 虎牙 fu53Øia31

1421. 脑壳顶顶头顶 lau53kho0tin53tin0

1422. 后脑壳后脑勺子 xou324lau0kho31

1423. 后颈窝后脑窝子 xou324tɕin0Øo45

1424. 鼻梁杆鼻梁 pi31liaŋ0kan324

1425. 虫吃牙虫牙 tʂhuŋ31tʂʅ45Øia31

1426. 耳眼眼耳朵眼儿 Øər53Øian53Øian0

1427. 巴掌 pa45tʂaŋ53

1428. 少年白少白头 ʂau324ȵian31pɛ31

1429. 转转髻 tʂuan53tʂuan0

1430. 手板心手心 ʂou53pan0ɕin45

1431. 手背 ʂou53pei324

1432. 大腿 ta324thuei53

1433. 小腿 ɕiau53thuei53

1434. 腿肚子 thuei53tu324tsʅ0

1435. 脚趾拇脚趾头 tɕyo31tʂʅ53mu0

1436. 脚后跟脚跟 tɕyo31xou324kən45

1437. 精脚片赤脚 tɕin45tɕyo31phian31

1438. 脸蛋 lian53tan324

1439. 颧骨 ɕyan31ku53

1440. 酒窝窝酒窝 tɕiou53Øo31Øo0

1441. 腮包子腮帮子 sæe45pau31tsʅ0

1442. 眼皮 Øian53phi31

1443. 眼眨毛眼睫毛 Øian53tsa0mau31

1444. 胸口子心口 ɕyŋ45khou53tsʅ0

1445. 汗毛子汗毛 xan45mau31tsʅ0

十二、服饰

1446. 打扮 ta53pan31

1447. 中山装 tʂuŋ45ʂan45tʂuaŋ45

1448. 西服西装 ɕi45fu31

1449. 旗袍 tɕhi31phau31

1450. 首饰 ʂou53ʂʅ324

1451. 项链 ɕiaŋ324lian0

1452. 坎夹儿坎肩 khan53tɕiar31

1453. 长布衫子长衫 tʂhaŋ31pu324ʂan45tsʅ0

1454. 项圈儿项圈 xaŋ324tɕhyanr45

1455. 簪子 tsan45tsʅ0

1456. 裤腰 khu324Øiau45

1457. 裤裆 khu324taŋ45

1458. 裤衩子裤衩 khu324tʂha53tsʅ0

1459. 布鞋 pu324xæe31

1460. 耳环 Øər53xuan31

1461. 围围围嘴儿 Øuei31Øuei0

1462. 窝子鞋棉鞋 Øo45tsʅ0xæe31

167

1463. 皮鞋 phi31xæe31

1464. 裹脚 ko53tɕyo53

1465. 草鞋 tshau53xæe31

1466. 手套子手套 ʂou53thau324tsʅ0

1467. 草帽子草帽 tshau53mau31tsʅ0

1468. 蓑衣 so45Øi0

1469. 雨衣 Øy53Øi0

十三、婚育

1470. 寿星老儿寿星 ʂou324ɕin0laur53

1471. 亲事 tɕhin45sʅ324

1472. 喜酒 ɕi53tɕiou53

1473. 轿子花轿 tɕiau324tsʅ0

1474. 洞房新房 tuŋ324faŋ31

1475. 交杯酒 tɕiau45pei0tɕiou53

1476. 回门 xuei31mən31

1477. 填房 thian31faŋ31

1478. 一胎头胎 Øi31thæe45

1479. 打胎 ta53thæe45

1480. 小月了小产 ɕiau53ØyE31lau0

十四、日常生活

1481. 传火生火 tʂhuan31xo53

1482. 发面 fa45mian324

1483. 和面 xo53mian324

1484. 理菜择菜 li53tshæe324

1485. 开饭 khæe45fan324

1486. 舀饭盛饭 Øiau53fan324

1487. 烤火 khau53xo53

1488. 失颈落枕 ʂʅ31tɕin53

1489. 熬夜 ŋau31ØiE324

1490. 逛街 kuaŋ324kæe45

十五、交际

1491. 应酬 Øin324tʂhou31

1492. 请客 tɕhin53khE31

1493. 礼行礼物 li53ɕin31

1494. 办酒席摆酒席 pan324tɕiou53ɕi31

1495. 入席 ʐu53ɕi31

1496. 上菜 ʂaŋ24tshæe324

1497. 倒酒斟酒 tau324tɕiou53

1498. 劝酒 tɕhyan324tɕiou53

1499. 插嘴 tʂha45tsuei53

1500. 摆架子 pæe53tɕia324tsʅ0

1501. 出洋相 tʂhu45Øiaŋ31ɕiaŋ31

1502. 说空话说三道四 ʂo45khuŋ324xua31

1503. 细密节约 ɕi324mi31

1504. 窝囊邋遢 Øo45laŋ31

1505. 理识理睬 Øər53ʂʅ31

第四章　语法与口头文化

第一节　语法例句

1. 你是哪里人？

    你是哪里人？

    ȵi53ʂʅ324la53li0ẓən31？

2. 我是陕西_____人。（说出所在县或市）

    我是陕西南郑人。

    ŋo53ʂʅ324ʂan53ɕi0lan31tʂən324ẓən31.

3. 你今年多大？

    你今年多大了？

    ȵi53tɕin45ȵian31to45ta324lau0？

4. 我_____岁了。（说出自己的实际年龄）

    我六十九了。

    ŋo53liou31ʂʅ31tɕiou53lau0.

5. 你叫什么名字？

    你叫啥名字？

    ȵi53tɕiau324ʂa324min31tsʅ0？

6. 我叫_____。（说出自己的名字）

    我叫何兴荣。

    ŋo53tɕiau324xo31ɕin45ʮŋ31.

7. 你家住哪里？

    你住到哪里的？

    ȵi53tsu324tau0la53li0ti0？

8. 我家住_____。（说出自己居住的地址）

    我住到周家坪的。

ŋo53tʂu324tau0tʂou45tɕia45phin31ti0.

9. 谁呀？我是老三。

你是哪个？我是老三。

n̠i53ʂʅ324la53ko0？ŋo53ʂʅ324lau53san45.

10. 老四呢？他正在跟一个朋友说着话呢。

老四咪？他在跟一个熟人说话嘞。

lau53ʂʅ324læe0？tha45tsæe324kən45Øi31ko324ʂu31ʐ̩ən31ʂo45xua324lei0.

11. 他还没有说完吗？

他还没说完？

tha45xæe31mo31ʂo45Øuan31？

12. 还没有。大约再有一会儿就说完了。

没有。可能还得一会儿。

mæ31Øiou53. kho53lən31xæe31tɛ31Øi31xueir324.

13. 他说马上就走，怎么这半天了还在家里呢？

他说马上就走，哪们这半天还在屋里？

tha45ʂo45ma53ʂaŋ0tou45tsou53，la53mən0tʂɛ324pan324thian45xæe31tsæe324Øu45li0？

14. 你到哪儿去？我到城里去。

你到哪里去？我到城里去。

n̠i53tau324la53li0tɕhiɛ324？ŋo53tau324tʂhən31li0tɕhiɛ324.

15. 在那儿，不在这儿。

在那里，不在这里。

tsæe324la324li0，pu31tsæe324tʂɛ324li0.

16. 不是那么做，是要这么做的。

不是那们做的，是这们做的。

pu31ʂʅ324la324mən0tsu324ti0，ʂʅ324tʂɛ324mən0tsu324ti0.

17. 太多了，用不着那么多，只要这么多就够了。

太多了，用不到那们多，这些就够了。

thæ324to45lau0，Øyŋ324pu31tau324la324mən0to45，tʂɛ324ɕiɛ0tou45kou324lau0.

18. 这个大，那个小，这两个哪一个好点呢？

这个大些，那个小些，这两个哪个好？

tʂɛ324ko0ta324ɕiɛ0，la324ko0ɕiau53ɕiɛ0，tʂɛ324liɑŋ53ko0la53ko0xau53？

19. 这个比那个好。

这个比那个好些。

tʂɛ324ko0pi53la324ko0xau53ɕiɛ0.

20. 这些房子不如那些房子好。

    这些房子没得那些房子好。

    tʂɛ324ɕiɛ0fɑŋ31tsʅ0mo31tɛ0la324ɕiɛ0fɑŋ31tsʅ0xau53.

21. 这句话用_____话怎么说？（填本地地名，本地音）

    这句话用南郑话哪们说？

    tʂɛ324tɕy324xua324ø̞yŋ324lan31tʂən0xua324la53mən0ʂo45？

22. 他今年多大岁数？

    他今年多大了？

    tha45tɕin45ȵian31to45ta324lau0？

23. 大概有三十来岁吧。

    可能三十来岁。

    kho53lən31san45ʂʅ31læe31suei324.

24. 这个东西有多重呢？

    这个东西有好重？

    tʂɛ324ko0tuŋ45ɕi0ø̞iou53xau53tʂuŋ324？

25. 有五十斤重呢。

    有五十斤。

    ø̞iou53ø̞u53ʂʅ31tɕin45.

26. 拿得动吗？

    拿得动吧？

    la31tɛ31tuŋ324pa0？

27. 我拿得动，他拿不动。

    我拿得动，他拿不动。

    ŋo53la31tɛ0tuŋ324，tha45la31pu0tuŋ324.

28. 真不轻，重得连我都拿不动了。

    重得很，我都拿不动。

    tʂuŋ324tɛ0xən53，ŋo53tou45la31pu0tuŋ324.

29. 你说得很好，你还会说点儿什么呢？

    你说得太好了，你还会说些啥？

    ȵi53ʂo45tɛ0thæe324xau53lau0，ȵi53xæe31xuei324ʂo45ɕi0ʂa324？

30. 我嘴笨，我说不过他。

    我嘴笨，说不赢他。

ŋo53tsuei53pən324，ʂo45puØin31tha45.

31. 说了一遍，又说了一遍。

 说了一遍又一遍。

 ʂo45lauØi31pian324Øiou324Øi31pian324.

32. 请你再说一遍。

 请你再说一遍。

 tɕhin53ȵi53tsæe324ʂo45Øi31pian324.

33. 不早了，快去吧！

 不早了，赶忙去！

 pu31tsau53lauØ，kan53mənØtɕhiE324！

34. 现在还很早呢，等一会儿再去吧。

 这歇还早得很，等会儿再去。

 tʂE324çiEØxæe31tsau53tiØxən53，tən53xueir324tsæe45tɕhiE324.

35. 吃了饭再去好吧？

 吃了饭再去，要得吧？

 tʂhʅ45lauØfan324tsæe324tɕhiE324，Øiau324tEØpaØ？

36. 慢慢儿地吃啊！不要急嘛！

 慢些吃！莫急！

 man324çiEØtʂhʅ45！mo31tɕi31！

37. 坐着吃比站着吃好些。

 坐到吃比站到吃好。

 tso324tauØtʂhʅ45pi53tʂan324tauØtʂhʅ45xau53.

38. 这个吃得，那个吃不得。

 这个吃得，那个吃不得。

 tʂE324koØtʂhʅ45tEØ，la324koØtʂhʅ45puØtE31.

39. 他吃了饭了，你吃了饭没有呢？

 他吃了饭了，你吃了没有？

 tha45tʂhʅ45lauØfan324lauØ，ȵi53tʂhʅ45lauØmE31ØiouØ？

40. 他去过上海，我没有去过。

 他去过上海，我没去过。

 tha45tɕhiE324koØʂɑŋ324xæeØ，ŋo324mo31tɕhiE324koØ.

41. 来闻闻这朵花香不香？

 来闻下这花香不香？

læe31ɵuən31xa0tʂɛ324xua45ɕiɑŋ45pu0ɕiɑŋ45?

42. 香得很，是不是？

    是不是香得很？

    ʂʅ324pu0ʂʅ324ɕiɑŋ45tɛ0xən53?

43. 给我一本书！

    给我一本书！

    kei53ŋo53ɵi31pən53ʂu45!

44. 我实在没有书嘛！

    我就是没书！

    ŋo53tou324ʂʅ0mo31ʂu45!

45. 你告诉他。

    你给他说。

    ȵi53kei53tha45ʂo45.

46. 好好儿地走！不要跑！

    好行家走！莫跑！

    xau53ɕin0tɕia0tsou53! mo31phau53!

47. 小心跌下去爬也爬不上来！

    小心跘下去爬不上来！

    ɕiau53ɕin0pan324xa0tɕhiɛ0pha31puʂɑŋ324læe0!

48. 医生叫你多睡一睡。

    大夫叫你多睡些瞌睡。

    tæe324fu0tɕiau324ȵi53to45ʂuei324ɕiɛ0kho45ʂuei31.

49. 吸烟或者喝茶都不可以。

    吃烟喝茶都不行。

    tʂhʅ45ɵian45xo45tʂha31tou45pu31ɕin31.

50. 烟也好，茶也好，我都不喜欢。

    不管是烟还是茶，我都不喜欢。

    pu31kuan53ʂʅ324ɵian45xæe31ʂʅ0tʂha45, ŋo53tou45pu31ɕi53xuan0.

51. 不管你去不去，反正我是要去的，我非去不可。

    管你去不去，反正我非去不可。

    kuan53ȵi53tɕhiɛ324pu0tɕhiɛ324, fan53tʂən0ŋo53fei45tɕhiɛ324pu31kho53.

52. 你是哪一年来的？

    你哪年来的？

ȵi53la53ȵian31læ31ti0?

53. 我是前年到的北京。

   我前年来的北京。

   ŋo53tɕhian31ȵian31læ31ti0pei31tɕin0.

54. 今天开会谁的主席？

   今天开会哪个的主席？

   tɕin45thian0khæ45xuei324la53ko0ti0tʂu53ɕi31?

55. 你得请我的客。

   你得请我。

   ȵi53tɛ0tɕhin53ŋo53.

56. 这是他的书，那一本是他哥哥的。

   这本书是他的，那本是他哥哥的。

   tʂE324pən53ʂu45ʂʅ324tha45ti0, la324pən53ʂʅ324tha45ko45ko0ti0.

57. 一边走，一边说。

   旋走旋说。

   ɕyan324tsou53ɕyan324ʂo31.

58. 看书的看书，看报的看报，写字的写字。

   看书的看书，看报的看报，写字的写字。

   khan324ʂu45ti0khan324ʂu45, khan324pau324ti0khan24pau324, ɕiE53tsʅ324ti0 ɕiE53tsʅ324.

59. 越走越远，越说越多。

   越走越远，越说越多。

   ØyE31tsou53ØyE31Øyan324, ØyE31ʂo45ØyE31to45.

60. 把那个东西拿给我。

   把那个东西给我。

   pa53la324ko0tuŋ45ɕi0kei324ŋo53.

61. 有些地方把太阳叫日头。

   有的塌塌把太阳叫日头。

   Øiou324ti0tha31tha0pa53thæ324Øiɑŋ0tɕiau324Øər53thou0.

62. 您贵姓？我姓王。

   你姓啥？我姓王。

   ȵi53ɕin324ʂa324? ŋo53ɕin324Øuɑŋ31.

63. 你姓王，我也姓王，咱们两个人都姓王。

你姓王，我也姓王，我们两个是一家子。

ȵi53ɕin324θuaŋ31, ŋo53θiɛ53ɕin324θuaŋ31, ŋo53mən0liaŋ53ko0ʂɿ324θi31tɕia45tsɿ0.

64. 你先去吧，我们等一会儿再去。

你先去，我们等下儿再去。

ȵi53ɕian45tɕhiɛ324, ŋo53mən0tən53xar324tsæ324tɕhiɛ324.

第二节　北风和太阳

北风跟太阳

有一回，北风跟太阳在那儿争论谁的本事大。争来争去就是分不出高低来。这时候路上来了个走道儿的，他身上穿着件厚大衣。他们俩就说好了，谁能先叫这个走道儿的脱下他的厚大衣，就算谁的本事大。北风就使劲地刮起来了，不过他刮得越是厉害，那个走道儿的把大衣裹得越紧。后来北风没法儿了，只好就算了。过了一会儿，太阳出来了。他火辣辣地一晒，那个走道儿的马上就把那件厚大衣脱下来了。这下儿北风只好承认，他们俩当中还是太阳的本事大。

北风跟太阳

pɛ53xuŋ45kən45thæe53θiɑŋ0

有一回，北风跟太阳在那里比谁的本事大。争过来争过去，都分不出高低。

θiou53θi0xuei31, pɛ31xuŋ45kən45thæ324θiaŋ0tsæ324la324li0pi53suei31ti0pən53sɿ0ta324. tsən45ko324læ0tsən45ko324tɕhiɛ0, tou31fən45pu324tʂhu45kau45ti45.

这时候来了个过路的，他身上穿了件厚大衣。

tʂɛ324ʂɿ31xou0læ31lau0ko324ko24lu324ti0, tha45ʂən45ʂaŋ0tʂhuan45lau0tɕian24xou24ta324θi45.

他们都说：谁个先叫这个过路的把大衣脱了，都算哪个的本事大。

tha45mən0tou31ʂo45: sei31ko0ɕian31tɕiau24tʂɛ324ko0ko24lu324ti0pa53ta324θi45tho45lau0, tou31suan324la324ko0ti0pən53sɿ0ta324.

北风都使劲地吹，可是他越吹地凶，那个过路的把大衣裹得越紧。

pɛ31xuŋ45tou31sɿ53tɕin324ti0tʂhuei45, kho53sɿ0tha45θyɛ324tʂhuei45tɛ0ɕyŋ45, la324ko0ko24lu324ti0pa53ta324θi45ko53tɛ0θyɛ324tɕin53.

最后北风没法了也都算了。

tsuei24xou324pɛ31xuŋ45mo31fa53lau0Øiɛ53tou31suan324lau0.

过了一歇，太阳出来了，晒得火辣辣的。

ko324lau0Øi31çiɛ31，thæe324Øiɑŋ0tʂhu45læe0lau0，ʂæe324tɛ0xo53la31la0ti0.

那个过路的赶紧都把大衣脱了。

la324ko0ko24lu324ti0kan53tɕin0tou31pa53ta324Øi0tho45lau0.

这歇北风只得承认还是太阳的本事大！

tʂɛ324çiɛ0pɛ31xuŋ45tʂɻ31tɛ53tʂhən31ʐən324xæe31sɻ0thæe324Øiɑŋ0ti0pən53sɻ0ta324！

第三节　口头文化

一、十二月花

正月里什么花，人人所爱，

什么人咯手挽手同下的山咯来？

正那月的里迎春花，人人所爱，

梁山伯呦祝英台同下山咯来。

二、山歌

包谷叶儿咧，像把刀啊哦，

三月点起哟咿哟，四月好啊诶。

哟儿哟嗬嘿，哟儿哟嗬嗬，哟哦哦，

哟儿哟嗬噫噫，哟儿哟嗬嘿，哟嗬噫哟诶；

天花出在耶头顶上哦哦，娃儿背在哟噫哟半中腰哦诶。

哟儿哟嗬嘿，哟儿哟嗬嗬，哟哦哦，

哟儿哟嗬噫噫，哟儿哟嗬嘿，哟嗬噫哟诶。

三、孝歌：十月怀胎

枝子开花呦呦嗬噫哟哦诶瓣瓣白呦，

我娘怀我九个月呦。

正月怀胎呦呦嗬呦嗬噫哟哦诶在娘身咯，

无踪无影喏又无形咯。

好似田中呦呦嗬呦嗬噫哟诶浮萍草哦，

不知定根咯未定咯根咯。

二月怀胎呦呦嗬呦嗬噫哟诶在娘的身咯，

好似草上咯露水呦形咯。

草上露水呦呦嗬呦嗬噫哟诶未结籽哦，

太阳一晒呦落娘咯身咯。

三月怀胎呦呦嗬呦嗬噫哟诶在娘身咯，

茶饭不思哦没精咯神咯。

思想东边咯桃李吃哦，

又想酸梅呦口内呦吞咯。

四、十绣荷包

正月溜儿哩闹儿溜儿笑，

幺妹许我花荷溜儿包，

月亮弯儿月呦团咯哩团转花为溜儿刀，

花也荷的包哎绣一呦针，

一绣那个天上哦五色哦云，

月亮弯儿月呦寅咯时下雨卯时晴，

二那月里哎百花呦开，

缎子那个荷包儿绣起哦来，

月亮弯儿月呦绣了多少奇古哦怪，

花也荷的包哎绣二哦针，

二绣那个情哥儿双扇咯门，

月亮弯儿月呦门咯神老爷，又恩了情。

西乡县篇*

---

* 西乡县属于陕西方言语音建档试点单位。

第一章 总 论

第一节 人文地理、历史沿革、人口概况

西乡县位于陕西南部，汉中东部，东邻石泉、汉阴，南接镇巴和四川通江，北连洋县，西与城固、南郑接壤。南北宽64.5公里，东西长94.5公里，总面积3240平方公里，其中山区占64.79%，丘陵占28.35%，平川占6.86%。全县辖15个镇，2个街道办事处，179个村，36个社区居委会，有汉族、回族、苗族等13个民族，总人口41万，其中农业人口34.37万。阳安铁路横贯东、西，长约70公里，210、316国道纵横穿越县境。

西乡县地处秦岭巴山之间，位于中国南北气候的分界线秦岭—淮河以南，全年气候温和，属北亚热带半湿润季风区，平均气温14.4℃，年均降水量1100～1200毫米。平均蒸发量457.2毫米，平均年径流量23.59亿立方米。汉江经西乡东北角穿过，流经3个乡镇约36.4公里，流域面积约25平方公里。境内有汉江支流两条，其中一级支流牧马河全长127.6公里，流域面积2668平方公里；二级支流泾洋河境内长约60公里，流域面积约1008平方公里。属于丹江口水库水源区上游。

西乡境内距今7000年的李家村、何家湾古文化遗址是我国新石器时代的标志，6000年前的骨雕人头像，是我国目前发现最早的一件骨雕艺术品。午子山风景区3000亩的白皮松是亚洲之最，西乡樱桃沟是全国第二大樱桃基地。西乡自古有"秦岭南麓小江南"美誉，山川秀美，气候宜人，土地肥沃，物产丰饶，文化昌明，被联合国科教文卫组织官员誉为"最适合人类居住的地方之一"。

西乡古属梁州，设城置县起自东汉，和帝永元七年（95年）以县地封班超为定远侯，设平西城，蜀汉刘备封张飞为西乡侯。至西晋武帝太康二年（281年）即以西乡定为县名，属汉中郡。嗣后，虽迭有变更，但屡改屡复。隋炀帝大业二年（606年）复称西乡，历经唐、宋、元、明、清、民国迄今，县名及隶属汉中（郡、府、道、地区等）均相沿未变。1949年后，西乡隶属汉中地区，1996年7月，汉中撤地设市后属

汉中市至今。①

第二节 方言归属与内部差异

西乡方言属于中原官话秦陇片。按照地理环境和当地人语感，认为以城关镇为中心的杨河镇、堰口镇、白龙塘镇等范围内部较为一致；沿大小巴山的西南方向，包括两河口镇、罗镇、骆家坝镇等范围内部较为一致；东北方及西方邻近洋县、城固的乡镇内部较为一致，从而分为三片。

第三节 发音人和调查人概况

方言发音人

1. 姓名：周治科

2. 单位（退休前）：西乡县党史研究室

3. 通信地址：陕西省汉中市西乡县党史研究室

4. 性别：男　　民族：汉

5. 出生年月日（公历）：1939年12月

6. 出生地（从省级至自然村级）：陕西省汉中市西乡县城关镇

7. 主要经历：出生至退休一直在西乡县城生活、学习和工作。其中有约半年抽调至汉中市汉台区军分区工作。

8. 文化程度：中专

9. 职业：干部

10. 会说哪几种话（包括普通话、外语）：西乡方言

11. 父亲是哪里人，会说什么话：汉中市西乡县城关镇人，会说西乡方言。

12. 母亲是哪里人，会说什么话：汉中市西乡县城关镇人，会说西乡方言。

13. 配偶是哪里人，会说什么话：汉中市西乡县城关镇人，会说西乡方言。

调查人

1. 姓名：张　璐

2. 单位：陕西理工大学

---

① 根据西乡县人民政府网2020年1月16日发布西乡概况材料整理。

3. 通信地址：陕西省汉中市汉台区东一环路 1 号
4. 协助调查人 1 姓名：李　丹
5. 协助调查人 2 姓名：黄党生
6. 协助调查人 3 姓名：陈　燕

第二章 语 音

第一节 声 母

声母共二十三个，包括零声母在内。

p 八兵别半	ph 怕派盘皮	m 妈麦门迷		
pf 竹壮中住	pfh 处传春垂		f 发飞数顺	v 闻文蚊瓦
t 多东低定	th 天讨体条			l 那脑拉嫩
ts 在最张找	tsh 草才抽茶		s 三是手上	z 然柔热扰
tɕ 姐假件酒	tɕh 且轻前群	nȵ 年女咬严	ɕ 先谢休现	
k 高共柜古	kh 开看哭葵	ŋ 安爱我偶	x 好活和坏	
∅ 二衣元云				

说明：
① 合口呼零声母音节发音时有唇齿摩擦。
② 泥母开口呼和合口呼混入来母，齐齿呼和撮口呼不分。

第二节 韵 母

韵母三十二个，不包括儿化韵。

ɿ 师丝直吃	i 低几习击	u 布古不如	y 遇律许女
a 茶辣法达	ia 加牙压夹	ua 华刮刷划	
ɛ 特责择测	iɛ 也介接列	yɛ 药学越却	
ɤ 可这设鹅			
		uo 多锣河磨	
ər 二儿耳日			
ai 才太带来		uai 快怪国或	
ei 每北飞百		uei 对泪最醉	

ɑɔ 造高少好　　　　iɑɔ 交巧笑鸟
əu 口走收柔　　　　iəu 又六九流
an 南岸饭谈　　　　ian 尖欠减险　　　uan 端玩短暖　　　yan 鲜全选劝
ən 根门庚能　　　　in 新近明冰
aŋ 床双长让　　　　iaŋ 江响样秧　　　uaŋ 光慌网筐
　　　　　　　　　　　　　　　　　　uŋ 墩村龙魂　　　yŋ 君论用荣

说明：

① [ə] 和 [ɤ] 音值差异小，记音时用 [ɤ]。

② 记为 [ɑɔ][iɑɔ] 的音值，[a] 是非常短和模糊的动程中过渡音值，主要元音为 [ɔ]。

③ [ian] 的实际读音为 [iɛn]，在后鼻音前 [a] 的实际音值是 [ɑ]。

④ 止摄知庄章精组字都读 [ɿ]。

第三节　单字调

单字调四个。

阴平 53 东开月六　　阳平 311 门牛红盒　　上声 44 古草五买　　去声 213 动近卖地

第四节　连读变调

后字非轻声两字组连调模式见表 2-1。

表 2-1　后字非轻声两字组连调模式

后字 前字	1 阴平 53	2 阳平 311	3 上声 44	4 去声 213
1 阴平 53	53 + 53	53 + 311	53 + 13	53 + 213
2 阳平 311	31 + 53	31 + 311 31 + 13	31 + 13 31 + 44	31 + 213
3 上声 44	44 + 53	44 + 311	31 + 13	44 + 213
4 去声 213	213 + 53	213 + 311	213 + 44	13 + 213

非叠字组后字轻声两字组连调模式见表 2-2。

表 2-2 非叠字组后字轻声两字组连调模式

后字 前字	1 阴平 53	2 阳平 311	3 上声 44	4 去声 213
1 阴平 53	53 + 0	53 + 0	53 + 0	53 + 0
2 阳平 311	31 + 0	31 + 13	31 + 13	31 + 0
3 上声 44	44 + 0	44 + 0	44 + 0	44 + 0
4 去声 213	213 + 0	213 + 0	213 + 0	213 + 0

第五节 单 字

0001. 多 tuo53
0002. 拖 thuo53
0003. 大～小 ta213
0004. 锣 luo311
0005. 左 tsuo44
0006. 歌 kɤ53
0007. 个一～ kɤ213
0008. 可 khɤ44
0009. 鹅 ŋɤ311
0010. 饿 ŋɤ213
0011. 河 xuo311
0012. 茄 tɕhiɛ311
0013. 破 phuo213
0014. 婆 phuo311
0015. 磨动 muo311
0016. 磨名 muo213
0017. 躲 tuo44
0018. 螺 luo311
0019. 坐 tsuo213
0020. 锁 suo44
0021. 果 kuo44
0022. 过 kuo213
0023. 课 khuo213

0024. 火 xuo44
0025. 货 xuo213
0026. 祸 xuo213
0027. 靴 ɕyɛ53
0028. 把量 pa44
0029. 爬 pha311
0030. 马 ma44
0031. 骂 ma213
0032. 茶 tsha311
0033. 沙 sa53
0034. 假真～ tɕia44
0035. 嫁 tɕia213
0036. 牙 Øia311
0037. 虾 ɕia53
0038. 下底～ xa213
0039. 夏春～ ɕia213
0040. 哑 ȵia44
0041. 姐 tɕiɛ44
0042. 借 tɕiɛ213
0043. 写 ɕiɛ44
0044. 斜 ɕiɛ311
0045. 谢 ɕiɛ213
0046. 车不是棋子

tshɤ53
0047. 蛇 sɤ311
0048. 射 sɤ213
0049. 爷 Øiɛ311
0050. 野 Øiɛ44
0051. 夜 Øiɛ213
0052. 瓜 kua53
0053. 瓦 va44
0054. 花 xua53
0055. 化 xua213
0056. 华中～ xua311
0057. 谱家～ phu44
0058. 布 pu213
0059. 铺动:铺床
phu213
0060. 簿 pu213
0061. 步 pu213
0062. 赌 tu44
0063. 土 thu44
0064. 图 thu311
0065. 杜 tu213
0066. 奴 lu311
0067. 路 lu213

0068. 租 tsu44
0069. 做 tsəu213
0070. 错对～
tshuo213
0071. 箍～桶 khu53
0072. 古 ku44
0073. 苦 khu44
0074. 裤 khu213
0075. 吴 vu311
0076. 五 vu44
0077. 虎 xu44
0078. 壶 xu311
0079. 户 xu213
0080. 乌 vu53
0081. 女 ȵy44
0082. 吕 ly44
0083. 徐 ɕy311
0084. 猪 tsu53
0085. 除 pfhu311
0086. 初 pfhu53
0087. 锄 pfhu311
0088. 所 fuo44
0089. 书 fu53

0090. 鼠 fu44	0123. 菜 tshai213	0153. 世 sʅ213	0185. 怀 xuai311
0091. 如 vu311	0124. 财 tshai311	0154. 艺 Øi213	0186. 坏 xuai213
0092. 举 tɕy44	0125. 该 kai53	0155. 米 mi44	0187. 拐 kuai44
0093. 锯名 tɕy213	0126. 改 kai44	0156. 低 ti53	0188. 挂 kua213
0094. 去 tɕhi213	0127. 开 khai53	0157. 梯 thi53	0189. 歪注意声母
0095. 渠~道 tɕhy311	0128. 海 xai44	0158. 剃 thi213	phian53
0096. 鱼 Øy311	0129. 爱 ŋai213	0159. 弟 ti213	0190. 画 xua213
0097. 许 ɕy44	0130. 贝 pei213	0160. 递 ti213	0191. 快 khuai213
0098. 余剩~ Øy311	0131. 带动 tai213	0161. 泥 n̠i311	0192. 话 xua213
0099. 府 fu44	0132. 盖动 kai213	0162. 犁 li311	0193. 岁 suei213
0100. 付 fu213	0133. 害 xai213	0163. 西 ɕi53	0194. 卫 Øuei311
0101. 父 fu213	0134. 拜 pai213	0164. 洗 ɕi44	0195. 肺 fei213
0102. 武 vu44	0135. 排 phai311	0165. 鸡 tɕi53	0196. 桂 kuei213
0103. 雾 vu213	0136. 埋 mai311	0166. 溪 ɕi53	0197. 碑 pi53
0104. 取 tɕhy44	0137. 戒 tɕiɛ213	0167. 契 tɕhi53	0198. 皮 phi311
0105. 柱 pfu213	0138. 摆 pai44	0168. 系联~ ɕi213	0199. 被~子 pi213
0106. 住 pfu213	0139. 派注意声调	0169. 杯 pei53	0200. 紫 tsʅ44
0107. 数动 fu213	phai213	0170. 配 phei213	0201. 刺 tshʅ213
0108. 数名 fu213	0140. 牌 phai311	0171. 赔 phei311	0202. 知 tsʅ53
0109. 主 tsu44	0141. 买 mai44	0172. 背~诵 pei213	0203. 池 tshʅ311
0110. 输 fu53	0142. 卖 mai213	0173. 煤 mei311	0204. 纸 tsʅ44
0111. 竖 fu213	0143. 柴 tshai311	0174. 妹 mei213	0205. 儿 Øər311
0112. 树 fu213	0144. 晒 sai213	0175. 对 tuei213	0206. 寄 tɕi213
0113. 句 tɕy213	0145. 街 kai53	0176. 雷 luei311	0207. 骑 tɕhi311
0114. 区地~ tɕhy53	(白)	0177. 罪 tsuei213	0208. 蚁注意韵母
0115. 遇 Øy213	0146. 解~开 kai44	0178. 碎 suei213	Øi213
0116. 雨 Øy44	0147. 鞋 xai311	0179. 灰 xuei53	0209. 义 Øi213
0117. 芋 Øy213	0148. 蟹注意声调	0180. 回 xuei311	0210. 戏 ɕi213
0118. 裕 Øy213	xai44	0181. 外 vai213	0211. 移 Øi311
0119. 胎 thai53	0149. 矮 ŋai44	0182. 会开~	0212. 比 pi44
0120. 台戏~ thai311	0150. 败 pai213	xuei213	0213. 屁 phi213
0121. 袋 tai213	0151. 币 pi213	0183. 怪 kuai213	0214. 鼻注意声调
0122. 来 lai311	0152. 制~造 tsʅ213	0184. 块 khuai44	pi311

0215. 眉 mi311	0248. 希 ɕi44	（白）	0307. 敲 khɔ53
0216. 地 ti213	0249. 衣 Øi53	0278. 毛 mɔ31	0308. 孝 ɕiɔ213
0217. 梨 li311	0250. 嘴 tsuei44	（白）	0309. 校学～ɕiɔ213
0218. 资 tsɿ53	0251. 随 suei311	0279. 帽 mɔ213	0310. 表手～piɔ44
0219. 死 sɿ44	0252. 吹 pfhei53	0280. 刀 tɔ53	0311. 票 phiɔ213
0220. 四 sɿ213	0253. 垂 pfhei311	0281. 讨 thɔ44	0312. 庙 miɔ213
0221. 迟 tshɿ311	0254. 规 kuei53	0282. 桃 thɔ311	0313. 焦 tɕiɔ53
0222. 指 tsɿ53	0255. 亏 khuei53	0283. 道 tɔ213	0314. 小 ɕiɔ44
0223. 师 sɿ53	0256. 跪 kuei213	0284. 脑 lɔ44	0315. 笑 ɕiɔ213
0224. 二 Øər213	0257. 危 Øuei311	0285. 老 lɔ44	0316. 朝～代 tshɔ311
0225. 饥～饿 tɕi53	0258. 类 luei44	0286. 早 tsɔ44	0317. 照 tsɔ213
0226. 器 tɕhi213	0259. 醉 tsuei213	0287. 灶 tsɔ213	0318. 烧 sɔ53
0227. 姨 Øi311	（白）	0288. 草 tshɔ44	0319. 绕～线 zɔ44
0228. 李 li44	0260. 追 pfei53	0289. 糙注意声调 tshɔ213	0320. 桥 tɕhiɔ311
0229. 子 tsɿ44	0261. 锤 pfhei311	0290. 造 tshɔ213	0321. 轿 tɕhiɔ311
0230. 字 tsɿ213	0262. 水 fei44（白）	0291. 嫂 sɔ44	0322. 腰 Øiɔ53
0231. 丝 sɿ53	0263. 龟 kuei53	0292. 高 kɔ53	0323. 要重～Øiɔ213
0232. 祠 tshɿ311	0264. 季 tɕi213	0293. 靠 khɔ213	0324. 摇 Øiɔ311
0233. 寺 sɿ213	0265. 柜 kuei213	0294. 熬 ŋɔ311	0325. 鸟注意声母 ɲiɔ44
0234. 治 tsɿ213	（白）	0295. 好～坏 xɔ44	
0235. 柿 sɿ213	0266. 位 Øuei213	0296. 号名 xɔ213	0326. 钓 tiɔ213
0236. 事 sɿ213	0267. 飞 fei53（白）	0297. 包 pɔ53	0327. 条 thiɔ311
0237. 使 sɿ44	0268. 费 fei213	0298. 饱 pɔ44	0328. 料 liɔ213
0238. 试 sɿ213	0269. 肥 fei311	0299. 炮 phɔ213	0329. 箫 ɕiɔ53
0239. 时 sɿ311	（白）	0300. 猫 mɔ53	0330. 叫 tɕiɔ213
0240. 市 sɿ213	0270. 尾 Øuei44	0301. 闹 lɔ213	0331. 母丈～mu44
0241. 耳 Øər44	0271. 味 Øuei213	0302. 罩 tsɔ213	0332. 抖 thəu44
0242. 记 tɕi213	0272. 鬼 kuei44	0303. 抓用手～牌 pfa53	0333. 偷 thəu53
0243. 棋 tɕhi311	0273. 贵 kuei213	0304. 找～零钱 tsɔ44	0334. 头 thəu311
0244. 喜 ɕi44	0274. 围 Øuei311	0305. 抄 tshɔ53	0335. 豆 təu213
0245. 意 Øi213	（白）	0306. 交 tɕiɔ53	0336. 楼 lu311
0246. 几～个 tɕi44	0275. 胃 Øuei213		0337. 走 tsəu44
0247. 气 tɕhi213	0276. 宝 pɔ44		
	0277. 抱 pɔ213		

187

0338. 凑 tsəu213
0339. 钩注意声母 kəu53
0340. 狗 kəu44
0341. 够 kəu213
0342. 口 khəu44
0343. 藕 ŋəu44
0344. 后前~ xəu213
0345. 厚 xəu213
0346. 富 fu213
0347. 副 fu213
0348. 浮 fu311
0349. 妇 fu213
0350. 流 liəu311
0351. 酒 tɕiəu44
0352. 修 ɕiəu53
0353. 袖 ɕiəu213
0354. 抽 tshəu53
0355. 绸 tshəu311
0356. 愁 tshəu311
0357. 瘦 səu213
0358. 州 tsəu53
0359. 臭香~ tshəu213
0360. 手 səu44
0361. 寿 səu213
0362. 九 tɕiəu44
0363. 球 tɕhiəu53
0364. 舅 tɕiəu213
0365. 旧 tɕiəu213
0366. 牛 ɳiəu311
0367. 休 ɕiəu53
0368. 优 Øiəu53

0369. 有 Øiəu44
0370. 右 Øiəu213
0371. 油 Øiəu311
0372. 丢 tiəu53
0373. 幼 Øiəu213
0374. 贪 than53
0375. 潭 than53
0376. 南 lan311
0377. 蚕 tsan311
0378. 感 kan44
0379. 含~一口水 xan311
0380. 暗 ŋan311
0381. 搭 ta53
0382. 踏注意声调 tha311
0383. 拉注意声调 la53
0384. 杂 tsa311
0385. 鸽 kɤ53
0386. 盒 xuo311
0387. 胆 tan44
0388. 毯 than44
0389. 淡 tan213
0390. 蓝 lan311
0391. 三 san53
0392. 甘 kan53
0393. 敢 kan44
0394. 喊注意声调 xan44
0395. 塔 tha53
0396. 蜡 la53
0397. 赚 tɕian213

0398. 杉~木 sa53
0399. 减 tɕian44
0400. 咸~淡 xan311
0401. 插 tsha53
0402. 闸 tsa213
0403. 夹~子 tɕia53
0404. 衫 san53
0405. 监 tɕian53
0406. 岩 ŋai311
0407. 甲 tɕia53
0408. 鸭 Øia53
0409. 黏~液 tsan311
0410. 尖 tɕian53
0411. 签~名 tɕhian53
0412. 占~领 tsan213
0413. 染 zan44
0414. 钳 tɕhian311
0415. 验 Øian213
0416. 险 ɕian44
0417. 厌 Øian213
0418. 炎 Øian53
0419. 盐 Øian311
0420. 接 tɕiɛ53
0421. 折~叠 tsɤ311
0422. 叶树~ Øiɛ53
0423. 剑 tɕian213
0424. 欠 tɕhian213
0425. 严 ɳian311
0426. 业 ɳiɛ53
0427. 点 tian44
0428. 店 tian213
0429. 添 thian53

0430. 甜 thian311
0431. 念 ɳian213
0432. 嫌 ɕian311
0433. 跌注意声调 tiɛ53
0434. 贴 thiɛ53
0435. 碟 tiɛ311
0436. 协 ɕiɛ311
0437. 犯 fan213
0438. 法 fa53
0439. 品 phin44
0440. 林 lin311
0441. 浸 tɕhin213
0442. 心 ɕin53
0443. 寻 ɕyŋ311
0444. 沉 tshən311
0445. 参人~ sən53
0446. 针 tsən53
0447. 深 sən53
0448. 任责~ zən213
0449. 金 tɕin53
0450. 琴 tɕhin311
0451. 音 Øin53
0452. 立 li53
0453. 集 tɕi53
0454. 习 ɕi311
0455. 汁 tsʅ53
0456. 十 sʅ311
0457. 入 vu53
0458. 急 tɕi213
0459. 及 tɕi311
0460. 吸 ɕi53
0461. 单简~ tan53

0462. 炭 than213	0492. 板 pan44	0522. 孽 ɲiɛ53	0554. 判 phan213
0463. 弹 ~琴 than311	0493. 慢 man213	0523. 建 tɕian213	0555. 盘 phan311
0464. 难 ~易 lan311	0494. 奸 tɕian53	0524. 健 tɕian213	0556. 满 man44
0465. 兰 lan311	0495. 颜 ɲian311	0525. 言 ɲian311	0557. 端 ~午 tuan53
0466. 懒 lan44	0496. 瞎 xa53	0526. 歇 ɕiɛ53	0558. 短 tuan44
0467. 烂 lan213	0497. 变 pian213	0527. 扁 pian44	0559. 断绳~了 tuan213
0468. 伞注意声调 san44	0498. 骗欺~ phian213	0528. 片 phian213	0560. 暖 luan44
0469. 肝 kan53	0499. 便方~ pian213	0529. 面~条 mian213	0561. 乱 luan213
0470. 看~见 khan213	0500. 棉 mian311	0530. 典 tian44	0562. 酸 suan53
0471. 岸 ŋan213	0501. 面~孔 mian213	0531. 天 thian53	0563. 算 suan213
0472. 汉 xan213	0502. 连 lian311	0532. 田 thian311	0564. 官 kuan53
0473. 汗 xan213	0503. 剪 tɕian44	0533. 垫 tian213	0565. 宽 khuan53
0474. 安 ŋan53	0504. 浅 tɕhian44	0534. 年 ɲian311	0566. 欢 xuan53
0475. 达 ta311	0505. 钱 tɕhian311	0535. 莲 lian311	0567. 完 Øuan311
0476. 辣 la53	0506. 鲜 ɕyan53	0536. 前 tɕhian311	0568. 换 xuan213
0477. 擦 tsha53	0507. 线 ɕian213	0537. 先 ɕian53	0569. 碗 Øuan44
0478. 割 kɤ53	0508. 缠 tshan311	0538. 肩 tɕian53	0570. 拨 puo53
0479. 渴 khɤ53	0509. 战 tsan213	0539. 见 tɕian213	0571. 泼 phuo53
0480. 扮 pan213	0510. 扇名 san213	0540. 牵 tɕhian53	0572. 末 muo53
0481. 办 pan213	0511. 善 san213	0541. 显 ɕian44	0573. 脱 thuo53
0482. 铲 tshan44	0512. 件 tɕian213	0542. 现 ɕian213	0574. 夺 tuo311
0483. 山 san53	0513. 延 Øian311	0543. 烟 Øian53	0575. 阔 khuo53
0484. 产注意声母 tshan44	0514. 别~人 piɛ311	0544. 憋 piɛ53	0576. 活 xuo311
0485. 间房~ tɕian53	0515. 灭 miɛ53	0545. 篾 miɛ53	0577. 顽~皮 Øuan311
0486. 眼 ɲian44	0516. 列 liɛ53	0546. 铁 thiɛ53	0578. 滑 xua311
0487. 限 ɕian213	0517. 撤 tshɤ44	0547. 捏 ɲiɛ53	0579. 挖 va53
0488. 八 pa53	0518. 舌 sɤ311	0548. 节 tɕiɛ53	0580. 闩 fan213
0489. 扎 tsa53	0519. 设 sɤ53	0549. 切动 tɕhiɛ53	0581. 关~门 kuan53
0490. 杀 sa53	0520. 热 zɤ53	0550. 截 tɕiɛ213	0582. 惯 kuan213
0491. 班 pan53	0521. 杰 tɕiɛ311	0551. 结 tɕiɛ53	0583. 还动 xai311
		0552. 搬 pan53	0584. 还副 xan311
		0553. 半 pan213	

0585. 弯 Øuan53	0612. 园 Øyan311	0645. 笔 pi53	0677. 骨 ku53
0586. 刷 fa53	0613. 远 Øyan44	0646. 匹 phi311	0678. 轮 lyn311
0587. 刮 kua53	0614. 发头~ fa53	0647. 密 mi53	0679. 俊注意声母 tɕyŋ213
0588. 全 tɕhyan311	0615. 罚 fa311	0648. 栗 li311	
0589. 选 ɕyan44	0616. 袜 va53	0649. 七 tɕhi53	0680. 笋 suŋ44
0590. 转~眼 pfan213	0617. 月 Øyɛ53	0650. 侄 tsʅ311	0681. 准 pfən44
	0618. 越 Øyɛ53	0651. 虱 sei53	0682. 春 pfhən53
0591. 传~下来 pfan213	0619. 县 ɕian213	0652. 实 sʅ311	0683. 唇 pfhən311
	0620. 决 tɕyɛ311	0653. 失 sʅ53	0684. 顺 fən311
0592. 传~记 pfan213	0621. 缺 tɕhyɛ53	0654. 日 Øər53	0685. 纯 tshuŋ311
	0622. 血 ɕiɛ53	0655. 吉 tɕi311	0686. 闰 vən213
0593. 砖 pfan53	0623. 吞 thən53	0656. 一 Øi53	0687. 均 tɕyŋ53
0594. 船 pfhan311	0624. 根 kən53	0657. 筋 tɕin53	0688. 匀 Øyŋ311
0595. 软 van44	0625. 恨 xən213	0658. 劲有~ tɕin213	0689. 律 ly53
0596. 卷~起 tɕyan44	0626. 恩 ŋən53	0659. 勤 tɕhin311	0690. 出 pfhu53
0597. 圈圆~ tɕhyan53	0627. 贫 phin311	0660. 近 tɕin213	0691. 橘 tɕy53
	0628. 民 min311	0661. 隐 Øin44	0692. 分动 fən53
0598. 权 tɕhyan311	0629. 邻 lin311	0662. 本 pən44	0693. 粉 fən44
0599. 圆 Øyan311	0630. 进 tɕin213	0663. 盆 phən311	0694. 粪 fən213
0600. 院 Øyan213	0631. 亲 tɕhin53	0664. 门 mən311	0695. 坟 fən311
0601. 铅~笔 tɕhian53	0632. 新 ɕin53	0665. 墩 tuŋ53	0696. 蚊 vən311
	0633. 镇 tsən213	0666. 嫩 lyŋ213	0697. 问 vən213
0602. 绝 tɕyɛ311	0634. 陈 tshən311	0667. 村 tshuŋ53	0698. 军 tɕyŋ53
0603. 雪 ɕyɛ53	0635. 震 tsən213	0668. 寸 tshuŋ213	0699. 裙 tɕhyŋ311
0604. 反 fan44	0636. 神 sən311	0669. 蹲注意声母 tuŋ53	0700. 熏 ɕyŋ53
0605. 翻 fan53	0637. 身 sən53		0701. 云~彩 Øyŋ311
0606. 饭 fan213	0638. 辰 sən311	0670. 孙~子 suŋ53	0702. 运 Øyŋ213
0607. 晚 Øuan44	0639. 人 zən311	0671. 滚 kuŋ44	0703. 佛~像 fuo311
0608. 万麻将牌 Øuan213	0640. 认 zən213	0672. 困 khuŋ213	0704. 物 Øuo53
	0641. 紧 tɕin44	0673. 婚 xuŋ53	0705. 帮 paŋ53
0609. 劝 tɕhyan213	0642. 银 Øin311	0674. 魂 xuŋ311	0706. 忙 maŋ311
0610. 原 Øyan311	0643. 印 Øin213	0675. 温 vən53	0707. 党 taŋ44
0611. 冤 Øyan53	0644. 引 Øin44	0676. 卒棋子 tsu311	0708. 汤 thaŋ53

0709. 糖 thaŋ311
0710. 浪 laŋ213
0711. 仓 tshaŋ53
0712. 钢 kaŋ53
0713. 糠 khaŋ53
0714. 薄形 puo311
0715. 摸注意声调 muo44
0716. 托 thuo53
0717. 落 luo53
0718. 作 tsuo53
0719. 索 suo44
0720. 各 kɤ53
0721. 鹤 xuo53
0722. 恶形，入声 ŋɤ53
0723. 娘 ȵiaŋ311
0724. 两斤 ~ liaŋ44
0725. 亮 liaŋ213
0726. 浆 tɕiaŋ53
0727. 抢 tɕhiaŋ44
0728. 匠 tɕiaŋ213
0729. 想 ɕiaŋ44
0730. 像 ɕiaŋ213
0731. 张量 tsaŋ53
0732. 长 ~ 短 tshaŋ311
0733. 装 pfaŋ53
0734. 壮 pfaŋ213
0735. 疮 tshuaŋ53
0736. 床 tshuaŋ311
0737. 霜 faŋ53
0738. 章 tsaŋ53

0739. 厂 tshaŋ44
0740. 唱 tshaŋ213
0741. 伤 saŋ53
0742. 尝 saŋ311
0743. 上 ~ 去 saŋ213
0744. 让 zaŋ213
0745. 姜生 ~ tɕiaŋ53
0746. 响 ɕiaŋ44
0747. 向 ɕiaŋ213
0748. 秧 Øiaŋ53
0749. 痒 Øiaŋ44
0750. 样 Øiaŋ213
0751. 雀注意声母 tɕhyɛ44
0752. 削 ɕyɛ53
0753. 着火 ~ 了 pfuo311
0754. 勺 fuo311
0755. 弱 Øuo53
0756. 脚 tɕyɛ53
0757. 约 Øyɛ53
0758. 药 Øyɛ53
0759. 光 ~ 线 kuaŋ53
0760. 慌 xuaŋ53
0761. 黄 xuaŋ311
0762. 郭 kuo53
0763. 霍 xuo53
0764. 方 faŋ53
0765. 放 faŋ213
0766. 纺 faŋ44
0767. 房 faŋ311
0768. 防 faŋ311
0769. 网 vaŋ44

0770. 筐 khuaŋ53
0771. 狂 khuaŋ311
0772. 王 vaŋ311
0773. 旺 vaŋ213
0774. 缚 fu44
0775. 绑 paŋ44
0776. 胖 phaŋ213
0777. 棒 paŋ213
0778. 桩 pfaŋ53
0779. 撞 tsuaŋ213
0780. 窗 tshuaŋ53
0781. 双 faŋ53
0782. 江 tɕiaŋ53
0783. 讲 tɕiaŋ44
0784. 降投 ~ ɕiaŋ311
0785. 项 xaŋ213
0786. 剥 puo53
0787. 桌 tsuo53
0788. 镯 pfuo311
0789. 角 tɕyɛ53
0790. 壳 khɤ53
0791. 学 ɕyɛ311
0792. 握 Øuo53
0793. 朋 phən311
0794. 灯 tən53
0795. 等 tən44
0796. 凳 tən213
0797. 藤 thən311
0798. 能 lən311
0799. 层 tshən311
0800. 僧注意声母 sən53
0801. 肯 khən44

0802. 北 pei53
0803. 墨 mei311
0804. 得 tei53
0805. 特 thai53
0806. 贼 tsei311
0807. 塞 sei53
0808. 刻 khɤ311
0809. 黑 xei53
0810. 冰 pin53
0811. 证 tsən213
0812. 秤 tshən213
0813. 绳 sən311
0814. 剩 sən213
0815. 升 sən53
0816. 兴高 ~ ɕin53
0817. 蝇注意声母 Øin311
0818. 逼 pi53
0819. 力 li53
0820. 息 ɕi53
0821. 直 tsɿ311
0822. 侧注意声母 tshai53
0823. 测 tshai53
0824. 色 sai53
0825. 织 tsɿ53
0826. 食 sɿ311
0827. 式 sɿ213
0828. 极 tɕi311
0829. 国 kuai53
0830. 或 xuai311
0831. 猛 mən44
0832. 打注意韵母

ta44	0863. 镜 tɕin213	0896. 定 tin213	luŋ311
0833. 冷 lən44	0864. 庆 tɕhin213	0897. 零 lin311	0927. 弄注意声母
0834. 生 sən53	0865. 迎 Øin311	0898. 青 tɕhin53	luŋ213
0835. 省~长 sən44	0866. 影 Øin44	0899. 星 ɕin53	0928. 粽 tsuŋ213
0836. 更三~ kən213	0867. 剧戏~ tɕy213	0900. 经 tɕin53	0929. 葱 tshuŋ53
0837. 梗注意韵母	0868. 饼 pin44	0901. 形 ɕin311	0930. 送 suŋ213
kən213	0869. 名 min311	0902. 壁 pi53	0931. 公 kuŋ53
0838. 坑 khən53	0870. 领 lin44	0903. 劈 phi44	0932. 孔 khuŋ44
0839. 硬 ŋin213	0871. 井 tɕin44	0904. 踢 thi53	0933. 烘~干 xuŋ53
0840. 行~为 ɕin311	0872. 清 tɕhin53	0905. 笛 ti311	0934. 红 xuŋ311
0841. 百 pei53	0873. 静 tɕin213	0906. 历农~ li311	0935. 翁 vən53
0842. 拍 phei53	0874. 姓 ɕin213	0907. 锡 ɕi53	0936. 木 mu53
0843. 白 pei311	0875. 贞 tsən53	0908. 击 tɕi311	0937. 读 tu311
0844. 拆 tshei53	0876. 程 tshən311	0909. 吃 tshʅ53	0938. 鹿 lu53
0845. 择 tsai311	0877. 整 tsən44	0910. 横 xuŋ213	0939. 族 tshu311
0846. 窄 tsei53	0878. 正~反 tsən213	0911. 划计~ xua213	0940. 谷稻~ ku53
0847. 格 kei53	0879. 声 sən53	0912. 兄 ɕyŋ53	0941. 哭 khu53
0848. 客 khei53	0880. 城 tshən311	0913. 荣 Øyŋ311	0942. 屋 vu53
0849. 额 ŋɤ53	0881. 轻 tɕhin53	0914. 永 Øyŋ44	0943. 冬~至 tuŋ53
0850. 棚 phən311	0882. 赢 Øin311	0915. 营 Øin311	0944. 统注意声调
0851. 争 tsən53	0883. 积 tɕi53	0916. 蓬~松	thuŋ44
0852. 耕 kən53	0884. 惜 ɕi311	phən311	0945. 脓注意声调
0853. 麦 mei53	0885. 席 ɕi311	0917. 东 tuŋ53	luŋ311
0854. 摘 tsei311	0886. 尺 tshʅ53	0918. 懂 tuŋ44	0946. 松~紧 suŋ53
0855. 策 tshai53	0887. 石 sʅ311	0919. 冻 tuŋ213	0947. 宋 suŋ213
0856. 隔 kei53	0888. 益 Øi53	0920. 通 thuŋ53	0948. 毒 tu311
0857. 兵 pin53	0889. 瓶 phin311	0921. 桶注意声调	0949. 风 fən53
0858. 柄注意声调	0890. 钉名 tin53	thuŋ44	0950. 丰 fən53
pin44	0891. 顶 tin44	0922. 痛 thuŋ213	0951. 凤 fən213
0859. 平 phin311	0892. 厅 thin53	0923. 铜 thuŋ311	0952. 梦 mən213
0860. 病 pin213	0893. 听~见 thin53	0924. 动 tuŋ213	0953. 中当~ pfən53
0861. 明 min311	0894. 停 thin311	0925. 洞 tuŋ213	0954. 虫 pfhən311
0862. 命 min213	0895. 挺 thin44	0926. 聋注意声调	0955. 终 tsuŋ53

0956. 充 pfhən44
0957. 宫 kuŋ53
0958. 穷 tɕhyŋ311
0959. 熊注意声母 ɕyŋ311
0960. 雄注意声母 ɕyŋ311
0961. 福 fu53
0962. 服 fu311
0963. 目 mu53
0964. 六 liəu53
0965. 宿住～ɕy53
0966. 竹 pfu53
0967. 畜～生 tshu311
0968. 缩 suo311
0969. 粥 pfu311
0970. 叔 fu311
0971. 熟 fu311
0972. 肉 zəu213
0973. 菊 tɕy53
0974. 育 Øy213
0975. 封 fən53
0976. 蜂 fən53
0977. 缝一条～ fən311
0978. 浓 luŋ311
0979. 龙 luŋ311
0980. 松～树 suŋ53
0981. 重轻～ pfən213
0982. 肿 pfən311
0983. 种～树 pfən213
0984. 冲 pfhən53
0985. 恭 kuŋ53
0986. 共 kuŋ213
0987. 凶吉～ ɕyŋ53
0988. 拥注意声调 Øyŋ44
0989. 容 Øyŋ311
0990. 用 Øyŋ213
0991. 绿 liəu53
0992. 足 tɕy53
0993. 烛 pfu311
0994. 赎 pfu311
0995. 属 pfu311
0996. 褥 vu53
0997. 曲～折 tɕhy53
0998. 局 tɕy311
0999. 玉 Øy53
1000. 浴 Øy213

第三章 词 汇

第一节 规定词汇

0001. 太阳　日头 Øər53thəu0
0002. 月亮　月亮 Øyɛ53liaŋ0
0003. 打雷　打雷 ta44luei311
0004. 打闪　扯闪电 tʂhɤ31san13tian0
0005. 下雨　下雨 xa213Øy44
0006. 下雪　下雪 xa213ɕyɛ53
0007. 雪化了　化雪了 xua213ɕyɛ42liaɔ0
0008. 冻冰　结冰碴 tɕiɛ31pin53tʂha0
0009. 雹　冷子 lən44tsɿ0
0010. 刮风　吹风 pfhei53fən53
0011. 端阳　端午 taŋ53vu0
0012. 中秋　八月十五 pa53Øyɛ0sɿ31vu0
0013. 除夕阴历　大年三十
　　　ta213ȵian0san31sɿ0
0014. 元旦　元旦 Øyan31tan213
0015. 灰尘　灰尘 xuei53tʂhən0
0016. 石灰　石灰 sɿ31xuei13
0017. 泥土　泥巴 ȵi31pa13
0018. 凉水　冷水 lən53fei0
0019. 热水　热水 zɤ53fei0
0020. 煤　煤 mei311
0021. 煤油　煤油 mei31Øiəu311
0022. 锡　锡 ɕi53

0023. 磁石　吸铁 ɕi53thiɛ0
0024. 乡村　乡里 ɕiaŋ53li0
0025. （赶）集　赶场 kan44tʂhaŋ311
0026. 胡同　巷巷 xaŋ53xaŋ0
0027. 房子全所　房子 faŋ53tsɿ0
0028. 屋子单间　屋子 vu53tsɿ0
0029. 正房　堂屋 thaŋ31vu13
0030. 厢房　歇房 ɕiɛ53faŋ0
0031. 窗户　窗门 tʂhuaŋ53mən0
0032. 门槛儿　门槛 mən31khan13
0033. 厕所　茅肆 mau31sɿ213
0034. 厨房　灶火 tsau213xuo0
0035. 烟囱　烟筒 Øian53thuŋ0
0036. 男人　男人 lan213zən0
0037. 女人　女人 ȵy44zən0
0038. 小孩儿　小娃 ɕiau44va0
0039. 男孩儿　男娃 lan213va0
0040. 女孩儿　女娃 ȵy44va0
0041. 老头儿　老汉 laɔ44xan0
0042. 单身汉　各自人 kə213tsɿ0zən0
0043. 老姑娘　老姑娘
　　　lɔ44ku53ȵiaŋ0
0044. 医生　大夫 tai213fu0

0045. 厨子　厨子 pfhu53tsʅ0
0046. 乞丐　叫花子 tɕiɔ213xua44tsʅ0
0047. 父亲　大 ta53
0048. 母亲　妈 ma53
0049. 祖父　爷 Øiɛ311
0050. 祖母　婆 phuo311
0051. 兄　　哥 kɤ53
0052. 弟　　弟 ti213
0053. 姊　　姐姐 tɕiɛ44tɕiɛ0
0054. 妹　　妹妹 mei213mei0
0055. 伯父　大爹 ta213tiɛ0
0056. 伯母　大娘 ta213ȵiaŋ0
0057. 叔父　表叔 piɔ44fu53
0058. 叔母　表婶 piɔ13sən213
0059. 外祖父　外爷 vai213Øiɛ0
0060. 外祖母　外婆 vai213phuo0
0061. 儿子　娃 va311
0062. 儿媳妇　儿媳妇儿 Øər53ɕi13fər0
0063. 女儿　女子 ȵy44tsʅ0
0064. 女婿　相公 ɕiaŋ213kuŋ0
0065. 舅　　舅舅 tɕiəu213tɕiəu0
0066. 舅母　舅母 tɕiəu213mu0
0067. 姑　　姑姑 ku53ku13
0068. 姨　　姨姨 Øi31Øi13
0069. 弟兄总称　兄弟伙 ɕyŋ31ti31xuo0
0070. 姊妹　姊妹 tsʅ44mei0
0071. 夫　　男人 lan31zən13
0072. 妻　　女人 ȵy44zən0
0073. 娶媳妇男子~　接媳妇儿 tɕiɛ53ɕi53fər0
0074. 出嫁女子~　启发女 tɕhi13fa0ȵy44

0075. 头　　脑壳 lɔ44khɤ0
0076. 脸　　脸 lian44
0077. 额　　额颅 ŋɤ53lu0
0078. 鼻子　鼻子 pi31tsʅ13
0079. 眼　　眼睛 ȵian44tɕin0／眼窝 ȵian44Øuo0
0080. 眼珠儿　眼珠子 ȵian44pfu53tsʅ0
0081. 耳朵　耳朵 Øər44tuo0
0082. 舌头　舌头 sɤ31thəu13
0083. 脖子　脖项 puo31xaŋ213
0084. 胳臂　胳膊 kɤ53pu0
0085. 左手　左手 tsuo44səu0
0086. 右手　右手 Øiəu213səu0
0087. 手指　手指头 səu44tsʅ53thəu0
0088. 大拇指　大指拇 ta213tsʅ53mən0
0089. 食指　二指拇 Øər53tsʅ53mən0
0090. 中指　中指拇 tsuŋ53tsʅ53mən0
0091. 无名指　四指拇 sʅ31tsʅ53mən0
0092. 小拇指　小指拇 ɕiɔ44tsʅ53mən0
0093. 指甲　指甲 tsʅ53tɕia0
0094. 腿　　腿杆 thuei44kan0
0095. 膝　　圪膝 khɤ53tɕhi0
0096. 嘴唇　嘴唇皮子 tsuei44pfən0phi53tsʅ0
0097. 病了　害病了 xai13pin213lɔ0
0098. 泄　　屙稀屎 pa44ɕi53sʅ0
0099. 发疟子　打摆子 ta44pai13tsʅ0
0100. 瘸子　跛子 pai53tsʅ0
0101. 驼背　驼背子 thuo31pei213tsʅ0
0102. 死了　死了 sʅ44lɔ0
0103. 葬　　埋了 mai213lɔ311
0104. 诊病　看病 khan13pin213
0105. 病轻了　松了 suŋ53lɔ0

0106. 衣服　衣裳 Øi53saŋ0
0107. 涎布　领水夹夹 xan53fei0tɕiaɔ213tɕia0
0108. 尿布　屎片子 sʅ13phian213tsʅ0
0109. 手巾　手巾 səu44tɕin0
0110. 肥皂　洋碱 Øiaŋ31tɕian13
0111. 洗脸水　洗脸水 ɕi53lian0fei44
0112. 凳子　板凳 pan44tən0
0113. 桌子　桌子 pfuo53tsʅ0
0114. 抽屉　抽匣 tshəu53tɕia0
0115. 图章　章子 tsaŋ53tsʅ0
0116. 糨糊　糨子 tɕiaŋ213tsʅ0
0117. 火柴　取灯 tɕhy53tən0/洋火 Øiaŋ31xuo0
0118. 抹布　抹布 ma53pu0
0119. 羹匙　勺勺 fuo53fuo0
0120. 箸　筷子 khuai213tsʅ13
0121. 簸箕　撮撮 tshuo53tshuo0
0122. 笤帚　笤帚 thiaɔ53pfu213
0123. 碌碡　碾子 n̩ian213tsʅ0/石磙 sʅ31kuŋ13
0124. 碓　碓窝 tuei213Øuo0
0125. 槌子　钉锤 tin53pfhei0
0126. 绳子　绳子 sən31tsʅ13
0127. 自行车　自行车 tsʅ213ɕin31tshɤ53
0128. 轮子　轮轮 lyŋ53lyŋ0
0129. 伞　伞 san44
0130. 早饭　早饭 tsaɔ44fan0
0131. 午饭　吃晌午 tshʅ53saŋ213vu0
0132. 晚饭　夜饭 Øiɛ213fan0
0133. 大米饭　蒸饭 tsən53fan0
0134. 面条儿　面 mian213
0135. 面粉　灰面 xuei53mian0

0136. 馒头　蒸馒 tsən53muo0
0137. 包子　包子 paɔ53tsʅ0
0138. 馄饨　抄手 tshaɔ53səu0
0139. 饺子　饺子 tɕiaɔ44tsʅ0
0140. 粉条儿　粉条 fən44thiaɔ0
0141. 菜饭～　菜 tshai213
0142. 醋　醋 tshu213
0143. 酱油　酱油 tɕiaŋ213Øiəu311
0144. 芝麻油　香油 ɕiaŋ53Øiəu0
0145. 猪油　大油 ta213Øiəu311
0146. 盐　盐 Øian311
0147. 白酒　烧酒 saɔ53tɕiəu0
0148. 黄酒　黄酒 xuaŋ31tɕiəu13
0149. 江米酒　甜酒 thian31tɕiəu13
0150. 开水喝的　开水 khai53fei0
0151. 泔水　恶水 ŋɤ53fei0
0152. 公猪　牙猪 Øia53pfu13/脚猪 tɕyɛ53pfu53
0153. 母猪　奶结子 lai44tɕi0tsʅ0/母猪 mu44pfu53
0154. 公牛　骚牛 saɔ53n̩iəu0
0155. 母牛　母牛 mu44n̩iəu0
0156. 公马　公马 kuŋ53ma44
0157. 母马　母马 mu44ma44
0158. 公驴　叫驴子 tɕiaɔ213ly44tsʅ0
0159. 母驴　母驴 mu44ly311
0160. 公狗　牙狗 Øia31kəu13
0161. 母狗　母狗 mu53kəu0
0162. 公猫　男猫 lan31maɔ53
0163. 女猫　女猫 n̩y44maɔ53
0164. 公鸡　公鸡 kuŋ53tɕi0
0165. 母鸡　母鸡 mu44tɕi0
0166. 麻雀　麻雀 ma31tɕhyɛ13

0167. 雁　雁鹅 Øian213ŋɤ311
0168. 燕子　燕娃子 Øian213va44tsɿ0
0169. 乌鸦　老鸹 laɔ44va0
0170. 老虎　老虎 laɔ53xu0
0171. 狼　狼娃子 laŋ31va13tsɿ0
0172. 猴子　猴娃子 xəu31va13tsɿ0
0173. 蛇　长虫 tshaŋ31pfhən311
0174. 老鼠　老鼠 laɔ53fu0
0175. 蚯蚓　曲蟮 tɕhy53san0
0176. 蚂蚁　蚂蚁 ma53Øi0
0177. 蚂蜂　蜂子 fən53tsɿ0
0178. 苍蝇　苍蝇 tshaŋ53Øin0
0179. 蚊子　末子 muo53tsɿ0
0180. 蜘蛛　蟟娃蛛蛛 laŋ31va13pfu53pfu0
0181. 麦　麦子 mei53tsɿ0
0182. 米　米 mi44
0183. 小米儿　粟米 ɕy53mi0
0184. 玉米　包谷 paɔ53ku0
0185. 高粱　高粱 kɔ53liaŋ0
0186. 大豆　黄豆 xuaŋ31təu13
0187. 蚕豆　胡豆 xu31təu13
0188. 向日葵　向日葵 ɕiaŋ213Øər53khuei0
0189. 洋葱　洋葱 Øiaŋ31tshuŋ53
0190. 蒜　蒜 suan213
0191. 菠菜　菠菜 puo53tshai0
0192. 洋白菜　包包菜 paɔ53paɔ0tshai213
0193. 西红柿　海柿子 xai44sɿ0tsɿ0
0194. 茄子　茄娃子 tɕhiɛ31va13tsɿ0
0195. 白薯　苕 saɔ311
0196. 马铃薯　洋芋 Øiaŋ31Øy13
0197. 辣椒　辣子 la31tsɿ0

0198. 橄榄　橄榄 kan44lan0
0199. 荸荠　荸荠 pu31tɕi13
0200. 核桃　核桃 xɤ31thəu13
0201. 栗子　板栗 pan44li0
0202. 藕　藕 ŋəu44
0203. 事（儿）　事 sɿ213
0204. 东西　东西 tuŋ53ɕi0
0205. 地方　踏踏 tha31tha13
0206. 时候　时 sɿ311
0207. 原因　原因 Øyan31Øin53
0208. 声音　声气 sən53tɕhi0
0209. 味道　味道 Øuei213taɔ44
0210. 气儿　气气 tɕhi213tɕhi0
0211. 颜色　颜色 Øian31sai53
0212. 相貌　样子 Øiaŋ213tsɿ0
0213. 年龄　岁数 suei213fu0
0214. 工作　活路 xuo31lu13
0215. 我　我 ŋɤ44
0216. 你　你 ȵi44
0217. 他　他 tha44
0218. 我们　我们 ŋɤ53mən0
0219. 咱们　咱们 tsa31mən0
0220. 你们　你们 ȵi53mən0
0221. 他们　他们 tha53mən0
0222. 您尊称"你"　您 ȵi311
0223. 偲尊称"他"　偲 tha44
0224. 大家　大家 ta213tɕia44
0225. 谁　谁 sei311
0226. 什么　啥子 sa31tsɿ0
0227. 为什么　为啥子 Øuei13sa31tsɿ0
0228. 一位（个、块）客人　一个 Øi31kɤ213
0229. 一双（对）鞋　一双 Øi31faŋ53

0230. 一张（条、领）席　一条 Øi31thiɔ311

0231. 一床（条、双）被　一床 Øi31pfhaŋ311

0232. 一辆（部、张、架、挂）车　一辆 Øi31liaŋ44

0233. 一把（张）刀　一把 Øi31pa13

0234. 一管（杆、支）笔　一支笔 Øi31tsʅ0pi44

0235. 一块（锭）墨　一锭墨 Øi31tin213mei31

0236. 一头（条、只）牛　一头牛 Øi31thəu311ȵiəu31

0237. 一条（口）猪　一条猪 Øi31thiɔ311pfu53

0238. 一只（个、块）鸡　一只鸡 Øi31tsʅ53tɕi53

0239. 一条（尾、觥）鱼　一条鱼 Øi31thiɔ311Øy31

0240. 去一趟（次、回、转、运）　去一下 tɕhy213Øi31xa0

0241. 打一下（记）　打一下 ta44Øi0xa0

0242. 今年　今年 tɕin53ȵian0

0243. 明年　明年 min31ȵian13

0244. 去年　年时个儿 ȵian31sʅ0kər0

0245. 往年过去的几年　往年 vaŋ44ȵian0

0246. 今日　今个儿 tɕin53kər0

0247. 明日　明个儿 min31kər0

0248. 后日　后个儿 xəu213kər0

0249. 大后日　大后个儿 ta213xəu13kər0

0250. 昨日　夜后个儿 Øiɛ213xəu13kər0

0251. 前日　前天 tɕhian31thian0

0252. 大前日　大前天 ta213tɕhian31thian0

0253. 上午　上午 saŋ213vu0

0254. 下午　下午 ɕia213vu0

0255. 中午　晌午 saŋ53vu0

0256. 清晨　早晨 tsaɔ53sən0

0257. 白天　白天 pei31thian13

0258. 黄昏　麻影子 ma31Øin13tsʅ0

0259. 晚上　黑了 xei53laɔ0

0260. 什么时候　啥时 sa13sʅ311

0261. 怎么办　咋办 tsa53pan213

0262. 做什么　做啥 tsəu13sa213

0263. 上头　高头 kaɔ53thəu0

0264. 下头　底下 ti44xa0

0265. 左边　左面 tsuo44mian0

0266. 右边　右面 Øiəu213mian0

0267. 中间　中间 tsuŋ53tɕian0

0268. 里面　里头 li44thəu0

0269. 外面　外头 Øuai213thəu0

0270. 前边　前头 tɕhian31thəu13

0271. 后边　后头 xəu31thəu0

0272. 旁边　肋巴 lei53pa0

0273. 附近　跟前 kən53tɕhian0

0274. 什么地方　哪踏儿 la53thər0

0275. 吃饭　吃饭 tshʅ53fan213

0276. 喝茶　喝开水 xuo53khai53fei0

0277. 洗脸　洗脸 ɕi53lian44

0278. 洗澡　洗澡 ɕi53tsaɔ44

0279. 谈天儿　谝闲 phian44ɕian0

0280. 不说话　不言传 pu31ȵian31pfhan0

0281. 没关系　不咋地 pu31tsa13ti0

0282. 遇见　碰到 phən213taɔ44

0283. 遗失　丢了 tiəu53lɔ0

0284. 找着了　找到了 tsaɔ44taɔ0lɔ0

0285. 擦掉　擦了 tsha53lɔ0

0286. 捡起来　捡起来 tɕian44tɕhi0lai0

0287. 提起用手～　提起来 thi53tɕhiɛ0lai0

0288. 选择　挑 thiaɔ53

0289. 欠～欠他十块钱　争 tsən53

0290. 做买卖　做生意 tsəu213sən53Øi0

0291. 秤用～称　秤 tshən213

0292. 收拾～东西　收拾 səu53sʅ0

0293. 兑酒里～水　掺 tshan53

0294. 撒手　丢手 tiəu53səu13

0295. 放～桌子上　搁 kɤ213

0296. 休息　歇下 ɕiɛ53xa0

0297. 打盹儿　歇盹 ɕiɛ53tuŋ13

0298. 摔了　绊了 pan213lɔ0

0299. 玩儿　耍 fa44

0300. 知道　晓得 ɕiaɔ44tei0

0301. 懂了　懂了 tuŋ44lɔ0

0302. 留神　小心 ɕiaɔ44ɕin0

0303. 挂念　牵心 tɕhian53ɕin0

0304. 美指人貌美　恓惶 ɕi53xuaŋ0

0305. 丑　难看 lan31kan213

0306. 坏不好　坏 xa31

0307. 要紧　要紧 Øiaɔ213tɕin44

0308. 热闹　闹热 laɔ213zɤ44

0309. 坚固　结实 tɕiɛ53sʅ0

0310. 肮脏　涞浠 lai53ɕi0

0311. 咸　咸 xan311

0312. 淡不咸　淡 tan213

0313. 稀如粥太～了　稀 ɕi53

0314. 稠如粥太～了　稠 tshəu311

0315. 肥指动物　肥 fei311

0316. 胖指人　胖 phaŋ213

0317. 瘦不肥不胖　瘦 səu213

0318. 舒服　舒服 su53fu0

0319. 晚来晚了　晚 ŋan213

0320. 乖小孩儿真～，不闹　乖 kuai53

0321. 顽皮　□拐 tsai31kuai0

0322. 凸　凸 ku44

0323. 凹　凹 Øua53

0324. 和我和他　跟 kən53

0325. 被～贼偷走了　叫 tɕiaɔ213

0326. 从～哪儿来，～从今天起　从 tshuŋ311

0327. 替～我写封信　帮 paŋ53

0328. 拿～毛笔写字　拿 la311

0329. 故意～捣乱　故儿将 kuər213tɕiaŋ0

0330. 刚～来　将 tɕiaŋ311

0331. 刚～合适　将 tɕiaŋ311

0332. 幸亏　亏了 khuei53lɔ0

0333. 净～吃米，不吃面　光 kuaŋ53

0334. 上下三千～　上下 saŋ213xa213

第二节　自选词汇

0335. 霖雨连阴雨 lin31Øy44

0336. 雾罩雾气 vu13tsɔ213

0337. 阴放了 天暗下来了 Øin53faŋ0laɔ0
0338. 兀天 那一天 vei213thian0
0339. 兀晌时候 vei213ɕiaŋ0
0340. 前头个前天 tɕhian31thəu0kɣ0
0341. 一个扎好长时间 Øi53kɣ213tsa53
0342. 一下下一会儿 Øi53xa13xa213
0343. 歇一晌等上一段时间 ɕiɛ53Øi31ɕiaŋ0
0344. 过一晌过一段时间 kuo213Øi31ɕiaŋ0
0345. 好一晌好长时间 xaɔ44Øi31ɕiaŋ0
0346. 老冒早早的 laɔ53maɔ0tsaɔ0
0347. 晚了迟了 ŋan213laɔ0
0348. 肋巴旁边 lei53pa0
0349. 踏踏地方 tha53tha0
0350. 哪个当啥地方 la44kɣ0taŋ0
0351. 这个当这个地方 tsɣ213kɣ0taŋ0
0352. 兀个当那个地方 vu213kɣ0taŋ0
0353. 档档上两端处 taŋ31taŋ0saŋ0
0354. 一岸子旁边，一边 Øi53ŋan213tsʅ0
0355. 这号家这样的东西 tsɣ31xa31tɕia0
0356. 那号家那样的东西 la31xa31tɕia0
0357. 兀号家那样的东西 vu31xa31tɕia0
0358. 这恁到这样做 tsɣ31ȵian31taɔ0
0359. 那恁到那样做 la31ȵian31taɔ0
0360. 兀恁到照那样做 vei13ȵian31taɔ0
0361. 兀个样就那样 vei13kɣ0Øiaŋ213
0362. 啊个哪个 Øa44kɣ0
0363. 啊些哪些 Øa44ɕiɛ0
0364. 哥老倌弟兄之间相称 kɣ53laɔ0kuan0
0365. 大老倌长兄 ta213laɔ0kuan0
0366. 舅老倌妻子的兄弟 tɕiəu213laɔ0kuan0
0367. [姑阿] 婆姑奶奶 kua53phuo0
0368. [姨阿] 婆姨奶奶 Øia31phuo0
0369. 舅阿婆舅婆 tɕiəu213Øa53phuo0

0370. 屋里人 vu53li0zən31/婆娘
phuo31ȵiaŋ13 妻子
0371. 家门中家族中 tɕia53mən31pfən0
0372. 挑担女婿之间互称 thiaɔ53tan0
0373. 娘们伙母女、婆媳合称
ȵiaŋ31mən0xuo0
0374. 相们伙兄弟媳妇或妯娌合称
ɕiaŋ213mən0xuo0
0375. 绺儿匠小偷儿 liəu53Øər0tɕiaŋ0
0376. 待诏理发师 tai213tsaɔ0
0377. 骟匠阉割牲畜的人 san31tɕiaŋ0
0378. 棒客 paŋ213khɛ53/棒老二
paŋ213laɔ13Øər0 土匪
0379. 猪牙子猪市上的交易员 pfu53Øia31tsʅ0
0380. 牛牙子牛市上的交易员
ȵiəu31Øia31tsʅ0
0381. 角马巫婆 tɕyɛ53ma0
0382. 媒婆给年轻人介绍对象的人
mei31phuo31
0383. 耍把戏卖艺的人 fa31pa13ɕi213
0384. 咕噜子以赌博为生的人 ku53lu53tsʅ0
0385. 背老二运货的背夫 pei213laɔ13Øər0
0386. 月母子产妇 Øyɛ53mu44tsʅ0
0387. 尖脑壳显尖讨好的人
tɕian53laɔ44khɣ0
0388. 牛黄 ȵiəu31xuaŋ311/牛犟筋
ȵiəu31tɕiaŋ213tɕin53/犟屎
tɕiaŋ213suŋ31 性格倔强的人
0389. 犟糟翁不听人劝的人
tɕiaŋ213tsaɔ53vən53
0390. 霉脑壳不走运的人 mei31laɔ44khɣ0
0391. 呆来子 tai53lai44tsʅ0/瓜子
kua53tsʅ0 傻子

200

0392. 瓜棒 笨蛋 kua53paŋ213

0393. 瓜女子 傻女子 kua53n̠y13tsʅ0

0394. 蔫叫驴 遇事不急，言语不多的人
ȵian53tɕiɔ13ly31

0395. 阴肚子 嘴上不说，心里盘算的人
Øin53tu213tsʅ0

0396. 蔫柿子 不爱多说话的人
ȵiɛ53sʅ213tsʅ0

0397. 葛拧子 性格怪僻，难于相处的人
kɤ53ȵin31tsʅ0

0398. 霉脑壳 干啥不成啥的人
mei31laɔ44khɤ0

0399. 闷尿 mən53suŋ13／瓜尿
kua53suŋ31／寡拌汤
kua44pan213thaŋ13 不聪明

0400. 二拌汤 心里没货的人
Øər213pan213thaŋ13

0401. 凉拌汤 liaŋ31pan213thaŋ13／冷娃
lən44va311／苕客 saɔ31khɛ213 没心计的人

0402. 凉凉子 缺乏处事经验的人
liaŋ31liaŋ0tsʅ0

0403. 瞎八 xa31pa53／瞎尿 xa31suŋ31／瞎日三 xa31zʅ53san44 爱做坏事的人

0404. 咥娃 尽做出格的事 tiɛ31va311

0405. 不日毛 pu31zʅ31maɔ31／不日哉
pu31zʅ31tsai53／不少欠
pu31saɔ44tɕhian213 不学好的人

0406. 破落货 没出息的人
puo31luo31xuo213

0407. □拐 不成器的人 tsai31kuai13

0408. 水咕嘟 形容话多的人 fei44ku0tu0

0409. 缠皮 遇事与人纠缠不清的人
tshan31phi311

0410. 见眼巴 见别人做啥就做啥
tɕian213ȵian44pa0

0411. 像家子 做事不吃亏的人
ɕiaŋ213tɕia53tsʅ0

0412. 炮脑壳 胆小怕事，没主见
pha44laɔ44khɤ0

0413. 炮耳朵 怕媳妇的人 pha44Øər44tuo0

0414. 占领子 好强，嘴不饶人
tsan213lin44tsʅ0

0415. 疵交子 见不了世面的人
tshʅ53tɕiaɔ31tsʅ0

0416. 搅屎棒 总爱找麻烦的人
tɕiaɔ44sʅ13paŋ213

0417. 尿管娃 不操心的人 suŋ31kuan13va311

0418. 咬烂铁 ȵiaɔ44lan213thiɛ31／尿搅灰
ȵiaɔ213tɕiaɔ13xuei31 爱钻牛角尖的人

0419. 鬼钻子 会找窍门的人
kuei44tsuan53tsʅ0

0420. 拐货 有心计的人 kuai44xuo13

0421. 糟包子 愿意让人宰割的人
tsaɔ53paɔ53tsʅ0

0422. 柳妇三精 liəu44fu213san53tɕin53／是非精 sʅ213fei53tɕin53
爱搬弄是非的人

0423. 帽盖子 辫子 maɔ31kai213tsʅ0

0424. 精沟子 光屁股 tɕin53kou53tsʅ0

0425. 精巴子 光身子 tɕin53pa53tsʅ0

0426. 垢圿 身上的汗垢 kəu213tɕia31

0427. 灯盏 眼睛的别称 tən53tsan0

0428. 稀熬子 小曲酒 ɕi53ŋaɔ31tsʅ0

0429. 泡巴馍 大米发糕 phaɔ213pa53muo31

0430. 浆巴子 鲜玉米磨碎做的稀粥

tɕiaŋ53pa53tsʅ0

0431. 甜浆子用豆浆和大米煮的稀饭
thian31tɕiaŋ213tsʅ0

0432. 粗老倌米与豆浆合煮食品
tshu53laɔ44kuan0

0433. 搭杵子负重歇气时的支撑棒
ta53pfhu31tsʅ0

0434. 裹肚子棉袄 kuo44tu213tsʅ0

0435. 马勺舀水的瓢 ma44fuo31

0436. 电棒手电筒 tian13paŋ213

0437. 铺盖被子 phu53kai213

0438. 坝铺盖褥子 pa213phu53kai213

0439. 粪堆垃圾堆 fən213tuei53

0440. 炮仗子鞭炮 phaɔ213tsaŋ213tsʅ0

0441. 窝窝鞋棉鞋 Øuo53Øuo0xai31

0442. 搭络子装钱币的口袋 ta53luo0tsʅ0

0443. 煨罐子烧水用的瓦罐 vei53kuan213tsʅ0

0444. 灶里子灶上用带把小竹篮
tsaɔ213li44tsʅ0

0445. 签刷竹制的锅刷 tɕian213fa53

0446. 纸捻子草纸搓成点火用的空心纸条
tsʅ44ȵian44tsʅ0

0447. 盘缠路费 phan31tshan13

0448. 鸡公车木质运物的独轮车
tɕi53kuŋ53tshɤ53

0449. 贯签货假货 kuan213tɕhian31xuo0

0450. 青桩鹭鸟 tɕhin53tsuaŋ0

0451. 灶鸡子蟋蟀 tsaɔ213tɕi44tsʅ0

0452. 兔娃子兔子 thu213va31tsʅ0

0453. 羊娃子羊 Øiaŋ31va13tsʅ0

0454. 狼娃子狼 laŋ31va13tsʅ0

0455. 燕娃子燕子 Øian213va31tsʅ0

0456. 骚胡子羊公羊 saɔ53xu31tsʅ0Øiaŋ31

0457. 青竹标竹叶青蛇 tɕhin53pfu31piaɔ53

0458. 啄木官啄木鸟 tsua53maɔ31kuan31

0459. 臭老汉鱼腥草 tshəu213laɔ44xan0

0460. 脚板苔山药 tsyɛ53pan13saɔ31

0461. 花柳树青杠木 xua53liəu44fu31

0462. 挣唤大声叫 tsən213xuan0

0463. 扎咐指教 tsa53xu0

0464. 打捶打架 ta44pfhuei31

0465. 打秋荡秋千 ta44tɕhiəu53

0466. 别脚子给人使绊 piɛ53tɕyɛ13tsʅ0

0467. 仰绊跌倒时胸朝上 ȵiaŋ53pan213

0468. 扑爬跌倒时胸朝下 phu31pha13

0469. 趔趄身体向一侧倾斜 liɛ213tɕhiɛ0

0470. 跑趟子跑步走 phaɔ44thaŋ213tsʅ0

0471. 收捡了收藏起来 səu53tɕian44laɔ0

0472. 拾掇收拾东西 sʅ31tuo13

0473. □一脚踢一脚 fa53Øi31tɕyɛ0

0474. 跷尿骚从头上跨过去
tɕhia31ȵiaɔ213saɔ13

0475. 耍歪逞强 fa44vai53

0476. 颠顽调皮 tian53van0

0477. □□诬赖人 la53tha0

0478. 玩格耍阔气 van31kɛ53

0479. 品麻讲究，享受 phin44ma31

0480. 搬扯摆架子 pan53tshɤ13

0481. 咥你 tiɛ213ȵi31/□你
ɕiɛ44ȵi31 打你

0482. 颇烦了麻烦人 phuo53fan31laɔ0

0483. 将息好好休息 tɕiaŋ53ɕi0

0484. 遭罪受罪 tsaɔ53tsuei213

0485. 害扫人危害别人 xai213saɔ0zən0

0486. 不识耍开玩笑翻脸 pu31sʅ53fa13

0487. 打恍恍心不在焉 ta44vaŋ31kuaŋ13

0488. 急吼了 非常着急 tɕi31xəu44laɔ0

0489. 央及人求人帮忙 Øiaŋ53tɕi31zən0

0490. 肉得很 办事不利索 zəu213ti13xən0

0491. 直戳戳 遇事不会转弯子
ts̩53pfuo13pfuo0

0492. 牛得很 不听人劝 ȵiəu31ti13xən0

0493. 张事□□ 办事不稳重
tsaŋ53s̩213vaŋ31khuaŋ31

0494. 浆水摆带 废话连篇
tɕiaŋ53fei13pai31tai0

0495. 水汤瓜气 说话翻来覆去
fei44thaŋ53kua53tɕhi0

0496. 莫晃答气 没精打采
muo13xuaŋ213ta53tɕhi0

0497. 懒腰傻杆 干活不想出力
lan44Øiaɔ53sa44kan53

0498. 死牛玩尖赖皮
s̩44ȵiəu31van31tɕian53

0499. 皮不来撊 有事从不着急
phi31pu31lai31pfhai13

0500. 白歇歇 从不知道害羞
pai31ɕiɛ13ɕiɛ0

0501. 白脸事道 不知道害羞
pai31lian13s̩13taɔ0

0502. 嘻流摆带 尽说玩笑话
ɕi53liəu31pai31tai0

0503. 猴急暴跳 办事走路不稳重
xəu31tɕi31paɔ213thiaɔ213

0504. 三棱包翘 不规矩
san53lin31paɔ31tɕhiaɔ0

0505. 燕毛飞扎 张牙舞爪
Øian31maɔ0fei53tsa213

0506. 哎呦喂 感到意外的感叹词
Øai53Øiəu31vei0

0507. 哦吼 叹惜的感叹词 Øəu31xəu13

0508. 格外了 见外 kɛ53vai213laɔ0

0509. 扑流流的 水满得向外流
phu53liəu31liəu31ti0

0510. 蹶起蹶起的 怕冷而直不起腰
tɕiəu213tɕhiɛ0tɕiəu213tɕhiɛ0ti0

0511. 冷汪不济的 食物有点凉
ləŋ44vaŋ0pu31tɕi0ti0

0512. 兀点点 这么少 vei213tian44tian0

0513. 一抹多 非常多 Øi53muo13tuo53

0514. 害带 吃东西时不文明的行为
xai213tai0

0515. 打牙祭 吃肉 ta44Øia13tɕi213

0516. 打间 ta44tɕian53／打腰台
ta44Øiaɔ53thai0 非正餐

0517. 干缠 不投资就想赚钱 kan53tshan13

0518. 吃摸喝 不花代价而得到的
tsh̩53muo213xuo0

0519. 麻尿隙 比较麻烦 ma31tɕhiəu13ɕi0

0520. 找眼隙 找事 tsaɔ44ȵian44ɕi0

0521. 扯筋纠缠不休 tsh̩ɤ44tɕin53

0522. 缠三搅簸箕 再三纠缠
tshan31san53tɕiaɔ44puo213tɕi0

0523. 希尿气 没啥了不起
ɕi53tɕhiəu13tɕhi213

0524. 怯火 害怕 tɕhiɛ213xuo44

0525. 委窝 屈才，糟蹋 vei44vu31

0526. 稀忽儿 稀差一点儿 ɕi53xu53Øɹ0ɕi0

0527. 骚情 热情过分，讨好献媚 saɔ53tɕhin53

0528. 麻利些 快点 ma53li213ɕiɛ0

0529. 板业好 pan13Øiɛ213

0530. 嫽得很 好得很 liaɔ311ti0xən0

0531. 稀撒非常不好 ɕi53phiɛ213

0532. 尖据非常好 tɕian53tɕy0

0533. 撒脱简单，利索 phiɛ44thuo0

0534. 恼火太累，受不了 lɔ44xuo0

0535. 恓惶漂亮 ɕi44xuaŋ0

0536. 木活路还得从头来 mu31xuo213lu0

0537. 启发女儿出嫁 tɕhi44fa0

0538. 尻个了完蛋了 tɕhiəu213kɤ13laɔ0

0539. 屁相干没一点关系 phi213ɕiaŋ53kan0

0540. 胖臭非常臭 phaŋ53tʂhəu213

0541. □□何苦，不值得 laɔ31tsai53

0542. 推故毁约 thuei213khu0

0543. 搜筋有意制造紧张情绪 səu53tɕin53

0544. 就是 təu213sɿ213

0545. 背时的贬义地称呼对方 pei213sɿ31ti0

0546. 㽺气了食物放变味了 sɿ44tɕhi0laɔ0

0547. □□□吃了大亏 pai44la44tsɿ0

0548. 劳慰了谢谢 laɔ213vei31laɔ0

0549. 害得很羞得很 xai213ti0xən0

0550. 赶现传做现成事 kan44ɕian213pfhuan31

0551. 纡筋子不干不湿 Øy213tɕin13tsɿ0

0552. 按不准预计不到 ŋan213pu31pfən13

0553. 日弄人戏弄人 Ør53luŋ213zən0

0554. 塌伙了失败了 tha53xuo44laɔ0

0555. 不牵扯不影响 pu31tɕhian53tʂhɤ0

0556. 不精爽身体不舒服 pu31tɕin53faŋ0

0557. 不善茬不好惹 pu31san213tsha31

0558. 不□□不简单 pu31lai53tai53

0559. 不少欠不安分守己 pu31saɔ44tɕhian213

0560. 没搞场没多大作用 muo31kaɔ44tʂhaŋ31

0561. 没来头好没意思 muo31lai31thəu311

0562. 没挖抓没办法 muo31va53pfua53

0563. 没下数儿不懂规矩 muo31xa213fur0

0564. 没眼戏办事不得力、没指望 muo31ȵian13ɕi0

0565. 没耳性屡教不改 muo31Øer13ɕin213

0566. 没传教不懂礼仪 muo31pfhuan13tɕiaɔ213

0567. 没脚业无事可做 muo31tɕyɛ53ȵiɛ213

0568. 拽得很 pfuai53ti0xən0

0569. 二巴栏干 Øər213pa0lan31kan0／半头流水事情没做完 pan213thəu31liəu31fei44

0570. 二不跨五事情不完整 Øər213pu31khua213vu13

0571. 八毛十远相差非常远 pa53maɔ31sɿ31Øyan13

0572. 假巴意思假情假意 tɕia44pa53Øi213sɿ53

0573. 尻谈二五胡诌乱道 tɕhiəu31than31Øər213vu13

0574. 嘎达马西种类比较多 ka53ta31ma44ɕi53

0575. 恓惶不啦样子可爱 ɕi53xuaŋ31pu53la0

0576. 没求名堂没意义的举动 muo31tɕhiəu31min31thaŋ13

0577. 尻来巴气说话带把子 tɕhiəu31lai31pa53tɕhi213

0578. 骚情摆带不适时地献殷勤 saɔ53tɕhin31pai31tai0

0579. 背时倒灶倒霉透顶

pei213sʅ31taɔ13tsaɔ213

0580. 毛儿底巴 不尊重长辈
maɔ31Ø ər0ti44pa53

0581. 丢人现眼 人多场合丢了人
tiəu53zən31ɕian213n̠ian13

0582. 湿家伙 水没晾干 sʅ53tɕia53xuo0

0583. 汗帕水流 满头大汗
xan213pha53fei44liəu31

0584. 乱散咕咚 乱七八糟
luan13san213ku0tuŋ0

0585. 没沟流带 尽说一些不正经的话
muo31kəu44liəu31tai53

0586. 豁胸袒薄 衣服不扣，胸脯露在外面
xuo213ɕyŋ31tan31puo0

0587. 胡日筛搞 不务正业
xu31zʅ53sai53kaɔ13

0588. 日鬼弄棒槌 搞歪门邪道
zʅ53kuei13luŋ13paŋ213pfhuei31

0589. 偷腔摸腔 只要有机会就接着干
thəu53tɕhiaŋ31muo53tɕhiaŋ31

0590. 冒估日天 盲目地做事
maɔ213ku53zʅ53thian53

0591. 瓜莫四道 办事没想后果
kua53muo213sʅ13taɔ213

0592. 鬼背蛇腰 尽做些让人不可理喻的事
kuei44pei213sɤ31Ø iaɔ53

0593. 扯皮聊筋 摆歪道理
tshɤ44phi31liaɔ31tɕin53

0594. 阴阳怪气 说话的腔调很怪
Øin53Øiaŋ31kuai13tɕhi213

0595. 怪头流精 古怪
kuai213thəu31liəu213tɕin53

0596. 鬼画桃符 形容写字不认真，很乱
kuei44xua13thaɔ31fu13

0597. 搞不赢的舞不赢 形容见到好东西抢吃抢占
kaɔ44pu31Øin53ti0vu44pu31Øin53

第四章　语法与口头文化

第一节　语法例句

1. 你是哪里人？

    你是哪□人？

    ȵi44sʅ213la44tər31zən31？

2. 我是陕西＿＿＿＿＿＿＿人。（说出所在县或市）

    我是陕西西乡人。

    ŋɤ44sʅ213san44ɕi53ɕiaŋ53zən31.

3. 你今年多大？

    你今年多大岁数？

    ȵi44tɕin44ȵian0tuo53ta213suei213fu0？

4. 我＿＿＿＿＿＿＿岁了。（说出自己的实际年龄）

    我七十六岁了。

    ŋɤ44tɕhi53sʅ31liəu213suei213liə0.

5. 你叫什么名字？

    你叫啥名字？

    ȵi44tɕiɔ213sa213min21tsʅ0？

6. 我叫＿＿＿＿＿＿＿。（说出自己的名字）

    我叫周治科。

    ŋɤ44tɕiɔ213tsəu53tsʅ213khuo53.

7. 你家住哪里？

    你家住到哪□？

    ȵi44tɕia53tsu213tsai213la53tər31？

8. 我家住＿＿＿＿＿＿＿。（说出自己居住的地址）

我家住西乡城关。

ŋɤ53tɕia53tsu213ɕi53ɕiaŋ53tʂhən31kuan53.

9. 谁呀？我是老三。

谁个？我是老三。

sei31kɤ213？ ŋɤ44sʅ213laɔ31san53.

10. 老四呢？他正在跟一个朋友说着话呢。

老四哪？他跟一个朋友说话到的。

laɔ44sʅ213la44？ tha53kən31Øi31kɤ213phən31Øiəu13suo53xua213taɔ13ti0.

11. 他还没有说完吗？

他还没说完吗？

tha44xai31muo31fuo53van31ma0？

12. 还没有。大约再有一会儿就说完了。

没有。再得一下下。

muo31Øiəu13. tsai213tei44Øi53xa213xa0.

13. 他说马上就走，怎么这半天了还在家里呢？

他说马上就走，哪们这半天还在屋里？

tha44fuo53ma44saŋ213təu213tsəu13，la44mən0tsɤ213pan44thian53xai31tsai213vu53li0？

14. 你到哪儿去？我到城里去。

你到哪□去？我到城里去。

n̠i44taɔ213la44tər31tɕhi0？ ŋɤ44taɔ213tʂhən31li0tɕhi0.

15. 在那儿，不在这儿。

在兀儿，不在这儿。

tsai213vuər13，pu13tsai213tsɤr0.

16. 不是那么做，是要这么做的。

不是那样到的，是要这样到的。

pu53sʅ213la31n̠ian53taɔ0ti0，sʅ13Øiaɔ213tsʅ31n̠ian53taɔ0ti0.

17. 太多了，用不着那么多，只要这么多就够了。

太多了，用不了那么多，就这么多就够了。

thai213tuo53liaɔ0，Øyŋ213pu53liaɔ31la213mɤ0tuo53，təu53tsɤ213mɤ0tuo53təu53kəu213laɔ0.

18. 这个大，那个小，这两个哪一个好点呢？

这个大，兀个小，这两个哪个好吗？

tsɤ213kɤ0xai213, vu13kɤ213suei13, tsɤ213liaŋ44kɤ0la44kɤ0xaɔ44ma0?

19. 这个比那个好。

这个赶那个好。

tsɤ213kɤ0kan44la44kɤ0xaɔ44.

20. 这些房子不如那些房子好。

这些房子没得那些房子好。

tsɤ213ɕiɛ0faŋ31tsʅ0muo31ti13la44ɕiɛ0faŋ31tsʅ0xaɔ44.

21. 这句话用_____话怎么说？（填本地地名，本地音）

这句话用西乡话咋说哩？

tsɤ13tɕy213xua213Øyŋ213ɕi53ɕiaŋ53xuə213tsa53fuo53li0?

22. 他今年多大岁数？

他今年多大岁数？

tha44tɕin53ȵian213tuo53ta213suei213fu0?

23. 大概有三十来岁吧。

恐怕三十来岁。

khuŋ44pha213san53sʅ31lai31suei213.

24. 这个东西有多重呢？

这个东西有多重哩？

tsɤ213kɤ0tuŋ53ɕi0Øiəu44tuo53tsuŋ213li0?

25. 有五十斤重呢。

有五十斤哩。

Øiəu44vu44sʅ31tɕin53li0.

26. 拿得动吗？

拿得动吗？

la31ti0tuŋ213ma0?

27. 我拿得动，他拿不动。

我拿得动，他拿不动。

ŋɤ53la31ti13tuŋ213, tha44la31pu53tuŋ213.

28. 真不轻，重得连我都拿不动了。

真好重噢，连我都拿不动。

tsən53xaɔ44pfən213laɔ0, lian31ŋɤ53təu31la31pu53tuŋ213.

29. 你说得很好，你还会说点儿什么呢？

你说得才好哩，你还会说点啥？

ȵi44fuo53ti0tʂhai31xaɔ44li0，ȵi44xuan53xuei213fuo53tian44sa213？

30. 我嘴笨，我说不过他。

    我嘴巴笨，我说不过他。

    ŋɤ53tsuei44pa0pən213，ŋɤ53fuo53pu53kuo213tha53.

31. 说了一遍，又说了一遍。

    说了一道，又说了一道。

    fuo53laɔ0ɕi31taɔ213，Øiəu213fuo53laɔ0ɕi31taɔ213.

32. 请你再说一遍。

    劳慰你再说一道。

    laɔ31vei0ȵi44tsai213fuo53Øi31taɔ213.

33. 不早了，快去吧！

    赶快去吧！

    kan44khuai213tɕhi213pa0！

34. 现在还很早呢，等一会儿再去吧。

    这阵还早到的，等一下我再去。

    tsɤ213tsən0xai31tsaɔ44taɔ213ti0，tən44Øi31xa213ŋɤ53tsai213tɕhi213.

35. 吃了饭再去好吧？

    吃了饭去才？

    tʂhɿ53liaɔ13fan213tɕhi213tʂhai0？

36. 慢慢儿地吃啊！不要急嘛！

    慢些吃！要着急！

    man213ɕiɛ0tʂhɿ53！paɔ31tsaɔ31tɕi31！

37. 坐着吃比站着吃好些。

    坐到吃比站到吃好些。

    tsuo213taɔ213tʂhɿ53pi44tsan213taɔ213tʂhɿ53xaɔ44ɕiɛ0.

38. 这个吃得，那个吃不得。

    这个能吃，那个不能吃。

    tsɤ213kɤ0lən31tʂhɿ53，la213kɤ0pu31lən31tʂhɿ53.

39. 他吃了饭了，你吃了饭没有呢？

    他把饭都吃了，你吃了吧？

    tha44pa44fan213təu53tʂhɿ53laɔ0，ȵi44tʂhɿ53laɔ0pa0？

40. 他去过上海，我没有去过。

    他去过上海，我没去过。

tha44tɕhi213kuo213saŋ213xai31，ŋɤ53muo31tɕhi213kuo0.

41. 来闻闻这朵花香不香？

    闻一下这朵花香吧？

    vən31Øi31xa213tsɤ213tuo44xua53ɕiaŋ53pa0？

42. 香得很，是不是？

    香得很，是吧？

    ɕiaŋ53ti0xən0，sʅ213pa0？

43. 给我一本书！

    给我一本书！

    kei44ŋɤ53Øi31pən44fu53！

44. 我实在没有书嘛！

    我真的没书！

    ŋɤ53tsən53ti0muo31fu53！

45. 你告诉他。

    你给他说。

    n̩i44kei31tha53fuo53.

46. 好好儿地走！不要跑！

    好心走！要跑！

    xaɔ44ɕin0tsəu44！paɔ31paɔ44！

47. 小心跌下去爬也爬不上来！

    小心落下去了爬不上来了！

    ɕiaɔ44ɕin53luo213xa0tɕhi213laɔ0pha44pu31saŋ44lai31laɔ0！

48. 医生叫你多睡一睡。

    医生叫你多睡下。

    Øi53sən53tɕiaɔ213n̩i44tuo53fei213xa0.

49. 吸烟或者喝茶都不可以。

    吃烟，喝茶都不得行。

    tshʅ53Øian53，xɤ53tsha53təu53pu31tei53ɕin311.

50. 烟也好，茶也好，我都不喜欢。

    烟跟到茶，我都不喜欢。

    Øian53kən53taɔ0tsha31，ŋɤ53təu53pu31ɕi44xuan0.

51. 不管你去不去，反正我是要去的，我非去不可。

    不管你去不去，反正我非要去。

210

pu31kuan44ȵi44tɕhi213pu31tɕhi213，fan44tsən213ŋɤ53fei53Øiaɔ213tɕhi213.

52. 你是哪一年来的？

    你是哪一年来的？

    ȵi44sʅ213la44Øi31ȵian31lai31ti0?

53. 我是前年到的北京。

    我是前年到北京的。

    ŋɤ53sʅ213tɕhian31ȵian31taɔ213pei44tɕin53ti0.

54. 今天开会谁的主席？

    今个开会谁是主席？

    tɕin53kɤ0khai53xuei213sei31sʅ213pfu44çi0?

55. 你得请我的客。

    你得把我请一下。

    ȵi44tei213pa44ŋɤ53tɕhin44Øi31xa213.

56. 这是他的书，那一本是他哥哥的。

    这是他的书，兀一本是他哥的。

    tsɤ13sʅ213tha53ti0fu53，vu13Øi31pən44sʅ213tha53kɤ53ti31.

57. 一边走，一边说。

    边走边说。

    pian53tsəu44pian53fuo53.

58. 看书的看书，看报的看报，写字的写字。

    看书的看书，看报的看报，写字的写字。

    khan213fu53ti44khan213fu53，khan213paɔ213ti44khan213paɔ213，çiɛ44tsʅ213 ti44çiɛ44tsʅ213.

59. 越走越远，越说越多。

    越走越远，越说越多。

    Øyɛ213tsəu44Øyɛ213Øyan44，Øyɛ213fuo53Øyɛ213tuo53.

60. 把那个东西拿给我。

    把兀个东西给我。

    pa44vu13kɤ213tuŋ53çi0kei31ŋɤ53.

61. 有些地方把太阳叫日头。

    有些地方把太阳叫日头。

    Øiəu44çiɛ53ti213faŋ0pa31thai213Øiaŋ0tɕiaɔ213Øər53thəu0.

62. 您贵姓？我姓王。

你贵姓？我姓王。

ȵi44kuei13ɕin213? ŋɤ53ɕin213vaŋ31.

63. 你姓王，我也姓王，咱们两个人都姓王。

你姓王，我也姓王，咱们两个都姓王。

ȵi44ɕin213vaŋ31, ŋɤ53Øiɛ44ɕin213vaŋ31, tsan31mən0liaŋ44kɤ0təu53ɕin213vaŋ31.

64. 你先去吧，我们等一会儿再去。

你先去，我们等一下再去。

ȵi44ɕian53tɕhi213, ŋɤ44mən0tən44Øi31xa213tsai13tɕhi213.

第二节　北风和太阳

北风跟太阳

有一回，北风跟太阳在那儿争论谁的本事大。争来争去就是分不出高低来。这时候路上来了个走道儿的，他身上穿着件厚大衣。他们俩就说好了，谁能先叫这个走道儿的脱下他的厚大衣，就算谁的本事大。北风就使劲地刮起来了，不过他刮得越是厉害，那个走道儿的把大衣裹得越紧。后来北风没法儿了，只好就算了。过了一会儿，太阳出来了。他火辣辣地一晒，那个走道儿的马上就把那件厚大衣脱下来了。这下儿北风只好承认，他们俩当中还是太阳的本事大。

北风跟到太阳

pei44fən53kən53taɔ0thai213Øiaŋ0

有回，北风跟到太阳在兀儿争谁的本事大。

Øiəu44xuei31, pei44fən53kən53taɔ0thai213Øiaŋ0tsai213vuər0tsən53sei31ti0pən44sɿ213ta213.

争来争去就是争不出个所以然。

tsən53lai31tsən53tɕhi213təu31sɿ213tsən53pu31pfhu53kɤ213fuo44Øi44zan31.

这阵将好来了个过路的，他身上穿了件厚大衣。

tsɤ13tsən213tɕiaŋ53xaɔ44lai31laɔ0kɤ213kuo13lu213ti0, tha44sən53saŋ213tshuan53laɔ0tɕian213xəu13ta213Øi53.

他们说，谁能叫这个过路的把厚大衣脱了，谁的本事就大。

tha44mən0fuo53, sei31lən31tɕiaɔ213tsɤ13kɤ213kuo13lu213ti0pa44xəu13ta213Øi53tuo53laɔ0, sei31ti0pən44sɿ213təu13ta213.

北风就使劲地吹，结果他越是吹得劲大，那个过路的把厚大衣裹得越紧。

pei44fən53tɕiəu213sʅ44tɕin213ti0pfʰuei53，tɕiɛ31kuo44tʰa44ʘyɛ213sʅ213pfʰuei53ti0tɕin13ta213，la13kɤ213kuo13lu213ti0pa44xəu13ta213ʘi53kuo44ti0ʘyɛ213tɕin44.

后来北风没法了，只得算了。

xəu213lai31pei44fən53muo31fa31laɔ0，tsʰʅ44tei213suan213laɔ0.

过了一阵子，太阳出来了，火辣辣地，那个过路的马上就把厚大衣脱了。

kuo213laɔ0ʘi31tsən213tsʅ0，tʰai213ʘiaŋ0pfʰu53lai31laɔ0，xuo44la13la213ti0，la13kɤ213kuo13lu213ti0ma44saŋ213tɕiəu213pa44xue13ta213ʘi53tuo53laɔ0.

这下北风只好认输，他说，还是太阳的本事大。

tsɤ13xa213pei44fən53tsʅ13xaɔ31zən213fu53，tʰa44fuo53，xuan31sʅ213tʰai213ʘiaŋ0ti0pən44si213ta213.

第三节　口头文化

一、地方戏曲：妻子送郎当义兵[①]

你恩我爱情意重，
两瓜结在一根藤，结在一根藤。
哭哭啼啼送哥到军营，
你怎能安心，杀敌兵哪啊！

二、歌谣

1. 妇女出门穿草鞋

大巴山，岩对岩，
妇女出门穿草鞋。
出门就是山歌子，
进门就是一捆柴。

2. 陕南红了半面天

三二年，不简单，
徐向前领兵到陕南。
一仗打到汉中府，

[①] 戏曲名称：西乡地围子。地围子传唱于城关镇及白龙（城关附近）一带。

陕南红了半面天。

3. 船儿没桨咋下滩

牧马河水波浪翻，
哥哥河边把船拴。
妹问哥哥咋不走，
船儿没桨咋下滩。

4. 烤火

烟子烟，莫烟我，
我给你买个花馍馍。
你吃壳，我吃瓤，
你上天，雷抓你，
你下地，火烧你，
你钻洞，蛇咬你，
你下水，水淹你，
你来了，莫烟我。

略阳县篇

第一章 总 论

第一节 人文地理、历史沿革、人口概况

略阳县建县于西汉元鼎六年（前111年），千百年来一直被视为兵家必争和商旅辐辏之地。略阳位于嘉陵江上游、汉江北源，秦岭南麓西段，地处陕甘川毗邻地带，素有"秦蜀要冲""陕甘纽带"之称。全县总面积2831平方公里，总人口20.1万，辖15个镇、2个街道办。略阳以县城为中心，东西南北各方大体相等，平面图略呈长方形。略阳县地处内陆腹地，受大陆性气候和海洋性气候的影响，四季分明，属大陆性过渡气候。县北部为南暖温带气候区，南部为北亚热带气候区。地势高差大，立体性气候明显。战国时期，属秦国蜀郡葭萌县境内。西汉元鼎六年（前111年）置沮县，属益州武都郡。东晋名武兴县，属后秦南梁州武兴郡。西魏大统十一年（545年）属东益州武兴郡，置武兴县；废帝二年（553年）改称兴州，设顺政郡，改武兴县为汉曲县。隋改汉曲县为顺政县。宋改顺政县为略阳县。明清为汉中府辖县。

全县有林地面积283万亩，有森林植被314种，天然林194万亩，森林覆盖率为45.2%，被列为全省23个林区县之一。略阳水力资源蕴藏量大，县境内有一江十河，属长江流域，分为两大水系。东部为汉江水系，中西部为嘉陵江水系。略阳素有"富山盛矿"之美誉，全县矿藏资源种类多、分布广、储量大、品质高、易开采。略阳具有悠久的名胜古迹和丰富独特的自然景观，旅游资源开发前景广阔，境内古栈道又称蜀道，是古代关中与甘陇通往巴蜀的交通要道之一，穿行崇山峻岭，跨越名驿险关，文化沉积极为丰厚。[①]

第二节 方言归属和内部差异

按照《中国语言地图集》，略阳县属于中原官话秦陇片。以兴州街道办为中心，在

[①] 根据略阳县人民政府网2021年2月20日发布略阳概况整理。

县城 10 到 15 公里范围的区域当地人称为城里话，以外都称为乡里话。按照地理位置和语言内部一致的情况，分为西片、东片和南片。白水江镇、徐家坪镇、郭镇一带属于西片，两河口镇、硖口驿镇一带属于东片，乐素河镇、白雀寺镇范围属于南片。其中当地人认为南片与县内其余片区差异较大。

第三节　发音人和调查人概况

方言发音人（一）

1. 姓名：翟东升
2. 单位（退休前）：略阳县政府
3. 通信地址：陕西省汉中市略阳县档案局
4. 性别：男　　民族：汉
5. 出生年月日（公历）：1949 年 11 月
6. 出生地（从省级至自然村级）：陕西省汉中市略阳县兴州街道办
7. 主要经历：出生至今一直在城关镇生活。
8. 文化程度：高中
9. 职业：干部
10. 会说哪几种话（包括普通话、外语）：略阳方言
11. 父亲是哪里人，会说什么话：汉中市略阳县兴州街道办人，会说略阳方言。
12. 母亲是哪里人，会说什么话：汉中市略阳县兴州街道办人，会说略阳方言。
13. 配偶是哪里人，会说什么话：汉中市略阳县兴州街道办人，会说略阳方言。

方言发音人（二）

1. 姓名：李红义
2. 单位（退休前）：无
3. 通信地址：陕西省汉中市略阳县档案局
4. 性别：男　　民族：汉
5. 出生年月日（公历）：1946 年 11 月
6. 出生地（从省级至自然村级）：陕西省汉中市略阳县兴州街道办
7. 主要经历：出生、学习、工作一直在略阳县兴州街道办。
8. 文化程度：初中
9. 职业：无

10. 会说哪几种话（包括普通话、外语）：略阳方言
11. 父亲是哪里人，会说什么话：汉中市略阳县兴州街道办人，会说略阳方言。
12. 母亲是哪里人，会说什么话：汉中市略阳县兴州街道办人，会说略阳方言。
13. 配偶是哪里人，会说什么话：汉中市略阳县兴州街道办人，会说略阳方言。

调查人

1. 姓名：张　璐
2. 单位：陕西理工大学
3. 通信地址：陕西省汉中市汉台区东一环路1号
4. 协助调查人姓名：李　松

第二章 语 音

第一节 声 母

声母共二十三个，包括零声母在内。

p 八兵病	pʰ 派片爬	m 麦明	f 飞风副饭
t 多东毒	tʰ 讨天甜		l 脑南老蓝
ts 资早生争	tsʰ 刺寸祠拆		s 丝三酸事
tʂ 张竹柱装	tʂʰ 抽茶初床		ʂ 山顺手十	ʐ 热软
tɕ 酒九	tɕʰ 清全轻权	ȵ 年泥	ɕ 想谢响县
k 高共	kʰ 开	ŋ 熬安	x 好灰活
∅ 味月云用			

第二节 韵 母

韵母三十六个，不包括儿化韵。

ər 二

ɿ 师丝

ʅ 试十直尺　　　i 米戏急一　　　u 五苦骨出　　　y 雨局橘

ɤ 壳

a 茶八法塔　　　ia 牙鸭　　　　　ua 瓦刮

ɛ 热　　　　　　iɛ 写接贴节　　　　　　　　　　yɛ 靴月

ɔ 宝饱　　　　　iɔ 笑桥　　　　　uo 歌盒活托　　yo 药学

ai 开鞋排　　　　　　　　　　　　uai 快

ei 赔飞北白　　　　　　　　　　　uei 对鬼国

əu 豆走　　　　　iəu 油六绿

an 南山半　　　　ian 盐年　　　　uan 短官　　　　yan 权

ən 根灯升		uən 寸滚春横	yən 云
ɑŋ 糖	iaŋ 响讲	uaŋ 床王双	
	in 心新硬星	uŋ 东	yŋ 兄用

第三节　单字调

单字调四个。

阴平 45 东该天春　　阳平 31 门牛节六　　上声 44 懂古九有　　去声 323 动怪寸路

第四节　连读变调

后字非轻声两字组连调模式见表 2–1。

表 2–1　后字非轻声两字组连调模式

前字＼后字	1 阴平 45	2 阳平 31	3 上声 44	4 去声 323
1 阴平 45	45＋45	45＋31	45＋44	45＋323
2 阳平 31	31＋45	31＋31	31＋44	31＋323
3 上声 44	44＋45	44＋31	44＋44	44＋323
4 去声 323	31＋45	24＋31	31＋44	45＋323

非叠字组后字轻声两字组连调模式见表 2–2。

表 2–2　非叠字组后字轻声两字组连调模式

前字＼后字	1 阴平 45	2 阳平 31	3 上声 44	4 去声 323
1 阴平 45	45＋0	45＋0	45＋0	45＋0
2 阳平 31	31＋0	31＋0	31＋0	31＋0
3 上声 44	44＋0	44＋0	44＋0	44＋0
4 去声 323	31＋0	24＋0	31＋0	31＋0

第五节　单　字

0001. 多 tuo45　　0002. 拖 thuo45　　0003. 大～小 ta323　　0004. 锣 luo31

0005. 左 tsuo44
0006. 歌 kuo45
0007. 个一~ kɤ323
0008. 可 khɤ44
0009. 鹅 ŋɤ31
0010. 饿 ŋɤ323
0011. 河 xuo31
0012. 茄 tɕhiE31
0013. 破 phuo323
0014. 婆 phuo31
0015. 磨动 muo323
0016. 磨名 muo31
0017. 躲 tuo44
0018. 螺 luo31
0019. 坐 tsuo323
0020. 锁 suo44
0021. 果 kuo44
0022. 过 kuo323
0023. 课 khuo323
0024. 火 xuo44
0025. 货 xuo323
0026. 祸 xuo323
0027. 靴 ɕyE45
0028. 把量 pa44
0029. 爬 pha31
0030. 马 ma44
0031. 骂 ma323
0032. 茶 tʂha31
0033. 沙 ʂa45
0034. 假真~ tɕia44
0035. 嫁 tɕia323
0036. 牙 Øia31
0037. 虾 ɕia45

0038. 下底~ xa323
0039. 夏春~ ɕia323
0040. 哑 Øia44
0041. 姐 tɕiE44
0042. 借 tɕiE323
0043. 写 ɕiE44
0044. 斜 ɕiE31
0045. 谢 ɕiE323
0046. 车不是棋子 tʂhɤ45
0047. 蛇 ʂɤ31
0048. 射 ʂɤ323
0049. 爷 ØiE31
0050. 野 ØiE44
0051. 夜 ØiE323
0052. 瓜 kua45
0053. 瓦 Øua44
0054. 花 xua45
0055. 化 xua323
0056. 华中~ xua31
0057. 谱家~ phu44
0058. 布 pu323
0059. 铺 phu45
0060. 簿 pu323
0061. 步 pu323
0062. 赌 tu44
0063. 土 thu44
0064. 图 thu31
0065. 杜 tu323
0066. 奴 lu31
0067. 路 lu323
0068. 租 tsu45
0069. 做 tsu323

0070. 错对~ tshuo323
0071. 箍~桶 khu45
0072. 古 ku44
0073. 苦 khu44
0074. 裤 khu323
0075. 吴 Øu31
0076. 五 Øu44
0077. 虎 xu44
0078. 壶 xu31
0079. 户 xu323
0080. 乌 Øu45
0081. 女 ȵy44
0082. 吕 ly44
0083. 徐 ɕy31
0084. 猪 tʂu45
0085. 除 tʂhu31
0086. 初 tʂhu45
0087. 锄 tʂhu31
0088. 所 suo44
0089. 书 ʂu45
0090. 鼠 ʂu44
0091. 如 ʐu31
0092. 举 tɕy44
0093. 锯名 tɕy323
0094. 去 tɕhi323
0095. 渠~道 tɕhy31
0096. 鱼 Øy31
0097. 许 ɕy44
0098. 余剩~ Øy31
0099. 府 fu44
0100. 付 fu323
0101. 父 fu323

0102. 武 Øu44
0103. 雾 Øu323
0104. 取 tɕy44
0105. 柱 tʂu323
0106. 住 tʂu323
0107. 数动 su44
0108. 数名 su323
0109. 主 tʂu44
0110. 输 ʂu45
0111. 竖 su323
0112. 树 ʂu323
0113. 句 tɕy323
0114. 区地~ tɕhy45
0115. 遇 Øy323
0116. 雨 Øy44
0117. 芋 Øy323
0118. 裕 Øy323
0119. 胎 thai45
0120. 台戏~ thai31
0121. 袋 tai323
0122. 来 lai31
0123. 菜 tshai323
0124. 财 tshai31
0125. 该 kai45
0126. 改 kai44
0127. 开 khai45
0128. 海 xai44
0129. 爱 ŋai323
0130. 贝 pei323
0131. 带动 tai323
0132. 盖动 kai323
0133. 害 xai323
0134. 拜 pai323

陕西方言集成

略阳县篇

221

0135. 排 phai31	0168. 系联～çi323	0201. 刺 tʂʅ323	0234. 治 tʂʅ323
0136. 埋 mai31	0169. 杯 pei45	0202. 知 tʂʅ45	0235. 柿 ʂʅ323
0137. 戒 tɕiɛ323	0170. 配 phei323	0203. 池 tʂʅ31	0236. 事 ʂʅ323
0138. 摆 pai44	0171. 赔 phei31	0204. 纸 tʂʅ44	0237. 使 ʂʅ44
0139. 派 phai323	0172. 背～诵 pei323	0205. 儿 Øər31	0238. 试 ʂʅ323
0140. 牌 phai31	0173. 煤 mei31	0206. 寄 tstɕi323	0239. 时 ʂʅ31
0141. 买 mai44	0174. 妹 mei323	0207. 骑 tstɕhi31	0240. 市 ʂʅ323
0142. 卖 mai323	0175. 对 tuei323	0208. 蚁 Øi323	0241. 耳 Øər44
0143. 柴 tʂhai31	0176. 雷 luei31	0209. 义 Øi323	0242. 记 tɕi323
0144. 晒 ʂai323	0177. 罪 tsuei323	0210. 戏 çi323	0243. 棋 tɕhi31
0145. 街 kai45	0178. 碎 suei323	0211. 移 Øi31	0244. 喜 çi44
0146. 解～开 kai44	0179. 灰 xuei45	0212. 比 pi44	0245. 意 Øi323
0147. 鞋 xai31	0180. 回 xuei31	0213. 屁 phi323	0246. 几～个 tɕi44
0148. 蟹 xai31	0181. 外 Øuai323	0214. 鼻 pi31	0247. 气 tɕhi323
0149. 矮 ŋai44	0182. 会开～xuei323	0215. 眉 mi31	0248. 希 çi45
0150. 败 pai323	0183. 怪 kuai323	0216. 地 ti323	0249. 衣 Øi45
0151. 币 pi323	0184. 块 khuai44	0217. 梨 li31	0250. 嘴 tsuei44
0152. 制～造 tʂʅ323	0185. 怀 xuai31	0218. 资 tsʅ45	0251. 随 suei31
0153. 世 ʂʅ323	0186. 坏 xuai323	0219. 死 sʅ44	0252. 吹 tʂhuei45
0154. 艺 Øi323	0187. 拐 kuai44	0220. 四 sʅ323	0253. 垂 tʂhuei31
0155. 米 mi44	0188. 挂 kua323	0221. 迟 tʂhʅ31	0254. 规 kuei45
0156. 低 ti45	0189. 歪 Øuai45	0222. 指 tʂʅ44	0255. 亏 khuei45
0157. 梯 thi45	0190. 画 xua323	0223. 师 ʂʅ45	0256. 跪 khuei323
0158. 剃 thi323	0191. 快 khuai323	0224. 二 Øər323	0257. 危 Øuei45
0159. 弟 ti323	0192. 话 xua323	0225. 饥～饿 tɕi45	0258. 类 luei323
0160. 递 ti323	0193. 岁 suei323	0226. 器 tɕhi323	0259. 醉 tsuei323
0161. 泥 ȵi31	0194. 卫 uei323	0227. 姨 Øi31	0260. 追 tsuei45
0162. 犁 li31	0195. 肺 fei323	0228. 李 li44	0261. 锤 tʂhuei31
0163. 西 çi45	0196. 桂 kuei323	0229. 子 tsʅ44	0262. 水 ʂuei44
0164. 洗 çi44	0197. 碑 pi45	0230. 字 tsʅ323	0263. 龟 kuei45
0165. 鸡 tɕi45	0198. 皮 phi31	0231. 丝 sʅ45	0264. 季 tɕi323
0166. 溪 çi45	0199. 被～子 pi323	0232. 祠 tshʅ31	0265. 柜 kuei323
0167. 契 tɕhi323	0200. 紫 tsʅ44	0233. 寺 sʅ323	0266. 位 Øuei323

0267. 飞 fei45	0300. 猫 mɔ45	0332. 抖 thəu44	0364. 舅 tɕiəu323
0268. 费 fei323	0301. 闹 lɔ323	0333. 偷 thəu45	0365. 旧 tɕiəu323
0269. 肥 fei31	0302. 罩 tʂɔ323	0334. 头 thəu31	0366. 牛 ȵiəu31
0270. 尾 Øuei44	0303. 抓用手～牌 tʂua45	0335. 豆 təu323	0367. 休 ɕiəu45
0271. 味 Øuei323	0304. 找 tʂɔ44	0336. 楼 ləu31	0368. 优 Øiəu45
0272. 鬼 kuei44	0305. 抄 tʂhɔ45	0337. 走 tsəu44	0369. 有 Øiəu44
0273. 贵 kuei323	0306. 交 tɕiɔ45	0338. 凑 tshəu323	0370. 右 Øiəu323
0274. 围 Øuei31	0307. 敲 tɕhiɔ45	0339. 钩 kəu45	0371. 油 Øiəu31
0275. 胃 Øuei323	0308. 孝 ɕiɔ323	0340. 狗 kəu44	0372. 丢 tiəu45
0276. 宝 pɔ44	0309. 校 学～ ɕiɔ323	0341. 够 kəu323	0373. 幼 Øiəu323
0277. 抱 pɔ323	0310. 表 手～ piɔ44	0342. 口 khəu44	0374. 贪 than45
0278. 毛 mɔ31	0311. 票 phiɔ323	0343. 藕 ŋəu44	0375. 潭 than31
0279. 帽 mɔ323	0312. 庙 miɔ323	0344. 后 前～ xəu323	0376. 南 lan31
0280. 刀 tɔ45	0313. 焦 tɕiɔ45	0345. 厚 xəu323	0377. 蚕 tshan31
0281. 讨 thɔ44	0314. 小 ɕiɔ44	0346. 富 fu323	0378. 感 kan44
0282. 桃 thɔ31	0315. 笑 ɕiɔ323	0347. 副 fu323	0379. 含～一口水 xan31
0283. 道 tɔ323	0316. 朝～代 tʂhɔ31	0348. 浮 fu31	
0284. 脑 lɔ44	0317. 照 tʂɔ323	0349. 妇 fu323	0380. 暗 ŋan44
0285. 老 lɔ44	0318. 烧 ʂɔ45	0350. 流 liəu31	0381. 搭 ta31
0286. 早 tsɔ44	0319. 绕～线 zɔ44	0351. 酒 tɕiəu44	0382. 踏 tha31
0287. 灶 tsɔ323	0320. 桥 tɕhiɔ31	0352. 修 ɕiəu45	0383. 拉 la45
0288. 草 tshɔ44	0321. 轿 tɕiɔ323	0353. 袖 ɕiəu323	0384. 杂 tsa31
0289. 糙 tshɔ323	0322. 腰 Øiɔ45	0354. 抽 tʂhəu45	0385. 鸽 kɤ45
0290. 造 tshɔ323	0323. 要 重～ Øiɔ323	0355. 绸 tʂhəu31	0386. 盒 xɤ31
0291. 嫂 sɔ44	0324. 摇 Øiɔ31	0356. 愁 tʂhəu31	0387. 胆 tan44
0292. 高 kɔ45	0325. 鸟 ȵiɔ44	0357. 瘦 səu323	0388. 毯 than44
0293. 靠 khɔ323	0326. 钓 tiɔ323	0358. 州 tʂəu45	0389. 淡 tan323
0294. 熬 ŋɔ31	0327. 条 thiɔ31	0359. 臭 香～ tʂhəu323	0390. 蓝 lan31
0295. 好～坏 xɔ44	0328. 料 liɔ323		0391. 三 san45
0296. 号 名～ xɔ323	0329. 箫 ɕiɔ45	0360. 手 ʂəu44	0392. 甘 kan45
0297. 包 pɔ45	0330. 叫 tɕiɔ323	0361. 寿 ʂəu323	0393. 敢 kan44
0298. 饱 pɔ44	0331. 母 mu44	0362. 九 tɕiəu44	0394. 喊 xan44
0299. 炮 phɔ323		0363. 球 tɕhiəu31	0395. 塔 tha31

0396. 蜡 la31
0397. 赚 tʂuan323
0398. 杉~木 ʂa45
0399. 减 tɕian44
0400. 咸~淡 xan31
0401. 插 tʂha31
0402. 闸 tʂa323
0403. 夹~子 tɕia31
0404. 衫 ʂan45
0405. 监 tɕian45
0406. 岩 ŋai31
0407. 甲 tɕia31
0408. 鸭 Øia31
0409. 黏~液 ȵian45
0410. 尖 tɕian45
0411. 签~名 tɕhian45
0412. 占~领 tʂan323
0413. 染 ʐan44
0414. 钳 tɕhian31
0415. 验 Øian323
0416. 险 ɕian44
0417. 厌 Øian323
0418. 炎 Øian31
0419. 盐 Øian31
0420. 接 tɕiE31
0421. 折~叠 tʂE31
0422. 叶 树~ ØiE31
0423. 剑 tɕian323
0424. 欠 tɕhian323
0425. 严 Øian31
0426. 业 ȵiE31
0427. 点 tian44

0428. 店 tian323
0429. 添 thian45
0430. 甜 thian31
0431. 念 ȵian323
0432. 嫌 ɕian31
0433. 跌 tiE31
0434. 贴 thiE31
0435. 碟 tiE31
0436. 协 ɕiE31
0437. 犯 fan323
0438. 法 fa31
0439. 品 phin44
0440. 林 lin31
0441. 浸 tɕhin323
0442. 心 ɕin45
0443. 寻 ɕin31
0444. 沉 tʂhən31
0445. 参 人~ sən45
0446. 针 tsən45
0447. 深 ʂən45
0448. 任 责~ ʐən323
0449. 金 tɕin45
0450. 琴 tɕhin31
0451. 音 Øin45
0452. 立 li31
0453. 集 tɕi31
0454. 习 ɕi31
0455. 汁 tʂʅ45
0456. 十 ʂʅ31
0457. 入 ʐu31
0458. 急 tɕi31
0459. 及 tɕi31

0460. 吸 ɕi45
0461. 单 简~ tan45
0462. 炭 than323
0463. 弹~琴 than31
0464. 难~易 lan31
0465. 兰 lan31
0466. 懒 lan44
0467. 烂 lan323
0468. 伞 san44
0469. 肝 kan45
0470. 看~见 khan323
0471. 岸 ŋan323
0472. 汉 xan323
0473. 汗 xan323
0474. 安 ŋan45
0475. 达 ta31
0476. 辣 la31
0477. 擦 tsha31
0478. 割 kɤ31
0479. 渴 khɤ31
0480. 扮 pan323
0481. 办 pan323
0482. 铲 tʂhan44
0483. 山 san45
0484. 产 tʂhan44
0485. 间 房~ tɕian45
0486. 眼 Øian44
0487. 限 ɕian323
0488. 八 pa31
0489. 扎 tsa31
0490. 杀 ʂa31
0491. 班 pan45

0492. 板 pan44
0493. 慢 man323
0494. 奸 tɕian45
0495. 颜 Øian31
0496. 瞎 xa31
0497. 变 pian323
0498. 骗欺~ phian323
0499. 便 方~ pian323
0500. 棉 mian31
0501. 面~孔 mian323
0502. 连 lian31
0503. 剪 tɕian44
0504. 浅 tɕhian44
0505. 钱 tɕhian31
0506. 鲜 ɕyan45
0507. 线 ɕian323
0508. 缠 tʂhan31
0509. 战 tʂan323
0510. 扇 ʂan323
0511. 善 ʂan323
0512. 件 tɕian323
0513. 延 Øian31
0514. 别~人 piE31
0515. 灭 miE31
0516. 列 liE31
0517. 撤 tʂhE44
0518. 舌 ʂE31
0519. 设 ʂE31
0520. 热 ʐE31
0521. 杰 tɕiE31
0522. 孽 ȵiE31

0523. 建 tɕian323	0555. 盘 phan31	0586. 刷 ʂua31	0612. 园 Øyan31
0524. 健 tɕian323	0556. 满 man44	0587. 刮 kua31	0613. 远 Øyan44
0525. 言 Øian31	0557. 端 ~午 tuan45	0588. 全 tɕhyan31	0614. 发头 ~ fa31
0526. 歇 ɕiɛ31	0558. 短 tuan44	0589. 选 ɕyan44	0615. 罚 fa31
0527. 扁 pian44	0559. 断 绳~了 tuan323	0590. 转 ~眼 tʂuan323	0616. 袜 Øua31
0528. 片 phian323	0560. 暖 luan44	0591. 传 ~下来 tʂhuan31	0617. 月 ØyE31
0529. 面 ~条 mian323	0561. 乱 luan323	0592. 传 ~记 tʂuan323	0618. 越 ØyE31
0530. 典 tian44	0562. 酸 suan45	0593. 砖 tʂuan45	0619. 县 ɕian323
0531. 天 thian45	0563. 算 suan323	0594. 船 tʂhuan31	0620. 决 tɕyE31
0532. 田 thian31	0564. 官 kuan45	0595. 软 ʐuan44	0621. 缺 tɕhyE31
0533. 垫 tian323	0565. 宽 khuan45	0596. 卷 ~起 tɕyan44	0622. 血 ɕiɛ31
0534. 年 ȵian31	0566. 欢 xuan45	0597. 圈 圆~ tɕhyan45	0623. 吞 thən45
0535. 莲 lian31	0567. 完 Øuan31	0598. 权 tɕhyan31	0624. 根 kən45
0536. 前 tɕhian31	0568. 换 xuan323	0599. 圆 Øyan31	0625. 恨 xən323
0537. 先 ɕian45	0569. 碗 Øuan44	0600. 院 Øyan323	0626. 恩 ŋən45
0538. 肩 tɕian45	0570. 拨 puo31	0601. 铅 ~笔 tɕhian45	0627. 贫 phin31
0539. 见 tɕian323	0571. 泼 phuo31	0602. 绝 tɕyE31	0628. 民 min31
0540. 牵 tɕhian45	0572. 末 muo31	0603. 雪 ɕyE31	0629. 邻 lin31
0541. 显 ɕian44	0573. 脱 thuo31	0604. 反 fan44	0630. 进 tɕin323
0542. 现 ɕian323	0574. 夺 tuo31	0605. 翻 fan45	0631. 亲 tɕhin45
0543. 烟 Øian45	0575. 阔 khuo323	0606. 饭 fan323	0632. 新 ɕin45
0544. 憋 piɛ45	0576. 活 xuo31	0607. 晚 Øuan44	0633. 镇 tʂən323
0545. 篾 miɛ31	0577. 顽 ~皮 uan31	0608. 万 麻将牌 Øuan323	0634. 陈 tʂhən31
0546. 铁 thiɛ31	0578. 滑 xua31	0609. 劝 tɕhyan323	0635. 震 tʂən323
0547. 捏 ȵiɛ31	0579. 挖 Øua45	0610. 原 Øyan31	0636. 神 ʂən31
0548. 节 tɕiɛ31	0580. 闩 ʂuan323	0611. 冤 Øyan45	0637. 身 ʂən45
0549. 切动 tɕhiɛ31	0581. 关 ~门 kuan45		0638. 辰 ʂən31
0550. 截 tɕiɛ31	0582. 惯 kuan323		0639. 人 ʐən31
0551. 结 tɕiɛ31	0583. 还动 xuan31		0640. 认 ʐən323
0552. 搬 pan45	0584. 还副 xai31		0641. 紧 tɕin44
0553. 半 pan323	0585. 弯 Øuan45		0642. 银 Øin31
0554. 判 phan323			0643. 印 Øin323
			0644. 引 Øin44

0645. 笔 pi31	0678. 轮 luən31	0711. 仓 tʂhaŋ45	0743. 上~去 ʂaŋ323
0646. 匹 phi31	0679. 俊 tɕyən323	0712. 钢 kaŋ45	0744. 让 ʐaŋ323
0647. 密 mi31	0680. 笋 suən44	0713. 糠 khaŋ45	0745. 姜 生~ tɕiaŋ45
0648. 栗 li31	0681. 准 tʂuən44	0714. 薄 形 puo31	0746. 响 ɕiaŋ44
0649. 七 tɕhi31	0682. 春 tʂhuən45	0715. 摸 muo45	0747. 向 ɕiaŋ323
0650. 侄 tʂʅ31	0683. 唇 ʂuən31	0716. 托 thuo45	0748. 秧 Øiaŋ45
0651. 虱 sei31	0684. 顺 ʂuən323	0717. 落 luo31	0749. 痒 Øiaŋ44
0652. 实 ʂʅ31	0685. 纯 tʂhuən31	0718. 作 tsuo31	0750. 样 Øiaŋ323
0653. 失 ʂʅ31	0686. 闰 ʐuən323	0719. 索 suo31	0751. 雀 tɕyo31
0654. 日 ʐʅ31	0687. 均 tɕyən45	0720. 各 kɤ31	0752. 削 ɕyo31
0655. 吉 tɕi31	0688. 匀 Øyən31	0721. 鹤 xuo323	0753. 着 火~了 tʂuo31
0656. 一 Øi31	0689. 律 ly44	0722. 恶 形 ŋɤ31	0754. 勺 ʂuo31
0657. 筋 tɕin45	0690. 出 tʂhu31	0723. 娘 ȵiaŋ31	
0658. 劲 有~ tɕin323	0691. 橘 tɕy31	0724. 两 斤~ liaŋ44	0755. 弱 ʐuo31
0659. 勤 tɕhin31	0692. 分 动 fən45	0725. 亮 liaŋ323	0756. 脚 tɕyo31
0660. 近 tɕin323	0693. 粉 fən44	0726. 浆 tɕiaŋ45	0757. 约 Øyo31
0661. 隐 Øin44	0694. 粪 fən323	0727. 抢 tɕhiaŋ44	0758. 药 Øyo31
0662. 本 pən44	0695. 坟 fən31	0728. 匠 tɕiaŋ323	0759. 光 ~线 kuaŋ45
0663. 盆 phən31	0696. 蚊 Øuən31	0729. 想 ɕiaŋ44	0760. 慌 xuaŋ45
0664. 门 mən31	0697. 问 Øuən323	0730. 像 tɕhiaŋ323	0761. 黄 xuaŋ31
0665. 墩 tuən45	0698. 军 tɕyən45	0731. 张 tʂaŋ45	0762. 郭 kuo45
0666. 嫩 luən323	0699. 裙 tɕhyən31	0732. 长 ~短 tʂhaŋ31	0763. 霍 xuo323
0667. 村 tshuən45	0700. 熏 ɕyən45		0764. 方 faŋ45
0668. 寸 tshuən323	0701. 云 ~彩 Øyən31	0733. 装 tsuaŋ45	0765. 放 faŋ323
0669. 蹲 tuən45	0702. 运 Øyən323	0734. 壮 tʂuaŋ323	0766. 纺 faŋ44
0670. 孙 ~子 suən45	0703. 佛 ~像 fuo31	0735. 疮 tʂhuaŋ45	0767. 房 faŋ31
0671. 滚 kuən44	0704. 物 Øuo31	0736. 床 tʂhuaŋ31	0768. 防 faŋ31
0672. 困 khuən323	0705. 帮 paŋ45	0737. 霜 ʂuaŋ45	0769. 网 Øuaŋ44
0673. 婚 xuən45	0706. 忙 maŋ31	0738. 章 tʂaŋ45	0770. 筐 khuaŋ45
0674. 魂 xuən31	0707. 党 taŋ44	0739. 厂 tʂhaŋ44	0771. 狂 khuaŋ31
0675. 温 Øuən45	0708. 汤 thaŋ45	0740. 唱 tʂhaŋ323	0772. 王 Øuaŋ31
0676. 卒 棋子 tsu31	0709. 糖 thaŋ31	0741. 伤 ʂaŋ45	0773. 旺 Øuaŋ323
0677. 骨 ku31	0710. 浪 laŋ323	0742. 尝 ʂaŋ31	0774. 缚 fuo31

0775. 绑 paŋ44
0776. 胖 phaŋ323
0777. 棒 paŋ323
0778. 桩 tʂuaŋ45
0779. 撞 tʂuaŋ323
0780. 窗 tʂhuaŋ45
0781. 双 ʂuaŋ45
0782. 江 tɕiaŋ45
0783. 讲 tɕiaŋ44
0784. 降投～ɕiaŋ31
0785. 项 xaŋ323
0786. 剥 puo31
0787. 桌 tsuo31
0788. 镯 tsuo31
0789. 角 tɕyo31
0790. 壳 khɤ31
0791. 学 ɕyo31
0792. 握 Øuo31
0793. 朋 phən31
0794. 灯 tən45
0795. 等 tən44
0796. 凳 tən323
0797. 藤 thən31
0798. 能 lən31
0799. 层 tshən31
0800. 僧 sən45
0801. 肯 khən44
0802. 北 pei31
0803. 墨 mei31
0804. 得 tei31
0805. 特 thɤ45
0806. 贼 tsei31
0807. 塞 sei45

0808. 刻 khei31
0809. 黑 xei31
0810. 冰 pin45
0811. 证 tʂən323
0812. 秤 tʂhən323
0813. 绳 ʂən31
0814. 剩 ʂən323
0815. 升 ʂən45
0816. 兴高～ɕin45
0817. 蝇 Øin31
0818. 逼 pi45
0819. 力 li31
0820. 息 ɕi31
0821. 直 tʂʅ31
0822. 侧 tshei31
0823. 测 tshei31
0824. 色 sei31
0825. 织 tʂʅ31
0826. 食 ʂʅ31
0827. 式 ʂʅ323
0828. 极 tɕi31
0829. 国 kuo31
0830. 或 xuo31
0831. 猛 məŋ44
0832. 打 ta44
0833. 冷 lən44
0834. 生 sən45
0835. 省～长 sən44
0836. 更三～kən323
0837. 梗 kən44
0838. 坑 khən45
0839. 硬 n̠in323
0840. 行～为 ɕin31

0841. 百 pei31
0842. 拍 phei31
0843. 白 pei31
0844. 拆 tshei31
0845. 择 tsei31
0846. 窄 tsei31
0847. 格 kɤ31
0848. 客 khɤ31
0849. 额 ŋɤ31
0850. 棚 phən31
0851. 争 tsən45
0852. 耕 kən45
0853. 麦 mei31
0854. 摘 tsei31
0855. 策 tshɤ31
0856. 隔 kei31
0857. 兵 pin45
0858. 柄 pin44
0859. 平 phin31
0860. 病 pin323
0861. 明 min31
0862. 命 min323
0863. 镜 tɕin323
0864. 庆 tɕhin323
0865. 迎 Øin31
0866. 影 Øin44
0867. 剧戏～tɕy323
0868. 饼 pin44
0869. 名 min31
0870. 领 lin44
0871. 井 tɕin44
0872. 清 tɕhin45
0873. 静 tɕin323

0874. 姓 ɕin323
0875. 贞 tʂən45
0876. 程 tʂhən31
0877. 整 tʂən44
0878. 正～反 tʂən323
0879. 声 ʂən45
0880. 城 tʂhən31
0881. 轻 tɕhin45
0882. 赢 Øin31
0883. 积 tɕi31
0884. 惜 ɕi31
0885. 席 ɕi31
0886. 尺 tʂhʅ31
0887. 石 ʂʅ31
0888. 益 Øi31
0889. 瓶 phin31
0890. 钉 tin45
0891. 顶 tin44
0892. 厅 thin45
0893. 听～见 thin45
0894. 停 thin31
0895. 挺 thin44
0896. 定 tin323
0897. 零 lin31
0898. 青 tɕhin45
0899. 星 ɕin45
0900. 经 tɕin45
0901. 形 ɕin31
0902. 壁 pi31
0903. 劈 phi44
0904. 踢 thi31
0905. 笛 ti31

0906. 历农~ li323	0930. 送 suŋ323	0954. 虫 tʂhuŋ31	0978. 浓 luŋ31
0907. 锡 ɕi31	0931. 公 kuŋ45	0955. 终 tsuŋ45	0979. 龙 luŋ31
0908. 击 tɕi31	0932. 孔 khuŋ44	0956. 充 tʂhuŋ45	0980. 松~树 suŋ45
0909. 吃 tʂʅ31	0933. 烘~干 xuŋ45	0957. 宫 kuŋ45	0981. 重轻~ tsuŋ323
0910. 横 xən323	0934. 红 xuŋ31	0958. 穷 tɕhyŋ31	0982. 肿 tsuŋ44
0911. 划计~ xua323	0935. 翁 Øuəŋ45	0959. 熊 ɕyŋ31	0983. 种~树 tsuŋ323
0912. 兄 ɕyŋ45	0936. 木 mu31	0960. 雄 ɕyŋ31	0984. 冲 tʂhuŋ45
0913. 荣 Øyŋ31	0937. 读 tu31	0961. 福 fu31	0985. 恭 kuŋ45
0914. 永 Øyən44	0938. 鹿 lu31	0962. 服 fu31	0986. 共 kuŋ323
0915. 营 Øin31	0939. 族 tshu31	0963. 目 mu31	0987. 凶吉~ ɕyŋ45
0916. 蓬~松 phən31	0940. 谷稻~ ku31	0964. 六 liəu31	0988. 拥 Øyŋ45
0917. 东 tuŋ45	0941. 哭 khu31	0965. 宿住~ ɕy45	0989. 容 Øyŋ31
0918. 懂 tuŋ44	0942. 屋 Øu31	0966. 竹 tʂu31	0990. 用 Øyŋ323
0919. 冻 tuŋ323	0943. 冬~至 tuŋ45	0967. 畜~生 ɕu31	0991. 绿 liəu31
0920. 通 thuŋ45	0944. 统 thuŋ44	0968. 缩 suo31	0992. 足 tɕy31
0921. 桶 tuŋ44	0945. 脓 luŋ31	0969. 粥 tsəu45	0993. 烛 tʂu31
0922. 痛 thuŋ323	0946. 松~紧 suŋ45	0970. 叔 ʂu31	0994. 赎 ʂu31
0923. 铜 thuŋ31	0947. 宋 suŋ323	0971. 熟 ʂu31	0995. 属 ʂu31
0924. 动 tuŋ323	0948. 毒 tu31	0972. 肉 ẓu323	0996. 褥 ẓu31
0925. 洞 tuŋ323	0949. 凤 fəŋ45	0973. 菊 tɕy31	0997. 曲~折 tɕhy31
0926. 聋 luŋ31	0950. 丰 fəŋ45	0974. 育 Øy323	0998. 局 tɕy31
0927. 弄 luŋ45	0951. 风 fəŋ323	0975. 封 fəŋ45	0999. 玉 Øy323
0928. 粽 tsuŋ45	0952. 梦 məŋ323	0976. 蜂 fəŋ45	1000. 浴 Øy323
0929. 葱 tshuŋ45	0953. 中当~ tsuŋ45	0977. 缝一条~ fəŋ31	

第三章 词 汇

第一节 规定词汇

一、天文、地理

（一）天文

0001. 太阳～下山了　太阳 thai31Øiaŋ0

0002. 月亮～出来了　月亮 ØyE31liaŋ0

0003. 星星　星星 ɕin45ɕin0/星宿 ɕin45ɕiəu0

0004. 云　云 Øyən31/云彩 Øyən31tsha44

0005. 风　风 fəŋ45

0006. 台风　无

0007. 闪电名词　闪 ʂan44/闪闪 ʂan44ʂan0

0008. 雷　雷 luei31

0009. 雨　雨 Øy44

0010. 下雨　下雨 ɕia31Øy44

0011. 淋衣服被雨～湿了　打 ta44

0012. 晒～粮食　晒 ʂai323

0013. 雪　雪 ɕyE31

0014. 冰　冰 pin45

0015. 冰雹　冷子 lən44tsʅ0

0016. 霜　霜 ʂuaŋ45

0017. 雾　雾 Øu323

0018. 露　露水 lu31ʂuei0

0019. 虹统称　虹 tɕiaŋ323

0020. 日食　天狗吃太阳 thian45kəu44tʂʅ45thai31Øiaŋ0

0021. 月食　天狗吃月亮 thian45kəu44tʂʅ45ØyE31liaŋ0

0022. 天气　天气 thian45tɕhi0/天 tian45

0023. 晴天～　晴 tɕhin31

0024. 阴天～　阴 Øin45/暗 ŋan45

0025. 旱天～　干 kan45

0026. 涝天～　涝 lɔ31

0027. 天亮　天明了 thian45min31lɔ0

（二）地貌

0028. 水田　秧田 Øiaŋ45thian0

0029. 旱地浇不上水的耕地　地 ti323

0030. 田埂　田坎 thian31khan44

0031. 路野外的　路 lu323

0032. 山　山 ʂan45

0033. 山谷　山沟沟 ʂan45kəu45kəu0

0034. 江大的河　江 tɕiaŋ45

0035. 溪小的河　河沟 xuo31kəu0

0036. 水沟儿较小的水道　水沟 ʂuei44kəu0/水渠 ʂuei44tɕhy0

0037. 湖　湖 xu31

0038. 池塘　水塘 ʂuei44thaŋ0

0039. 水坑儿地面上有积水的小洼儿　水滩 ʂuei44than45

0040. 洪水　大水 ta31ʂuei44

0041. 淹被水～了　灌 kuan323

0042. 河岸　河坝 xuo31pa0

0043. 坝拦河修筑拦水的　坝 pa323

0044. 地震　地动 ti45tuŋ323

0045. 窟窿小的　眼眼子 n̠ian44n̠ian0tsʅ0/洞洞子 tuŋ31tuŋ24tsʅ0

0046. 缝儿统称　缝缝子 fəŋ31fəŋ24tsʅ0

（三）物象

0047. 石头统称　石头 ʂʅ31thəu0

0048. 土统称　泥巴 n̠i31pa0

0049. 泥湿的　泥巴 n̠i31pa0

0050. 水泥旧称　洋灰 Øiaŋ31xuei45

0051. 沙子　沙 ʂa45

0052. 砖整块的　砖头 tʂuan45thəu0

0053. 瓦整块的　瓦片 Øua44phian0

0054. 煤　煤 mei31

0055. 煤油　洋油 Øiaŋ31Øiəu31

0056. 炭木炭　木炭 mu31than323

0057. 灰烧成的　灰 xuei45

0058. 灰尘桌面上的　灰灰 xuei45xuei0

0059. 火　火 xuo44

0060. 烟烧火形成的　烟子 Øian45tsʅ0

0061. 失火　着火 tʂuo31xuo44/火烧了 xuo44ʂɔ45lɔ0

0062. 水　水 ʂuei44

0063. 凉水　冷水 lən44ʂuei0

0064. 热水如洗脸的热水，不是指喝的开水　热水 zɛ31ʂuei0/煎水 tɕian45ʂuei0

0065. 开水喝的　开水 khai45ʂuei0

0066. 磁铁　吸铁石 ɕi45thiɛ31ʂʅ0

二、时间、方位

（一）时间

0067. 时候吃饭的～　时候 ʂʅ31xou0

0068. 什么时候　啥时候 ʂa45ʂʅ31xou0

0069. 现在　这阵 tʂei24tʂən323

0070. 以前十年～　前 tɕhian31

0071. 以后十年～　后 xuo323

0072. 一辈子　一辈子 Øi31pei31tsʅ0

0073. 今年　今年 tɕin45n̠ian0

0074. 明年　明年 min31n̠ian0

0075. 后年　后年 xəu24n̠ian0

0076. 去年　年时个 n̠ian31ʂʅ31kɤ0

0077. 前年　前年个 tɕhian31n̠ian31kɤ0

0078. 往年过去的年份　往年 Øuaŋ44n̠ian0

0079. 年初　年头 n̠ian31thəu31

0080. 年底　年尾 n̠ian31Øuei44

0081. 今天　今儿个 tɕin45Øər44kɤ0

0082. 明天　明儿个 min31Øər0kɤ0

0083. 后天　后儿个 xəu31Øər0kɤ0

0084. 大后天　外天 Øuai31thian45

0085. 昨天　夜个 ØiE31kɤ24

0086. 前天　前儿个 tɕhian31Øər0kɤ0

0087. 大前天　上前天 ʂaŋ24tɕhian31thian44

0088. 整天　一天 Øi31thian45

0089. 每天　天天 thian45thian0

0090. 早晨　赶早 kan45tsɔ44/早起

tsɔ44tɕhi44

0091. 上午　上半天 ʂaŋ31pan24thian44

0092. 中午　晌午 ʂaŋ44Øu0

0093. 下午　下午 ɕia323Øu0/后半天 xəu24pan31thian0

0094. 傍晚　擦黑 tsha31xei31/麻影子 ma31Øin31tsɿ0

0095. 白天　白天 pei31thian0

0096. 夜晚 与白天相对，统称　黑了 xei31lɔ0

0097. 半夜　半夜 pan45Øiɛ323

0098. 正月 农历　正月 tʂən24ØyE0

0099. 大年初一 农历　正月初一 tʂən45ØyE0tʂhu45Øi31

0100. 元宵节　正月十五 tʂən45ØyE0ʂɿ310u44

0101. 清明　清明 tɕhin44min0

0102. 端午　五月端阳 Øu44ØyE0tuan45Øiaŋ0

0103. 七月十五 农历，节日名　七月十五 tɕhi31ØyE0ʂɿ310u44

0104. 中秋　八月十五 pa31ØyE0ʂɿ310u44

0105. 冬至　冬至 tuŋ45tʂɿ323

0106. 腊月 农历十二月　腊月 la31ØyE0

0107. 除夕 农历　年三十 ȵian31san45ʂɿ31

0108. 历书　黄历 xuaŋ31li0

0109. 阴历　阴历 Øin45li0

0110. 阳历　阳历 Øiaŋ31li0

0111. 星期天　礼拜天 li44pai0thian45

（二）方位

0112. 地方　地方 ti31faŋ0

0113. 什么地方　啥地方 ʂa45ti31faŋ0

0114. 家里　屋里 Øu31li0

0115. 城里　城里 tʂhən31li0

0116. 乡下　乡里 ɕiaŋ45li44

0117. 上面 从～滚下来　高头 kɔ45thəu0

0118. 下面 从～爬上去　底下 ti44xa0

0119. 左边　左面 tsuo44mian0/左手 tsuo44ʂəu44

0120. 右边　右面 Øiəu31mian0/右手 Øiəu31ʂəu44

0121. 中间 排队排在～　当中 taŋ45tsuŋ45

0122. 前面 排队排在～　前头 tɕhian31thəu0

0123. 后面 排队排在～　后头 xəu31thəu0

0124. 末尾 排队排在～　巴巴尾 pa31pa24Øuei44

0125. 对面　对面 tuei24mian323

0126. 面前　跟前 kən45tɕhian0

0127. 背后　后头 xəu31thəu0

0128. 里面 躲在～　里头 li44thəu0

0129. 外面 衣服晒在～　外头 Øuai31thəu0

0130. 旁边　边边 pian45pian0/侧面 tsei31mian0

0131. 上 碗在桌子～　高头 kɔ45thəu0

0132. 下 凳子在桌子～　底下 ti44xa0

0133. 边儿 桌子的～　边边 pian45pian0/沿沿 Øian31Øian0

0134. 角儿 桌子的～　角角 kuo31kuo0

0135. 上去 他～了　上去 ʂaŋ31tɕhi0

0136. 下来 他～了　下来 xa31lai0

0137. 进去 他～了　进去 tɕin31tɕhi0

0138. 出来 他～了　出来 tʂhu31lai0

0139. 出去 他～了　出去 tʂhu31tɕhi0

0140. 回来他~了 回来 xuei31lai0

0141. 起来天冷~了 开 khai45

三、植物

（一）一般植物

0142. 树　树 ʂu323

0143. 木头　木头 mu31thəu0

0144. 松树统称　松树 suŋ45ʂu323

0145. 柏树统称　柏树 pei31ʂu323

0146. 杉树　杉树 ʂa45ʂu323

0147. 柳树　洋柳树 ɸiaŋ31liəu44ʂu323

0148. 竹子统称　竹子 tʂu31tsɿ0

0149. 笋　笋子 suən44tsɿ0

0150. 叶子　叶子 ɸiE31tsɿ0/叶叶 ɸiE31ɸiE0

0151. 花　花 xua45

0152. 花蕾花骨朵儿　花苞苞 xua45pɔ45pɔ0

0153. 梅花　梅花 mei31xua0

0154. 牡丹　牡丹 mu44tan45

0155. 荷花　荷花 xɤ31xua0

0156. 草　草草子 tshɔ44tshɔ44tsɿ0

0157. 藤　蔓蔓子 ɸuan31ɸuan24tsɿ0

0158. 刺名词　刺 tshɿ323

0159. 水果　果木子 kuo44mu0tsɿ0

0160. 苹果　苹果 phin31kuo44

0161. 桃子　桃儿 thɔ31ɸər0

0162. 梨　梨儿 li31ɸər0

0163. 李子　李子 li44tsɿ0

0164. 杏　杏儿 xən31ɸər0

0165. 橘子　橘子 tɕy31tsɿ0

0166. 柚子　柚子 ɸiəu31tsɿ0

0167. 柿子　柿子 ʂɿ31tsɿ0

0168. 石榴　石榴 ʂɿ31liəu0

0169. 枣　枣儿 tshɔ44ɸər0

0170. 栗子　板栗子 pan44li0tsɿ0/毛栗子 mɔ31li0tsɿ0

0171. 核桃　核桃 xɤ31thɔ0

0172. 银杏白果　白果 pei31kuo44

0173. 甘蔗　甘蔗 kan45tʂE323

0174. 木耳　耳子 ɸər44tsɿ0

0175. 蘑菇野生的　菌子 tɕyn31tsɿ0

0176. 香菇　香菇 ɕiaŋ45ku45

（二）农作物

0177. 稻子指植物　谷子 ku31tsɿ0

0178. 稻谷指籽实（脱粒后是大米）　谷子 ku31tsɿ0

0179. 稻草脱粒后的　稻谷草 tɔ31ku0tshɔ44

0180. 大麦指植物　无

0181. 小麦指植物　麦子 mei31tsɿ0

0182. 麦秸脱粒后的　麦草 mei31tshɔ44

0183. 谷子指植物（籽实脱粒后是小米）　无

0184. 高粱指植物　高粱 kɔ45liaŋ0

0185. 玉米指成株的植物　包谷 pɔ45ku0/番麦 fan45mei0

0186. 棉花指植物　棉花 mian31xua0

0187. 油菜油料作物，不是蔬菜　菜麻 tshai31ma0

0188. 芝麻　芝麻 tʂɿ45ma0

0189. 向日葵指植物　太阳花 thai31ɸiaŋ0xua45

0190. 蚕豆　胡豆 xu31təu0

0191. 豌豆　豌豆 ɸuan45təu0

0192. 花生指果实，注意婉称　花生

xua45sən0

0193. 黄豆　豆子 təu31tsʅ0

0194. 绿豆　绿豆 liəu31təu0

0195. 豇豆长条形的　豇豆 tɕiaŋ45təu0

0196. 大白菜东北~　白菜 pei31tshai0

0197. 包心菜卷心菜，圆白菜，球形的　包包菜 pɔ45pɔ0tshai0

0198. 菠菜　菠菜 puo45tshai0

0199. 芹菜　芹菜 tɕhin31tshai0

0200. 莴笋　莴笋 Øuo45sən0

0201. 韭菜　韭菜 tɕiəu44tshai0

0202. 香菜芫荽　芫荽 Øian31çy0

0203. 葱　葱子 tshuŋ45tsʅ0

0204. 蒜　蒜 suan323

0205. 姜　姜 tɕiaŋ45

0206. 洋葱　洋葱 Øiaŋ31tshuŋ45

0207. 辣椒统称　辣子 la31tsʅ0

0208. 茄子统称　茄子 tɕhiɛ31tsʅ0/茄娃子 tɕhiɛ31Øua0tsʅ0

0209. 西红柿　海柿子 xai44sʅ31tsʅ0

0210. 萝卜统称　萝卜 luo31pu0

0211. 胡萝卜　红萝卜 xuŋ31luo31pu0

0212. 黄瓜　黄瓜 xuaŋ31kua0

0213. 丝瓜无棱的　丝瓜 sʅ45kua0

0214. 南瓜扁圆形或梨形，成熟时呈赤褐色　瓜 kua45

0215. 荸荠　无

0216. 红薯统称　苕 ʂɔ31

0217. 马铃薯　洋芋 Øiaŋ31Øy0

0218. 芋头　无

0219. 山药圆柱形的　山药 ʂan45ØyE0

0220. 藕　莲菜 lian31tshai0

四、动物

（一）一般动物

0221. 老虎　虎 xu44

0222. 猴子　猴娃子 xəu31Øua0tsʅ0

0223. 蛇统称　长虫 tʂhaŋ31tʂhuŋ0

0224. 老鼠家里的　老鼠子 lɔ44ʂu0tsʅ0/高客子 kɔ45khɤ0tsʅ0

0225. 蝙蝠　檐蝙蝠 Øian31pian44fu0

0226. 鸟儿飞鸟，统称　鸟 ȵiɔ44

0227. 麻雀　麻拐子 ma31kuai0tsʅ0

0228. 喜鹊　鸦鹊子 Øia45tɕhyE0tsʅ0

0229. 乌鸦　老鸹 lɔ44Øua0

0230. 鸽子　鹁鸽子 phu31kɤ0tsʅ0

0231. 翅膀鸟的，统称　翅膀 tʂʅ31paŋ0

0232. 爪子鸟的，统称　爪爪子 tʂua44tʂua44tsʅ0

0233. 尾巴　尾巴 Øuei44pa0

0234. 窝鸟的　窝 Øuo45

0235. 虫子统称　虫虫子 tʂhuŋ31tʂhuŋ0tsʅ0

0236. 蝴蝶统称　麻麻蛾 ma31ma31ɤ0

0237. 蜻蜓统称　蚂螂 ma44laŋ0/称杆子 tʂhəŋ31kan24tsʅ0

0238. 蜜蜂　蜂子 fəŋ45tsʅ0

0239. 蜂蜜　蜂糖 fəŋ45thaŋ0

0240. 知了统称　蝉娃子 ʂan31Øua31tsʅ0/麦蝉子 mei31ʂan31tsʅ0

0241. 蚂蚁　蚂蚁 ma44Øi0

0242. 蚯蚓　蛐蟮 tɕhy31ʂan0

0243. 蚕　蚕娃子 tshan31Øua31tsʅ0

0244. 蜘蛛会结网的　蛛蛛 tʂu45tʂu0

0245. 蚊子统称　末子 muo45tsʅ0

0246. 苍蝇统称　苍蚊子 tshaŋ45Øuən31tsʅ0

0247. 跳蚤咬人的　虼蚤子 kei31tsɔ0tsʅ0

0248. 虱子　虱子 sei31tsʅ0

0249. 鱼　鱼 Øy31

0250. 鲤鱼　鲤鱼 li44Øy0

0251. 鳙鱼胖头鱼　大头鱼 ta45thəu31Øy0

0252. 鲫鱼　鲫鱼 tɕi31Øy0/鲫壳子 tɕi31khɤ0tsʅ0

0253. 甲鱼　鳖 piɛ31/团鱼 thuan31Øy31

0254. 鳞鱼的　甲 tɕia31

0255. 虾统称　虾 ɕia45

0256. 螃蟹统称　螃蟹 phɑŋ31xai0

0257. 青蛙统称　青蛙 tɕhin45Øua0

0258. 癞蛤蟆表皮多疙瘩　疥肚子 kai31tu24tsʅ0

（二）家畜、家禽

0259. 马　马 ma44

0260. 驴　毛驴子 mɔ31ly31tsʅ0

0261. 骡　骡子 luo31tsʅ0

0262. 牛　牛 niəu31

0263. 公牛统称　骚牛 sɔ45niəu0

0264. 母牛统称　草牛 tshɔ44niəu0

0265. 放牛　放牛 faŋ24niəu31

0266. 羊　羊 Øiɑŋ31

0267. 猪　猪 tʂu45/猪儿 tʂu45Øər0

0268. 种猪配种用的公猪　脚猪 tɕyo31tʂu0

0269. 公猪成年的，已阉的　牙猪 Øia31tʂu0

0270. 母猪成年的，未阉的　奶翘子 lai44tɕhiɔ0tsʅ0

0271. 猪崽　猪娃子 tʂu45Øua0tsʅ0

0272. 猪圈　猪圈 tʂu45tɕyan323

0273. 养猪　喂猪 Øuei31tʂu45

0274. 猫　猫娃子 mɔ45Øua0tsʅ0

0275. 公猫　男猫 lan31mɔ45

0276. 母猫　女猫 ny44mɔ45

0277. 狗统称　狗 kəu44

0278. 公狗　牙狗 Øia31kəu44

0279. 母狗　母狗 mu44kəu44

0280. 叫狗～　咬 ȵiɔ44

0281. 兔子　兔娃子 thu31Øua0tsʅ0

0282. 鸡　鸡 tɕi45

0283. 公鸡成年的，未阉的　公鸡 kuŋ45tɕi45

0284. 母鸡已下过蛋的　母鸡 mu44tɕi45

0285. 叫公鸡～（打鸣儿）　叫鸣 tɕiɔ24min31

0286. 下鸡～蛋　下 ɕia323

0287. 孵～小鸡　菢 pɔ323

0288. 鸭　鸭子 Øia31tsʅ0

0289. 鹅　鹅 ŋɤ31

0290. 阉～公的猪　骟 ʂan323

0291. 阉～母的猪　骟 ʂan323

0292. 阉～鸡　骟 ʂan323

0293. 喂～猪　喂 Øuei323

0294. 杀猪统称，注意婉称　杀猪 ʂa31tʂu45/宰猪 tsai44tʂu45

0295. 杀～鱼　劈 phuo323

五、房舍、器具

（一）房舍

0296. 村庄一个～　村 tshuən45

0297. 胡同统称：一条~ 巷巷子 xaŋ45xaŋ0tsʅ0
0298. 街道 街道 kai45tɔ0
0299. 盖房子 盖房 kai24faŋ31
0300. 房子整座的，不包括院子 房 faŋ31
0301. 屋子房子里分隔而成的，统称 屋 Øu31
0302. 卧室 睡房 ʂuei31faŋ0
0303. 茅屋茅草等盖的 茅草房 mɔ31tshɔ44faŋ31
0304. 厨房 灶屋 tsɔ24Øu0/灶伙 tsɔ31xuo0
0305. 灶统称 锅头 kuo45thəu0
0306. 锅统称 锅 kuo45
0307. 饭锅煮饭的 锅 kuo45
0308. 菜锅炒菜的 锅 kuo45
0309. 厕所旧式的，统称 茅房 mɔ31faŋ0/茅坑 mɔ31khən45
0310. 檩左右方向的 檩子 lin44tsʅ0
0311. 柱子 柱头 tʂu24thəu0
0312. 大门 大门 ta24mən31
0313. 门槛儿 门槛 mən31khan44
0314. 窗旧式的 窗户 tʂhuaŋ45xu0
0315. 梯子可移动的 梯子 thi45tsʅ0
0316. 扫帚统称 扫把 sɔ31pa0/笤帚 thiao31tʂu0
0317. 扫地 扫地 sɔ44ti323
0318. 垃圾 渣子 tʂa45tsʅ0

（二）家具

0319. 家具统称 家具 tɕia45tɕy0
0320. 东西我的~ 东西 tuŋ45ɕi0
0321. 炕土、砖砌的，睡觉用 炕 khaŋ323
0322. 床木质的，睡觉用 床 tʂhuaŋ31
0323. 枕头 枕头 tʂən44thəu0
0324. 被子 铺盖 phu45kai0
0325. 棉絮 棉絮 mian31ɕy0/套子 thɔ31tsʅ0
0326. 床单 单子 tan45tsʅ0
0327. 褥子 坝褥子 pa31ʐu31tsʅ0
0328. 席子 篾席 mi31ɕi31
0329. 蚊帐 帐子 tʂaŋ31tsʅ0
0330. 桌子统称 桌子 tʂuo31tsʅ0
0331. 柜子统称 柜子 kuei31tsʅ0
0332. 抽屉桌子的 抽匣 tʂhəu45ɕia0
0333. 案子长条形的 案子 ŋan31tsʅ0
0334. 椅子统称 椅子 Øi44tsʅ0
0335. 凳子统称 板凳 pan44təŋ0
0336. 马桶有盖的 马桶 ma44thuŋ44/尿桶 ȵiɔ31thuŋ0

（三）用具

0337. 菜刀 切菜刀 tɕhiɛ31tshai31tɔ0
0338. 瓢舀水的 马勺 ma44ʂuo0
0339. 缸 缸 kaŋ45
0340. 坛子装酒的~ 坛子 than31tsʅ0
0341. 瓶子装酒的~ 瓶瓶 phin31phin0
0342. 盖子杯子的~ 盖盖 kai31kai24
0343. 碗统称 碗 Øuan44
0344. 筷子 划食子 xua31ʂʅ31tsʅ0/筷子 khuai31tsʅ0
0345. 汤匙 勺勺 ʂuo31ʂuo0/调羹 thiɔ31kən0
0346. 柴火统称 柴 tʂhai31
0347. 火柴 洋火 Øiaŋ31xuo44
0348. 锁 锁子 suo44tsʅ0

0349. 钥匙　钥匙 Øyo31ʂʅ0
0350. 暖水瓶　电壶 tian24xu31
0351. 脸盆　洗脸盆 ɕi44lian0phən0
0352. 洗脸水　洗脸水 ɕi44lian44ʂuei44
0353. 毛巾洗脸用　洗脸帕
　　　　ɕi44lian44pha323
0354. 手绢　手帕 ʂəu44pha0
0355. 肥皂洗衣服用　洋碱 Øiaŋ31ɕian44
0356. 梳子旧式的，不是篦子　梳子
　　　　su45tsʅ0
0357. 缝衣针　针 tʂən45
0358. 剪子　剪子 ɕian44tsʅ0
0359. 蜡烛　洋蜡 Øiaŋ31la31
0360. 手电筒　手电 ʂəu44tian323
0361. 雨伞挡雨的，统称　伞 san44
0362. 自行车　脚踏车
　　　　tɕyE31tha31tʂɤ45

六、服饰、饮食

（一）服饰

0363. 衣服统称　衣裳 Øi45ʂaŋ0
0364. 穿～衣服　穿 tʂhuan45
0365. 脱～衣服　脱 thuo31
0366. 系～鞋带　绑 paŋ44
0367. 衬衫　衬衣 tʂhən31Øi45
0368. 背心带两条杠的，内衣　背心
　　　　pei31ɕin45
0369. 毛衣　毛衣 mɔ31Øi45
0370. 棉衣　袄袄 ŋɔ44ŋɔ0
0371. 袖子　袖子 ɕiəu31tsʅ0
0372. 口袋衣服上的　包包 pɔ45pɔ0
0373. 裤子　裤子 khu31tsʅ0

0374. 短裤外穿的　短裤 tuan44khu323
0375. 裤腿　裤腿 khu31thuei24
0376. 帽子统称　帽子 mɔ31tsʅ0
0377. 鞋子　鞋 xai31
0378. 袜子　袜子 Øua31tsʅ0
0379. 围巾　围脖子 Øuei31puo0tsʅ0
0380. 围裙　裙裙 tɕhyən31tɕhyən0
0381. 尿布　尿片子 ȵiɔ45phian24tsʅ0
0382. 扣子　纽子 ȵiəu44tsʅ0
0383. 扣～扣子　扣 khəu323
0384. 戒指　戒指子 kai31tsʅ24tsʅ0
0385. 手镯　手圈子 ʂəu44tɕhyan45tsʅ0
0386. 理发　剃脑壳 thi31lɔ44khɤ0
0387. 梳头　梳脑壳 su45lɔ44khɤ0

（二）饮食

0388. 米饭　蒸饭 tʂən45fan323
0389. 稀饭用米熬的，统称　米汤
　　　　mi44thaŋ45
0390. 面粉麦子磨的，统称　灰面
　　　　xuei45mian323
0391. 面条统称　面 mian323
0392. 面儿玉米～，辣椒～　面面
　　　　mian31mian0
0393. 馒头无馅儿的，统称　蒸馍
　　　　tʂən45muo0
0394. 包子　包子 pɔ45tsʅ0
0395. 饺子　饺子 tɕiɔ44tsʅ0
0396. 馄饨　抄手 tʂhɔ45ʂəu0
0397. 馅儿　馅子 ɕyan31tsʅ0
0398. 油条长条形的，旧称　油条
　　　　Øiəu31thiɔ31
0399. 豆浆　豆浆 təu31tɕiaŋ0

0400. 豆腐脑儿　豆腐脑 təu31fu0lɔ0

0401. 元宵食品　元宵 Øyuan31ɕiɔ0

0402. 粽子　粽子 tsuŋ31tsɿ0

0403. 年糕用黏性大的米或米粉做的　年糕 ȵian31kɔ45

0404. 点心统称　点心 tian44ɕin0

0405. 菜吃饭时吃的，统称　菜 tʂhai323

0406. 干菜统称　干菜 kan45tʂhai0

0407. 豆腐　豆腐 təu31fu0

0408. 猪血当菜的　猪血 tʂu45ɕiɛ31

0409. 猪蹄当菜的　猪爪子 tʂu45tʂua44tsɿ0

0410. 猪舌头当菜的，注意婉称　口条 khəu44thiɔ0

0411. 猪肝当菜的，注意婉称　肝子 kan45tsɿ0

0412. 下水猪、牛、羊的内脏　小件 ɕiɔ44tɕian323

0413. 鸡蛋　鸡蛋 tɕi45tan323

0414. 松花蛋　变蛋 pian45tan323

0415. 猪油　大油 ta24Øiəu31

0416. 香油　香油 ɕiaŋ45Øiəu0

0417. 酱油　酱油 tɕiaŋ24Øiəu0

0418. 盐名词　盐 Øian31

0419. 醋注意婉称　醋 tʂhu323

0420. 香烟　纸烟 tsɿ44Øian0

0421. 旱烟　旱烟 xan31Øian45/烟叶子 Øian45Øiɛ31tsɿ0

0422. 白酒　烧酒 ʂɔ45tɕiəu44

0423. 黄酒　黄酒 xuaŋ31tɕiəu0

0424. 江米酒酒酿，醪糟　甜酒 thian31tɕiəu0

0425. 茶叶　茶叶 tʂha31Øiɛ0

0426. 沏～茶　泡 phɔ323

0427. 冰棍儿　冰棍儿 piŋ45kuər0

0428. 做饭统称　做饭 tsu24fan323

0429. 炒菜统称，和做饭相对　炒菜 tʂhɔ44tʂhai323

0430. 煮～带壳的鸡蛋　煮 tʂu44

0431. 煎～鸡蛋　炕 khaŋ323

0432. 炸～油条　炸 tʂa31

0433. 蒸～鱼　蒸 tʂən45

0434. 揉～面做馒头等　□ tʂhuai45

0435. 擀～面，～皮儿　擀 kan44

0436. 吃早饭　吃早饭 tʂhɿ31tsɔ44fan0

0437. 吃午饭　吃晌午 tʂhɿ31ʂaŋ44Øu0

0438. 吃晚饭　吃夜饭 tʂhɿ31Øiɛ31fan0

0439. 吃～饭　吃 tʂhɿ31/哇 tiɛ31

0440. 喝～酒　喝 xuo45

0441. 喝～茶　喝 xuo45

0442. 抽～烟　吃 tʂhɿ31

0443. 盛～饭　舀 Øiɔ44

0444. 夹用筷子～菜　挑 thiɔ45

0445. 斟～酒　倒 tɔ323

0446. 渴口～　渴 khɤ31

0447. 饿肚子～　饿 ŋɤ323

0448. 噎吃饭～着了　噎 Øiɛ45

七、身体、医疗

（一）身体

0449. 头人的，统称　脑壳 lɔ44khɤ0

0450. 头发　毛孩子 mɔ31kai24tsɿ0

0451. 辫子　辫子 pian31tsɿ0

0452. 旋　旋儿 ɕyan31Øɚ0

0453. 额头　额颅包 ŋei31lu0pɔ0

0454. 相貌　脸模子 lian44mu0tʂʅ0

0455. 脸洗～　脸 lian44

0456. 眼睛　眼窝子 Øian44Øuo0tʂʅ0

0457. 眼珠统称　眼珠子 Øian44tʂu45tʂʅ0

0458. 眼泪哭的时候流出来的　眼泪水 Øian44lu0ʂuei0

0459. 眉毛　眉毛 mi31mɔ0

0460. 耳朵　耳聒子 Øər44kua0tʂʅ0

0461. 鼻子　鼻子 pi31tʂʅ0

0462. 鼻涕统称　鼻 pi31

0463. 擤～鼻涕　出 tʂhu31

0464. 嘴巴人的，统称　嘴 tsuei44

0465. 嘴唇　嘴皮子 tsuei44phi31tʂʅ0

0466. 口水～流出来　颔口水 xan45khəu44ʂuei0

0467. 舌头　舌头 ʂɤ31thəu0

0468. 牙齿　牙 Øia31

0469. 下巴　下巴子 xa31pha0tʂʅ0

0470. 胡子嘴周围的　胡子 xu31tʂʅ0

0471. 脖子　脖项 puo31xaŋ0

0472. 喉咙　喉咙 xəu31luŋ0

0473. 肩膀　胛骨 tɕia31ku0

0474. 胳膊　胳膊 kɤ31puo0

0475. 手方言指（打√）：只指手√；包括臂：他的～摔断了　手 ʂəu44

0476. 左手　左手 tsuo44ʂəu0

0477. 右手　右手 Øiəu31ʂəu44

0478. 拳头　掟子 tin31tʂʅ0

0479. 手指　手指门 ʂəu44tʂʅ0mən0/指拇子 tʂʅ31mu0tʂʅ0

0480. 大拇指　大指拇 ta31tʂʅ44mu0

0481. 食指　二指拇 Øər31tʂʅ44mu0

0482. 中指　三指拇 san45tʂʅ44mu0

0483. 无名指　四指拇 sʅ31tʂʅ44mu0

0484. 小拇指　边指拇 pian45tʂʅ44mu0

0485. 指甲　指甲子 tʂʅ44tɕia0tʂʅ0

0486. 腿　腿 thuei44

0487. 脚方言指（打√）：只指脚√；包括小腿；包括小腿和大腿：他的～轧断了　脚 tɕyo31

0488. 膝盖指部位　圪膝包 khɤ31ɕi31pɔ0

0489. 背名词　脊背 tɕi31pei0

0490. 肚子腹部　肚子 tu31tʂʅ0

0491. 肚脐　脖脐眼 pu31tɕi0ȵian0

0492. 乳房女性的　奶奶 lai44lai0

0493. 屁股　沟子 kəu45tʂʅ0

0494. 肛门　屁眼 phi31ȵian44/沟门子 kəu45mən0tʂʅ0

0495. 阴茎成人的　屄 tɕhiəu31/鸡鸡 tɕi45tɕi0

0496. 女阴成人的　屄 phi45

0497. 合动词　合 zʅ31

0498. 精液　屄 suŋ31

0499. 来月经注意婉称　例假 li31tɕia0

0500. 拉屎　屙屎 Øuo45ʂʅ44

0501. 撒尿　屙尿 Øuo45ȵiɔ323

0502. 放屁　打屁 ta44phi323

0503. 相当于"他妈的"的口头禅　背他妈的时 pei31tha0ma45ti0ʂʅ31

（二）疾病、医疗

0504. 病了　害病 xai24pin323

0505. 着凉　凉了 liaŋ31lɔ0

0506. 咳嗽　咳嗽 khɤ31səu0

0507. 发烧　烧 ʂɔ45

0508. 发抖　抖 thəu44

0509. 肚子疼　肚子疼 təu31tsʅ0thəŋ323

0510. 拉肚子　跑肚子 phɔ44tu31tsʅ0/
拉稀 la45ɕi45

0511. 患疟疾　打摆子 ta44pai44tsʅ0

0512. 中暑　中暑 tʂuŋ31ʂu44

0513. 肿　肿 tʂuŋ44

0514. 化脓　灌脓 kuan24luŋ31

0515. 疤好了的　疤子 pa45tsʅ0

0516. 癣　癣 ɕyan44

0517. 痣凸起的　痣 tsʅ323

0518. 疙瘩蚊子咬后形成的　疙瘩 kɤ31ta0

0519. 狐臭　臭根子 tʂhəu31kən45tsʅ0

0520. 看病　看病 khan24pin323

0521. 诊脉　拉脉 la31mei31

0522. 针灸　扎干针 tʂa31kan45tʂən0

0523. 打针　打针 ta44tʂən45

0524. 打吊针　挂吊瓶 kua45tiɔ24phin31

0525. 吃药统称　喝药 xuo45Øyo0

0526. 汤药　中药 tʂuŋ45Øyo31

0527. 病轻了　病松了 pin31suŋ45lɔ0/
病慢了 pin31man31lɔ0

八、婚丧、信仰

（一）婚育

0528. 说媒　说媳妇 ʂuo45ɕi31fu0/
说女婿 ʂuo45n̠y44ɕi0/说婆家 ʂuo45phuo31tɕia0

0529. 媒人　媒婆子 mei31phuo31tsʅ0/
介绍人 tɕiE31ʂɔ0zən0

0530. 相亲　看媳妇 khan45ɕi31fu0

0531. 订婚　订婚 tin31xuən45

0532. 嫁妆　陪嫁 phei31tɕia0

0533. 结婚统称　结婚 tɕiE31xuən45

0534. 娶妻子男子~，动宾　接媳妇 tɕiE31ɕi31fu0

0535. 出嫁女子~　走婆家 tsəu44phuo31tɕia0

0536. 拜堂　拜堂 pai24thaŋ31

0537. 新郎　新女婿 ɕin45n̠y44ɕi0

0538. 新娘子　新媳妇 ɕin45ɕi31fu0

0539. 孕妇　怀娃婆 xuai31Øua31phuo0

0540. 怀孕　身不困 ʂən45pu31khuən323

0541. 害喜妊娠反应　害口 xai31khəu44/
害娃 xai24Øua0

0542. 分娩　生娃 sən45Øua31/
养娃 Øiaŋ44Øua0

0543. 流产　小月 ɕiɔ44ØyE0

0544. 双胞胎　双生子 ʂuaŋ45sən0tsʅ0

0545. 坐月子　坐月子 tsuo24ØyE31tsʅ0

0546. 吃奶　吃奶 tʂʅ31lai44

0547. 断奶　隔奶 kei31lai44

0548. 满月　满月 man44ØyE0

0549. 生日统称　生日 sən45zʅ0

0550. 做寿　办生日 pan31sən45zʅ0

（二）丧葬

0551. 死统称　死 sʅ44

0552. 死婉称，最常用的几种，指老人：他~了　殁了 muo31lɔ0/走了 tsəu44lɔ0/
不在世 pu31tsai24ʂʅ323

0553. 自杀　寻短见 ɕyən31tuan44tɕian0/
走绝路 tsəu44tɕyE31lu0

0554. 咽气　断气 tuan24tɕhi323

0555. 入殓　装棺 tʂuaŋ45kuan45

0556. 棺材　寿材 ʂəu24tʂhai31/枋子

faŋ45tsʅ0

0557. 出殡　出坟 tʂhu31fən31/出灵 tʂhu31lin31

0558. 灵位　牌位 phai31ɵuei0

0559. 坟墓单个的，老人的　坟 fən31

0560. 上坟　上坟 ʂaŋ24fən31

0561. 纸钱　烧纸 ʂɔ45tsʅ44

（三）信仰

0562. 老天爷　老天爷 lɔ44thian45ɵiɛ0

0563. 菩萨统称　菩萨 phu31sa0

0564. 观音　观音 kuan45ɵin0

0565. 灶神口头的叫法　灶神爷 tsɔ31ʂən0ɵiɛ0

0566. 寺庙　庙 miɔ323

0567. 祠堂　祠堂 tshʅ31thaŋ0

0568. 和尚　和尚 xuo31ʂaŋ0

0569. 尼姑　女姑姑 ȵy44ku31ku0

0570. 道士　道人 tɔ24ʐən31

0571. 算命统称　卜卦 phu44kua323/打卦 ta44kua323

0572. 运气　运气 ɵyən31tɕhi0

0573. 保佑　保佑 pɔ44ɵiəu323

九、人品、称谓

（一）人品

0574. 人一个～　人 ʐən31

0575. 男人成年的，统称　男的 lan31ti0

0576. 女人三四十岁已婚的，统称　女的 ȵy44ti0

0577. 单身汉　光棍 kuaŋ45kuən0

0578. 老姑娘　老姑娘 lɔ44ku0ȵiaŋ0

0579. 婴儿　月娃 ɵyɛ31ɵua0

0580. 小孩儿三四岁的，统称　碎娃 suei24ɵua31

0581. 男孩儿统称：外面有个～在哭　娃 ɵua31

0582. 女孩儿统称：外面有个～在哭　女子 ȵy44tsʅ0

0583. 老人七八十岁的，统称　老人 lɔ44ʐən0

0584. 亲戚统称　亲戚 tɕhin45tɕhi0

0585. 朋友统称　朋友 phən31ɵiəu0

0586. 邻居统称　上门人 ʂaŋ31mən31ʐən0

0587. 客人　客 khei31

0588. 农民　农民 luŋ31min31/做庄稼的 tsu31tʂaŋ45tɕia0ti0/庄稼汉 tʂuaŋ45tɕia0xan0

0589. 商人　生意人 sən45ɵi0ʐən31/做生意的 tsu31sən45ɵi0ti0

0590. 手艺人统称　匠人 tɕiaŋ24ʐən31

0591. 泥水匠　泥水匠 ȵi31ʂuei0tɕiaŋ323/溻墙的 thaŋ31tɕhiaŋ31ti0

0592. 木匠　木匠 mu31tɕiaŋ0/做木活的 tsu31mu31xuo0ti0

0593. 裁缝　裁缝 tshai31fəŋ0/扎衣裳的 tʂa31ɵi45ʂaŋ0ti0

0594. 理发师　剃头匠 thi45thəu31tɕiaŋ323

0595. 厨师　厨子 tʂhu31tsʅ0

0596. 师傅　师傅 sʅ45fu0

0597. 徒弟　徒弟 thu31ti0

0598. 乞丐统称，非贬称（无统称则记成年男的）　叫花子 tɕiɔ31xua45tsʅ0/讨口子 thɔ44khəu0tsʅ0

0599. 妓女　婊子 piɔ44tsʅ0

0600. 流氓　流氓 liəu31maŋ0

0601. 贼　贼娃子 tsei31Øua0tsʅ0

0602. 瞎子统称，非贬称（无统称则记成年男的）　瞎子 xa31tsʅ0

0603. 聋子统称，非贬称（无统称则记成年男的）　聋子 luŋ31tsʅ0

0604. 哑巴统称，非贬称（无统称则记成年男的）　哑巴 Øia44pa0

0605. 驼子统称，非贬称（无统称则记成年男的）　驼背子 thuo31pei31tsʅ0/弓背子 kuŋ45pei31tsʅ0

0606. 瘸子统称，非贬称（无统称则记成年男的）　摆腿子 pai45thuei44tsʅ0

0607. 疯子统称，非贬称（无统称则记成年男的）　疯子 fəŋ45tsʅ0

0608. 傻子统称，非贬称（无统称则记成年男的）　瓜子 kua44tsʅ0

0609. 笨蛋蠢的人　瓜娃 kua44Øua0

（二）称谓

0610. 爷爷呼称，最通用的　爷 ØiE31/爷爷 ØiE31ØiE0

0611. 奶奶呼称，最通用的　婆 puo31/奶奶 lai44lai0

0612. 外祖父叙称　外爷 Øuei24ØiE31

0613. 外祖母叙称　外婆 Øuei24phuo31

0614. 父母合称　父母 fu31mu44/爸妈 pa31ma45

0615. 父亲叙称　老子 lɔ44tsʅ0/大 ta31

0616. 母亲叙称　妈 ma45/娘 ȵiaŋ31

0617. 爸爸呼称，最通用的　爸爸 pa31pa0/大大 ta31ta0

0618. 妈妈呼称，最通用的　妈 ma45/娘 ȵiaŋ31

0619. 继父叙称　后老子 xəu31lɔ44tsʅ0

0620. 继母叙称　后娘 xəu24ȵiaŋ31

0621. 岳父叙称　外父 Øuai31fu0/外父大 Øuai31fu0ta31

0622. 岳母叙称　外母娘 Øuai31mu0ȵiaŋ0

0623. 公公叙称　公爹 kuŋ45tiE45

0624. 婆婆叙称　公婆 kuŋ45puo31

0625. 伯父呼称，统称　伯伯 pei31pei0/老大 lɔ44ta31

0626. 伯母呼称，统称　伯娘 pei31ȵiaŋ0

0627. 叔父呼称，统称　爸 pa31

0628. 叔父呼称，排行最小的，如"幺叔"　幺爸 Øiɔ45pa31

0629. 叔母呼称，统称　婶婶 ʂən44ʂən0/婶娘 ʂən44ȵiaŋ0

0630. 姑呼称，统称（无统称则记分称：比父大，比父小；已婚，未婚）　姑姑 ku45ku0

0631. 姑父呼称，统称　姑父 ku45fu0

0632. 舅舅呼称　舅舅 tɕiəu31tɕiəu0

0633. 舅妈呼称　舅母 tɕiəu31mu0

0634. 姨呼称，统称（无统称则记分称：比母大，比母小；已婚，未婚）　姨姨 Øi31Øi0

0635. 姨父呼称，统称　姨父 Øi31fu0

0636. 弟兄合称　兄弟 ɕyŋ44ti323

0637. 姊妹合称，注明是否可包括男性　姊妹包括男性 tsʅ44mei0

0638. 哥哥呼称，统称　哥哥 kɤ45kɤ0

0639. 嫂子呼称，统称　嫂嫂 sɔ44sɔ0

0640. 弟弟叙称　兄弟 ɕyŋ44ti0

241

0641. 弟媳叙称　兄弟媳妇 ɕyŋ44ti0ɕi31fu0

0642. 姐姐呼称，统称　姐姐 tɕiɛ44tɕiɛ0

0643. 姐夫呼称　姐夫哥 tɕiɛ44fu0kɣ0

0644. 妹妹叙称　妹子 mei31tsʅ0

0645. 妹夫叙称　妹夫子 mei31fu45tsʅ0

0646. 堂兄弟叙称，统称　堂兄弟 thaŋ31ɕyŋ31ti0

0647. 表兄弟叙称，统称　老表 lɔ44piɔ44

0648. 妯娌弟兄妻子的合称　先后 ɕiaŋ31xəu0

0649. 连襟姊妹丈夫的关系，叙称　挑担 thiɔ45tan0

0650. 儿子叙称：我的～　娃 Øua31

0651. 儿媳妇叙称：我的～　儿媳妇 Øər31ɕi31fu0

0652. 女儿叙称：我的～　女子 n̠y44tsʅ0

0653. 女婿叙称：我的～　女婿 n̠y44ɕi0/相公 ɕiaŋ31kuŋ45

0654. 孙子儿子之子　孙娃子 suən45Øua0tsʅ0

0655. 重孙子儿子之孙　重孙子 tʂhuŋ31suən31tsʅ0

0656. 侄子弟兄之子　侄儿 tsʅ31Øər0/侄娃子 tsʅ31Øua0tsʅ0

0657. 外甥姐妹之子　外甥娃 Øuai31sən45Øua0

0658. 外孙女儿之子　外孙子 Øuai31sən45tsʅ0

0659. 夫妻合称　两口子 liaŋ44khəu44tsʅ0

0660. 丈夫叙称，最通用的，非贬称：她的～　男人 lan31z̻ən0/老汉 lɔ44xan0/外面子人 Øuai31mian24tsʅ0z̻ən0

0661. 妻子叙称，最通用的，非贬称：他的～　女人 n̠y45z̻ən0/屋里人 Øu31li0z̻ən0/老婆子 lɔ44puo0tsʅ0

0662. 名字　名字 min31tsʅ0

0663. 绰号　外号 Øuai24xɔ323

十、农、工、商、文

（一）农业

0664. 干活儿统称：在地里～　做活 tsu24xuo31

0665. 事情一件～　事 sʅ323

0666. 插秧　栽秧 tsai45Øiaŋ45

0667. 割稻　割谷子 kɣ31ku31tsʅ0

0668. 种菜　种菜 tʂuŋ24tʂhai323

0669. 犁名词　犁头 li31thəu0/犁包子 li31pɔ0tsʅ0

0670. 锄头　锄头 tʂhu31təu0

0671. 镰刀　镰刀 lian31tɔ0

0672. 把儿刀～　把子 pa31tsʅ0/把把 pa31pa0

0673. 扁担　扁担 pian44tan0

0674. 箩筐　筐子 khuaŋ45tsʅ0

0675. 筛子统称　筛子 ʂai45tsʅ0

0676. 簸箕农具，有梁的　无

0677. 簸箕簸米用　簸簸 puo44puo0

0678. 独轮车　鸡公车 tɕi45kuŋ45tʂhʅ45

0679. 轮子旧式的，如独轮车上的　滚子 kuən44tsʅ0

0680. 碓整体　碓窝 tuei31Øuo45

0681. 臼　窝窝 Øuo45Øuo0

0682. 磨名词　磨子 muo31tsʅ0

0683. 年成　年景 n̠ian31tɕin44

（二）工商业

0684. 走江湖统称 跑江湖 phɔ44tɕiaŋ45xu0
0685. 打工 做活 tsu24xuo31
0686. 斧子 毛铁 mɔ31thiɛ0/斧头 fu44thəu0
0687. 钳子 钳子 tɕhian31tsʅ0
0688. 螺丝刀 起子 tɕhi44tsʅ0/改刀 kai44tɔ0
0689. 锤子 锤 tʂhuei31
0690. 钉子 钉子 tin45tsʅ0
0691. 绳子 绳 ʂən31/绳子 ʂən31tsʅ0
0692. 棍子 棍棍 kuən31kuən0/棒棒 paŋ31paŋ0
0693. 做买卖 做生意 tsu31sən45Øi0
0694. 商店 铺子 phu31tsʅ0
0695. 饭馆 馆子 kuan44tsʅ0
0696. 旅馆旧称 店子 tian31tsʅ0/旅社 ly44ʂɤ323
0697. 贵 贵 kuei323
0698. 便宜 便宜 phian31Øi0
0699. 合算 划算 xua31suan0
0700. 折扣 折扣 tʂɤ31khəu0
0701. 亏本 赔本 phei31pən44/贴本 thiɛ31pən44/亏了 khuei45lɔ0
0702. 钱统称 钱 tɕhian31/票子 phiɔ31tsʅ0
0703. 零钱 零碎钱 lin31suei0tɕhian31
0704. 硬币 钢镚 kaŋ45pən323
0705. 本钱 本钱 pən44tɕhian0/本 pən44
0706. 工钱 工钱 kuŋ45tɕhian0

0707. 路费 盘缠 phan31tʂhan0
0708. 花~钱 使唤 ʂʅ44xuan0/用 Øyŋ323
0709. 赚卖一斤能~一毛钱 见 tɕian323
0710. 挣打工~了一千块钱 挣 tsən323
0711. 欠~他十块钱 争 tsən45
0712. 算盘 算盘 suan24phan31
0713. 秤统称 秤 tʂhən323
0714. 称用秤~ 志 tsʅ323
0715. 赶集 赶场 kan44tʂhaŋ31
0716. 集市 场 tʂhaŋ44
0717. 庙会 过会 kuo24xuei323

（三）文化、娱乐

0718. 学校 学堂 ɕyo31thaŋ0/学校 ɕyo31ɕiɔ323
0719. 教室 教室 tɕiɔ24ʂʅ0
0720. 上学 上学 ʂaŋ24ɕyo31
0721. 放学 放学 faŋ24ɕyo31
0722. 考试 考试 khɔ44ʂʅ323
0723. 书包 书包 ʂu45pɔ45
0724. 本子 本本 pən44pən44
0725. 铅笔 铅笔 tɕhian45pi0
0726. 钢笔 钢笔 kaŋ45pi0/自来水笔 tsʅ24lai31ʂuei44pi
0727. 圆珠笔 油笔 Øiəu31pi0
0728. 毛笔 管子 kuan44tsʅ0
0729. 墨 墨 mei31
0730. 砚台 砚台 Øian24thai31
0731. 信一封~ 信 ɕin323
0732. 连环画 娃娃书 Øua31Øua0ʂu45/小人书 ɕiɔ44zʅ,ən31ʂu45
0733. 捉迷藏 藏猫猫 tʂhaŋ31mɔ45mɔ0

0734. 跳绳　跳绳 thiɔ24ʂən31
0735. 毽子　毽儿 tɕian31θər0
0736. 风筝　风筝 fəŋ45tsən0
0737. 舞狮　耍狮子 ʂua44ʂʅ45tsʅ0
0738. 鞭炮统称　火炮子 xuo44phɔ31tsʅ0
0739. 唱歌　唱歌 tʂhaŋ31kɤ45
0740. 演戏　唱戏 tʂhaŋ24ɕi323
0741. 锣鼓统称　锣鼓 luo31ku44/
　　　　响器 ɕiaŋ44tɕhi0
0742. 二胡　弦子 ɕian31tsʅ0
0743. 笛子　笛子 ti31tsʅ0
0744. 划拳　划拳 xua31tɕhyan31
0745. 下棋　下棋 ɕia24tɕhi31
0746. 打扑克　打牌 ta44phai31
0747. 打麻将　打牌 ta44phai31
0748. 变魔术　变戏法 pian24ɕi31fa0
0749. 讲故事　说古今 ʂuo31ku44tɕin0
0750. 猜谜语　猜谜谜 tshai44mi31mi0
0751. 玩儿游玩：到城里～　耍 ʂua44
0752. 串门儿　走门子 tsəu44mən31tsʅ0
0753. 走亲戚　串亲戚
　　　　tʂhuan31tɕhin45tɕhi0

十一、动作、行为

（一）具体动作

0754. 看～电视　看 khan323
0755. 听用耳朵～　听 thin45
0756. 闻嗅：用鼻子～　闻 θuən31
0757. 吸～气　吸 ɕi45
0758. 睁～眼　睁 tsən45
0759. 闭～眼　闭 pi323
0760. 眨～眼　眨 tsa31

0761. 张～嘴　张 tʂaŋ45
0762. 闭～嘴　合 xɤ31
0763. 咬狗～人　啃 khən44
0764. 嚼把肉～碎　嚼 tɕiɔ31
0765. 咽～下去　咽 θian323
0766. 舔人用舌头～　舔 thian44
0767. 含～在嘴里　噙 tɕhian31
0768. 亲嘴　亲嘴 tɕhin45tsuei44/
　　　　打啵 ta44puo45
0769. 吮吸用嘴唇聚拢吸取液体，如吃奶时
　　　　咂 tsa31
0770. 吐上声，把果核儿～掉　吐 thu44
0771. 吐去声，呕吐：喝酒喝～了
　　　　吐 thu44
0772. 打喷嚏　打喷秋 ta44phən31tɕhiəu0
0773. 拿用手把苹果～过来　□ xan44
0774. 给他～我一个苹果　给 kei323
0775. 摸～头　摸 muo45
0776. 伸～手　伸 tʂhən45
0777. 挠～痒痒　抠 khəu45
0778. 掐用拇指和食指的指甲～皮肉
　　　　掐 tɕhia31
0779. 拧～螺丝　拧 ɲin31
0780. 拧～毛巾　扭 ɲiəu44
0781. 捻用拇指和食指来回～碎　□ lən45
0782. 掰把橘子～开，把馒头～开
　　　　扳 pan45
0783. 剥～花生　剥 puo31
0784. 撕把纸～了　扯 tʂhɤ44
0785. 折把树枝～断　搣 miE45
0786. 拔～萝卜　扯 tʂhE44
0787. 摘～花　折 tsɤ31/搣 miE44
0788. 站站立：～起来　立 li31

0789. 倚斜靠：～在墙上　靠 khɔ323

0790. 蹲～下　蹴 tɕiəu323

0791. 坐～下　坐 tsuo323

0792. 跳青蛙～起来　蹦 pən323

0793. 迈跨过高物：从门槛上～过去
　　　□ tɕhia44

0794. 踩脚～在牛粪上　踏 tha31

0795. 翘～腿　翘 tɕhiɔ323

0796. 弯～腰　蹉 tɕyan323

0797. 挺～胸　挺 thin44

0798. 趴～着睡　趴 pha31

0799. 爬小孩儿在地上～　爬 pha31

0800. 走慢慢儿～　走 tsəu44

0801. 跑慢慢儿走，别～　跑 phɔ44

0802. 逃逃跑：小偷儿～走了　跑 phɔ44

0803. 追追赶：～小偷儿　撵 ȵian44

0804. 抓～小偷儿　逮 tai31

0805. 抱把小孩儿～在怀里　搂 ləu44

0806. 背～孩子　背 pei45

0807. 搀～老人　扶 fu31

0808. 推几个人一起～汽车　扤 tshəu45

0809. 摔跌：小孩儿～倒了　跘 pan323

0810. 撞人～到电线杆　碰 phəŋ323

0811. 挡你～住我了，我看不见　挡 taŋ31

0812. 躲躲藏：他～在床底下　藏 tɕhiaŋ31

0813. 藏藏放，收藏：钱～在枕头下面
　　　藏 tɕhiaŋ31

0814. 放把碗～在桌子上　搁 kɤ323

0815. 摞把砖～起来　码 ma44

0816. 埋～在地下　埋 mai31

0817. 盖把茶杯～上　揞 khaŋ44

0818. 压用石头～住　压 ȵia323

0819. 摁用手指按：～图钉　按 ŋan323

0820. 捅用棍子～鸟窝　捣 tɔ44

0821. 插把香～到香炉里　插 tʂha31

0822. 戳～个洞　戳 tʂhuo31

0823. 砍～树　放 faŋ323

0824. 剁把肉～碎做馅儿　剁 tuo323

0825. 削～苹果　削 ɕyɛ31

0826. 裂木板～开了　炸 tʂa323

0827. 皱皮～起来　簇 tʂhu45

0828. 腐烂死鱼～了　臭 tʂhəu323/
　　　烂 lan323

0829. 擦用毛巾～手　搌 tʂan44

0830. 倒把碗里的剩饭～掉　倒 tɔ323

0831. 扔丢弃：这个东西坏了，～了它　搁
　　　kɤ323

0832. 扔投掷：比一比谁～得远　扔 ɵər44

0833. 掉掉落，坠落：树上～下一个梨　跌
　　　tiɛ31

0834. 滴水～下来　掉 tiɔ323

0835. 丢丢失：钥匙～了　没 muo31

0836. 找寻找：钥匙～到了　寻 ɕin31

0837. 捡～到十块钱　捡 tɕian44

0838. 提用手把篮子～起来　□ tia45

0839. 挑～担　挑 thiɔ45

0840. 扛把锄头～在肩上　佬 lɔ44

0841. 抬～轿　抬 thai31

0842. 举～旗子　掫 tsəu44

0843. 撑～伞　打 ta44

0844. 撬把门～开　撬 tɕhiɔ323

0845. 挑挑选，选择：你自己～一个
　　　挑 thiɔ45

0846. 收拾～东西　拾掇 ʂɿ31 tuo0

0847. 挽～袖子　□ pian44

0848. 涮把杯子～一下　涮 ʂuan323

245

0849. 洗 ~衣服　洗 ɕi44
0850. 捞 ~鱼　捞 lɔ31
0851. 拴 ~牛　拴 ʂuan45
0852. 捆 ~起来　绑 paŋ44
0853. 解 ~绳子　解 kai44
0854. 挪 ~桌子　攒 tsan44
0855. 端 ~碗　端 tuan45
0856. 摔碗~碎了　跘 pan323
0857. 掺 ~水　掺 tshan45
0858. 烧 ~柴　烧 ʂɔ45
0859. 拆 ~房子　拆 tshei31
0860. 转 ~圈儿　转 tʂuan323
0861. 搥用拳头~　扢 tsaŋ323
0862. 打统称：他~了我一下　打 ta44
0863. 打架动手：两个人在~　打搥 ta44tʂhuei31
0864. 休息　歇气 ɕiɛ31tɕhi323
0865. 打哈欠　打呵嗨 ta44xuo45xai0
0866. 打瞌睡　窜盹 tshuan44tuən44
0867. 睡他已经~了　睡 ʂuei323
0868. 打呼噜　扯鼾 tʂhɛ44xan45
0869. 做梦　做梦 tsu24məŋ323
0870. 起床　起床 tɕhi44tʂhuaŋ31
0871. 刷牙　刷牙 sua31ȵia31
0872. 洗澡　洗澡 ɕi44tsɔ44

（二）抽象动作

0873. 想思索：让我~一下　想 ɕiaŋ44
0874. 想想念：我很~他　牵心 tɕhian45ɕin0
0875. 打算我~开个店　想 ɕiaŋ44
0876. 记得　记得 tɕi24tei31
0877. 忘记　忘了 ȵuaŋ323lɔ0

0878. 怕害怕：你别~　害怕 xai24pha323
0879. 相信我~你　信得过 ɕin31tei0kuo323
0880. 发愁　愁 tshəu31
0881. 小心过马路要~　小意 ɕiɔ44ø̯i323
0882. 喜欢 ~看电视　爱 ŋai323
0883. 讨厌 ~这个人　厌烦 ø̯ian24fan31
0884. 舒服凉风吹来很~　爽快 ʂuaŋ44khuai0
0885. 难受生理的　难受 lan31ʂəu323
0886. 难过心理的　怄气 ŋəu24tɕhi323
0887. 高兴　欢喜 xuan45ɕi0
0888. 生气　怄气 ŋəu24tɕhi323
0889. 责怪　怪 kuai323
0890. 后悔　后悔 xəu31xuei0
0891. 忌妒　嗔恨 tʂhən45xən0
0892. 害羞　羞 ɕiəu45
0893. 丢脸　丢人 tiəu45ʐən31
0894. 欺负　相欺 ɕiaŋ45tɕhi31
0895. 装 ~病　装 tʂuaŋ45
0896. 疼 ~小孩儿　心疼 ɕin45thən31
0897. 要我~这个　要 ø̯iɔ323
0898. 有我~一个孩子　有 ø̯iəu44
0899. 没有他~孩子　没得 muo31tei0
0900. 是我~老师　是 ʂʅ323
0901. 不是他~老师　不是 pu31ʂʅ323
0902. 在他~家　在 tsai323
0903. 不在他~家　没在 muo31tsai323
0904. 知道我~这件事　晓得 ɕiɔ44ti0
0905. 不知道我~这件事　不晓得 pu31ɕiɔ44ti0
0906. 懂我~英语　会 xuei323
0907. 不懂我~英语　不会 pu31xuei323

0908. 会我～开车　会 xuei323

0909. 不会我～开车　不会 pu31xuei323

0910. 认识我～他　认得 zʐən24tei0

0911. 不认识我～他　认不得
zʐən31pu0tei31

0912. 行应答语　得行 tei31ɕin0

0913. 不行应答语　不得行
pu31tei31ɕin0

0914. 肯～来　愿意 Øyan24øi323

0915. 应该～去　该 kai45

0916. 可以～去　得 tei31

（三）言语

0917. 说～话　说 ʂuo31

0918. 话说～　话 xua323

0919. 聊天儿　谝传 phian44tʂhuan31

0920. 叫～他一声儿　叫 tɕiɔ323

0921. 吆喝大声喊　吼 xəu44

0922. 哭小孩儿～　叫唤 tɕiɔ31xuan0

0923. 骂当面～人　噘 tɕyɛ31

0924. 吵架动嘴：两个人在～　噘架
tɕyɛ31tɕia323

0925. 骗～人　哄 xuŋ44

0926. 哄～小孩儿　哄 xuŋ44

0927. 撒谎　扯谎 tʂhɤ44xuaŋ44

0928. 吹牛　吹牛 tʂhuei45ȵiəu31

0929. 拍马屁　舔沟子
thian44kəu45tsʅ0

0930. 开玩笑　说兴 ʂuo31ɕin44

0931. 告诉～他　说 ʂuo31

0932. 谢谢致谢语　谢了 ɕiɛ31lɔ0

0933. 对不起致歉语　对不起
tuei31pu0tɕhiɛ44

0934. 再见告别语　回头见
xuei31thəu31tɕian323

十二、性质、状态

（一）形貌

0935. 大苹果～　大 ta323

0936. 小苹果～　小 ɕiɔ44/碎 suei323

0937. 粗绳子～　粗 tʂhu45/壮 tʂuaŋ45

0938. 细绳子～　细 ɕi323

0939. 长线～　长 tʂhaŋ31

0940. 短线～　短 tuan44

0941. 长时间～　长 tʂhaŋ31/久 tɕiəu44

0942. 短时间～　短 tuan44/少 ʂɔ44

0943. 宽路～　宽 khuan45

0944. 宽敞房子～　宽绰 khuan45tʂhɔ0

0945. 窄路～　窄 tsei31

0946. 高飞机飞得～　高 kɔ45

0947. 低鸟飞得～　矮 ŋai44

0948. 高他比我～　高 kɔ45

0949. 矮他比我～　矮 ŋai44

0950. 远路～　远 Øyan44

0951. 近路～　近 tɕin323

0952. 深水～　深 ʂən45

0953. 浅水～　浅 tɕhian44

0954. 清水～　清 tɕhin45

0955. 浑水～　浑 xuən45

0956. 圆　圆 Øyan31

0957. 扁　扁 pian44

0958. 方　方 faŋ45

0959. 尖　尖 tɕian45

0960. 平　平 phin31

0961. 肥～肉　肥 fei31

247

0962. 瘦 ~肉　瘦 səu323

0963. 肥形容猪等动物　肥 fei31

0964. 胖形容人　胖 phaŋ323

0965. 瘦形容人、动物　瘦 səu323

0966. 黑黑板的颜色　黑 xei31

0967. 白雪的颜色　白 pei31

0968. 红国旗的主颜色，统称　红 xuŋ31

0969. 黄国旗上五星的颜色　黄 xuaŋ31

0970. 蓝蓝天的颜色　蓝 lan31

0971. 绿绿叶的颜色　绿 liəu31

0972. 紫紫药水的颜色　紫 tsʅ45

0973. 灰草木灰的颜色　灰 xuei45

（二）状态

0974. 多东西~　多 tuo45

0975. 少东西~　少 ʂɔ44

0976. 重担子~　重 tʂuŋ323

0977. 轻担子~　轻 tɕhin45

0978. 直线~　端 tuan45

0979. 陡坡~，楼梯~　陡 təu44

0980. 弯弯曲：这条路是~的　弯 Øuan45

0981. 歪帽子戴~了　偏 phian45

0982. 厚木板~　厚 xəu323

0983. 薄木板~　薄 puo31

0984. 稠稀饭~　稠 tʂhəu31

0985. 稀稀饭~　稀 ɕi45

0986. 密菜种得~　稠 tʂhəu31

0987. 稀稀疏：菜种得~　稀 ɕi45

0988. 亮指光线，明亮　亮 liaŋ323

0989. 黑指光线，完全看不见　黑 xei31

0990. 热天气~　热 ʐ̍E31

0991. 暖和天气~　暖和 luan44xuo0

0992. 凉天气~　凉 liaŋ31

0993. 冷天气~　冷 lən44

0994. 热水~　煎水 tɕian45ʂuei0

0995. 凉水~　冷水 lən44ʂuei0

0996. 干干燥：衣服晒~了　干 kan45

0997. 湿潮湿：衣服淋~了　湿 ʂʅ31

0998. 干净衣服~　干净 kan45tɕin0

0999. 脏肮脏，不干净，统称：衣服~　脏 tsaŋ45

1000. 快锋利：刀子~　利 li323

1001. 钝刀子~　木 mu31

1002. 快坐车比走路~　快 khuai323

1003. 慢走路比坐车~　慢 man323

1004. 早来得~　早 tsɔ44

1005. 晚来~了　晏 ŋan323

1006. 晚天色~　晚 Øuan44

1007. 松捆得~　松 suŋ45

1008. 紧捆得~　紧 tɕin44

1009. 容易这道题~　容易 Øyŋ310Øi0

1010. 难这道题~　难 lan31

1011. 新衣服~　新 ɕin45

1012. 旧衣服~　旧 tɕiəu323

1013. 老人~　老 lɔ44

1014. 年轻人~　年轻 ȵian31tɕhin45

1015. 软糖~　软 ʐuan44/pha45

1016. 硬骨头~　硬 ȵin323

1017. 烂肉煮得~　软 pha45

1018. 煳饭烧~了　煳 xu31

1019. 结实家具~　结实 tɕiE31ʂʅ0

1020. 破衣服~　烂 lan323

1021. 富他家很~　富 fu323

1022. 穷他家很~　穷 tɕhyŋ31

1023. 忙最近很~　忙 maŋ31

1024. 闲最近比较~　闲 ɕian31

1025. 累走路走得很～　累 luei323

1026. 疼摔～了　痛 thuŋ323

1027. 痒皮肤～　咬 ȵiɔ44

1028. 热闹看戏的地方很～　闹热 lɔ24zɛ31

1029. 熟悉这个地方我很～　熟 ʂu31

1030. 陌生这个地方我很～　生 sən45

1031. 味道尝尝～　味 ʋuei31

1032. 气味闻闻～　气气 tɕhi31tɕhi0

1033. 咸菜～　咸 xan31

1034. 淡菜～　淡 tan323

1035. 酸　酸 suan45

1036. 甜　甜 thian31

1037. 苦　苦 khu44

1038. 辣　辣 la31

1039. 鲜鱼汤～　鲜 ɕyan45

1040. 香　香 ɕiaŋ45

1041. 臭　臭 tʂhəu323

1042. 馊饭～　馊气 sɿ45tɕhi0

1043. 腥鱼～　腥气 ɕin45tɕhi0

（三）品性

1044. 好人～　好 xɔ44

1045. 坏人～　坏 xuai323/瞎 xa31

1046. 差东西质量～　撇 phiɛ323

1047. 对账算～了　对 tuei323

1048. 错账算～了　错 tshuo323

1049. 漂亮形容年轻女性的长相：她很～　排子 phai31tsɿ0

1050. 丑形容人的长相：猪八戒很～　难看 lan31khan323

1051. 勤快　勤快 tɕhin31khuai0

1052. 懒　懒 lan44

1053. 乖　乖 kuai45

1054. 顽皮　调皮 thiɔ31phi31/捣 tɔ44

1055. 老实　老实 lɔ44ʂɿ0

1056. 傻痴呆　瓜 kua45

1057. 笨蠢　闷 mən323

1058. 大方不吝啬　大方 ta31faŋ0

1059. 小气吝啬　啬皮 sei31phi31

1060. 直爽性格～　直 tʂɿ31

1061. 犟脾气～　犟 tɕiaŋ323

十三、数量

（一）数字

1062. 一～二三四五……，下同　一 ʋi31

1063. 二　二 ʋər323

1064. 三　三 san45

1065. 四　四 sɿ323

1066. 五　五 ʋu44

1067. 六　六 liəu31

1068. 七　七 tɕhi31

1069. 八　八 pa31

1070. 九　九 tɕiəu44

1071. 十　十 ʂɿ31

1072. 二十有无合音　二十无合音 ʋər24ʂɿ0

1073. 三十有无合音　三十无合音 san45ʂɿ0

1074. 一百　一百 ʋi31pei31

1075. 一千　一千 ʋi31tɕhian45

1076. 一万　一万 ʋi31ʋuan323

1077. 一百零五　一百零五 ʋi31pei0lin31ʋu44

1078. 一百五十　一百五 ʋi31pei0ʋu44

1079. 第一～，第二　第一 ti24ʋi31

1080. 二两重量　二两 ʋər31liaŋ323

1081. 几个 你有~孩子？ 几个 tɕi44kɤ323
1082. 俩 你们~ 两个 liaŋ44kɤ323
1083. 仨 你们~ 三个 san45kɤ323
1084. 个把 个把 kɤ31pa0

（二）量词

1085. 个—~人 个 kɤ323
1086. 匹—~马 匹 phi31
1087. 头—~牛 头 thəu31
1088. 头—~猪 头 thəu31
1089. 只—~狗 只 tʂʅ45
1090. 只—~鸡 只 tʂʅ45
1091. 只—~蚊子 个 kɤ323
1092. 条—~鱼 条 thiɔ31
1093. 条—~蛇 条 thiɔ31/根 kən45
1094. 张—~嘴 张 tʂaŋ45
1095. 张—~桌子 张 tʂaŋ45/个 kɤ323
1096. 床—~被子 床 tʂhuaŋ31
1097. 领—~席子 床 tʂhuaŋ31
1098. 双—~鞋 双 ʂuaŋ45
1099. 把—~刀 把 pa44
1100. 把—~锁 把 pa44
1101. 根—~绳子 根 kən45
1102. 支—~毛笔 支 tʂʅ45
1103. 副—~眼镜 副 fu323
1104. 面—~镜子 面 mian323
1105. 块—~香皂 块 khuai44/个 kɤ323
1106. 辆—~车 辆 liaŋ44
1107. 座—~房子 处 tʂhu44
1108. 座—~桥 座 tsuo323
1109. 条—~河 条 thiɔ31
1110. 条—~路 条 thiɔ31
1111. 棵—~树 棵 khɤ44
1112. 朵—~花 朵 tuo44
1113. 颗—~珠子 颗 khɤ44
1114. 粒—~米 颗 khɤ44
1115. 顿—~饭 顿 tuən323
1116. 剂—~中药 副 fu323
1117. 股—~香味 股 ku44
1118. 行—~字 行 xaŋ31
1119. 块—~钱 元 Øyan31
1120. 毛角：一~钱 毛 mɔ31
1121. 件—~事情 件 tɕian323
1122. 点儿—~东西 点点 tian44tian0
1123. 些—~东西 些 ɕiɛ45
1124. 下 打一~，动量，不是时量
    下 xa323
1125. 会儿 坐了一~ 一下下 Øi31xa0xa0
1126. 顿 打一~ 顿 tuən323
1127. 阵 下了一~雨 刚 kaŋ45
1128. 趟 去了一~ 趟 thaŋ44

十四、代词、副词、介词、连词

（一）代词

1129. 我 ~姓王 我 ŋɤ44
1130. 你 ~也姓王 你 ȵi44
1131. 您 尊称 你 ȵi44
1132. 他 ~姓张 他 tha45
1133. 我们 不包括听话人：你们别去，~去
    我们 ŋɤ44mən0
1134. 咱们 包括听话人：他们不去，~去吧
    我们 ŋɤ44mən0
1135. 你们 ~去 你们 ȵi44mən0
1136. 他们 ~去 他们 tha45mən0
1137. 大家 ~一起干 大家 ta31tɕia0

1138. 自己 我~做的 自家 tsʅ31tɕia0
1139. 别人 这是~的 人家 zȵən31tɕia0
1140. 我爸 ~今年八十岁 我大 ŋɤ44ta31
1141. 你爸 ~在家吗？ 你大 ȵi44ta31
1142. 他爸 ~去世了 他大 tha45ta31
1143. 这个 我要~，不要那个 这个 tʂei31kɤ0
1144. 那个 我要这个，不要~ 那个 la31kɤ0
1145. 哪个 你要~杯子？ 哪个 la44kɤ0
1146. 谁 你找~？ 哪个 la44kɤ0
1147. 这里 在~，不在那里 这里 tʂei31li0
1148. 那里 在这里，不在~ 那里 la31li0
1149. 哪里 你到~去？ 哪里 la44li0
1150. 这样 事情是~的，不是那样的 这样 tʂei31ɸiaŋ0
1151. 那样 事情是这样的，不是~的 那样 la24ɸiaŋ0
1152. 怎样 什么样：你要~的？ 啥样 ʂa24ɸiaŋ0
1153. 这么 ~贵啊？ 这们 tʂei31mən0
1154. 怎么 这个字~写？ 咋 tsa31
1155. 什么 这个是~字？ 啥 ʂa323
1156. 什么 你找~？ 啥 ʂa323
1157. 为什么 你~不去？ 为啥 ɸuei24ʂa323
1158. 干什么 你在~？ 干啥 kan24ʂa323
1159. 多少 这个村有~人？ 好多 xɔ44tuo45

（二）副词

1160. 很 今天~热 很 xən44
1161. 非常 比上条程度深：今天~热 太 thai323
1162. 更 今天比昨天~热 还 xai31
1163. 太 这个东西~贵，买不起 太 thai323
1164. 最 弟兄三个中他~高 最 tsuei323
1165. 都 大家~来了 都 təu45
1166. 一共 ~多少钱？ 总共 tsuŋ44kuŋ323
1167. 一起 我和你~去 一路 ɸi31ləu323
1168. 只 我~去过一趟 就 təu323
1169. 刚 这双鞋我穿着~好 刚 kaŋ45
1170. 刚 我~到 刚 kaŋ45
1171. 才 你怎么~来啊？ 才 tʂhai31
1172. 就 我吃了饭~去 就 təu323
1173. 经常 我~去 常 tʂhaŋ31
1174. 又 他~来了 可 khɤ44
1175. 还 他~没回家 还 xai31
1176. 再 你明天~来 又 ɸiəu323
1177. 也 我~去；我~是老师 也 ɸiɛ44
1178. 反正 不用急，~还来得及 红黑 xuŋ31xei31
1179. 没有 昨天我~去 没 muo31
1180. 不 明天我~去 不 pu31
1181. 别 你~去 嫑 pu31
1182. 甭 不用，不必：你~客气 嫑 pu31
1183. 快 天~亮了 就 təu323
1184. 差点儿 ~摔倒了 稀乎 ɕi45xu0
1185. 宁可 ~买贵的 宁愿 ȵin31ɸyan323
1186. 故意 ~打破的 利巴 li31pa24
1187. 随便 ~弄一下 不管哪们 pu31kuan44la44mən0
1188. 白 ~跑一趟 白 pei31
1189. 肯定 ~是他干的 肯定

khən44tin323

1190. 可能 ～是他干的　该 kai45

1191. 一边 ～走，～说　旋 ɕyan31

(三) 介词、连词

1192. 和我 ～他都姓王　跟 kən45

1193. 和我昨天 ～他去城里了　跟 kən45

1194. 对他 ～我很好　对 tuei323

1195. 往 ～东走　朝 tʂɔ31

1196. 向 ～他借一本书　问 Øuən323

1197. 按 ～他的要求做　照 tʂɔ323

1198. 替 ～他写信　代 tai323

1199. 如果 ～忙你就别来了　假如 tɕia44ʐu0

1200. 不管 ～怎么劝他都不听　不论 pu31luən323

第二节　自选词汇

一、亲属称谓

1201. 先人 祖先 ɕian45ʐən0

1202. 后人 家族中的后辈 xəu45ʐən0

1203. 弟兄伙 弟兄之间合称 ti44ɕyŋ0xou0

1204. 小舅子 妻子的兄弟 ɕiɔ44tɕiəu323ʐɿ0

1205. 姑婆 姑奶奶 ku45phuo0

1206. 姨婆 姨奶奶 Øi31phuo0

1207. 舅婆 舅奶奶 tɕiəu45phuo0

1208. 家门子 同一家族的合称 tɕia45mən0ʐɿ0

1209. 娘母们 母女、婆媳之间合称 ȵiaŋ31mu0mən0

1210. 摇婆子 对当了婆婆的人的戏称 Øiɔ31phuo0ʐɿ0

1211. 烧火滴 对当了公公的人的戏称 ʂɔ45huo31ti0

1212. 老幺 弟兄当中排行最小的 lɔ44Øiɔ45

1213. 先后 兄弟媳妇之间合称 ɕiaŋ44xəu31

二、身体部位

1214. 鬓角 太阳穴 pin45tɕyo0

1215. 脑瓜盖 小孩儿天灵盖没有完全闭合的部位 nɔ44kua0kai45

1216. 鼻蛋子 鼻尖 pi31tan323tsɿ0

1217. 眉梢骨 眉骨 mi31ʂɑo0ku0

1218. 上壳子 上腭 ʂaŋ31khɤ0tsɿ0

1219. 下壳子 下腭 ɕia31khɤ0tsɿ0

1220. 脑门顶 头顶 ȵɔ44mən0tin44

1221. 后颈窝 后颈 xəu31tɕin0Øuo0

1222. 胛骨 肩膀 tɕia31ku0

1223. 胳夹窝 腋下 kɤ31tɕia0Øuo0

1224. 锁子骨 锁骨 suo44tsɿ0ku0

1225. 倒拐子 肘 tɔ31kuai45tsɿ0

1226. 小肚子 下腹部 ɕiɔ44tu0tsɿ0

1227. 肋巴骨 肋骨 lei31pa0ku0

1228. 肋沿 胁下，最后一根肋骨的下面 lei31Øian31

1229. 胯子 髋骨 khua44tsɿ0

1230. 螺丝拐 脚踝 luo31sɿ0kuai0

1231. 呲牙子 门牙外露 tsh ɿ44Øia31tsɿ0

1232. 瘿瓜瓜 大脖子 Øin44kua31kua31

1233. 豁嘴子 唇裂 xuo45tsuei44tsɿ0

三、动物、植物

1234. 黄老鼠黄鼠狼 xuaŋ31lɔ31ʂu0
1235. 毛狗子狐狸 mɑɔ31kou0tsŋ0
1236. 毛二娃松鼠 mɑɔ31Øər31Øuɑ0
1237. 明火虫萤火虫 min31xuo44tʂhuŋ0
1238. 恨猴猫头鹰 xən45xəu31
1239. 灶鸡子蟋蟀 tsɑo31tɕi45tsŋ0
1240. 草鞋虫蚰蜒 tshɑɔ31xɑi0tʂhuŋ0
1241. 黄乖杜鹃鸟 xuaŋ31kuɑi0
1242. 旋黄旋割布谷鸟 ɕyan45xuaŋ0 ɕyan45kuo0
1243. 贝壳河蚌 pei45khɤ0
1244. 蚂蟥水蛭 mɑ44xuaŋ0
1245. 刺猪子刺猬 tshʅ31tʂu45tsŋ0
1246. 猥子果子狸 Øuei31tsŋ0
1247. 蛆伢蛆虫 tɕhy45Øiɑ0
1248. 屎盘牛 ʂʅ31phan0ȵiəu0/推屎爬 thui45ʂʅ44phɑ0 蜣螂
1249. 娃娃鱼大鲵 Øuɑ31Øuɑ31Øy0
1250. 丝棉树杜仲树 sʅ44miɑn31ʂu44
1251. 痒痒树紫薇树 Øiaŋ31Øiaŋ0ʂu0
1252. 黄金树枫树 xuaŋ31tɕin45ʂu0
1253. 鬼拍手棕树 kuei31phɑi31ʂou44
1254. 分葱小葱 fən45tshuŋ0
1255. 折耳根鱼腥草 tɕiE31Øər0kən0
1256. 灰海菜灰灰菜 xuei45xɑi31tshɑi0
1257. 洋桃猕猴桃 Øiaŋ31thɑɔ0
1258. 青桩鹭鸟 tɕhin45tʂuaŋ0
1259. 兔娃子兔子 thu31Øuɑ0tsŋ0
1260. 燕儿燕子 Øiər31
1261. 骚羊公羊 sɑɔ45Øiaŋ0
1262. 青竹标竹叶青蛇 tɕhin45tʂu31piɑɔ45
1263. 啄木倌啄木鸟 tʂuɑ31mu0kuan0

四、器具用品

1264. 要子捆东西的绳子 Øiɔ31tsŋ0
1265. 电杠日光灯 tian45kaŋ45
1266. 顶棚天花板 tɕin44phəŋ0
1267. 笼笼竹篮 luŋ44luŋ0
1268. 罩衣防尘外套 tʂɔ31Øi0
1269. 斗篷雨帽 təu44phəŋ0
1270. 木脑壳木偶 mu31lɔ0khɤ0
1271. 活牛陀螺 xuo45ȵiəu31

五、人物文化

1272. 打秋 tɑ45tɕhiəu45/报马 pɑo31mɑ44/高脚 kɔ45tɕyo31 高跷
1273. 戏衣社火角色的服装 ɕi31Øi0
1274. 采莲船社火表演的一种 tshɑi31lian31tshuan0
1275. 耍狮子社火表演的一种 ʂuɑ44ʂʅ45tsŋ0
1276. 耍背壳社火表演的一种 ʂuɑ44pei31khɤ0
1277. 耍龙灯社火表演的一种 ʂuɑ44luŋ31tən45
1278. 锣鼓草薅草时敲锣鼓唱歌助兴 luo31ku0tshɑo0
1279. 羊皮鼓舞氐羌族祭神活动演变来的表演形式 Øiaŋ31phi0ku44Øu44
1280. 船工号子嘉陵江行船纤夫拉船曲子 tshuan31kuŋ45xɔ323tsŋ0
1281. 跳大神一种消灾祈福活动 thiɔ31tɑ45ʂən31
1282. 老衣去世的人穿的衣服 lɔ44Øi45
1283. 老枋装上逝者的棺材 lɑɔ44faŋ45

1284. 洋瓷盆搪瓷盆 Øiaŋ31tʂʅ0phən31

1285. 背时洼偏僻的地方 pei31ʂʅ00ua45

1286. 黑圪崂黑暗狭窄的地方 xei31kɤ0lɔ0

1287. 贼娃子 tsei31Øua0tsʅ0/绺娃子
liəu44Øua0tsʅ0 小偷儿

1288. 秃脑壳秃子 thu31lɔ31khɤ0

1289. 癞子麻风病 lai31tsʅ0

1290. 猪客买卖猪的说客 tʂu45khei31

1291. 牛客买卖牛的说客 ȵiəu31khei0

1292. 人贩子买卖人口的人 zən31fan44tsʅ0

1293. 骟匠阉割牲畜的人 ʂan45tɕiaŋ0

1294. 棒客土匪 paŋ31khei0

1295. 神婆子巫婆 ʂən31phuo31tsʅ0

1296. 端公神汉 tuan45kuŋ0

1297. 跳神发神的过程 thiɔ45ʂən31

1298. 红爷给人介绍对象的人 xuŋ31ØiE0

1299. 耍把戏的卖艺的人 ʂua44pa44ɕi31ti0

1300. 说席宴席上专业说唱烘托气氛的人
ʂuo31ɕi31

1301. 咕噜子 ku45lu0tsʅ0/耍钱的
ʂua44tɕhian31ti0 以赌博为生的人

1302. 月婆子产妇 ØyE31phuo0tsʅ0

1303. 尖脑壳显尖讨好的人
tɕian45lɔ31khɤ0

1304. 犟牛性格倔强的人 tɕiaŋ45ȵiəu31

1305. 瓜女子傻女子 kua45ȵy31tsʅ0

1306. 皮搋搋遇事不急，言语不多的人
phi31tʂhua0tʂhua0

1307. 阴肚子嘴上不说心里盘算的
Øin45tu31tsʅ0

1308. 结巴子说话口吃的人 tɕiE31pa0tsʅ0

1309. 咬舌子吐字不清的人 ȵiao44ʂɤ31tsʅ0

1310. 闷葫芦不爱多说话的人 mən44xu31lu0

1311. 葛拧子性格怪僻难于相处的人
kɤ31ȵin0tsʅ0

1312. 背时鬼干啥不成啥的人
pei31ʂʅ31kuei44

1313. 臧棒调皮幽默的人 tsaŋ45paŋ323

1314. 日巴欻不可靠的人 zʅ31pa0tʂhua31

1315. 老实人惷厚，不多言的人
laɔ44ʂʅ0zən31

1316. 漂儿嘴光说漂亮话的人 phiər45tsuei31

1317. 睁眼瞎不识字的人 tʂən45ȵian44xa31

1318. 烂板凳久坐闲聊不走的人
lan31pan44tən31

1319. 搅屎棒爱挑事找事的人
tɕiɔ44ʂʅ0paŋ323

1320. 懒干手好吃懒做的人
lan44kan31ʂəu0

1321. 把式做事有技术的人 pa44ʂʅ0

1322. 厌管娃不操心的人 suŋ31kuan45Øua0

1323. 木脑壳不聪明，不懂事的人
mu31laɔ44khɤ0

1324. 嘴巴客 tsuei44pei0khei0/嘴儿匠
tsuer44tɕiaŋ0 光说话不干实事的人

1325. 直杠子有话直说的人
tʂʅ31kaŋ44tsʅ0

1326. 稀儿货做事不牢靠的人 ɕiər45xuo0

1327. 瞎厵爱做坏事的人 xa31suŋ0

1328. 歪婆娘泼妇 Øuai45phuo31ȵiaŋ0

1329. 冷娃 lən44Øua0/冷哥子
lən44kɤ31tsʅ0 尽做出格事的人

1330. 没搞场没出息的人 muo31kɔ44tʂaŋ0

1331. 不成行不成器的人 pu31tʂhən31xaŋ31

1332. 话壳子形容话多的人
xua31khɤ31tsʅ0

1333. 麻迷儿 遇事与人纠缠不清的人
　　　ma31miɛr0

1334. 顺沟溜 领导说啥就顺着说啥
　　　ʂuən31kəu44liəu0

1335. 打和声 别人干啥就跟着干啥
　　　ta44xuo31ʂən0

1336. □人 做事不吃亏的人 ɕiaŋ45ʐ̩ən31

1337. 炮耳朵 怕媳妇的人 pha45Øər44tuo0

1338. 门槛猴 上不了台面的人
　　　mən31khan0xəu0

1339. □拐 总爱找麻烦的人 tsɑi31kuɑi44

1340. 甩手掌柜 不操心的人
　　　ʂuɑi44ʂəu31tʂaŋ44kuei0

1341. 牛犟筋 爱钻牛角尖的人
　　　ȵiəu31tɕiaŋ0tɕin0

1342. 活套人 办事会找窍门的人
　　　xuo31thɑo0ʐ̩ən0

1343. 奸人 有心计的人 tɕian45ʐ̩ən0

1344. 老好人 性格温顺任人宰割的人
　　　lɔ44xɔ44ʐ̩ən0

1345. 是非精 爱搬弄是非的人 ʂ̩31fei45tɕin0

1346. 红脚杆 办事外行的人 xuŋ31tɕyo0kan0

1347. 烂货 lan323xuo323 / 破鞋
　　　phuo31xɑi31 生活作风不好的妇女

1348. 占领子 说话爱大喊大叫的人
　　　tsan31lən0tʂ̩0

1349. 肉客 办事拖拉迟缓的人 ʐ̩əu45khei31

1350. 二转子 说话南腔北调的人
　　　Øər31tʂuan323tʂ̩0

1351. 烧料子 轻狂的人 ʂɑ45liɔ31tʂ̩0

1352. 半汤客 学艺未精的人
　　　pan31thaŋ45khei0

1353. 没名堂人 无内才或事无意义
　　　muo31min31thaŋ0

1354. 精沟子 光屁股 tɕin45kəu45tʂ̩0

1355. 精巴子 光身子 tɕin45pa0tʂ̩0

1356. 垢圿 身上的汗垢 kəu44tɕia0

1357. 灯盏 眼睛的别称 tən45tsan0

1358. 米糕馍 大米发糕 mi44kɔ44muo0

1359. 浆巴糊糊 鲜玉米磨碎做的稀粥
　　　tɕiaŋ45pa0xu44xu0

1360. 磨糁子 老玉米磨碎做的稀粥
　　　muo45tʂən44tʂ̩0

1361. 甜浆 用豆浆和大米煮的稀饭
　　　thian31tɕiaŋ0

1362. 菜豆腐 黄豆浆用浆水菜点清和大米煮
　　　的一种稀饭 tsɑi45təu31fu0

1363. 面皮 大米磨浆用蒸笼蒸制的米皮
　　　mian323phi31

1364. 罐罐茶 使用略阳当地传统工艺制作的
　　　一种油面茶 kuan31kuan0tʂa31

1365. 核桃饼 使用略阳当地传统工艺制作的
　　　一种烤饼 khɤ31thɔ0pin31

1366. 菜豆腐节节 玉米面擀成的面条与菜豆
　　　腐合煮 tshɑi31təu31fu0tɕiɛ31tɕiɛ0

1367. 搅团 玉米面搅成的稠糊糊 tɕiɔ44thuan0

1368. 散面饭 玉米糊糊与酸菜、大米、洋芋
　　　块合煮的食物 san44mian31fan0

1369. 米豆腐 玉米粒经过浸泡磨浆制作的团
　　　子 mi44təu31fu0

1370. 锅塌子 玉米面做的锅贴 kuo45tha31tʂ̩0

1371. 拨拉子 大米快蒸熟时撒进玉米面蒸熟
　　　拌匀的食品 po45la31tʂ̩0

1372. 浆水鱼鱼 包谷面制作的漏鱼水鱼鱼
　　　tɕiaŋ45ʂuei44Øu31Øu31

1373. 锅渣 锅巴 kuo45tʂa0

1374. 油花子花卷 Øiəu31xuɑ31tsɿ0
1375. 摊饼子煎饼 than45pin44tsɿ0
1376. 搭杵负重歇气时的支撑棒 ta44tʂhu31
1377. 窝窝棉鞋 Øuo45Øuo0
1378. 趿板子拖鞋 sa31pan44tsɿ0
1379. 煨罐烧水用的瓦罐 Øuei45kuan31
1380. 案板擀面的案板 ŋan323pan0
1381. 菜板切菜的案板 tʂhai323pan0
1382. 笮篱子灶上用的带把小竹篮 tʂɔ31ly44tsɿ0
1383. 刷把竹制的锅刷 ʂua31pa0
1384. 箱箕控汤水的竹篮子 ʂɔ45tɕi0
1385. 淘兜圆形控水的竹篮子 thɔ31təu0
1386. 纸捻子草纸搓成点火用的空心纸条 tʂɿ44ȵian44tsɿ0
1387. 打坡打猎 ta44phuo45
1388. 做绳子下套 tsu45ʂən31tsɿ0
1389. 别腿给人使绊 piE45thuei31
1390. 仰绊叉跌倒时胸朝上 Øiaŋ44pan0tʂha0
1391. 磕趴跌倒时胸朝下 khɤ31pha0
1392. 扭弹动弹 ȵiəu44than0
1393. 趔趄身体向一侧倾斜 liE31tɕhiE0
1394. 侧棱子侧着身子 tsei31lən0tsɿ0
1395. 趄趄子斜着身子 tɕhiE31tɕhiE31tsɿ0
1396. 斜斜子横着身子 ɕyo31ɕyo31tsɿ0
1397. 打冷子忽然受惊吓打战 ta44lən44tsɿ0
1398. 跑趟子跑步 phɔ44thaŋ31tsɿ0
1399. 收捡收藏起来 ʂəu45tɕian0
1400. 拾掇收拾东西 ʂɿ31tuo0
1401. 跷尿骚从头上跨过去 tɕhia31ȵi31sɔ0

1402. 赌咒发誓 tu44tʂəu323
1403. 挂礼 kua31li44/送礼 suei31li44 送礼
1404. 回礼还礼 xuei31li44
1405. 洗澡游泳 ɕi44tsɔ44
1406. 钻水潜水 tsuan45ʂuei31
1407. 睡瞌睡睡觉 ʂuei31khɤ31ʂuei0
1408. 日弄人作弄人 zʅ31luŋ0zən0
1409. 日塌了东西弄坏了 zʅ31tha0lɔ0
1410. 进门女嫁男方：媳妇明年～ tɕin24mən31
1411. 上门男嫁女方：他是～女婿 ʂaŋ24mən31
1412. 倒插门男到女方二婚家 tɔ31tʂha31mən31
1413. 帮衬帮助，扶助 paŋ45tʂhən0
1414. 日瞎话背地编造坏话贬低别人 zʅ31xɑ44xuɑ0
1415. 嚼舌根背后说别人的坏话 tɕiɑɔ31ʂE31kən0
1416. 显能逞强 ɕian44ȵən31
1417. 捣蛋调皮 tɔ44tan323
1418. 耍大 ʂua44ta323/耍排场 ʂua44phai31tʂhaŋ0 耍阔气
1419. 玩格 Øuan31kei31/显摆 ɕian44pai44 故意摆阔气
1420. 跩架子摆架子：他在～ tʂuai44tɕia323tsɿ0
1421. 日噘 zʅ31tɕyE0/培治 phei44tsɿ0 教训人
1422. 捶你打你 tʂhuei31ȵi0
1423. 将息好好休息 tɕiaŋ45ɕi0
1424. 造孽受罪 tsɔ45ȵiE31
1425. 害扫人拖累别人 xai31sɔ0zən0

1426. □了 开玩笑翻脸 ʂɔ31lɔ0

1427. 打恍恍 心不在焉 ta44xuaŋ31xuaŋ0

1428. 鼓人 非要让人做某事 ku44ʐən0

1429. 央及人 求人帮忙 Øiaŋ45tɕi0ʐən0

1430. 麻麻缠缠 办事不利索的样子 ma31ma31tʂan31tʂan0

1431. 杠子头 遇事不会转弯子 kaŋ31tsɿ0thəu0

1432. 淡尿话 废话 tan31tɕhiəu31xua0

1433. 缠三磨四 说话翻来覆去 tʂhan31san44muo31sɿ0

1434. 翻窟窿倒水 无事生非 fan45khu31luŋ0tɔ31ʂuei44

1435. 蔫 没精打采 Øian45

1436. 松腰拉胯 干活不想出力的样子 ʂuŋ45Øiɔ0la31khua0

1437. 缠皮赖皮 tʂhan45phi31

1438. 脸厚 从不知道害羞 lian44xəu0

1439. 不嫌害 不知道害羞 pu31ɕian31xai0

1440. 丢凉腔 尽说出格话 tiəu45liaŋ31tɕhiaŋ0

1441. 毛脚毛手 办事走路不稳重 mɔ31tɕyo0mɔ31ʂəu44

1442. 二愣子 Øər45lən31tsɿ0/二杆子 Øər31kan31tsɿ0 办事冒险的人

1443. 隔外 见外 kei31Øuai0

1444. 溢了 水满得向外流 Øi31lɔ0

1445. 潽了 锅里的食物溢出来 phu31lɔ0

1446. 蜷腰驼背 直不起腰的样子 tɕyan45Øiɔ0thuo31pei0

1447. 尿热子 形容食物温热 ȵiɔ31ʐɤ31tsɿ0

1448. 糅干子 形容半干不干的样子 ʐəu31kan0tsɿ0

1449. 一点点 形容很少 Øi31tian0tian0

1450. 一抹多 形容东西多 Øi31muo44tuo0

1451. 汪损 吃东西多吃多占 Øuaŋ45suei31

1452. 动荤 吃肉，吃大餐 tuŋ24xuən45

1453. 打腰台 吃非正餐的点心 ta44Øiɔ45thai31

1454. 干缠 不投资就想赚钱 kan45tʂhan31

1455. 抹和 不花代价而得到的 muo31xuo0

1456. 难缠 比较麻烦 lan31tʂhan31

1457. 搜事 没事找事 səu45sɿ323

1458. 扯筋撩皮 纠缠不休 tʂhə44tɕin45liɔ31phi31

1459. 缠三倒四 再三纠缠 tʂhan31san0tɔ44sɿ323

1460. 不眼气 pu31ȵian44tɕhi0/不稀奇 pu31ɕi45tɕhi0 不稀罕

1461. 怯火怯场，害怕 tɕhiɛ31xuo44

1462. 委窝 屈才，糟蹋 Øuei44Øuo0

1463. 昧了 借人东西不还 mei31lɔ0

1464. 稀乎 差一点儿 ɕi45xu0

1465. 舔沟子 thian44kəu45tsɿ0/献殷勤 ɕian31Øin45tɕhin0

1466. 简麻 动作敏捷，办事效率高 tɕian44ma0

1467. 搞快 催促人动作快点 kɔ44khuai323

1468. 一锤子 一起（拿上）Øi31tʂhuei31tsɿ0

1469. 板业 干净整齐的样子 pan44ØiɛO

1470. 好扎了 好得很 xɔ44tsa31lɔ0

1471. 撇气 非常不好 phiɛ45tɕhi31

1472. 豁亮 屋里房子光线好 xuo45liaŋ31

1473. 恼火 太累，受不了 lɔ44xuo44

1474. 胖臭 非常臭 phaŋ45tʂhəu323

1475. 背时的 贬义地称呼对方 pei31sɿ31ti0

1476. 着扎了 吃了大亏 tʂɔ31tsa31lɔ0

1477. 央及 拜托 Øiaŋ45tɕi0

1478. 羞人 羞得很 ɕiəu45ẓən31

1479. 捡现成 做现成事
tɕian44ɕian31tʂhən31

1480. 没按住 预计不到，预计之外
muo31ŋan31tsu0

1481. 塌伙了 失败了 tha31xuo0lɔ0

1482. 不牵扯 不影响 pu31tɕhian45tʂhE0

1483. 不合适 pu31xɤ0ʂɿ0/不舒活
pu31ʂəu44xuo31 身体不舒服

1484. 背背子 两个人做事不合作
pei31pei45tsɿ31

1485. 不搁人 人不合群 pu31kɤ31ẓən31

1486. 添烦 爱给别人找麻烦的行为
tɕhian45fan0

1487. 没搞场 没多大价值和作用
muo31kɔ44tʂhəŋ0

1488. 没名堂 无聊，没意思
muo31min31thaŋ0

1489. 没抓挖 没办法 muo31tsua45Øua0

1490. 没下数 不懂规矩 muo31xa31su0

1491. 没眼隙 事情没指望 muo31ȵian44ɕi0

1492. 没耳性 屡教不改，听不进劝说
muo31Øər44ɕin31

1493. 少教 没家教 ʂɔ44tɕiɔ31

1494. 半拉子 事情做了一半没结尾的样子
pan31la45tsɿ0

1495. 显摆 自我炫耀 ɕian44pai0

1496. 二不跨五 不在时间点上的样子
Øər31pu31khua31Øu44

1497. 八毛十远 相差非常远
pa31mɔ0ʂɿ31Øyan31

1498. 假巴二五 虚情假意
tɕia44paØər31Øu44

1499. 假狗 爱做作的人 tɕia44kəu31

1500. 爱人模样 可爱 ŋai45ẓən0

1501. 骚洋情 不合适地献殷勤
sɔ45Øiaŋ31tɕhin0

1502. 二流子 游手好闲的人 Øər45liəu31tsɿ0

1503. 湿漉漉 水没晾干 ʂɿ31lu0lu0

1504. 浇湿 衣服湿透的样子 tɕiɔ45ʂɿ0

1505. 汗帕水流 满头大汗
xan31phaØʂuei44liəu31

1506. 乱麻掺和 乱七八糟
luan31ma0tsan44xuo0

1507. 吊儿郎当 不务正业
tiɔ44ɻ0laŋ31taŋ0

1508. 胡日鬼 搞歪门邪道 xu31ẓɿ31kuei0

1509. 偷腔摸腔 偷偷摸摸地做事
thəu45tɕhiaŋ0muo31tɕhiaŋ0

1510. 冒日鬼 办事不想后果的人
mɔ44ẓɿ31kuei44

1511. 暴日宣天 办事不想后果的样子
pɔ44ẓɿ31ɕyan44thian31

1512. 胡扯筋 摆歪道理 xu31tʂhə44tɕin45

1513. 丢凉腔 说怪话 tiəu45liaŋ31tɕhiaŋ0

1514. 怪眉日眼 做事古怪
kuai31mi0ẓɿ31ȵian0

1515. 鬼画桃符 形容写字很乱的样子
kuei44xua31thɔ31xu0

1516. 搞不赢的舞不赢 形容见到好处抢吃抢占
kɔ44puØin31tiØu44puØin31

1517. 搞干手 会办事会挣钱的人
kɔ44kan31ʂəu0

1518. 没本事 没能力把事办好

muo31pən44sʅ0

1519. 细索办事认真 çi323suo0

1520. 懂规矩文雅或有礼貌
tuŋ44kuei45tçy0

1521. 撇东西不好 phiε323

1522. 耍奸耍滑头 ʂua44tçian45

1523. 咬牙印拍板决定，下决心
Øiɔ44Øia31Øin0

1524. 接下嘴喜欢接着别人的话往下说
tçiε31çia31tçy31

1525. 打岔打断别人的话题 ta44tʂha323

1526. 絮叨唠叨 çy44tɔ0

1527. 没眼隙事情没希望 muo31ȵian44çi0

1528. 悬吊吊办事情希望不大的样子
çyan31tiɔ0tiɔ0

1529. 面货形容人很好说话 mian323xuo0

1530. 厚道人形容性格好，好说话的人
xəu44tɔ0zˌən31

1531. 㾅□肮脏 lai45çi0

1532. 阳混形容做事糊涂 Øiaŋ31xuən0

1533. 攒劲干活踏实卖力 tsan44tçin323

1534. 细密生活很俭朴 çi323mi0

1535. 啬皮 sei31phi0／老抠 lɔ44khəu45 吝啬

1536. 造孽令人可怜 tsɔ45ȵiε31

1537. 心厚希望太高难以满足
çin45xəu323

1538. 猴儿巴急不安分不稳重的样子
xəu31Øɚ0pa31tçi0

1539. 不搁群不合众 pu31kɤ0tçhy31

1540. 告黑状在领导面前打小报告
kɔ44xei31tʂuaŋ0

1541. 日鬼捣鬼 zʅ31kuei44

1542. 试活形容试着做事 ʂʅ44xuo0

1543. 不耳识不理睬 pu31Øɚ31ʂʅ0

1544. 立下留客人住宿 li31xa0

1545. 巴希不得非常希望的样子
pa45çi0pu31tei0

1546. 二气不规矩不正经的样子
Øɚ45tçhi323

1547. 醒醒呱呱说话不严肃的样子
çin31çin0kua31kua0

1548. 胡日暴急做事不认真，乱做事的样子
xu31zʅ0pɔ44tçi0

第四章 语法与口头文化

第一节 语法例句

1. 你是哪里人？

    你是哪里人？

    ȵi44ʂʅ31la44li0zʅən31？

2. 我是陕西_____人。（说出所在县或市）

    我是陕西略阳人。

    ŋɤ44ʂʅ31ʂan44ɕi0luo31Øiɑŋ31zʅən31.

3. 你今年多大？

    你今年多大岁数？／你今年多大了？

    ȵi44tɕin45ȵian31tuo45ta31suei31ʂu31？／ȵi44tɕin45ȵian31tuo45ta24lɔ？

4. 我_____岁了。（说出自己的实际年龄）

    我今年六十七了。

    ŋɤ44tɕin45ȵian31liəu31ʂʅ31tɕhi31lɔ.

5. 你叫什么名字？

    你叫啥名字？

    ȵi44tɕiɔ31ʂa31min31tsɿ0？

6. 我叫_____。（说出自己的名字）

    我叫翟东升。

    ŋɤ44tɕiɔ31tsE31tuŋ45ʂəŋ45.

7. 你家住哪里？

    你家在哪里？

    ȵi44tɕia45tsai31la44li0？

8. 我家住_____。（说出自己居住的地址）

我家在略阳县象山湾。

ŋɤ44tɕia45tsai31luo31Øiaŋ31ɕian31ɕiaŋ31ʂan45Øuan45.

9. 谁呀？我是老三。

哪个？我是老三。

la44kɤ323？ŋɤ44sʅ31lɔ44san45.

10. 老四呢？他正在跟一个朋友说着话呢。

老四啦？他跟一个伙计在谝传哩。

lɔ44sʅ31la45？tha44kən44Øi31kɤ0xuo44tɕi0tsai31phian44tʂhuan31li0.

11. 他还没有说完吗？

他还没谝毕吗？

tha45xai31muo31phian44pi31ma44？

12. 还没有，大约再有一会儿就说完了。

没有哩，恐怕还得一歇。

muo31Øiəu44li0，khuŋ44pha0xai31tei31Øi31ɕiɛ31.

13. 他说马上就走，怎么这半天了还在家里呢？

他说就走哩，咋半天还在屋里？

tha44ʂuo31təu31tsəu44li0，tsa31pan31thian44xai31tsai31Øu31li0?

14. 你到哪儿去？我到城里去。

你到哪去？我到城里去。

ȵi44tɔ44la44tɕhi323？ŋɤ44tɔ31tʂhən31li0tɕhi323.

15. 在那儿，不在这儿。

在那里，没在这里。

tsai24la31li44，muo31tsai31tsɤ31li44.

16. 不是那么做，是要这么做的。

要这们家，要那们家。

Øiɔ24tʂɤ31mən0tɕia0，pɔ31la31mən0tɕia0.

17. 太多了，用不着那么多，只要这么多就够了。

太多了，要不到这么多，有这些就够了。

thai31tuo45lɔ0，Øiɔ31pu0tɔ0tʂɤ31mən0tuo45，Øiəu44tʂɤ31ɕiɛ0tɕiəu31kəu31lɔ0.

18. 这个大，那个小，这两个哪一个好点呢？

这个大，那个碎，这两个哪个好？

tʂɤ31kɤ0ta323，la31kɤ0suei323，tʂɤ31liaŋ44kɤ0la44kɤ0xɔ44？

19. 这个比那个好。

这个赶那个好。

tʂɤ31kɤ0kan44la31kɤ0xɔ44.

20. 这些房子不如那些房子好。

这些房没得那些房好。

tʂei31ɕiɛ0faŋ31muo31tei0la31ɕiɛ0faŋ31xɔ44.

21. 这句话用_____话怎么说？（填本地地名，本地音）

这话拿略阳话咋说哩？

tʂei24xua323la31luo31ØiaŋƷ31xua323tsa31ʂuo31li0?

22. 他今年多大岁数？

他今年有多大岁数？

tha45ɕin45ȵian0Øiəu44tuo45ta31suei31ʂu0?

23. 大概有三十来岁吧。

恐怕三十来岁。

khuŋ44pha31san45ʂʅ0lai0suei323.

24. 这个东西有多重呢？

这个东西有好重？

tʂɤ24kɤ0tuŋ45ɕi0Øiəu44xɔ44tʂuŋ323?

25. 有五十斤重呢。

有五十斤。

Øiəu44Øu44ʂʅ0tɕin0.

26. 拿得动吗？

拿得起吧？

la31ti0tɕhiɛ44pa0?

27. 我拿得动，他拿不动。

我拿得起，他拿不起。

ŋɤ44la31ti0tɕhiɛ44，tha45la31pu0tɕhiɛ44.

28. 真不轻，重得连我都拿不动了。

重得很，我都拿不起。

tʂuŋ31ti0xən44，ŋɤ24təu31la31pu31tɕhiɛ44.

29. 你说得很好，你还会说点儿什么呢？

你说得好得很，你还能说些啥？

ȵi44ʂuo31ti0xɔ44tei0xən44，ȵi44xai31lən31ʂuo45ɕiɛ0sa0?

30. 我嘴笨，我说不过他。

我嘴笨得很，说不过他。

ŋɤ44tsuei44pən31ti0xən44，ʂuo31pu31kuo31tha45.

31. 说了一遍，又说了一遍。

说了一道，又说了一道。

ʂuo31lɔ0Øi31tɔ323，Øiəu24ʂuo31lɔ0Øi31tɔ323.

32. 请你再说一遍。

麻烦你再说一道。

ma31fan31ȵi44tsai24ʂuo44Øi31tɔ323.

33. 不早了，快去吧！

不早了，赶忙去！

pu31tsɔ44lɔ0，kan44mɑŋ0tɕhi323！

34. 现在还很早呢，等一会儿再去吧。

这阵还早哩，等一下去。

tʂei31tʂən0xai31tsɔ44li0，tən44Øi31xa31tɕhi323.

35. 吃了饭再去好吧？

吃了饭去，得行吧？

tʂhʅ31lɔ0fan24tɕhu323，tei31ɕin31pa0？

36. 慢慢儿地吃啊！不要急嘛！

慢点吃！要急！

man31tian0tʂhʅ31！pɔ31tɕi31！

37. 坐着吃比站着吃好些。

坐到吃赶站到吃好。

tsuo31tɔ0tʂhʅ31kan44tʂan31tɔ0tʂhʅ31xɔ44.

38. 这个吃得，那个吃不得。

这个能吃，那个吃不得。

tʂei31kɤ0lən31tʂhʅ44，la31kɤ0tʂhʅ31pu31tei0.

39. 他吃了饭了，你吃了饭没有呢？

他饭吃了，你吃了吧？

tha44fan24tʂhʅ31lɔ0，ȵi44tʂhʅ31lɔ0pa0？

40. 他去过上海，我没有去过。

他到过上海的，我没去过。

tha45tɔ31kuo0ʂaŋ24xai0ti0，ŋɤ44mei31tɕhi31kuo0.

41. 来闻闻这朵花香不香？

263

来闻一下，这个花香吧？

lai31ɵuən31ɵi31xa323，tʂei31kɤ0xua45ɕiaŋ45pa0？

42. 香得很，是不是？

香得很，是吧？

ɕiaŋ45tei0xən44，ʂʅ31pa0？

43. 给我一本书！

给我一本书！

kei44ŋɤ31ɵi31pən44ʂu45！

44. 我实在没有书嘛！

我确实没得书！

ŋɤ44tɕhyo44ʂʅ0mei31tei0ʂu31！

45. 你告诉他。

你给他说。

ȵi44kei31tha45ʂuo31．

46. 好好儿地走！不要跑！

好心走！要跑！

xɔ44ɕin0tsəu44！pɔ31phɔ44．

47. 小心跌下去爬也爬不上来！

招呼跈下去了爬不上来了！

tʂɔ45xu0pan31xa0tɕhi31lɔ0pha31pu0ʂaŋ24lai0lɔ0！

48. 医生叫你多睡一睡。

大夫叫你多睡一下。

tai31fu0tɕiɔ31ȵi44tuo45ʂuei31ɵi24xa0．

49. 吸烟或者喝茶都不可以。

吃烟，喝茶，都要不得。

tʂhʅ44ɵian44，xuo45tʂha0，təu45ɵiɔ31pu24tei0．

50. 烟也好，茶也好，我都不喜欢。

烟，茶，我都不爱。

ɵian45，tʂha31，ŋɤ45təu45pu31ŋai323．

51. 不管你去不去，反正我是要去的，我非去不可。

管你去不去，我是肯定要去的。

kuan44ȵi44tɕhi31pu0tɕhi323，ŋɤ44ʂʅ31khən44tin0iɔ31tɕhu31ti0．

52. 你是哪一年来的？

你哪一年来的？

n̠i44la44ø31n̠ian31lai31ti0?

53. 我是前年到的北京。

我前年来的北京。

ŋɤ44tɕhian31n̠ian0lai31ti0pei31tɕin0.

54. 今天开会谁的主席？

今天开会谁的主席？

tɕin44thian44khai44xuei323ʂuei31ti0tʂu44ɕi0？

55. 你得请我的客。

你得请我一下。

n̠i44tei31tɕhin44ŋɤ44øi31xa323.

56. 这是他的书，那一本是他哥哥的。

这书是他的，那一本是他哥的。

tʂɤ31ʂu44sʅ31tha45ti0，la24øi31pən0ʂʅ31tha31kɤ45ti0.

57. 一边走，一边说。

旋走旋说。

ɕyan31tsəu44ɕyan24ʂuo31.

58. 看书的看书，看报的看报，写字的写字。

看书的看书，看报的看报，写字的写字。

khan31ʂu45ti0khan31ʂu45，khan31pɔ31ti0kan24pɔ323，ɕiɛ44tsʅ31ti0ɕiɛ44tsʅ323.

59. 越走越远，越说越多。

越走越远，越说越多。

øyɛ31tsəu44øyɛ31øyan44，øyɛ31ʂuo31øyɛ31tuo45.

60. 把那个东西拿给我。

把那个东西给我□来。

pa44la31kɤ0tuŋ45ɕi0kei44ŋɤ44xan44lai0.

61. 有些地方把太阳叫日头。

有些地方把太阳叫日头。

øiəu44ɕiɛ0ti31faŋ0pa44thai31øiaŋ0tɕiɔ31ʐʅ31thəu0.

62. 您贵姓？我姓王。

你姓啥？我姓王。

n̠i44ɕin24ʂa323？ŋɤ44ɕin24øuaŋ31.

63. 你姓王，我也姓王，咱们两个人都姓王。

你姓王，我姓王，我们两个都姓王。

n̠i44ɕin24Øuaŋ31， ŋɤ44ɕin24Øuaŋ31， ŋɤ44mən0liaŋ44kɤ0təu45ɕin24Øuaŋ0.

64. 你先去吧，我们等一会儿再去。

你先去，我们等一下来。

n̠i44ɕian45tɕhi323， ŋɤ44mən0tən44Øi31xa31lai31.

第二节　北风和太阳

北风跟太阳

有一回，北风跟太阳在那儿争论谁的本事大。争来争去就是分不出高低来。这时候路上来了个走道儿的，他身上穿着件厚大衣。他们俩就说好了，谁能先叫这个走道儿的脱下他的厚大衣，就算谁的本事大。北风就使劲地刮起来了，不过他刮得越是厉害，那个走道儿的把大衣裹得越紧。后来北风没法儿了，只好就算了。过了一会儿，太阳出来了。他火辣辣地一晒，那个走道儿的马上就把那件厚大衣脱下来了。这下儿北风只好承认，他们俩当中还是太阳的本事大。

北风和太阳

pei31fən45xuo31thai31Øiaŋ0

有一回，太阳和北风在那里争，看谁的本事大。

Øiəu44Øi31xuei31， thai31Øiaŋ0xuo31pei31fən45tsai31la31li0tsən45， khan31ʂei31ti0pən44 sʅ0ta323.

两个人争得是面红耳赤，不分高下。

liaŋ44kɤ0z̩ən31tsən45ti0sʅ0mian24xuŋ31Øər44tʂʅ44， pu31fən45kɔ45ɕia323.

这时候，从路上来了一个穿大衣的人。

tʂə45ʂʅ31xəu0， tshuŋ31lu31ʂaŋ0lai31lɔ0Øi31kɤ31tʂhuan45ta31Øi45ti0z̩ən31.

他们就说谁个能把他的大衣脱下，谁的本事就强。

tha45mən0tɕiəu24ʂuo31ʂei31kɤ0lən31pa31tha45ti0ta31Øi45thuo31ɕia31， ʂei31ti0pən44 sʅ0tɕiəu31tɕhiaŋ31.

这时候北风就使劲地吹着风。

tʂɤ31ʂʅ31xəu31pei31fəŋ24tɕiəu31sʅ44tɕin31ti0tʂhuei45tʂɤ0fəŋ45.

结果是越吹，穿大衣的人把大衣裹得是越紧。

tɕiɛ31kuo0ʂʅ31ØyE31tʂhuei45， tʂhuan45ta31Øi45ti0z̩ən31pa31ta31Øi45kuo44ti0ʂʅ31

ØyE31tɕin44.

他吹了一歇没办法了，他感觉他都没本事了。

tha45tʂhuei45lɔ0i31ɕiE0muo31pan24fa31lɔ0，tha45kan44tɕyE31tha44təu0muo31pən44ʂʅ0lɔ0.

下来是太阳就出来了。天气火辣辣的，越晒越大。

ɕia31lai0ʂʅ31thai31Øiɑŋ0tɕiəu31tʂhu31lai31lɔ0. thian45tɕhi0xuo44la31la0tiO，ØyE31ʂai24ØyE31ta323.

把这个穿大衣的人热得不行了，所以把大衣给脱下来了。

pa31tʂɤ31kɤ0tʂhuan45ta31Øi45tiO z‚ən31zE31tiOpu31ɕin31lɔ0，suo44Øi0pa31ta31Øi45kei31thuo31ɕia0lai0lɔ0.

这时候的话，他们两个还是这个太阳的本事大。

tʂɤ24ʂʅ31xəu0tiOxua323，tha45mən0liɑŋ44kɤ0xai31ʂʅ31tʂɤ31kɤ0thai31Øiɑŋ24tiOpən44ʂʅ0ta323.

第三节　口头文化

一、劳动歌曲：懒人歌

（开场白）上地，上地，
要说吉利，不说吉利，
不为算上地。
要说张郎治天，
要说李郎治地，
要说盘古王开天辟地。
喝杯茶，解口渴，
听我唱个懒人歌。
说起懒人也倒多，
且将事实说一说。
一早晨来不上坡，
太阳烧在了大半坡，
还在屋里暖被窝。
一早晨来不上坡，
还爱烤个剥皮火，

蛮在屋里胡耽搁。
喝罐茶，剜烟锅，
太阳大了才上坡，
蛮在路上胡耽搁，
人家包谷薅半坡，
他的包谷剩一坨，
太阳大了怕做活，
树下躲一躲。
太阳一歇想下坡，
进门先看啥吃货，
无盐无味无调和，
鼓起眼睛骂老婆。

二、曲子：十二月花

正月里，什么花人人所爱，
什么人手挽手同下山来？
正月里，迎春花人人所爱，
梁山伯祝英台同下山来。
二月里，什么花锄地发芽，
什么人剃了头一心学法？
二月里，萝卜花锄地发芽，
杨五郎剃了头一心学法。
三月里，什么花满院开红，
什么人在桃园结拜了弟兄？
三月里，桃子花满院开红，
刘关张在桃园结拜了弟兄。
四月里，什么花单根独现，
什么人背书箱万里传名？
四月里，麦子花单根独现，
孔夫子背书箱万里传名。
五月里，什么花青棚搭架，
什么人在瓜园镇守瓜王？
五月里，黄瓜花青棚搭架，

刘志远在瓜园镇守瓜王。
六月里，什么花满园开白，
什么人骑白马跨走天下？
六月里，梨子花满园开白，
薛仁贵骑白马跨走天下。
七月里，什么花低头高挂，
什么人斟美酒醉坏刘伶？
七月里，高粱花低头高挂，
杜康斟美酒醉坏刘伶。
八月里，什么花红秆黑籽，
什么人在江边单鞭救父？
八月里，荞子花红秆黑籽，
胡敬德在江边单鞭救父。
九月里，什么花满园开黄，
什么人骑黄马翻过西凉？
九月里，黄菊花满园开黄，
黄飞虎骑黄马翻过西凉。
十月里，什么花复霜杀死，
什么人送寒衣哭断了长城？
十月里，寒草花复霜杀死，
孟姜女送寒衣哭断了长城。
冬月里，什么花飘飘浪荡，
什么人卧寒冰救活他母亲？
冬月里，小雪花飘飘浪荡，
小王祥卧寒冰救活他母亲。
腊月里，什么花佛前高照，
什么人在佛前吃斋念佛？
腊月里，腊梅花佛前高照，
黄氏女在佛前吃斋念佛。

三、民歌

1. 国民党的警察

进东门，出西门，

出门碰见当兵人。

我的大娘哎！

（问）当兵的咋咧？

（答）这个当兵的不是好东西，

拉拉扯扯进了高粱地。

我的大娘哎！

（问）你咋不跑？

（答）高粱秆高，

奴家脚又小，三步两脚摔倒了。

我的大娘哎！

（问）你就没说不愿意？

（答）奴家不愿意，他家生了气，

二八的盒子枪拿在手里。

我的大娘哎！

（问）你到底愿意了吧？

（答）奴家愿了意，他家泄了气，

二八的盒子枪拿在手里。

我的大娘哎！

（问）给啥了没有？

（答）这个当兵的，不是好东西，

给了两个铜圆又是假的。

我的大娘哎！

（问）那我去找他？

（答）叫大娘你坐下，

我有两句知心话，

这个当兵的，

不是好东西，

来了乡他又搞了的，

我的大娘哎！

我不去了你好好的。

2. 太阳落坡

太阳落坡哟，四山黄。

谁家女娃嘛，晒碓窝。

有人问你晒啥子，
人家起来晒碓窝。
姐姐门上一树杏，
过来过去嘛就要问，
有人嘛问你嘛，晒紫漆嘛。
晚上过门嘛哟，可以作伸。

四、花鼓戏

1. 地下一坑又一洼

地下一坑又一洼，
洼地下出来这一个老汉人家。
老汉我头比身子大，
老太婆就像那胖娃娃。
还有这一场家务事，
拉在人前来夸一夸。
喂了个猫娃子是三条腿，
喂了个毛驴它没长尾巴。
还有三个好儿子，
拉在人前来夸一夸。
大儿子，是个秃娃；
二儿子，没得头发。
相比是三儿子他长得好，
顶了一脑壳的豆腐渣。
接了三个好媳妇，
拉在人前来夸一夸。
大媳妇，眨巴眼；
二媳妇，眼眨巴。
相比是三媳妇长得好，
眼睛里害了一对萝卜花。

2. 新社会人民大改变

新社会人民大改变，
姑娘不须把脚缠。
女子每逢十岁满，

送进学校读圣贤。
如今这四书都不论，
伸手能把这规文翻。
规文这翻了一个三五篇，
三年毕业就提师范。
虽然是一个女教员，
比他那男子都跑得欢。

五、山歌

1. 太阳出来

太阳出来照半坡，
谁家女娃晒碓窝。
太阳出来隔山照，
女娃子在那边打招呼。
你打招呼为啥子，
你过山来说一说。

2. 锣鼓草歌

锣鼓草歌，锣鼓草歌，
你的没有我的多。
一头子还在白水江，
一头子还在乐素河。

宁强县篇

第一章 总 论

第一节 人文地理、历史沿革、人口概况

宁强县位于陕西省西南隅，北依秦岭，南枕巴山。地理坐标为北纬32°37′～33°12′，东径105°20′～106°35′，东西长101.65公里，南北宽65.32公里，总面积3246.8平方公里。全县辖16个镇、2个街道办事处，200个行政村，总人口34万。宁强是一个南北交会、襟陇带蜀的山区县，是大西北进入大西南的主要门户和黄金通道。宝成、阳安铁路纵横县境，108国道、西汉高速公路穿境而过。宁强是汉江的发源地，素有"三千里汉江第一城"之美誉。

宁强地处秦岭和巴山两大山系的交会地带，地形多呈"V"形构造。境内东南高，西北低，中部有五丁山隆起，分为谷坝、谷地、低山、中心和高中山五种地貌类型。最高海拔毛坝河镇三道河九垭子主峰2103.7米，最低海拔燕子砭镇嘉陵江入川处520米。

宁强雨量充沛，空气湿润，年平均气温13℃，极端最低气温-10.3℃，极端最高气温36.2℃，无霜期247天。大部地区属暖温带山地湿润季风气候，降水强度大，年降水量最高达1812.2毫米。

宁强在商及西周时代为氐羌所据。春秋战国时期，白马氏据其西境，蜀据其东境。秦置蜀郡，全境归辖。两汉为葭萌县地。蜀汉为汉寿县。晋改汉寿为晋寿。隋属绵谷县。唐武德三年（620年）分绵谷县，在通谷镇（今大安镇）置金牛县，此为境内设县治之始。武德四年（621年）又分绵谷置三泉县和嘉牟县，不久撤金牛、嘉牟，尽入三泉县。天宝元年（742年）三泉县治由故县址移向东北120里，即今唐渡擂鼓台。宋朝，三泉县直隶京师达137年，开我国中央直辖县之先例。至道二年（996年）在三泉县西1里置大安军，后几经升降兴废，元初在金牛镇（今大安镇）设大安州，后降州为县。明初并入沔县。洪武二十七年（1394年）阶、文军乱，太祖遣宁正为平羌将军讨伐，翌年乱平，置宁羌卫于徽州。成化二十一年（1485年）建立宁羌州，州卫并存。清代废卫存州，辛亥革命后降州为县。1935年红四方面军攻克宁羌，建立宁羌、

阳平关两个县级苏维埃政权，成为川陕革命根据地的组成部分。红军北上，建置复旧。1942 年元旦，改宁羌县为宁强县。于右任曾为宁强赠题"安宁强固"四字，并云："可作解释新县之名。" 1949 年 12 月 11 日宁强解放。自此以后，本县隶属关系基本未变，为汉中地（专）区的属县，1996 年汉中撤地设市，本县遂为汉中市属县。[①]

第二节　方言归属和内部差异

按照《中国语言地图集》，宁强方言属于中原官话秦陇片。按照地理环境和当地人语感，内部可分为四个小片区。县城和城关镇方言当地人称为城关话。北部的大安镇、代家坝镇内部较为一致；南部的巴山镇、禅家岩镇内部较为一致；西部的阳平关镇、广坪镇较为一致。

第三节　发音人和调查人概况

方言发音人（一）

1. 姓名：李文学
2. 单位（退休前）：无
3. 通信地址：陕西省汉中市宁强县汉源街道办建设路 3 号
4. 性别：男　民族：汉
5. 出生年月日（公历）：1950 年 4 月
6. 出生地（从省级至自然村级）：陕西省汉中市宁强县汉源街道办
7. 主要经历：出生至今一直在汉源街道办生活。
8. 文化程度：初小
9. 职业：农民
10. 会说哪几种话（包括普通话、外语）：宁强方言
11. 父亲是哪里人，会说什么话：汉中市宁强县汉源街道办人，会说宁强方言。
12. 母亲是哪里人，会说什么话：汉中市宁强县汉源街道办人，会说宁强方言。
13. 配偶是哪里人，会说什么话：汉中市宁强县汉源街道办人，会说宁强方言。

方言发音人（二）

1. 姓名：龚兴明

[①] 根据宁强县人民政府网 2019 年 3 月 13 日发布宁强概况材料整理。

2. 单位（退休前）：无

3. 通信地址：陕西省汉中市宁强县档案局

4. 性别：男　　民族：汉

5. 出生年月日（公历）：1958 年 2 月

6. 出生地（从省级至自然村级）：陕西省汉中市宁强县汉源街道办

7. 主要经历：出生、学习、工作一直在宁强县汉源街道办。

8. 文化程度：初中

9. 职业：农民

10. 会说哪几种话（包括普通话、外语）：宁强方言

11. 父亲是哪里人，会说什么话：汉中市宁强县汉源街道办人，会说宁强方言。

12. 母亲是哪里人，会说什么话：汉中市宁强县汉源街道办人，会说宁强方言。

13. 配偶是哪里人，会说什么话：汉中市宁强县汉源街道办人，会说宁强方言。

调查人

1. 姓名：张　璐

2. 单位：陕西理工大学

3. 通信地址：陕西省汉中市汉台区东一环路 1 号

4. 协助调查人姓名：刘怀军

第二章　语　音

第一节　声　母

声母共二十一个，包括零声母在内。

p 八兵病把　　ph 派片爬婆　　m 麦明磨买　　f 飞风副饭　　v 味问

t 多东毒赌　　th 讨天甜图　　　　　　　　　　　　　　　　l 脑老连路

tʂ 资字张竹争　tʂh 刺祠抽茶车　　　　　　s 丝事山书十　z 热软黏人

tɕ 酒九姐举　　tɕh 清全轻权　　ȵ 年泥哑女　ɕ 想谢响县

k 高共歌瓜　　kh 开箍块靠　　ŋ 熬安鹅爱　x 好灰活河

ø 月温云用

第二节　韵　母

韵母三十六个，不包括儿化韵。

ɿ 师丝十直尺　　　i 米戏急七锡　　　u 苦猪骨出谷　　y 雨橘局吕

a 茶塔法八　　　　ia 牙鸭假夏　　　　ua 瓦刮花袜

　　　　　　　　　　　　　　　　　　uo 坐活郭国　　　yo 药雀削脚

ɛ 热二车蛇　　　　iɛ 写接节茄　　　　　　　　　　　　yɛ 靴月学绝

ɤ 歌盒壳恶

ɔ 宝饱帽高　　　　iɔ 笑桥要表

ai 开排鞋胎　　　　　　　　　　　　uai 快外怪怀

ei 赔飞北色白　　　　　　　　　　　uei 对鬼罪灰

əu 豆走头楼　　　　iəu 油六绿修

an 南山半潭　　　　ian 盐年减点　　　uan 短官赚铲　　yan 权鲜圆卷

ən 深根灯争　　　　in 心新硬病　　　　uən 寸滚春嫩　　yən 云俊熏群

aŋ 糖霜　　　　　　iaŋ 响讲　　　　　uaŋ 床王双

277

əŋ 猛棚翁风　　　　iŋ 病冰

　　　　　　　　　　　　uŋ 东通聋送　　　　yŋ 兄荣勇穷

第三节　单字调

阴平 45 东该灯风通开天春　　阳平 31 门龙糖红百哭六毒
上声 343 懂古统苦买老五有　　去声 312 动怪痛快路乱洞树

第四节　连读变调

后字非轻声两字组连调模式见表 2-1。

表 2-1　后字非轻声两字组连调模式

后字＼前字	1 阴平 45	2 阳平 31	3 上声 343	4 去声 312
1 阴平 45	45＋45 31＋45	45＋31 31＋31	45＋343 31＋343	45＋312
2 阳平 31	31＋45	31＋31	31＋343	31＋312
3 上声 343	45＋45	343＋31 45＋31	45＋343 31＋343	45＋312
4 去声 312	31＋45	31＋31 45＋31	31＋343	45＋312 45＋31

非叠字组后字轻声两字组连调模式见表 2-2。

表 2-2　非叠字组后字轻声两字组连调模式

后字＼前字	1 阴平 45	2 阳平 31	3 上声 343	4 去声 312
1 阴平 45	45＋0	45＋0	45＋0	45＋0
2 阳平 31	31＋0	31＋0	31＋0	31＋0
3 上声 343	45＋0	45＋0	45＋0 31＋0	45＋0
4 去声 312	31＋0	31＋0	31＋0	31＋0

第五节　单　字

0001. 多 tuo45
0002. 拖 thuo45
0003. 大～小 ta312
0004. 锣 luo31
0005. 左 tsuo343
0006. 歌 kɤ45
0007. 个一～ kɤ312
0008. 可 khɤ343
0009. 鹅 ŋɤ31
0010. 饿 ŋɤ312
0011. 河 xɤ31
0012. 茄 tɕhiɛ31
0013. 破 phuo312
0014. 婆 phuo31
0015. 磨动 muo312
0016. 磨名 muo31
0017. 躲 tuo343
0018. 螺 luo31
0019. 坐 tsuo312
0020. 锁 suo343
0021. 果 kuo343
0022. 过 kuo312
0023. 课 khɤ312
0024. 火 xuo343
0025. 货 xuo312
0026. 祸 xuo312
0027. 靴 ɕyɛ31
0028. 把量 pa343
0029. 爬 pha31
0030. 马 ma343

0031. 骂 ma312
0032. 茶 tsha31
0033. 沙 sa45
0034. 假真～ tɕia343
0035. 嫁 tɕia312
0036. 牙 ØiaЗ1
0037. 虾 ɕia45
0038. 下底～ xa312
0039. 夏春～ ɕia312
0040. 哑 ȵia343
0041. 姐 tɕiɛ343
0042. 借 tɕiɛ312
0043. 写 ɕiɛ343
0044. 斜 ɕiɛ31
0045. 谢 ɕiɛ312
0046. 车不是棋子
　　　 tshɛ45
0047. 蛇 sɛ31
0048. 射 sɛ312
0049. 爷 Øiɛ31
0050. 野 Øiɛ343
0051. 夜 Øiɛ312
0052. 瓜 kua45
0053. 瓦 Øua343
0054. 花 xua45
0055. 化 xua312
0056. 华中～ xua31
0057. 谱家～ phu343
0058. 布 pu312
0059. 铺 phu312

0060. 簿 pu312
0061. 步 pu312
0062. 赌 tu343
0063. 土 thu343
0064. 图 thu31
0065. 杜 tu312
0066. 奴 lu31
0067. 路 lu312
0068. 租 tsu45/tsu31
0069. 做 tsuo312
0070. 错对～
　　　 tshuo312
0071. 箍～桶 khu45
0072. 古 ku343
0073. 苦 khu343
0074. 裤 khu312
0075. 吴 Øu31
0076. 五 Øu343
0077. 虎 xu343
0078. 壶 xu31
0079. 户 xu312
0080. 乌 Øu45
0081. 女 ȵy343
0082. 吕 ly343
0083. 徐 ɕy31
0084. 猪 tsu45
0085. 除 tshu31
0086. 初 tshu45
0087. 锄 tshu31
0088. 所 suo343

0089. 书 su45
0090. 鼠 su343
0091. 如 zu31
0092. 举 tɕy343
0093. 锯名 tɕy312
0094. 去 tɕhi312
0095. 渠 tɕhy31
0096. 鱼 Øy31
0097. 许 ɕy343
0098. 余剩～，多～
　　　 Øy31
0099. 府 fu343
0100. 付 fu312
0101. 父 fu312
0102. 武 Øu343
0103. 雾 Øu312
0104. 取 tɕy343
0105. 柱 tsu312
0106. 住 tsu312
0107. 数动 su343
0108. 数名 su312
0109. 主 tsu343
0110. 输 su45
0111. 竖 su312
0112. 树 su312
0113. 句 tɕy312
0114. 区地～ tɕhy45
0115. 遇 Øy312
0116. 雨 Øy343
0117. 芋 Øy312

0118. 裕 Øy312	0151. 币 pi312	0184. 块 khuai343	0217. 梨 li31
0119. 胎 thai45	0152. 制～造 tsʅ312	0185. 怀 xuai31	0218. 资 tsʅ45
0120. 台戏～thai31	0153. 世 sʅ312	0186. 坏 xuai312	0219. 死 sʅ343
0121. 袋 tai312	0154. 艺 Øi312	0187. 拐 kuai343	0220. 四 sʅ312
0122. 来 lai31	0155. 米 mi343	0188. 挂 kua312	0221. 迟 tshʅ31
0123. 菜 tshai312	0156. 低 ti45	0189. 歪 Øuai45	0222. 指 tsʅ343
0124. 财 tshai31	0157. 梯 thi45	0190. 画 xua312	0223. 师 sʅ45
0125. 该 kai45	0158. 剃 thi312	0191. 快 khuai312	0224. 二 Øæ312
0126. 改 kai343	0159. 弟 ti312	0192. 话 xua312	0225. 饥～饿 tɕi45
0127. 开 khai45	0160. 递 ti312	0193. 岁 suei312	0226. 器 tɕhi312
0128. 海 xai343	0161. 泥 ȵi31	0194. 卫 Øuei312	0227. 姨 Øi31
0129. 爱 ŋai312	0162. 犁 li31	0195. 肺 fei312	0228. 李 li343
0130. 贝 pei312	0163. 西 ɕi45	0196. 桂 kuei312	0229. 子 tsʅ343
0131. 带动 tai312	0164. 洗 ɕi343	0197. 碑 pei45	0230. 字 tsʅ312
0132. 盖动 kai312	0165. 鸡 tɕi45	0198. 皮 phi31	0231. 丝 sʅ45
0133. 害 xai312	0166. 溪 ɕi45	0199. 被～子 pei312	0232. 祠 tshʅ31
0134. 拜 pai312	0167. 契 tɕhi312	0200. 紫 tsʅ343	0233. 寺 sʅ312
0135. 排 phai31	0168. 系联～ ɕi312	0201. 刺 tshʅ312	0234. 治 tsʅ312
0136. 埋 mai31	0169. 杯 pei45	0202. 知 tsʅ45	0235. 柿 sʅ312
0137. 戒 tɕiɛ312	0170. 配 phei312	0203. 池 tshʅ31	0236. 事 sʅ312
0138. 摆 pai343	0171. 赔 phei31	0204. 纸 tsʅ343	0237. 使 sʅ343
0139. 派 phai312	0172. 背～诵 pei312	0205. 儿 Øæ31	0238. 试 sʅ312
0140. 牌 phai31	0173. 煤 mei31	0206. 寄 tɕi312	0239. 时 sʅ31
0141. 买 mai343	0174. 妹 mei312	0207. 骑 tɕhi31	0240. 市 sʅ312
0142. 卖 mai312	0175. 对 tuei312	0208. 蚁 Øi312	0241. 耳 Øæ343
0143. 柴 tshai31	0176. 雷 luei31	0209. 义 Øi312	0242. 记 tɕi312
0144. 晒 sai312	0177. 罪 tsuei312	0210. 戏 ɕi312	0243. 棋 tɕhi31
0145. 街 kai45	0178. 碎 suei312	0211. 移 Øi31	0244. 喜 ɕi343
0146. 解～开 kai343	0179. 灰 xuei45	0212. 比 pi343	0245. 意 Øi312
0147. 鞋 xai31	0180. 回 xuei31	0213. 屁 phi312	0246. 几～个 tɕi343
0148. 蟹 xai31	0181. 外 Øuai312	0214. 鼻 pi31	0247. 气 tɕhi312
0149. 矮 ŋai343	0182. 会开～ xuei312	0215. 眉 mi31	0248. 希 ɕi45
0150. 败 pai312	0183. 怪 kuai312	0216. 地 ti312	0249. 衣 Øi45

0250. 嘴 tsuei343
0251. 随 suei31
0252. 吹 tʂhuei45
0253. 垂 tʂhuei31
0254. 规 kuei45
0255. 亏 khuei45
0256. 跪 kuei312
0257. 危 Øuei31
0258. 类 luei312
0259. 醉 tsuei312
0260. 追 tsuei45
0261. 锤 tʂhuei31
0262. 水 suei343
0263. 龟 kuei45
0264. 季 tɕi312
0265. 柜 kuei312
0266. 位 Øuei312
0267. 飞 fei45
0268. 费 fei312
0269. 肥 fei31
0270. 尾 Øuei343
0271. 味 Øuei312
0272. 鬼 kuei343
0273. 贵 kuei312
0274. 围 Øuei31
0275. 胃 Øuei312
0276. 宝 pɔ343
0277. 抱 pɔ312
0278. 毛 mɔ31
0279. 帽 mɔ312
0280. 刀 tɔ45
0281. 讨 thɔ343
0282. 桃 thɔ31

0283. 道 tɔ312
0284. 脑 lɔ343
0285. 老 lɔ343
0286. 早 tsɔ343
0287. 灶 tsɔ312
0288. 草 tshɔ343
0289. 糙 tshɔ312
0290. 造 tshɔ343
0291. 嫂 sɔ343
0292. 高 kɔ45
0293. 靠 khɔ312
0294. 熬 ŋɔ31
0295. 好～坏 xɔ343
0296. 号名 xɔ312
0297. 包 pɔ45
0298. 饱 pɔ343
0299. 炮 phɔ312
0300. 猫 mɔ45
0301. 闹 lɔ312
0302. 罩 tsɔ312
0303. 抓用手～牌 tsua45
0304. 找 tsɔ343
0305. 抄 tshɔ45
0306. 交 tɕiɔ45
0307. 敲 tɕhiɔ45
0308. 孝 ɕiɔ312
0309. 校学～ ɕiɔ312
0310. 表手～ piɔ343
0311. 票 phiɔ312
0312. 庙 miɔ312
0313. 焦 tɕiɔ45
0314. 小 ɕiɔ343

0315. 笑 ɕiɔ312
0316. 朝～代 tʂhɔ31
0317. 照 tsɔ312
0318. 烧 sɔ45
0319. 绕～线 zɔ343
0320. 桥 tɕhiɔ31
0321. 轿 tɕiɔ312
0322. 腰 Øiɔ45
0323. 要重～ Øiɔ312
0324. 摇 Øiɔ31
0325. 鸟 niɔ343
0326. 钓 tiɔ312
0327. 条 thiɔ31
0328. 料 liɔ312
0329. 箫 ɕiɔ45
0330. 叫 tɕiɔ312
0331. 母丈～，舅～ mu343
0332. 抖 thəu343
0333. 偷 thəu45
0334. 头 thəu31
0335. 豆 təu312
0336. 楼 ləu31
0337. 走 tsəu343
0338. 凑 tshəu312
0339. 钩 kəu45
0340. 狗 kəu343
0341. 够 kəu312
0342. 口 khəu343
0343. 藕 ŋəu343
0344. 后前～ xəu312
0345. 厚 xəu312
0346. 富 fu312

0347. 副 fu312
0348. 浮 fu31
0349. 妇 fu312
0350. 流 liəu31
0351. 酒 tɕiəu343
0352. 修 ɕiəu45
0353. 袖 ɕiəu312
0354. 抽 tʂhəu45
0355. 绸 tʂhəu31
0356. 愁 tʂhəu31
0357. 瘦 səu312
0358. 州 tsəu45
0359. 臭香～ tʂhəu312
0360. 手 səu343
0361. 寿 səu312
0362. 九 tɕiəu343
0363. 球 tɕhiəu31
0364. 舅 tɕiəu312
0365. 旧 tɕiəu312
0366. 牛 niəu31
0367. 休 ɕiəu45
0368. 优 Øiəu45
0369. 有 Øiəu343
0370. 右 Øiəu312
0371. 油 Øiəu31
0372. 丢 tiəu45
0373. 幼 Øiəu312
0374. 贪 than45
0375. 潭 than31
0376. 南 lan31
0377. 蚕 tshan31
0378. 感 kan343

0379. 含～一口水 xan31	0410. 尖 tɕian45	0441. 浸 tɕhin312	0473. 汗 xan312
0380. 暗 ŋan312	0411. 签～名 tɕhian45	0442. 心 ɕin45	0474. 安 ŋan45
0381. 搭 ta31	0412. 占～领 tsan312	0443. 寻 ɕin31	0475. 达 ta31
0382. 踏 tha31	0413. 染 zan343	0444. 沉 tshən31	0476. 辣 la31
0383. 拉 la45	0414. 钳 tɕhian31	0445. 参人～ sən45	0477. 擦 tsha31
0384. 杂 tsa31	0415. 验 Øian312	0446. 针 tsən45	0478. 割 kɤ31
0385. 鸽 kɤ31	0416. 险 ɕian343	0447. 深 sən45	0479. 渴 khɤ31
0386. 盒 xɤ31	0417. 厌 Øian312	0448. 任责～ zən312	0480. 扮 pan312
0387. 胆 tan343	0418. 炎 Øian31	0449. 金 tɕin45	0481. 办 pan312
0388. 毯 than343	0419. 盐 Øian31	0450. 琴 tɕhin31	0482. 铲 tshuan343
0389. 淡 tan312	0420. 接 tɕiɛ31	0451. 音 Øin45	0483. 山 san45
0390. 蓝 lan31	0421. 折～叠 tsɛ31	0452. 立 li31	0484. 产 tshan343
0391. 三 san45	0422. 叶树～ Øiɛ31	0453. 集 tɕi31	0485. 间房～ tɕian45
0392. 甘 kan45	0423. 剑 tɕian312	0454. 习 ɕi31	0486. 眼 Øian343
0393. 敢 kan343	0424. 欠 tɕhian312	0455. 汁 tsʅ45	0487. 限 ɕian312
0394. 喊 xan343	0425. 严 Øian31	0456. 十 sʅ31	0488. 八 pa31
0395. 塔 tha31	0426. 业 ȵiɛ31	0457. 入 zu31	0489. 扎 tsa31
0396. 蜡 la31	0427. 点 tian343	0458. 急 tɕi31	0490. 杀 sa31
0397. 赚 tsuan312	0428. 店 tian312	0459. 及 tɕi31	0491. 班 pan45
0398. 杉～木 sa45	0429. 添 thian45	0460. 吸 ɕi31	0492. 板 pan343
0399. 减～淡 tɕian343	0430. 甜 thian31	0461. 单简～ tan45	0493. 慢 man312
0400. 咸 xan31	0431. 念 ȵian312	0462. 炭 than312	0494. 奸 tɕian45
0401. 插 tsha31	0432. 嫌 ɕian31	0463. 弹～琴 than31	0495. 颜 Øian31
0402. 闸 tsa312	0433. 跌 tiɛ31	0464. 难～易 lan31	0496. 瞎 xa31
0403. 夹～子 tɕia31	0434. 贴 thiɛ31	0465. 兰 lan31	0497. 变 pian312
0404. 衫 san45	0435. 碟 tiɛ31	0466. 懒 lan343	0498. 骗欺～ phian312
0405. 监 tɕian45	0436. 协 ɕiɛ31	0467. 烂 lan312	0499. 便方～ pian312
0406. 岩 Øian31	0437. 犯 fan312	0468. 伞 san343	0500. 棉 mian31
0407. 甲 tɕia31	0438. 法 fa31	0469. 肝 kan45	0501. 面～孔 mian312
0408. 鸭 Øia31	0439. 品 phin343	0470. 看～见 khan312	0502. 连 lian31
0409. 黏～液 zan31	0440. 林 lin31	0471. 岸 ŋan312	0503. 剪 tɕian343
		0472. 汉 xan312	

0504. 浅 tɕhian343	0536. 前 tɕhian31	0568. 换 xuan312	0597. 圈圆～
0505. 钱 tɕhian31	0537. 先 ɕian45	0569. 碗 Øuan343	tɕhyan45
0506. 鲜 ɕyan45	0538. 肩 tɕian45	0570. 拨 puo45	0598. 权 tɕhyan31
0507. 线 ɕian312	0539. 见 tɕian312	0571. 泼 puo45	0599. 圆 Øyan31
0508. 缠 tshan31	0540. 牵 tɕhian45	0572. 末 puo45	0600. 院 Øyan312
0509. 战 tsan312	0541. 显 ɕian343	0573. 脱 thuo45	0601. 铅～笔
0510. 扇 san312	0542. 现 ɕian312	0574. 夺 tuo31	tɕhian45
0511. 善 san312	0543. 烟 Øian45	0575. 阔 khuo45	0602. 绝 tɕyɛ31
0512. 件 tɕian312	0544. 憋 piɛ45	0576. 活 xuo31	0603. 雪 ɕyɛ31
0513. 延 Øian31	0545. 篾 mi31	0577. 顽～皮 Øuan31	0604. 反 fan343
0514. 别～人 piɛ31	0546. 铁 thiɛ31	0578. 滑 xua31	0605. 翻 fan45
0515. 灭 miɛ31	0547. 捏 ɲiɛ31	0579. 挖 Øua45	0606. 饭 fan312
0516. 列 liɛ31	0548. 节 tɕiɛ31	0580. 闩 suan312	0607. 晚 Øuan343
0517. 撤 tshɛ312	0549. 切动 tɕhiɛ31	0581. 关～门 kuan45	0608. 万麻将牌
0518. 舌 sɛ31	0550. 截 tɕiɛ31	0582. 惯 kuan312	Øuan312
0519. 设 sɛ45	0551. 结 tɕiɛ31	0583. 还动 xuan31	0609. 劝 tɕhyan312
0520. 热 zɛ31	0552. 搬 pan45	0584. 还副 xai31	0610. 原 Øyan31
0521. 杰 tɕiɛ31	0553. 半 pan312	0585. 弯 Øuan45	0611. 冤 Øyan45
0522. 孽 ɲiɛ31	0554. 判 phan312	0586. 刷 sua31	0612. 园 Øyan31
0523. 建 tɕian312	0555. 盘 phan31	0587. 刮 kua31	0613. 远 Øyan343
0524. 健 tɕian312	0556. 满 man343	0588. 全 tɕhyan31	0614. 发头～fa31
0525. 言 Øian31	0557. 端～午 tuan45	0589. 选 ɕyan343	0615. 罚 fa31
0526. 歇 ɕiɛ31	0558. 短 tuan343	0590. 转～眼	0616. 袜 Øua31
0527. 扁 pian343	0559. 断绳～了	tsuan312	0617. 月 Øyɛ31
0528. 片 phian312	tuan312	0591. 传～下来	0618. 越 Øyɛ31
0529. 面～条	0560. 暖 luan343	tshuan31	0619. 县 ɕian312
mian312	0561. 乱 luan312	0592. 传～记	0620. 决 tɕyɛ31
0530. 典 tian343	0562. 酸 suan45	tsuan312	0621. 缺 tɕhyɛ31
0531. 天 thian45	0563. 算 suan312	0593. 砖 tsuan45	0622. 血 ɕyɛ31
0532. 田 thian31	0564. 官 kuan45	0594. 船 tshuan31	0623. 吞 thən45
0533. 垫 tian312	0565. 宽 khuan45	0595. 软 zuan343	0624. 根 kən45
0534. 年 ɲian31	0566. 欢 xuan45	0596. 卷～起	0625. 恨 xən312
0535. 莲 lian31	0567. 完 Øuan31	tɕyan343	0626. 恩 ŋən45

283

0627. 贫 phin31	0660. 近 tɕin312	0693. 粉 fən343	0726. 浆 tɕiaŋ45
0628. 民 min31	0661. 隐 Øin343	0694. 粪 fən312	0727. 抢 tɕhiaŋ343
0629. 邻 lin31	0662. 本 pən343	0695. 坟 fən31	0728. 匠 tɕiaŋ312
0630. 进 tɕin312	0663. 盆 phən31	0696. 蚊 Øuən31	0729. 想 ɕiaŋ343
0631. 亲 tɕhin45	0664. 门 mən31	0697. 问 Øuən312	0730. 像 ɕiaŋ312
0632. 新 ɕin45	0665. 墩 tuən45	0698. 军 tɕyən45	0731. 张量 tsaŋ45
0633. 镇 tsən312	0666. 嫩 luən312	0699. 裙 tɕhyən31	0732. 长~短 tshaŋ31
0634. 陈 tshən31	0667. 村 tshuən45	0700. 熏 ɕyən45	0733. 装 tsuaŋ45
0635. 震 tsən312	0668. 寸 tshuən312	0701. 云~彩 Øyən31	0734. 壮 tsuaŋ312
0636. 神 sən31	0669. 蹲 tuən45	0702. 运 Øyən312	0735. 疮 tshuaŋ45
0637. 身 sən45	0670. 孙~子 suən45	0703. 佛~像 fuo31	0736. 床 tshuaŋ31
0638. 辰 tshən31	0671. 滚 kuən343	0704. 物 Øuo343	0737. 霜 suaŋ45
0639. 人 zən31	0672. 困 khuən312	0705. 帮 paŋ45	0738. 章 tsaŋ45
0640. 认 zən312	0673. 婚 xuən45	0706. 忙 maŋ31	0739. 厂 tshaŋ343
0641. 紧 tɕin343	0674. 魂 xuən31	0707. 党 taŋ343	0740. 唱 tshaŋ312
0642. 银 Øin31	0675. 温 Øuən45	0708. 汤 thaŋ45	0741. 伤 saŋ45
0643. 印 Øin312	0676. 卒棋子 tsu31	0709. 糖 thaŋ31	0742. 尝 saŋ31
0644. 引 Øin343	0677. 骨 ku31	0710. 浪 laŋ312	0743. 上~去 saŋ312
0645. 笔 pi31	0678. 轮 luən31	0711. 仓 tshaŋ45	0744. 让 zaŋ312
0646. 匹 phi31	0679. 俊 tɕyən312	0712. 钢 kaŋ45	0745. 姜生~ tɕiaŋ45
0647. 密 mi31	0680. 笋 suən343	0713. 糠 khaŋ45	0746. 响 ɕiaŋ343
0648. 栗 li31	0681. 准 tsuən343	0714. 薄形 puo31	0747. 向 ɕiaŋ312
0649. 七 tɕhi31	0682. 春 tshuən45	0715. 摸 muo45	0748. 秧 Øiaŋ45
0650. 侄 tsɿ31	0683. 唇 tshuən31	0716. 托 thuo45	0749. 痒 Øiaŋ343
0651. 虱 sei45	0684. 顺 suən312	0717. 落 luo31	0750. 样 Øiaŋ312
0652. 实 sɿ31	0685. 纯 tshuən31	0718. 作 tsuo31	0751. 雀 tɕhyo45
0653. 失 sɿ31	0686. 闰 zuən312	0719. 索 suo343	0752. 削 ɕyo31
0654. 日 zʅ31	0687. 均 tɕyən45	0720. 各 kɤ31	0753. 着火~了 tsuo31
0655. 吉 tɕi31	0688. 匀 Øyən31	0721. 鹤 xɤ31	
0656. 一 Øi31	0689. 律 ly343	0722. 恶形 ŋɤ31	0754. 勺 suo31
0657. 筋 tɕin45	0690. 出 tshu31	0723. 娘 ɲiaŋ31	0755. 弱 zuo31
0658. 劲有~ tɕin312	0691. 橘 tɕy343	0724. 两斤~ liaŋ31	0756. 脚 tɕyo31
0659. 勤 tɕhin31	0692. 分动 fən45	0725. 亮 liaŋ312	0757. 约 Øyo31

0758. 药 Øyo31
0759. 光～线 kuaŋ45
0760. 慌 xuaŋ45
0761. 黄 xuaŋ31
0762. 郭 kuo45
0763. 霍 xuo312
0764. 方 faŋ45
0765. 放 faŋ312
0766. 纺 faŋ343
0767. 房 faŋ31
0768. 防 faŋ31
0769. 网 Øuaŋ343
0770. 筐 khuaŋ45
0771. 狂 khuaŋ31
0772. 王 Øuaŋ31
0773. 旺 Øuaŋ312
0774. 缚 fuo312
0775. 绑 paŋ343
0776. 胖 phaŋ312
0777. 棒 paŋ312
0778. 桩 tsuaŋ45
0779. 撞 tshuaŋ343
0780. 窗 tshuaŋ45
0781. 双 suaŋ45
0782. 江 tɕiaŋ45
0783. 讲 tɕiaŋ343
0784. 降投～ɕiaŋ31
0785. 项 ɕiaŋ312
0786. 剥 puo31
0787. 桌 tsuo31
0788. 镯 tsuo31
0789. 角 tɕyo31

0790. 壳 khɤ31
0791. 学 ɕyo31
0792. 握 Øuo31
0793. 朋 phən31
0794. 灯 tən45
0795. 等 tən343
0796. 凳 tən312
0797. 藤 thən31
0798. 能 lən31
0799. 层 tshən31
0800. 僧 sən45
0801. 肯 khən343
0802. 北 pei343
0803. 墨 mei343
0804. 得 tei343
0805. 特 thei343
0806. 贼 tsei31
0807. 塞 sei31
0808. 刻 khei31
0809. 黑 xei45
0810. 冰 pin45
0811. 证 tsən312
0812. 秤 tshən312
0813. 绳 sən31
0814. 剩 sən312
0815. 升 sən45
0816. 兴高～ɕin312
0817. 蝇 Øin31
0818. 逼 pi45
0819. 力 li31
0820. 息 ɕi45
0821. 直 tsʅ31
0822. 侧 tshei45

0823. 测 tshei45
0824. 色 sei31
0825. 织 tsʅ45
0826. 食 sʅ31
0827. 式 sʅ312
0828. 极 tɕi31
0829. 国 kuo31
0830. 或 xuai31
0831. 猛 məŋ343
0832. 打 ta343
0833. 冷 lən343
0834. 生 sən45
0835. 省～长 sən343
0836. 更三～ kən312
0837. 梗 kən312
0838. 坑 khən45
0839. 硬 ȵin312
0840. 行～为 ɕin31
0841. 百 pei343
0842. 拍 phei343
0843. 白 pei31
0844. 拆 tshei45
0845. 择 tsei31
0846. 窄 tsei343
0847. 格 kei343
0848. 客 khei343
0849. 额 ŋɤ31
0850. 棚 pəŋ31
0851. 争 tsən45
0852. 耕 kən45
0853. 麦 mei343
0854. 摘 tsei31
0855. 策 tshei31

0856. 隔 kɤ343/ kei343
0857. 兵 pin45
0858. 柄 pin343
0859. 平 phin31
0860. 病 pin312
0861. 明 min31
0862. 命 min312
0863. 镜 tɕin312
0864. 庆 tɕhin312
0865. 迎 Øin31
0866. 影 Øin343
0867. 剧戏～ tɕy312
0868. 饼 pin343
0869. 名 min31
0870. 领 lin343
0871. 井 tɕin343
0872. 清 tɕhin45
0873. 静 tɕin312
0874. 姓 ɕin312
0875. 贞 tsən45
0876. 程 tshən31
0877. 整 tsən343
0878. 正～反 tsən312
0879. 声 sən45
0880. 城 tshən31
0881. 轻 tɕhin45
0882. 赢 Øin31
0883. 积 tɕi31
0884. 惜 ɕi31
0885. 席 ɕi31
0886. 尺 tshʅ31

0887. 石 sɿ31	0916. 蓬 ~松 phəŋ31	0945. 脓 luŋ31	0974. 育 Øy312
0888. 益 Øi31	0917. 东 tuŋ45	0946. 松 ~紧 suŋ45	0975. 封 fəŋ45
0889. 瓶 phin31	0918. 懂 tuŋ343	0947. 宋 suŋ312	0976. 蜂 fəŋ45
0890. 钉 tin45	0919. 冻 tuŋ312	0948. 毒 tu31	0977. 缝一条 ~ fəŋ31
0891. 顶 tin343	0920. 通 thuŋ45	0949. 风 fəŋ45	0978. 浓 luŋ31
0892. 厅 thin45	0921. 桶 thuŋ343	0950. 丰 fəŋ45	0979. 龙 luŋ31
0893. 听 ~见 thin45	0922. 痛 thuŋ312	0951. 凤 fəŋ312	0980. 松 ~树 suŋ45
0894. 停 thin31	0923. 铜 thuŋ31	0952. 梦 məŋ312	0981. 重轻~ tsuŋ312
0895. 挺 tin31	0924. 动 tuŋ312	0953. 中当~ tsuŋ45	0982. 肿 tsuŋ343
0896. 定 tin312	0925. 洞 tuŋ312	0954. 虫 tshuŋ31	0983. 种 ~树 tsuŋ312
0897. 零 lin31	0926. 聋 luŋ31	0955. 终 tsuŋ45	0984. 冲 tshuŋ45
0898. 青 tɕhin45	0927. 弄 luŋ312	0956. 充 tshuŋ45	0985. 恭 kuŋ45
0899. 星 ɕin45	0928. 粽 tsuŋ312	0957. 宫 kuŋ45	0986. 共 kuŋ312
0900. 经 tɕin45	0929. 葱 tshuŋ45	0958. 穷 tɕhyŋ31	0987. 凶吉~ ɕyŋ45
0901. 形 ɕin31	0930. 送 suŋ312	0959. 熊 ɕyŋ31	0988. 拥 Øyŋ45
0902. 壁 pi31	0931. 公 kuŋ45	0960. 雄 ɕyŋ31	0989. 容 Øyŋ31
0903. 劈 phi343	0932. 孔 khuŋ343	0961. 福 fu31	0990. 用 Øyŋ312
0904. 踢 thi45	0933. 烘 ~干 xuŋ45	0962. 服 fu31	0991. 绿 liəu31
0905. 笛 ti31	0934. 红 xuŋ31	0963. 目 mu31	0992. 足 tɕy31
0906. 历农~ li312	0935. 翁 Øuəŋ45	0964. 六 liəu31	0993. 烛 tsu31
0907. 锡 ɕi31	0936. 木 mu31	0965. 宿住~ ɕy31	0994. 赎 su343
0908. 击 tɕi31	0937. 读 tu31	0966. 竹 tsu31	0995. 属 su343
0909. 吃 tshɿ31	0938. 鹿 lu31	0967. 畜 ~生 tshu31	0996. 褥 zu31
0910. 横 xən312	0939. 族 tshu343	0968. 缩 suo31	0997. 曲 ~折 tɕhy31
0911. 划计~ xua312	0940. 谷稻~ ku31	0969. 粥 tsəu45	0998. 局 tɕy31
0912. 兄 ɕyŋ45	0941. 哭 khu31	0970. 叔 su31	0999. 玉 Øy312
0913. 荣 Øyŋ31	0942. 屋 Øu31	0971. 熟 su31	1000. 浴 Øy312
0914. 永 Øyŋ343	0943. 冬 ~至 tuŋ45	0972. 肉 zəu312	
0915. 营 Øin31	0944. 统 thuŋ343	0973. 菊 tɕy343	

第三章 词 汇

第一节 规定词汇

一、天文、地理

（一）天文

0001. 太阳～下山了　太阳 thai31ɸiaŋ0

0002. 月亮～出来了　月亮 Øyɛ31liaŋ0

0003. 星星　星星 ɕin45ɕin0／星宿 ɕin45ɕiəu0

0004. 云　云 Øyən31／云彩 Øyən31tʂhai343

0005. 风　风 fəŋ45

0006. 台风　无

0007. 闪电名词　扯火闪 tʂhɤ45xuo45san0

0008. 雷　雷 luei31

0009. 雨　雨 Øy343

0010. 下雨　下雨 ɕia31Øy343

0011. 淋衣服被雨～湿了　淋 lin31

0012. 晒～粮食　晒 sai312

0013. 雪　雪 ɕyɛ31

0014. 冰　冰 pin45

0015. 冰雹　冷子 ləŋ45tsʅ0

0016. 霜　霜 suaŋ45

0017. 雾　雾 Øu312

0018. 露　露水 lu31suei343

0019. 虹统称　虹子水 tɕiaŋ31tsʅ0suei343

0020. 日食　天狗吃太阳 thian45kəu0tʂhʅ45thai31ɸiaŋ0

0021. 月食　天狗吃月亮 thian45kəu0tʂhʅ45Øyɛ31liaŋ0

0022. 天气　天气 thian45tɕhi0

0023. 晴天～　晴 tɕhin31

0024. 阴天～　阴 Øin45／暗 ŋan312

0025. 旱天～　干 kan45

0026. 涝天～　雨多 Øy45tuo45

0027. 天亮　天亮 thian45liaŋ312

（二）地貌

0028. 水田　秧田 Øiaŋ45thian0

0029. 旱地浇不上水的耕地　地 ti312

0030. 田埂　田坎 thian31khan343

0031. 路野外的　路 lu312

0032. 山　山 san45

0033. 山谷　山沟 san45kəu45

0034. 江大的河　江 tɕiaŋ45

0035. 溪小的河　小河沟 ɕiɔ45xɤ31kəu45

0036. 水沟儿较小的水道　水沟 suei45kəu45

287

0037. 湖　湖 xu31

0038. 池塘　塘子 thaŋ31tsʅ0

0039. 水坑儿地面上有积水的小洼儿　水滩滩 suei45than45than0

0040. 洪水　大水 ta31suei45

0041. 淹被水~了　淹 Øian45

0042. 河岸　河边上 xɤ31pian45saŋ0／河坝里 xɤ31pa31li0

0043. 坝拦河修筑拦水的　坝 pa312

0044. 地震　地动 ti45tuŋ312

0045. 窟窿小的　窟窿 khu31luŋ0／眼眼 ȵian45ȵian0／洞洞 tuŋ31tuŋ0

0046. 缝儿统称　缝 fəŋ31

（三）物象

0047. 石头统称　石头 sʅ31thəu0

0048. 土统称　泥巴 ȵi31pa0

0049. 泥湿的　稀泥巴 ɕi45ȵi31pa0

0050. 水泥旧称　洋灰 Øiaŋ31xuei45

0051. 沙子　沙 sa45

0052. 砖整块的　砖头 tsuan45thəu0

0053. 瓦整块的　瓦片 Øua45phian0

0054. 煤　煤 mei31

0055. 煤油　煤油 mei31Øəu31

0056. 炭木炭　木炭 mu31than0

0057. 灰烧成的　灰 xuei45

0058. 灰尘桌面上的　灰 xuei45

0059. 火　火 xuo343

0060. 烟烧火形成的　烟子 Øian45tsʅ0

0061. 失火　着火 tsuo31xuo343

0062. 水　水 suei343

0063. 凉水　冷水 lən45suei0

0064. 热水如洗脸的热水,不是指喝的开水

温温水 Øuən45Øuən0suei0

0065. 开水喝的　开水 khai45suei0

0066. 磁铁　吸铁石 ɕi45thiɛ45sʅ31

二、时间、方位

（一）时间

0067. 时候吃饭的~　时候 sʅ31xuo0

0068. 什么时候　啥时候 sa45sʅ31xuo0

0069. 现在　这阵 tsɤ45tsən312

0070. 以前十年~　前 tɕhian31

0071. 以后十年~　后 xuo312

0072. 一辈子　一辈子 Øi31pei31tsʅ0

0073. 今年　今年 tɕin45ȵian0

0074. 明年　明年 min31ȵian0

0075. 后年　后年 xəu31ȵian0

0076. 去年　昨年 tsuo31ȵian0／年时个 ȵian31sʅ31kəu0

0077. 前年　前年个 tɕhian31ȵian31kəu0

0078. 往年过去的年份　往年个 Øuaŋ45ȵian0kəu0

0079. 年初　年初 ȵian31tshəu45

0080. 年底　年底 ȵian31ti343

0081. 今天　今天 tɕin45thian45

0082. 明天　明天 min31thian0

0083. 后天　后天 xəu31thian45

0084. 大后天　大后天 ta45xəu31thian0／外天 Øuai31thian45

0085. 昨天　夜个 Øiɛ45kɤ31

0086. 前天　前天 tɕhian31thian45

0087. 大前天　上前天 saŋ45tɕhian31thian343

0088. 整天　一天 Øi31thian45

0089. 每天　天天 thian45thian0

0090. 早晨　早上 tsɔ45saŋ0

0091. 上午　早晨 tsɔ45tshən0

0092. 中午　晌午 saŋ45ɦu343

0093. 下午　后晌 xəu31saŋ0

0094. 傍晚　擦黑时 tsha31xei45sʅ0

0095. 白天　白天 pei31thian0

0096. 夜晚与白天相对,统称　晚上 Øuan45saŋ0

0097. 半夜　半夜 pan45Øiɛ312

0098. 正月农历　正月 tsən31Øyɛ0

0099. 大年初一农历　正月初一 tsən45Øyɛ0tshu31ɦi31

0100. 元宵节　正月十五 tsən45Øyɛ0sʅ31ɦu343

0101. 清明　清明 tɕhin45min0

0102. 端午　五月端阳 Øu45Øyɛ0tan45Øiaŋ0

0103. 七月十五农历,节日名　七月半 tɕhi31Øyɛ0pan312

0104. 中秋　八月十五 pa31Øyɛ0sʅ31ɦu343

0105. 冬至　冬至 tuŋ45tsʅ312

0106. 腊月农历十二月　腊月 la31Øyɛ0

0107. 除夕农历　大年三十 ta45ȵian31san45sʅ31

0108. 历书　黄历 xuaŋ31li0

0109. 阴历　阴历 Øin45li0

0110. 阳历　阳历 Øiaŋ31li0

0111. 星期天　礼拜天 li45pai0thian45

（二）方位

0112. 地方　地方 ti31faŋ0

0113. 什么地方　啥地方 sa45ti31faŋ0

0114. 家里　屋里 Øu31li0

0115. 城里　城里面 tshən31li45mian0

0116. 乡下　乡里面 ɕiaŋ45li45mian0

0117. 上面从～滚下来　高头 kɔ45thəu0

0118. 下面从～爬上去　底下 ti45xa0

0119. 左边　左面 tsuo45mian0

0120. 右边　右面 Øiəu31mian0

0121. 中间排队排在～　当中 taŋ45tsuŋ45

0122. 前面排队排在～　前头 tɕhian31thəu0/头里 thəu31li0

0123. 后面排队排在～　后头 xəu31thəu0

0124. 末尾排队排在～　顶后头 tin45xəu31thəu0

0125. 对面　对面 tuei45mian312

0126. 面前　跟前 kən45tɕhian31

0127. 背后　后头 xəu31thəu0

0128. 里面躲在～　里头 li45thəu0

0129. 外面衣服晒在～　外头 Øuai31thəu0

0130. 旁边　肋巴 lei45pa31

0131. 上碗在桌子～　上头 saŋ31thəu0

0132. 下凳子在桌子～　底下 ti45xa0

0133. 边儿桌子的～　沿沿 Øian31Øian0

0134. 角儿桌子的～　各各 kɤ31kɤ0

0135. 上去他～了　上去 saŋ31tɕhi0

0136. 下来他～了　下来 xa31lai0

0137. 进去他～了　进去 tɕin31tɕhi0

0138. 出来他～了　出来 tshu31lai0

0139. 出去他～了　出去 tshu31tɕhi0

0140. 回来他～了　回来 xuei31lai0

0141. 起来天冷～了　开 khai45

三、植物

（一）一般植物

0142. 树　树 su312
0143. 木头　木头 mu31thəu0
0144. 松树统称　松树 suŋ45su312
0145. 柏树统称　柏树 pei45su312
0146. 杉树　杉树 sa45su312
0147. 柳树　洋柳树 Øiaŋ31liəu45su312
0148. 竹子统称　竹子 tsu31tsʅ0
0149. 笋　笋子 suən45tsʅ0
0150. 叶子　叶子 Øiɛ31tsʅ0
0151. 花　花 xua45
0152. 花蕾花骨朵儿　花苞苞 xua45pɔ45pɔ0
0153. 梅花　梅花 mei31xua45
0154. 牡丹　牡丹 mu45tan0
0155. 荷花　莲花 lian31xua45
0156. 草　草 tshɔ45
0157. 藤　藤藤 thən31thən0／蔓蔓 Øuan31Øuan0
0158. 刺名词　刺 tshʅ312
0159. 水果　果木子 kuo45mu0tsʅ0
0160. 苹果　苹果 phin31kuo343
0161. 桃子　桃儿 thɔ31Øæ0
0162. 梨　梨儿 li31Øæ0
0163. 李子　李子 li45tsʅ0
0164. 杏　杏子 xən31tsʅ0
0165. 橘子　橘子 tɕy45tsʅ0
0166. 柚子　柚子 Øiəu31tsʅ0
0167. 柿子　柿子 sʅ31tsʅ0
0168. 石榴　石榴 sʅ31liəu0

0169. 枣　枣子 tsɔ45tsʅ0
0170. 栗子　板栗子 pan45li31tsʅ0
0171. 核桃　核桃 xɤ31thɔ0
0172. 银杏白果　白果 pei31kuo0
0173. 甘蔗　甘蔗 kan45tsɤ312
0174. 木耳　耳子 Øæ45tsʅ0
0175. 蘑菇野生的　菌子 tɕyən31tsʅ0
0176. 香菇　香菌 ɕiaŋ45tɕyən0

（二）农作物

0177. 稻子指植物　谷子 ku31tsʅ0
0178. 稻谷指籽实（脱粒后是大米）　谷子 ku31tsʅ0
0179. 稻草脱粒后的　稻谷草 tɔ31ku0tshɔ343
0180. 大麦指植物　燕麦 Øian31mei45
0181. 小麦指植物　麦子 mei45tsʅ0
0182. 麦秸脱粒后的　麦草 mei45tshɔ343
0183. 谷子指植物（籽实脱粒后是小米）　粟谷 ɕy31ku0
0184. 高粱指植物　高粱 kɔ45liaŋ0
0185. 玉米指成株的植物　包谷 pɔ45ku0
0186. 棉花指植物　棉花 mian31xua45
0187. 油菜油料作物，不是蔬菜　菜麻 tshai31ma0
0188. 芝麻　芝麻 tsʅ45ma0
0189. 向日葵指植物　太阳花 thai31Øiaŋ0xua45／向日葵 ɕiaŋ31zʅ0khuei31
0190. 蚕豆　胡豆 xu31təu0
0191. 豌豆　豌豆 Øuan45təu0
0192. 花生指果实，注意婉称　花生 xua45sən0
0193. 黄豆　黄豆 xuaŋ31təu0

0194. 绿豆　绿豆 liəu31təu0

0195. 豇豆长条形的　豇豆 tɕiaŋ45təu0

0196. 大白菜东北～　白菜 pei31tʂhai0

0197. 包心菜卷心菜，圆白菜，球形的　包包菜 pɔ45pɔ0tʂhai0

0198. 菠菜　菠菜 puo45tʂhai0

0199. 芹菜　芹菜 tɕhin31tʂhai0

0200. 莴笋　莴笋 Øuo45suən0

0201. 韭菜　韭菜 tɕiəu45tʂhai0

0202. 香菜芫荽　芫荽 Øian31çy0

0203. 葱　葱 tshuŋ45

0204. 蒜　蒜 suan312

0205. 姜　姜 tɕiaŋ45

0206. 洋葱　洋葱 Øiaŋ31tshuŋ45

0207. 辣椒统称　辣子 la31tsɿ0

0208. 茄子统称　茄子 tɕhiɛ31tsɿ0

0209. 西红柿　西红柿 çi45xuŋ31sɿ0

0210. 萝卜统称　萝卜 luo31pu0

0211. 胡萝卜　红萝卜 xuŋ31luo31pu0

0212. 黄瓜　黄瓜 xuaŋ31kua0

0213. 丝瓜无棱的　丝瓜 sɿ45kua0

0214. 南瓜扁圆形或梨形，成熟时呈赤褐色
　　　南瓜 lan31kua0

0215. 荸荠　无

0216. 红薯统称　苕 sɔ31

0217. 马铃薯　洋芋 Øiaŋ31Øy0

0218. 芋头　芋子 Øy31tsɿ0

0219. 山药圆柱形的　山药 san45Øyɛ31

0220. 藕　莲菜 lian31tʂhai0

四、动物

（一）一般动物

0221. 老虎　老虎 lɔ45xu343

0222. 猴子　猴子 xəu31tsɿ0

0223. 蛇统称　长虫 tʂhaŋ31tʂhuŋ0

0224. 老鼠家里的　老鼠子 lɔ45su0tsɿ0

0225. 蝙蝠　夜半飞 Øiɛ31pan0fei45

0226. 鸟儿飞鸟，统称　鸟 ȵiɔ343/拐拐 kuai45kuai0

0227. 麻雀　麻拐子 ma31kuai0tsɿ0

0228. 喜鹊　鸦鹊子 Øia45tɕhiɔ0tsɿ0

0229. 乌鸦　老鸹 lɔ45Øua0

0230. 鸽子　鹁鸽 phu31kɤ0

0231. 翅膀鸟的，统称　领膀 lin31paŋ0

0232. 爪子鸟的，统称　爪子 tsɔ45tsɿ0

0233. 尾巴　尾巴 Øiɛ45pa0

0234. 窝鸟的　窝 Øuo45

0235. 虫子统称　虫虫 tʂhuŋ31tʂhuŋ0

0236. 蝴蝶统称　蛾蛾子 ŋɤ31ŋɤ0tsɿ0

0237. 蜻蜓统称　蚂螂 ma31laŋ0

0238. 蜜蜂　蜂子 fəŋ45tsɿ0

0239. 蜂蜜　蜂糖 fəŋ45thaŋ0

0240. 知了统称　蝉子 san31tsɿ0

0241. 蚂蚁　蚂蚁子 ma45Øi0tsɿ0

0242. 蚯蚓　蛐蟮 tɕhy31san0

0243. 蚕　蚕 tshan31

0244. 蜘蛛会结网的　圪蛛 kei45tsu0

0245. 蚊子统称　么子 muo45tsɿ0

0246. 苍蝇统称　苍蝇子 tshaŋ45Øin0tsɿ0

0247. 跳蚤咬人的　圪蚤 kei31tsɔ0

0248. 虱子　虱 sei45

0249. 鱼　鱼 Øy31

0250. 鲤鱼　鲤鱼 li45Øy0

0251. 鳙鱼胖头鱼　无

0252. 鲫鱼　鲫蚪子 tɕi31khɤ31tsɿ0

0253. 甲鱼　鳖娃子 piɛ31Øua0tsɿ0

0254. 鳞鱼的　甲 tɕia31

0255. 虾统称　虾 ɕia45

0256. 螃蟹统称　螃蟹 phan31xai0

0257. 青蛙统称　青蛙 tɕhin45Øua0

0258. 癞蛤蟆表皮多疙瘩　癞圪包 lai31khɤ0pɔ45

（二）家畜、家禽

0259. 马　马 ma343

0260. 驴　毛驴子 mɔ31ly31tsʅ0

0261. 骡　骡子 luo31tsʅ0

0262. 牛　牛 ȵiəu31

0263. 公牛统称　牯牛 ku45ȵiəu31

0264. 母牛统称　牸牛 tsʅ31ȵiəu31

0265. 放牛　放牛 faŋ45ȵiəu31

0266. 羊　羊子 Øiaŋ31tsʅ0

0267. 猪　猪 tsu45

0268. 种猪配种用的公猪　脚猪 tɕyo31tsu0

0269. 公猪成年的，已阉的　牙猪 Øia31tsu0

0270. 母猪成年的，未阉的　奶翘子 lai45tɕhiɔ0tsʅ0

0271. 猪崽　猪娃子 tsu45Øua0tsʅ0

0272. 猪圈　猪圈 tsu45tɕyan312

0273. 养猪　喂猪 Øuei31tsu45

0274. 猫　猫 mɔ45

0275. 公猫　男猫 lan31mɔ45

0276. 母猫　女猫 ny45mɔ45

0277. 狗统称　狗 kəu343

0278. 公狗　牙狗 Øia31kəu0

0279. 母狗　草狗 tshɔ45kəu0

0280. 叫狗～　咬 ȵiɔ343

0281. 兔子　兔娃子 thu31Øua0tsʅ0/ 长耳朵 tshaŋ31Øæ0tuo0

0282. 鸡　鸡 tɕi45

0283. 公鸡成年的，未阉　鸡公 tɕi45kuŋ0

0284. 母鸡已下过蛋的　母鸡 mu45tɕi0

0285. 叫公鸡～（打鸣儿）　叫鸣 tɕiɔ45min31

0286. 下鸡～蛋　下 ɕia312

0287. 孵～小鸡　菢 pɔ312

0288. 鸭　鸭子 Øia31tsʅ0

0289. 鹅　鹅 ŋɤ31

0290. 阉～公的猪　骟 san312

0291. 阉～母的猪　骟 san312

0292. 阉～鸡　无

0293. 喂～猪　喂 Øuei312

0294. 杀猪统称，注意婉称　杀猪 sa31tsu45

0295. 杀～鱼　擘 phuo312

五、房舍、器具

（一）房舍

0296. 村庄一个～　村子 tshuən45tsʅ0

0297. 胡同统称：一条～　巷子 xaŋ31tsʅ0

0298. 街道　街道 kai45tɔ0

0299. 盖房子　修房子 ɕiəu45faŋ31tsʅ0

0300. 房子整座的，不包括院子　房子 faŋ31tsʅ0

0301. 屋子房子里分隔而成的，统称　屋 Øu31

0302. 卧室　睡房 suei45faŋ0

0303. 茅屋茅草等盖的　草房 tshɔ45faŋ0

0304. 厨房　灶房 tsɔ45faŋ0

0305. 灶统称　灶 tsɔ312

0306. 锅统称　锅 kuo45

0307. 饭锅煮饭的　锅 kuo45

0308. 菜锅炒菜的　锅 kuo45

0309. 厕所旧式的，统称　茅肆 mɔ31sɿ0

0310. 檩左右方向的　檩子 lin45tsɿ0/
檩棒 lin45paŋ0

0311. 柱子　柱头 tsu45thəu31

0312. 大门　大门 ta45mən31

0313. 门槛儿　门槛 mən31khan0

0314. 窗旧式的　窗子 tshuaŋ45tsɿ0

0315. 梯子可移动的　梯子 thi45tsɿ0

0316. 扫帚统称　扫把 sɔ31pa0/
笤帚 thiɔ31tsu0

0317. 扫地　扫地 sɔ45ti312

0318. 垃圾　渣子 tsa45tsɿ0

（二）家具

0319. 家具统称　家私 tɕia45sɿ45

0320. 东西我的～　东西 tuŋ45ɕi0

0321. 炕土、砖砌的，睡觉用　无

0322. 床木质的，睡觉用　床 tshuaŋ31

0323. 枕头　枕头 tsən45thəu0

0324. 被子　铺盖 phu31kai0

0325. 棉絮　棉絮 mian31ɕy0/棉花套子 mian31xua45thɔ31tsɿ0

0326. 床单　单子 tan45tsɿ0

0327. 褥子　坝铺盖 pa31phu45kai0

0328. 席子　席子 ɕi31tsɿ0

0329. 蚊帐　帐子 tsaŋ31tsɿ0

0330. 桌子统称　桌子 tsuo31tsɿ0

0331. 柜子统称　柜子 kuei31tsɿ0

0332. 抽屉桌子的　抽匣 tshəu45ɕia0

0333. 案子长条形的　案子 ŋan31tsɿ0

0334. 椅子统称　椅子 øi45tsɿ0

0335. 凳子统称　板凳 pan45təŋ0

0336. 马桶有盖的　尿桶 ȵiɔ31thuŋ45/
粪桶 fən31thuŋ45

（三）用具

0337. 菜刀　切刀 tɕhiɛ31tɔ0

0338. 瓢舀水的　马勺 ma45suo0

0339. 缸　缸 kaŋ45

0340. 坛子装酒的～　坛坛 than31than0

0341. 瓶子装酒的～　瓶瓶 phin31phin0

0342. 盖子杯子的～　盖盖 kai31kai45

0343. 碗统称　碗碗 øuan45øuan0

0344. 筷子　筷子 khuai31tsɿ45

0345. 汤匙　瓢瓢 phiɔ31phiɔ0

0346. 柴火统称　柴 tshai31

0347. 火柴　洋火 øiaŋ31xuo343

0348. 锁　锁子 suo45tsɿ0

0349. 钥匙　钥匙 øyo31sɿ0

0350. 暖水瓶　电壶 tian31xu31

0351. 脸盆　洗脸盆 ɕi45lian45phən31

0352. 洗脸水　洗脸水 ɕi45lian45suei343

0353. 毛巾洗脸用　洗脸帕
ɕi45lian45pha312

0354. 手绢　手巾子 səu45tɕin0tsɿ0

0355. 肥皂洗衣服用　洋碱 øiaŋ31tɕian343

0356. 梳子旧式的，不是篦子　木梳
mu31su45

0357. 缝衣针　针 tsən45

0358. 剪子　剪刀 tɕian45tɔ0

0359. 蜡烛　洋蜡 øiaŋ31la31

0360. 手电筒　手电 səu45tian312

0361. 雨伞挡雨的，统称　伞 san343

0362. 自行车　车子 tshɤ45tsʅ0

六、服饰、饮食

（一）服饰

0363. 衣服统称　衣裳 Øi45saŋ0
0364. 穿~衣服　穿 tshuan45
0365. 脱~衣服　脱 thuo31
0366. 系~鞋带　绑 paŋ343
0367. 衬衫　衬衣 tshən31Øi45
0368. 背心带两条杠的，内衣　两股筋 lian45ku0tɕin45/汗衫 xan31san45
0369. 毛衣　毛衣 mɔ31Øi45
0370. 棉衣　袄 ŋɔ45
0371. 袖子　袖子 ɕiəu31tsʅ0
0372. 口袋衣服上的　包包 pɔ45pɔ0
0373. 裤子　裤子 khu31tsʅ0
0374. 短裤外穿的　裤衩子 khu31tsha45tsʅ0
0375. 裤腿　裤腿 khu31thuei343
0376. 帽子统称　帽子 mɔ31tsʅ0
0377. 鞋子　鞋 xai31
0378. 袜子　袜子 Øua31tsʅ0
0379. 围巾　围巾 Øuei31tɕin45
0380. 围裙　裙裙 tɕhyən31tɕhyən0
0381. 尿布　尿片子 ȵiɔ45phian31tsʅ0
0382. 扣子　纽子 ȵiəu45tsʅ0
0383. 扣~扣子　扣 khəu312
0384. 戒指　戒子 tɕiɛ31tsʅ0
0385. 手镯　镯子 tsuo31tsʅ0
0386. 理发　剃脑壳 thi31lɔ45khəu0
0387. 梳头　梳脑壳 su45lɔ45khəu0

（二）饮食

0388. 米饭　蒸饭 tsən45fan312
0389. 稀饭用米熬的，统称　米汤 mi45thaŋ0
0390. 面粉麦子磨的，统称　灰面 xuei45mian312
0391. 面条统称　面 mian312
0392. 面儿玉米~，辣椒~　面 mian312
0393. 馒头无馅儿的，统称　蒸馍 tsən45muo31
0394. 包子　包子 pɔ45tsʅ31
0395. 饺子　水饺 suei45tɕiɔ343
0396. 馄饨　抄手 tshɔ45səu0
0397. 馅儿　馅子 ɕyan31tsʅ0
0398. 油条长条形的，旧称　油条 Øiəu31thiɔ31
0399. 豆浆　豆浆 təu31tɕiaŋ45
0400. 豆腐脑儿　豆腐脑 təu31fu0lɔ343
0401. 元宵食品　汤圆 thaŋ45Øyan31
0402. 粽子　粽子 tsuŋ31tsʅ0
0403. 年糕用黏性大的米或米粉做的　无
0404. 点心统称　点心 tian45ɕin0
0405. 菜吃饭时吃的，统称　菜 tshai312
0406. 干菜统称　干菜 kan45tshai0
0407. 豆腐　豆腐 təu31fu0
0408. 猪血当菜的　血粑 ɕyɛ31pa0
0409. 猪蹄当菜的　猪脚脚 tsu45tɕyo31tɕyo0
0410. 猪舌头当菜的，注意婉称　口条 khəu45thiɔ0/舌条 sɛ31thiɔ31
0411. 猪肝当菜的，注意婉称　肝子 kan45tsʅ0
0412. 下水猪、牛、羊的内脏　杂碎

tsa31suei0

0413. 鸡蛋　鸡蛋 tɕi45tan0
0414. 松花蛋　皮蛋 phi31tan0
0415. 猪油　猪油 tsu45ɵiəu31
0416. 香油　芝麻油 tsi45ma0ɵiəu31
0417. 酱油　酱油 tɕiaŋ45ɵiəu31
0418. 盐 名词　盐巴 ɵian31pa0
0419. 醋 注意婉称　醋 tshu312
0420. 香烟　纸烟 tsʅ45ɵian0
0421. 旱烟　叶子烟 ɵiɛ31tsʅ0ɵian0
0422. 白酒　辣酒 la31tɕiəu343
0423. 黄酒　黄酒 xuaŋ31tɕiəu343
0424. 江米酒 酒酿，醪糟　醪糟 lɔ31tsɔ0
0425. 茶叶　茶叶 tsha31ɵiɛ31
0426. 沏 ～茶　泡 phɔ312
0427. 冰棍儿　冰棍 piŋ45kuən0
0428. 做饭 统称　做饭 tsu45fan312
0429. 炒菜 统称，和做饭相对　炒菜
　　　　tshɔ45tshai312
0430. 煮 ～带壳的鸡蛋　煮 tsu343
0431. 煎 ～鸡蛋　炕 khaŋ312
0432. 炸 ～油条　炸 tsa31
0433. 蒸 ～鱼　蒸 tsən45
0434. 揉 ～面做馒头等　捼 tshuai45
0435. 擀 ～面，～皮儿　擀 kan343
0436. 吃早饭　吃早饭 tshʅ31tsɔ45fan0
0437. 吃午饭　吃晌午 tshʅ31saŋ343ɵu0
0438. 吃晚饭　吃夜饭 tshʅ31ɵiɛ31fan0
0439. 吃 ～饭　哜 tiɛ31/吃 tshʅ31
0440. 喝 ～酒　喝 xɤ45
0441. 喝 ～茶　喝 xɤ45
0442. 抽 ～烟　吃 tshʅ31
0443. 盛 ～饭　舀 ɵiɔ343

0444. 夹 用筷子～菜　扚 tɔ45/挑 thiɔ45
0445. 斟 ～酒　倒 tɔ312
0446. 渴 口～　干 kan45
0447. 饿 肚子～　饿 ŋɤ312
0448. 噎 吃饭～着了　卡 tɕhia45

七、身体、医疗

（一）身体

0449. 头 人的，统称　脑壳 lɔ45khəu0
0450. 头发　头发 thəu31fa0
0451. 辫子　髦绞子 mɔ31kai45tsʅ0
0452. 旋　旋窝 ɕyan31ɵuo45
0453. 额头　额颅 ŋɤ31lu0
0454. 相貌　脸模子 lian45mu0tsʅ0
0455. 脸 洗～　脸 lian343
0456. 眼睛　眼窝子 ɵian45ɵuo0tsʅ0
0457. 眼珠 统称　眼珠子 ɵian45tsu45tsʅ0
0458. 眼泪 哭的时候流出来的　眼流水
　　　　ɵian45liəu31suei343
0459. 眉毛　眉毛 mi31mɔ0
0460. 耳朵　耳聒子 ɵæ45kua0tsʅ0
0461. 鼻子　鼻子 pi31tsʅ0
0462. 鼻涕 统称　鼻子 pi31tsʅ0
0463. 擤 ～鼻涕　出 tshu31
0464. 嘴巴 人的，统称　嘴 tsuei343
0465. 嘴唇　嘴皮子 tsuei45phi31tsʅ0
0466. 口水 ～流出来　颔口水 xan45khəu0
　　　　suei0/哈喇子 xa31la45tsʅ0
0467. 舌头　舌头 sɛ31thəu0
0468. 牙齿　牙 ɵia31
0469. 下巴　下巴子 xa31pha0tsʅ0
0470. 胡子 嘴周围的　胡子 xu31tsʅ0

0471. 脖子　脖项 puo31xaŋ0

0472. 喉咙　喉咙 xu31luŋ0

0473. 肩膀　膀子 paŋ45tsʅ0

0474. 胳膊　手膀子 səu45paŋ45tsʅ0

0475. 手方言指（打√）：只指手√；包括臂：他的～摔断了　手 səu343

0476. 左手　左手 tsuo45səu0

0477. 右手　右手 Øiəu31səu343

0478. 拳头　掟子 tin31tsʅ0

0479. 手指　指门子 tsʅ45mən0tsʅ0

0480. 大拇指　大指门 ta31tsʅ45mən0

0481. 食指　二指门 Øæ31tsʅ45mən0

0482. 中指　三指门 san45tsʅ31mən0

0483. 无名指　四指门 sʅ31tsʅ45mən0

0484. 小拇指　边指门 pian45tsʅ45mən0

0485. 指甲　指甲子 tsʅ45tɕia0tsʅ0

0486. 腿　腿杆 thuei45kan0

0487. 脚方言指（打√）：只指脚√；包括小腿；包括小腿和大腿：他的～轧断了　脚板 tɕyo31pan343

0488. 膝盖指部位　圪膝盖 khɣ45tɕhi0kai0/波棱盖 puo45luo0kai0

0489. 背名词　背 pei312

0490. 肚子腹部　肚子 tu31tsʅ0

0491. 肚脐　肚脐眼 tu31tɕhi0ȵian0

0492. 乳房女性的　奶奶 lai45lai0

0493. 屁股　沟子 kəu45tsʅ0

0494. 肛门　屁眼门 phi31ȵian0mən31

0495. 阴茎成人的　屌 tɕiəu31/鸡巴 tɕi45pa0/拐子 kuai45tsʅ0

0496. 女阴成人的　屄 phi45

0497. 㞗动词　日 zʅ31

0498. 精液　尿 suŋ31

0499. 来月经注意婉称　来月经 lai31Øyɛ31Øtɕin0

0500. 拉屎　屙屎 pa45sʅ343

0501. 撒尿　屙尿 Øuo45ȵiɔ312/尿尿 ȵiɔ45ȵiɔ312

0502. 放屁　放屁 faŋ45phi312

0503. 相当于"他妈的"口头禅　你他妈的 ȵi45tha45ma45ti0

（二）疾病、医疗

0504. 病了　害病 xai45pin312

0505. 着凉　受了凉了 səu31lɔ0liaŋ31lɔ0

0506. 咳嗽　咳嗽 khɣ31səu0

0507. 发烧　发烧 fa31sɔ45/烧 sɔ45

0508. 发抖　抖 thəu343

0509. 肚子疼　肚子疼 tu31tsʅ0thən31

0510. 拉肚子　过肚子 kuo45tu31tsʅ0/屙稀屎 pa45ɕi45sʅ0

0511. 患疟疾　打摆子 ta45pai45tsʅ0

0512. 中暑　中暑 tsuŋ31su343

0513. 肿　肿 tsuŋ343

0514. 化脓　灌脓 kuan45ȵuŋ31

0515. 疤好了的　疤 pa45

0516. 癣　癣 ɕyan343

0517. 痣凸起的　痣 tsʅ312

0518. 疙瘩蚊子咬后形成的　疙瘩 kɣ31ta0/包 pɔ45

0519. 狐臭　臭根子 tshəu31kən45tsʅ0

0520. 看病　看病 khan45pin312

0521. 诊脉　拉脉 la45mei45

0522. 针灸　扎干针 tsa31kan45tsən45

0523. 打针　打针 ta45tsən45

0524. 打吊针　打吊针 ta45tiɔ31tsən45

0525. 吃药统称　喝药 xuo45Øyo31

0526. 汤药　中药 tsuŋ45Øyo0

0527. 病轻了　松活了 suŋ45xuo0lɔ0

八、婚丧、信仰

（一）婚育

0528. 说媒　说对象 suo31tuei45ɕiaŋ312

0529. 媒人　媒婆子 mei31puo31tsʅ0／介绍人 tɕiɛ31sɔ0zən31

0530. 相亲　看门户 khan45mən31xu0／相亲 ɕiaŋ45tɕhin45

0531. 订婚　定亲 tin31tɕhin45

0532. 嫁妆　陪嫁 phei31tɕia0／陪连 phei31lian0

0533. 结婚统称　成亲 tshən31tɕhin45／成家 tshən31tɕia45

0534. 娶妻子男子～，动宾　接媳妇 tɕiɛ31ɕi31fu0

0535. 出嫁女子～　出嫁 tshu45tɕia312

0536. 拜堂　拜堂 pai45thaŋ31

0537. 新郎　新郎倌 ɕin45laŋ31kuan45

0538. 新娘子　新媳妇 ɕin45ɕi31fu0

0539. 孕妇　怀娃婆娘 xuai31Øua31phuo31ȵiaŋ0

0540. 怀孕　怀娃 xuai31Øua31

0541. 害喜妊娠反应　害口 xai31khəu343

0542. 分娩　生娃 sən45Øua31

0543. 流产　小月 ɕiɔ45Øɤɛ0

0544. 双胞胎　孪生子 luan45sən0tsʅ0

0545. 坐月子　坐月子 tsuo45Øyɛ31tsʅ0

0546. 吃奶　吃奶 tshʅ31lai343

0547. 断奶　隔奶 kei45lai343

0548. 满月　满月 man343Øyɛ31

0549. 生日统称　生日 sən45zʅ0

0550. 做寿　办生 pan31sən45

（二）丧葬

0551. 死统称　死 sʅ343

0552. 死婉称，最常用的几种，指老人：他～了　走了路了 tsəu45lɔ0lu31lɔ0

0553. 自杀　寻短见 ɕyən31tuan45tɕian0

0554. 咽气　断气 tuan45tɕhi312

0555. 入殓　装棺 tsuaŋ45kuan45

0556. 棺材　寿材 səu31tshai31／枋子 faŋ45tsʅ31

0557. 出殡　出丧 tshu31saŋ45

0558. 灵位　牌位 phai31Øuei0

0559. 坟墓单个的，老人的　坟 fən31

0560. 上坟　上坟 saŋ45fən31

0561. 纸钱　烧纸 sɔ45tsʅ343

（三）信仰

0562. 老天爷　天老爷 thian45lɔ45Øiɛ0

0563. 菩萨统称　菩萨 phu31sa0

0564. 观音　观音 kuan45Øin45

0565. 灶神口头的叫法　灶王爷 tsɔ31Øuaŋ45Øiɛ0

0566. 寺庙　庙 miɔ312

0567. 祠堂　祠堂 tshʅ31thaŋ31

0568. 和尚　和尚 xɤ31saŋ0

0569. 尼姑　尼姑 ȵi31ku45

0570. 道士　道士 tɔ45sʅ312

0571. 算命统称　算命 suan45min312

0572. 运气　运气 Øyən31tɕhi0

0573. 保佑　保佑 pɔ45ɵiəu312

九、人品、称谓

（一）人品

0574. 人一个~　人 zən31
0575. 男人成年的，统称　男的 ȵan31ti0
0576. 女人三四十岁已婚的，统称　女的 ȵy45ti0
0577. 单身汉　光棍 kuaŋ45kuən0
0578. 老姑娘　老姑娘 lɔ45ku0ȵiaŋ0
0579. 婴儿　月娃子 ɵyɛ31ɵua0tsʅ0
0580. 小孩儿三四岁的，统称　碎娃 suei45ɵua31
0581. 男孩儿统称：外面有个~在哭　男娃 ȵan31ɵua31
0582. 女孩儿统称：外面有个~在哭　女娃 ȵy45ɵua31
0583. 老人七八十岁的，统称　老人家 lɔ45zən31tɕia45
0584. 亲戚统称　亲戚 tɕhin45tɕhi0
0585. 朋友统称　朋友 phəŋ31ɵiəu343
0586. 邻居统称　门上人 mən31saŋ0zən31
0587. 客人　客 khei31
0588. 农民　农民 luŋ31min31/做庄稼的 tsu31tsuaŋ45tɕia0ti0
0589. 商人　做生意的 tsu31səŋ45ɵi0ti0/生意客 sən45ɵi0khei31
0590. 手艺人统称　手艺人 səu45ɵi31zən31
0591. 泥水匠　泥瓦匠 ȵi31ɵua45tɕiaŋ0
0592. 木匠　木匠 mu31tɕiaŋ0/做木活的 tsu31mu31xuo31ti0
0593. 裁缝　裁缝 tshai31fəŋ0/扎衣裳的 tsa31ɵi45saŋ0ti0
0594. 理发师　剃头的 thi45thəu31ti0
0595. 厨师　厨子 tshu31tsʅ0
0596. 师傅　师傅 sʅ45fu0
0597. 徒弟　徒弟 thu31ti0
0598. 乞丐统称，非贬称（无统称则记成年男的）　讨口子 thɔ45khəu0tsʅ0/叫花子 tɕiɔ31xua45tsʅ0/要饭的 ɵiɔ45fan31ti0
0599. 妓女　婊子 piɔ45tsʅ0
0600. 流氓　流氓 liəu31maŋ31
0601. 贼　贼娃子 tsei31ɵua31tsʅ0
0602. 瞎子统称，非贬称（无统称则记成年男的）　瞎子 xa31tsʅ0
0603. 聋子统称，非贬称（无统称则记成年男的）　聋子 luŋ31tsʅ0
0604. 哑巴统称，非贬称（无统称则记成年男的）　哑巴 ɵia45pa0
0605. 驼子统称，非贬称（无统称则记成年男的）　驼背子 thuo31pei31tsʅ0/弓背子 kuŋ31pei31tsʅ0
0606. 瘸子统称，非贬称（无统称则记成年男的）　摆腿子 pai45thuei0tsʅ0
0607. 疯子统称，非贬称（无统称则记成年男的）　疯子 fəŋ45tsʅ0
0608. 傻子统称，非贬称（无统称则记成年男的）　瓜子 kua45tsʅ0
0609. 笨蛋蠢的人　笨㞗 pən45suŋ31

（二）称谓

0610. 爷爷呼称，最通用的　爷爷 ɵiɛ31ɵiɛ0/爷 ɵiɛ31
0611. 奶奶呼称，最通用的　婆婆

phuo31phuo0

0612. 外祖父叙称　外爷 Øuei45Øiɛ31

0613. 外祖母叙称　外婆 Øuei45phuo31

0614. 父母合称　父母 fu31mu45/娘老子 ȵiaŋ31lɔ45tsʅ0

0615. 父亲叙称　老子 lɔ343tsʅ0/大大 ta31ta0/爸爸 pa31pa0

0616. 母亲叙称　妈 ma45/娘 ȵiaŋ31

0617. 爸爸呼称，最通用的　爸爸 pa31pa0/大大 ta31ta0

0618. 妈妈呼称，最通用的　妈 ma45

0619. 继父叙称　后老子 xəu31lɔ45tsʅ0

0620. 继母叙称　后妈 xəu31ma45/新妈 ɕin45ma45

0621. 岳父叙称　外父老汉 Øuai31fu0lɔ45xan0

0622. 岳母叙称　丈母娘 tsaŋ31mu0ȵiaŋ31

0623. 公公叙称　老人公 lɔ45zən0kuŋ45

0624. 婆婆叙称　老人婆 lɔ45zən0phuo31

0625. 伯父呼称，统称　佬佬 lɔ45lɔ0

0626. 伯母呼称，统称　娘 ȵiaŋ31/妈 ma45

0627. 叔父呼称，统称　佬佬 lɔ45lɔ0

0628. 叔父呼称，排行最小的，如"幺叔"　幺老子 Øiɔ45lɔ45tsʅ0

0629. 叔母呼称，统称　娘 ȵiaŋ31/妈 ma45

0630. 姑呼称，统称（无统称则记分称：比父大，比父小；已婚，未婚）　姑姑 ku45ku0/爸子 pa31tsʅ0

0631. 姑父呼称，统称　姑父 ku45fu0

0632. 舅舅呼称　舅舅 tɕiəu31tɕiəu0

0633. 舅妈呼称　舅母 tɕiəu31mu0

0634. 姨呼称，统称（无统称则记分称：比母大，比母小；已婚，未婚）　姨姨 Øi31Øi0

0635. 姨父呼称，统称　姨父 Øi31fu0

0636. 弟兄合称　弟兄 ti31ɕyŋ45

0637. 姊妹合称，注明是否可包括男性　姊妹包括男性 tsʅ45mei0

0638. 哥哥呼称，统称　哥哥 kɤ45kɤ0

0639. 嫂子呼称，统称　嫂子 sɔ45tsʅ0

0640. 弟弟叙称　兄弟 ɕyŋ45ti0

0641. 弟媳叙称　兄弟媳妇 ɕyŋ45ti0ɕi31fu0

0642. 姐姐呼称，统称　姐姐 tɕiɛ45tɕiɛ0

0643. 姐夫呼称　姐夫 tɕiɛ45fu0/姐夫哥 tɕiɛ45fu0kɤ45

0644. 妹妹叙称　妹子 mei31tsʅ0

0645. 妹夫叙称　妹夫子 mei31fu0tsʅ0

0646. 堂兄弟叙称，统称　堂兄弟 thaŋ31ɕyŋ31ti0

0647. 表兄弟叙称，统称　老表 lɔ45piɔ343

0648. 妯娌弟兄妻子的合称　先后 ɕyan45xəu0

0649. 连襟姊妹丈夫的关系，叙称　挑担 thiɔ45tan0/老挑 lɔ45thiɔ45

0650. 儿子叙称：我的～　娃 Øua31

0651. 儿媳妇叙称：我的～　娃他媳妇 Øua31tha45ɕi31fu0/儿媳妇 Øæ31ɕi31fu0

0652. 女儿叙称：我的～　女子 ȵy45tsʅ0

0653. 女婿叙称：我的～　女婿娃 ȵy45ɕi0Øua0

0654. 孙子儿子之子　孙娃子

299

suan45Øua0tsʅ0

0655. 重孙子儿子之孙　重孙娃子 tshuŋ31suan45Øua0tsʅ0

0656. 侄子弟兄之子　侄娃子 tsʅ31Øua0tsʅ0

0657. 外甥姐妹之子　外甥 Øuai31sən45

0658. 外孙女儿之子　外孙娃 Øuai31suan45Øua0

0659. 夫妻合称　两口子 liɑn45khəu45tsʅ0

0660. 丈夫叙称，最通用的，非贬称：她的～　男的 lan31ti0/掌柜的 tsɑŋ45kuei31ti0

0661. 妻子叙称，最通用的，非贬称：他的～　屋里的 Øu31li31ti0/女人 n̩y45zən0/老婆 lɔ45phuo0

0662. 名字　名字 min31tsʅ0

0663. 绰号　诨名 xuən31min31

十、农、工、商、文

（一）农业

0664. 干活儿统称：在地里～　做活路 tsu31xuo31lu0

0665. 事情一件～　事 sʅ312

0666. 插秧　栽秧 tsai45Øiɑŋ45

0667. 割稻　割谷子 kɤ31ku31tsʅ0

0668. 种菜　种菜 tsuŋ45tshai312

0669. 犁名词　犁头 li31thəu0

0670. 锄头　锄头 tshu31təu0

0671. 镰刀　镰刀 lian31tɔ0

0672. 把儿刀～　把子 pa31tsʅ0/把把 pa31pa0

0673. 扁担　扁挑 pian45thiɔ0

0674. 箩筐　篾兜 mi31təu0/箩兜 luo31təu0

0675. 筛子统称　筛子 sai45tsʅ0

0676. 簸箕农具，有梁的　蒲篮 phu31lan0

0677. 簸箕簸米用　簸箕 puo45tɕi0

0678. 独轮车　鸡公车 tɕi45kuŋ0tshɛ45

0679. 轮子旧式的，如独轮车上的　滚滚 kuən45kuən0

0680. 碓整体　碓窝 tuei31Øuo45

0681. 臼　石窝子 sʅ31Øuo0tsʅ0

0682. 磨名词　磨 muo312

0683. 年成　收成 səu45tshən31

（二）工商业

0684. 走江湖统称　跑江湖 phɔ45tɕiɑŋ45xu31

0685. 打工　做活路 tsu45xuo31lu0

0686. 斧子　开山子 khai45san45tsʅ0

0687. 钳子　钳子 tɕhian31tsʅ0

0688. 螺丝刀　起子 tɕhi45tsʅ0/改锥 kai45tsuei0

0689. 锤子　锤 tshuei31

0690. 钉子　钉子 tin45tsʅ0

0691. 绳子　绳绳 sən31sən0

0692. 棍子　棍棍 kuən31kuən0/棒 pɑŋ312

0693. 做买卖　做生意 tsu31sən45Øi0

0694. 商店　铺子 phu31tsʅ0

0695. 饭馆　馆子 kuan45tsʅ0

0696. 旅馆旧称　店 tian312

0697. 贵　贵 kuei312

0698. 便宜　便宜 phian31Øi0

0699. 合算　划算 xua31suan0

0700. 折扣　折扣 tsɛ31khəu0
0701. 亏本　贴本 thiɛ31pən343
0702. 钱统称　钱 tɕhian31/票子 phiɔ31tsʅ0
0703. 零钱　零碎钱 lin31suei0tɕhian31/零钱 lin31tɕhian31
0704. 硬币　分分钱 fən45fən0tɕhian31
0705. 本钱　本钱 pən45tɕhian0/老本 lɔ45pən343
0706. 工钱　工钱 kuŋ45tɕhian0
0707. 路费　盘缠 phan31tshan0
0708. 花~钱　使 sʅ343/用 Øyŋ312
0709. 赚卖一斤能~一毛钱　见 tɕian312
0710. 挣打工~了一千块钱　赚 tsuan312
0711. 欠~他十块钱　争 tsən45
0712. 算盘　算盘 suan45phan31
0713. 秤统称　秤 tshən312
0714. 称用秤~　称 tshən45
0715. 赶集　赶场 kan45tshaŋ343
0716. 集市　市场 sʅ31tshaŋ343
0717. 庙会　庙会 miɔ45xuei312

（三）文化、娱乐

0718. 学校　学校 ɕyo31ɕiɔ312/学堂 ɕyo31thaŋ0
0719. 教室　教室 tɕiɔ45sʅ0
0720. 上学　上学 saŋ45ɕyo31
0721. 放学　放学 faŋ45ɕyo31
0722. 考试　考试 khɔ45sʅ312
0723. 书包　书包 su45pɔ45
0724. 本子　本本 pən45pən0
0725. 铅笔　铅笔 tɕhian45pi0

0726. 钢笔　钢笔 kaŋ45pi0
0727. 圆珠笔　油笔 Øiəu31pi0
0728. 毛笔　管子 kuan45tsʅ0
0729. 墨　墨 mei31
0730. 砚台　砚台 Øian45thai31
0731. 信一封~　信 ɕin312
0732. 连环画　娃娃书 Øua31Øua31su45
0733. 捉迷藏　逮猫猫 tai31mɔ45mɔ0
0734. 跳绳　跳绳 thiɔ45sən31
0735. 毽子　毽子 tɕian31tsʅ0
0736. 风筝　风筝 fəŋ45tsən0
0737. 舞狮　耍狮子 sua45sʅ45tsʅ0
0738. 鞭炮统称　火炮子 xuɔ45phɔ31tsʅ0
0739. 唱歌　唱歌 tshaŋ31kɤ45
0740. 演戏　唱戏 tshaŋ45ɕi312
0741. 锣鼓统称　锣鼓 luo31ku343/响器 ɕiaŋ45tɕhi0
0742. 二胡　弦子 ɕian31tsʅ0
0743. 笛子　笛子 ti31tsʅ0
0744. 划拳　猜拳 tshai45tɕhyan31
0745. 下棋　走棋 tsəu45tɕhi31
0746. 打扑克　打牌 ta45phai31
0747. 打麻将　搓麻将 tshuo45ma31tɕiaŋ0/打牌 ta45phai31
0748. 变魔术　耍把戏 sua45pa45ɕi0
0749. 讲故事　摆龙门阵 pai45luŋ31mən31tsən0
0750. 猜谜语　猜谜子 tshai45mi31tsʅ0
0751. 玩儿游玩：到城里~　耍 sua343
0752. 串门儿　串门 tshuan31mən31
0753. 走亲戚　走人户 tsəu45zən31xu0

十一、动作、行为

（一）具体动作

0754. 看 ~电视　看 khan312
0755. 听用耳朵~　听 thin45
0756. 闻嗅：用鼻子~　闻 Øuən31
0757. 吸 ~气　吸 ɕi31
0758. 睁 ~眼　睁 tsən45
0759. 闭 ~眼　闭 pi312
0760. 眨 ~眼　眨 tsa31
0761. 张 ~嘴　张 tsaŋ45
0762. 闭 ~嘴　合 xɤ31
0763. 咬狗~人　啃 khən343
0764. 嚼把肉~碎　嚼 tɕiɔ31
0765. 咽 ~下去　咽 Øian312
0766. 舔人用舌头~　舔 thian343
0767. 含 ~在嘴里　噙 tɕhian31
0768. 亲嘴　拐嘴 kuai45 tsuei343
0769. 吮吸用嘴唇聚拢吸取液体，如吃奶时　咂 tsa31
0770. 吐上声，把果核儿~掉　吐 thu343
0771. 吐去声，呕吐：喝酒喝~了　吐 thu343
0772. 打喷嚏　打喷嚏 ta45 fən45 thiɛ31
0773. 拿用手把苹果~过来　□ xan343
0774. 给他~我一个苹果　给 kei312
0775. 摸 ~头　摸 muo45
0776. 伸 ~手　伸 tshən45
0777. 挠 ~痒痒　抠 khəu45
0778. 掐用拇指和食指的指甲~皮肉　掐 tɕhia31
0779. 拧 ~螺丝　扭 ȵiəu343
0780. 拧 ~毛巾　拧 ȵin31
0781. 捻用拇指和食指来回~碎　□ ŋən45
0782. 掰把橘子~开，把馒头~开　撇 phiɛ343
0783. 剥 ~花生　剥 puo31
0784. 撕把纸~了　扯 tshɤ343
0785. 折把树枝~断　搣 miɛ31
0786. 拔 ~萝卜　扯 tshɛ343
0787. 摘 ~花　撇 phiɛ343
0788. 站站立：~起来　立 li31
0789. 倚斜靠：~在墙上　靠 khɔ312
0790. 蹲 ~下　跍 ku45
0791. 坐 ~下　坐 tsuo312
0792. 跳青蛙~起来　迸 piɛ312
0793. 迈跨过高物：从门槛上~过去　□ tɕhia31
0794. 踩脚~在牛粪上　踏 tha31
0795. 翘 ~腿　翘 tɕhiɔ312
0796. 弯 ~腰　踡 tɕyan31
0797. 挺 ~胸　挺 thin343
0798. 趴 ~着睡　趴 pha31
0799. 爬小孩儿在地上~　爬 pha31
0800. 走慢慢儿~　走 tsəu343
0801. 跑慢慢儿走，别~　跑 phɔ343
0802. 逃逃跑：小偷儿~走了　跑 phɔ343
0803. 追追赶：~小偷儿　撵 ȵian343/ 断 tuan312
0804. 抓 ~小偷儿　逮 tai31
0805. 抱把小孩儿~在怀里　搂 ləu343
0806. 背 ~孩子　背 pei45
0807. 搀 ~老人　扶 fu31
0808. 推几个人一起~汽车　挡 tshəu45
0809. 摔跌：小孩儿~倒了　踤 pan312

0810. 撞人～到电线杆　碰 phəŋ312
0811. 挡你～住我了，我看不见
　　　 挡 taŋ312
0812. 躲躲藏：他～在床底下　强 tɕhiaŋ31
0813. 藏藏放，收藏：钱～在枕头下面
　　　 强 tɕhiaŋ31
0814. 放把碗～在桌子上　搁 kɤ312
0815. 摞把砖～起来　摞 luo312
0816. 埋～在地下　埋 mai31
0817. 盖把茶杯～上　搢 khaŋ343
0818. 压用石头～住　轧 tsa31
0819. 摁用手指按：～图钉　按 ŋan312
0820. 捅用棍子～鸟窝　□ tuo31
0821. 插把香～到香炉里　插 tsha31
0822. 戳～个洞　□ tuo31
0823. 砍～树　放 faŋ312
0824. 剁把肉～碎做馅儿　剁 tuo312
0825. 削～苹果　削 ɕyɛ31
0826. 裂木板～开了　迸 piɛ312
0827. 皱皮～起来　皱 tsuŋ312
0828. 腐烂死鱼～了　臭 tshəu312
0829. 擦用毛巾～手　搌 tsan343
0830. 倒把碗里的剩饭～掉　倒 tɔ312
0831. 扔丢弃：这个东西坏了，～了它
　　　 扔 Øæ45
0832. 扔投掷：比一比谁～得远　撂 liɔ312
0833. 掉掉落，坠落：树上～下一个梨
　　　 落 luo31
0834. 滴水～下来　滴 ti31
0835. 丢丢失：钥匙～了　落 luo31
0836. 找寻找：钥匙～到了　找 tsɔ343
0837. 捡～到十块钱　捡 tɕian343
0838. 提用手把篮子～起来　掂 tia45

0839. 挑～担　担 tan45
0840. 扛把锄头～在肩上　掮 tɕhiɛ31
0841. 抬～轿　抬 thai31
0842. 举～旗子　掫 tsəu343
0843. 撑～伞　打 ta343
0844. 撬把门～开　撬 ŋɔ312
0845. 挑挑选，选择：你自己～一个
　　　 挑 thiɔ45
0846. 收拾～东西　撒□ sa31tiɛ0
0847. 挽～袖子　缠 pian343
0848. 涮把杯子～一下　涮 suan312
0849. 洗～衣服　洗 ɕi343
0850. 捞～鱼　捞 lɔ31
0851. 拴～牛　绑 paŋ343
0852. 捆～起来　绑 paŋ343
0853. 解～绳子　解 kai343
0854. 挪～桌子　攒 tsan343
0855. 端～碗　端 tuan45
0856. 摔碗～碎了　跘 pan312
0857. 掺～水　掺 tshan45
0858. 烧～柴　烧 sɔ45
0859. 拆～房子　拆 tshei45
0860. 转～圈儿　转 tsuan312
0861. 捶用拳头～　扐 tsaŋ31
0862. 打统称：他～了我一下　打 ta343
0863. 打架动手：两个人在～　打捶
　　　 ta343tshuei31
0864. 休息　歇气 ɕiɛ31tɕhi0
0865. 打哈欠　打呵嗨 ta45xuo45xai31
0866. 打瞌睡　窜盹 tshuan45tuən343
0867. 睡他已经～了　睡 suei312
0868. 打呼噜　扯鼾 tshɛ45xan45
0869. 做梦　做梦 tsu45məŋ312

0870. 起床　起床 tɕhi45tʂhuaŋ31
0871. 刷牙　刷牙 sua31ø ia31
0872. 洗澡　洗澡 ɕi45tsɔ343

（二）抽象动作

0873. 想思索：让我～一下　想 ɕiaŋ343
0874. 想想念：我很～他　牵心 tɕhian45ɕin0
0875. 打算我～开个店　想 ɕiaŋ343
0876. 记得　记到 tɕi31tɔ0
0877. 忘记　忘 øuaŋ312
0878. 怕害怕：你别～　怕 pha312
0879. 相信我～你　信 ɕin312
0880. 发愁　愁 tʂhəu31
0881. 小心过马路要～　小意 ɕiɔ45øi312
0882. 喜欢～看电视　爱 ŋai312
0883. 讨厌～这个人　恨 xən312
0884. 舒服凉风吹来很～　安逸 ŋan45øi31
0885. 难受生理的　难受 lan31səu0
0886. 难过心理的　难过 lan31kuo0
0887. 高兴　高兴 kɔ45ɕin312
0888. 生气　怄气 ŋəu45tɕhi312
0889. 责怪　怪 kuai312
0890. 后悔　后悔 xəu31xuei45
0891. 忌妒　眼红 n̻ian45xuŋ31
0892. 害羞　怕羞 pha31ɕiəu45
0893. 丢脸　丢人 tiəu45zən31
0894. 欺负　相欺 ɕiaŋ45tɕhi0
0895. 装～病　装 tsuaŋ45
0896. 疼～小孩儿　心疼 ɕin45thən31
0897. 要我～这个　要 øiɔ312
0898. 有我～一个孩子　有 øiəu343
0899. 没有他～孩子　没得 muo31tai31

0900. 是我～老师　是 sɿ312
0901. 不是他～老师　不是 pu31sɿ312
0902. 在他～家　在 tsai312
0903. 不在他～家　不在 pu31tsai312
0904. 知道我～这件事　晓得 ɕiɔ343tei0
0905. 不知道我～这件事　不晓得 pu31ɕiɔ45tei0
0906. 懂我～英语　会 xuei312
0907. 不懂我～英语　不会 pu31xuei312
0908. 会我～开车　会 xuei312
0909. 不会我～开车　不会 pu31xuei312
0910. 认识我～他　认得 zən31tei0
0911. 不认识我～他　不认得 pu31zən31tei0
0912. 行应答语　得行 tei45ɕin31
0913. 不行应答语　不得行 pu31tei45ɕin0
0914. 肯～来　愿意 øyan45øi31
0915. 应该～去　该 kai45
0916. 可以～去　得 tei31

（三）言语

0917. 说～话　说 suo31
0918. 话说～　话 xua312
0919. 聊天儿　谝闲传 phian45xan31tʂhuan31
0920. 叫～他一声儿　喊 xan343
0921. 吆喝大声喊　吆喝 øiɔ45xuo31
0922. 哭小孩儿～　叫唤 tɕiɔ31xuan0
0923. 骂当面～人　噘 tɕyɛ31
0924. 吵架动嘴：两个人在～　噘架 tɕyɛ31tɕia312
0925. 骗～人　哄 xuŋ343
0926. 哄～小孩儿　诓 khuaŋ343

0927. 撒谎　日白 ʐʅ31pei31/扯谎 tshɤ45xuaŋ343

0928. 吹牛　冲壳子 tshuŋ31khɤ31tsʅ0

0929. 拍马屁　舔沟子 thian45kəu45tsʅ0

0930. 开玩笑　说笑 suo31ɕiɔ31

0931. 告诉~他　说 suo31

0932. 谢谢致谢语　多谢 tuo45ɕiɛ312

0933. 对不起致歉语　对不住 tuei31pu0tsu312

0934. 再见告别语　二天见 Øæ31thian45tɕian312

十二、性质、状态

（一）形貌

0935. 大苹果~　大 ta312

0936. 小苹果~　小 ɕiɔ343/碎 suei312

0937. 粗绳子~　粗 tshu45/壮 tsuaŋ343

0938. 细绳子~　细 ɕi312

0939. 长线~　长 tshaŋ31

0940. 短线~　短 tuan343

0941. 长时间~　长 tshaŋ31/久 tɕiəu343

0942. 短时间~　短 tuan343/少 sɔ343

0943. 宽路~　宽 khuan45

0944. 宽敞房子~　宽绰 khuan45tshɔ0

0945. 窄路~　窄 tsei343

0946. 高飞机飞得~　高 kɔ45

0947. 低鸟飞得~　低 ti45

0948. 高他比我~　高 kɔ45

0949. 矮他比我~　矮 ŋai343

0950. 远路~　远 Øyan343

0951. 近路~　近 tɕin312

0952. 深水~　深 sən45

0953. 浅水~　浅 tɕhian343

0954. 清水~　清 tɕhin45

0955. 浑水~　浑 xuən45

0956. 圆　圆 Øyan31

0957. 扁　扁 pia343

0958. 方　方 faŋ45

0959. 尖　尖 tɕian45

0960. 平　平 phin31

0961. 肥~肉　肥 fei31

0962. 瘦~肉　瘦 səu312

0963. 肥形容猪等动物　肥 fei31

0964. 胖形容人　胖 phaŋ312

0965. 瘦形容人、动物　瘦 səu312

0966. 黑黑板的颜色　黑 xei45

0967. 白雪的颜色　白 pei31

0968. 红国旗的主颜色，统称　红 xuŋ31

0969. 黄国旗上五星的颜色　黄 xuaŋ31

0970. 蓝蓝天的颜色　蓝 lan31

0971. 绿绿叶的颜色　绿 liəu31

0972. 紫紫药水的颜色　紫 tsʅ343

0973. 灰草木灰的颜色　灰 xuei45

（二）状态

0974. 多东西~　多 tuo45

0975. 少东西~　少 sɔ343

0976. 重担子~　重 tsuŋ312/沉 tshən31

0977. 轻担子~　轻 tɕhin45

0978. 直线~　端 tuan45

0979. 陡坡~，楼梯~　陡 təu343

0980. 弯弯曲：这条路是~的　弯 Øuan45

0981. 歪帽子戴~了　偏 phian45

0982. 厚木板~　厚 xəu312

0983. 薄木板~　薄 puo31

0984. 稠稀饭～　干 kan45
0985. 稀稀饭～　稀 ɕi45
0986. 密菜种得～　密 mi31
0987. 稀稀疏:菜种得～　稀 ɕi45
0988. 亮指光线，明亮　亮 liaŋ312
0989. 黑指光线，完全看不见　黑 xei45
0990. 热天气～　热 zɛ31
0991. 暖和天气～　热和 zɛ31xuo0
0992. 凉天气～　凉 liaŋ31
0993. 冷天气～　冷 lən343
0994. 热水～　热 zɛ31
0995. 凉水～　冷 lən343
0996. 干干燥:衣服晒～了　干 kan45
0997. 湿潮湿:衣服淋～了　湿 sʅ31
0998. 干净衣服～　干净 kan45tɕin0
0999. 脏肮脏，不干净，统称:衣服～　脏 tsaŋ45
1000. 快锋利:刀子～　快 khuai312
1001. 钝刀子～　老 lɔ343
1002. 快坐车比走路～　快 khuai312
1003. 慢走路比坐车～　慢 man312
1004. 早来得～　早 tsɔ343
1005. 晚来～了　迟 tshʅ31
1006. 晚天色～　晚 Øuan343
1007. 松捆得～　松 suŋ45
1008. 紧捆得～　紧 tɕin343
1009. 容易这道题～　容易 Øyŋ31Øi0
1010. 难这道题～　难 ɲan31
1011. 新衣服～　新 ɕin45
1012. 旧衣服～　旧 tɕiəu312
1013. 老人～　老 lɔ343
1014. 年轻人～　年轻 ɲian31tɕhin45
1015. 软糖～　炧 pha45

1016. 硬骨头～　硬 ɲin312
1017. 烂肉煮得～　融 Øyŋ31
1018. 煳饭烧～了　焦 tɕiɔ45
1019. 结实家具～　结实 tɕiɛ31sʅ0
1020. 破衣服～　烂 lan312
1021. 富他家很～　富 fu312
1022. 穷他家很～　穷 tɕhyŋ31
1023. 忙最近很～　忙 maŋ31
1024. 闲最近比较～　闲 ɕian31
1025. 累走路走得很～　累 luei312
1026. 疼摔～了　痛 thuŋ312
1027. 痒皮肤～　痒 ɲiɔ343
1028. 热闹看戏的地方很～　热闹 zɤ31lɔ0
1029. 熟悉这个地方我很～　熟 su31
1030. 陌生这个地方我很～　生疏 sən45su0
1031. 味道尝尝～　味道 Øuei31tɔ0
1032. 气味闻闻～　气气 tɕhi31tɕhi0
1033. 咸菜～　咸 xan31
1034. 淡菜～　淡 tan312
1035. 酸　酸 suan45
1036. 甜　甜 thian31
1037. 苦　苦 khu343
1038. 辣　辣 la31
1039. 鲜鱼汤～　鲜 ɕyan45
1040. 香　香 ɕiaŋ45
1041. 臭　臭 tshəu312
1042. 馊饭～　𰾭气 sʅ45tɕhi0
1043. 腥鱼～　腥气 ɕin45tɕhi0

(三) 品性

1044. 好人～　好 xɔ343
1045. 坏人～　坏 xuai312/瞎 xa31

1046. 差东西质量～ 撇 phiɛ312

1047. 对账算～了 对 tuei312

1048. 错账算～了 错 tʂhuo312

1049. 漂亮形容年轻女性的长相：她很～ 惜气 ɕi45tɕhi0

1050. 丑形容人的长相：猪八戒很～ 丑 tʂhəu343/撇 phiɛ312

1051. 勤快 勤快 tɕhin31khuai0

1052. 懒 懒 lan343

1053. 乖 乖 kuai45

1054. 顽皮 调皮 thiɔ31phi31/匪 fei343

1055. 老实 老实 lɔ45sʅ0

1056. 傻痴呆 瓜 kua45

1057. 笨蠢 笨 pən312/闷 mən312

1058. 大方不吝啬 大方 ta31faŋ0

1059. 小气吝啬 尿气 suŋ31tɕhi31

1060. 直爽性格～ 直 tsʅ31

1061. 犟脾气～ 犟 tɕiaŋ312

十三、数量

（一）数字

1062. 一～二三四五……，下同 一 Øi31

1063. 二 二 Øæ312

1064. 三 三 san45

1065. 四 四 sʅ312

1066. 五 五 Øu343

1067. 六 六 liəu31

1068. 七 七 tɕhi31

1069. 八 八 pa31

1070. 九 九 tɕiəu343

1071. 十 十 sʅ31

1072. 二十有无合音 二十无合音 Øæ45sʅ0

1073. 三十有无合音 三十无合音 san45sʅ0

1074. 一百 一百 Øi31pei343

1075. 一千 一千 Øi31tɕhian45

1076. 一万 一万 Øi31Øuan312

1077. 一百零五 一百零五 Øi31pei0lin31Øu343

1078. 一百五十 一百五 Øi31pei45Øu343

1079. 第一～，第二 第一 ti45Øi31

1080. 二两重量 二两 Øæ31liaŋ312

1081. 几个你有～孩子？ 几个 tɕi45kɤ312

1082. 俩你们～ 两个 liaŋ45kɤ312

1083. 仨你们～ 三个 san45kɤ312

1084. 个把 个把 kɤ31pa0

（二）量词

1085. 个一～人 个 kɤ312

1086. 匹一～马 匹 phi31

1087. 头一～牛 头 thəu31

1088. 头一～猪 条 thiɔ31

1089. 只一～狗 条 thiɔ31

1090. 只一～鸡 个 kɤ312

1091. 只一～蚊子 个 kɤ312

1092. 条一～鱼 条 thiɔ31

1093. 条一～蛇 根 kən45

1094. 张一～嘴 张 tsaŋ45

1095. 张一～桌子 张 tsaŋ45/个 kɤ312

1096. 床一～被子 床 tshuaŋ31

1097. 领一～席子 床 tshuaŋ31

1098. 双一～鞋 双 suaŋ45

1099. 把一～刀 把 pa343

1100. 把一～锁 把 pa343

307

1101. 根—~绳子　根 kən45

1102. 支—~毛笔　支 tsʅ45

1103. 副—~眼镜　副 fu312

1104. 面—~镜子　个 kɤ312

1105. 块—~香皂　个 kɤ312

1106. 辆—~车　辆 liaŋ312

1107. 座—~房子　座 tshuo312

1108. 座—~桥　栋 tuŋ312

1109. 条—~河　条 thiɔ31

1110. 条—~路　条 thiɔ31

1111. 棵—~树　棵 khɤ343

1112. 朵—~花　朵 tuo343

1113. 颗—~珠子　颗 khɤ343

1114. 粒—~米　颗 khɤ343

1115. 顿—~饭　顿 tuən312

1116. 剂—~中药　副 fu312

1117. 股—~香味　股 ku343

1118. 行—~字　行 xɑŋ312

1119. 块—~钱　元 Øyan31

1120. 毛角: 一~钱　毛 mɔ31

1121. 件—~事情　件 tɕian312

1122. 点儿—~东西　点 tian343

1123. 些—~东西　些 ɕiɛ45

1124. 下打一~，动量，不是时量　下 xa312

1125. 会儿坐了一~　下 xa312

1126. 顿打一~　顿 tuən312

1127. 阵下了一~雨　刚 kaŋ45

1128. 趟去了一~　趟 thaŋ312

十四、代词、副词、介词、连词

(一) 代词

1129. 我 ~姓王　我 ŋɤ343

1130. 你 ~也姓王　你 ȵi343

1131. 您尊称　你 ȵi343

1132. 他 ~姓张　他 tha45

1133. 我们不包括听话人: 你们别去，~去　我们 ŋɤ45mən0

1134. 咱们包括听话人: 他们不去，~去吧　我们 ŋɤ45mən0

1135. 你们 ~去　你们 ȵi45mən0

1136. 他们 ~去　他们 tha45mən0

1137. 大家 ~一起干　大家 ta31tɕia0

1138. 自己我 ~做的　个家 kɤ31tɕia0

1139. 别人这是 ~的　人家 zən31tɕia0

1140. 我爸 ~今年八十岁　我爸 ŋɤ45pa31/我大 ŋɤ45ta31

1141. 你爸 ~在家吗?　你爸 ȵi45pa31/你大 ȵi45ta31

1142. 他爸 ~去世了　他爸 tha45pa31/他大 tha45ta31

1143. 这个我要 ~，不要那个　这个 tsei31kɤ0

1144. 那个我要这个, 不要 ~　那个 la31kɤ0

1145. 哪个你要 ~杯子?　哪个 la45kɤ0

1146. 谁你找 ~?　谁 suei31/哪个 la45kɤ0

1147. 这里在 ~，不在那里　这里 tsei31li0

1148. 那里在这里, 不在 ~　那里 la31li0

1149. 哪里你到 ~去?　哪里 la45li0

1150. 这样事情是 ~的, 不是那样的　这们 tsei31mən31

1151. 那样事情是这样的, 不是 ~的　那们 la45mən31

1152. 怎样什么样: 你要 ~的?　哪们

la45mən31

1153. 这么~贵啊？ 这们 tsei31mən31
1154. 怎么这字~写？ 哪们 la45mən31
1155. 什么这个是~字？ 啥 sa312
1156. 什么你找~？ 啥 sa312
1157. 为什么你~不去？ 哪们 la45mən31/为啥 Øuei31sa312
1158. 干什么你在~？ 做啥 tsu45sa312
1159. 多少这个村有~人？ 好多 xɔ45tuo45

（二）副词

1160. 很今天~热 很 xən343
1161. 非常比上条程度深：今天~热 太 thai312
1162. 更今天比昨天~热 还 xai31
1163. 太这个东西~贵，买不起 太 thai312
1164. 最弟兄三个中他~高 最 tsuei312
1165. 都大家~来了 都 təu45
1166. 一共~多少钱？ 总共 tsuŋ45kuŋ312
1167. 一起我和你~去 一路 Øi31ləu312/一块 Øi31khuai312
1168. 只我~去过一趟 就 təu312
1169. 刚这双鞋我穿着~好 刚 tɕiaŋ45
1170. 刚我~到 刚 tɕiaŋ45
1171. 才你怎么~来啊？ 才 tshai31
1172. 就我吃了饭~去 就 təu312
1173. 经常我~去 经常 tɕin45tshaŋ31
1174. 又他~来了 又 Øiəu343
1175. 还他~没回家 还 xai31
1176. 再你明天~来 又 Øiəu312

1177. 也我~去；我~是老师 也 Øiɛ343
1178. 反正不用急，~还来得及 红黑 xuŋ31xei45
1179. 没有昨天我~去 没 mei31
1180. 不明天我~去 不 pu31
1181. 别你~去 莫 mɔ31
1182. 甭不用，不必：你~客气 莫 mɔ31
1183. 快天~亮了 要 Øiɔ312
1184. 差点儿~摔倒了 稀乎 ɕi45xu0
1185. 宁可~买贵的买 情愿 tɕhin31Øyan312
1186. 故意~打破的 利故家 li31ku45tɕia0/利故子 li31ku45tsɿ0
1187. 随便~弄一下 随便 suei31pian312
1188. 白~跑一趟 白 pei31
1189. 肯定~是他干的 确实 tɕhyɛ45sɿ0
1190. 可能~是他干的 恐怕 kuŋ45pha312
1191. 一边~走，~说 旋 ɕian312

（三）介词、连词

1192. 和我~他都姓王 跟 kən45
1193. 和我昨天~他去城里了 跟 kən45
1194. 对他~我很好 对 tuei312
1195. 往~东走 朝 tshɔ31
1196. 向~他借一本书 跟 kən45/问 Øuən312
1197. 按~他的要求做 照 tsɔ312
1198. 替~他写信 代 tai312
1199. 如果~忙你就别来了 要是 Øiɔ45sɿ31/假如 tɕia45zu0
1200. 不管~怎么劝他都不听 不论 pu31luən312

第二节　自选词汇

一、称谓

1201. 先人祖先 ɕian45zən31
1202. 后人家族中的后辈 xəu45zən31
1203. 兄弟弟兄之间合称 ɕyŋ45ti312
1204. 小舅子 ɕiɔ45tɕiəu31tsʅ0／舅老倌 tɕiəu31lɔ343kuan0
1205. 姑婆姑奶奶 ku45phuo31
1206. 姨婆姨奶奶 Øi31phuo31
1207. 舅婆舅奶奶 tɕiəu45phuo31
1208. 户族里的 xu45tshu0li31ti0／户间 xu31tɕian45 同一家族的合称
1209. 俩娘母母女、婆媳之间合称 liæ45ȵiaŋ31mu0
1210. 老摇婆对当了婆婆的人的戏称 lɔ45Øiɔ31phuo31
1211. 老人公对当了公公的人的戏称 lɔ45zən31kuŋ0
1212. 老幺弟兄当中排行最小的 lɔ45Øiɔ45

二、身体部位

1213. 鬓角太阳穴 pin31tɕyo31
1214. 脑瓜盖天灵盖 lɔ45kua45kai312
1215. 鼻蛋子鼻头 pi31tan31tsʅ0
1216. 眉梢骨眉骨 mi31sɔ45ku0
1217. 上壳子上腭 saŋ31khɤ31tsʅ0
1218. 下壳子下腭 ɕia31khɤ31tsʅ0
1219. 脑门顶头顶 lɔ45mən0tin343
1220. □家子窝窝后颈窝 sei45tɕia0tsʅ00uo45Øuo0
1221. 后脑爪爪后脑勺 xəu31lɔ45tsua31tsua0
1222. 腮帮子腮帮 sai45paŋ45tsʅ0
1223. 胳夹窝腋窝 kɤ31tɕia0Øou0
1224. 锁子骨锁骨 suo45tsʅ0ku31
1225. 倒拐子肘 tɔ31kuai45tsʅ0
1226. 胸膛胸 ɕyŋ45thaŋ0
1227. 小肚子下腹部 ɕiɔ45tu0tsʅ0
1228. 肋巴骨肋骨 lei45pa0ku31
1229. 大胯髋骨 ta31khua45
1230. 干腿子小腿 kan45thuei0tsʅ0
1231. 螺丝拐脚踝 luo31sʅ0kuai343
1232. 龅牙齿门牙外露 pɔ45Øia31tsʅ0
1233. 豁扒子门牙缺失 xuo45pha0tsʅ0
1234. 瘿瓜子大脖子病 Øiŋ45kua31tsʅ0
1235. 豁豁嘴唇裂 xuo45xuo0tsuei343

三、动物、植物

1236. 黄老鼠黄鼠狼 xuaŋ31lɔ31su0
1237. 毛狗子狐狸 mɔ31kəu31tsʅ0
1238. 猫儿娃松鼠 mɔ310æ310ua31
1239. 明明虫萤火虫 min31min0tshuŋ31
1240. 信猴 ɕən45xəu31／猫儿恨 mɔ45æ0ɕən312 猫头鹰
1241. 灶鸡子蟋蟀 tsɔ31tɕi45tsʅ0
1242. 草鞋虫蚰蜒 tsh45xai0tshuŋ31
1243. 雷公虫蜈蚣 luei31kuŋ0tshuŋ31
1244. 厌虫蚜虫 Øian45tshuŋ31
1245. 包谷鸟布谷鸟 pɔ45ku0ȵiɔ343
1246. 麻拐子麻雀 ma31kuai0tsʅ0

1247. 鹞子隼 ɸiɔ31tsɿ0
1248. 啄木倌啄木鸟 tsua31mu0kuan0
1249. 蚌壳河蚌 pəŋ45khɤ31
1250. 蚂蟥水蛭 ma45xuaŋ31
1251. 刺猪子刺猬 tshɿ31tsu45tsɿ0
1252. 猬子果子狸 ɸuei31tsɿ0
1253. 蛆伢子蛆虫 tɕhy45ɸia31tsɿ0
1254. 推屎爬蜣螂 thuei45sɿ0pha31
1255. 娃娃鱼大鲵 ɸua31ua31ɸy31
1256. 丝棉树杜仲树 sɿ45mian0su312
1257. 咬咬树紫薇树 ȵiɔ45ȵiɔ0su312
1258. 青杠树橡树 tɕhin45kaŋ0su312
1259. 风箱树枫树 fəŋ45ɕiaŋ0su312
1260. 水竹长在水边的一类竹子 suei45tsu31
1261. 箭竹叶子细长、竹身不高的一类竹子 tɕian45tsu31
1262. 木竹主要供产竹笋的一类竹子 mu31tsu31
1263. 金竹竹节短，上细下粗，冬季竹竿呈黄绿色 tɕin45tsu31
1264. 黑竹竹竿呈现黑紫色的一类竹子 xei45tsu31
1265. 臭老婆子 tshəu45lɔ45phuo31tsɿ0／折耳根 tɕiɛ310æ0kən45 鱼腥草
1266. 灰条菜灰灰菜 xuei45thiɔ0tshai312
1267. 救兵粮红果树（红军长征采摘的野苹果） tɕiəu31pin45ȵiaŋ31
1268. 广东苔薇菜 kuaŋ45tuŋ0thai31
1269. 洋桃猕猴桃 ɸiaŋ31thɔ31
1270. 泡野草莓 phɔ45
1271. 羊蹄夹子夏枯草 ɸiaŋ31thi31tɕia31tsɿ0
1272. 白鹤 pei31xɤ31／青桩

1273. tɕhin45tsuaŋ45 鹭鸟
1274. 打鱼郎翠鸟 ta45ɸy31laŋ31
1275. 兔娃子兔子 thu310ua0tsɿ0
1276. 骚羊公羊 sɔ45ɸiaŋ31
1277. 草羊母羊 tshɔ45ɸiaŋ31
1278. 海棠猪生过猪崽后而被阉割的母猪 xai45thaŋ31tsu31
1279. 青竹标竹叶青蛇 tɕhin45tsu31piɔ45

四、器物、用具

1279. 电棒日光灯 tian45paŋ312
1280. 顶棚天花板 tin45phəŋ31
1281. 筐筐菜篮 khuaŋ45khuaŋ0
1282. 笆笼鱼篓 pa45luŋ0
1283. 刷把锅刷 sua31pa0
1284. 洋瓷盆搪瓷盆 ɸiaŋ31tshɿ31phən31
1285. 鼎锅羌族吊烧的生铁锅 tin45kuo0
1286. 煨罐烧水用的瓦罐 ɸuei45kuan312
1287. 案板擀面的案板 ŋan31pan343
1288. 菜板切菜的案板 tshai31pan343
1289. 筲箕控汤水的竹篮子 sɔ45tɕi0
1290. 火剪夹蜂窝煤的长把夹子 xuo45tɕian312
1291. 灶腔壁灶墙 tsɔ45tɕhiaŋ31pi31
1292. 罩衣防尘外套 tsɔ31ɸi45
1293. 斗篷竹篾编的雨帽 təu45phəŋ31
1294. 背夹子背在背上的背柴工具 pei31tɕia45tsɿ0
1295. 木脑壳木偶 mu31lɔ0khɤ0
1296. 地咕牛陀螺 ti31ku45liəu31
1297. 打秋荡秋千 ta45tɕhiəu45

五、社会文化

1298. 高脚高跷 kɔ45tɕyo31

1299. 采莲船 社火表演的一种
tshai45lian31tshuan31

1300. 耍狮子 社火表演的一种
sua45sʅ45tsŋ0

1301. 船工号子 嘉陵江行船纤夫拉船曲子
tshuan31kuŋ45xɔ31tsŋ0

1302. 跳端公 一种消灾祈福活动
thiɔ31tan45kuŋ0

1303. 老衣 去世的人穿的衣服 lɔ45Øio

1304. 背时圪塔 偏僻狭窄的地方
pei31sŋ0kɤ31lɔ0

1305. 黑圪塔 黑暗狭窄的地方
xei45kɤ31lɔ0

1306. 秃脑壳 秃子 thu31lɔ31khɤ0

1307. 癞子 麻风病 lai31tsŋ0

1308. 攒攒客 倒卖货物的小商贩
tshuan45tshuan45khei31

1309. 骟匠 阉割牲畜的人 san45tɕiaŋ312

1310. 棒客 paŋ31khei0/棒老二
paŋ31lɔ45Øæ312 土匪

1311. 神婆子 巫婆 sən31phuo31tsŋ0

1312. 端公 先生 神汉
tuan45kuŋ0ɕian0sən0

1313. 跳神 发神的过程 thiɔ45sən31

1314. 耍把戏的 卖艺的人
sua45pa45ɕi31ti0

1315. 咕噜子 以赌博为生的人 ku45lu0tsŋ0

1316. 月母子 正在坐月子的妇女
Øyɛ31mu0tsŋ0

1317. 尖脑壳 显尖讨好的人 tɕian45lɔ45khɤ0

1318. 犟牛 性格倔强的人 tɕiaŋ45liəu31

1319. 瓜女子 傻女子 kua45ȵy45tsŋ0

1320. 皮搣搣 遇事不急，言语不多的人
phi31tshɤ31tshɤ31

1321. 阴肚子 嘴上不说心里盘算的人
Øin45tu31tsŋ0

1322. 夹舌子 吐字不清的人 tɕia31sɛ31tsŋ0

1323. 温肚子 不爱多说话的人 Øuən45tu31tsŋ0

1324. 独伙虫 独来独往，不合群，不爱交往的人
tu31xuo0tshuŋ31

1325. 背时鬼 干啥不成啥，倒霉的人
pei31sŋ31kuei343

1326. 拐棒子 调皮幽默的人
kuai45paŋ31tsŋ0

1327. 日巴燍 不可靠的人
zŋ31pa31tshua343

1328. 老好人 憨厚，不多言的人
lɔ45xɔ45zən31

1329. 油嘴子 光说漂亮话的人
Øiəu31tsuei31tsŋ0

1330. 睁眼瞎 不识字的人 tsən45ȵian44xa31

1331. 烂板凳 久坐闲聊不走的人
lan31pan45tuən31

1332. 搅屎棒 爱挑事找事的人
tɕiɔ45sŋ0paŋ312

1333. 把式 做事有技术的人 pa45sŋ0

1334. 厌管娃 不操心的人 suŋ31kuan45Øua31

1335. 木脑壳 容易受教唆的人 mu31lɔ0khɤ0

1336. 炸辣子 说话大喊大叫，做事风风火火的人 tsa31la45tsŋ0

1337. 嘴巴客 光说话不干实事的人
tsuei45pa0khei0

1338. 直杠子 有话直说的人 tsŋ31kaŋ31tsŋ0

1339. 瞎厌 爱做坏事的人 xa45suŋ31

1340. 母老虎 泼妇 mu45lɔ45xu0

1341. 愣娃 lən45ua31/愣苕 lən45suŋ31/

愣苕 lən45sɔ31 尽做出格事的人

1342. 没搞场没出息的人 mei31kɔ45tʂhɑŋ31
1343. 话匣子形容话多的人 xua31tɕia31tsʅ0
1344. 赖子遇事与人纠缠不清的人 lai31tsʅ0
1345. 打和声给别人帮腔说话
   ta45xuo31sən45
1346. 奸尿做事不吃亏的人 tɕian45suŋ31
1347. 炮耳朵怕媳妇的人 pha45ø0æ0tuo0
1348. 门槛猴上不了台面的人
   mən31khan0xəu31
1349. 拐棒子总爱找麻烦的人
   kuai45paŋ31tsʅ0
1350. 一根筋爱钻牛角尖的人
   øi31kən45tɕin45
1351. 灵透人办事会找窍门的人
   lin31thəu0zən31
1352. 是非精爱搬弄是非的人
   sʅ31fei45tɕin45
1353. 烂货 lan45xuo312/破鞋 phuo31ɕiɛ31
1354. 占领子说话爱大喊大叫的人
   tsan31lən0tsʅ0
1355. 炮筒子说话空泛不能实现的人
   phɔ31thuŋ45tsʅ0
1356. 转窝子说话南腔北调的人
   tsuan31øuo45tsʅ0
1357. 烧料子轻狂的人 sɔ45liɔ0tsʅ0
1358. 半罐子学艺未精的人
   pan45kuan31tsʅ0
1359. 没名堂人无内才或事无意义
   muo31min31thaŋ0
1360. 精沟子光屁股 tɕin45kəu0tsʅ0
1361. 精巴子光身子 tɕin45pa0tsʅ0
1362. 垢圿身上的汗垢 kəu45tɕia0

1363. 灯笼眼睛的别称 tən45luŋ0
1364. 水浆馍大米发糕 suei45tɕiaŋ0muo31
1365. 水巴子 suei45pa0tsʅ0/浆巴子
   tɕiaŋ31pa45tsʅ0 鲜玉米磨碎做的稀粥
1366. 胡辣子 xu31la45tsʅ0/菜糊糊
   tshai31xu31xu31 老玉米磨碎加菜做的稀粥
1367. 甜浆用豆浆和大米煮的稀饭
   thian31tɕiaŋ0
1368. 酸稀饭豆浆用浆水点清加米做成的饭 suan45ɕi45fan0
1369. 酸米汤浆水加米做成的稀饭
   suan45mi45thaŋ0
1370. 菜豆腐豆浆加绿叶菜用浆水点清做的豆腐稀饭 tshai45təu31fu0
1371. 粗老瓜干黄豆磨碎连渣用浆水点清做的稀饭 tshu45lɔ0kuan0
1372. 红豆腐臭豆腐 xuŋ31təu31fu0
1373. 面皮大米磨浆用蒸笼蒸制的米皮
   mian45phi31
1374. 水腌菜用香椿、芥菜等制作的腌菜
   suei45øian31tshai312
1375. 核桃馍使用宁强当地传统工艺制作的核桃千层饼 xɣ31thɔ0muo31
1376. 麻辣鸡土公鸡煮至七分熟，切块，再加麻辣调料凉拌的特色食品
   ma31la31tɕi45
1377. 搅团玉米、土豆等搅成的稠糊状食品
   tɕiɔ45thuan31
1378. 根面饺红薯和蕨根粉做皮做的牛角形蒸饺 kən45mian0tɕyo31
1379. 假鱼豆腐皮做皮制作的鱼形蒸饺
   tɕia45øy31
1380. 白糖饺炸糯米条外裹炒黄豆粉和白糖

的小吃 pei31thaŋ31tɕiɔ343

1381. 糍粑核桃馅儿作为表层的糯米饼
tsʅ31pa0

1382. 米豆腐玉米粒加碱浸泡磨浆蒸制的食物 mi45təu31fu0

1383. 水巴子馍鲜玉米磨成糊做的锅贴
suei45pa0tsʅ0muo31

1384. 蚵蚂子浆水鱼鱼 khɤ31ma0tsʅ0

1385. 油花子花卷 Øiəu31xua45tsʅ0

1386. 软饼子煎饼 zuan45pin45tsʅ0

1387. 搭杵子负重歇气时的支撑棒
ta45tshu31tsʅ0

1388. 窝子鞋棉鞋 Øuo45tsʅ0xai31

1389. 跋板子拖鞋 sa31pan0tsʅ0

1390. 纸捻子草纸搓成点火用的空心纸条
tsʅ45n̠ian45tsʅ0

1391. 打坡 ta45phuo45/打山 ta45san45 打猎

1392. 撵山使用猎狗驱逐动物 n̠ian45san45

1393. 仰绊叉跌倒时胸朝上：跘了个～
Øiaŋ45pan31tsa31

1394. 扑趴跌倒时胸朝下 phu31pha0

1395. 打趔趄 ta45liɛ31tɕhiɛ0/打軍軍
ta45tshuan45tshuan45

1396. 侧棱子侧着身子 tsei45lən0tsʅ0

1397. 斜斜子斜着身子 tɕhiɛ31tɕhiɛ31tsʅ0

1398. 跑趟子跑步 phɔ45thaŋ31tsʅ0

1399. 收捡收藏起来 səu45tɕian0

1400. 跷尿骚从头上跨过去
tɕhia31n̠iɔ31sɔ45

1401. 赌咒发誓 tu45tsəu312

1402. 送人情送礼 suŋ45zən31tɕhin31

1403. 还人情还礼 xuan31zən31tɕhin31

1404. 洗澡 çi45zɔ3343/扳澡 pan45tsɔ343

1405. 扎猛子潜水 tsa31məŋ45tsʅ0

1406. 睡瞌睡睡觉
suei31khɤ31suei0

1407. 日弄人作弄人
zʅ31luŋ31zən31

1408. 日塌了东西弄坏了
zʅ31tha31lɔ0

1409. 进门女嫁男方：媳妇～了 tɕin31mən31

1410. 上门 saŋ31mən31/倒插门
tɔ31tsha31mən31

1411. 挡活帮助，扶助 tshəu31xuo0

1412. 日瞎话背地编造坏话贬低别人
zʅ31xa31xua0

1413. 嚼蛆背后说别人的坏话 tɕiɔ31tɕhy45

1414. 显能逞强 çian45n̠ən31

1415. 捣蛋调皮 tɔ45tan312

1416. 耍牌子 sua45phai31tsʅ0/摆排场
pai45phai31tshaŋ0 耍阔气

1417. 日噘教训人 zʅ31tɕyɛ0

1418. 将息好好休息 tɕiaŋ45çi0

1419. 造孽可怜的样子 tsɔ31n̠iɛ31

1420. 害扫人拖累别人 xai31sɔ45zən31

1421. 失恼了开玩笑翻脸 sʅ31lɔ45lɔ0

1422. 打忘光心不在焉 ta45Øuaŋ31kuaŋ0

1423. 鼓人非要让人做某事 ku45zən31

1424. 央及人求人帮忙 Øiaŋ31tɕi0zən31

1425. 肉不叽叽办事不利索的样子
zəu31pu0tɕi0tɕi0

1426. 直杠子遇事不会转弯的人
tsʅ31kaŋ31tsʅ0

1427. 踏三搁四 tha31san45kɤ31sʅ312/
没踏撒 mei45tha31sa0 说话翻来覆去

1428. 蔫不索索 没精打采
ɸian45pu31suo0suo0

1429. 懒皮懒吊 干活不想出力的样子
lan45phi31lan45tiɔ312

1430. 缠皮赖皮 tʂhan31phi31

1431. 毛脚毛手 办事走路不稳重
mɔ31tɕyɛ31mɔ31səu312

1432. 二杆子 办事不守规矩的人
ɸæ31kan45tsʅ0

1433. 隔外 见外 kei31ɸuai312

1434. 屈卡 形容时间空间财务不足的样子
tɕhy45tɕhia0

1435. 弹嫌 挑剔的样子 than31ɕian0

1436. 溢了 水满得向外流 ɸi31lɔ0

1437. 潽了 锅里的食物溢出来 phu31lɔ0

1438. 蜷腰驼背 直不起腰的样子
tɕyan45ɸiɔ45thuo31pei312

1439. 糇干子 zəu31kan0tsʅ0/□□子
zu31xuən31tsʅ0 形容半干不干的样子

1440. 温不溜秋 水不热的样子
ɸuən45pu0liəu31tɕhiəu0

1441. 一滴滴 形容很少 ɸi31ti31ti0

1442. 一抹多 形容很多 ɸi31muo45tuo0

1443. 饿爪 贪婪，对利益多吃多占
ŋɣ45suŋ31

1444. 沾荤 吃肉，吃大餐 tsan45xuən45

1445. 打腰台 吃非正餐的点心
ta45ɸiɔ45thai31

1446. 干铲 不投资就想赚钱 kan45tʂhuan45

1447. 模糊 不花代价而得到的 muo45xuo0

1448. 难缠 比较麻烦 lan31tʂhan31

1449. 扯筋撩皮 纠缠不休
tʂhɣ45tɕin45liɔ31phi31

1450. 缠三磨四 再三纠缠
tʂhan31san45muo45sʅ312

1451. 不稀奇 不稀罕 pu31ɕi45tɕhi31

1452. 怯火怯场，害怕 tɕhiɛ31xuo343

1453. 委窝屈才，糟蹋 ɸuei45ɸuo0

1454. 昧了 借人东西不还 mei31lɔ0

1455. 稀乎 差一点儿 ɕi45xu0

1456. 舔沟子 thian45kəu45tsʅ0/献殷勤
ɕian45ɸin45tɕhin0

1457. 简麻 动作敏捷，办事效率高
tɕian45ma0

1458. 板业 整齐，干净 pan45ɸiɛ0

1459. 撇气 非常不好 phiɛ45tɕhi312

1460. 豁亮 形容房子光线好 xuo45liaŋ0

1461. 恼火 太累，受不了 ȵɔ45xuo343

1462. 胖臭 非常臭 phaŋ45tʂhəu312

1463. 背时的 贬义地称呼对方或戏谑地称呼
对方 pei31sʅ31ti0

1464. 着活了 吃了大亏 tsɔ31xuo31lɔ0

1465. 羞人 丢人 ɕiəu45zən031

1466. 捡现成现成得利的样子
tɕian45ɕian45tʂhən31

1467. 没按住 意料之外的样子
mei31ŋan31tsu312

1468. 塌伙了 塌台，散伙，失败
tha31xuo0lɔ0

1469. 不牵扯 不影响，没关系
pu31tɕhian45tʂhɛ0

1470. 独活虫 人不合群 tu31xuo0tʂhuŋ31

1471. 添烦 爱给别人找麻烦的行为
tɕhian45fan0

1472. 没挖抓 没办法 muo31ɸua45tsua0

1473. 没解数 不懂规矩 muo31xa31su312

1474. 没眼隙 事情没指望
    muo31ȵian45ɕi0
1475. 没耳性 不听劝告，屡教不改
    muo31ɚ45ɕin0
1476. 半拉子 事情做了一半没结尾的样子
    pan31la45tsʅ0
1477. 显摆 自我炫耀 ɕian45pai0
1478. 二不跨五 不在时间点上的样子
    ɚ31pu0khua31ɵu343
1479. 八毛十远 距离非常远的样子
    pa31mɔ0sʅ31ɵuan343
1480. 假巴二五 虚情假意
    tɕia45pa0ɚ31ɵu343
1481. 爱人 模样可爱 ŋai45zən31
1482. 骚洋情 不合适地献殷勤
    sɔ45ɵiaŋ31tɕhin45
1483. 二流子 游手好闲的人
    ɚ45liəu31tsʅ0
1484. 湿巴巴 水没晾干的样子 sʅ31pia0pia0
1485. 浇湿 衣服湿透的样子 tɕiɔ45sʅ31
1486. 汗帕水流 满头大汗的样子
    xan31pha0suei0liəu31
1487. 乱麻咕咚 乱七八糟
    luan31ma0ku31tuŋ0
1488. 吊儿郎当 不务正业
    tiɔ31ɵɚ0laŋ31taŋ0
1489. 胡日鬼 搞歪门邪道
    xu31zʅ31kuei343
1490. 偷腔摸腔 偷偷摸摸地做事
    thəu45tɕhiaŋ0muo31tɕhiaŋ0
1491. 胡扯筋 摆歪道理
    xu31tshɤ45tɕin45
1492. 怪眉日眼 形容长相古怪
    kuai31mi0zʅ31ȵian312
1493. 鬼画桃符 形容写字不认真，很乱
    kuei45xua31thɔ31fu31
1494. 搞不赢的舞不赢 形容见到利益抢吃抢占的样子 kɔ45pu0ɵin31tiɔu45 pu0ɵin31
1495. 没本事 没能力把事办好
    mei31pən45sʅ0
1496. 过细 办事认真 kuo45ɕi312
1497. 懂规矩 tuŋ45kuei45tɕy0／讲理性
    tɕiaŋ45li45ɕin0 文雅或有礼貌
1498. 耍奸 耍滑头 sua45tɕian45
1499. 咬牙印 拍板决定，下决心
    ȵiɔ45ɵia31ɵin312
1500. 接下嘴 喜欢接着别人的话往下说
    tɕiɛ31ɕia31tsuei343
1501. 打岔 打断别人的话题 ta45tsha312
1502. 加骗 嫁祸给别人 tɕia45phian312
1503. 絮叨 唠叨 ɕy31tɔ0
1504. 悬吊吊 办事情希望不大的样子
    ɕyan31tiɔ31ɵiɔ0
1505. 厚道人 形容性格好或好说话的人
    xəu45tɔ45zən31
1506. 䪥□ 肮脏 lai45ɕi0
1507. 阳混子 做事糊涂的人：他是个～
    ɵiaŋ31xuən0tsʅ0
1508. 攒劲 干活踏实卖力 tsan45tɕin312
1509. 细密 生活很俭朴 ɕi31mi31
1510. 啬皮 sei45phi0／屌气 suŋ31tɕhi0
1511. 心厚 欲望太多，贪婪的样子
    ɕin45xəu312
1512. 猴急暴跳 不安分不稳重的样子
    xəu31tɕi0pɔ45thiɔ312

1513. 不搁群不合众 pu31kɤ31tɕhyən31

1514. 显尖 在领导面前打小报告
ɕian45tɕian45

1515. 日鬼捣鬼 zʅ31kuei343

1516. 试活形容试着做事 sʅ31xuo31

1517. 不耳识不理睬 pu31Øæ45sʅ31

1518. 巴希不得非常希望的样子
pa45ɕi0pu31tei0

1519. 二气不规矩不正经的样子
Øæ45tɕhi312

1520. 醒醒呱呱说话不严肃的样子
ɕin45ɕin0kua31kua0

1521. 胡日倒场做事不认真，乱做事的样子
xu31zʅ31tɔ31tshɑŋ0

1522. 吆猪原意赶猪，比喻睡觉打鼾的样子
Øiɔ45tsu45

1523. 俵钱借钱 tɕhiaŋ45tɕhian31

1524. 划柴劈柴 xua45tshai31

1525. 央人戏弄人 Øiaŋ45zən31

1526. 嚎人鼓动煽动人 xɔ31zən31

1527. 花叫人取笑别人 xua45tɕiɔ0zən31

1528. 培治批评教育人 tshua45tsʅ31

第四章　语法与口头文化

第一节　语法例句

1. 你是哪里人？
   你是哪搭的？
   ŋi45sʅ31la45tha0ti0?

2. 我是陕西_____人。（说出所在县或市）
   我是宁强的。
   ŋɤ45sʅ31ŋin31tɕiɑŋ31ti0.

3. 你今年多大？
   你今年好大岁数？
   ŋi45tɕin45ŋian31xɔ45ta45suei31su0?

4. 我_____岁了。（说出自己的实际年龄）
   我六十六了。
   ŋɤ45liəu31sʅ0liəu31lɔ0.

5. 你叫什么名字？
   你叫啥名字？
   ŋi45tɕiɔ45sa31min31tsʅ0?

6. 我叫_____。（说出自己的名字）
   我叫李文学。
   ŋɤ45tɕiɔ31li45Øuən31ɕyɛ31.

7. 你家住哪搭里？
   你住到哪搭的？
   ŋi45tsu31tɔ0la45tha31ti0?

8. 我家住_____。（说出自己居住的地址）
   我住到工行家属院的。

ŋɤ45tsu31tɔ0kuŋ45xɑŋ31tɕia45su0Øyan31ti0.

9. 谁呀？我是老三。

   是哪个？我是老三。

   sʅ31la45kɤ0？ ŋɤ45sʅ31lɔ45san45.

10. 老四呢？他正在跟一个朋友说着话呢。

    老四哚？他这阵跟他朋友谝闲传哩。

    lɔ45sʅ31læ45？ tha45tsɤ45tsən0kən45tha31pəŋ31Øiəu45phian45xan31tʂhuan31li0.

11. 他还没有说完吗？

    还没谝完吗？

    xai31mei31phian45Øuan31ma0？

12. 还没有。大约再有一会儿就说完了。

    还没有哚。恐怕还得一下。

    xai31mei31Øiəu45læ0. khuŋ45pha0xai31tei31Øi31xa31.

13. 他说马上就走，怎么这半天了还在家里呢？

    他说就走哚，咋半天还在屋里？

    tha45suo45təu31tsəu45læ0， tsa31pan31thian45xai31tsai31Øu31li0？

14. 你到哪儿去？我到城里去。

    你在哪去家？我在城里去家。

    n̠i45tsai45la45tɕhi31tɕia0？ ŋɤ45tsai31tʂhən31li0tɕhi31tɕia0.

15. 在那儿，不在这儿。

    在那搭，没在这搭。

    tsai45la45tha0， mei31tsai45tsɤ31tha0.

16. 不是那么做，是要这么做的。

    不是那们家的，是这们家起的。

    pu31sʅ31la31mən0tɕia0ti0， sʅ31tsɤ31mən0tɕia0tɕhi0ti0.

17. 太多了，用不着那么多，只要这么多就够了。

    太多了，要不到那么多，有这些就行了。

    thai31tuo45lɔ0， Øiɔ31pu0tɔ0la31muo0tuo45， Øiəu45tsɤ31ɕiɛ0tɕiəu31ɕin31lɔ0.

18. 这个大，那个小，这两个哪一个好点呢？

    这个大，那个小，你看哪个好？

    tsɤ31kɤ0ta312， la31kɤ0ɕiɔ45， n̠i45khan31la45kɤ0xɔ343？

19. 这个比那个好。

    这个赶那个好。

tsɤ31kɤ0kan45la31kɤ0xɔ343.

20. 这些房子不如那些房子好。

    这些房子没得那些房子好。

    tsɤ31ɕiɛ0faŋ31tsŋ0mei45tei0la31ɕiɛ0faŋ31tsŋ0xɔ343.

21. 这句话用_____话怎么说？（填本地地名，本地音）

    这个话弄宁强话咋说？

    tsɤ31kɤ0xua31ȵuŋ45ȵin31tɕiaŋ0xua31tsa31suo31？

22. 他今年多大岁数？

    他今年好大岁数了？

    tha45tɕin45ȵian0xɔ45ta45suei31su45li0？

23. 大概有三十来岁吧。

    恐怕有三十来岁。

    khuŋ45pha31Øiəu45san45sŋ0lai0suei312.

24. 这个东西有多重呢？

    这个东西有多重？

    tsɤ31kɤ0tuŋ45ɕi0Øiəu45tuo45tsuŋ312？

25. 有五十斤重呢。

    五十斤。

    Øu45sŋ0tɕin0.

26. 拿得动吗？

    □得起吧？

    xan45tei0tɕhi45pa0？

27. 我拿得动，他拿不动。

    我拿得起，他拿不起。

    ŋɤ45xan45tei0tɕhi343，tha45xan45pu0tɕhi343.

28. 真不轻，重得连我都拿不动了。

    梆重咪，我都拿不起。

    paŋ45tsuŋ31læ0，ŋɤ45təu31la31pu31tɕhi343.

29. 你说得很好，你还会说点儿什么呢？

    你说得好得很，你再能说些啥？

    ȵi45suo31tei0xɔ45tei0xən343，ȵi45tsai45lən31suo31ɕiɛ0sa31？

30. 我嘴笨，我说不过他。

    我嘴巴笨，哪能说得过他。

ŋɤ45tsuei45paØpən312，la45lən31suo31teiØkuo31tha45.

31. 说了一遍，又说了一遍。

    说了一道，又说了一道。

    suo31lɔØøi45tɔ312，øiəu31suo31lɔØøi45tɔ312.

32. 请你再说一遍。

    麻烦你再说一道。

    ma31fan31n̻i45tsai31suo31øi31tɔ312.

33. 不早了，快去吧！

    要迟了，赶忙去！

    øiɔ31tʂʅ31lɔØ，kan45maŋØtɕhi312！

34. 现在还很早呢。等一会儿再去吧。

    这阵还早哩。等一下再去。

    tsei31tʂən0xai31tsɔ45læØ. tən45øi31xa31tsai45tɕhi312.

35. 吃了饭再去好吧？

    吃了饭再去，要得吧？

    tshʅ31lɔØfan31tsai45tɕhi312，øiɔ31tɤ45paØ？

36. 慢慢儿地吃啊！不要急嘛！

    慢点吃！要急！

    man31tian45tshʅ31！mɔ31tɕi31！

37. 坐着吃比站着吃好些。

    坐到吃赶站到吃好。

    tsuo31tɔØtshʅ31kan45tsan31tɔØtshʅ31xɔ343.

38. 这个吃得，那个吃不得。

    这个能吃，那个吃不得。

    tsei31kɤØlən31tshʅ31，la31kɤØtshʅ31pu31teiØ.

39. 他吃了饭了，你吃了饭没有呢？

    他把饭吃了，你吃了吧？

    tha45pa45fan31tshʅ31lɔØ，n̻i45tshʅ31lɔØpaØ？

40. 他去过上海，我没有去过。

    他到上海去过，我没去过。

    tha45tɔ45saŋ31xai45tɕhi31kuo312，ŋɤ45mei31tɕhi31kuo312.

41. 来闻闻这朵花香不香？

    来闻一下，这个花香吧？

lai31∅uən31∅i31xa312, tsei31kɤ0xua45ɕiaŋ45pa0?

42. 香得很，是不是？

　　香得很，是吧？

　　ɕiaŋ45tei0xən343, sʅ31pa0?

43. 给我一本书！

　　给我本书！

　　kei31ŋɤ45pən0su45!

44. 我实在没有书嘛！

　　我确实没得书！

　　ŋɤ45tɕhyɛ31sʅ0muo31tei0su45!

45. 你告诉他。

　　你给他说。

　　ȵi45kei31tha45suo31.

46. 好好儿地走！不要跑！

　　好心家走！覀跑！

　　xɔ45ɕin0tɕia0tsəu343! mɔ31phɔ343!

47. 小心跌下去爬也爬不上来！

　　招呼滚下去爬不上来了！

　　tsɔ45xu0kuən45xa0tɕhi0pha45pu0saŋ31lai45lɔ0!

48. 医生叫你多睡一睡。

　　大夫叫你多睡一下。

　　tai31fu0tɕiɔ31ȵi45tuo45suei31∅i0xa312.

49. 吸烟或者喝茶都不可以。

　　吃烟，喝茶，都要不得。

　　tshʅ31∅ian45, xɤ45tsha31, təu45∅iɔ31pu0tei45.

50. 烟也好，茶也好，我都不喜欢。

　　烟，茶，我都不好。

　　∅ian45, tsha31, ŋɤ45təu45pu31xɔ312.

51. 不管你去不去，反正我是要去的，我非去不可。

　　管你去不去，红黑我要去，非去不可。

　　kuan45ȵi45tɕhi31pu0tɕhi312, xuŋ31xei45ŋɤ45∅iɔ45tɕi312, fei45tɕhi31pu31khɤ343.

52. 你是哪一年来的？

　　你哪年来的？

ȵi45la45ȵian31lai31ti0?

53. 我是前年到的北京。

我前年来的北京。

ŋɤ45tɕhian31ȵian31lai31ti0pei45tɕin45.

54. 今天开会谁的主席？

今天开会哪个是主席？

tɕin45thian0khai45xuei31la45kɤ0sʅ31tsu45ɕi31?

55. 你得请我的客。

你得把我请一下。

ȵi45tei31pa31ŋɤ45tɕhin45ʯi31xa312.

56. 这是他的书，那一本是他哥哥的。

这书是他的，那本是他哥的。

tsɤ31sʅ31tha45ti0su45，la31pən45sʅ31tha31kɤ45ti0.

57. 一边走，一边说。

旋走旋说。

ɕyan31tsəu45ɕyan45suo31.

58. 看书的看书，看报的看报，写字的写字。

看书的看书，看报的看报，写字的写字。

khan31su45ti0khan31su45，khan31pɔ312ti0kan45pɔ312，ɕiɛ45tsʅ312ti0ɕiɛ45tsʅ312.

59. 越走越远，越说越多。

越走越远，越说越多。

ʯyɛ31tsəu45ʯyɛ31ʯyan343，ʯyɛ31suo31ʯyɛ31tuo45.

60. 把那个东西拿给我。

把那个东西给我□过来。

pa45la31kɤ0tuŋ45ɕi0kei31ŋɤ45xan45kuo0lai0.

61. 有些地方把太阳叫日头。

有些踏踏把太阳叫日头。

ʯiəu45ɕiɛ0tha31tha0pa31thai31ʯiaŋ0tɕiɔ45zʅ31thəu0.

62. 您贵姓？我姓王。

你姓啥？我姓王。

ȵi45ɕin45sa31? ŋɤ45ɕin45ʯuaŋ31.

63. 你姓王，我也姓王，咱们两个人都姓王。

你姓王，我姓王，我们两个都姓王。

323

ȵi45ɕin45Øuaŋ31，ŋɤ45ɕin45Øuaŋ31，ŋɤ45mən0liaŋ45kɤ0təu45ɕin45Øuaŋ31.

64. 你先去吧，我们等一会儿再去。

你先去，我们挨一下来。

ȵi45ɕian45tɕhi312，ŋɤ45mən0ŋai31Øi31xa0lai31.

第二节　北风和太阳

北风跟太阳

有一回，北风跟太阳在那儿争论谁的本事大。争来争去就是分不出高低来。这时候路上来了个走道儿的，他身上穿着件厚大衣。他们俩就说好了，谁能先叫这个走道儿的脱下他的厚大衣，就算谁的本事大。北风就使劲地刮起来了，不过他刮得越是厉害，那个走道儿的把大衣裹得越紧。后来北风没法儿了，只好就算了。过了一会儿，太阳出来了。他火辣辣地一晒，那个走道儿的马上就把那件厚大衣脱下来了。这下儿北风只好承认，他们俩当中还是太阳的本事大。

北风跟太阳

pei45fəŋ0kən45thai31Øiaŋ45

有一回，北风碰到太阳了。他们两个谁都不服谁。谁都觉得自己本事大。

Øiəu45Øi0xuei31，pei45fəŋ0phəŋ31tɔ0thai31Øiaŋ45lɔ0. tha45mən0liaŋ45kɤ0sei31təu0pu31fu31sei31. sei31təu0tɕyɛ31tɤ0tsɿ31tɕi0pən45sɿ0ta312.

这时候咪，刚好来了个过路的。他身上穿了件大袄。

tsɤ31sɿ31xəu0lai0，kaŋ45xɔ0lai31lɔ0kɤ0kuo45lu31ti0. tha45sən45saŋ0tsuan45lɔ0tɕian0ta31ŋɔ343.

北风跟太阳开始打赌。说谁能将这个过路的把袄脱下来，就是谁的本事大。

pei45fəŋ0kən45thai31Øiaŋ45khai45sɿ0ta45tu343. suo45sei31ȵəŋ31tɕiaŋ45tsɤ31kɤ0kuo45lu31ti0pa31ŋɔ45thuo31xa0lai0，təu31sɿ0sei31ti0pən45sɿ0ta312.

北风就开始攒劲地吹，吹了好一阵。

pei45fəŋ0təu31khai45sɿ45tsan45tɕin31ti0tshuei45，tshuei45lɔ0xɔ45Øi31tsən312.

但是咪，他吹得越狠，那个过路的咪，把袄裹得越紧。

tan45sɿ31læ0，tha45tshuei45ti0Øyɛ31xən312，la31kɤ0kuo45lu31ti0læ0，pa45ŋ45kuo45ti0Øyɛ31tɕin312.

北风一看没法，只好算了。

pei45fəŋ0∅i31khan45muo31fa31，tsʅ31xɔ45suan31lɔ0.

过了一阵，太阳出来了。

kuo31lɔ0∅i31tsən31，thai31∅iaŋ45tshu31lai31lɔ0.

太阳嗨起来地照。照了一刚刚，那个过路的咪，就出了汗了。马上把袄脱下来了。

thai31∅iaŋ0xai45tɕhi0lai0ti0tsɔ312. tsɔ31lɔ0∅i31kaŋ45kaŋ45，la31kɤ0kuo45lu31ti0læ0，təu31tshu31lɔ0xan31lɔ0. ma45saŋ0pa31ŋɔ45thuo31xa31lai0lɔ0.

这下北风只好认输。他们两个里头，还是太阳的本事大。

tsɤ45xa0pei45fəŋ45tsʅ31xɔ45zən31su45. tha45mən0liaŋ45kɤ0li45thəu0，xai31sʅ0thai31∅iaŋ45ti0pən45sʅ0ta312.

第三节　口头文化

一、婚嫁民俗歌曲：哭嫁歌

妈咑，妈咑，妈咑妈，
你把女儿养这么大，
咋都舍得给人家。
妈咑，妈咑，妈咑妈，
女儿到了人家屋，
任人打来任人骂。

二、民间戏曲

1. 正月里来是新年

正月里来是新年，
男女老少喜盈盈，
去年耍船打头阵，
今年我又把船撑，
越活越年轻。
小小的船儿两头尖，
当中坐了一个美人仙，
男扮女装实好看，
当中多了一点点，
把多少男人骗。

2. 你这个婆娘不算胖

你这个婆娘不算胖,
听我给你说一个胖婆娘。
肩膀上能跑马呀,
身子就用那个黄桶装,
掂了个兜兜就去烧香,
一下来到那个山门上。
磕了一个头,
沟子擩到那个屋檐上,
奶奶就擩到那个门槛上。
屁了一泡屎,
七十二个牙狗子吃,
还有八十二个母狗子尝。
屙了一泡尿,
淹死了七十来个老和尚。

3. 听我说个货郎子

说个子,道个子,
听我说个货郎子。
头戴一个毡帽子,
鼓起两个眼珠子,
戴个挂丝眼镜子,
扎起的一对耳䍦子,
掉起一个下颚子,
身上穿的是马褂子,
手里摇个绷笼子,
(唱)不务正业到处窜,
活像一个二流子。

4. 船在江心

锣咚咚来,鼓咚咚,
船在江心靠太久,
刮东风,刮西风,
刮北风那个刮南风,
把东南西北风齐刮走。
来了一股子旋头风,

后杆吹得像弯弓嘛,
绳子吹的个紧绷绷,
绷绷紧来个紧绷绷,
活活得气死那个老太公。

三、劳动歌谣：锣鼓草歌

大大一员,
手提铜锣上了场。
大家问我做啥子,
撵锣鼓草还靠我们歌郎,
等伙计来了才能把锣响。
来得早，来得早,
走到路上耽搁了,
看到蚂蚁子在搬家,
他叫我去背娃娃。
一个娃娃没背成,
把我耽搁了一早晨。
到地到地听我说个四言八句,
苦荞开花，汉荞蔫穗,
老的回去，安分守己,
小的回去，铺毡理被,
睡到半夜，耍个把戏,
早上起来，搞得莫趣莫趣,
捞上锄头，我们薅草去,
快些来嘛快些来,
免得蚂蚁子夹草鞋,
快些来嘛快些来,
快把那艺头排起来,
各人的艺头吗各人排,
哪个排起等你来。
薅草莫薅簸箕斗圆,
十人过路九人弹,
薅草要薅筛子花,
十人过路九人夸,

主家种地宽又宽，
薅了这湾薅那湾，
吃了主家家的大馍馍，
要给主家干下活。
东家点窝瓜，
牵藤到西家，
花开人朝拜，
花谢人回家。
火这里一个大烧那里一个大烧，
一人加把茅草，
一火点起，完了完了。

四、民歌

1. 甜浆粗捞馆

清早哟起来哟，
做的那个菜豆腐哟，
我走哦，上山哟，
甜浆那个粗捞馆，
扛上那个犁头喂，
晌午间控蒸饭哦，
刨了三碗哟，
黑了间打搅团。

2. 清早起来把门开

清早起来把门开，
一股凉风吹进来，
翻身来我们打一仗。
这股凉风吹得怪，
咋不吹得妹儿郎，
翻身来我们打一仗。

3. 顿顿吃肉当过年

人家有年来我无年，
掂上个猪脑壳要闲钱，
等到我啥时哟翻身咯，
顿顿地吃肉当过年。

4. 清早起来就上崖

清早起来就上崖,

半树的梨儿半树花。

三月桃花开,

光等你早回来。

老鸪叫,人来了,

那麻雀来了咋块价。

对门子担水的咱嫂嫂,

你来了吧?

来咯,我来咯好半天,

腿杆都站弯,

来了没有笑,

我笑哇笑得我笑坏了嫂嫂们。

5. 云山杨柳叶

天上的星星排队排,

云山杨柳叶。

地下的灯盏对灯台,

郎爱那个姐姐爱郎,

怀抱的花儿香。

黑漆桌子排戏湾,

云山杨柳叶。

八哥的先生裴秀才,

郎爱的姐姐爱郎,

怀抱的花儿香。

6. 宁强好地方

宁强好地方,

有山又有川。

水是汉江源头水,

山是秦岭和巴山哟。

麻辣鸡根面角哟,

核桃馍酥又香唉,

香菇茶叶的品质好,

木耳天麻味道鲜,

特色美味数不完。

宁强好地方，
旅游好景点，
森林公园风光好，
卧云山庄好休闲。
禹桂丹桂香哟，
古镇青木川，
西秦牢固五丁关，
金牛古道画三圈，
特色美景数不完。
宁强好地方，
城乡同发展，
改革开放焕新颜，
田间园间谱新篇。
高铁通南北哟，
高速绕城转，
循环经济产业园，
农民齐心大发展，
幸福生活比蜜甜。

五、大号子：要号号

要号号要号号，要号号要号要号号，要号号号，
要号要号要号，要号要号号，要号要号号，要号，
要号号，要号要号，要号号要号号，要号，要号号，
要号要号，要号号，要号要号，
要号要号，要号号要号，要号号，
要号，要号号要号号，要号号要号号。

六、小号子：笋鸡子叫鸣

咦咦要号依要号唉唉，
咦咦要号依要号唉唉，
要号唉要号号唉唉，
咦咦要号依要号依要号要号。

洋县篇

第一章 总 论

第一节 人文地理、历史沿革、人口概况

洋县位于陕西南部,汉中盆地东缘,北依秦岭,南屏巴山,古为"洋州",今称"朱鹮之乡"。县域面积3206平方公里,总人口44.5万,辖15个镇、3个街道办、271个行政村、16个社区。

洋县处于我国南北气候的分界线上,冬无严寒,夏无酷暑,是陕西省唯一建有朱鹮和长青两个国家级自然保护区的地区,被誉为地球上同纬度生态最好的地区之一。洋县也是世界珍禽朱鹮唯一的人工饲养种源地和主要的野外栖息地,位于傥骆古道上秦岭腹地的华阳古镇被誉为秦岭第一古镇,红二十五军司令部曾设于此。紧靠古镇的长青国家级自然保护区的自然景观十分独特,特别是被誉为"秦岭四宝"的朱鹮、大熊猫、金丝猴、羚牛同现一处,全国罕见。这里还有位于秦巴之间的以滩多势险、风光旖旎著称的90里黄金峡,被誉为汉江第一峡。县内华阳景区和朱鹮梨园景区均创建为国家4A级景区。

洋县历史悠久,人文昌盛。西晋开始在境内置洋州,至今已有1700多年的建制历史。从唐宋起,大批文人墨客在此驻足,杜甫、白居易、苏轼、文同等名士在此留下脍炙人口的诗作和名传千古的故事,成语"胸有成竹"便出自洋县。洋县也是四大发明之一造纸术发明者蔡伦的封葬地,位于龙亭镇的蔡伦墓祠为国家3A级景区、国家级文物保护单位。汉调桄桄、架花烟火、悬台社火等被列为国家级非物质文化遗产,境内有唐代开明寺舍利塔、元代觉皇殿、明代智果寺藏经楼等重点保护文物19处,是陕西省文化先进县。

境内物华天宝,矿产、水能、生物资源丰富,现已探明的矿产达16种,其中钒钛磁铁矿详查储量10亿吨,膨润土、石灰石、电气石开发潜力大;水能蕴藏量36.64万千瓦;出产厚朴、枣皮、黄芩等中药材469种,人称天然药库,是陕西省中药材基地县。米中三珍"黑、香、寸"和五彩米闻名全国,洋县黑米和红米被列为国家地理标志保护产品,认证有机产品13大类72种12.3万亩,是全国首批9个有机产品认证示

范县之一。目前已经通过国家级朱鹮生态保护产业知名品牌示范区的验收。近年来，洋县围绕建设陕南循环发展、生态宜居示范县目标，坚定实施"生态立县、工业强县、农业稳县、旅游兴县、循环发展"战略，县域经济社会发展迈上新台阶。[①]

第二节　方言归属和内部差异

洋县方言属于中原官话关中片。根据地理环境、移民构成以及邻县方言的影响，当地人认为洋县方言内部有比较明显的差异，可以分为城关镇和汉江南岸平坝区、酉水区、华阳区、汉江南岸丘陵区、谢村区共5个区域。城关镇、汉江南岸平坝区和谢村镇东部这一区域面积相比最大，从关中迁入的移民较多，表现出比较明显的中原官话关中片特征；酉水乡周围区域在明、清时期由湖北省西北部迁来移民较多，以酉水乡、桑溪镇、秧田乡为代表；汉江南岸的浅山和丘陵区，移民祖先多数是从四川东部迁来的，以黄家营镇、黄金峡镇、石关、草庙乡为代表；谢村镇西部的马畅镇、湑水及汉江南岸的二龙、草庙西部，更靠近城固城关镇，语音靠近城固县；华阳区属于北部深山区，处于古傥骆道南部，邻近留坝县、宝鸡市太白县，语音也有不同。

第三节　发音人和调查人概况

方言发音人（一）

1. 姓名：吕彦智
2. 单位（退休前）：洋县地方志办公室
3. 通信地址：陕西省汉中市洋县县府街3号
4. 性别：男　　民族：汉
5. 出生年月日（公历）：1938年9月
6. 出生地（从省级至自然村级）：陕西省汉中市洋县洋州街道办
7. 主要经历：出生至今一直在汉中市洋县洋州街道办生活。
8. 文化程度：高中
9. 职业：退休干部
10. 会说哪几种话（包括普通话、外语）：洋县方言
11. 父亲是哪里人，会说什么话：汉中市洋县洋州街道办人，会说洋县方言。
12. 母亲是哪里人，会说什么话：汉中市洋县洋州街道办人，会说洋县方言。

[①] 根据洋县人民政府网2018年8月23日发布洋县概况材料整理。

13. 配偶是哪里人，会说什么话：汉中市洋县洋州街道办人，会说洋县方言。

方言发音人（二）

1. 姓名：王玉生
2. 单位（退休前）：无
3. 通信地址：陕西省汉中市洋县洋州街道办青年北路
4. 性别：男　　民族：汉
5. 出生年月日（公历）：1943年9月
6. 出生地（从省级至自然村级）：陕西省汉中市洋县袁家庄镇
7. 主要经历：出生、学习、工作一直在洋县洋州街道办。
8. 文化程度：初中
9. 职业：无
10. 会说哪几种话（包括普通话、外语）：洋县方言
11. 父亲是哪里人，会说什么话：汉中市洋县洋州街道办人，会说洋县方言。
12. 母亲是哪里人，会说什么话：汉中市洋县洋州街道办人，会说洋县方言。
13. 配偶是哪里人，会说什么话：汉中市洋县洋州街道办人，会说洋县方言。

调查人

1. 姓名：张　璐
2. 单位：陕西理工大学
3. 通信地址：陕西省汉中市汉台区东一环路1号
4. 协助调查人姓名：全改霞

第二章 语 音

第一节 声 母

声母共二十八个,包括零声母在内。

p 八兵病	ph 爬派片	m 麦明	f 飞副风饭	v 味问
t 多东毒	th 讨			l 老蓝连路
ts 资酒竹争	tsh 草天清茶		s 丝想事山	
tʂ 张	tʂh 抽车城		ʂ 手十	ʐ 热
tʃ 柱装主	tʃh 床船春		ʃ 酸双顺书	ʒ 软
tɕ 九	tɕh 全轻权	ȵ 脑南年泥	ɕ 响县	
k 高共	kh 开	ŋ 熬	x 好灰活	
∅ 月温云药				

说明:

部分 [t] [th] 声母的字读 [tɕ] [tɕh] 声母。

第二节 韵 母

韵母三十七个,不包括儿化韵。

ɿ 师丝试

ʅ 十直尺

ər 二　　　i 米飞急七　　　u 苦猪出谷　　　y 雨橘局

ɑ 茶塔法八　　　iɑ 牙鸭　　　uɑ 瓦刮

　　　　　　　iɛ 写接贴节　　　　　　　　yɛ 靴月药学

ɤ 歌热壳　　　　　　　uo 坐盒活托

ai 开排鞋　　　　　　　uai 快

ei 赔北色白　　　　　　uei 对鬼国

ɑɔ 宝饱	iɑɔ 笑桥		
əu 豆走绿	iəu 油六		
ɑn 南山半	ian 盐年	uan 短官	yan 权
ən 根		uən 寸滚春	yən 云
	in 新		
ɑŋ 糖	iɑŋ 响讲	uɑŋ 床王双	
əŋ 灯升争		uəŋ 横	
	iŋ 硬病星	uŋ 东	yŋ 兄用

第三节 单字调

单字调四个。

阴平 53 东通百塔　　阳平 45 门红白盒　　上声 42 懂苦买老　　去声 44 半快路洞

第四节 连读变调

后字非轻声两字组连调模式见表 2-1。

表 2-1　后字非轻声两字组连调模式

后字 前字	1 阴平 53	2 阳平 45	3 上声 42	4 去声 44
1 阴平 53	42+53	53+45	42+42	53+44
2 阳平 45	45+53	45+45 42+42	45+42 42+42 42+45	45+44 42+45
3 上声 42	42+53 45+53	42+45 44+45 45+42	42+42 45+42 42+45	42+44
4 去声 44	44+53	44+45	44+42	44+44

非叠字组后字轻声两字组连调模式见表 2-2。

表 2-2 非叠字组后字轻声两字组连调模式

前字＼后字	1 阴平 53	2 阳平 45	3 上声 42	4 去声 44
1 阴平 53	45＋0	45＋0	45＋0	45＋0
2 阳平 45	42＋0 45＋0	42＋0	42＋0 45＋0	42＋0
3 上声 42	45＋0	45＋0	45＋0	45＋0
4 去声 44	44＋0	44＋0	44＋0 45＋0	44＋0

第五节 单 字

0001. 多 tuo53
0002. 拖 thuo53
0003. 大～小 tɑ44
0004. 锣 luo45
0005. 左 tsuo42
0006. 歌 kɤ53
0007. 个一～kɤ44
0008. 可 khɤ42
0009. 鹅 ŋɤ45
0010. 饿 ŋɤ44
0011. 河 xuo45
0012. 茄 tɕiɛ45
0013. 破 phɤ44
0014. 婆 phuo45
0015. 磨动 mɤ45
0016. 磨名 mɤ44
0017. 躲 tuo42
0018. 螺 luo45
0019. 坐 tsuo44
0020. 锁 suo42

0021. 果 kuo42
0022. 过 kuo44
0023. 课 khuo44
0024. 火 xuo42
0025. 货 xuo44
0026. 祸 xuo44
0027. 靴 ɕyɛ53
0028. 把量 pɑ42
0029. 爬 phɑ45
0030. 马 mɑ42
0031. 骂 mɑ44
0032. 茶 tshɑ45
0033. 沙 sɑ53
0034. 假真～tɕiɑ42
0035. 嫁 tɕiɑ44
0036. 牙 Øiɑ45
0037. 虾 ɕiɑ53
0038. 下底～xɑ44
0039. 夏春～ɕiɑ44
0040. 哑 ȵiɑ42

0041. 姐 tɕiɛ45
0042. 借 tɕiɛ44
0043. 写 ɕiɛ42
0044. 斜 ɕiɛ45
0045. 谢 ɕiɛ44
0046. 车不是棋子 tʂhɤ53
0047. 蛇 ʂɤ45
0048. 射 ʂɤ44
0049. 爷 Øiɛ45
0050. 野 Øiɛ42
0051. 夜 Øiɛ44
0052. 瓜 kuɑ53
0053. 瓦 Øuɑ42
0054. 花 xuɑ53
0055. 化 xuɑ44
0056. 华中～xuɑ42
0057. 谱家～phu42
0058. 布 phu44
0059. 铺 phu53

0060. 簿 pu44
0061. 步 pu44
0062. 赌 təu42
0063. 土 thəu42
0064. 图 thəu45
0065. 杜 təu44
0066. 奴 ȵəu45
0067. 路 ləu44
0068. 租 tɕiəu53
0069. 做 tsəu44
0070. 错对～tshuo44
0071. 箍～桶 ku53
0072. 古 ku42
0073. 苦 khu42
0074. 裤 khu44
0075. 吴 Øu45
0076. 五 Øu42
0077. 虎 xu42
0078. 壶 xu45
0079. 户 xu44

337

0080. 乌 Øu53	0112. 树 ʃu44	0145. 街 tɕiɛ53	0178. 碎 ʃuei44
0081. 女 ȵy42	0113. 句 tɕy44	0146. 解～开 tɕiɛ42	0179. 灰 xuei53
0082. 吕 Øy42	0114. 区地～ tɕhy53	0147. 鞋 xai45	0180. 回 xuei45
0083. 徐 ɕy45	0115. 遇 Øy44	0148. 蟹 xai45	0181. 外 Øuai44
0084. 猪 tʃu53	0116. 雨 Øy42	0149. 矮 ŋai42	0182. 会开～ xuei44
0085. 除 tʃhu45	0117. 芋 Øy44	0150. 败 pai44	0183. 怪 kuai44
0086. 初 tshəu53	0118. 裕 Øy44	0151. 币 pi44	0184. 块 khuai42
0087. 锄 tshəu45	0119. 胎 thai53	0152. 制～造 tsʅ44	0185. 怀 xuai45
0088. 所 suo42	0120. 台戏～ thai45	0153. 世 sʅ44	0186. 坏 xuai44
0089. 书 ʃu53	0121. 袋 tai44	0154. 艺 Øi44	0187. 拐 kuai42
0090. 鼠 ʃu42	0122. 来 lai45	0155. 米 mi42	0188. 挂 kua44
0091. 如 ʒu45	0123. 菜 tshai44	0156. 低 tɕi53	0189. 歪 Øuai53
0092. 举 tɕy42	0124. 财 tshai45	0157. 梯 tɕhi53	0190. 画 xua44
0093. 锯名 tɕy44	0125. 该 kai53	0158. 剃 tɕhi44	0191. 快 khuai44
0094. 去 tɕhi44	0126. 改 kai42	0159. 弟 tɕi44	0192. 话 xua44
0095. 渠～道 tɕhy45	0127. 开 khai53	0160. 递 tɕi44	0193. 岁 ʃuei44
0096. 鱼 Øy45	0128. 海 xai42	0161. 泥 ȵi45	0194. 卫 Øuei44
0097. 许 ɕy42	0129. 爱 ŋai44	0162. 犁 li45	0195. 肺 fi44
0098. 余剩～，多～ Øy45	0130. 贝 pei44	0163. 西 ɕi53	0196. 桂 kuei44
0099. 府 fu42	0131. 带动 tai44	0164. 洗 ɕi42	0197. 碑 pi53
0100. 付 fu44	0132. 盖动 kai44	0165. 鸡 tɕi53	0198. 皮 phi45
0101. 父 fu44	0133. 害 xai44	0166. 溪 ɕi53	0199. 被～子 pi44
0102. 武 vu42	0134. 拜 pai44	0167. 契 tɕhi42	0200. 紫 tsʅ42
0103. 雾 vu44	0135. 排 phai45	0168. 系联～ ɕi44	0201. 刺 tshʅ44
0104. 取 tɕhy42	0136. 埋 mai45	0169. 杯 phei53	0202. 知 tsʅ53
0105. 柱 tʃu44	0137. 戒 tɕiɛ44	0170. 配 phei44	0203. 池 tʃhʅ45
0106. 住 tʃu44	0138. 摆 pai42	0171. 赔 phei45	0204. 纸 tsʅ42
0107. 数动 səu42	0139. 派 phai44	0172. 背～桶 pei44	0205. 儿 Øər45
0108. 数名 səu44	0140. 牌 phai45	0173. 煤 mei45	0206. 寄 tɕi44
0109. 主 tʃu42	0141. 买 mai42	0174. 妹 mei44	0207. 骑 tɕhi45
0110. 输 ʃu53	0142. 卖 mai44	0175. 对 tuei44	0208. 蚁 Øi42
0111. 竖 ʃu44	0143. 柴 tshai45	0176. 雷 luei45	0209. 义 Øi44
	0144. 晒 sai44	0177. 罪 tʃuei44	0210. 戏 ɕi44

0211. 移 Øi45	0244. 喜 çi42	0277. 抱 pɑɔ44	0309. 校 çiɑɔ44
0212. 比 pi42	0245. 意 Øi44	0278. 毛 mɑɔ45	0310. 表手~ piɑɔ42
0213. 屁 phi44	0246. 几~个 tçi42	0279. 帽 mɑɔ44	0311. 票 phiɑɔ44
0214. 鼻 pi45	0247. 气 tçhi44	0280. 刀 tɑɔ53	0312. 庙 miɑɔ44
0215. 眉 mi45	0248. 希 çi53	0281. 讨 thɑɔ42	0313. 焦 tçiɑɔ53
0216. 地 tçi44	0249. 衣 Øi53	0282. 桃 thər45	0314. 小 çiɑɔ42
0217. 梨 li45	0250. 嘴 tʃuei42	0283. 道 tɑɔ44	0315. 笑 çiɑɔ44
0218. 资 tsʅ53	0251. 随 ʃuei45	0284. 脑 ȵɑɔ42	0316. 朝~代 tʂhɑɔ45
0219. 死 sʅ42	0252. 吹 tʃhuei53	0285. 老 lɑɔ42	0317. 照 tʂɑɔ44
0220. 四 sʅ44	0253. 垂 tʃhuei45	0286. 早 tsɑɔ42	0318. 烧 ʂɑɔ53
0221. 迟 tshʅ45	0254. 规 kuei53	0287. 灶 tsɑɔ44	0319. 绕~线 ʐɑɔ42
0222. 指 sʅ42	0255. 亏 khuei53	0288. 草 tshɑɔ42	0320. 桥 tçhiɑɔ45
0223. 师 tsʅ53	0256. 跪 kuei44	0289. 糙 tshɑɔ44	0321. 轿 tçhiɑɔ44
0224. 二 Øər44	0257. 危 Øuei45	0290. 造 tshɑɔ44	0322. 腰 Øiɑɔ53
0225. 饥~饿 tçi53	0258. 类 luei44	0291. 嫂 sɑɔ42	0323. 要重~ Øiɑɔ44
0226. 器 tçhi44	0259. 醉 tʃuei44	0292. 高 kɑɔ53	0324. 摇 Øiɑɔ45
0227. 姨 Øi45	0260. 追 tʃuei53	0293. 靠 khɑɔ44	0325. 鸟 ȵiɑɔ42
0228. 李 li42	0261. 锤 tʃhuei45	0294. 熬 ŋɑɔ45	0326. 钓 tçiɑɔ44
0229. 子 tsʅ42	0262. 水 ʃuei42	0295. 好~坏 xɑɔ42	0327. 条 tçhiɑɔ45
0230. 字 tsʅ44	0263. 龟 kuei53	0296. 号名 xɑɔ44	0328. 料 liɑɔ44
0231. 丝 sʅ53	0264. 季 tçi44	0297. 包 pɑɔ53	0329. 箫 çiɑɔ53
0232. 祠 tshʅ45	0265. 柜 kuei44	0298. 饱 pɑɔ42	0330. 叫 tçiɑɔ44
0233. 寺 sʅ44	0266. 位 Øuei44	0299. 炮 phɑɔ44	0331. 母丈~，舅~ mu42
0234. 治 tsʅ44	0267. 飞 fi53	0300. 猫 mər45	0332. 抖 təu42
0235. 柿 sʅ44	0268. 费 fi44	0301. 闹 ȵɑɔ44	0333. 偷 thəu53
0236. 事 sʅ44	0269. 肥 fi45	0302. 罩 tsɑɔ44	0334. 头 thəu45
0237. 使 sʅ42	0270. 尾 Øiɛ42	0303. 抓用手~牌 tʃua53	0335. 豆 təu44
0238. 试 sʅ44	0271. 味 vi44	0304. 找 tsɑɔ42	0336. 楼 ləu45
0239. 时 sʅ45	0272. 鬼 kuei42	0305. 抄 tshɑɔ53	0337. 走 tsəu42
0240. 市 sʅ44	0273. 贵 kuei44	0306. 交 tçiɑɔ53	0338. 凑 tshəu44
0241. 耳 Øər42	0274. 围 Øuei45	0307. 敲 tçhiɑɔ53	0339. 钩 kəu53
0242. 记 tçi44	0275. 胃 Øuei44	0308. 孝 çiɑɔ44	
0243. 棋 tçhi45	0276. 宝 pɑɔ42		

0340. 狗 kəu42	0372. 丢 tɕiəu53	0404. 衫 san53	0436. 协 ɕiɛ45
0341. 够 kəu44	0373. 幼 Øiəu44	0405. 监 tɕian53	0437. 犯 fan44
0342. 口 khəu42	0374. 贪 than53	0406. 岩 Øiɛ45	0438. 法 fa42
0343. 藕 ŋəu42	0375. 潭 than53	0407. 甲 tɕia42	0439. 品 phin42
0344. 后前~ xəu44	0376. 南 n̠an45	0408. 鸭 Øia53	0440. 林 lin45
0345. 厚 xəu44	0377. 蚕 tshan45	0409. 黏~液 z̩an45	0441. 浸 tɕin42
0346. 富 fu44	0378. 感 kan42	0410. 尖 tɕian53	0442. 心 ɕin53
0347. 副 fu44	0379. 含~一口水 xan45	0411. 签~名 tɕhian45	0443. 寻 ɕin45
0348. 浮 fu45			0444. 沉 tʂhən45
0349. 妇 fu44	0380. 暗 ŋan42	0412. 占~领 tʂan44	0445. 参人~ sən53
0350. 流 liəu45	0381. 搭 ta53	0413. 染 z̩an42	0446. 针 tʂən53
0351. 酒 tɕiəu42	0382. 踏 tha45	0414. 钳 tɕhian45	0447. 深 ʂən53
0352. 修 ɕiəu53	0383. 拉 la53	0415. 验 Øian44	0448. 任责~ z̩ən44
0353. 袖 ɕiəu44	0384. 杂 tsa45	0416. 险 ɕian42	0449. 金 tɕin53
0354. 抽 tʂhəu53	0385. 鸽 kɤ53	0417. 厌 Øian44	0450. 琴 tɕhin45
0355. 绸 tʂhəu45	0386. 盒 xuo45	0418. 炎 Øian44	0451. 音 Øin53
0356. 愁 tʂhəu45	0387. 胆 tan42	0419. 盐 Øian45	0452. 立 li53
0357. 瘦 səu44	0388. 毯 than45	0420. 接 tɕiɛ53	0453. 集 tɕi53
0358. 州 tʂəu53	0389. 淡 tan44	0421. 折~叠 tʂɤ42	0454. 习 ɕi45
0359. 臭香~ tʂhəu44	0390. 蓝 lan45	0422. 叶树~ Øiɛ42	0455. 汁 tʂɿ53
	0391. 三 san53	0423. 剑 tɕian44	0456. 十 ʂɿ45
0360. 手 ʂəu42	0392. 甘 kan53	0424. 欠 tɕhian44	0457. 入 ʐu42
0361. 寿 ʂəu44	0393. 敢 kan42	0425. 严 Øian45	0458. 急 tɕi45
0362. 九 tɕiəu42	0394. 喊 xan42	0426. 业 n̠iɛ42	0459. 及 tɕi42
0363. 球 tɕhiəu45	0395. 塔 tha42	0427. 点 tɕian42	0460. 吸 ɕi53
0364. 舅 tɕiəu44	0396. 蜡 la42	0428. 店 tɕian44	0461. 单简~ tan53
0365. 旧 tɕiəu44	0397. 赚 tʃuan44	0429. 添 tɕhian53	0462. 炭 than44
0366. 牛 n̠iəu45	0398. 杉~木 sa53	0430. 甜 tɕhian45	0463. 弹~琴 than45
0367. 休 ɕiəu53	0399. 减 tɕian42	0431. 念 n̠ian44	0464. 难~易 n̠an45
0368. 优 Øiəu53	0400. 咸~淡 ɕian45	0432. 嫌 ɕian45	0465. 兰 lan45
0369. 有 Øiəu42	0401. 插 tsha53	0433. 跌 tɕiɛ53	0466. 懒 lan42
0370. 右 Øiəu44	0402. 闸 tsa44	0434. 贴 tɕhiɛ53	0467. 烂 lan44
0371. 油 Øiəu45	0403. 夹~子 tɕia53	0435. 碟 tɕiɛ45	0468. 伞 san53

0469. 肝 kan53
0470. 看～见 khan44
0471. 岸 ŋan44
0472. 汉 xan44
0473. 汗 xan44
0474. 安 ŋan53
0475. 达 ta45
0476. 辣 la42
0477. 擦 tsha53
0478. 割 kɤ53
0479. 渴 khɤ42
0480. 扮 pan44
0481. 办 pan44
0482. 铲 tshan42
0483. 山 san53
0484. 产 tshan42
0485. 间 房～，一～房 tɕian53
0486. 眼 ȵian42
0487. 限 ɕian44
0488. 八 pa53
0489. 扎 tsa53
0490. 杀 sa53
0491. 班 pan53
0492. 板 pan42
0493. 慢 man44
0494. 奸 tɕian53
0495. 颜 Øian45
0496. 瞎 xa53
0497. 变 pian44
0498. 骗欺～ phian44

0499. 便方～ pian44
0500. 棉 mian45
0501. 面～孔 mian44
0502. 连 lian45
0503. 剪 tɕian42
0504. 浅 tɕhian42
0505. 钱 tɕhian45
0506. 鲜 ɕyan53
0507. 线 ɕian44
0508. 缠 tshan45
0509. 战 tsan44
0510. 扇 san44
0511. 善 san44
0512. 件 tɕian44
0513. 延 Øian45
0514. 别～人 piɛ45
0515. 灭 miɛ42
0516. 列 liɛ42
0517. 撒 tshɤ42
0518. 舌 sɤ45
0519. 设 sɤ42
0520. 热 zɤ42
0521. 杰 tɕiɛ45
0522. 孽 ȵiɛ42
0523. 建 tɕian44
0524. 健 tɕian44
0525. 言 Øian45
0526. 歇 ɕiɛ53
0527. 扁 pian42
0528. 片 phian42
0529. 面～条 mian44

0530. 典 tɕian42
0531. 天 tɕhian53
0532. 田 tɕhian45
0533. 垫 tɕian44
0534. 年 ȵian45
0535. 莲 lian45
0536. 前 tɕhian45
0537. 先 ɕian53
0538. 肩 tɕian53
0539. 见 tɕian44
0540. 牵 tɕhian53
0541. 显 ɕian42
0542. 现 ɕian44
0543. 烟 Øian53
0544. 憋 piɛ53
0545. 篾 miɛ53
0546. 铁 tɕhiɛ42
0547. 捏 ȵiɛ53
0548. 节 tɕiɛ53
0549. 切动 tɕhiɛ53
0550. 截 tɕiɛ45
0551. 结 tɕiɛ53
0552. 搬 pan53
0553. 半 pan44
0554. 判 phan44
0555. 盘 phan45
0556. 满 man42
0557. 端～午 tuan53
0558. 短 tuan42
0559. 断绳～了 tuan44
0560. 暖 ȵuan42
0561. 乱 luan44

0562. 酸 ʃuan53
0563. 算 ʃuan44
0564. 官 kuan53
0565. 宽 khuan53
0566. 欢 kuan53
0567. 完 Øuan45
0568. 换 kuan44
0569. 碗 Øuan42
0570. 拨 puo53
0571. 泼 phuo53
0572. 末 muo42
0573. 脱 thuo53
0574. 夺 tuo45
0575. 阔 khuo53
0576. 活 xuo45
0577. 顽～皮 Øuan45
0578. 滑 xua45
0579. 挖 Øua53
0580. 闩 ʃuan53
0581. 关～门 kuan53
0582. 惯 kuan44
0583. 还动 xuan45
0584. 还副 xai45
0585. 弯 Øuan53
0586. 刷 ʃua53
0587. 刮 kua53
0588. 全 tʃhuan45
0589. 选 ʃuan42
0590. 转～眼，～送 tʃuan42
0591. 传～下来 tʃhuan45
0592. 传～记

tʃuan44

0593. 砖 tʃuan53
0594. 船 tʃhuan45
0595. 软 ʒuan42
0596. 卷~起 tɕyan42
0597. 圈圆~ tɕhyan42
0598. 权 tɕhyan45
0599. 圆 Øyan45
0600. 院 Øyan44
0601. 铅~笔 tɕhian53
0602. 绝 tɕyɛ45
0603. 雪 ɕyɛ42
0604. 反 fan42
0605. 翻 fan53
0606. 饭 fan44
0607. 晚 van42
0608. 万麻将牌 van44
0609. 劝 tɕhyan44
0610. 原 Øyan45
0611. 冤 Øyan53
0612. 园 Øyan45
0613. 远 Øyan42
0614. 发头~ fa53
0615. 罚 fa45
0616. 袜 va53
0617. 月 Øyɛ42
0618. 越 Øyɛ42
0619. 县 ɕian44
0620. 决 tɕyɛ42
0621. 缺 tɕhyɛ53

0622. 血 ɕiɛ42
0623. 吞 thəŋ53
0624. 根 kən53
0625. 恨 xən44
0626. 恩 ŋən53
0627. 贫 phin45
0628. 民 min45
0629. 邻 lin45
0630. 进 tɕin44
0631. 亲 tɕhin53
0632. 新 ɕin53
0633. 镇 tʂən44
0634. 陈 tʂhən45
0635. 震 tʂən44
0636. 神 ʂən45
0637. 身 ʂən53
0638. 辰 ʂən45
0639. 人 zən45
0640. 认 zən44
0641. 紧 tɕin42
0642. 银 Øin45
0643. 印 Øin44
0644. 引 Øin42
0645. 笔 pi53
0646. 匹 phi45
0647. 密 mi42
0648. 栗 li42
0649. 七 tɕhi53
0650. 侄 tʂʅ45
0651. 虱 sei53
0652. 实 ʂʅ45
0653. 失 ʂʅ53
0654. 日 zʅ42

0655. 吉 tɕi53
0656. 一 Øi53
0657. 筋 tɕin53
0658. 劲有~ tɕin44
0659. 勤 tɕhin45
0660. 近 tɕin44
0661. 隐 Øin42
0662. 本 pən42
0663. 盆 phən45
0664. 门 mən45
0665. 墩 tuən53
0666. 嫩 nuən44
0667. 村 tʃhuən53
0668. 寸 tʃhuən44
0669. 蹲 tuən53
0670. 孙~子 ʃuən53
0671. 滚 kuən42
0672. 困 khuən44
0673. 婚 xuən53
0674. 魂 xuən45
0675. 温 Øuən53
0676. 卒棋子 tsəu45
0677. 骨 ku42
0678. 轮 luən45
0679. 俊 tʃuən44
0680. 笋 ʃuən45
0681. 准 tʃuən42
0682. 春 tʃhuən53
0683. 唇 ʃuən45
0684. 顺 ʃuən44
0685. 纯 tʃhuən45
0686. 闰 ʒuən44

0687. 均 tɕyən53
0688. 匀 Øyən45
0689. 律 Øy42
0690. 出 tʃhu53
0691. 橘 tɕy42
0692. 分动 fən53
0693. 粉 fən42
0694. 粪 fən44
0695. 坟 fən45
0696. 蚊 vən45
0697. 问 vən44
0698. 军 tɕyən53
0699. 裙 tɕhyən45
0700. 熏 ɕyən53
0701. 云~彩 Øyən45
0702. 运 Øyən44
0703. 佛~像 fɤ45
0704. 物 vɤ42
0705. 帮 paŋ53
0706. 忙 maŋ45
0707. 党 taŋ42
0708. 汤 thaŋ53
0709. 糖 thaŋ45
0710. 浪 laŋ44
0711. 仓 tshaŋ53
0712. 钢 kaŋ53
0713. 糠 khaŋ53
0714. 薄形 puo45
0715. 摸 muo53
0716. 托 thuo53
0717. 落 luo42
0718. 作 tsuo42
0719. 索 suo42

0720. 各 kɤ42
0721. 鹤 xuo42
0722. 恶 ŋɤ42
0723. 娘 ȵiaŋ45
0724. 两斤 ~ liaŋ42
0725. 亮 liaŋ44
0726. 浆 tɕiaŋ44
0727. 抢 tɕhiaŋ42
0728. 匠 tɕiaŋ44
0729. 想 ɕiaŋ42
0730. 像 ɕiaŋ44
0731. 张量 tsaŋ53
0732. 长 ~短 tʂhaŋ45
0733. 装 tʃuaŋ53
0734. 壮 tʃuaŋ44
0735. 疮 tʃhuaŋ53
0736. 床 tʃhuaŋ45
0737. 霜 ʃuaŋ53
0738. 章 tsaŋ53
0739. 厂 tʂhaŋ42
0740. 唱 tʂhaŋ44
0741. 伤 ʂaŋ53
0742. 尝 ʂaŋ45
0743. 上 ~去 ʂaŋ44
0744. 让 zaŋ44
0745. 姜生 ~ tɕiaŋ53
0746. 响 ɕiaŋ42
0747. 向 ɕiaŋ44
0748. 秧 Øiaŋ53
0749. 痒 Øiaŋ42
0750. 样 Øiaŋ44
0751. 雀 tɕhyɛ42

0752. 削 ɕyɛ42
0753. 着火 ~了 tɕhyɛ45
0754. 勺 ʂɤ45
0755. 弱 zɤ42
0756. 脚 tɕyɛ42
0757. 约 Øyɛ42
0758. 药 Øyɛ42
0759. 光 ~线 kuaŋ53
0760. 慌 xuaŋ53
0761. 黄 xuaŋ45
0762. 郭 kuo53
0763. 霍 xuo42
0764. 方 faŋ53
0765. 放 faŋ44
0766. 纺 faŋ42
0767. 房 faŋ45
0768. 防 faŋ45
0769. 网 vaŋ42
0770. 筐 khuaŋ53
0771. 狂 khuaŋ45
0772. 王 Øuaŋ45
0773. 旺 Øuaŋ44
0774. 缚 fɤ42
0775. 绑 paŋ42
0776. 胖 phaŋ44
0777. 棒 paŋ44
0778. 桩 tʃuaŋ53
0779. 撞 tʃhuaŋ42
0780. 窗 tʃhuaŋ53
0781. 双 ʃuaŋ53
0782. 江 tɕiaŋ53
0783. 讲 tɕiaŋ42

0784. 降投 ~ ɕiaŋ45
0785. 项 xaŋ44
0786. 剥 puo53
0787. 桌 tʃuo53
0788. 镯 tʃuo45
0789. 角 tɕyɛ42
0790. 壳 khɤ42
0791. 学 ɕyɛ45
0792. 握 Øuo42
0793. 朋 phəŋ45
0794. 灯 təŋ53
0795. 等 təŋ42
0796. 凳 təŋ44
0797. 藤 thəŋ45
0798. 能 nəŋ45
0799. 层 tshəŋ45
0800. 僧 səŋ53
0801. 肯 khən42
0802. 北 pei42
0803. 墨 mei45
0804. 得 tei42
0805. 特 thei42
0806. 贼 tsei45
0807. 塞 sei53
0808. 刻 khei53
0809. 黑 xei53
0810. 冰 piŋ53
0811. 证 tsəŋ44
0812. 秤 tʂhəŋ44
0813. 绳 ʂəŋ45
0814. 剩 ʂəŋ44
0815. 升 ʂəŋ53
0816. 兴高 ~ ɕiŋ53

0817. 蝇 Øiŋ45
0818. 逼 pi53
0819. 力 li53
0820. 息 ɕi53
0821. 直 tʂʅ45
0822. 侧 tshei42
0823. 测 tshei42
0824. 色 sei42
0825. 织 tsʅ42
0826. 食 sʅ45
0827. 式 sʅ44
0828. 极 tɕi45
0829. 国 kuei42
0830. 或 xuei45
0831. 猛 məŋ42
0832. 打 ta42
0833. 冷 ləŋ42
0834. 生 səŋ53
0835. 省 ~长 səŋ42
0836. 更三~，打~ kəŋ53
0837. 梗 kəŋ53
0838. 坑 khəŋ53
0839. 硬 ȵiŋ44
0840. 行 ~为，~走 ɕiŋ45
0841. 百 pei42
0842. 拍 phei53
0843. 白 pei45
0844. 拆 tshei53
0845. 择 tsei45
0846. 窄 tsei42
0847. 格 kei42

0848. 客 khei42	0881. 轻 tɕiŋ53	0914. 永 Øyŋ44	0947. 宋 suŋ44
0849. 额 ŋei42	0882. 赢 Øiŋ45	0915. 营 Øiŋ45	0948. 毒 təu45
0850. 棚 phəŋ45	0883. 积 tɕi53	0916. 蓬～松 phəŋ45	0949. 风 fəŋ53
0851. 争 tsəŋ53	0884. 惜 ɕi53	0917. 东 tuŋ53	0950. 丰 fəŋ53
0852. 耕 kəŋ53	0885. 席 ɕi45	0918. 懂 tuŋ42	0951. 凤 fəŋ44
0853. 麦 mei42	0886. 尺 tʂʅ42	0919. 冻 tuŋ44	0952. 梦 məŋ44
0854. 摘 tsei45	0887. 石 ʂʅ45	0920. 通 thuŋ53	0953. 中当～ tsuŋ53
0855. 策 tshei42	0888. 益 Øi42	0921. 桶 thuŋ42	0954. 虫 tshuŋ45
0856. 隔 kei42	0889. 瓶 phiŋ45	0922. 痛 thuŋ53	0955. 终 tsuŋ53
0857. 兵 piŋ53	0890. 钉 tɕiŋ53	0923. 铜 thuŋ45	0956. 充 tshuŋ53
0858. 柄 piŋ42	0891. 顶 tɕiŋ42	0924. 动 tuŋ44	0957. 宫 kuŋ53
0859. 平 phiŋ45	0892. 厅 tɕhiŋ53	0925. 洞 tuŋ44	0958. 穷 tɕhyŋ45
0860. 病 piŋ44	0893. 听～见 tɕhiŋ53	0926. 聋 luŋ45	0959. 熊 ɕyŋ45
0861. 明 miŋ45	0894. 停 tɕhiŋ45	0927. 弄 luŋ44	0960. 雄 ɕyŋ45
0862. 命 miŋ44	0895. 挺 tɕhiŋ42	0928. 粽 tsuŋ44	0961. 福 fu42
0863. 镜 tɕiŋ44	0896. 定 tɕiŋ44	0929. 葱 tshuŋ53	0962. 服 fu42
0864. 庆 tɕhiŋ44	0897. 零 liŋ45	0930. 送 suŋ44	0963. 目 mu42
0865. 迎 Øiŋ45	0898. 青 tɕhiŋ53	0931. 公 kuŋ53	0964. 六 liəu42
0866. 影 Øiŋ42	0899. 星 ɕiŋ53	0932. 孔 khuŋ42	0965. 宿住～，～舍 ɕy42
0867. 剧戏～ tɕy44	0900. 经 tɕiŋ53	0933. 烘～干 xuŋ53	
0868. 饼 piŋ42	0901. 形 ɕiŋ45	0934. 红 xuŋ45	0966. 竹 tsəu42
0869. 名 miŋ45	0902. 壁 pi53	0935. 翁 Øuŋ53	0967. 畜～生 tʃhu42
0870. 领 liŋ42	0903. 劈 phi53	0936. 木 mu42	0968. 缩 ʃuo53
0871. 井 tɕiŋ42	0904. 踢 tɕhi53	0937. 读 təu45	0969. 粥 tsəu53
0872. 清 tɕhiŋ53	0905. 笛 tɕi45	0938. 鹿 ləu42	0970. 叔 səu53
0873. 静 tɕiŋ44	0906. 历农～ li45	0939. 族 tshəu42	0971. 熟 səu45
0874. 姓 ɕiŋ44	0907. 锡 ɕi53	0940. 谷稻～ ku42	0972. 肉 ʐəu44
0875. 贞 tʂən53	0908. 击 tɕi53	0941. 哭 khu53	0973. 菊 tɕy42
0876. 程 tʂhəŋ45	0909. 吃 tʂhʅ53	0942. 屋 Øu53	0974. 育 Øy45
0877. 整 tsəŋ42	0910. 横 xuəŋ44	0943. 冬～至 tuŋ53	0975. 封 fəŋ53
0878. 正～反 tsəŋ44	0911. 划计～ xuɑ44	0944. 统 thuŋ42	0976. 蜂 fəŋ53
0879. 声 ʂəŋ53	0912. 兄 ɕyŋ53	0945. 脓 ȵuŋ45	0977. 缝一条～ fəŋ45
0880. 城 tʂhəŋ45	0913. 荣 Øyŋ45	0946. 松～紧 suŋ53	0978. 浓 luŋ45

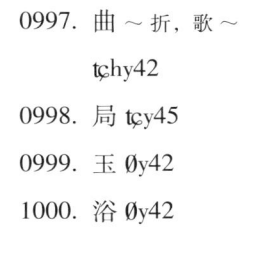

0979. 龙 luŋ45
0980. 松～树 ʃuŋ53
0981. 重轻～ tʃuŋ44
0982. 肿 tʃuŋ42
0983. 种～树 tʃuŋ44
0984. 冲 tʃhuŋ53

0985. 恭 kuŋ53
0986. 共 kuŋ44
0987. 凶吉～ çyŋ53
0988. 拥 ɵyŋ53
0989. 容 ɵyŋ45
0990. 用 ɵyŋ44

0991. 绿 liəu42
0992. 足 tçy42
0993. 烛 tsəu53
0994. 赎 səu45
0995. 属 səu45
0996. 褥 z̻əu42

0997. 曲～折，歌～ tçhy42
0998. 局 tçy45
0999. 玉 ɵy42
1000. 浴 ɵy42

第三章 词 汇

第一节 规定词汇

一、天文、地理

（一）天文

0001. 太阳～下山了 日头 Øər45thəu0/太阳 thai44Øiaŋ0

0002. 月亮～出来了 月亮 Øyɛ45liaŋ0/光光 kuaŋ45kuaŋ0

0003. 星星 星星 ɕiŋ45ɕiŋ0

0004. 云 云 Øyən45

0005. 风 风 fəŋ53

0006. 台风 无

0007. 闪电名词 闪电 ʂan45tɕhian0

0008. 雷 雷 luei45

0009. 雨 雨 Øy42

0010. 下雨 下雨 ɕia44Øy42

0011. 淋衣服被雨～湿了 淋 Øyən45

0012. 晒～粮食 晒 sai44

0013. 雪 雪 ɕyɛ42

0014. 冰 冰 piŋ53/冰棱 piŋ45ləŋ0

0015. 冰雹 冷子 ləŋ45ʐʅ0/硬雨 ȵiŋ44Øy42

0016. 霜 霜 ʃuaŋ53

0017. 雾 雾 vu44

0018. 露 露水 ləu44ʃuei0

0019. 虹统称 虹 tɕiaŋ44

0020. 日食 天狗吃太阳 tɕhian45kəu0tʂʅ53thai44Øiaŋ0/天黑地暗 tɕhian53xei53tɕi44ŋan42 日头受难 Øər45thəu0ʂəu44ȵan44

0021. 月食 天狗吃月亮 tɕhian45kəu0tʂʅ53Øyɛ45liaŋ0

0022. 天气 天 tɕhian53

0023. 晴天～ 晴 tɕhiŋ45

0024. 阴天 暗 ŋan42

0025. 旱天～ 干 kan53

0026. 涝天～ 淋 lin44

0027. 天亮 天明了 tɕhian53miŋ44lau42

（二）地貌

0028. 水田 田 thian45

0029. 旱地浇不上水的耕地 地 tɕi44

0030. 田埂 田坎 thian42khan0

0031. 路野外的 路 ləu44

0032. 山 山 san53

0033. 山谷 山沟沟 san53kəu45kəu0

0034. 江大的河　江 tɕiaŋ53/河 xuo45

0035. 溪小的河　小河河
　　　　ɕiɔ44xuo42xuo45

0036. 水沟儿较小的水道　水沟沟
　　　　ʃuei44kəu45kəu0

0037. 湖　湖 xu45

0038. 池塘　池塘 tʂʅ42thaŋ0/堰塘
　　　　Øian42thaŋ0/池 tʂʅ45

0039. 水坑儿地面上有积水的小洼儿
　　　　水坑坑 ʃuei44khəŋ45khəŋ0

0040. 洪水　大水 ta44ʃuei42

0041. 淹被水~了　淹 n̠ian53

0042. 河岸　河坎 xuo42khan0/
　　　　河岸岸 xuo45ŋan44ŋan0

0043. 坝拦河修筑拦水的　坝 pa44/堰
　　　　Øian44

0044. 地震　地动 tɕi44tuŋ44

0045. 窟窿小的　眼眼 n̠ian45n̠ian0/
　　　　洞洞 tuŋ44tuŋ0

0046. 缝儿统称　缝缝 fəŋ44fəŋ0

（三）物象

0047. 石头统称　石头 ʂʅ42thəu42

0048. 土统称　土 thəu42

0049. 泥湿的　泥巴 n̠i42pa0

0050. 水泥旧称　洋灰 Øiaŋ45xuei53

0051. 沙子　沙 sa53

0052. 砖整块的　砖 tʃuan53

0053. 瓦整块的　瓦 Øua42

0054. 煤　煤 mei45

0055. 煤油　洋油 Øiaŋ45Øəu45

0056. 炭木炭　炭 than44

0057. 灰烧成的　灰 xuei53

0058. 灰尘桌面上的　灰灰 xuei45xuei0

0059. 火　火 xuo42

0060. 烟烧火形成的　烟烟 Øian45Øian0

0061. 失火　着火 tʂɤ45xuo42

0062. 水　水 ʃuei42

0063. 凉水　冷水 ləŋ45ʃuei0

0064. 热水如洗脸的热水，不是指喝的开水
　　　　热水 zɤ45ʃuei0

0065. 开水喝的　开水 khai45ʃuei0

0066. 磁铁　吸铁石 ɕi53thiɛ0ʂʅ45

二、时间、方位

（一）时间

0067. 时候吃饭的~　咱 tsaŋ45

0068. 什么时候　啥时儿 ʃua45sər0

0069. 现在　咱会儿 tsaŋ44xuər0

0070. 以前十年~　前 tɕhian45/以前
　　　　Øi42tɕhian45

0071. 以后十年~　后 xəu44/以后
　　　　Øi42xəu44

0072. 一辈子　一辈子 Øi42pei44zʅ0

0073. 今年　今年 tɕin45n̠ian0

0074. 明年　明年 miŋ42n̠ian42

0075. 后年　后年 xəu44n̠ian0

0076. 去年　年时个儿 n̠ian42sʅ45kər0

0077. 前年　前年个儿 tɕhian42n̠ian45
　　　　kər0

0078. 往年过去的年份　往年 vaŋ45n̠ian42

0079. 年初　年头 n̠ian45thəu45

0080. 年底　年底 n̠ian45tɕi42

0081. 今天　今儿 tɕiər53

0082. 明天　明儿 miər45

0083. 后天　后儿 xuər44

0084. 大后天　外后儿 Øuai44xuər0

0085. 昨天　夜个儿 Øian45kər0

0086. 前天　前儿那 tɕhiər45ȵa42

0087. 大前天　上前儿那
ʂaŋ44tɕhiər45ȵa42

0088. 整天　一天 Øi53thian53

0089. 每天　天天 thian45thian0

0090. 早晨　赶早 kan53tsɑ42／早起
tsɑ45tɕhi0／［早上］tsɑŋ45

0091. 上午　上半儿 ʂaŋ44pər0／晌午
ʂaŋ44Øu0

0092. 中午　午时 Øu45sɿ0／小晌午
ɕiɑ44ʂaŋ45Øu0／晌午 ʂaŋ45Øu0

0093. 下午　下半儿 ɕia44pər0／晃
xuaŋ44

0094. 傍晚　擦黑 tsha42xei53／麻影
ma42Øiŋ45

0095. 白天　［白日儿］家 piər45tɕia0

0096. 夜晚 与白天相对，统称　黑家
xei42tɕia0

0097. 半夜　半夜 pan44Øiɛ0

0098. 正月 农历　正月 tʂəŋ45Øyɛ0

0099. 大年初一 农历　大年初一
tɑ44ȵian0tshəu45Øi0／正月初一
tʂəŋ53Øyɛ0tshəu45Øi0

0100. 元宵节　正月十五
tʂəŋ53Øyɛ0ʂɿ44Øu42

0101. 清明　清明 tɕhiŋ45miŋ0

0102. 端午　五月端午
Øu45Øyɛ0tuan45Øu0

0103. 七月十五 农历，节日名　七月十五
tɕhi53Øyɛ0ʂɿ44Øu42

0104. 中秋　八月十五
pɑ53Øyɛ0ʂɿ44Øu42

0105. 冬至　冬至儿 tuŋ53tsər45

0106. 腊月 农历十二月　腊月 lɑ45Øyɛ0

0107. 除夕 农历　大年三十儿
tɑ44ȵian45san45ʂər0

0108. 历书　黄历 xuaŋ42li0／历书
li45ʃu0

0109. 阴历　阴历 Øin53li45／农历
ȵuŋ45li45

0110. 阳历　阳历 Øiaŋ45li45

0111. 星期天　星期日 ɕin45tɕhi0ʐe0／
礼拜天 li45pai44thian0

（二）方位

0112. 地方　地方 tɕi44faŋ0

0113. 什么地方　啥地方
ʃua45tɕi44faŋ0／啊节 Øa42tɕiɛ45

0114. 家里　屋里 Øu45li0

0115. 城里　城里 tʂhəŋ42li0

0116. 乡下　乡里 ɕiaŋ45li0

0117. 上面 从～滚下来　高头 kɑ45thəu0

0118. 下面 从～爬上去　底下 tɕi45xa0／
底 tɕiɛ45

0119. 左边　左岸 tʃua45ŋan0

0120. 右边　右岸 Øiəu44ŋan0

0121. 中间 排队排在～　中间
tʃuŋ45tɕian0

0122. 前面 排队排在～　前头
tɕhian42thəu0

0123. 后面 排队排在～　后头 xəu44thəu0

0124. 末尾 排队排在～　巴巴尾儿
pa44pa44Øiər45

0125. 对面　背面 pei44mian44

0126. 面前　跟前 kən45tɕhian0

0127. 背后　后头 xəu44thəu0

0128. 里面躲在～　里头 li45thəu0

0129. 外面衣服晒在～　外头 Øuai44thəu0

0130. 旁边　边边 pian45pian0/肋巴 lei45pɑ0

0131. 上碗在桌子～　高头 kɑɔ45thəu0/高 kɑɔ53

0132. 下凳子在桌子～　底下 tɕi45xɑ0/底 tɕiɛ45

0133. 边儿桌子的～　边边 pian45pian0/沿沿 Øian42Øian45

0134. 角儿桌子的～　角角 tɕyɛ45tɕyɛ0

0135. 上去他～了　上去 ʂaŋ44tɕhi0

0136. 下来他～了　下来 xɑ44lai0

0137. 进去他～了　进去 tɕin44tɕhi0

0138. 出来他～了　出来 tʃhu45lai0

0139. 出去他～了　出去 tʃhu45tɕhi0

0140. 回来他～了　回来 xuei42lai0

0141. 起来天冷～了　开 khai53

三、植物

（一）一般植物

0142. 树　树 ʃu44

0143. 木头　木头 mu45thəu0

0144. 松树统称　松树 ʃuŋ45ʃu0

0145. 柏树统称　柏树 pei45ʃu0

0146. 杉树　杉树 sɑ45ʃu0

0147. 柳树　柳树 liəu45ʃu0

0148. 竹子统称　竹子 tsəu45zʅ0

0149. 笋　竹笋 tsəu42ʃuən45

0150. 叶子　叶叶 Øiɛ45Øiɛ0

0151. 花　花儿 xuər53

0152. 花蕾花骨朵儿　花儿苞苞 xuər53pɑɔ45pɑɔ0

0153. 梅花　梅花儿 mei42xuər0

0154. 牡丹　牡丹 mu45tan0

0155. 荷花　莲花儿 lian42xuər45

0156. 草　草草 tshɑɔ45tshɑɔ0

0157. 藤　蔓蔓 van44van0

0158. 刺名词　刺 tshʅ44

0159. 水果　水果 ʃuei42kuɔ42/果果 kuɔ45kuɔ0/果木 kuɔ45mu0

0160. 苹果　苹果 phiŋ42kuɔ42

0161. 桃子　桃儿 thər45

0162. 梨　梨儿 liər45

0163. 李子　李 li42

0164. 杏　杏儿 xər44

0165. 橘子　橘 tɕy42

0166. 柚子　柚 Øiəu44

0167. 柿子　柿 sʅ44

0168. 石榴　石榴 ʂʅ42liəu42

0169. 枣　枣儿 tsər45

0170. 栗子　板栗 pan45li0

0171. 核桃　核桃 xɤ42thɑɔ0

0172. 银杏白果　白果 pei42kuɔ42

0173. 甘蔗　甘蔗 kan45tʂɤ42

0174. 木耳　耳子 Øər45zʅ0

0175. 蘑菇野生的　菌子 tɕyən44zʅ0

0176. 香菇　香菇 ɕiaŋ45ku0

（二）农作物

0177. 稻子指植物　水稻 ʃuei42tɑɔ42

0178. 稻谷指籽实（脱粒后是大米）
　　　谷 ku42
0179. 稻草脱粒后的　稻草 tɑɔ44tshɑ0
0180. 大麦指植物　大麦 tɑ44mei0
0181. 小麦指植物　麦 mei42
0182. 麦秸脱粒后的　麦草 mei45tshɑ0
0183. 谷子指植物（籽实脱粒后是小米）
　　　无
0184. 高粱指植物　高粱 kɑɔ45liaŋ0
0185. 玉米指成株的植物　包谷 pɑɔ45ku0
0186. 棉花指植物　棉花 mian42xuɑ0/
　　　花 xuɑ53
0187. 油菜油料作物，不是蔬菜　油菜 Øiəu45tshai44/菜 tshai44
0188. 芝麻　芝麻 tsʅ45mɑ0
0189. 向日葵指植物　向日葵 ɕiaŋ44Øər44khuei45
0190. 蚕豆　胡豆 xu42təu45
0191. 豌豆　豌豆 Øuan45təu0
0192. 花生指果实，注意婉称　花生儿 xuɑ45sər0
0193. 黄豆　黄豆 xuaŋ42təu42
0194. 绿豆　绿豆 liəu45təu0
0195. 豇豆长条形的　豇豆 tɕiaŋ45təu0
0196. 大白菜东北～　白菜 pei42tshai42
0197. 包心菜卷心菜，圆白菜，球形的　包包菜 pɑɔ53pau0tshai44
0198. 菠菜　菠菜 puo45tshai0
0199. 芹菜　芹菜 tɕhin42tshai42
0200. 莴笋　莴笋 Øuo53ʃuən42
0201. 韭菜　韭菜 tɕiəu45tshai0
0202. 香菜芫荽　芫荽 Øian42ʃuei0
0203. 葱　葱 tʃhuŋ53

0204. 蒜　蒜 ʃuan44
0205. 姜　姜 tɕiaŋ53
0206. 洋葱　圆葱 Øyan45tʃhuŋ53
0207. 辣椒统称　辣子 lɑ45zʅ0
0208. 茄子统称　茄子 tɕhiɛ42zʅ0
0209. 西红柿　海柿 xai44sʅ44
0210. 萝卜统称　萝卜 luo42pu42
0211. 胡萝卜　红萝卜 xuŋ42luo45pu42
0212. 黄瓜　黄瓜 xuaŋ42kua53
0213. 丝瓜无棱的　丝瓜 sʅ45kua0
0214. 南瓜扁圆形或梨形，成熟时呈赤褐色
　　　北瓜 pei45kua0
0215. 荸荠　荸荠 pu42tɕi45
0216. 红薯统称　苕 ʂɑɔ45
0217. 马铃薯　洋芋 Øiaŋ45Øy44
0218. 芋头　芋头 Øy44thəu0
0219. 山药圆柱形的　山药 san45Øyɛ0
0220. 藕　藕 ŋəu42

四、动物

（一）一般动物

0221. 老虎　老虎 lɑɔ45xu0
0222. 猴子　猴儿 xər45
0223. 蛇统称　长虫 tʂhaŋ42tʃhuŋ0
0224. 老鼠家里的　老鼠 lɑɔ45ʃu0/
　　　高家 kau45tɕia0
0225. 蝙蝠　夜蝙蝠 Øiɛ44piɛ0fu0
0226. 鸟儿飞鸟，统称　鸟 ȵiau42/雀雀 tɕhyɛ45tɕhyɛ0
0227. 麻雀　宿宿 ɕy45ɕy0
0228. 喜鹊　麻野鹊 mɑ42Øiɛ45tɕhiɑɔ0
0229. 乌鸦　老鸹 lɑɔ45Øua0

0230. 鸽子　鹁鸽 pu42kɤ0

0231. 翅膀鸟的，统称　翅膀 tʂʅ44paŋ0

0232. 爪子鸟的，统称　爪爪 tsaɔ45tsaɔ0

0233. 尾巴　尾巴 Øi45pa0

0234. 窝鸟的　窝 Øuo53

0235. 虫子统称　虫虫 tʃhuŋ42tʃhuŋ45

0236. 蝴蝶统称　蛾蛾 ŋɤ42ŋɤ45

0237. 蜻蜓统称　蚂螂 maɑ42laŋ42

0238. 蜜蜂　蜂 fəŋ53

0239. 蜂蜜　蜂糖 fəŋ45thaŋ0

0240. 知了统称　知了 tsʅ42laɔ45

0241. 蚂蚁　蚂蚁 ma45Øiɛ0

0242. 蚯蚓　蛐蟮 tɕhy45ʂan0

0243. 蚕　蚕儿 tshər45

0244. 蜘蛛会结网的　蛛蛛 tʃu45tʃu0

0245. 蚊子统称　末子 muo45zʅ0

0246. 苍蝇统称　蝇 Øiŋ45

0247. 跳蚤咬人的　疙蚤 kɤ42tsaɔ0

0248. 虱子　虱 sei53

0249. 鱼　鱼 Øy45

0250. 鲤鱼　鲤鱼 li45Øy0

0251. 鳙鱼胖头鱼　大头鱼 ta44thəu44Øy45

0252. 鲫鱼　鲫鱼 tɕi45Øy0

0253. 甲鱼　鳖 piɛ53

0254. 鳞鱼的　甲 tɕia53

0255. 虾统称　虾 ɕia53

0256. 螃蟹统称　螃蟹 phan42xai0

0257. 青蛙统称　青蛙 tɕhiŋ45Øua0

0258. 癞蛤蟆表皮多疙瘩　蚧蚪 tɕiɛ44təu0

(二) 家畜、家禽

0259. 马　马 ma42

0260. 驴　毛驴 caɑ45ly45

0261. 骡　骡子 luo42zʅ0

0262. 牛　牛 ȵiəu45

0263. 公牛统称　犍牛 tɕian45ȵiəu0

0264. 母牛统称　母牛 mu45ȵiəu0

0265. 放牛　放牛 faŋ44ȵiəu45

0266. 羊　羊 Øiaŋ45

0267. 猪　猪 tʃu53

0268. 种猪配种用的公猪　脚猪 tɕyɛ45tʃu0

0269. 公猪成年的，已阉的　牙猪 Øia42tʃu53／青猪 tɕhiŋ45tʃu0

0270. 母猪成年的，未阉的　母猪 mu45tʃu53／奶结 ȵai45tɕiɛ0

0271. 猪崽　猪娃 tʃu45Øua0

0272. 猪圈　猪圈 tʃu53tɕyan42

0273. 养猪　喂猪 Øuei44tʃu53

0274. 猫　猫儿 mər45

0275. 公猫　男猫儿 ȵan42mər45

0276. 母猫　女猫儿 ȵy45mər0

0277. 狗统称　狗 kəu42

0278. 公狗　牙狗 Øia42kəu42

0279. 母狗　草狗 tshaɔ45kəu42

0280. 叫狗～　咬 ȵiau42

0281. 兔子　兔儿 thər44

0282. 鸡　鸡 tɕi53

0283. 公鸡成年的，未阉的　公鸡 kuŋ45tɕi0

0284. 母鸡已下过蛋的　母鸡 mu45tɕi0

0285. 叫公鸡～（打鸣儿）　叫鸣 tɕiaɔ44miŋ45

0286. 下鸡～蛋　下 ɕia44

0287. 孵～小鸡　菢 paɑ44

0288. 鸭　鸭子 Øia45zʅ0

0289. 鹅　鹅 ŋɤ45

0290. 阉~公的猪　骟 ʂan44

0291. 阉~母的猪　骟 ʂan44

0292. 阉~鸡　骟 ʂan44

0293. 喂~猪　喂 Øuei44

0294. 杀猪统称，注意婉称　杀猪 sa42tʃu53

0295. 杀~鱼　擘 phuo44

五、房舍、器具

（一）房舍

0296. 村庄一个~　村 tʃhuən53

0297. 胡同统称：一条~　巷巷 xaŋ45xaŋ0／道道 tɑɔ44tɑɔ0

0298. 街道　街 tɕiɛ53

0299. 盖房子　修房 ɕiəu53faŋ45

0300. 房子整座的，不包括院子　房 faŋ45

0301. 屋子房子里分隔而成的，统称　屋 Øu53

0302. 卧室　睡房 ʃuei44faŋ0

0303. 茅屋茅草等盖的　草房 tshɑɔ45faŋ0

0304. 厨房　灶火 tsau44xuo0

0305. 灶统称　锅头 kuo45thəu0

0306. 锅统称　锅 kuo53

0307. 饭锅煮饭的　锅 kuo53

0308. 菜锅炒菜的　锅 kuo53

0309. 厕所旧式的，统称　茅 mɑɔ45／厕所 tshei45ʃuo0

0310. 檩左右方向的　檩条 lin45thiɑɔ0

0311. 柱子　柱头 tʃu44thəu0

0312. 大门　大门 ta44mən45

0313. 门槛儿　门槛 mən42khan0

0314. 窗旧式的　窗 tʃhuaŋ53

0315. 梯子可移动的　梯 thi53

0316. 扫帚统称　扫 sɑɔ44／笤 tɕhiɑɔ45

0317. 扫地　□ tɕhyɛ53

0318. 垃圾　渣渣 tsa45tsa0

（二）家具

0319. 家具统称　家具 tɕia53tɕy44

0320. 东西我的~　东西 tuŋ45ɕi0

0321. 炕土、砖砌的，睡觉用　无

0322. 床木质的，睡觉用　床 tʃhuaŋ45

0323. 枕头　枕头 tʂən45thəu0

0324. 被子　铺盖 phu45kai0

0325. 棉絮　套子 thɑɔ44zʅ0

0326. 床单　单子 tan45zʅ0

0327. 褥子　坝铺盖 pɑ44phu42kai0／坝褥 pɑ44zəu0

0328. 席子　席 ɕi45

0329. 蚊帐　帐 tʂaŋ44

0330. 桌子统称　桌 tʃuo53

0331. 柜子统称　柜柜 kuei44kuei0

0332. 抽屉桌子的　抽匣 tʂhəu45ɕia0

0333. 案子长条形的　案 ŋan44

0334. 椅子统称　椅 Øi45

0335. 凳子统称　板凳 pan45thəŋ0

0336. 马桶有盖的　尿罐 ȵiɑ44kuan0

（三）用具

0337. 菜刀　菜刀 tshai44tɑɔ0

0338. 瓢舀水的　笊篱 kua45li0

0339. 缸　缸 kaŋ53

0340. 坛子装酒的~　坛子 than42zʅ0

0341. 瓶子装酒的~　瓶瓶 phiŋ42phiŋ45

0342. 盖子杯子的~　盖盖 kai44kai0

0343. 碗统称 碗 Øuan42

0344. 筷子 筷子 khuai44zʅ0

0345. 汤匙 勺勺 ʂɤ42ʂɤ45/调羹 thiaɔ42kəŋ45/鸭勺 Øia45ʂɤ0

0346. 柴火统称 柴 tshai45

0347. 火柴 洋火 Øiaŋ42xuo0/取灯 tɕhy45təŋ0

0348. 锁 锁 suo42

0349. 钥匙 钥匙 Øyɛ45sʅ0

0350. 暖水瓶 电壶 tɕian44xu45

0351. 脸盆 洗脸盆 ɕi45lian42phən0

0352. 洗脸水 洗脸水 ɕi45lian42ʃuei0

0353. 毛巾洗脸用 手巾 ʂəu45tɕin0

0354. 手绢 帕帕 pha44pha0/手帕 ʂəu45pha0

0355. 肥皂洗衣服用 洋碱 Øiaŋ45ɕian42

0356. 梳子旧式的，不是箆子 木梳 mu45səu0

0357. 缝衣针 针 tʂən53

0358. 剪子 剪 tɕian45

0359. 蜡烛 洋蜡 Øiaŋ45la42

0360. 手电筒 手电 ʂəu44tɕian44

0361. 雨伞挡雨的，统称 伞 san42

0362. 自行车 车车 tʂhɤ45tʂhɤ0

六、服饰、饮食

（一）服饰

0363. 衣服统称 衣裳 Øi45ʂaŋ0

0364. 穿～衣服 穿 tʃhuan53

0365. 脱～衣服 脱 thuo53

0366. 系～鞋带 绑 paŋ42

0367. 衬衫 衬衣 tshən44Øi0

0368. 背心带两条杠的，内衣 背心 pei44ɕin0

0369. 毛衣 毛衣 maɔ45i53

0370. 棉衣 袄袄 ŋaɔ45ŋaɔ0

0371. 袖子 袖 ɕiəu44

0372. 口袋衣服上的 包包 paɔ45paɔ0

0373. 裤子 裤 khu44

0374. 短裤外穿的 裤衩 khu44tsha0

0375. 裤腿 裤腿 khu44thuei0

0376. 帽子统称 帽子 maɔ44zʅ0/帽 maɔ44

0377. 鞋子 鞋 xai45

0378. 袜子 袜 va53

0379. 围巾 围脖 Øuei42puo45

0380. 围裙 裙裙 tɕhyn42tɕhyn45

0381. 尿布 尿片片 ȵiaɔ44phian44phian0/片片 phian44phian0

0382. 扣子 纽 ȵiəu45

0383. 扣～扣子 扣 khəu44

0384. 戒指 箍箍 ku45ku0

0385. 手镯 镯镯 tʃuo42tʃuo45

0386. 理发 剃头 tɕhi44thəu45

0387. 梳头 梳头 səu53thəu45

（二）饮食

0388. 米饭 蒸饭 tʂəŋ45fan0

0389. 稀饭用米熬的，统称 米汤 mi45thaŋ0

0390. 面粉麦子磨的，统称 灰面 xuei45mian0

0391. 面条统称 面 mian44

0392. 面儿玉米～，辣椒～ 面面 mian44mian0

0393. 馒头无馅儿的，统称 蒸馍

tṣəŋ45muo0

0394. 包子　包 pɑɔ53

0395. 饺子　饺 tɕiaɔ45

0396. 馄饨　疙瘩 kɤ45ta0

0397. 馅儿　馅 ɕyan44

0398. 油条长条形的，旧称　油条 Øiəu45thiɔ45

0399. 豆浆　豆浆 təu44tɕiaŋ0/白浆 pei42tɕiaŋ45

0400. 豆腐脑儿　豆腐脑脑 təu42fu0ɳɑɔ45ɳɑɔ0

0401. 元宵食品　元宵 Øiɛn42ɕiɑɔ0

0402. 粽子　粽子 tsuŋ44zŋ0/粽 tsuŋ44

0403. 年糕用黏性大的米或米粉做的　无

0404. 点心统称　点心 tɕian45ɕin0

0405. 菜吃饭时吃的，统称　菜 tshai44

0406. 干菜统称　干菜 kan45tshai0

0407. 豆腐　豆腐 təu44fu0

0408. 猪血当菜的　猪血 tʃu53ɕiɛ42

0409. 猪蹄当菜的　猪蹄蹄 tʃu53tɕhi42tɕhi45

0410. 猪舌头当菜的，注意婉称　猪舌头 tʃu53ʂɤ42thəu0/口条 khəu45thiɔ42

0411. 猪肝当菜的，注意婉称　肝 kan53/猪肝 tʃu42kan53

0412. 下水猪、牛、羊的内脏　小件 ɕiɑɔ45tɕian0

0413. 鸡蛋　鸡蛋 tɕi45tan0

0414. 松花蛋　变蛋 phian44tan44

0415. 猪油　猪油 tʃu53Øiəu45

0416. 香油　香油 ɕiaŋ53Øiəu45

0417. 酱油　酱油 tɕiaŋ44Øiəu45

0418. 盐名词　盐 Øian45

0419. 醋注意婉称　醋 tshəu44

0420. 香烟　纸烟 tsŋ45Øian0

0421. 旱烟　旱烟 xan44Øian0

0422. 白酒　烧酒 ʂɑɔ45tɕiəu0

0423. 黄酒　黄酒 xuaŋ42tɕiəu42

0424. 江米酒酒酿，醪糟　甜酒 tɕhian42tɕiəu42/醪糟 lɑɔ42tsɑɔ45

0425. 茶叶　茶叶 tsha42Øiɛ45

0426. 沏～茶　泡 phɑɔ44

0427. 冰棍儿　冰棍 piŋ53kuən44

0428. 做饭统称　做饭 tsəu44fan44

0429. 炒菜统称，和做饭相对　炒菜 tshɑɔ44tshai44

0430. 煮～带壳的鸡蛋　煮 tʃu42

0431. 煎～鸡蛋　炕 khaŋ44

0432. 炸～油条　炸 tsa45

0433. 蒸～鱼　蒸 tʂəŋ53

0434. 揉～面做馒头等　□ tshai53

0435. 擀～面，～皮儿　擀 kan42

0436. 吃早饭　吃早饭 tshŋ42tsɑɔ45fan0

0437. 吃午饭　吃晌午 tshŋ42ʂaŋ45Øu0

0438. 吃晚饭　吃夜饭 tshŋ42Øiɛ44fan0

0439. 吃～饭　吃 tshŋ53/咥 tɕiɛ45

0440. 喝～酒　喝 xuo53

0441. 喝～茶　喝 xuo53

0442. 抽～烟　吃 tshŋ53

0443. 盛～饭　舀 Øai42

0444. 夹用筷子～菜　扚 tɑɔ53

0445. 斟～酒　倒 tɑɔ44

0446. 渴口～　渴 khɤ53/干 kan53

0447. 饿肚子～　饥 tɕi53

0448. 噎吃饭～着了　噎 Øiɛ53

七、身体、医疗

（一）身体

0449. 头 人的，统称　头 thəu45

0450. 头发　髦紒 mɑɔ44kai0

0451. 辫子　髦紒辫辫
mɑɔ44kai0pian44pian0

0452. 旋　旋 ʃuan45

0453. 额头　额颅 ŋei45ləu0

0454. 相貌　模样 muo42ɵiaŋ45

0455. 脸 洗～　脸 lian42

0456. 眼睛　眼睛 n̦ian45tɕiŋ0

0457. 眼珠 统称　眼睛仁 n̦ian45tɕiŋ0ẓən45

0458. 眼泪 哭的时候流出来的　眼泪
n̦ian45luei0

0459. 眉毛　眉毛 mi42mɑɔ0

0460. 耳朵　耳朵 ɵər45tuo0

0461. 鼻子　鼻 pi45

0462. 鼻涕 统称　鼻 pi45

0463. 擤 ～鼻涕　擤 ɕiŋ42

0464. 嘴巴 人的，统称　嘴 tʃuei42

0465. 嘴唇　嘴唇 tʃuei45ʃuei0/嘴
tʃuei42

0466. 口水 ～流出来　颔水 xan45ʃuei0

0467. 舌头　舌头 ʂɤ42thəu0

0468. 牙齿　牙 ɵia45

0469. 下巴　牙擦骨 ɵia42tsha45ku0

0470. 胡子 嘴周围的　胡 xu45

0471. 脖子　脖浪骨 puo42laŋ45ku0

0472. 喉咙　喉咙 xu42luŋ42

0473. 肩膀　胛骨 tɕia45ku0

0474. 胳膊　胳膊 kɤ45phuo0

0475. 手 方言指（打√）：只指手√；包括臂：
他的～摔断了　手 ʂəu42

0476. 左手　左手 tʃou45ʂəu0

0477. 右手　右手 ɵiəu44ʂəu0

0478. 拳头　锤头 tʃuei42thəu45

0479. 手指　手指头 ʂəu44tsʅ45thəu0

0480. 大拇指　大拇指头
ta44mən0tsʅ45thəu0

0481. 食指　二拇指头
ɵər44mən0tsʅ45thəu0

0482. 中指　中拇拇头
tʃuŋ45mən0tsʅ45thəu0

0483. 无名指　四拇指头
sʅ44mən0tsʅ45thəu0

0484. 小拇指　小拇指头
ɕiɑɔ45mən0tsʅ45thəu0

0485. 指甲　指甲 tsʅ45tɕia0

0486. 腿　腿 thuei42

0487. 脚 方言指（打√）：只指脚√；包括小
腿；包括小腿和大腿：他的～轧断了
脚 tɕyɛ42

0488. 膝盖 指部位　圪膝盖
khɤ42tɕhiŋ0kai44

0489. 背 名词　脊背 tɕi45pei0

0490. 肚子 腹部　肚 təu44

0491. 肚脐　脖脐窝 pu42tɕiəu0ɵuo53

0492. 乳房 女性的　奶头 n̦ai45thəu0

0493. 屁股　沟 kəu53

0494. 肛门　屁眼 phi44n̦ian0/沟眼眼
kəu53n̦ian0n̦ian0

0495. 阴茎 成人的　屌 tɕiəu45/鸡娃
tɕi45ɵua0/□儿 pər53/斑鸠
pan45tɕiəu0/牛牛 n̦iəu45n̦iəu0

0496. 女阴成人的 屄 phi53
0497. 合动词 合 zɿ53
0498. 精液 屎 ʃuŋ45
0499. 来月经注意婉称 身来了 ʂən53lai42laɔ0/身不干净 ʂən53pu42kan45tɕiŋ0/例假 li44tɕia44
0500. 拉屎 屙屎 pa42sɿ42
0501. 撒尿 尿尿 ȵiaɔ44ȵiaɔ44
0502. 放屁 放屁 faŋ44phi44
0503. 相当于"他妈的"的口头禅 合 zɿ42/合他妈的屄 zɿ42tha44ma45ti0phi53

（二）疾病、医疗

0504. 病了 害病了 xai44piŋ44laɔ0
0505. 着凉 受凉 ʂou44liaŋ45
0506. 咳嗽 咳嗽 khɤ45sou0
0507. 发烧 烧 ʂaɔ53
0508. 发抖 抖 thəu42
0509. 肚子疼 肚疼 təu44thəŋ45
0510. 拉肚子 跑肚 phaɔ42təu44/屙稀屎 pa42ɕi45sɿ0
0511. 患疟疾 发摆 fa53pai45/打摆 ta42pai45
0512. 中暑 中暑 tʃuŋ42ʃu42
0513. 肿 肿 tʃuŋ42
0514. 化脓 灌脓 kuan44ȵuŋ45
0515. 疤好了的 疤疤 pa45pa0
0516. 癣 癣 ɕian42
0517. 痣凸起的 痣 tsɿ44/餍子 Øian45zɿ0
0518. 疙瘩蚊子咬后形成的 疙瘩 kɤ45ta0/饼饼 piŋ45piŋ0

0519. 狐臭 臭胎 tʃhou44thai0
0520. 看病 看病 khan44piŋ44
0521. 诊脉 捉脉 tʃuo53mei42/拉脉 la53mei42
0522. 针灸 扎针 tsa42tʃən53
0523. 打针 打针 ta42tʃən53
0524. 打吊针 打吊针 ta42tɕiaɔ44tʃən0/挂吊瓶 kua42tɕiaɔ44phiŋ0
0525. 吃药统称 吃药 tʃhɿ53Øyɛ42/喝药 xuo53Øyɛ42
0526. 汤药 水药 ʃuei45Øyɛ0/中药 tʃuŋ45Øyɛ0
0527. 病轻了 松活了 ʃuŋ45xuo0laɔ0

八、婚丧、信仰

（一）婚育

0528. 说媒 说媳妇儿 ʃuo42ɕi45fər0/说婆家 ʃuo42phuo45tɕia0
0529. 媒人 红爷 xuŋ42Øiɛ0
0530. 相亲 背见 pei44tɕian44
0531. 订婚 见屋 tɕian44Øu53
0532. 嫁妆 陪嫁 phei42tɕia0
0533. 结婚统称 结婚 tɕiɛ42xuən53
0534. 娶妻子男子～，动宾 接媳妇 tɕiɛ42ɕi45fər0
0535. 出嫁女子～ 启发 tɕhi45fa0
0536. 拜堂 拜天地 pai44thian53tɕi44
0537. 新郎 新女婿 ɕin45ȵy42ɕi0
0538. 新娘子 新媳妇儿 ɕin45ɕi42fər0
0539. 孕妇 大肚媳妇儿 ta44təu44ɕi45fər0/大肚婆娘 ta44təu44phuo42ȵiaŋ0

356

0540. 怀孕　有啥了 øiəu45ʃua44cɑla0

0541. 害喜妊娠反应　害口 xai44khəu42

0542. 分娩　生 səŋ53

0543. 流产　小月 ɕiɑɔ45øyɛ0

0544. 双胞胎　双生 ʃuaŋ44səŋ0

0545. 坐月子　坐月了 tʃuo44øyɛ0lɑɔ0

0546. 吃奶　吃奶 tʂhɿ53ȵai42

0547. 断奶　摘奶 tsei45ȵai42

0548. 满月　满月 man45øyɛ0

0549. 生日统称　生儿 sər53

0550. 做寿　过生儿 kuo44sər53

(二) 丧葬

0551. 死统称　死 sɿ42

0552. 死婉称，最常用的几种，指老人：他～了
没了 muo45lɑɔ0/走了 tsəu45lɑɔ0/
升天 ʂəŋ42thian53/送上山了 suŋ44ʂaŋ44san45lɑɔ0/去世 tɕhy44sɿ44

0553. 自杀　寻死 ɕin45sɿ42/寻短见 ɕin45tuan44tɕian44

0554. 咽气　断气 tuan44ɕi44

0555. 入殓　同棺 thuŋ45kuan42

0556. 棺材　枋 faŋ53

0557. 出殡　发丧 fa53saŋ53

0558. 灵位　灵位 liŋ45øuei44/灵牌 liŋ42phai45

0559. 坟墓单个的，老人的　坟 fən45/墓 mu44

0560. 上坟　上坟 ʂaŋ44fən45

0561. 纸钱　烧纸 ʂɑɔ53ʐɿ42

(三) 信仰

0562. 老天爷　老天爷 lɑɔ45thian42øiɛ45

0563. 菩萨统称　菩萨 phu42sɑ0

0564. 观音　观音 kuan45øin0

0565. 灶神口头的叫法，其中如有方言亲属称谓要释义　灶爷 tsɑɔ44øiɛ0

0566. 寺庙　庙 miɑɔ44/寺院 sɿ44øyuan0

0567. 祠堂　祠堂 tshɿ42thaŋ44/家庙 tɕia53miɑɔ44

0568. 和尚　和尚 xuo42ʂaŋ0

0569. 尼姑　姑姑 ku45ku0

0570. 道士　道士 tɑɔ44sɿ0/道人 tɑɔ44ʐən0

0571. 算命统称　算卦 ʃuan44kua44

0572. 运气　运气 øyən44tɕhi0

0573. 保佑　保佑 pɑɔ44øiəu44

九、人品、称谓

(一) 人品

0574. 人一个～　人 ʐən45

0575. 男人成年的，统称　男的 ȵan42ti0

0576. 女人三四十岁已婚的，统称　女的 ȵy45ti0

0577. 单身汉　光棍 kuaŋ45kuən0

0578. 老姑娘　老女 lɑɔ45ȵy0

0579. 婴儿　月娃 øyɛ45øua0

0580. 小孩儿三四岁的，统称　小娃 ɕiɑɔ45øua0

0581. 男孩儿统称：外面有个～在哭　娃 øua45

0582. 女孩儿统称：外面有个～在哭　女 ȵy45

0583. 老人七八十岁的，统称　老人 lɑɔ45ʐən0

0584. 亲戚统称　亲亲 tɕhin45tɕhin0

0585. 朋友统称　伙计 xuo45tɕi0/朋友 phəŋ42ø iəu42

0586. 邻居统称　邻居 lin42tɕy53/门上的 mən42ʂaŋ45ti0

0587. 客人　客 khei53

0588. 农民　农民 ȵuŋ45min45/庄稼汉 tʃuaŋ53tɕia0xan0

0589. 商人　做生意的 tsəu44səŋ45ø i0ti0

0590. 手艺人统称　匠人 tɕiaŋ44ʐən0

0591. 泥水匠　泥水匠 ȵi42ʃuei45tɕiaŋ0

0592. 木匠　木匠 mu45tɕiaŋ0

0593. 裁缝　裁缝 tshai42fəŋ0

0594. 理发师　待诏 tai44tʂɔ0

0595. 厨师　厨倌 tʃhu42kuan0

0596. 师傅　师傅 sɿ45fu0

0597. 徒弟　徒弟 thəu42ti0

0598. 乞丐统称，非贬称（无统称则记成年男的）　叫花 tɕiɑu44kxuɑ0/讨口 thɑu45khəu0

0599. 妓女　妓女 tɕi42ȵy42/野鸡 øiɛ45tɕi0/婊子 piɑɔ45zɿ0

0600. 流氓　流氓 liəu45maŋ45

0601. 贼　贼娃子 tsei42øua45zɿ0

0602. 瞎子统称，非贬称（无统称则记成年男的）　瞎 xɑ53

0603. 聋子统称，非贬称（无统称则记成年男的）　聋子 luŋ42zɿ0

0604. 哑巴统称，非贬称（无统称则记成年男的）　哑巴 ȵia45pa0

0605. 驼子统称，非贬称（无统称则记成年男的）　驼背 thuo45pei44

0606. 瘸子统称，非贬称（无统称则记成年男的）　拐子 kuai45zɿ0

0607. 疯子统称，非贬称（无统称则记成年男的）　疯 fəŋ53

0608. 傻子统称，非贬称（无统称则记成年男的）　瓜子 kua45zɿ0

0609. 笨蛋蠢的人　笨厷 pən44suŋ45/闷厷 mən44suŋ45

（二）称谓

0610. 爷爷呼称，最通用的　爷 øiɛ45

0611. 奶奶呼称，最通用的　婆 phuo45

0612. 外祖父叙称　外爷 øuei44ø iɛ0

0613. 外祖母叙称　外婆 øuei44phuo0

0614. 父母合称　父母 fu44mu42/爸妈 pa45ma53/老的 lɑɔ45ti0

0615. 父亲叙称　大大 ta44ta0/爹 tɕiɛ53/爸爸 pa42pa0/老大 lɑɔ44ta45/老 lɑɔ45/老子 lɑɔ45zɿ0

0616. 母亲叙称　妈 ma53/老娘 lɑɔ44ȵia45

0617. 爸爸呼称，最通用的　大大 ta44ta0/爹 tɕiɛ53/爸爸 pa42pa0

0618. 妈妈呼称，最通用的　妈 ma53

0619. 继父叙称　后老子 xəu44lɑɔ42zɿ0

0620. 继母叙称　后妈 xəu44ma53

0621. 岳父叙称　姨夫 øi42fu0

0622. 岳母叙称　姨 øi45

0623. 公公叙称　公公老 kuŋ42kuŋ0lɑɔ45

0624. 婆婆叙称　婆婆娘 phuo42phuo45ȵiaŋ0

0625. 伯父呼称，统称　大爹 ta44tɕiɛ0

0626. 伯母呼称，统称　大妈 ta44ma53

0627. 叔父呼称，统称　大大 ta42ta0

0628. 叔父呼称，排行最小的，如"幺叔"

小大 ɵiɑɔ44tɑ45

0629. 叔母呼称，统称　娘娘 ȵiaŋ45ȵiaŋ0

0630. 姑呼称，统称（无统称则记分称：比父大，比父小；已婚，未婚）　姑姑 ku42ku0

0631. 姑父呼称，统称　姑父 ku45fu0

0632. 舅舅呼称　舅 tɕiəu45

0633. 舅妈呼称　舅母 tɕiəu44mu0

0634. 姨呼称，统称（无统称则记分称：比母大，比母小；已婚，未婚）　姨 ɵi45

0635. 姨父呼称，统称　姨父 ɵi42fu42

0636. 弟兄合称　兄弟 ɕyŋ45ti0

0637. 姊妹合称，注明是否可包括男性　姊妹包括男性 tsʅ45mei0

0638. 哥哥呼称，统称　哥哥 kɤ45kɤ0

0639. 嫂子呼称，统称　嫂嫂 sɑɔ45sɑɔ0

0640. 弟弟叙称　兄弟 ɕyŋ45ti0

0641. 弟媳叙称　兄弟媳妇儿 ɕyŋ42ti0ɕi45fər0

0642. 姐姐呼称，统称　姐姐 tɕiɛ45tɕiɛ0

0643. 姐夫呼称　姐夫哥 tɕiɛ45fu0kɤ0/哥哥 kɤ45kɤ0

0644. 妹妹叙称　妹妹 mei44mei0

0645. 妹夫叙称　妹夫 mei44fu0

0646. 堂兄弟叙称，统称　堂兄弟 thaŋ45ɕyŋ45ti0

0647. 表兄弟叙称，统称　老表 lɑɔ42piɑ42

0648. 妯娌弟兄妻子的合称　先后们 ɕian44xəu0mən0

0649. 连襟姊妹丈夫的关系，叙称　挑担 thiɑ45tan0/老挑 lɑɔ44thiɑɔ53

0650. 儿子叙称：我的～　娃 ɵuɑ45/儿

ɵər45

0651. 儿媳妇叙称：我的～　儿媳妇儿 ɵər42ɕi45fər0

0652. 女儿叙称：我的～　女 ȵy42/女子 ȵy45zʅ0

0653. 女婿叙称：我的～　女婿 ȵy45ɕi0

0654. 孙子儿子之子　孙娃 ʃuən45ɵuɑ0

0655. 重孙子儿子之孙　重孙 tʃhuŋ42ʃuən45/重孙娃 tʃhuŋ42ʃuən45ɵuɑ0

0656. 侄子弟兄之子　侄娃 tsʅ42ɵuɑ45

0657. 外甥姐妹之子　外甥 ɵuai44səŋ0

0658. 外孙女儿之子　外孙 ɵuai44ʃuən0/外孙娃 ɵuai44ʃuən0ɵuɑ0

0659. 夫妻合称　两口 liaŋ45khəu0

0660. 丈夫叙称，最通用的，非贬称：她的～　男人 ȵan42ʐən42/老汉 lɑɔ45xan0/我屋人 ŋɤ42ɵu53ʐən45/掌柜的 tʂŋ42kuei44ti0/当家人 taŋ45 tɕia0ʐən0

0661. 妻子叙称，最通用的，非贬称：他的～　媳妇儿 ɕi45fər0/老婆 lɑɔ45phuo0/我屋人 ŋɤ42ɵu53ʐən45/女人 ȵy45ʐən0

0662. 名字　名字 miŋ42zʅ0

0663. 绰号　外号 ɵuai44xɑɔ44/吆喝儿名 ɵiɔ53xər53miŋ45

十、农、工、商、文

（一）农业

0664. 干活儿统称：在地里～　做活 tsəu44xuo45

0665. 事情—件~ 事 sʅ44
0666. 插秧 栽秧 tsɑi53Øiaŋ53
0667. 割稻 割谷 kɤ53ku42
0668. 种菜 种菜 tʃuŋ44tʂhɑi44
0669. 犁名词 犁 li45
0670. 锄头 锄 tʂhəu45
0671. 镰刀 镰刀 lian42tɑɔ0
0672. 把儿刀~ 把把 pɑ44pɑ0
0673. 扁担 扁担 pian45tan0
0674. 箩筐 筐筐 khuaŋ45khuaŋ0
0675. 筛子统称 筛 sai53
0676. 簸箕农具,有梁的 荆篮 tɕiŋ45lan0
0677. 簸箕簸米用 簸箕 puo44tɕi0
0678. 独轮车 鸡公车 tɕi53kuŋ0tʂhɤ53
0679. 轮子旧式的,如独轮车上的 滚滚 kuən45kuən0
0680. 碓整体 碓窝 tuei44Øuo0
0681. 臼 姜窝 tɕiaŋ45Øuo0
0682. 磨名词 磨 muo44
0683. 年成 年成 ȵian42ʂən0

(二) 工商业

0684. 走江湖统称 跑四外 phɔ44sʅ44Øuai44
0685. 打工 打工 tɑ44kuŋ53
0686. 斧子 斧头 fu45thəu0
0687. 钳子 钳 tɕhian45
0688. 螺丝刀 起子 tɕhi45zʅ0/改锥 kai45tʃuei0
0689. 锤子 锤 tʃhuei45
0690. 钉子 钉子 tɕiŋ45zʅ0/钉 tɕiŋ53
0691. 绳子 绳绳 ʂəŋ42ʂəŋ45/绳子 ʂəŋ45zʅ0

0692. 棍子 棍棍 kuən44kuən44/棒棒 paŋ44paŋ0
0693. 做买卖 做生意 tsəu44səŋ45Øi0
0694. 商店 铺铺 phu44phu0
0695. 饭馆 饭店 fan44tɕian44/饭馆 fan44kuan42
0696. 旅馆旧称 店 tɕian44/旅社 Øy42ʂɤ44
0697. 贵 贵 kuei44
0698. 便宜 便宜 phian42Øi0
0699. 合算 划着 xua42tɕhyɛ0/划算 xua45ʃuan44
0700. 折扣 折扣 tʂɤ42khəu44
0701. 亏本 赔本 phei45pən42/贴本 tɕhiɛ53pən42
0702. 钱统称 钱 tɕhian45/票子 phiɑɔ44zʅ0
0703. 零钱 零钱 liŋ45tɕhian45
0704. 硬币 壳壳 khuo45khuo0/圆圆钱 Øyan42Øyan45tɕhian45
0705. 本钱 本 pən42
0706. 工钱 工钱 kuŋ45tɕhian45
0707. 路费 盘缠 phan42tʂhan0
0708. 花~钱 使唤 sʅ45xuan0
0709. 赚卖一斤能~一毛钱 见 tɕian44/长 tʂhaŋ45
0710. 挣打工~了一千块钱 挣 tsəŋ44
0711. 欠~他十块钱 争 tsəŋ53
0712. 算盘 算盘 ʃuan44phan0
0713. 秤统称 秤 tʂhəŋ44
0714. 称用秤~ 志 tsʅ44/过 kuo44
0715. 赶集 赶场 kan44tʂhaŋ45
0716. 集市 市场 sʅ44tʂhaŋ0

0717. 庙会　庙会 miɑɔ44xuei44

（三）文化、娱乐

0718. 学校　学堂 ɕyɛ42thaŋ0/
学校 ɕyɛ45ɕiɑɔ44

0719. 教室　教室 tɕiɑɔ44ʂʅ0

0720. 上学　上学 ʂaŋ44ɕyɛ45

0721. 放学　放学 faŋ44ɕyɛ45

0722. 考试　考试 khɑɔ44ʂʅ44

0723. 书包　书包 ʃu45pɑɔ0

0724. 本子　本本 pən45pən0

0725. 铅笔　铅笔 tɕhian45pi0

0726. 钢笔　钢笔 kaŋ45pi0/自来水笔 tsʅ44lai45ʃuei45pi42

0727. 圆珠笔　油笔 ∅iəu45pi42

0728. 毛笔　管子 kuan45tsʅ0/生花儿笔 səŋ45xuər0

0729. 墨　墨 mei45

0730. 砚台　砚台 ∅ian44thai0

0731. 信一封～　信 ɕin44

0732. 连环画　娃娃书 ∅ua42∅ua0ʃu53/小人书 ɕiɑɔ45ʐən0ʃu53

0733. 捉迷藏　藏猫虎儿 tshaŋ45mɑɔ42xuər45

0734. 跳绳　跳绳 thiɑɔ44ʂəŋ45

0735. 毽子　毽儿 tɕiər45

0736. 风筝　风筝 faŋ45tsəŋ0

0737. 舞狮　耍狮 ʃua42sʅ53

0738. 鞭炮统称　炮 phɑɔ44

0739. 唱歌　唱歌 tʂhaŋ44kɣ53

0740. 演戏　唱戏 tʂhaŋ44ɕi44

0741. 锣鼓统称　锣鼓家伙 luo42ku0tɕia45xuo0/响器

ɕiaŋ45tɕhi0

0742. 二胡　弦弦 ɕian42ɕian45/胡胡 xu42xu45

0743. 笛子　篾管 miɛ42kuan0

0744. 划拳　猜拳 tʃhuai44tɕhyan45

0745. 下棋　下棋 ɕia44tɕhi45

0746. 打扑克　打牌 tɑ44phai45

0747. 打麻将　打牌 tɑ44phai45

0748. 变魔术　耍把戏 ʃua42pa45ɕi0

0749. 讲故事　摆古今 pai44ku45tɕin0

0750. 猜谜语　猜谜 tʃhuai42mi44

0751. 玩儿游玩：到城里～　耍 ʃua42

0752. 串门儿　游门 ∅iəu45mən45

0753. 走亲戚　走亲亲 tsəu44tɕhin45tɕhin0

十一、动作、行为

（一）具体动作

0754. 看～电视　看 khan44

0755. 听用耳朵～　听 tɕhiŋ53

0756. 闻嗅：用鼻子～　闻 vən45

0757. 吸～气　吸 ɕi53

0758. 睁～眼　睁 tsəŋ53

0759. 闭～眼　闭 pi44

0760. 眨～眼　眨 tsa42/睒 ʂan42

0761. 张～嘴　张 tʂaŋ53

0762. 闭～嘴　抿 min45

0763. 咬狗～人　咬 ȵiɑɔ42

0764. 嚼把肉～碎　嚼 tɕiɑɔ45

0765. 咽～下去　咽 ∅ian44

0766. 舔人用舌头～　舔 tɕhian42

0767. 含～在嘴里　噙 tɕhin45

0768. 亲嘴　斗嘴 təu44tʃuei42
0769. 吮吸用嘴唇聚拢吸取液体，如吃奶时
　　　　咂 tsa53
0770. 吐上声，把果核儿～掉　唾 thuo44
0771. 吐去声，呕吐：喝酒喝～了　吐 thəu42
0772. 打喷嚏　打喷嚏 ta44phən44thiɛ0
0773. 拿用手把苹果～过来　□ xan42
0774. 给他～我一个苹果　给 kei44
0775. 摸～头　摸 muo53
0776. 伸～手　伸 tʂhən53
0777. 挠～痒痒　搔 tsɑ53
0778. 掐用拇指和食指的指甲～皮肉　掐 tɕhia53
0779. 拧～螺丝　扭 ȵiəu42
0780. 拧～毛巾　拧 ȵiŋ45
0781. 捻用拇指和食指来回～碎　捻 ȵian42
0782. 掰把橘子～开，把馒头～开　掰 pan53
0783. 剥～花生　剥 puo53
0784. 撕把纸～了　撕 sɿ53/扯 tʂhɤ42
0785. 折把树枝～断　折 tʂɤ42
0786. 拔～萝卜　拔 pa45
0787. 摘～花　摘 tsei45/撇 phiɛ42
0788. 站站立：～起来　立 li42
0789. 倚斜靠：～在墙上　靠 khɑ44
0790. 蹲～下　蹴 tɕiəu44/跍 ku53
0791. 坐～下　坐 tsuo44
0792. 跳青蛙～起来　跳 tɕhiɑ44/蹦 pəŋ42
0793. 迈跨过高物：从门槛上～过去　□ tɕhia42/tɕhia42
0794. 踩脚～在牛粪上　踏 tha45

0795. 翘～腿　翘 tɕhiɑ44
0796. 弯～腰　蜷 tɕhyan45
0797. 挺～胸　挺 tɕhiŋ42
0798. 趴～着睡　趴 pha45
0799. 爬小孩儿在地上～　爬 pha45
0800. 走慢慢儿～　走 tsəu42
0801. 跑慢慢儿走，别～　跑 phɑ42
0802. 逃逃跑：小偷儿～走了　跑 phɑ42
0803. 追追赶：～小偷儿　撵 ȵian42
0804. 抓～小偷儿　抓 tʂua53/逮 tai42
0805. 抱把小孩儿～在怀里　搂 ləu45
0806. 背～孩子　背 pei53
0807. 搀～老人　搀 tʂhan53/扶 fu45
0808. 推几个人一起～汽车　掽 tʂhəu53
0809. 摔跌：小孩儿～倒了　跘 pan44
0810. 撞人～到电线杆　碰 phəŋ44
0811. 挡你～住我了，我看不见　挡 taŋ44/遮 tʂɤ53
0812. 躲躲藏：他～在床底下　藏 tɕhiaŋ45
0813. 藏藏放，收藏：钱～在枕头下面　藏 tɕhiaŋ45
0814. 放把碗～在桌子上　搁 kɤ44
0815. 摞把砖～起来　垒 luei42/码 ma42
0816. 埋～在地下　埋 mai45/壅 øyŋ53
0817. 盖把茶杯～上　扣 khəu44/盖 kai44
0818. 压用石头～住　压 ȵia44/轧 tsa44
0819. 摁用手指按：～图钉　按 ŋan44
0820. 捅用棍子～鸟窝　戳 tʂhuo53
0821. 插把香～到香炉里　插 tsha53
0822. 戳～个洞　戳 tʂhuo53
0823. 砍～树　砍 khan42
0824. 剁把肉～碎做馅儿　剁 tuo44
0825. 削～苹果　削 ɕyɛ53

0826. 裂木板 ～开了 绽 tsan53

0827. 皱皮 ～起来 簇 tʃhu42

0828. 腐烂死鱼 ～了 臭 tʂhəu44

0829. 擦用毛巾～手 擦 tsha53

0830. 倒把碗里的剩饭～掉 倒 tɑɔ44

0831. 扔丢弃：这个东西坏了，～了它
　　　　撂 liɑɔ44

0832. 扔投掷：比一比谁～得远 甩 ʃuai42

0833. 掉掉落，坠落：树上～下一个梨
　　　　落 luo42

0834. 滴水～下来 跌 tɕiɛ53

0835. 丢丢失：钥匙～了 掉 tɕiɑɔ44

0836. 找寻找：钥匙～到了 寻 ɕin45/
　　　　找 tsɑɔ42

0837. 捡 ～到十块钱 拾 ʂʅ45

0838. 提用手把篮子～起来 提 tɕhi45

0839. 挑 ～担 担 tan53

0840. 扛把锄头～在肩上 掮 tɕhiɛ45

0841. 抬 ～轿 抬 thai45

0842. 举 ～旗子 抈 tʂuei42

0843. 撑 ～伞 打 tɑ42

0844. 撬把门～开 撬 ŋɑɔ44

0845. 挑挑选，选择：你自己～一个
　　　　挑 thiɑɔ53

0846. 收拾 ～东西 拾掇 ʂʅ42tuo0

0847. 挽 ～袖子 绷 pian42

0848. 涮把杯子～一下 涮 ʃuan44

0849. 洗 ～衣服 洗 ɕi42

0850. 捞 ～鱼 逮 tai45

0851. 拴 ～牛 拴 ʃuan53

0852. 捆 ～起来 绑 pɑŋ42

0853. 解 ～绳子 解 tɕiɛ42

0854. 挪 ～桌子 攒 tsan42

0855. 端 ～碗 端 tuan53

0856. 摔碗～碎了 跘 pan44

0857. 掺 ～水 掺 tshan53

0858. 烧 ～柴 烧 ʂɑɔ53

0859. 拆 ～房子 拆 tshei53

0860. 转 ～圈儿 转 tʃuan42

0861. 捶用拳头～ 撇 phiɛ53

0862. 打统称：他～了我一下 打 tɑ42

0863. 打架动手：两个人在～ 打捶
　　　　tɑ44tʃhuei45

0864. 休息 歇气 ɕiɛ53tɕhi44

0865. 打哈欠 打哈欠 tɑ44xuo45ɕian0

0866. 打瞌睡 丢盹 tɕiəu53tuən42

0867. 睡他已经～了 睡 ʃuei44

0868. 打呼噜 扯鼾 tʂhɤ44xan53

0869. 做梦 做梦 tsəu44məŋ44

0870. 起床 起床 tɕhi44tʃuɑŋ45

0871. 刷牙 刷牙 ʃua53øia45

0872. 洗澡 洗澡 ɕi42tsau42

（二）抽象动作

0873. 想思索：让我～一下 想 ɕiɑŋ42

0874. 想想念：我很～他 牵心
　　　　tɕhian45ɕin0

0875. 打算我～开个店 准备 tʃuan44pi44

0876. 记得 记 tɕi44

0877. 忘记 忘 øuaŋ44

0878. 怕害怕：你别～ 害怕 xai44pha44

0879. 相信我～你 相信 ɕiaŋ45ɕin44

0880. 发愁 熬煎 ŋɑɔ45tɕian0

0881. 小心过马路要～ 小心 ɕiɑɔ45ɕin0

0882. 喜欢 ～看电视 爱 ŋai44

0883. 讨厌～这个人 讨厌 thau44øian44/

363

见不得 tɕian44pu42tei0

0884. 舒服凉风吹来很~　舒服 ʃu45fu0
0885. 难受生理的　难过 ȵan45kuo44
0886. 难过心理的　熬煎 ŋɑɔ45tɕian0
0887. 高兴　喜欢 ɕi45xuan0
0888. 生气　怄气 ŋəu44tɕhi44
0889. 责怪　怪 kuai44
0890. 后悔　后悔 xəu44xuei0
0891. 忌妒　恨气 xən44tɕhi44
0892. 害羞　害 xai44/羞 ɕiəu53
0893. 丢脸　丢人 tɕiəu53ʐən45
0894. 欺负　相欺 ɕiaŋ53tɕhi53
0895. 装　~病　装 tʃuaŋ53
0896. 疼　~小孩儿　爱 ŋai44
0897. 要我~这个　要 Øiɑɔ44
0898. 有我~一个孩子　有 Øiəu42
0899. 没有他~孩子　没的 muo42tei0
0900. 是我~老师　是 sʅ44
0901. 不是他~老师　不是 pu42sʅ44
0902. 在他~家　在 tsai44
0903. 不在他~家　没在 muo42tsai44
0904. 知道我~这件事　知道 tʂʅ45taɔ0
0905. 不知道我~这件事　知不道
　　　　tʂʅ53pu0taɔ44
0906. 懂我~英语　会 xuei44
0907. 不懂我~英语　不会 pu42xuei44
0908. 会我~开车　会 xuei44
0909. 不会我~开车　不会 pu42xuei44
0910. 认识我~他　认得 ʐən44tei0
0911. 不认识我~他　认不得
　　　　ʐən44pu42tei0
0912. 行应答语　能行 ȵəŋ45ɕiŋ45/
　　　　要的 Øiɑɔ44tei0

0913. 不行应答语　不得行 pu42tei42ɕiŋ45
0914. 肯~来　愿意 Øyuan44Øi0
0915. 应该~去　应该 Øiŋ44kai53
0916. 可以~去　能 ȵəŋ45/得 tei53

(三) 言语

0917. 说~话　说 ʃuo53
0918. 话说~　话 xua44
0919. 聊天儿　谝闲传 phian44xan45
　　　　tʃuan45/拐淡话 kuai44tan44xua0
0920. 叫~他一声儿　叫 tɕiaɔ44
0921. 吆喝大声喊　喊叫 xan45tɕiaɔ0
0922. 哭小孩儿~　挣唤 tsəŋ44xuan0
0923. 骂当面~人　噘 tɕyɛ45
0924. 吵架动嘴：两个人在~　戈业
　　　　kɤ53ȵiɛ42
0925. 骗~人　哄 xuŋ42/日弄 ʐʅ45ȵuŋ0
0926. 哄~小孩儿　哄 xuŋ42
0927. 撒谎　日白 ʐʅ42pei45/日鬼擂锤
　　　　ʐʅ42kuei44luei45tʃhuei45/扯谎
　　　　tʂhʅ42xuaŋ42/遭白 tsaɔ53pei45
0928. 吹牛　吹牛皮 tʃhuei53ȵiəu45phi53
0929. 拍马屁　舔沟 tɕhian44kəu53
0930. 开玩笑　说笑 ʃuo42ɕiaɔ44/说臧
　　　　话 ʃuo42tsaŋ44xua44
0931. 告诉~他　说 ʃuo53
0932. 谢谢致谢语　谢谢 ɕiɛ44ɕiɛ44
0933. 对不起致歉语　对不起
　　　　tuei44pu0tɕhiɛ42/对不住
　　　　tuei44pu44tʃu44
0934. 再见告别语　再回见
　　　　tsai42xuei45tɕian44

十二、性质、状态

（一）形貌

0935. 大苹果~　大 tɑ44

0936. 小苹果~　小 ɕiɔ42/碎 ʃuei44

0937. 粗绳子~　粗 tʂhəu53/壮 tʃuaŋ44

0938. 细绳子~　细 ɕi44

0939. 长线~　长 tʂhaŋ45

0940. 短线~　短 tuan42

0941. 长时间~　长 tʂhaŋ45

0942. 短时间~　短 tuan42/一下下 Øi53xɑ44xɑ0

0943. 宽路~　宽 khuan53

0944. 宽敞房子~　宽敞 khuan45tʂhaŋ0

0945. 窄路~　窄 tsei53

0946. 高飞机飞得~　高 kɔ53

0947. 低鸟飞得~　低 tɕi53

0948. 高他比我~　高 kɔ53

0949. 矮他比我~　低 tɕi53

0950. 远路~　远 Øyan42

0951. 近路~　近 tɕin44

0952. 深水~　深 ʂən53

0953. 浅水~　浅 tɕhian42

0954. 清水~　清 tɕhiŋ53

0955. 浑水~　浑 xuən44

0956. 圆　圆 Øyan45

0957. 扁　扁扁 piɑ42piɑ0

0958. 方　方 faŋ53

0959. 尖　尖 tɕian53

0960. 平　平 phiŋ45

0961. 肥~肉　肥 fi45

0962. 瘦~肉　瘦 səu44

0963. 肥形容猪等动物　肥 fi45

0964. 胖形容人　胖 phaŋ44

0965. 瘦形容人、动物　瘦 səu44

0966. 黑黑板的颜色　黑 xei53

0967. 白雪的颜色　白 pei45

0968. 红国旗的主颜色，统称　红 xuŋ45

0969. 黄国旗上五星的颜色　黄 xuaŋ45

0970. 蓝蓝天的颜色　蓝 lan45

0971. 绿绿叶的颜色　绿 liəu42

0972. 紫紫药水的颜色　紫 tsʅ42

0973. 灰草木灰的颜色　灰 xuei53

（二）状态

0974. 多东西~　多 tuo53

0975. 少东西~　少 ʂɔ42

0976. 重担子~　重 tʃuŋ44/沉 tʂhən45

0977. 轻担子~　轻 tɕhiŋ53/飘 phiɔ53

0978. 直线~　直 tsʅ45/端 tuan53

0979. 陡坡~，楼梯~　陡 təu42

0980. 弯弯曲：这条路是~的　弯 Øuan53

0981. 歪帽子戴~了　偏 phian53

0982. 厚木板~　厚 xəu44

0983. 薄木板~　薄 puo45

0984. 稠稀饭~　稠 tʂhəu45

0985. 稀稀饭~　稀 ɕi53

0986. 密菜种得~　密 mi42

0987. 稀稀疏：菜种得~　稀 ɕi53

0988. 亮指光线，明亮　亮 liaŋ44

0989. 黑指光线，完全看不见　黑 xei53

0990. 热天气~　热 ʐɤ42

0991. 暖和天气~　暖和 ɳuan45xuo0

0992. 凉天气~　凉 liaŋ45

0993. 冷天气~　冷 ləŋ42

0994. 热水～ 热 ʐɤ53
0995. 凉水～ 冷 ləŋ42
0996. 干干燥：衣服晒～了 干 kan53
0997. 湿潮湿：衣服淋～了 湿 ʂɿ53
0998. 干净衣服～ 干净 kan45tɕiŋ0
0999. 脏肮脏，不干净，统称：衣服～ 脏 tsaŋ53
1000. 快锋利：刀子～ 利 li44
1001. 钝刀子～ 钝 tuən44
1002. 快坐车比走路～ 快 khuai44
1003. 慢走路比坐车～ 慢 man44
1004. 早来得～ 早 tsɔ42
1005. 晚来～了 迟 tʂʅ45
1006. 晚天色～ 迟 tʂʅ45
1007. 松捆得～ 松 ʃuŋ53
1008. 紧捆得～ 紧 tɕin42
1009. 容易这道题～ 容易 øyŋ45ɤi44/简单 tɕian45tan0
1010. 难这道题～ 难 ȵan45
1011. 新衣服～ 新 ɕin53
1012. 旧衣服～ 旧 tɕiəu44
1013. 老人～ 老 lɔ42
1014. 年轻人～ 年轻 ȵian45tɕiŋ53
1015. 软糖～ 炘 pha53/软 ʐuan42
1016. 硬骨头～ 硬 ȵiŋ44
1017. 烂肉煮得～ 烂 lan44/炘和 pha45xuo0
1018. 煳饭烧～了 焦 tɕiɔ53
1019. 结实家具～ 结实 tɕiɛ45ʂɿ0
1020. 破衣服～ 烂 lan44
1021. 富他家很～ 富 fu44
1022. 穷他家很～ 穷 tɕhyŋ45
1023. 忙最近很～ 忙 maŋ45

1024. 闲最近比较～ 闲 xan45
1025. 累走路走得很～ 累 luei44
1026. 疼摔～了 疼 thəŋ45
1027. 痒皮肤～ 咬 ȵɔ42
1028. 热闹看戏的地方很～ 热闹 ʐɤ45nɔ0
1029. 熟悉这个地方我很～ 熟 səu45
1030. 陌生这个地方我很～ 生 səŋ53
1031. 味道尝尝～ 味 vi44
1032. 气味闻闻～ 气气 tɕhi44tɕhi0
1033. 咸菜～ 咸 ɕian45
1034. 淡菜～ 淡 tan44
1035. 酸 酸 ʃuan53
1036. 甜 甜 tɕhian45
1037. 苦 苦 khu42
1038. 辣 辣 la42
1039. 鲜鱼汤～ 点 tɕian45
1040. 香 香 ɕiaŋ53
1041. 臭 臭 tʂhəu44
1042. 馊饭～ 燍气 sɿ45tɕhi0
1043. 腥鱼～ 腥气 ɕiŋ45tɕhi0

(三) 品性

1044. 好人～ 好 xɔ42
1045. 坏人～ 坏 xuai44/瞎 xa53
1046. 差东西质量～ 霉 mei45
1047. 对账算～了 对 tuei44
1048. 错账算～了 错 tʃhuo44/瞎 xa53
1049. 漂亮形容年轻女性的长相：她很～ 惜 ɕi53/排场 phai42tʂaŋ0
1050. 丑形容人的长相：猪八戒很～ 难看 ȵan45khan44

1051. 勤快　勤 tɕhin45

1052. 懒　懒 lan42

1053. 乖　乖 kuai53

1054. 顽皮　调皮 tɕhiɔ45phi45

1055. 老实　老诚 laɔ45tʂhəŋ0

1056. 傻痴呆　瓜 kuɑ42

1057. 笨蠢　笨 pən44/闷 mən44

1058. 大方不吝啬　大方 tɑ44faŋ0/扯□ tʂhɤ45Øiɛ0

1059. 小气吝啬　抠掐 khəu45tɕhiɑ0

1060. 直爽性格～　直 tʂɿ45

1061. 犟脾气～　犟 tɕiaŋ44

十三、数量

（一）数字

1062. 一～二三四五……，下同　一 Øi53

1063. 二　二 Øər44

1064. 三　三 san53

1065. 四　四 sɿ44

1066. 五　五 Øu42

1067. 六　六 liəu53

1068. 七　七 tɕhi53

1069. 八　八 pɑ53

1070. 九　九 tɕiəu42

1071. 十　十 ʂɿ45

1072. 二十有无合音　二十无合音 Øər44ʂɿ0

1073. 三十有无合音　三十无合音 san45ʂɿ0

1074. 一百　一百 Øi42pei42

1075. 一千　一千 Øi42tɕhian53

1076. 一万　一万 Øi42van44

1077. 一百零五　一百零五 Øi42pei0liŋ45Øu42

1078. 一百五十　一百五 Øi42pei0Øu42

1079. 第一～，第二　第一 tɕi44Øi53

1080. 二两重量　二两 Øər44liaŋ0

1081. 几个你有～孩子？　几块 tɕi45kuai0

1082. 俩你们～　俩 liaŋ42

1083. 仨你们～　[仨个] saŋ53

1084. 个把　个把 kɤ44pɑ0

（二）量词

1085. 个一～人　块 kuai42

1086. 匹一～马　匹 phi45

1087. 头一～牛　头 thəu45

1088. 头一～猪　头 thəu45

1089. 只一～狗　只 tʂɿ53

1090. 只一～鸡　只 tʂɿ53

1091. 只一～蚊子　只 tʂɿ53

1092. 条一～鱼　条 tɕhiɔ45

1093. 条一～蛇　根 kən53/条 tɕhiɔ45

1094. 张一～嘴　张 tʂaŋ53

1095. 张一～桌子　张 tʂaŋ53

1096. 床一～被子　床 tʃhuaŋ45

1097. 领一～席子　床 tʃhuaŋ45

1098. 双一～鞋　双 ʃuaŋ53

1099. 把一～刀　把 pɑ42

1100. 把一～锁　把 pɑ42

1101. 根一～绳子　根 kən53

1102. 支一～毛笔　支 tʂɿ53

1103. 副一～眼镜　副 fu44

1104. 面一～镜子　面 mian44

1105. 块一～香皂　块 khuai42

1106. 辆一～车　辆 liaŋ42

1107. 座一～房子　座 tʃuo44

1108. 座—~桥　座 tʃuo44

1109. 条—~河　条 tɕʰiɑ45

1110. 条—~路　条 tɕʰiɑ45

1111. 棵—~树　棵 kʰuo53/根 kən53

1112. 朵—~花　朵 tuo42

1113. 颗—~珠子　颗 kʰuo42

1114. 粒—~米　颗 kʰuo42

1115. 顿—~饭　顿 tuən44

1116. 剂—~中药　副 fu44

1117. 股—~香味　股 ku42

1118. 行—~字　行 xaŋ44

1119. 块—~钱　块 kʰuai42/元 Øyan45

1120. 毛角：一~钱　毛 mɔ45/角 tɕyɛ42

1121. 件—~事情　件 tɕian44/样 Øiaŋ44

1122. 点儿—~东西　点点 tɕian45tɕian0

1123. 些—~东西　些 ɕie53

1124. 下打一~，动量，不是时量　下 xɑ44

1125. 会儿坐了一~　一下下 Øi42xɑ44xɑ0

1126. 顿打一~　顿 tuən44

1127. 阵下了一~雨　阵 tʂən44/下下 xɑ44xɑ0

1128. 趟去了一~　趟 tʰaŋ44

十四、代词、副词、介词、连词

（一）代词

1129. 我 ~姓王　我 ŋɤ42

1130. 你 ~也姓王　你 n̠i42

1131. 您尊称　你 n̠i42

1132. 他 ~姓张　他 tʰa53/□ pia45

1133. 我们不包括听话人：你们别去，~去　我们 ŋai45mən0/我 ŋai53

1134. 咱们包括听话人：他们不去，~去吧　咱们 tsai42mən0/咱 tsai45

1135. 你们 ~去　你们 n̠i45mən0/你 n̠i42

1136. 他们 ~去　他们 tʰa45mən0/他 tʰa53

1137. 大家 ~一起干　大家 ta44tɕia0

1138. 自己我~做的　自家 tsʅ44tɕia0

1139. 别人这是~的　人家 zən42n̠ia0

1140. 我爸 ~今年八十岁　我大大 ŋɤ44ta44tɑ0/我老 ŋɤ44lɑɔ45/我大 ŋɤ44ta45/我爸 ŋɤ44pa45

1141. 你爸 ~在家吗？　你大大 n̠i44ta44tɑ0/你老 n̠i44lɑɔ45/你大 n̠i44ta45/你爸 n̠i44pa45

1142. 他爸 ~去世了　他大大 tʰa44ta44tɑ0/他老 tʰa44lɑɔ45/他大 tʰa44ta45/他爸 tʰa44pa45

1143. 这个我要~，不要那个　这块 tsʅ44kʰuai0

1144. 那个我要这个，不要~　兀块 Øu44kʰuai0

1145. 哪个你要~杯子？　啊块 Øa45kʰuai0

1146. 谁你找~？　谁 sei45/谁块 sei42kʰuai0

1147. 这里在~，不在那里　这儿 tsər45/这儿些儿 tsər45ɕiər0/这儿节 tsər42tɕiɛ42

1148. 那里在这里，不在~　兀儿 Øuər45/兀儿些儿 Øuər45ɕiər0/兀儿节 Øuər42tɕiɛ42

1149. 哪里你到~去？　啊里 Øa53li0/啊踏儿 Øa45tʰər0/啊节 Øa53tɕiɛ42

1150. 这样 事情是～的，不是那样的　这儿下 tṣər42xɑ0

1151. 那样 事情是这样的，不是～的　兀儿下 Øuər42xɑ44/那下 n̠ɑ42xɑ44

1152. 怎样 什么样：你要～的？　啥样样 ʃuɑ45Øiaŋ44Øiaŋ0

1153. 这么 ～贵啊？　这们 tṣʅ44mən0

1154. 怎么 这个字～写？　咋 tsɑ42

1155. 什么 这个是～字？　啥 ʃuɑ45

1156. 什么 你找～？　啥 ʃuɑ45

1157. 为什么 你～不去？　为啥 Øuei44ʃuɑ45

1158. 干什么 你在～？　做啥 tsəu44ʃuɑ45/搞啥 kɔ44ʃuɑ45

1159. 多少 这个村有～人？　多 tuo53/多少 tuo53ʂɔ42

（二）副词

1160. 很 今天～热　很 xən44

1161. 非常 比上条程度深：今天～热　太 thai44

1162. 更 今天比昨天～热　还 xɑ45

1163. 太 这个东西～贵，买不起　太 thai44

1164. 最 弟兄三个中他～高　最 tʃuei44

1165. 都 大家～来了　都 təu53

1166. 一共 ～多少钱？　总共 tʃuŋ44kuŋ44/一把连 Øi42pɑ45lian0

1167. 一起 我和你～去　一路 Øi42ləu44

1168. 只 我～去过一趟　只 tsʅ42/就 tsəu44

1169. 刚 这双鞋我穿着～好　刚 tɕiaŋ53

1170. 刚 我～到　刚 tɕiaŋ53

1171. 才 你怎么～来啊？　才 tshai45

1172. 就 我吃了饭～去　就 tsəu44

1173. 经常 我～去　经常 tɕiŋ53tṣhaŋ45/一彻 Øi42tṣhɤ44

1174. 又 他～来了　可 khɤ42

1175. 还 他～没回家　还 xɑ45

1176. 再 你明天～来　再 tsai44

1177. 也 我～去；我～是老师　也 Øiɛ45

1178. 反正 不用急，～还来得及　反正 fan44tṣəŋ44/横顺 tɕhyɛ45ʃuən44

1179. 没有 昨天我～去　没 muo42

1180. 不 明天我～去　不 pu42

1181. 别 你～去　嫑 pɔ45

1182. 甭 不用，不必：你～客气　嫑 pɔ45

1183. 快 天～亮了　就 tsəu44

1184. 差点儿 ～摔倒了　争点儿点 tṣəŋ42tɕiər45tɕian0/争点点 tṣəŋ42tɕian45tɕian0

1185. 宁可 ～买贵的　宁愿 n̠iŋ45Øyan44

1186. 故意 ～打破的　故儿家 kuər45tɕiɑ0

1187. 随便 ～弄一下　随便 ʃuei45pian44/不管咋样 pu42kuan44tsɑ42Øiaŋ44

1188. 白 ～跑一趟　白 pei45

1189. 肯定 ～是他干的　肯定 khən44tɕiŋ44/绝对 tɕyɛ45tuei44

1190. 可能 ～是他干的　害怕 xai44pha44

1191. 一边 ～走，～说　旋 ʃuan44

（三）介词、连词

1192. 和 我～他都姓王　连 lian45

1193. 和 我昨天～他去城里了　跟 kən53

1194. 对 他～我很好　对 tuei44

1195. 往 ～东走　朝 tṣhaɔ45/往 faŋ44

1196. 向 ～他借一本书　问 vən44/向 ɕian44

1197. 按 ～他的要求做　照 tṣɑ44/依 Øi53

1198. 替~他写信 替 tɕhi44

1199. 如果~忙你就别来了 要是 ɸiɑɔ42ʂʅ44/再 tsai44

1200. 不管~怎么劝他都不听 不论 pu42luən44

第二节　自选词汇

一、称谓

1201. 先人祖先 ɕian45zʅən0

1202. 后人家族中的后辈 xəu44zʅən0

1203. 弟兄伙弟兄之间合称 tɕi44ɕyŋ0xuo0

1204. 小舅子妻子的兄弟 ɕiɑʐ44tɕiəu44zʅ0

1205. 瓜婆姑奶奶 kuɑ45phuo0

1206. 姨婆姨奶奶 ɸi42phuo0

1207. 舅婆舅奶奶 tɕiəu44phuo0

1208. 家门户族 tɕia42mən0xu44tʂhəu0/家门中 tɕia45mən0tʃuŋ0 同一家族的合称

1209. 娘们们母女、婆媳之间合称 ȵiaŋ42mən45mən0

1210. 摇婆子对当了婆婆的人的戏称 ɸiɑɔ42phuo45zʅ0

1211. 烧包头对当了公公的人的戏称 ʂɑɔ45puo42thəu0

1212. 老幺弟兄当中排行最小的 lɑɔ44ɸiɑɔ53

1213. 先后们兄弟媳妇之间合称 ɕiɛ44xəu0mən0

二、身体部位

1214. 鬓角太阳穴 pin44tɕyɛ0

1215. 忽穴小孩儿天灵盖没有完全闭合的部位称呼 xu45ɕiɛ0

1216. 鼻疙瘩鼻尖 pi42kɤ45ta0

1217. 眉梢眉骨 mi42sɑɔ45

1218. 上颚 ʂaŋ44khɤ0

1219. 下颚 xa44khɤ0

1220. 脑冒顶头顶 ȵɑɔ45mu0tsiŋ44

1221. 后颈窝后颈 xəu44tɕin00əu53

1222. 胛骨肩膀 tɕia45ku42

1223. 胳老窝腋下 kɤ42lɑɔ0uo53

1224. 琵琶骨 phi42pa0ku42/背棱划 pei44ləŋ44xua45 锁骨

1225. 倒拐肘 tɑɔ44kuai0

1226. 小肚子下腹部 ɕiɑɔ45təu0zʅ0

1227. 肋巴骨肋骨 lei45pa0ku0

1228. 肋沿［底下］肋下，最后一根肋骨的下面 lei45ɸian0tɕiɛ45

1229. 胯骨髋骨 khua45ku0

1230. 螺丝拐脚踝 luo42tʂʅ45kuai42

1231. 龇牙门牙外露 tʂʅ45ɸia0

1232. 瘦瓜瓜大脖子 ɸiŋ45kua42kuɑ0

1233. 豁豁唇裂 xuo45xuo0

三、动物、植物

1234. 黄老鼠黄鼠狼 xuaŋ42lɑɔ45ʃu42

1235. 狐狐狸 xu45

1236. 毛老鼠松鼠 mɑɔ42lɑɔ45ʃu42

1237. 明火虫萤火虫 miŋ42xuo45tʃuŋ0

1238. 信猴猫头鹰 ɕin44xəu0

1239. 臭蛛蛛蟋蟀 tʂəu44tʃu42tʃu0

1240. 草鞋底 tshɔ45xai0tɕi42/麻鞋底 ma42xai45tɕi42 蚰蜒

1241. 黄豆雀杜鹃鸟 xuaŋ42təu45tɕhyɛ42

1242. 老汉呱咕布谷鸟 lɔ45xan0kuɑ45ku0

1243. 土鳖鳖土元，药材 thəu45piɛ42piɛ0

1244. 蚧蚪津蟾酥，药材 tɕiɛ44təu0tɕin53

1245. 半夏药材 pai44tɕhiɑ0

1246. 贝壳河蚌 pei44khɤ0

1247. 蚂蟥水蛭 mɑ45xuaŋ0

1248. 刺猪刺猬 tshɿ44tʃu0

1249. 蛆牙蛆虫 tɕhy45øiɑ0

1250. 屎盘牛 sɿ45phan44ȵiəu42/屎壳郎 sɿ45khɤ44laŋ0 蜣螂

1251. 娃娃鱼大鲵 øuɑ42øuɑ45øy0

1252. 丝棉树杜仲树 sɿ45mian0ʃu44

1253. 分葱小葱 fən45tʃuŋ0

1254. 洋桃猕猴桃 øiaŋ45thɑ45

1255. 青桩鹭鸟 tɕhin45tʃuaŋ0

1256. 兔儿兔子 thəur44

1257. 燕儿燕子 øiər44

1258. 骚羊公羊 sɑ45øiaŋ0

1259. 青竹标竹叶青蛇 tɕhin42tsəu42piɑ53

1260. 鹆棒棒啄木鸟 tɕhian45paŋ42paŋ0

1261. 狗腥草鱼腥草 kəu45ɕiŋ44tshɑ0

四、器具

1262. 腰 øiɑɔ44/绳 ʂəŋ45 捆东西的绳子

1263. 电杠日光灯 tɕian44kaŋ44

1264. 顶棚天花板 tɕiŋ45phəŋ0

1265. 笼笼竹篮 luŋ42luŋ45

1266. 罩衣防尘外套 tsɑ44øi0

1267. 雨帽斗篷 øy45mɑ0

1268. 撷娃娃 tʂəu45øuɑ42øuɑ0/木脑壳 mu45ȵɑ0khɤ0 木偶

五、社会文化

1269. 哑巴戏社火的别称 ȵia45pɑ44ɕi44

1270. 报马预报社火演出的一组人 pɑɔ44mɑ0

1271. 悬台社火的一种 ɕyan42thai45

1272. 芯子社火的一种 ɕin44zɿ0

1273. 牛社火牛驮的社火 ȵiəu42ʂɤ45xuo0

1274. 马社火马驮的社火 mɑ45ʂɤ42xuo0

1275. 跑社火人在地上跑动的社火 phɑɔ45ʂɤ42xuo0

1276. 柳木腿高跷 liəu45mu0thuei42

1277. 把仗社火角色手中的道具 pɑ45tʂaŋ0

1278. 戏衣社火角色的服装 ɕi44øi0

1279. 耍水龙 ʃuɑ44ʃuei44luŋ45/取酒 tɕhy44tɕiəu42 一种祈雨活动

1280. 打旱魃鬼一种祈雨活动 tɑ44xan44mɑ0kuei42

1281. 老衣去世的人穿的衣服 lɑɔ45øi0

1282. 老枋装上逝者的棺材 lɑɔ44faŋ45

1283. 洋瓷盆搪瓷盆 øiaŋ45tshɿ45phən45

1284. 背时洼偏僻的地方 pei44ʂɿ0uɑ44

1285. 黑圪佬黑暗找不到的地方 xei53kɤ45lɑɔ0

1286. 贼娃子 tsei42øuɑ45zɿ0/绺娃 liəu45øuɑ0/霉脑壳 mei42ȵɑɔ45khɤ0

1287. 秃秃子 thəu53

1288. 癞子麻风病 lai44zɿ0

1289. 猪伢子买卖猪的说客 tʃu42øia45zɿ0

371

1290. 牛伢子买卖牛的说客 ȵiəu45ɵia42zʅ0
1291. 人贩子买卖人口的人 zȵən45fan44zʅ0
1292. 骟匠阉割牲畜的人 ʂan44tɕiaŋ0
1293. 棒客土匪 paŋ44khei0
1294. 角马巫婆 tɕyɛ45ma0
1295. 端公神汉 tuan45kuŋ0
1296. 过角发神的过程，也指正事前面的客套部分 kuo44tɕyɛ42
1297. 红爷给年轻人介绍对象的人 xuŋ45ɵiɛ0
1298. 艺人 ɵi44zȵən0/耍把戏的 ʃua42pa45çi0ti0 卖艺的人
1299. 咕噜以赌博为生的人 ku45ləu0
1300. 月婆娘产妇 ɵyɛ45phuo42ȵiaŋ0
1301. 尖尖钻显尖讨好的人 tɕian53tɕian0tʃuan53
1302. 牛黄性格倔强的人 ȵiəu45xuaŋ45
1303. 瓜女子傻女子 kua53ȵy45zʅ0
1304. 皮摛摛遇事不急，言语不多的人 phi45tʃuai42tʃuai0
1305. 阴肚嘴上不说，心里盘算的人 ɵin45təu0
1306. 结 tɕiɛ53/结巴 tɕiɛ45pa0 说话口吃的人
1307. 咬舌吐字不清的人 ȵiai45zɤ0
1308. 老闷 lao44mən53/闷见识 mən45tɕian42zʅ0/阴水 ɵin45 ʃuei0 不爱多说话的人
1309. 葛拧性格怪僻，难于相处的人 kɤ42ȵiŋ45
1310. 霉厷干啥不成啥的人 mei45 ʃuŋ0
1311. 臧货调皮幽默的人 tsaŋ44xuo44
1312. 日把欻不可靠的人 zʅ53pa42tʃua42
1313. 老实疙瘩憨厚，不多言的人

lao45ʂʅ0kɤ45ta0
1314. 漂儿嘴光说漂亮话的人 phiər45tʃuei42
1315. 睁眼瞎不识字的人 tsəŋ42ȵian44xa53
1316. 压烂板凳久坐闲聊不走的人 ȵia44lan44pan45 thəŋ0
1317. 搅尿棒挑事找事的人 tɕiao45 ʃuŋ0paŋ44
1318. 懒干手好吃懒做的人 lan45kan0ʂəu42
1319. 把式做事有技术的人 pa45ʂʅ0
1320. 厸管娃不操心的人 ʃuŋ45kuan44ɵua44
1321. 木脑壳不聪明，不懂事的人 mu45ȵao42khɤ0
1322. 叫花嘴光说话不干实事的人 tɕiao44xua44tʃuei42
1323. 扎花儿嘴能说会道的人 tsa53xuər0tʃuei42
1324. 直肠子 tʂʅ42tʂhaŋ45zʅ0/直戳戳 tʂʅ42tʃuo45tʃou0 有话直说的人
1325. 稀儿货做事不牢靠的人 çiər45xuo0
1326. 瞎厸 xa42 ʃuŋ45/瞎日三 xa42zʅ42san53 爱做坏事的人
1327. 母老虎泼妇 mu45lao44xu0
1328. 凉□ liaŋ45piaŋ45/冷厸 ləŋ42 ʃuŋ45 尽做出格事的人
1329. 没搞场没出息 muo42kao45tʂhaŋ0
1330. 不成形不成器 pu42tʂhəŋ45çiŋ45
1331. 麻雀嘴形容话多的人 ma42tɕhyɛ0tʃuei42
1332. 黏皮遇事与人纠缠不清的人 zȵan45phi45
1333. 顺沟溜 ʃuən44kəu44liəu44/舔沟

匠 tɕhian45kəu44tɕiaŋ44 领导说啥就顺着说啥

1334. 打和声别人干啥就跟着干啥
ta44xuo44ʂəŋ0

1335. 像㞞做事不吃亏的人 ɕiaŋ44ʃuŋ45

1336. 炝耳朵 pha45ɵer42tuo0/怕老婆
pha44lac42phuo0 怕媳妇的人

1337. 门槛猴 mən42khan44xəu45/吃不开 tʂʅ53pu42khai53 上不了台面的人

1338. □拐总爱找麻烦的人 tsai53kuai42

1339. 现成人不操心的人
ɕian44tʂhəŋ0zʅən45

1340. 牛犟筋爱钻牛角尖的人
ȵiəu45tɕiaŋ44tɕin0

1341. 灵醒人办事会找窍门的人
liŋ42ɕiŋ0zʅən45

1342. 奸相有心计的人
tɕian53ɕiaŋ44zʅən45

1343. 老好人性格温顺善良的人
lac42xac44zʅən45

1344. 是非精爱搬弄是非的人
sʅ44fi44tɕiŋ53

1345. 冷苕爱办傻事，没出息的人
ləŋ42ʂac45

1346. 二趁处事忽冷忽热的人 ɵer44tʂhən44

1347. 红脚杆办事外行的人
xuŋ42tɕyɛ45kan0

1348. 烂货 lan44xuo44/破鞋 phuo44xai45
生活作风轻浮的妇女

1349. 大炮说话爱大喊大叫的人 ta44phac44

1350. 肉㞞办事拖拉迟缓的人 zəu44ʃuŋ45

1351. 夹壳 tɕia53khɤ42/蛮声
man42ʂəŋ45 说话南腔北调的人

1352. 烧料子轻狂的人 ʂac45liac0zɿ0

1353. 半汤学艺未精的人 pan44thaŋ0

1354. 没名堂人无内才或事无意义
muo42miŋ45thaŋ44

1355. 精沟光屁股 tɕiŋ42kəu53

1356. 精斗巴光身子 tɕiŋ42təu42pa0

1357. 垢圿身上的汗垢 kəu45tɕia0

1358. 眼窝眼睛的别称 ȵian45ɵuo0

1359. 米糕馍大米发糕 mi45kac44muo0

1360. 浆巴糊糊鲜玉米磨碎做的稀粥
tɕiaŋ44pa0xu44xu0

1361. 甜浆用豆浆和大米煮的稀饭
tɕhian42tɕiaŋ45

1362. 菜豆腐黄豆浆用浆水菜点清和大米煮的一种稀饭 tsai44təu42fu0

1363. 面皮大米磨浆用蒸笼蒸制的米皮
mian44phiər45

1364. 枣糕馍使用洋县当地传统工艺制作的一种馒头 tsac45kac0muo45

1365. 瓮苕蒸红薯 ɵuəŋ45ʂac0

1366. 搭杆负重歇气时的支撑棒 ta45tʃhu0

1367. 窝窝棉鞋 ɵuo45ɵuo0

1368. 靸板拖鞋 sa45pan0

1369. 煨罐烧水用的瓦罐 ɵuei45kuan0

1370. 笊篱灶上用的带把小竹篮 tsac44li0

1371. 剪刷竹制的锅刷 tɕian45ʃua0

1372. 控箕控汤的竹篮子 khuŋ44tɕi0

1373. 纸捻 tsʅ45ȵian0/纸媒 tsʅ45mei0
草纸搓成点火用的空心纸条

1374. 出坡 tʃu53phuo53/坐交
tʃuo44tɕiac53 打猎

1375. 打秋荡秋千 ta44tɕhiəu53

1376. 别腿给人使绊 piɛ42thuei45

1377. 仰屎绊 跌倒时胸朝上 ȵiaŋ45tɕhiəu0pan42

1378. 扭弹 动弹 ȵiəu44than0

1379. 磕趴 khɤ53pha0/合碰 xuo42phaŋ45 跌倒时胸朝下

1380. 趔趄 身体向一侧倾斜 liɛ44tɕhiɛ0

1381. 跑趟子 跑步 phɔ44thaŋ44zʅ0

1382. 收捡 收藏起来 ʂəu45tɕian0

1383. 拾掇 收拾东西 ʂʅ42tuo42

1384. 跷尿骚 从头上跨过去 tɕhiɑɔ42ȵiɔɑ44sɑɔ0

1385. 赌咒 发誓 təu44tʂəu44

1386. 人情 送礼 zən42tɕhiŋ42

1387. 回礼 还礼 xuei45li42

1388. 洗澡 游泳 ɕi42tsɔɑ42

1389. 钻夜儿 猛潜水 tʃuan53øiər44məŋ0

1390. 睡瞌睡 睡觉 ʃuei44khɤ45ʃuei0

1391. 日弄人 作弄人 zʅ42ȵuŋ0zəŋ45

1392. 日塌了 东西弄坏了 zʅ45tha42lɑɔ0

1393. 进门 女嫁男方：媳妇～ tɕin44mən45

1394. 上门 ʂaŋ44mən45/倒插门 tɑɔ44tʂha53mən45 男嫁女方：～女婿

1395. 搊活 扶助 tʂhəu45xuo0

1396. 日瞎话 背地编造坏话贬低别人 zʅ42xɑ45xuɑ0

1397. 嚼舌 背后说别人的坏话 tɕiɑɔ45ʂʅ45

1398. 逞能 逞强 tʂhəŋ44ȵəŋ45

1399. 调皮 tɕhiɑɔ45phi45/捣蛋 tɑɔ44tan42 调皮

1400. 耍大 ʃua44ta44/耍排场 ʃua44phai42tʂhaŋ42 耍阔气

1401. 玩格 故意摆阔气 øuan45kei42

1402. 装人 摆架子 tʂuaŋ53zən45

1403. 日嘛 zʅ45tɕyɛ0/培治 phei45tʂʅ42 教训人

1404. 咥你 tɕiɛ42ȵi42/整你 tʂəŋ45ȵi42/捶你 tʃhuei42ȵi42 打你

1405. 怕叵烦 困倦不想动的样子 pha44phuo45fan0

1406. 将息 好好休息 tɕiaŋ45ɕi0

1407. 造孽 受罪 tsɑɔ44ȵiɛ53

1408. 害扫人 拖累别人 xai44sɑɔ44zən45

1409. □了 开玩笑翻脸 ʂɑɔ44lɑɔ0

1410. 打光光 心不在焉 ta42kuaŋ45kuaŋ0

1411. 鼓人 非要让人做某事 ku44zən45

1412. 央及人 øiaŋ45tɕi0zən45/求奔人 tɕhiəu45pən44zən45 求人帮忙

1413. 筋筋蔓蔓 办事不利索的样子 tɕin53tɕin0van44van44

1414. 直杠子 遇事不会转弯子 tʂʅ42kaŋ45zʅ0

1415. 淡屎话 废话 tan44tɕhiəu0xua44

1416. 倒二倒三 说话翻来覆去 tɑɔ44ør0tɑɔ44san53

1417. 翻窟窿倒水瓜 无事生非 fan42khu45luŋ0tɑɔ44ʃuei45kua0

1418. 蔫不溜秋 没精打采 ȵian45pu0liəu0tɕhiəu0

1419. 懒腿撒胯 干活不想出力 lan45thuei0san42khua0

1420. 不要脸 赖皮 pu42øiɑɔ44lian42

1421. 脸厚 不知道害羞 lian44xəu44

1422. 不嫌害 不知道害羞 pu42ɕian45xai44

1423. 丢凉腔 尽说出格话 tɕiəu53liaŋ45tɕhiaŋ53

1424. 毛脚毛手 办事走路不稳重

mɑɔ42tɕyɤ45mɑɔ42ʂəu0

1425. 二不棱登 不规矩，不整齐
Øər44pu0ləŋ44təŋ44

1426. 哦呵 感到意外的感叹词 Øəuɛ42xəu45

1427. 娘 n̟ia45/娘吔 n̟ia45Øiɛ0 表示惊叹的感叹词

1428. 啊吧哩 表示质疑的感叹词 Øɑ42pɑ53li0

1429. 哇 常用的插入性叹词 Øuɑ42

1430. 隔外 见外 kei42Øuɑi44

1431. 溢了 水满得向外流 Øi45lɑɔ0

1432. 蜷腰 直不起腰的样子 tɕhyan42Øiɑɔ45

1433. 温温 Øuən45Øuən0/尿热
n̟iɑu44ʐɤ0 形容食物有点凉

1434. 缠缠 形容半干不干的样子
tʂhan44tʂhan0

1435. 一点儿点 形容很少 Øi42tɕiər45tɕian0

1436. 一抹多 Øi42muo45tuo0/超光
tʂhɑɔ45kuaŋ0 非常多

1437. 饿痨 吃东西多吃多占 ŋɤ44lɑɔ0

1438. 动荤 吃肉 tuŋ44xuən53

1439. 腰台 吃非正餐的点心 Øiɑɔ45tsɑ0

1440. 干缠 不投资就想赚钱 kan53tʂhan44

1441. 抹和 不花代价而得到的 muo45xuo0

1442. 难缠 比较麻烦 n̟an45tʂhan45

1443. 搜事 没事找事 səu53sɿ44

1444. 扯筋撩皮 纠缠不休
tʂhɤ44tɕin53liɑɔ45phi45

1445. 缠三搅簸箕 再三纠缠
tʂhan45san0tɕiɑɔ42puo45tɕi0

1446. 不眼气 不稀罕 pu42n̟ian44tɕhi44

1447. 怯火 害怕 tɕhiɛ42xuo0

1448. 窝囊 屈才，糟蹋 Øuo45n̟aŋ0

1449. 窝披 藏起来不让人知道 Øuo45Øiɛ42

1450. 昧了 借人东西不还 mei44lɑɔ0

1451. 稀乎儿 差一点儿 ɕi42xuər45

1452. 舔沟 tɕhian44kəu53/献殷勤
ɕian44Øin45tɕhin0 热情过分，讨好献媚

1453. 简麻 tɕian45ma0/利索 li44ʃuo0 动作敏捷，办事效率高

1454. 连忙些儿 催促人动作快点
lian42maŋ45ɕiər0

1455. 一瓜锤 一起（拿上）
Øi42kua45tʃhuei0

1456. 板页 整齐，干净 pan45Øiɛ0

1457. 嫽得很 好得很 liɑɔ42ti0xən42

1458. 撇气 非常不好 phiɛ53tɕhi44

1459. 亮堂 形容房子光线好 lian44thaŋ0

1460. 恼火 太累，受不了 lɑɔ42xuo42

1461. 屌了 完蛋了 tɕhiəu45lɑɔ0

1462. 胖臭 非常臭 phaŋ53tʂhəu44

1463. 推故 thuei45ku0/推辞 thuei45tʂhɿ0 推诿

1464. 遭瘟的 贬义地称呼对方
tsɑɔ53Øuən45ti0

1465. 着扎了 吃了大亏 tsɑɔ45tsa45lɑɔ0

1466. 央及 拜托 Øian45tɕi0

1467. 羞先人 ɕiəu53ɕian45ʐən0/羞人 ɕiəu53ʐən45 羞得很

1468. 捡现成 做现成事
tɕian44ɕian44tʂhəŋ0

1469. 没按住 预计不到，预计之外
muo42ŋan42tʃu0

1470. 塌伙了 失败了 tha45xuo42lɑɔ0

1471. 不牵扯 不影响 pu42tɕhian45tʂhɤ0

1472. 不合适 身体不舒服 pu42xuo42sɿ42

1473. 不搁两个人 做事不合作 pu42kɤ53

1474. 不搁帮人不合群 pu42kɤ42paŋ53

1475. 添烦爱给别人找麻烦的行为
tɕhian45fan0

1476. 没搞长没多大价值和作用
muo42kɑɔ45tʂhaŋ0

1477. 没名堂无聊，没意思
muo42miŋ45thaŋ44

1478. 没挖抓没办法 muo42ua45tɕuɑ0

1479. 没下数不懂规矩 muo42xa44səu0

1480. 没眼隙事情没指望 muo42ȵian45ɕi0

1481. 没耳害性屡教不改
muo42Øər45xai44ɕiŋ0

1482. 少教没家教 ʂɑɔ44tɕɑɔ44

1483. 装化鬼骄傲的人
tʃuaŋ45xua42kuei42

1484. 半死拉活事情做了一半没结尾的样子
pan44sɿ0la42xuo0

1485. 显夸自我炫耀 ɕian45khua0

1486. 二不跨五不在时间点上的样子
Øər42pu42khua44Øu42

1487. 八毛儿十远相差非常远
pa45mər0sɿ42Øyan44

1488. 假模假样虚情假意
tɕia45muo0tɕia44Øiaŋ44

1489. 样样多种类比较多
Øiaŋ44Øiaŋ44tuo53

1490. 爱人 ŋai44zʅən0/好看 xɑɔ44khan44
模样可爱

1491. 骚洋情不合适地献殷勤
sɑɔ53Øiaŋ45tɕhiŋ53

1492. 屎□了倒霉透顶
tɕhiəu42tɕhin45lɑ0

1493. 屎□□游手好闲的人

tɕhiəu45liaŋ45Øy53

1494. 湿沁沁 ʂʅ45tɕhin42tɕin0/湿□□
ʂʅ45pia42pia0 水没晾干

1495. 焦湿衣服湿透的样子 tɕiɑɔ53ʂʅ53

1496. 汗流背水满头大汗
xan44liəu0pei42ʃuei0

1497. 乱麻咕咚乱七八糟
luan44ma0ku42tuŋ0

1498. 吊儿郎当不务正业
tɕiɑɔ42Øər0laŋ44taŋ44

1499. 胡日鬼搞歪门邪道
xu45zʅ42kuei42

1500. 偷腔摸腔偷偷摸摸地做事
thəu53tɕhiaŋ0muo45tɕhiaŋ0

1501. 冒失盲目地做事 mɑɔ44sʅ0

1502. 冒日鬼办事不想后果的人
mɑɔ44zʅ42kuei42

1503. 冒天失怙办事不想后果的样子
mɑɔ44tɕhian0sʅ42xu0

1504. 胡扯筋摆歪道理 xu45tʂhɤ44tɕin53

1505. 丢凉腔说怪话
tɕiəu53liaŋ45tɕhiaŋ53

1506. 怪眉日眼窝形容长相古怪
kuai44mi0zʅ42ȵian45Øuo0

1507. 鬼画桃符形容写字不认真，很乱
kuei44xua44thɑɔ42fu0

1508. 搞干手会办事会揽财的人
kɑɔ45kan0ʂəu0

1509. 没本事 muo42pən45sʅ0/没出息
muo42tʃhu45ɕi0 没能力把事办好

1510. 细作办事认真 ɕi44tʃou0

1511. 有规矩 Øiəu44kuei45tɕy0/有礼节
Øiəu44li45tɕiɔ0 文雅或有礼貌

1512. 撇东西不好 phiɛ44

1513. 蔫狡耍滑头 ȵian45tɕiɑ0

1514. 胸膛一锤 ɕyŋ45thaŋ0Øi42tʃuei45/
脖胳上咬口 kɤ45puo0ʂaŋ0ȵiɑ42
khəu42 拍板决定，下决心

1515. 接下句喜欢接着别人的话往下说
tɕiɛ53xɑ44tɕy0

1516. 打岔打断别人的话题 ta44tsha44

1517. 学说给别人讲解他不知道的事
ɕyɛ42ʃuo53

1518. 学说在背后议论别人 ɕyɛ42ʃuo53

1519. □□反复批评别人 laŋ42kuaŋ53

1520. 絮叨唠叨 ɕy44tɑɔ0

1521. 卜嗳嘴唇运动但声音细小的样子
pu45ȵiɛ0

1522. 残个儿其他或别的 tshan42kɚ0

1523. 悬吊吊办事情很悬，不踏实的样子
ɕyan42tɕiɑɔ45tɕiɑɔ0

1524. 面和形容事情很容易办成
mian44xuo0

1525. 厚道人形容性格好，好说话的人
xuo44tɑɔ0ɚn45

1526. 黩□肮脏 lai45ɕi0

1527. 阳混失道形容做事糊涂
Øiaŋ42xuən45ʂɻ42taɔ0

1528. 便宜虫爱多占便宜
phian42Øi0tʃuŋ45

1529. 攒劲干活踏实卖力 tsan44tɕin44

1530. 细密生活很俭朴 ɕi44mi0

1531. 啬皮 sei53phi45/ 老抠 laɔ44khəu53/
铁公鸡 tshiɛ42kuŋ45tstɕi0 吝啬

1532. 造孽令人可怜 tsaɔ44ȵiɛ42

1533. 心重欲望难以满足 ɕin53tʃuŋ44

1534. 猴急暴跳不安分，不稳重
xuɔ42tɕi45pɑɔ0tshiaɔ0

1535. 不搁群不合众 pu42kɤ42tɕhy45

1536. 告阴状在领导面前打小报告
kaɔ44Øin45tʃuaŋ0

1537. 日鬼捣鬼 zɻ42kuei42

1538. 试活形容试着做事 sɻ44xou0

1539. 不甩识 pu42ʃuai45ʂɻ0/不耳识
pu42Øɚr45ʂɻ0 不理睬

1540. 立下留客人住宿 li45xɑ0

第四章　语法与口头文化

第一节　语法例句

1. 你是哪里人？
   你是啊节的人？
   ȵi44ʂʅ42ɵɑ42tɕiɛ42ti0zən45?

2. 我是陕西_____人。（说出所在县或市）
   我是洋县人。
   ŋɤ44ʂʅ44ɵiaŋ45ɕian44zən45.

3. 你今年多大？
   你今年多岁数了？
   ȵi44tɕin45ȵian0tuo53ʃuei44səu0lɑo0?

4. 我_____岁了。（说出自己的实际年龄）
   我今年七十四了。
   ŋɤ44tɕin45ȵian0tɕhi53ʂʅ0sʅ44lɑo0.

5. 你叫什么名字？
   你叫啥名咹？
   ȵi44tɕiɑɔ44ʃua45miŋ45ŋan0?

6. 我叫_____。（说出自己的名字）
   我叫王玉生。
   ŋɤ44tɕiɑɔ44ɵuaŋ45ɵy45səŋ0.

7. 你家住哪里？
   你屋在啊节住着哩？
   ȵi42ɵu53tsɑi44ɵɑ53tɕiɛ0tʃu44tsɤ0li0?

8. 我家住_____。（说出自己居住的地址）
   我屋在洋县草坝村五组哩。

ŋɤ42Øu0tsɑi44Øiaŋ45ɕian44tʂhaɔ45pa0tʃhuəŋ53Øu45tsəu42li0.

9. 谁呀？我是老三。

　　谁块啊？我是老三。

　　sei42khuai45Øɑ53？ŋɤ44sʅ42lɑɔ44san53.

10. 老四呢？他正在跟一个朋友说着话呢。

　　老四咪？他正才跟他朋友谝传哩。

　　lɑɔ44sʅ44lai0？thɑ44tʂəŋ44tsai42kən42thɑ44phəŋ42Øiəu45phian44tʃuan42li0.

11. 他还没有说完吗？

　　他还没说毕哩吗？

　　thɑ44xɑ42muo42ʃuo42pi45li0ma0？

12. 还没有。大约再有一会儿就说完了。

　　还没有。害怕得再一下下。

　　xɑi42muo42Øiəu45. xɑi44phɑ44tei53tsai42Øi42xɑ44xɑ0.

13. 他说马上就走，怎么这半天了还在家里呢？

　　他说就走呀，咋这个儿还在屋里哩？

　　thɑ44ʃuo53tsəu44tsəu45Øia0，tsa42tʂʅ44kər45xa42tsai44Øu45li0li0？

14. 你到哪儿去？我到城里去。

　　你在啊去呀？我在城去呀。

　　n̠i44tsai44Øɑ53tɕhi44Øia0？ŋɤ44tsai44tʂəŋ45tɕhi42Øia0.

15. 在那儿，不在这儿。

　　在兀儿哩，没在这儿。

　　tsai44Øuər45li0，muo42tsai44tʂər0.

16. 不是那么做，是要这么做的。

　　不是兀恁着，要这下哩。

　　pu42sʅ44Øu44n̠ian45tʂər0，Øiaɔ44tʂei42xɑ44li0.

17. 太多了，用不着那么多，只要这么多就够了。

　　多死了，要不下兀些，这点就够了。

　　tuo53sʅ0laɔ0，Øiaɔ44pu0xa44Øuə42ɕiɛ45，tʂʅ42tɕian45tsəu44kəu44laɔ0.

18. 这个大，那个小，这两个哪一个好点呢？

　　这块大，兀块小，这两块啊块好？

　　tʂʅ42khuai44ta44，Øuə42khuai44ɕiaɔ42，tʂʅ44liaŋ45khuai0Øɑ53khuai0xaɔ42？

19. 这个比那个好。

　　这块赶兀块好。

tʂə42khuɑi44kan44ʉə42khuɑi44xɑɔ42.

20. 这些房子不如那些房子好。

这些房没得兀些房好。

tʂɤ44çiɛ44faŋ45muo42tei0ʉə42çiɛ0faŋ45xɑɔ42.

21. 这句话用_____话怎么说？（填本地地名，本地音）

这话拿洋县话咋说哩？

tʂər42xuɑ44ȵɑ42ɵiɑŋ45çian44xuɑ0tsɑ42ʃuo45li0?

22. 他今年多大岁数？

他今年多大岁数了？/他今年多大了？

tha44tçin45ȵian0tuo53tɑ44ʃuei44səu0lɑɔ0? / tha44tçin45ȵian0tuo53tɑ44lɑ0?

23. 大概有三十来岁吧。

害怕有三十几。

xɑi44pha44ɵiəu44san45ʂʅ0tçi42.

24. 这个东西有多重呢？

这东西有多重？

tʂə44tuŋ45çi0ɵiəu44tuo53tʃuŋ44?

25. 有五十斤重呢。

有五十斤哩。

ɵiəu44ʉu45ʂʅ0tçin0li0.

26. 拿得动吗？

拿得起吧？

ȵɑ42tei0tçiɛ45pa0?

27. 我拿得动，他拿不动。

我拿得起，他拿不起。

ŋɤ44ȵɑ42tei0tçiɛ45, tha44ȵɑ42pu0tçiɛ45.

28. 真不轻，重得连我都拿不动了。

重死了，我都拿不起。

tʃuŋ44sʅ0lɑɔ0, ŋɤ44təu0ȵɑ42pu0tçiɛ45.

29. 你说得很好，你还会说点儿什么呢？

你说得好死了，你还能说些啥？

ȵi44ʃuo53ti0xɑɔ45sʅ44lɑɔ0, ȵi44xɑ42ȵəŋ45ʃuo53çiɛ0ʃua45?

30. 我嘴笨，我说不过他。

我嘴笨死了，说不过他。

380

ŋɤ44tʃuei44pən44sɿ42laɔ0，ʃuo53pu42kuo44thɑ53.

31. 说了一遍，又说了一遍。

    说了一道，可说了一道。

    ʃuo53laɔ0ǿi53taɔ44，khɤ53ʃuo53laɔ0ǿi53taɔ44.

32. 请你再说一遍。

    麻烦你再说道。

    mɑ45fan45ȵi44tsai44ʃuo53taɔ44.

33. 不早了，快去吧！

    迟了，连忙去！

    tʂʅ42laɔ0，liaŋ45maŋ45tɕhi44！

34. 现在还很早呢，等一会儿再去吧。

    这儿还早着哩，见［会儿］去。

    tʂər45xa42tsaɔ45tʂɤ0li0，tɕian45xər0tɕhi44.

35. 吃了饭再去好吧？

    吃了饭去要得啊不？

    tʂhʅ42laɔ0fan44tɕhi44ǿiaɔ44tei0ǿa0pa0？

36. 慢慢儿地吃啊！不要急嘛！

    慢慢儿吃！嫑急！

    man44mər44tʂhʅ53！paɔ45tɕi45！

37. 坐着吃比站着吃好些。

    坐兀儿吃赶立兀儿吃好。

    tʃuo44ǿuər45tʂhʅ53kan44li42ǿuər45tʂhʅ53xaɔ42.

38. 这个吃得，那个吃不得。

    ［这个儿］能吃，［那个儿］吃不得。

    tʂər44ȵəŋ45tʂhʅ53，ǿuər45tʂhʅ45pu42tei0.

39. 他吃了饭了，你吃了饭没有呢？

    他饭吃了，你吃了不？

    thɑ44fan44tʂhʅ45laɔ0，ȵi44tʂhʅ45laɔ0pa0？

40. 他去过上海，我没有去过。

    他在上海去过，我没去过。

    thɑ44tsai44ʂaŋ44xai44tɕhi44kuo0，ŋɤ44muo42tɕhi44kuo0.

41. 来闻闻这朵花香不香？

    来闻嘎，这花香啊不？

lai45vən42kar45，tʂɤ44xua53ɕiaŋ53Øɑ0pɑ0？

42. 香得很，是不是？

　　香死了，是啊不？

　　ɕiaŋ45sʅ42lɑɔ0，sʅ44Øɑ0pɑ0？

43. 给我一本书！

　　给我本书！

　　kei44ŋɤ42pən45ʃu53！

44. 我实在没有书嘛！

　　我老实没得书！

　　ŋɤ44lɑɔ45ʂʅ0muo42tei0ʃu53！

45. 你告诉他。

　　你给他说。

　　ȵi44kei44tha44ʃuo53.

46. 好好儿地走！不要跑！

　　好好家走！覅跑！

　　xɑɔ44xɑɔ45tɕia0tsəu42！pɑɔ45phɑɔ42！

47. 小心跌下去爬也爬不上来！

　　招呼跸下去可爬不上来哦！

　　tʂɑɔ45xu0pan44xa42tɕhi42khɤ42pha42pu0ʂaŋ44lai0Øəu0！

48. 医生叫你多睡一睡。

　　大夫叫你多睡一下下。

　　tai44fu0tɕiɑɔ44ȵi44tuo53ʃuei44Øi42xa44xa0.

49. 吸烟或者喝茶都不可以。

　　吃烟跟喝茶都不得行。

　　tʂhʅ53Øian53kən42xuo45tsha45təu53pu42tei42ɕiŋ45.

50. 烟也好，茶也好，我都不喜欢。

　　烟连茶，我都不爱。

　　Øian53lian45tsha45，ŋɤ44təu53pu42ŋai44.

51. 不管你去不去，反正我是要去的，我非去不可。

　　不管你咋着，反正我要去，不去不得行。

　　pu42kuan44ȵi44tsa42tʂɤ45，fan44tʂəŋ44ŋɤ44Øiɑ44tɕhi44，pu42tɕhi44pu42tei42ɕiŋ45.

52. 你是哪一年来的？

你是啊年来的？

ȵi44sʅ44Øɑ53ȵian45lai42ti0？

53. 我是前年到的北京。

我是前年在北京来的。／我是前年来的北京。

ŋɤ44sʅ44tɕhian42ȵian0tsai44pei45tɕiŋ0lai42ti0．／ŋɤ44sʅ44tɕhian42ȵian0lai42ti0 pei45tɕiŋ0．

54. 今天开会谁的主席？

今儿开会谁是主席？

tɕiər53khai53xuei44sei45sʅ44tʃu44ɕi45？

55. 你得请我的客。

你得把我请嘎。

ȵi44tei53pɑ42ŋɤ44tɕhiŋ45kɑ0．

56. 这是他的书，那一本是他哥哥的。

[这个儿] 书是他的，[兀个儿] 书是他哥哥的。

tʂər44ʃu53sʅ44thɑ45ti0，Øuər45ʃu53sʅ44thɑ44kɤ45kɤ0ti0．

57. 一边走，一边说。

旋走旋说。

ʃuan44tsəu44ʃuan44ʃuo53．

58. 看书的看书，看报的看报，写字的写字。

看书的看书，看报的看报，写字的写字。

khan44ʃu45ti0khan44ʃu53，khan44pɑɔ44ti0khan44pɑɔ44，ɕiɛ44tsʅ44ti0ɕiɛ44tsʅ44．

59. 越走越远，越说越多。

越走越远，越说越多。

Øyɛ42tsəu44Øyɛ42yan42，Øyɛ42ʃuo53Øyɛ42tuo53．

60. 把那个东西拿给我。

把 [兀个儿] 东西给我拿嘎。

pɑ42Øuər44tuŋ45ɕi0kei44ŋɤ44ȵɑ42kɑ45．

61. 有些地方把太阳叫日头。

有的地方把太阳叫日头。

Øiəu45ti0tɕi44faŋ0pɑ42thai44Øiaŋ0tɕiɑɔ44Øər45thəu0．

62. 您贵姓？我姓王。

你贵姓？我姓王。

ȵi44kuei44ɕiŋ44？ ŋɤ44ɕiŋ44Øuaŋ45．

383

63. 你姓王，我也姓王，咱们两个人都姓王。

你姓王，我也姓王，咱俩都姓王。

ȵi44ɕiŋ44ʘuaŋ45，ŋɤ44ʘiɛ45ɕiŋ44ʘuaŋ45，tsai45liaŋ42təu53ɕiŋ44ʘuaŋ45.

64. 你先去吧，我们等一会儿再去。

你先去，我们等下来。

ȵi44ɕian53tɕhi44，ŋɤ45mən0təŋ42xɑ44lai45.

第二节 北风和太阳

北风跟太阳

有一回，北风跟太阳在那儿争论谁的本事大。争来争去就是分不出高低来。这时候路上来了个走道儿的，他身上穿着件厚大衣。他们俩就说好了，谁能先叫这个走道儿的脱下他的厚大衣，就算谁的本事大。北风就使劲地刮起来了，不过他刮得越是厉害，那个走道儿的把大衣裹得越紧。后来北风没法儿了，只好就算了。过了一会儿，太阳出来了。他火辣辣地一晒，那个走道儿的马上就把那件厚大衣脱下来了。这下儿北风只好承认，他们俩当中还是太阳的本事大。

北风跟太阳

pei45fəŋ0kən42thai44ʘiaŋ0

有回，北风跟太阳在兀儿争谁的本事大。

ʘiəu42xuei45，pei45fəŋ0kən42thai44ʘiaŋ0tsai44ʘuər45tsəŋ53sei42ti0pən45sʅ0ta44.

北风说他的本事大，太阳说他的本事大。

pei45fəŋ0ʃuo53tha45ti0pən45sʅ0ta0，thai44ʘiaŋ0ʃuo53tha45ti0pən45sʅ0ta44.

争来争去，就是争不出块高低来。

tsəŋ53lai45tsəŋ53tɕhi44，tsəu42sʅ0tsəŋ53pu45ʃu45khuai0kaɔ45tɕi45lai0.

这时候，过来了块走路的。他身上穿了件棉袄。

tʂɤ44sʅ42xəu0，kuo44lai0laɔ0khuai0tsəu44ləu44ti0. tha44ʂən45ʂaŋ0ʃuan53laɔ0tɕian0mian45ŋaɔ0.

他们俩就商量好，谁能先叫这块走路的把棉袄脱下来，就算谁的本事大。

tha45mən0liaŋ0tsəu42ʂaŋ42liaŋ42xaɔ42，sei45nəŋ45ɕian53tɕiaɔ44tʂʅ44khuai0ləu44ti0pa42mian45ŋaɔ44thuo53xɑ44lai0，tsəu44ʃuan44sei42ti0pən45sʅ44ta44.

北风就把他吃奶的劲都出上，只是吹。

pei45fəŋ0tsəu42pa42tha53tʂʅ53ȵai45ti0tɕin44təu42tʃu45ʂaŋ0，tsʅ42sʅ44tʃuei53.

他越是把风吹得越猛，兀块走路的把棉袄裹得越紧。

tha44øyɛ53sʅ42pa42fəŋ53tʃuei53ti0øyɛ53məŋ42，ȵu44khuai44tsəu44ləu44ti0pa42mian45ŋaɔ42kuo45ti0øyɛ53tɕin42.

最后北风没法儿了，只好算了。过了一下下，太阳出来了。

tʃuei44xəu44pei45fəŋ0muo42fər42laɔ0，tsʅ42xaɔ44ʃuan44laɔ0. kuo44laɔ0ø i42xa44xa0，thai44øiaŋ0tʃhu45lai0laɔ0.

他火烧哩似的蛮晒，兀走路的连忙就把他的棉袄脱了。

tha44xuo44ʂaɔ45liɛ0sʅ0ti0man45sai44，øu44tsəu44ləu44ti0liaŋ42maŋ45tsəu44pa42tha45ti0mian45ŋaɔ44thuo45laɔ0.

这下北风没啥说，只好认输了。

tʂei42xa0pei45fəŋ0muo42ʃa42ʃou53，tsʅ42xaɔ44ẓən44ʃu45laɔ0.

他们两块还是太阳的本事大。

tha45mən0liaŋ45khuai0xa42sʅ44thai44øiaŋ0ti0pən45sʅ0ta44.

第三节　口头文化

一、洋县城固划界畔

在很早以前，洋县和城固的界畔一直没有划定。这一天，城固和洋县的两个县长在一起商量，如何划定边界。城固的县长认为洋县的县长是个摆子，走不快，行动不方便，所以提出，明天早上咱们两人我往洋县走，你往城固走，咱们走到哪里，碰到哪里，哪里就是界畔。洋县的县长一口就答应了。

这一天早晨，城固的县长认为洋县的县长走不快，所以他晚上就好好地睡了一觉，天亮了起来他跑快点。可是洋县的县长觉得自己的腿脚不方便，一定要走得早，所以在半夜的时候饱饱地吃了一顿饭就往城固去走。结果啦洋县的县长都过了湑水河，进了城固城，还没有见城固的县长出来。一直都走到城固县的大堂上去了。

城固县长晚上因为心里想得奸狡，最后给睡着了，所以他起来得太迟了太迟了，洋县县长到了他大堂上他还没起床。这阵听差人说洋县县长已经到他大堂上来了啊，赶紧急得衣裳裤子一穿就出来。出来以后，就叫他的差人把洋县县长架上，一直架到东门外头去。但是实在也没法再架过去了。

这样的话两个县的县长就以城固城东门外头为界畔，画了一条界线，这就是城固洋县的县界，并且在这里栽了一个碑子，叫的是界牌，在界牌底下还有一个砖窑，就是界牌窑，这个界牌窑的名字一直沿用到二十世纪五十年代初。这时候洋县的一个粮站，就在这个界牌窑的靠东边修的，一直到互助合作化以后，把这个界畔才划到湑水河。这就是洋县城固两县划界畔的一个故事。

二、歇后语

1. 狗戴罐——冒碰。
2. 卖糍粑的缠袖子——热圆了。
3. 精沟子撵狼——丢人又现眼。
4. 精屁眼骑自行车——弹得屎疼。
5. 扎巴眼看日头——一手遮天。
6. 独眼龙唱旦——瞎骚轻。
7. 屎盘牛钻夜壶——受得云南大罪，你还当漂洋过海。
8. 脱了裤子放屁——多一道手续。
9. 上集不拿口袋——起得不良之心。
10. 屄屎尿忽闪——闲攒劲。
11. 老鼠钻风匣——两头受气。
12. 和尚买木梳——没法。
13. 秃子打伞——无法无天。
14. 秃子头上的虱——明摆着。
15. 老虎吃天——没处下爪。
16. 茅坑的石头——又臭又硬。
17. 看戏流眼泪——替古人担忧。
18. 墙缝的木头——闲攒劲。
19. 砂锅踏蒜——一锤子的买卖。
20. 黄柏树下弹琴——苦中作乐。
21. 桑树上摘梨——错盯了叶子。
22. 正月十五卖门神——迟了半月了。

三、地方戏曲

1. 洋县汉调桄桄戏唱段：有王爷回府来讲说一遍

有王爷，唉，回府来，

讲一遍，倒叫我低头操心间，

卫继红，唉，无故地生心造反，

打来了连环表要夺江山。

有万岁当殿上旨意传宣，

王爷领兵出朝班。

临行走，我与他拿酒奠定，

但愿得此一去，得胜回还。

2. 洋县灯影腔唱段：西风起，黄叶飘

西风起呀，

黄叶飘呀，

园林如画，

茶不思饭不想，

闷闷坐下。

四、民歌

1. 小小红灯照九州

小小红灯照九州，

小小的红灯，红赳外赳外，

挂在那个十字街当呦头，

点燃那个红灯亮啊儿小哇，

小小的红灯照九州哇。

2. 元宵歌

正月里闹元宵，

如今么幺姑子爱热闹，

爱热闹，身上戴的是花荷包。

二月里是花朝，

如今么幺姑子长大了，

长大了，眉毛弯弯一脸笑。

三月里桃花红，

如今么幺姑子大不同，

大不同，手上嘛又戴玉丝铃。

四月里四月八，

如今么幺姑子爱行家，

爱行家，水粉嘛胭脂脸上擦。

五月里是端阳，

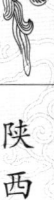

如今么幺姑子爱赶场，
爱赶场，一口嘛元宵一口汤。

五、歌谣

1. 经蜗牛

经蜗牛经蜗牛犁地来，
放牛娃放牛娃送饭菜。
送的啥饭，
送的豆豆米汤。
给我吃吧？
不给你吃。
不给我吃，把你锅锅灶灶打了。

2. 洋县娃娃会擀面

弹，弹，弹洋县，
洋县娃娃会擀面。
擀得薄薄的，
切得细细的，
下锅里扑棱棱转，
舀碗里绣毛蛋，
吃嘴里不见面。
牛娃哥，你吃了吧？
扑棱地下吃完了。

留坝县篇

第一章 总 论

第一节 人文地理、历史沿革、人口概况

留坝县，隶属于陕西省汉中市，位于陕西省西南部、汉中市北部。地处秦岭南麓、汉江上游，东经106°38′～107°18′，北纬33°17′～33°53′，东邻城固、洋县，南毗汉台区，西接勉县，北与太白、凤县相连。留坝总面积1970平方公里，下辖马道镇、江口镇等7个镇和1个街道办事处。境内地貌复杂，山岭陡峭，垂直高差大，同时气候多变，独特的地理位置和气候特征，孕育了丰富的自然资源，因此留坝素有"天然氧吧""绿色宝库"之美誉。留坝县又被称为"古栈道历史博物馆"，素称"秦汉咽喉"之地，历来为栈道交通要道。境内褒斜栈道、连云栈道、陈仓古道、文川道等古栈道纵贯南北，成为沟通关中、中原与蜀藏的主要通道之一，因此有"川陕之通衢，梁洋之门户"之称。漫长的历史岁月给留坝留下了众多珍贵的文化遗址，县境内还有汉张留侯祠、风云寺、凤鸣禅寺等古遗址。2012年留坝县被省政府命名为全省旅游示范县。2018年9月25日，获得商务部"2018年电子商务进农村综合示范县"荣誉称号。

相传留侯张良辟谷于境内之紫柏山，因此得名于留坝。留坝自周秦以来，历代行政建制隶属变更频繁，在明代以前无县级行政建制。现辖区域历代各朝均为南部政权（梁州、利州、山南道、汉中郡、府）与北部政权（南岐州、扶风郡、凤州、凤翔府）交界之地。明代洪武三年（1370年），设留坝巡检司，地属凤翔府凤州。洪武七年（1374年），归汉中府凤县辖。弘治年间，迁留坝巡检司驻废邱关（留凤关）。正德年间，移留坝巡检司驻柴关（柴关岭），县地北属凤县，南属褒城县。清朝初期沿用明代建制，嘉庆十六年（1811年）时称留坝厅。1913年改留坝厅为留坝县。1949年12月2日留坝解放，称留坝县，隶属陕南行政公署。1958年12月29日，撤销留坝县置，划归凤县管辖，隶属宝鸡专区。1961年1月15日，恢复留坝县建制，隶属汉中专区。

迄今6000年前，留坝县境内已有人类活动。在长期的封建社会内，境内氐、羌与汉人杂居。现今境内除汉族外，还有蒙古族、回族、藏族、壮族、满族、黎族等少数民族。留坝县总人口4.7万。留坝县流行的民间艺术主要有彩莲船、狮子舞、龙灯舞、

社火、端公舞。

第二节　方言归属与内部差异

清《留坝厅志》载："留坝自古荒野窎远，人迹罕至。"清《凤县志》载："留坝地为秦蜀往来冲道，山川险隘，土地硗瘠，其民五方流寓，人无历世最久者。"可见，人口的相对不稳定是留坝县方言较为复杂的重要原因。

就本县方言的源流看来，不可避免地保留了氐、羌等族语词，川、楚、秦人口于近百年迁入，而其方言与本地方言进一步融合。中华人民共和国成立后，全国通用的普通话在本境推广，因而有向普通话靠拢的趋势。然而，境内沟壑纵横，山岭重叠，所以方言的地域性分化较大，本县马道地区靠近汉中，属汉中方言；江口地区靠近凤县和太白县，其方言接近凤县和太白方言；城关镇、南河、姜窝子、铁佛殿、火烧店、闸口石等地区靠近勉县，其方言接近勉县方言。[①]

按照《中国语言地图集》，留坝方言属于西南官话成渝片。

第三节　发音人和调查人概况

方言发音人（一）

1. 姓名：张金成

2. 单位（退休前）：无

3. 通信地址：陕西省汉中市留坝县紫柏街道办大滩村五组

4. 性别：男　　民族：汉

5. 出生年月日（公历）：1954 年 4 月 11 日

6. 出生地（从省级至自然村级）：陕西省汉中市留坝县紫柏街道办大滩村五组

7. 主要经历：1966 年～1971 年，留坝县城关小学；1972 年～1973 年，留坝中学初中。

8. 文化程度：初中

9. 职业：农民

10. 会说哪几种话（包括普通话、外语）：留坝方言

11. 父亲是哪里人，会说什么话：汉中市留坝县紫柏街道办大滩村五组人，只会说留坝方言。

---

① 留坝县地方志编撰委员会. 留坝县志 [M]. 陕西人民出版社，2002 年，第 809 页。

12. 母亲是哪里人，会说什么话：汉中市留坝县紫柏街道办城关村二组人，只会说留坝方言。

13. 配偶是哪里人，会说什么话：汉中市留坝县武关驿镇红岩沟村一组人，只会说留坝方言。

方言发音人（二）

1. 姓名：张明良
2. 单位（退休前）：陕西省汉中市留坝县桑园坝乡中心小学
3. 通信地址：陕西省汉中市留坝县桑园坝乡中心小学
4. 性别：男　民族：汉
5. 出生年月日（公历）：1949 年 3 月 15 日
6. 出生地（从省级至自然村级）：留坝县桑园坝乡沙岭子村一组
7. 主要经历：1958 年～1964 年，留坝县江口区完全小学；1964 年～1968 年，留坝中学，初中；1987 年～1990 年，汉中师范学校函授班；1968 年～1994 年，留坝县桑园坝乡中心小学；1994 年～1999 年，柘梨园中学小学；1999 年～2008 年，留坝县桑园坝乡中心小学；2008 至今，退休在家。
8. 文化程度：中专
9. 职业：教师
10. 会说哪几种话（包括普通话、外语）：留坝方言和普通话
11. 父亲是哪里人，会说什么话：汉中市留坝县江口镇沙岭子村一组人，只会说留坝方言。
12. 母亲是哪里人，会说什么话：宝鸡市太白县黄柏塬镇皂角湾村二组人，只会说宝鸡方言。
13. 配偶是哪里人，会说什么话：汉中市留坝县江口镇河西村四组人，只会说留坝方言。

调查人

1. 姓名：李　丹
2. 单位：陕西理工大学
3. 通信地址：陕西省汉中市汉台区东一环路 1 号
4. 协助调查人 1 姓名：黄党生
5. 协助调查人 2 姓名：陈　莉
6. 协助调查人 3 姓名：吴　瑛
7. 协助调查人 4 姓名：刘　萍

第二章 语 音

第一节 声 母

声母二十三个，包括零声母在内。

p 八兵布宝　　ph 派片爬盆　　m 麦明母庙　　f 飞副肥饭
t 多东毒党　　th 讨天甜脱　　　　　　　　　l 脑南老连
ts 资早字坐　　tsh 刺草寸祠　　　　　　　　s 丝三酸事谁
tʂ 张竹柱占　　tʂh 抽车茶床　　　　　　　　ʂ 手十山双　　ʐ 热软让褥
tɕ 酒九金精　　tɕh 清全轻权　　ȵ 年泥硬眼　　ɕ 想谢响县宿
k 高共瓜哥　　kh 开口跪口　　ŋ 安熬藕爱　　x 好灰活下
ø 味月用药云

第二节 韵 母

韵母三十八个，不包括儿化韵。

ɿ 师丝刺资
ʅ 十直尺试　　i 米戏急眉　　u 苦五猪骨　　y 雨橘局女宿
ʌ 茶塔法辣　　iʌ 牙鸭家夹　　uʌ 瓦刮花滑
o 歌坐过活物　　　　　　　　　　　　　　yo 药学脚约
ər 二儿耳而
ɤ 盒壳饿河
ɛ 北白特这　　iɛ 写接贴节　　uɛ 国鼠葵穗　　yɛ 月靴血雀
æe 开排鞋拜盖　　　　　　　　uæe 快或歪拐坏外
ei 陪飞背给谁　　　　　　　　uei 对鬼回醉
ɑo 宝饱早贸　　iɑo 笑桥鸟交
əu 豆走狗凑　　iəu 油绿六丢

an 南山半三安	ian 盐年点天	uan 短官弯换算	yan 权原选元
ən 根灯深升	in 心硬病星	uən 滚春寸顿	yn 云军寻俊
ɑŋ 塘党忙让	iɑŋ 响讲良强	uɑŋ 床王双狂	
əŋ 棚蓬风梦		uŋ 东共中红	yŋ 兄用穷拥

第三节　单字调

单字调四个。

阴平 45 春东等通　阳平 42 六白谷门　上声 343 懂统买老　去声 213 动怪寸硬

第四节　连读变调

后字非轻声两字组连调模式见表 2-1。

表 2-1　后字非轻声两字组连调模式

后字 前字	1 阴平 45	2 阳平 42	3 上声 343	4 去声 213
1 阴平 45	45+45	45+42	45+343	45+213
2 阳平 42	42+45	42+42	42+343	42+213
3 上声 343	343+45	343+42	34+343	34+213
4 去声 213	213+45	213+42	21+343	21+213

非叠字组后字轻声两字组连调模式见表 2-2。

表 2-2　非叠字组后字轻声两字组连调模式

后字 前字	1 阴平 45	2 阳平 42	3 上声 343	4 去声 213
1 阴平 45	45+0	45+0	45+0	45+0
2 阳平 42	42+0	42+0	42+0	42+0
3 上声 343	343+0	343+0	34+0	34+0
4 去声 213	213+0	213+0	21+0	21+0

第五节　单　字

0001. 多 to45	0031. 骂 mA343	0059. 铺动 phu45	0089. 书 ʂu45
0002. 拖 tho45	0032. 茶 tʂhA42	0060. 簿 pu213	0090. 鼠 ʂu343
0003. 大～小 tA213	0033. 沙 ʂA45	0061. 步 pu213	0091. 如 ʐu42
0004. 锣 lo42	0034. 假真～ tɕiA343	0062. 赌 tu343	0092. 举 tɕy343
0005. 左 tso343	0035. 嫁 tɕiA213	0063. 土 thu343	0093. 锯名 tɕy213
0006. 歌 ko45	0036. 牙 ØiA42	0064. 图 thu42	0094. 去 tɕhi213
0007. 个一～ kɤ213	0037. 虾 ɕiA45	0065. 杜 tu213	0095. 渠～道 tɕhy42
0008. 可 kɤ343	0038. 下底～ ɕiA213	0066. 奴 lu42	0096. 鱼 Øy42
0009. 鹅 ŋɤ42	0039. 夏春～ ɕiA213	0067. 路 lu213	0097. 许 ɕy343
0010. 饿 ŋɤ213	0040. 哑 ØiA343	0068. 租 tsu45	0098. 余剩～，多 Øy42
0011. 河 xɤ42	0041. 姐 tɕiE343	0069. 做 tso213	
0012. 茄 tɕhiE42	0042. 借 tɕiE213	0070. 错对～ tsho213	0099. 府 fu343
0013. 破 pho213	0043. 写 ɕiE343	0071. 箍 khu45	0100. 付 fu213
0014. 婆 pho42	0044. 斜 ɕiE42	0072. 古 ku343	0101. 父 Øu213
0015. 磨动 mo42	0045. 谢 ɕiE213	0073. 苦 khu343	0102. 武 Øu343
0016. 磨名 mo213	0046. 车不是棋子 tʂhE45	0074. 裤 khu213	0103. 雾 Øu213
0017. 躲 to343	0047. 蛇 ʂE42	0075. 吴 Øu42	0104. 取 tɕhy343
0018. 螺 lo42	0048. 射 ʂE213	0076. 五 Øu343	0105. 柱 tʂu213
0019. 坐 tso213	0049. 爷 ØiE42	0077. 虎 xu343	0106. 住 tʂu213
0020. 锁 so343	0050. 野 ØiE343	0078. 壶 xu42	0107. 数动 su213
0021. 果 ko343	0051. 夜 ØiE213	0079. 户 xu213	0108. 数名 su213
0022. 过 ko213	0052. 瓜 kuA45	0080. 乌 Øu45	0109. 主 tʂu343
0023. 课 khɤ213	0053. 瓦 ØuA343	0081. 女 ny343	0110. 输 ʂu45
0024. 火 xo343	0054. 花 xuA45	0082. 吕 ly343	0111. 竖 su213
0025. 货 xo213	0055. 化 xuA213	0083. 徐 ɕy42	0112. 树 su213
0026. 祸 xo213	0056. 华中～ xuA42	0084. 猪 tʂu45	0113. 句 tɕy213
0027. 靴 ɕyE45	0057. 谱家～，注意声母 phu343	0085. 除 tʂhu42	0114. 区地～ tɕhy45
0028. 把量 pA213		0086. 初 tʂhu45	0115. 遇 Øy213
0029. 爬 phA42		0087. 锄 tʂhu42	0116. 雨 Øy343
0030. 马 mA343	0058. 布 pu213	0088. 所 so343	0117. 芋 Øy213

395

0118. 裕 Øy213	0149. 矮 ŋæ343	0182. 会开～ xuei213	0212. 比 pi343
0119. 胎 thæ45	0150. 败 pæ213	0183. 怪 kuæ213	0213. 屁 phi213
0120. 台戏～ thæ42	0151. 币 pi213	0184. 块 khuæ213	0214. 鼻注意声调 pi42
0121. 袋 tæ213	0152. 制～造 tʂʅ213	0185. 怀 xuæ42	0215. 眉 mi42
0122. 来 læ42	0153. 世 ʂʅ213	0186. 坏 xuæ213	0216. 地 ti213
0123. 菜 tshæ213	0154. 艺 Øi213	0187. 拐 kuæ343	0217. 梨 li42
0124. 财 tshæ42	0155. 米 mi343	0188. 挂 kuA213	0218. 资 tsʅ45
0125. 该 kæ45	0156. 低 ti45	0189. 歪注意声母 Øuæ45	0219. 死 sʅ343
0126. 改 kæ343	0157. 梯 thi45		0220. 四 sʅ213
0127. 开 khæ45	0158. 剃 thi213	0190. 画 xuA213	0221. 迟 tshʅ42
0128. 海 xæ343	0159. 弟 ti213	0191. 快 khuæ213	0222. 指 tʂʅ343
0129. 爱 ŋæ213	0160. 递 ti213	0192. 话 xuA213	0223. 师 sʅ45
0130. 贝 pei213	0161. 泥 ȵi42	0193. 岁 suei213	0224. 二 Øər213
0131. 带动 tæ213	0162. 犁 li42	0194. 卫 Øuei213	0225. 饥～饿 tɕi45
0132. 盖动 kæ213	0163. 西 çi45	0195. 肺 fei213	0226. 器 tɕhi213
0133. 害 xæ213	0164. 洗 çi343	0196. 桂 kuei213	0227. 姨 Øi42
0134. 拜 pæ213	0165. 鸡 tɕi45	0197. 碑 pei45	0228. 李 li343
0135. 排 phæ42	0166. 溪 çi45	0198. 皮 phi42	0229. 子 tsʅ343
0136. 埋 mæ42	0167. 契 tɕhi42	0199. 被～子 pei213	0230. 字 tsʅ213
0137. 戒 tɕiE213	0168. 系联～ çi213	0200. 紫 tsʅ343	0231. 丝 sʅ45
0138. 摆 pæ343	0169. 杯 pei45	0201. 刺 tshʅ213	0232. 祠 tshʅ42
0139. 派注意声调 phæ213	0170. 配 phei213	0202. 知 tʂʅ45	0233. 寺 sʅ213
0140. 牌 phæ42	0171. 赔 phei42	0203. 池 tʂhʅ42	0234. 治 tʂʅ213
0141. 买 mæ343	0172. 背～诵 pei213	0204. 纸 tʂʅ343	0235. 柿 sʅ213
0142. 卖 mæ213	0173. 煤 mei42	0205. 儿 Øər42	0236. 事 sʅ213
0143. 柴 tshæ42	0174. 妹 mei213	0206. 寄 tɕi213	0237. 使 sʅ343
0144. 晒 ʂæ213	0175. 对 tuei213	0207. 骑 tɕhi42	0238. 试 sʅ213
0145. 街 kæ45	0176. 雷 luei42	0208. 蚁注意韵母 Øi213	0239. 时 sʅ42
0146. 解～开 kæ343	0177. 罪 tsuei213		0240. 市 sʅ213
0147. 鞋 xæ42	0178. 碎 suei343	0209. 义 Øi213	0241. 耳 Øər343
0148. 蟹注意声调 xæ42	0179. 灰 xuei45	0210. 戏 çi213	0242. 记 tɕi213
	0180. 回 xuei42	0211. 移 Øi42	0243. 棋 tɕhi42
	0181. 外 Øuæ213		

0244. 喜 çi343	0276. 宝 pao343	0306. 交 tçiao45	0337. 走 tsəu343
0245. 意 Øi213	0277. 抱 pao213	0307. 敲 tçhiao45	0338. 凑 tshəu213
0246. 几～个 tçi343	0278. 毛 mao42	0308. 孝 çiao213	0339. 钩注意声母 kəu45
0247. 气 tçhi213	0279. 帽 mao213	0309. 校学～çiao213	0340. 狗 kəu343
0248. 希 çi45	0280. 刀 tao45	0310. 表手～piao343	0341. 够 kəu213
0249. 衣 Øi45	0281. 讨 thao343	0311. 票 phiao213	0342. 口 khəu343
0250. 嘴 tsuei343	0282. 桃 thao42	0312. 庙 miao213	0343. 藕 ŋəu343
0251. 随 suei42	0283. 道 tao213	0313. 焦 tçiao45	0344. 后前～xəu213
0252. 吹 tshuei45	0284. 脑 lao343	0314. 小 çiao343	0345. 厚 xəu213
0253. 垂 tshuei42	0285. 老 lao343	0315. 笑 çiao213	0346. 富 fu213
0254. 规 kuei45	0286. 早 tsao343	0316. 朝～代 tshao42	0347. 副 fu213
0255. 亏 khuei45	0287. 灶 tsao213	0317. 照 tsao213	0348. 浮 fu42
0256. 跪注意声调 khuei213	0288. 草 tshao343	0318. 烧 ʂao45	0349. 妇 fu213
0257. 危 Øuei42	0289. 糙注意声调 tshao213	0319. 绕～线 zao343	0350. 流 liəu42
0258. 类 luei213	0290. 造 tshao213	0320. 桥 tçhiao42	0351. 酒 tçiəu343
0259. 醉 tsuei213	0291. 嫂 sao343	0321. 轿 tçiao213	0352. 修 çiəu45
0260. 追 tsuei45	0292. 高 kao45	0322. 腰 Øiao45	0353. 袖 çiəu213
0261. 锤 tshuei42	0293. 靠 kao213	0323. 要重～Øiao213	0354. 抽 tʂhəu45
0262. 水 ʂuei343	0294. 熬 ŋao42	0324. 摇 Øiao42	0355. 绸 tʂhəu42
0263. 龟 kuei45	0295. 好～坏 xao343	0325. 鸟注意声母 ɲiao343	0356. 愁 tʂhəu42
0264. 季 tçi213	0296. 号名 xao213	0326. 钓 tiao213	0357. 瘦 səu213
0265. 柜 kuei213	0297. 包 pao45	0327. 条 thiao42	0358. 州 tʂəu45
0266. 位 Øuei213	0298. 饱 pao343	0328. 料 liao213	0359. 臭香～tʂhəu213
0267. 飞 fei45	0299. 炮 phao213	0329. 箫 çiao45	0360. 手 ʂəu343
0268. 费 fei213	0300. 猫 mao45	0330. 叫 tçiao213	0361. 寿 ʂəu213
0269. 肥 fei42	0301. 闹 lao213	0331. 母丈～，舅～mu343	0362. 九 tçiəu343
0270. 尾 Øuei343	0302. 罩 tsao213	0332. 抖 təu343	0363. 球 tçhiəu42
0271. 味 Øuei213	0303. 抓用手～牌 tʂuᴀ45	0333. 偷 thəu45	0364. 舅 tçiəu213
0272. 鬼 kuei343	0304. 找～零钱 tsao343	0334. 头 thəu42	0365. 旧 tçiəu213
0273. 贵 kuei213	0305. 抄 tshao45	0335. 豆 təu213	0366. 牛 ɲiəu42
0274. 围 Øuei42		0336. 楼 ləu42	0367. 休 çiəu45
0275. 胃 Øuei213			

0368. 优 ØiəU45
0369. 有 ØiəU343
0370. 右 ØiəU213
0371. 油 ØiəU42
0372. 丢 tiəU45
0373. 幼 ØiəU213
0374. 贪 than45
0375. 潭 than42
0376. 南 lan42
0377. 蚕 tʂhan42
0378. 感 kan343
0379. 含~一口水
　　　xan42
0380. 暗 ŋan343
0381. 搭 tʌ45
0382. 踏注意声调
　　　thʌ42
0383. 拉注意声调 lʌ45
0384. 杂 tsʌ42
0385. 鸽 kɤ42
0386. 盒 xɤ42
0387. 胆 tan343
0388. 毯 than343
0389. 淡 tan213
0390. 蓝 lan42
0391. 三 san45
0392. 甘 kan45
0393. 敢 kan343
0394. 喊注意声调
　　　xan343
0395. 塔 thʌ42
0396. 蜡 lʌ42
0397. 赚 tʂuan213

0398. 杉~木，注意
　　　韵母 ʂʌ45
0399. 减 tɕian343
0400. 咸~淡 xan42
0401. 插 tʂhʌ45
0402. 闸 tʂʌ213
0403. 夹~子 tɕiʌ45
0404. 衫 ʂan45
0405. 监 tɕian45
0406. 岩 Øæe42
0407. 甲 tɕiʌ45
0408. 鸭 ØiʌA45
0409. 黏~液 zʌan42
0410. 尖 tɕian45
0411. 签~名
　　　tɕhian45
0412. 占~领 tʂan213
0413. 染 zʌan343
0414. 钳 tɕhian42
0415. 验 Øian213
0416. 险 ɕian343
0417. 厌 Øian213
0418. 炎 Øian45
0419. 盐 Øian42
0420. 接 tɕiE45
0421. 折~叠 tsE45
0422. 叶树~ ØiE45
0423. 剑 tɕian213
0424. 欠 tɕhian213
0425. 严 Øian42
0426. 业 ȵiE45
0427. 点 tian343
0428. 店 tian213

0429. 添 thian45
0430. 甜 thian42
0431. 念 ȵian213
0432. 嫌 ɕian42
0433. 跌注意声调
　　　tiE45
0434. 贴 thiE42
0435. 碟 tiE45
0436. 协 ɕiE42
0437. 犯 fan213
0438. 法 fʌ343
0439. 品 phin343
0440. 林 lin42
0441. 浸 tɕhin213
0442. 心 ɕin45
0443. 寻 ɕyn42
0444. 沉 tʂhən42
0445. 参人~ sən45
0446. 针 tʂən45
0447. 深 ʂən45
0448. 任责~ zʌən213
0449. 金 tɕin45
0450. 琴 tɕhin42
0451. 音 Øin45
0452. 立 li45
0453. 集 tɕi42
0454. 习 ɕi42
0455. 汁 tʂɿ45
0456. 十 ʂɿ42
0457. 入 zʌu42
0458. 急 tɕi42
0459. 及 tɕi42
0460. 吸 ɕi45

0461. 单简~ tan45
0462. 炭 than213
0463. 弹~琴 than42
0464. 难~易 lan42
0465. 兰 lan42
0466. 懒 lan343
0467. 烂 lan213
0468. 伞注意声调
　　　san343
0469. 肝 kan45
0470. 看~见
　　　khan213
0471. 岸 ŋan213
0472. 汉 xan213
0473. 汗 xan213
0474. 安 ŋan45
0475. 达 tʌ42
0476. 辣 lʌ42
0477. 擦 tʂhʌ45
0478. 割 kɤ45
0479. 渴 khɤ42
0480. 扮 pan213
0481. 办 pan213
0482. 铲 tʂhan343
0483. 山 san45
0484. 产注意声母
　　　tʂhan343
0485. 间房~ tɕian45
0486. 眼 ȵian343
0487. 限 ɕian213
0488. 八 pʌ45
0489. 扎 tsʌ45
0490. 杀 ʂʌ45

0491. 班 pan45	0521. 杰 tɕiɛ42	0553. 半 pan213	0584. 还副 xæ42
0492. 板 pan343	0522. 孽 ȵiɛ42	0554. 判 phan213	0585. 弯 Øuan45
0493. 慢 man213	0523. 建 tɕian213	0555. 盘 phan42	0586. 刷 ʂuᴀ45
0494. 奸 tɕian45	0524. 健 tɕian213	0556. 满 man343	0587. 刮 kuᴀ45
0495. 颜 Øian42	0525. 言 Øian42	0557. 端 ～午 tuan45	0588. 全 tɕhyan42
0496. 瞎 Øiᴀ45	0526. 歇 ɕiɛ45	0558. 短 tuan343	0589. 选 ɕyan343
0497. 变 pian213	0527. 扁 pian343	0559. 断绳～了 tuan213	0590. 转 ～眼，～送 tʂuan343
0498. 骗欺～ phian213	0528. 片 phian213	0560. 暖 luan343	0591. 传 ～下来 tʂhuan42
0499. 便方～ pian213	0529. 面 ～条 mian213	0561. 乱 luan213	0592. 传 ～记 tʂhuan213
0500. 棉 mian42	0530. 典 tian343	0562. 酸 suan45	0593. 砖 tʂuan45
0501. 面 ～孔 mian213	0531. 天 thian45	0563. 算 suan213	0594. 船 tʂhuan42
0502. 连 lian42	0532. 田 thian42	0564. 官 kuan45	0595. 软 ʐuan343
0503. 剪 tɕian343	0533. 垫 tian213	0565. 宽 khuan45	0596. 卷 ～起 tɕyan343
0504. 浅 tɕhian343	0534. 年 ȵian42	0566. 欢 xuan45	0597. 圈圆～ tɕhyan45
0505. 钱 tɕhian42	0535. 莲 lian42	0567. 完 Øuan42	0598. 权 tɕhyan42
0506. 鲜 ɕyan45	0536. 前 tɕhian42	0568. 换 xuan213	0599. 圆 Øyan42
0507. 线 ɕian213	0537. 先 ɕian45	0569. 碗 Øuan343	0600. 院 Øyan213
0508. 缠 tʂhan42	0538. 肩 tɕian45	0570. 拨 po42	0601. 铅 ～笔 tɕhian45
0509. 战 tʂan213	0539. 见 tɕian213	0571. 泼 pho42	0602. 绝 tɕyɛ42
0510. 扇名 ʂan213	0540. 牵 tɕhian45	0572. 末 mo343	0603. 雪 ɕyɛ343
0511. 善 ʂan213	0541. 显 ɕian343	0573. 脱 tho42	0604. 反 fan343
0512. 件 tɕian213	0542. 现 ɕian213	0574. 夺 to42	0605. 翻 fan45
0513. 延 Øian42	0543. 烟 Øian45	0575. 阔 kho42	0606. 饭 fan213
0514. 别 ～人 piɛ42	0544. 憋 piɛ45	0576. 活 xo42	0607. 晚 Øuan343
0515. 灭 miɛ42	0545. 篾 miɛ42	0577. 顽 ～皮，～固 Øuan42	0608. 万麻将牌 Øuan213
0516. 列 liɛ42	0546. 铁 thiɛ42	0578. 滑 xuᴀ42	
0517. 撤 tʂhɛ42	0547. 捏 ȵiɛ42	0579. 挖 Øuᴀ45	
0518. 舌 ʂɛ42	0548. 节 tɕiɛ42	0580. 闩 ʂuan213	
0519. 设 ʂɛ42	0549. 切动 tɕhiɛ42	0581. 关 ～门 kuan45	
0520. 热 ʐɛ42	0550. 截 tɕiɛ42	0582. 惯 kuan213	
	0551. 结 tɕiɛ42	0583. 还动 xuan42	0609. 劝 tɕhyan213
	0552. 搬 pan45		

0610. 原 Øyan42	0643. 印 Øin213	0675. 温 Øuən45	0707. 党 taŋ343
0611. 冤 Øyan45	0644. 引 Øin343	0676. 卒棋子 tsu42	0708. 汤 thaŋ45
0612. 园 Øyan42	0645. 笔 pi42	0677. 骨 ku42	0709. 糖 thaŋ42
0613. 远 Øyan343	0646. 匹 phi42	0678. 轮 luən42	0710. 浪 laŋ213
0614. 发头 ~ fʌ42	0647. 密 mi42	0679. 俊注意声母	0711. 仓 tsaŋ45
0615. 罚 fʌ42	0648. 栗 li42	tɕyn213	0712. 钢 kaŋ45
0616. 袜 Øuʌ42	0649. 七 tɕhi42	0680. 笋 suən343	0713. 糠 khaŋ45
0617. 月 ØyE42	0650. 侄 tʂʅ42	0681. 准 tʂuən343	0714. 薄形 po42
0618. 越 ØyE42	0651. 虱 sE42	0682. 春 tʂhuən45	0715. 摸注意声调
0619. 县 ɕian213	0652. 实 ʂʅ42	0683. 唇 tʂhuən42	mo45
0620. 决 tɕyE42	0653. 失 ʂʅ42	0684. 顺 ʂuən213	0716. 托 tho45
0621. 缺 tɕhyE42	0654. 日 zʅ42	0685. 纯 tʂhuən42	0717. 落 lo42
0622. 血 ɕyE42	0655. 吉 tɕi42	0686. 闰 zuən213	0718. 作 tso42
0623. 吞 thən45	0656. 一 Øi42	0687. 均 tɕyn45	0719. 索 so343
0624. 根 kən45	0657. 筋 tɕin45	0688. 匀 Øyn42	0720. 各 kɤ42
0625. 恨 xən213	0658. 劲有~ tɕin213	0689. 律 ly42	0721. 鹤 xɤ213
0626. 恩 ŋən45	0659. 勤 tɕhin42	0690. 出 tʂhu42	0722. 恶形, 入声
0627. 贫 phin42	0660. 近 tɕin213	0691. 橘 tɕy42	ŋɤ343
0628. 民 min42	0661. 隐 Øin343	0692. 分动 fən45	0723. 娘 ȵiaŋ42
0629. 邻 lin42	0662. 本 pən343	0693. 粉 fən343	0724. 两斤~ liaŋ343
0630. 进 tɕin213	0663. 盆 phən42	0694. 粪 fən213	0725. 亮 liaŋ213
0631. 亲 tɕhin45	0664. 门 mən42	0695. 坟 fən42	0726. 浆 tɕiaŋ45
0632. 新 ɕin45	0665. 墩 tuən45	0696. 蚊 Øuən42	0727. 抢 tɕhiaŋ343
0633. 镇 tʂən213	0666. 嫩 luən213	0697. 问 Øuən213	0728. 匠 tɕiaŋ213
0634. 陈 tʂhən42	0667. 村 tshuən45	0698. 军 tɕyn45	0729. 想 ɕiaŋ343
0635. 震 tʂən213	0668. 寸 tshuən213	0699. 裙 tɕhyn42	0730. 像 ɕiaŋ213
0636. 神 ʂən42	0669. 蹲注意声母	0700. 熏 ɕyn45	0731. 张量 tʂaŋ45
0637. 身 ʂən45	tuən45	0701. 云~彩 Øyn42	0732. 长~短
0638. 辰 tʂhən42	0670. 孙~子 suən45	0702. 运 Øyn213	tʂhaŋ42
0639. 人 zən42	0671. 滚 kuən343	0703. 佛~像 fo42	0733. 装 tʂuaŋ45
0640. 认 zən213	0672. 困 khuən213	0704. 物 Øo42	0734. 壮 tʂuaŋ213
0641. 紧 tɕin343	0673. 婚 xuən45	0705. 帮 paŋ45	0735. 疮 tʂhuaŋ45
0642. 银 Øin42	0674. 魂 xuən42	0706. 忙 maŋ42	0736. 床 tʂhuaŋ42

0737. 霜 ʂuaŋ45
0738. 章 tʂaŋ45
0739. 厂 tʂaŋ343
0740. 唱 tʂaŋ213
0741. 伤 ʂaŋ45
0742. 尝 ʂaŋ42
0743. 上 ～去 ʂaŋ213
0744. 让 zaŋ213
0745. 姜生～ tɕiaŋ45
0746. 响 ɕiaŋ343
0747. 向 ɕiaŋ343
0748. 秧 Øiaŋ45
0749. 痒 Øiaŋ343
0750. 样 Øiaŋ213
0751. 雀注意声母
　　　 tɕhyE42
0752. 削 ɕyE42
0753. 着火～了 tʂo42
0754. 勺 ʂo42
0755. 弱 zo42
0756. 脚 tɕyo42
0757. 约 Øyo42
0758. 药 Øyo42
0759. 光～线 kuaŋ45
0760. 慌 xuaŋ45
0761. 黄 xuaŋ42
0762. 郭 ko45
0763. 霍 xo213
0764. 方 faŋ45
0765. 放 faŋ213
0766. 纺 faŋ343
0767. 房 faŋ42
0768. 防 faŋ42

0769. 网 Øuaŋ343
0770. 筐 khuaŋ45
0771. 狂 khuaŋ42
0772. 王 Øuaŋ42
0773. 旺 Øuaŋ213
0774. 缚 fo42
0775. 绑 paŋ343
0776. 胖 phaŋ213
0777. 棒 paŋ213
0778. 桩 tʂuaŋ45
0779. 撞 tʂhuaŋ213
0780. 窗 tʂhuaŋ45
0781. 双 ʂuaŋ45
0782. 江 tɕiaŋ45
0783. 讲 tɕiaŋ343
0784. 降投～ ɕiaŋ42
0785. 项 ɕiaŋ213
0786. 剥 po45
0787. 桌 tʂo45
0788. 镯 tʂo45
0789. 角 tɕyo42
0790. 壳 khɤ42
0791. 学 ɕyo42
0792. 握 Øo42
0793. 朋 phəŋ42
0794. 灯 təŋ45
0795. 等 təŋ343
0796. 凳 təŋ213
0797. 藤 thəŋ42
0798. 能 ləŋ42
0799. 层 tshəŋ42
0800. 僧注意声母
　　　 səŋ45

0801. 肯 khən343
0802. 北 pE42
0803. 墨 mE42
0804. 得 tE42
0805. 特 thE42
0806. 贼 tsE42
0807. 塞 sE42
0808. 刻 khE42
0809. 黑 xE42
0810. 冰 pin45
0811. 证 tʂən213
0812. 秤 tʂhən213
0813. 绳 ʂən42
0814. 剩 ʂən213
0815. 升 ʂən45
0816. 兴高～ ɕin213
0817. 蝇注意声母
　　　 Øin42
0818. 逼 pi45
0819. 力 li42
0820. 息 ɕi42
0821. 直 tʂʅ42
0822. 侧注意声母
　　　 tsE42
0823. 测 tshE42
0824. 色 sE42
0825. 织 tʂʅ42
0826. 食 ʂʅ42
0827. 式 ʂʅ213
0828. 极 tɕi42
0829. 国 kuE42
0830. 或 xuæ42
0831. 猛 məŋ343

0832. 打注意韵母
　　　 tA343
0833. 冷 lən343
0834. 生 sən45
0835. 省～长 sən343
0836. 更三～，打～
　　　 kən45
0837. 梗注意韵母
　　　 kən45
0838. 坑 khən45
0839. 硬 ȵin213
0840. 行～为，～走
　　　 ɕin42
0841. 百 pE42
0842. 拍 phE42
0843. 白 pE42
0844. 拆 tshE42
0845. 择 tsE42
0846. 窄 tsE42
0847. 格 kE42
0848. 客 khE42
0849. 额 ŋE42
0850. 棚 phəŋ42
0851. 争 tsən45
0852. 耕 kən45
0853. 麦 mE42
0854. 摘 tsE42
0855. 策 tshE42
0856. 隔 kE42
0857. 兵 pin45
0858. 柄注意声调
　　　 pin343
0859. 平 phin42

0860. 病 pin213	0893. 听 ~见 thin45	0925. 洞 tuŋ213	0954. 虫 tʂhuŋ42
0861. 明 min42	0894. 停 thin42	0926. 声注意声调 luŋ45	0955. 终 tsuŋ45
0862. 命 min213	0895. 挺 thin343		0956. 充 tsuŋ45
0863. 镜 tɕin213	0896. 定 tin213	0927. 弄注意声母 luŋ213	0957. 宫 kuŋ45
0864. 庆 tɕhin213	0897. 零 lin42		0958. 穷 tɕhyŋ42
0865. 迎 Øin42	0898. 青 tɕhin45	0928. 粽 tsuŋ213	0959. 熊注意声母 ɕyŋ42
0866. 影 Øin343	0899. 星 ɕin45	0929. 葱 tshuŋ45	
0867. 剧戏~ tɕy213	0900. 经 tɕin45	0930. 送 suŋ213	0960. 雄注意声母 ɕyŋ42
0868. 饼 pin343	0901. 形 ɕin42	0931. 公 kuŋ45	
0869. 名 min42	0902. 壁 pi42	0932. 孔 khuŋ343	0961. 福 fu42
0870. 领 lin343	0903. 劈 phi45	0933. 烘~干 xuŋ45	0962. 服 fu42
0871. 井 tɕin343	0904. 踢 thi45	0934. 红 xuŋ42	0963. 目 mu42
0872. 清 tɕhin45	0905. 笛 ti42	0935. 翁 Øuŋ45	0964. 六 liəu42
0873. 静 tɕin213	0906. 历农~ li213	0936. 木 mu42	0965. 宿住~，~舍 ɕy45
0874. 姓 ɕin213	0907. 锡 ɕi42	0937. 读 tu42	
0875. 贞 tʂən45	0908. 击 tɕi42	0938. 鹿 lu42	0966. 竹 tsu42
0876. 程 tʂhən42	0909. 吃 tʂhʅ42	0939. 族 tshu42	0967. 畜~生 tʂhu42
0877. 整 tʂən343	0910. 横 xən213	0940. 谷稻~ ku42	0968. 缩 so42
0878. 正~反 tʂən213	0911. 划计~ xuʌ213	0941. 哭 khu42	0969. 粥 tsəu45
0879. 声 ʂən45	0912. 兄 ɕyŋ45	0942. 屋 Øu42	0970. 叔 ʂu42
0880. 城 tʂhən42	0913. 荣 zuŋ42	0943. 冬~至 tuŋ45	0971. 熟 ʂu42
0881. 轻 tɕhin45	0914. 永 Øyn343	0944. 统注意声调 thuŋ343	0972. 肉 zəu213
0882. 赢 Øin42	0915. 营 Øin42		0973. 菊 tɕy42
0883. 积 tɕi42	0916. 蓬~松 phəŋ42	0945. 脓注意声调 luŋ42	0974. 育 Øy213
0884. 惜 ɕi45	0917. 东 tuŋ45		0975. 封 fəŋ45
0885. 席 ɕi42	0918. 懂 tuŋ343	0946. 松~紧 suŋ45	0976. 蜂 fəŋ45
0886. 尺 tʂhʅ42	0919. 冻 tuŋ213	0947. 宋 suŋ213	0977. 缝一条~ fəŋ213
0887. 石 ʂʅ42	0920. 通 thuŋ45	0948. 毒 tu42	
0888. 益 Øi42	0921. 桶注意声调 thuŋ343	0949. 凤 fəŋ45	0978. 浓 luŋ42
0889. 瓶 phin42		0950. 丰 fəŋ45	0979. 龙 luŋ42
0890. 钉名 tin45	0922. 痛 thuŋ213	0951. 凤 fəŋ213	0980. 松~树 suŋ45
0891. 顶 tin343	0923. 铜 thuŋ42	0952. 梦 məŋ213	0981. 重轻~ tsuŋ213
0892. 厅 thin45	0924. 动 tuŋ213	0953. 中当~ tsuŋ45	0982. 肿 tsuŋ343

0983. 种～树 tʂuŋ213
0984. 冲 tʂhuŋ45
0985. 恭 kuŋ45
0986. 共 kuŋ213
0987. 凶 吉～ ɕyŋ45

0988. 拥注意声调 Øyŋ42
0989. 容 ʐuŋ42
0990. 用 Øyŋ213
0991. 绿 liəu42

0992. 足 tʂu42
0993. 烛 tʂu42
0994. 赎 ʂu42
0995. 属 ʂu42
0996. 褥 ʐu42

0997. 曲～折，歌～ tɕhy42
0998. 局 tɕy42
0999. 玉 Øy213
1000. 浴 Øy213

第三章　词　汇

第一节　规定词汇

一、天文、地理

（一）天文

0001. 太阳～下山了　太阳 thæe213Øiɑŋ42

0002. 月亮～出来了　月亮 Øyᴇ42liɑŋ0

0003. 星星　星宿 ɕin45ɕiəu343

0004. 云　云 Øyn42

0005. 风　风 fəŋ45

0006. 台风　无

0007. 闪电名词　扯火闪 tʂhᴇ34xo343ʂan0

0008. 雷　雷 luei42

0009. 雨　雨 Øy343

0010. 下雨　下雨 ɕiᴀ21Øy343

0011. 淋衣服被雨～湿　淋 lin42

0012. 晒～粮食　晒 ʂæe213

0013. 雪　雪 ɕyᴇ42

0014. 冰　冰 pin45

0015. 冰雹　冷子 lən343tsɿ0

0016. 霜　霜 ʂuɑŋ45

0017. 雾　雾 Øu213

0018. 露　露水 lu21ʂuei343

0019. 虹统称　虹 kɑŋ213

0020. 日食　天狗吃太阳 thian45kəu343tʂhʅ45thæe213Øiɑŋ42

0021. 月食　天狗吃月亮 thian45kəu343tʂhʅ45Øyᴇ42liɑŋ0

0022. 天气　天气 thian45tɕhi0

0023. 晴天～　晴 tɕhin42

0024. 阴天～　暗 ŋan42

0025. 旱天～　干 kan45

0026. 涝天～　无

0027. 天亮　天亮 tian45liɑŋ213

（二）地貌

0028. 水田　水田 ʂuei343thian42

0029. 旱地浇不上水的耕地　旱地 xan21ti213

0030. 田埂　田坎 thian42khan0

0031. 路野外的　路 lu213

0032. 山　山 ʂan45

0033. 山谷　山沟 ʂan45kəu45

0034. 江大的河　江 tɕiɑŋ45

0035. 溪小的河　小河沟 ɕiɑo343xɤ42kəu45

0036. 水沟儿较小的水道　水沟

　　　　ʂuei343kəu45

0037. 湖　湖 xu42

0038. 池塘　塘 thaŋ42

0039. 水坑儿地面上有积水的小洼儿　水坑
　　　　ʂuei343khən0

0040. 洪水　大水 tᴀ21ʂuei343

0041. 淹被水～了　淹 ŋan45

0042. 河岸　河坎 xɤ42khan343

0043. 坝拦河修筑拦水的　坝 pᴀ213

0044. 地震　地动 ti21tuŋ213

0045. 窟窿小的　洞洞 tuŋ213tuŋ0

0046. 缝儿统称　缝缝 fəŋ213fəŋ0

（三）物象

0047. 石头统称　石头 ʂʅ42thəu0

0048. 土统称　土 thu343／泥巴 n̠i42pᴀ0

0049. 泥湿的　稀泥巴 ɕi45n̠i42pᴀ0

0050. 水泥旧称　洋灰 Øiaŋ42xuei0

0051. 沙子　沙子 ʂᴀ45tsʅ0

0052. 砖整块的　砖头 tʂuan45thəu0

0053. 瓦整块的　瓦 Øuᴀ343

0054. 煤　煤 mei42

0055. 煤油　洋油 Øiaŋ42Øiəu42

0056. 炭木炭　炭 than213

0057. 灰烧成的　灰 xuei45

0058. 灰尘桌面上的　灰 xuei45

0059. 火　火 xo343

0060. 烟烧火形成的　烟子 Øian45tsʅ0

0061. 失火　火燃了 xo343ʐan42lao0

0062. 水　水 ʂuei343

0063. 凉水　凉水 liaŋ42ʂuei343

0064. 热水如洗脸的热水，不是指喝的开水
　　　　热水 ʐᴇ42ʂuei343

0065. 开水喝的　开水 khæ45ʂuei343

0066. 磁铁　吸铁 ɕi45thiᴇ42

二、时间、方位

（一）时间

0067. 时候吃饭的～　时候 ʂʅ42xəu0

0068. 什么时候　啥时候 ʂᴀ213ʂʅ42xəu0

0069. 现在　这歇 tʂᴇ213ɕiᴇ42

0070. 以前十年～　前 tɕhian42

0071. 以后十年～　后 xəu213

0072. 一辈子　一辈子 Øi42pei213tsʅ0

0073. 今年　今年 tɕin45n̠ian42

0074. 明年　明年 min42n̠ian42

0075. 后年　后年 xəu213n̠ian42

0076. 去年　昨年 tso42n̠ian42

0077. 前年　前年 tɕhian42n̠ian42

0078. 往年过去的年份　往年
　　　　Øuaŋ343n̠ian42

0079. 年初　开了年 khæ45lao0n̠ian42

0080. 年底　年尾 n̠ian42Øuei343

0081. 今天　今天 tɕin45tian0

0082. 明天　明天 min42tian0

0083. 后天　后天 xəu213tian0

0084. 大后天　大后天 tᴀ21xəu213tian0

0085. 昨天　昨天 tso42tian0

0086. 前天　前天 tɕhian42tian0

0087. 大前天　大前天
　　　　tᴀ213tɕhian42thian0

0088. 整天　整天 tʂən343tian0

0089. 每天　成天 tʂhən42tian0

0090. 早晨　早晨 tsɑo343tʂhən0

0091. 上午　上午 ʂaŋ210u343

0092. 中午　中午 tṣuŋ45Øu343

0093. 下午　下午 ɕiA210u343

0094. 傍晚　擦黑 tshA42xei45

0095. 白天　白天 pE42tian0

0096. 夜晚与白天相对，统称　晚上 Øuan343ʂaŋ0

0097. 半夜　半晚上 pan21Øuan343ʂaŋ0

0098. 正月农历　正月 tʂən45ØyE0

0099. 大年初一农历　正月初一 tʂən45ØyE0tshu45Øi42

0100. 元宵节　正月十五 tʂən45ØyE0ʂʅ42Øu343

0101. 清明　清明 tɕhin45min42

0102. 端午　端阳 tuan45Øiaŋ42

0103. 七月十五农历，节日名　七月半 tɕhi45ØyE42pan213

0104. 中秋　八月十五 pA45ØyE0ʂʅ42Øu343

0105. 冬至　冬至 tuŋ45tʂʅ213

0106. 腊月农历十二月　腊月 lA45ØyE0

0107. 除夕农历　三十晚上 san45ʂʅ0Øuan343ʂaŋ0

0108. 历书　黄历 xuaŋ42li42

0109. 阴历　阴历 Øin45li0

0110. 阳历　阳历 Øiaŋ42li0

0111. 星期天　礼拜天 li343pæ42thian45

(二) 方位

0112. 地方　地方 ti213faŋ0

0113. 什么地方　啥地方 ʂA21ti213faŋ0

0114. 家里　屋里 Øu45li0

0115. 城里　城里 tʂhən42li0

0116. 乡下　乡下 ɕiaŋ45ɕiA0

0117. 上面从～滚下来　上头 ʂaŋ213thəu0

0118. 下面从～爬上去　下头 ɕiA213thəu0

0119. 左边　左面 tso343mian0

0120. 右边　右面 Øiəu213mian0

0121. 中间排队排在～　中间 tʂuŋ45tɕian45

0122. 前面排队排在～　前头 tɕhian42thəu0

0123. 后面排队排在～　后头 xəu213thəu0

0124. 末尾排队排在～　最后头 tsuei21xəu213thəu0

0125. 对面　对面 tuei42mian213

0126. 面前　跟前 kən45tɕhian42

0127. 背后　后头 xəu213thəu0

0128. 里面躲在～　里头 li343thəu0

0129. 外面衣服晒在～　外头 Øuæe213thəu0

0130. 旁边　侧面 tsE42mian0

0131. 上碗在桌子～　上头 ʂaŋ213thəu0

0132. 下凳子在桌子～　底下 ti343xA0

0133. 边儿桌子的～　沿沿 Øian42Øian0

0134. 角儿桌子的～　角角 ko42ko0

0135. 上去他～了　上去 ʂaŋ213tɕhi0

0136. 下来他～了　下来 ɕiA213læe0

0137. 进去他～了　进去 tɕin213tɕhi0

0138. 出来他～了　出来 tʂhu45læe0

0139. 出去他～了　出去 tʂhu45tɕhi0

0140. 回来他～了　回来 xuei42læe0

0141. 起来天冷～了　起来 tɕhi343læe0

三、植物

（一）一般植物

0142. 树　树 ʂu213
0143. 木头　木头 mu45thəu0
0144. 松树统称　松树 suŋ45ʂu213
0145. 柏树统称　柏树 pE45ʂu213
0146. 杉树　杉树 ʂA45ʂu213
0147. 柳树　柳树 liəu34ʂu213
0148. 竹子统称　竹子 tʂu45tsŋ0
0149. 笋　笋子 ʂuən343tsŋ0
0150. 叶子　叶子 ØiE42tsŋ0
0151. 花　花 xuA45
0152. 花蕾花骨朵儿　花苞苞 xuA45pɑo45pɑo0
0153. 梅花　腊梅花 lA42mei0xuA42
0154. 牡丹　牡丹花 mu343tan0xuA42
0155. 荷花　莲花 lian42xuA42
0156. 草　草 tshɑo343
0157. 藤　藤 thən42
0158. 刺名词　刺 tshŋ213
0159. 水果　果木子 ko343mu42tsŋ0
0160. 苹果　苹果 phin42ko343
0161. 桃子　桃儿 thɑo42Øər0
0162. 梨　梨儿 li42Øər0
0163. 李子　李儿 li343Øər0
0164. 杏　杏儿 xən213Øər0
0165. 橘子　橘子 tɕy45tsŋ0
0166. 柚子　柚子 Øiəu213tsŋ0
0167. 柿子　柿子 ʂŋ213tsŋ0
0168. 石榴　石榴 ʂŋ42liəu42
0169. 枣　枣儿 tsɑo343Øər0
0170. 栗子　板栗子 pan343li42tsŋ0
0171. 核桃　核桃 xE42thɑo0
0172. 银杏白果　白果 pE42ko0
0173. 甘蔗　甘蔗 kan45tʂE0
0174. 木耳　耳子 Øər343tsŋ0
0175. 蘑菇野生的　菌子 tɕyn213tsŋ0
0176. 香菇　香菇 ɕiaŋ45ku0

（二）农作物

0177. 稻子指植物　水稻 ʂuei34tɑo213
0178. 稻谷指籽实（脱粒后是大米）　谷子 ku343tsŋ0
0179. 稻草脱粒后的　谷草 ku34tshɑo343
0180. 大麦指植物　大麦 tA213mE42
0181. 小麦指植物　麦子 mE42tsŋ0
0182. 麦秸脱粒后的　麦草 mE42tshɑo343
0183. 谷子指植物（籽实脱粒后是小米）　无
0184. 高粱指植物　高粱 kɑo45liaŋ42
0185. 玉米指成株的植物　包谷 pɑo45ku343
0186. 棉花指植物　棉花 mian42xuA42
0187. 油菜油料作物，不是蔬菜　菜麻 tshæe21mA343
0188. 芝麻　芝麻 tsŋ45mA42
0189. 向日葵指植物　向儿葵 ɕiaŋ21Øər0khuE42
0190. 蚕豆　胡豆 xu42təu0
0191. 豌豆　豌豆 Øuan45təu0
0192. 花生指果实，注意婉称　花生 xuA45sən0
0193. 黄豆　黄豆 xuaŋ42təu0
0194. 绿豆　绿豆 liəu42təu0
0195. 豇豆长条形的　豇豆 tɕiaŋ45təu0

0196. 大白菜东北~　白菜 pɛ42tshæe0

0197. 包心菜卷心菜，圆白菜，球形的　包包菜 pao45pao0tshæe0

0198. 菠菜　菠菜 po45tshæe0

0199. 芹菜　芹菜 tɕhin42tshæe0

0200. 莴笋　莴笋 Øo45suən0

0201. 韭菜　韭菜 tɕiəu343tshæe0

0202. 香菜芫荽　芫荽子 Øian42ɕy0tsʅ0

0203. 葱　葱子 tshuŋ45tsʅ0

0204. 蒜　蒜 suan213

0205. 姜　生姜 sən45tɕiaŋ45

0206. 洋葱　洋葱 Øiaŋ42tshuŋ45

0207. 辣椒统称　辣子 lᴀ42tsʅ0

0208. 茄子统称　茄子 tɕhiɛ42tsʅ0

0209. 西红柿　海柿子 xæ34sʅ213tsʅ0

0210. 萝卜统称　萝卜 lo42pu0

0211. 胡萝卜　红萝卜 xuŋ42lo42pu0

0212. 黄瓜　黄瓜 xuaŋ42kuᴀ0

0213. 丝瓜无棱的　丝瓜 sʅ45kuᴀ0

0214. 南瓜扁圆形或梨形，成熟时呈赤褐色　南瓜 lan42kuᴀ0

0215. 荸荠　荸荠 pu42tɕi0

0216. 红薯统称　红苕 xuŋ42ʂao42

0217. 马铃薯　洋芋 Øiaŋ42Øy0

0218. 芋头　芋头 Øy213thəu0

0219. 山药圆柱形的　山苕 ʂan45ʂao42

0220. 藕　藕 ŋəu343

四、动物

（一）一般动物

0221. 老虎　老虎 lao343fu0

0222. 猴子　猴娃子 xəu42Øuᴀ42tsʅ0

0223. 蛇统称　长虫 tʂhaŋ42tʂhuŋ42

0224. 老鼠家里的　老鼠子 lao34ʂuɛ343tsʅ0

0225. 蝙蝠　檐老鼠 Øian42lao34ʂuɛ343

0226. 鸟儿飞鸟，统称　雀儿 tɕhyo42Øər0

0227. 麻雀　麻雀子 mᴀ42tɕhyo42tsʅ0

0228. 喜鹊　鸦鹊子 ØiA45tɕhyo42tsʅ0

0229. 乌鸦　老鸹 lao343ØuA42

0230. 鸽子　鹁鸽子 phu42kɤ42tsʅ0

0231. 翅膀鸟的，统称　翅膀 tʂhʅ21paŋ343

0232. 爪子鸟的，统称　脚脚 tɕyo343tɕyo0

0233. 尾巴　尾巴 Øi343pᴀ0

0234. 窝鸟的　窝 Øo45

0235. 虫子统称　虫 tʂhuŋ42

0236. 蝴蝶统称　飞蛾儿 fei45ŋɤ42Øər0

0237. 蜻蜓统称　蚂螂 mᴀ42laŋ42

0238. 蜜蜂　蜂子 fəŋ45tsʅ0

0239. 蜂蜜　蜂糖 fəŋ45taŋ42

0240. 知了统称　知了子 tsʅ45lao343tsʅ0

0241. 蚂蚁　蚂蚁子 mᴀ343Øi42tsʅ0

0242. 蚯蚓　蛐蟮子 tɕhy42ʂan213tsʅ0

0243. 蚕　蚕子 tshan42tsʅ0

0244. 蜘蛛会结网的　遮蛛子 tʂɛ42tʂu45tsʅ0

0245. 蚊子统称　末子 mo45tsʅ0

0246. 苍蝇统称　苍蚊子 tshaŋ45Øuən42tsʅ0

0247. 跳蚤咬人的　虼蚤 kɛ42tsao343

0248. 虱子　虱子 sɛ42tsʅ0

0249. 鱼　鱼 Øy42

0250. 鲤鱼　鲤鱼 li343Øy42

0251. 鳙鱼胖头鱼　大脑壳鱼 ta21lao343ko0Øy42

0252. 鲫鱼　鲫鱼 tɕi45ɵy42

0253. 甲鱼　鳖娃子 piE45uʌ42tsʅ0

0254. 鳞鱼的　甲 tɕiʌ343

0255. 虾统称　虾 ɕiʌ45

0256. 螃蟹统称　螃蟹 phan42xæe42

0257. 青蛙统称　青蛙 tɕhin45ɵuʌ42

0258. 癞蛤蟆表皮多疙瘩　癞圪包
　　　læ213khE42pɑo0

（二）家畜、家禽

0259. 马　马 mʌ343

0260. 驴　毛驴子 mɑo42ly42tsʅ0

0261. 骡　骡子 lo42tsʅ0

0262. 牛　牛 ȵiəu42

0263. 公牛统称　牯牛 ku343ȵiəu42

0264. 母牛统称　母牛 mu343ȵiəu42

0265. 放牛　放牛 faŋ213ȵiəu42

0266. 羊　羊 ɵiaŋ42

0267. 猪　猪 tʂu45

0268. 种猪配种用的公猪　脚猪
　　　tɕyo45tʂu42

0269. 公猪成年的，已阉的　牙猪
　　　ɵiʌ42tʂu42

0270. 母猪成年的，未阉的　母猪
　　　mu343tʂu42

0271. 猪崽　猪儿 tʂu45ər0

0272. 猪圈　猪圈 tʂu45tɕyan213

0273. 养猪　喂猪 ɵuei213tʂu45

0274. 猫　猫儿 mɑo45ɵər0

0275. 公猫　公猫 kuŋ45mɑo45

0276. 母猫　母猫 mu343mɑo45

0277. 狗统称　狗 kəu343

0278. 公狗　牙狗 ɵiʌ42kəu343

0279. 母狗　母狗 mu34kəu343

0280. 叫狗~　咬 ȵiɑo343

0281. 兔子　兔儿 thu213ɵər0

0282. 鸡　鸡 tɕi45

0283. 公鸡成年的，未阉的　公鸡
　　　kuŋ45tɕi45

0284. 母鸡已下过蛋的　母鸡 mu343tɕi45

0285. 叫公鸡~（打鸣儿）　叫鸣
　　　tɕiɑo213min42

0286. 下鸡~蛋　下 ɕiʌ213

0287. 孵~小鸡　菢 pɑo213

0288. 鸭　鸭子 ɵiʌ45tsʅ0

0289. 鹅　鹅 ŋɤ42

0290. 阉~公的猪　骟 ʂan213

0291. 阉~母的猪　骟 ʂan213

0292. 阉~鸡　骟 ʂan213

0293. 喂~猪　喂 ɵuei213

0294. 杀猪统称，注意婉称　杀猪
　　　ʂʌ45tʂu45

0295. 杀~鱼　劈 pho213

五、房舍、器具

（一）房舍

0296. 村庄一个~　村子 tshuən42tsʅ0

0297. 胡同统称：一条~　巷巷
　　　xaŋ45xaŋ0

0298. 街道　街道 kæ45tɑo213

0299. 盖房子　修房子 ɕiəu45faŋ42tsʅ0

0300. 房子整座的，不包括院子　房子
　　　faŋ42tsʅ0

0301. 屋子房子里分隔而成的，统称　屋
　　　ɵu45

0302. 卧室　歇房 ɕiɛ42faŋ42

0303. 茅屋茅草等盖的　茅草房 mao42tshao343faŋ42

0304. 厨房　灶屋 tsao213ɸu45

0305. 灶统称　灶 tsao213

0306. 锅统称　锅 ko45

0307. 饭锅煮饭的　锅 ko45

0308. 菜锅炒菜的　锅 ko45

0309. 厕所旧式的，统称　茅坑 mao42khən0

0310. 檩左右方向的　檩棒 lin343paŋ0

0311. 柱子　柱头 tʂu213thəu0

0312. 大门　大门 tʌ213mən42

0313. 门槛儿　门槛 mən42khan343

0314. 窗旧式的　窗子 tʂhuaŋ45tsɿ0

0315. 梯子可移动的　梯子 thi45tsɿ0

0316. 扫帚统称　扫把 sao343pʌ0

0317. 扫地　扫地 sao34ti213

0318. 垃圾　渣渣 tʂʌ45tʂʌ0

（二）家具

0319. 家具统称　家具 tɕhiʌ45tɕy0

0320. 东西我的～　东西 tuŋ45ɕi0

0321. 炕土、砖砌的，睡觉用　炕 khaŋ213

0322. 床木质的，睡觉用　床 tʂhuaŋ42

0323. 枕头　枕头 tʂən343thəu42

0324. 被子　铺盖 phu45kæe0

0325. 棉絮　棉穗 mian42suɛ42

0326. 床单　单子 tan45tsɿ0

0327. 褥子　坝铺盖 pʌ213phu45kæe0

0328. 席子　席子 ɕi42tsɿ0

0329. 蚊帐　帐子 tʂaŋ213tsɿ0

0330. 桌子统称　桌子 tʂo45tsɿ0

0331. 柜子统称　柜子 kuei213tsɿ0

0332. 抽屉桌子的　抽匣 tʂhəu45ɕiʌ42

0333. 案子长条形的　案子 ŋan213tsɿ0

0334. 椅子统称　椅子 Øi343tsɿ0

0335. 凳子统称　凳子 təŋ213tsɿ0

0336. 马桶有盖的　尿桶 ȵiao21thuŋ343

（三）用具

0337. 菜刀　菜刀 tshæe213tao45

0338. 瓢舀水的　马勺 mʌ343ʂo42

0339. 缸　缸 kaŋ45

0340. 坛子装酒的～　坛子 than42tsɿ0

0341. 瓶子装酒的～　瓶子 phin42tsɿ0

0342. 盖子杯子的～　盖盖 kæe213kæe0

0343. 碗统称　碗 Øuan343

0344. 筷子　筷子 khuæe213tsɿ0

0345. 汤匙　铁勺儿 thiɛ343ʂo42Øɚ0

0346. 柴火统称　柴 tʂhæe42

0347. 火柴　洋火 Øiaŋ42xo343

0348. 锁　锁子 so343tsɿ0

0349. 钥匙　钥匙 Øyo42ʂɿ42

0350. 暖水瓶　电壶 tian213xu42

0351. 脸盆　洗脸盆 ɕi34lian343phən42

0352. 洗脸水　洗脸水 ɕi34lian34ʂuei343

0353. 毛巾洗脸用　洗脸帕 ɕi34lian34phʌ213

0354. 手绢　手帕 ʂəu34phʌ213

0355. 肥皂洗衣服用　洋碱 Øiaŋ42tɕian343

0356. 梳子旧式的，不是篦子　梳子 su45tsɿ0

0357. 缝衣针　针 tʂən45

0358. 剪子　剪子 tɕian343tsɿ0

0359. 蜡烛　洋蜡 Øiaŋ42lʌ42

410

0360. 手电筒　手电 ʂəu343tian0

0361. 雨伞挡雨的，统称　伞 san343

0362. 自行车　自行车 tsʅ213ɕin42tʂE45

六、服饰、饮食

（一）服饰

0363. 衣服统称　衣裳 Øi45sɑŋ0

0364. 穿～衣服　穿 tʂhuan45

0365. 脱～衣服　脱 tho45

0366. 系～鞋带　绑 pɑŋ343

0367. 衬衫　衬衣 tʂhən213Øi45

0368. 背心带两条杠的，内衣　背心儿 pei213ɕin45ər0

0369. 毛衣　毛衣 mɑo42Øi45

0370. 棉衣　袄子 ŋɑo343tsʅ0

0371. 袖子　袖子 ɕiəu213tsʅ0

0372. 口袋衣服上的　包包 pɑo45pɑo0

0373. 裤子　裤子 khu213tsʅ0

0374. 短裤外穿的　裤衩子 khu21tʂhʌ343tsʅ0

0375. 裤腿　裤腿子 khu21thuei343tsʅ0

0376. 帽子统称　帽子 mɑo213tsʅ0

0377. 鞋子　鞋 xæe42

0378. 袜子　袜子 Øuʌ45tsʅ0

0379. 围巾　围脖子 Øuei42po42tsʅ0

0380. 围裙　围腰 Øuei42Øiɑo45

0381. 尿布　尿片子 ȵiɑo21phian213tsʅ0

0382. 扣子　纽子 ȵiəu343tsʅ0

0383. 扣～扣子　扣 khəu213

0384. 戒指　戒指 tɕiE213tsʅ0

0385. 手镯　手圈子 ʂəu343tɕhyan45tsʅ0

0386. 理发　剃脑壳 thi21lɑo343khɤ0

0387. 梳头　梳头 su45thəu42

（二）饮食

0388. 米饭　蒸饭 tʂən45fan0

0389. 稀饭用米熬的，统称　稀饭 ɕi45fan0

0390. 面粉麦子磨的，统称　面 mian213

0391. 面条统称　面 mian213

0392. 面儿玉米～，辣椒～　面 mian213

0393. 馒头无馅儿的，统称　蒸馍 tʂən45mo42

0394. 包子　包子 pɑo45tsʅ0

0395. 饺子　饺子 tɕiɑo343tsʅ0

0396. 馄饨　馄饨儿 khuən42thuən45ər0

0397. 馅儿　馅子 ɕyan213tsʅ0

0398. 油条长条形的，旧称　油条 Øiəu42tiɑo42

0399. 豆浆　豆浆 təu213tɕiɑŋ45

0400. 豆腐脑儿　豆腐脑儿 təu213fu0lɑo343ər0

0401. 元宵食品　元宵 Øyan42ɕiɑo0

0402. 粽子　粽子 tsuŋ213tsʅ0

0403. 年糕用黏性大的米或米粉做的　无

0404. 点心统称　点心 tian343ɕin0

0405. 菜吃饭时吃的，统称　菜 tʂhæe213

0406. 干菜统称　干菜 kan45tʂhæe213

0407. 豆腐　豆腐 təu213fu0

0408. 猪血当菜的　猪血 tʂhu45ɕyo45

0409. 猪蹄当菜的　猪蹄子 tʂhu45thi42tsʅ0

0410. 猪舌头当菜的，注意婉称　猪舌条 tʂhu45ʂE42thiɑo0

0411. 猪肝当菜的，注意婉称　肝子 kan45tsʅ0

0412. 下水 猪、牛、羊的内脏　下水 ɕiʌ21ʂuei343
0413. 鸡蛋　鸡蛋 tɕi45tan0
0414. 松花蛋　变蛋 pian213tan0
0415. 猪油　猪油 tʂhu45Øiəu42
0416. 香油　芝麻油 tʂʅ45mʌ0Øiəu42
0417. 酱油　酱油 tɕiaŋ213Øiəu42
0418. 盐 名词　盐 Øian42
0419. 醋 注意婉称　醋 tʂhu213
0420. 香烟　纸烟 tʂʅ343Øian45
0421. 旱烟　旱烟 xan213Øian45
0422. 白酒　酒 tɕiəu343
0423. 黄酒　黄酒 xuaŋ42tɕiəu343
0424. 江米酒 酒酿，醪糟　甜米酒 thian42mi0tɕiəu343/醪糟 lao42tsao42
0425. 茶叶　茶叶子 tʂhʌ42ØiE0tsʅ0
0426. 沏 ~茶　泡 phao213
0427. 冰棍儿　冰棍儿 pin45kuənr213
0428. 做饭 统称　煮饭 tʂu34fan213
0429. 炒菜 统称，和做饭相对　炒菜 tshao34tshæ213
0430. 煮 ~带壳的鸡蛋　煮 tʂu343
0431. 煎 ~鸡蛋　炕 khaŋ213
0432. 炸 ~油条　炸 tʂʌ42
0433. 蒸 ~鱼　蒸 tʂən45
0434. 揉 ~面做馒头等　揉 zuʌ42
0435. 擀 ~面，~皮儿　擀 kan343
0436. 吃早饭　吃早饭 tʂhʅ45tsao343fan0
0437. 吃午饭　吃晌午 tʂhʅ45ʂaŋ343Øu0
0438. 吃晚饭　吃夜饭 tʂhʅ45ØiE213fan0
0439. 吃 ~饭　吃 tʂhʅ45
0440. 喝 ~酒　喝 xɤ45

0441. 喝 ~茶　喝 xɤ45
0442. 抽 ~烟　吃 tʂhʅ45
0443. 盛 ~饭　舀 Øiɑo343
0444. 夹 用筷子~菜　挑 thiao45
0445. 斟 ~酒　倒 tao213
0446. 渴 口~　渴 khɤ45
0447. 饿 肚子~　饿 ŋo213
0448. 噎 吃饭~着了　哽 kən343

七、身体、医疗

（一）身体

0449. 头 人的，统称　脑壳 lao343khɤ42
0450. 头发　头发 thəu42fʌ0
0451. 辫子　髦絃儿 mao213kæer0
0452. 旋　旋儿 ɕyan213Øər0
0453. 额头　额颅 ŋE42lu0
0454. 相貌　相面 ɕiaŋ21mian213
0455. 脸 洗~　脸 lian343
0456. 眼睛　眼睛 ɲian343tɕin0
0457. 眼珠 统称　眼珠子 ɲian343tʂu45tsʅ0
0458. 眼泪 哭的时候流出来的　眼泪水 ɲian34lu42ʂuei343
0459. 眉毛　眉毛 mi42mao0
0460. 耳朵　耳朵 Øər343to0
0461. 鼻子　鼻子 pi42tsʅ0
0462. 鼻涕 统称　鼻子 pi42tsʅ0
0463. 擤 ~鼻涕　擤 ɕin343
0464. 嘴巴 人的，统称　嘴巴 tsuei343pʌ0
0465. 嘴唇　嘴皮 tsuei343phi42
0466. 口水 ~流出来　口水 khəu34ʂuei343
0467. 舌头　舌条儿 ʂE42thiao42Øər0
0468. 牙齿　牙齿 Øiʌ42tʂhʅ343

0469. 下巴　下巴儿 ɕiᴀ213phᴀr0

0470. 胡子嘴周围的　胡子 xu42tsɿ0

0471. 脖子　颈项 tɕin343xɑŋ0

0472. 喉咙　喉咙 xəu42luŋ42

0473. 肩膀　肩膀 tɕian45pɑŋ343

0474. 胳膊　膀子 pɑŋ343tsɿ0

0475. 手方言指（打√）：只指手√；包括臂：他的～摔断了　手 ʂəu343

0476. 左手　左手 tso34ʂəu343

0477. 右手　右手 ʔiəu21ʂəu343

0478. 拳头　掟子 tin213tsɿ0

0479. 手指　手指拇儿 ʂəu34tʂɿ343mɤr0

0480. 大拇指　大指拇儿 tᴀ21tʂɿ343mɤr0

0481. 食指　二指拇儿 ʔər21tʂɿ343mɤr0

0482. 中指　中指拇儿 tsuŋ45tʂɿ343mɤr0

0483. 无名指　四指拇儿 si21tʂɿ343mɤr0

0484. 小拇指　小指拇儿 ɕiao34tʂɿ343mɤr0

0485. 指甲　指甲 tʂɿ343tɕiᴀ42

0486. 腿　腿杆 thuei343kan42

0487. 脚方言指（打√）：只指脚√；包括小腿；包括小腿和大腿：他的～轧断了　脚 tɕyo343

0488. 膝盖指部位　圪膝盖 khᴇ45tɕi0kæe213

0489. 背名词　背 pei213

0490. 肚子腹部　肚子 tu213tsɿ0

0491. 肚脐　肚子眼儿 tu213tsɿ0ȵianr343

0492. 乳房女性的　奶奶 læe343læe0

0493. 屁股　沟子 kəu45tsɿ0

0494. 肛门　屁眼儿 phi21ȵianr343

0495. 阴茎成人的　鸡巴 tɕi45pᴀ0

0496. 女阴成人的　屄 phi45

0497. 肏动词　合 zɿ42

0498. 精液　屃 suŋ42

0499. 来月经注意婉称　来月经 læe42ʔyᴇ42tɕin0

0500. 拉屎　屙屎 pᴀ34ʂɿ343

0501. 撒尿　屙尿 ʔo45ȵiao213

0502. 放屁　打屁 tᴀ21phi213

0503. 相当于"他妈的"的口头禅　日妈的 zɿ42mᴀ42ti0

（二）疾病、医疗

0504. 病了　有病了 ʔiəu34pin213lao0

0505. 着凉　凉 liaŋ42

0506. 咳嗽　咳嗽 kᴇ42səu0

0507. 发烧　发烫 fᴀ45thaŋ213

0508. 发抖　打冷噤 tᴀ34lən343tɕin0

0509. 肚子疼　肚子痛 tu213tsɿ0thuŋ213

0510. 拉肚子　跑肚 phao34tu213

0511. 患疟疾　打摆子 tᴀ34pæe343tsɿ0

0512. 中暑　中暑 tsuŋ21su343

0513. 肿　肿 tsuŋ343

0514. 化脓　溃脓 xuei42luŋ42

0515. 疤好了的　姜疤子 tɕiaŋ45pᴀ0tsɿ0

0516. 癣　癣 ɕyan343

0517. 痣凸起的　痣 tʂɿ213

0518. 疙瘩蚊子咬后形成的　包 pao45

0519. 狐臭　臭胎子 tʂhəu213thæe45tsɿ0

0520. 看病　看病 khan21pin213

0521. 诊脉　拉脉 lᴀ45mᴇ42

0522. 针灸　打干针 tᴀ213kan45tʂən45

0523. 打针　打针 tᴀ343tʂən45

0524. 打吊针　打吊针 tᴀ34tiao213tsən45

0525. 吃药统称　喝药 xo45ʔyo42

0526. 汤药　中药 tʂuŋ45ø̜yo42

0527. 病轻了　病松了 pin213suŋ45lao0

八、婚丧、信仰

（一）婚育

0528. 说媒　说媒 ʂo45mei42

0529. 媒人　媒人 mei42ẓən42

0530. 相亲　相亲 ɕiaŋ42tɕin45

0531. 订婚　订婚 tin213xuən45

0532. 嫁妆　陪嫁 phei42tɕiᴀ213

0533. 结婚统称　结婚 tɕiɛ45xuən45

0534. 娶妻子男子～，动宾　接媳妇儿 tɕiɛ45ɕi42fər0

0535. 出嫁女子～　嫁人 tɕiᴀ213ẓən42

0536. 拜堂　拜堂 pæe213thaŋ42

0537. 新郎　新郎官儿 ɕin45laŋ42kuanr0

0538. 新娘子　新媳妇儿 ɕin45ɕi42fər0

0539. 孕妇　怀娃婆 xuæe42uᴀ42pho42

0540. 怀孕　怀娃 xuæe42uᴀ42

0541. 害喜妊娠反应　害喜 xæe21ɕi343

0542. 分娩　生娃 sən45uᴀ42

0543. 流产　小产 ɕiao34tshan343

0544. 双胞胎　双胞胎 ʂuaŋ42pao45thæe0

0545. 坐月子　坐月了 tso213øyɛ213lao0

0546. 吃奶　吃奶 tʂʅ45læe343

0547. 断奶　隔奶 kɛ42læe343

0548. 满月　满月 man343øyɛ45

0549. 生日统称　生日 sən45ẓʅ0

0550. 做寿　做生日 tso213sən45ẓʅ0

（二）丧葬

0551. 死统称　死 sʅ343

0552. 死婉称，最常用的几种，指老人：他～了　走 tsəu343

0553. 自杀　寻短路 ɕyn42tuan343lu0

0554. 咽气　断气 tuan21tɕhi213

0555. 入殓　入棺 ẓu42kuan45

0556. 棺材　枋子 faŋ45tsʅ0

0557. 出殡　发丧 fᴀ45saŋ45

0558. 灵位　灵牌子 lin42phæe42tsʅ0

0559. 坟墓单个的，老人的　坟 fən42

0560. 上坟　上坟 ʂaŋ213fən42

0561. 纸钱　纸钱 tsʅ343tɕhian42

（三）信仰

0562. 老天爷　老天爷 lao343thian45ø̜iɛ42

0563. 菩萨统称　菩萨 phu42sᴀ0

0564. 观音　观音菩萨 kuan45øin45phu42sᴀ0

0565. 灶神口头的叫法，其中如有方言亲属称谓要释义　灶神老爷 tsao213ʂən0 lao343ø̜iɛ42

0566. 寺庙　庙 miao213

0567. 祠堂　祠堂 tshʅ42thaŋ42

0568. 和尚　和尚 xo42saŋ0

0569. 尼姑　尼姑 ȵi42ku0

0570. 道士　道人 tao213ẓən42

0571. 算命统称　算命 suan21min213

0572. 运气　运气 øyn21tɕhi213

0573. 保佑　保佑 pao34ø̜iəu213

九、人品、称谓

（一）人品

0574. 人一个～　人 ẓən42

0575. 男人成年的，统称　男人 lan42ẓən42

0576. 女人三四十岁已婚的，统称　女人 ȵy343ẓən42

0577. 单身汉　光棍儿 kuaŋ45kuənr213

0578. 老姑娘　老姑娘 lɑo343ku45ȵiaŋ42

0579. 婴儿　月娃儿 ØyE45ØuAr42

0580. 小孩儿三四岁的，统称　小娃儿 ɕiɑo343ØuAr42

0581. 男孩儿统称：外面有个～在哭　男娃儿 lan42ØuAr42

0582. 女孩儿统称：外面有个～在哭　女娃儿 ȵy343ØuAr42

0583. 老人七八十岁的，统称　老人 lɑo343ẓən42

0584. 亲戚统称　亲戚 tɕhin45tɕhi0

0585. 朋友统称　朋友 pəŋ42Øiəu343

0586. 邻居统称　隔壁子 kE42pi213tsɿ0

0587. 客人　客 khE42

0588. 农民　农民 luŋ42min42

0589. 商人　生意人 sən45Øi0ẓən42

0590. 手艺人统称　匠人 tɕiaŋ213ẓən0

0591. 泥水匠　瓦工 ØuA213kuŋ45

0592. 木匠　木匠 mu42tɕiaŋ0

0593. 裁缝　裁缝 tʂhæ42fəŋ42

0594. 理发师　剃头匠 thi213thəu42tɕiaŋ213

0595. 厨师　厨馆师 tʂhu42kuan343tsɿ0

0596. 师傅　师傅 sɿ45fu0

0597. 徒弟　徒弟 thu42ti0

0598. 乞丐统称，非贬称（无统称则记成年男的）　讨口子 thɑo34khəu343tsɿ0

0599. 妓女　妓女 tɕi21ȵy343

0600. 流氓　流氓 liəu42maŋ42

0601. 贼　贼娃子 tsE42ØuA42tsɿ0

0602. 瞎子统称，非贬称（无统称则记成年男的）　瞎子 xiA45tsɿ0

0603. 聋子统称，非贬称（无统称则记成年男的）　聋子 luŋ45tsɿ0

0604. 哑巴统称，非贬称（无统称则记成年男的）　哑巴 ØiA343pA0

0605. 驼子统称，非贬称（无统称则记成年男的）　驼背子 tho42pei213tsɿ0

0606. 瘸子统称，非贬称（无统称则记成年男的）　摆子 pæ45tsɿ0/拐子 kuæ343tsɿ0

0607. 疯子统称，非贬称（无统称则记成年男的）　疯子 fəŋ45tsɿ0

0608. 傻子统称，非贬称（无统称则记成年男的）　瓜娃子 kuA45ØuA42tsɿ0

0609. 笨蛋蠢的人　笨蛋 pən21tan213

（二）称谓

0610. 爷爷呼称，最通用的　爷爷 ØiE42ØiE0

0611. 奶奶呼称，最通用的　婆婆 pho42pho0

0612. 外祖父叙称　外爷 Øuei213ØiE0

0613. 外祖母叙称　外婆 Øuei213pho0

0614. 父母合称　老的 lɑo343ti0

0615. 父亲叙称　爸爸 pA42pA0

0616. 母亲叙称　妈 mA45

0617. 爸爸呼称，最通用的　爸爸 pA42pA0

0618. 妈妈呼称，最通用的　妈 mA45

0619. 继父叙称　后老子 xəu21lɑo343tsɿ0

0620. 继母叙称　后妈 xəu213mA45

0621. 岳父叙称　　岳父 ∅yo21fu213

0622. 岳母叙称　　岳母 ∅yo21mu343

0623. 公公叙称　　公公 kuŋ45kuŋ0

0624. 婆婆叙称　　婆婆娘 pho42pho0ȵiaŋ0

0625. 伯父呼称，统称　伯伯 pε42pε0

0626. 伯母呼称，统称　伯娘 pε42ȵiaŋ0

0627. 叔父呼称，统称　爸 pʌ42

0628. 叔父呼称，排行最小的，如"幺叔"
　　　幺爸 ∅iɑo45pʌ42

0629. 叔母呼称，统称　幺妈
　　　∅iɑo45mʌ45

0630. 姑呼称，统称（无统称则记分称：比父大，比父小；已婚，未婚）　姑姑
　　　ku45ku0

0631. 姑父呼称，统称　姑父 ku45fu0

0632. 舅舅呼称　舅舅 tɕiəu213tɕiəu0

0633. 舅妈呼称　舅母 tɕiəu21mu343

0634. 姨呼称，统称（无统称则记分称：比母大，比母小；已婚，未婚）　姨姨
　　　∅i42∅i0

0635. 姨父呼称，统称　姨父 ∅i42fu0

0636. 弟兄合称　弟兄 ti213ɕyŋ0

0637. 姊妹合称　姊妹 tsʅ343mei0

0638. 哥哥呼称，统称　哥哥 kɤ45kɤ0

0639. 嫂子呼称，统称　嫂嫂 sɑo343sɑo0

0640. 弟弟叙称　弟弟 ti213ti0

0641. 弟媳叙称　兄弟媳妇儿
　　　ɕyŋ45ti0ɕi42fər0

0642. 姐姐呼称，统称　姐姐 tɕiε343tɕiε0

0643. 姐夫呼称　姐夫 tɕiε343fu0

0644. 妹妹叙称　妹妹 mei213mei0

0645. 妹夫叙称　妹夫 mei213fu0

0646. 堂兄弟叙称，统称　堂兄弟
　　　thaŋ42ɕyŋ45ti0

0647. 表兄弟叙称，统称　老表
　　　lɑo34piɑo343

0648. 妯娌弟兄妻子的合称　先后
　　　ɕiaŋ213xəu0

0649. 连襟姊妹丈夫的关系，叙称　挑担
　　　thiɑo45tan0

0650. 儿子叙称：我的～　儿子 ∅ər42tsʅ0

0651. 儿媳妇叙称：我的～　儿媳妇儿
　　　∅ər42ɕi42fər0

0652. 女儿叙称：我的～　女子 ȵy343tsʅ0

0653. 女婿叙称：我的～　女婿 ȵy343ɕi0

0654. 孙子儿之子　孙子 suən45tsʅ0

0655. 重孙子儿之孙　重孙子
　　　tʂhuŋ42suən0tsʅ0

0656. 侄子弟兄之子　侄娃子
　　　tsʅ42∅uʌ42tsʅ0

0657. 外甥姐妹之子　外甥娃儿
　　　∅uæ213sən0∅uʌ42∅ər0

0658. 外孙女儿之子　外孙子
　　　∅uæ213suən45tsʅ0

0659. 夫妻合称　两口子
　　　liaŋ34khəu343tsʅ0

0660. 丈夫叙称，最通用的，非贬称：她的～
　　　男人 lan42ʐən42

0661. 妻子叙称，最通用的，非贬称：他的～
　　　女人 ȵy343ʐən42

0662. 名字　名字 min42tsʅ0

0663. 绰号　外号 ∅uæ21xɑo213

十、农、工、商、文

（一）农业

0664. 干活儿统称：在地里～　做活路

tso213xo0lu0

0665. 事情一件~　事情 sʅ213tɕhin0

0666. 插秧　栽秧 tsæ45Øiaŋ45

0667. 割稻　割谷子 kɤ45ku45tsʅ0

0668. 种菜　种菜 tʂuŋ21tshæe213

0669. 犁名词　犁头 li42thəu0

0670. 锄头　锄头 tʂhu42thəu0

0671. 镰刀　镰刀 lian42tɑo0

0672. 把儿刀~　把把 pʌ213pʌ0

0673. 扁担　扁挑 pian343thiɑo42

0674. 箩筐　箩斗 lo42təu0

0675. 筛子统称　筛子 sæ45tsʅ0

0676. 簸箕农具，有梁的　撮箕 tsho45tɕi0

0677. 簸箕簸米用　簸箕 po343tɕi0

0678. 独轮车　鸡公车 tɕi45kuŋ45tʂhE42

0679. 轮子旧式的，如独轮车上的　轱辘 ku45lu0

0680. 碓整体　碓窝 tuei213Øo42

0681. 臼　辣窝子 lʌ42Øo45tsʅ0

0682. 磨名词　磨子 mo213tsʅ0

0683. 年成　年成 ȵian42tʂhən42

（二）工商业

0684. 走江湖统称　跑江湖 phɑo343tɕiaŋ45xu42

0685. 打工　打工 tʌ343kuŋ45

0686. 斧子　开山子 khæ45ʂan42tsʅ0

0687. 钳子　钳子 tɕhian42tsʅ0

0688. 螺丝刀　起子 tɕhi343tsʅ0

0689. 锤子　钉锤儿 tin45tʂhueir42

0690. 钉子　钉子 tin45tsʅ0

0691. 绳子　绳子 ʂən42tsʅ0

0692. 棍子　棍棍 kuən213kuən0/棒棒 pɑŋ213pɑŋ0

0693. 做买卖　做生意 tso213sən45Øi0

0694. 商店　铺子 phu213tsʅ0

0695. 饭馆　馆子 kuan343tsʅ0

0696. 旅馆旧称　旅店 ly34tian213

0697. 贵　贵 kuei213

0698. 便宜　便宜 phian42Øi0

0699. 合算　划算 xuʌ42suan213

0700. 折扣　折扣 tʂɤ42khəu213

0701. 亏本　亏本 kuei45pən343

0702. 钱统称　钱 tɕhian42

0703. 零钱　零钱 lin42tɕhian42

0704. 硬币　硬币 ȵin21pi213

0705. 本钱　本钱 pən343tɕhian42

0706. 工钱　工钱 kuŋ45tɕhian42

0707. 路费　盘缠钱 phan42tʂhuan0tɕhian42

0708. 花~钱　用 Øyŋ213/使 ʂʅ343

0709. 赚卖一斤能~一毛钱　挣 tsən213

0710. 挣打工~了一千块钱　挣 tsən213

0711. 欠~他十块钱　欠 tɕhian213

0712. 算盘　算盘 suan213phan0

0713. 秤统称　秤 tʂhən213

0714. 称用秤~　称 tʂhən45

0715. 赶集　赶场 kan343tʂhaŋ42

0716. 集市　集 tɕi42

0717. 庙会　会 xuei213

（三）文化、娱乐

0718. 学校　学校 ɕyo42ɕiɑo213

0719. 教室　教室 tɕhiɑo213ʂʅ42

0720. 上学　上学 ʂaŋ213ɕyo42

0721. 放学　放学 faŋ213ɕyo42
0722. 考试　考试 khao34ʂɿ213
0723. 书包　书包 ʂu45pao45
0724. 本子　本子 pən343tsɿ0
0725. 铅笔　铅笔 tɕhian45pi42
0726. 钢笔　钢笔 kaŋ45pi42
0727. 圆珠笔　圆子笔 Øyan42tsɿ0pi42
0728. 毛笔　毛笔 mɑo42pi42
0729. 墨　墨 mE42
0730. 砚台　砚台 Øian213thæ42
0731. 信一封~　信 ɕin213
0732. 连环画　娃娃书 Øuʌ42uʌ0ʂu45
0733. 捉迷藏　躲猫猫 to343mao45mao0
0734. 跳绳　跳绳 thiao213ʂən42
0735. 毽子　毽子 tɕian213tsɿ0
0736. 风筝　风筝 fəŋ45tsən0
0737. 舞狮　耍狮子 ʂuʌ343ʂɿ45tsɿ0
0738. 鞭炮统称　炮 phao213
0739. 唱歌　唱歌 tʂhaŋ213ko45
0740. 演戏　唱戏 tʂhaŋ21ɕi213
0741. 锣鼓统称　锣鼓家什
　　　　lo42ku0tɕiʌ45sɿ0
0742. 二胡　二胡 Øər213xu42
0743. 笛子　笛子 ti42tsɿ0
0744. 划拳　划拳 xuʌ42tɕhyan42
0745. 下棋　下棋 ɕiʌ213tɕhi42
0746. 打扑克　打牌 tʌ343phæ42
0747. 打麻将　打麻将
　　　　tʌ343mʌ42tɕiaŋ0
0748. 变魔术　耍把戏 ʂuʌ34pʌ343ɕi0
0749. 讲故事　讲故事 tɕiaŋ34ku21sɿ213
0750. 猜谜语　猜谜语
　　　　tshæ45mi42Øy343

0751. 玩儿游玩：到城里~　耍 ʂuʌ343
0752. 串门儿　串门子
　　　　tʂhuan213mən42tsɿ0
0753. 走亲戚　走亲戚
　　　　tsəu343tɕhin45tɕhi0

十一、动作、行为

（一）具体动作

0754. 看~电视　看 khan213
0755. 听用耳朵~　听 tin45
0756. 闻嗅：用鼻子~　闻 Øuən42
0757. 吸~气　吸 ɕi45
0758. 睁~眼　睁 tsən45
0759. 闭~眼　闭 pi213
0760. 眨~眼　眨 tsʌ45
0761. 张~嘴　张 tʂaŋ45
0762. 闭~嘴　闭 pi213
0763. 咬狗~人　咬 ȵiao343
0764. 嚼把肉~碎　嚼 tɕiao42
0765. 咽~下去　咽 Øian213
0766. 舔人用舌头~　舔 thian343
0767. 含~在嘴里　含 xan42
0768. 亲嘴　亲嘴 tɕhin45tsuei343
0769. 吮吸用嘴唇聚拢吸取液体，如吃奶时
　　　　咂 tsʌ45
0770. 吐上声，把果核儿~掉　吐 thu343
0771. 吐去声，呕吐：喝酒喝~了
　　　　吐 thu343
0772. 打喷嚏　打喷嚏 tʌ34phən213thiE0
0773. 拿用手把苹果~过来　拿 lʌ42
0774. 给他~我一个苹果　给 kei213
0775. 摸~头　摸 mo45

0776. 伸 ～手　伸 tʂən45

0777. 挠 ～痒痒　抠 kʰəu45

0778. 掐用拇指和食指的指甲～皮肉　掐 tɕʰiʌ45

0779. 拧 ～螺丝　拧 ȵin42

0780. 拧 ～毛巾　拧 ȵin42

0781. 捻用拇指和食指来回～碎　捻 ȵian343

0782. 掰把橘子～开，把馒头～开　搣 miE45

0783. 剥 ～花生　剥 po45

0784. 撕把纸～了　扯 tʂhE343

0785. 折把树枝～断　撇 pʰiE343

0786. 拔 ～萝卜　拔 pʌ42

0787. 摘 ～花　摘 tsE42

0788. 站站立：～起来　站 tʂan213

0789. 倚斜靠：～在墙上　靠 kʰɑo213

0790. 蹲 ～下　蹴 tɕiəu42

0791. 坐 ～下　坐 tso213

0792. 跳青蛙～起来　跳 tʰiɑo213

0793. 迈跨过高物：从门槛上～过去　□ tɕʰiʌ42

0794. 踩脚～在牛粪上　踩 tʂhæ343

0795. 翘 ～腿　翘 tɕʰiɑo213

0796. 弯 ～腰　弯 Øuan45

0797. 挺 ～胸　挺 tʰin343

0798. 趴 ～着睡　趴 pʰʌ42

0799. 爬小孩儿在地上～　爬 pʰʌ42

0800. 走慢慢儿～　走 tsəu343

0801. 跑慢慢儿走，别～　跑 pʰɑo343

0802. 逃逃跑：小偷儿～走了　逃 tʰɑo42

0803. 追追赶：～小偷儿　撵 ȵian343

0804. 抓 ～小偷儿　逮 tæ42

0805. 抱把小孩儿～在怀里　抱 pɑo213

0806. 背 ～孩子　背 pei45

0807. 搀 ～老人　搀 tʂhan45

0808. 推几个人一起～汽车　抯 tʂhəu45

0809. 摔跌：小孩儿～倒了　跘 pan213

0810. 撞人～到电线杆　怼 tʰuei42

0811. 挡你～住我了，我看不见　挡 taŋ343

0812. 躲躲藏：他～在床底下　躲 to343

0813. 藏藏放，收藏：钱～在枕头下面　藏 tsʰaŋ42

0814. 放把碗～在桌子上　放 faŋ213

0815. 摞把砖～起来　摞 lo213

0816. 埋 ～在地下　埋 mæ42

0817. 盖把茶杯～上　盖 kæ213

0818. 压用石头～住　压 ȵiʌ213

0819. 摁用手指按：～图钉　按 ŋan213

0820. 捅用棍子～鸟窝　氒 to45

0821. 插把香～到香炉里　插 tʂhʌ45

0822. 戳 ～个洞　氒 tɕiE45

0823. 砍 ～树　砍 kʰan343

0824. 剁把肉～碎做馅儿　剁 to213

0825. 削 ～苹果　削 ɕyE45

0826. 裂木板～开了　蹴 piE213

0827. 皱皮～起来　皱 tsuŋ213

0828. 腐烂死鱼～了　烂 lan213

0829. 擦用毛巾～手　擦 tsʰʌ45

0830. 倒把碗里的剩饭～掉　倒 tɑo213

0831. 扔丢弃：这个东西坏了，～了它　撂 liɑo213

0832. 扔投掷：比一比谁～得远　甩 ʂuæ343

0833. 掉掉落，坠落：树上～下一个梨　落 lo45

419

0834. 滴水～下来　滴 ti45
0835. 丢丢失：钥匙～了　折 ʂE42
0836. 找寻找：钥匙～到了　找 tsao343
0837. 捡～到十块钱　捡 tɕian343
0838. 提用手把篮子～起来　□ tiᴀ45
0839. 挑～担　挑 thiao45
0840. 扛把锄头～在肩上　㧯 lao343
0841. 抬～轿　抬 thæ42
0842. 举～旗子　捌 tsəu343
0843. 撑～伞　撑 tshən45
0844. 撬把门～开　撬 ŋao213
0845. 挑挑选，选择：你自己～一个　选 ɕyan343
0846. 收拾～东西　拾掇 ʂɿ42to0
0847. 挽～袖子　挽 mian343
0848. 涮把杯子～一下　涮 ʂuan213
0849. 洗～衣服　洗 ɕi343
0850. 捞～鱼　捞 lao42
0851. 拴～牛　拴 ʂuan45
0852. 捆～起来　捆 khən343
0853. 解～绳子　解 kæ343
0854. 挪～桌子　攒 tsan343
0855. 端～碗　端 tuan45
0856. 摔碗～碎了　打 tᴀ343
0857. 掺～水　掺 tshan45
0858. 烧～柴　烧 ʂao45
0859. 拆～房子　拆 tshE45
0860. 转～圈儿　转 tsuan343
0861. 捶用拳头～　扠 tsaŋ42
0862. 打统称：他～了我一下　打 tᴀ343
0863. 打架动手：两个人在～　打架 tᴀ34tɕia213
0864. 休息　歇气 ɕiE45tɕhi213

0865. 打哈欠　打呵嗨 tᴀ343xo45xæe0
0866. 打瞌睡　□瞌睡 tsuᴀ42kho45ʂuei0
0867. 睡他已经～了　睡 ʂuei213
0868. 打呼噜　扯鼾 tʂhE343xan45
0869. 做梦　做梦 tso21məŋ213
0870. 起床　起来 tɕhi343læe0
0871. 刷牙　刷牙 ʂuᴀ45ØiA42
0872. 洗澡　洗澡 ɕi34tsao343

（二）抽象动作

0873. 想思索：让我～一下　想 ɕiaŋ343
0874. 想想念：我很～他　想 ɕiaŋ343
0875. 打算我～开个店　想 ɕiaŋ343
0876. 记得　记得 tɕi213tE0
0877. 忘记　忘 Øuaŋ213
0878. 怕害怕：你别～　怕 phᴀ213
0879. 相信我～你　相信 ɕiaŋ45ɕin213
0880. 发愁　愁 tshəu42
0881. 小心过马路要～　小心 ɕiao343ɕin45
0882. 喜欢～看电视　爱 ŋæ213
0883. 讨厌～这个人　讨厌 thao34Øian213
0884. 舒服凉风吹来很～　舒服 su45fu0
0885. 难受生理的　难受 lan42ʂəu213
0886. 难过心理的　难受 lan42ʂəu213
0887. 高兴　高兴 kao45ɕin213
0888. 生气　怄气 ŋəu21tɕhi213
0889. 责怪　怪 kuæ213
0890. 后悔　后悔 xəu21xuei343
0891. 忌妒　眼气 ȵian343tɕhi0
0892. 害羞　嫌羞人 ɕian42ɕiəu45ʐən42
0893. 丢脸　丢人 tiəu45ʐən42
0894. 欺负　欺负 tɕhi45fu0
0895. 装～病　装 tsuaŋ45

0896. 疼～小孩儿　　爱 ŋæe213

0897. 要我～这个　　要 Øiɑo213

0898. 有我～一个孩子　有 Øiəu343

0899. 没有他～孩子　　没得 mo42tɛ0

0900. 是我～老师　　是 ʂʅ213

0901. 不是他～老师　　不是 pu42ʂʅ213

0902. 在他～家　　在 tsæe213

0903. 不在他～家　　不在 pu42tsæe213

0904. 知道我～这件事　　晓得 ɕiɑo343tɛ0

0905. 不知道我～这件事　　不晓得 pu42ɕiɑo343tɛ0

0906. 懂我～英语　　会 xuei213

0907. 不懂我～英语　　不会 pu42xuei213

0908. 会我～开车　　会 xuei213

0909. 不会我～开车　　不会 pu42xuei213

0910. 认识我～他　　认得 ʐən213tɛ0

0911. 不认识我～他　　认不得 ʐən213pu0tɛ0

0912. 行应答语　　行 ɕin42

0913. 不行应答语　　不行 pu42ɕin42

0914. 肯～来　　愿意 Øyan21Øi213

0915. 应该～去　　应该 Øin213kæe45

0916. 可以～去　　可以 kɤ343Øi0

（三）言语

0917. 说～话　　说 ʂo45

0918. 话说～　　话 xuᴀ213

0919. 聊天儿　　谝淡话 phian34tan21xuᴀ213

0920. 叫～他一声儿　　喊 xan343

0921. 吆喝大声喊　　吆喝 Øiɑo45xo0

0922. 哭小孩儿～　　哭 khu45

0923. 骂当面～人　　噘 tɕhyɛ42

0924. 吵架动嘴：两个人在～　　吵架 tʂhɑo34tɕiᴀ213

0925. 骗～人　　哄 xuŋ343

0926. 哄～小孩儿　　哄 xuŋ343

0927. 撒谎　　扯白 tʂɛ213pɛ42

0928. 吹牛　　谝嘴 phian34tsuei343

0929. 拍马屁　　舔沟子 thian343kəu45tsʅ0

0930. 开玩笑　　说笑 ʂo45ɕiɑo213

0931. 告诉～他　　说 ʂo45

0932. 谢谢致谢语　　谢谢 ɕiɛ213ɕiɛ0

0933. 对不起致歉语　　对不起 tuei213pu0tɕhi343

0934. 再见告别语　　再见 tsæe21tɕian213

十二、性质、状态

（一）形貌

0935. 大苹果～　　大 tᴀ213

0936. 小苹果～　　小 ɕiɑo343

0937. 粗绳子～　　壮 tʂuaŋ213

0938. 细绳子～　　细 ɕi213

0939. 长线～　　长 tʂhaŋ42

0940. 短线～　　短 tuan343

0941. 长时间～　　长 tʂhaŋ42

0942. 短时间～　　短 tuan343

0943. 宽路～　　宽 khuan45

0944. 宽敞房子～　　宽 khuan45

0945. 窄路～　　窄 tsei45

0946. 高飞机飞得～　　高 kɑo45

0947. 低鸟飞得～　　低 ti45

0948. 高他比我～　　高 kɑo45

0949. 矮他比我～　　矮 ŋæe343

0950. 远路～　　远 Øyan343
0951. 近路～　　近 tɕin213
0952. 深水～　　深 ʂən45
0953. 浅水～　　浅 tɕhian343
0954. 清水～　　清 tɕhin45
0955. 浑水～　　浑 xuən45
0956. 圆　　圆 Øyan42
0957. 扁　　扁 piʌ343
0958. 方　　方 faŋ45
0959. 尖　　尖 tɕian45
0960. 平　　平 phin42
0961. 肥～肉　　肥 fei42
0962. 瘦～肉　　瘦 səu213
0963. 肥形容猪等动物　　肥 fei42
0964. 胖形容人　　胖 phaŋ213
0965. 瘦形容人、动物　　瘦 səu213
0966. 黑黑板的颜色　　黑 xei42
0967. 白雪的颜色　　白 pɛ42
0968. 红国旗的主颜色，统称　　红 xuŋ42
0969. 黄国旗上五星的颜色　　黄 xuaŋ42
0970. 蓝蓝天的颜色　　蓝 lan42
0971. 绿绿叶的颜色　　绿 liəu42
0972. 紫紫药水的颜色　　紫 tsʅ343
0973. 灰草木灰的颜色　　灰 xuei45

（二）状态

0974. 多东西～　　多 to45
0975. 少东西～　　少 sɑo343
0976. 重担子～　　重 tʂuŋ213
0977. 轻担子～　　轻 tɕhin45
0978. 直线～　　直 tsʅ42
0979. 陡坡～，楼梯～　　陡 təu343
0980. 弯弯曲：这条路是～的　　弯 Øuan45

0981. 歪帽子戴～了　　歪 Øuæe45
0982. 厚木板～　　厚 xəu213
0983. 薄木板～　　薄 po42
0984. 稠稀饭～　　干 kan45
0985. 稀稀饭～　　稀 ɕi45
0986. 密菜种得～　　密 mi42
0987. 稀稀疏：菜种得～　　稀 ɕi45
0988. 亮指光线，明亮　　亮 liaŋ213
0989. 黑指光线，完全看不见　　暗 ŋan42
0990. 热天气～　　热 ʐɛ42
0991. 暖和天气～　　热和 ʐɛ42xo0
0992. 凉天气～　　凉 liaŋ42
0993. 冷天气～　　冷 lən343
0994. 热水～　　热 ʐɛ42
0995. 凉水～　　凉 liaŋ42
0996. 干干燥：衣服晒～了　　干 kan45
0997. 湿潮湿：衣服淋～了　　湿 ʂʅ45
0998. 干净衣服～　　干净 kan45tɕin0
0999. 脏肮脏，不干净，统称：衣服～　　脏 tsaŋ45
1000. 快锋利：刀子～　　快 khuæe213
1001. 钝刀子～　　钝 tuən213
1002. 快坐车比走路～　　快 kuæe213
1003. 慢走路比坐车～　　慢 man213
1004. 早来得～　　早 tsao343
1005. 晚来～了　　迟 tshʅ42
1006. 晚天色～　　晚 Øuan343
1007. 松捆得～　　松 suŋ45
1008. 紧捆得～　　紧 tɕin343
1009. 容易这道题～　　容易 ʐuŋ42Øi213
1010. 难这道题～　　难 lan42
1011. 新衣服～　　新 ɕin45
1012. 旧衣服～　　旧 tɕiəu213

1013. 老人～　老 lɑo343

1014. 年轻人～　年轻 n̠ian42tɕhin45

1015. 软糖～　软 z̠uan343

1016. 硬骨头～　硬 n̠in213

1017. 烂肉煮得～　融 z̠uŋ42

1018. 煳饭烧～了　焦 tɕiɑo45

1019. 结实家具～　结实 tɕiE45ʂʅ0

1020. 破衣服～　烂 lan213

1021. 富他家很～　有钱 Øiəu343tɕhian42

1022. 穷他家很～　穷 tɕhyŋ42

1023. 忙最近很～　忙 maŋ42

1024. 闲最近比较～　闲 ɕian42

1025. 累走路走得很～　累 luei213

1026. 疼摔～了　疼 thən42

1027. 痒皮肤～　咬 n̠iɑo343

1028. 热闹看戏的地方很～　热闹 z̠E42lɑo0

1029. 熟悉这个地方我很～　熟 ʂu42

1030. 陌生这个地方我很～　生 sən45

1031. 味道尝尝～　味道 Øuei42thɑo0

1032. 气味闻闻～　气气 tɕhi213tɕhi0

1033. 咸菜～　咸 xan42

1034. 淡菜～　淡 tan213

1035. 酸　酸 suan45

1036. 甜　甜 thian42

1037. 苦　苦 khu343

1038. 辣　辣 lʌ42

1039. 鲜鱼汤～　鲜 ɕyan45

1040. 香　香 ɕiaŋ45

1041. 臭　臭 tʂhəu213

1042. 馊饭～　馊气 sʅ45tɕhi0

1043. 腥鱼～　腥气 ɕin45tɕhi0

（三）品性

1044. 好人～　好 xɑo343

1045. 坏人～　坏 xuæe213

1046. 差东西质量～　撇 phiE213

1047. 对账算～了　对 tuei213

1048. 错账算～了　错 tsho213

1049. 漂亮形容年轻女性的长相：她很～好看 xɑo34khan213

1050. 丑形容人的长相：猪八戒很～丑 tʂhəu343

1051. 勤快　勤快 tɕhin42kuæe0

1052. 懒　懒 lan343

1053. 乖　乖 kuæe45

1054. 顽皮　调皮 thiɑo42phi42

1055. 老实　老实 lɑo343ʂʅ0

1056. 傻痴呆　瓜 kuʌ45

1057. 笨蠢　笨 pən213

1058. 大方不吝啬　大方 tʌ213faŋ0

1059. 小气吝啬　啬皮 sE42phi42

1060. 直爽性格～　直 tʂʅ42

1061. 犟脾气～　犟 tɕiaŋ213

十三、数量

（一）数字

1062. 一～二三四五……，下同　一 Øi42

1063. 二　二 Øər213

1064. 三　三 san45

1065. 四　四 sʅ213

1066. 五　五 Øu343

1067. 六　六 liəu42

1068. 七　七 tɕhi42

1069. 八　八 pʌ42
1070. 九　九 tɕiəu42
1071. 十　十 ʂʅ42
1072. 二十有无合音　二十无合音
　　　 Øər213ʂʅ42
1073. 三十有无合音　三十无合音
　　　 san45ʂʅ42
1074. 一百　一百 Øi42pɛ42
1075. 一千　一千 Øi42tɕhian45
1076. 一万　一万 Øi42Øuan213
1077. 一百零五　一百零五
　　　 Øi42pɛ42lin42Øu343
1078. 一百五十　一百五
　　　 Øi42pɛ42Øu343
1079. 第一～，第二　第一 ti213Øi42
1080. 二两重量　二两 Øər21liaŋ343
1081. 几个你有～孩子?　几个
　　　 tɕi34ko213
1082. 俩你们～　两个 liaŋ34ko213
1083. 仨你们～　三个 san45ko213
1084. 个把　个把 ko213pʌ0

（二）量词

1085. 个一～人　个 ko213
1086. 匹一～马　匹 phi42
1087. 头一～牛　条 thiɑo42/个 ko213
1088. 头一～猪　条 thiɑo42
1089. 只一～狗　条 thiɑo42
1090. 只一～鸡　只 tʂʅ45
1091. 只一～蚊子　个 ko213
1092. 条一～鱼　条 thiɑo42
1093. 条一～蛇　条 thiɑo42
1094. 张一～嘴　个 ko213

1095. 张一～桌子　个 ko213
1096. 床一～被子　床 tʂhuaŋ42
1097. 领一～席子　床 tʂhuaŋ42
1098. 双一～鞋　双 ʂuaŋ45
1099. 把一～刀　把 pʌ343
1100. 把一～锁　把 pʌ343
1101. 根一～绳子　根 kən45
1102. 支一～毛笔　支 tʂʅ45
1103. 副一～眼镜　副 fu213
1104. 面一～镜子　个 ko213
1105. 块一～香皂　个 ko213
1106. 辆一～车　个 ko213
1107. 座一～房子　座 tso213
1108. 座一～桥　个 ko213
1109. 条一～河　条 thiɑo42
1110. 条一～路　条 thiɑo42
1111. 棵一～树　根 kən45
1112. 朵一～花　朵 to343
1113. 颗一～珠子　个 ko213
1114. 粒一～米　颗 kho45
1115. 顿一～饭　顿 tuən213
1116. 剂一～中药　副 fu213
1117. 股一～香味　股 ku343
1118. 行一～字　行 xɑŋ213
1119. 块一～钱　块 kuæ213
1120. 毛角：一～钱　角 tɕyo42
1121. 件一～事情　个 ko213
1122. 点儿一～东西　点儿 tianr343
1123. 些一～东西　些 ɕiɛ42
1124. 下打一～，动量,不是时量　下 xʌ213
1125. 会儿坐了一～　下儿 xʌr213
1126. 顿打一～　顿 tuən213
1127. 阵下了一～雨　刚 kaŋ213

1128. 趟去了一~ 趟 tʰaŋ213

十四、代词、副词、介词、连词

(一) 代词

1129. 我 ~姓王 我 ŋo343

1130. 你 ~也姓王 你 ȵi343

1131. 您 尊称 无

1132. 他 ~姓张 他 tʰʌ45

1133. 我们不包括听话人：你们别去，~去 我们 ŋo343mən0

1134. 咱们包括听话人：他们不去，~去吧 我们 ŋo343mən0

1135. 你们 ~去 你们 ȵi343mən0

1136. 他们 ~去 他们 tʰʌ42mən0

1137. 大家 ~一起干 大伙儿 tʌ21xor343

1138. 自己我 ~做的 自己 tsʅ21tɕi343

1139. 别人这是 ~的 别个 piɛ42ko0

1140. 我爸 ~今年八十岁 我爸爸 ŋo343pʌ42pʌ0

1141. 你爸 ~在家吗？ 你爸爸 ȵi343pʌ42pʌ0

1142. 他爸 ~去世了 他爸爸 tʰʌ42pʌ42pʌ0

1143. 这个我要~，不要那个 这个 tsʅ213ko0

1144. 那个我要这个，不要~ 那个 lʌ213ko0

1145. 哪个你要~杯子？ 哪个 lʌ343ko0

1146. 谁你找~？ 谁个 sei42ko0

1147. 这里在~，不在那里 这里 tsʅ213li0

1148. 那里在这里，不在~ 那里 lʌ213li0

1149. 哪里你到~去？ 哪里 lʌ343li0

1150. 这样事情是~的，不是那样的 这们个 tʂɛ213mən0ko0

1151. 那样事情是这样的，不是~的 那们个 lʌ213mən0ko0

1152. 怎样什么样：你要~的？ 哪们个 lʌ343mən0ko0

1153. 这么 ~贵啊？ 这们 tʂɛ213mən0

1154. 怎么这个字~写？ 哪们 lʌ343mən0

1155. 什么这个是~字？ 啥 ʂʌ213

1156. 什么你找~？ 啥 ʂʌ213

1157. 为什么你~不去？ 哪们 lʌ343mən0

1158. 干什么你在~？ 做啥子 tso213ʂʌ213tsʅ0

1159. 多少这个村有~人？ 多少 to45ʂɑo0

(二) 副词

1160. 很今天~热 好 xɑo343

1161. 非常比上条程度深：今天~热 太 tʰæ213

1162. 更今天比昨天~热 还 xæ42

1163. 太这个东西~贵，买不起 太 tʰæ213

1164. 最弟兄三个中他~高 最 tsuei213

1165. 都大家~来了 都 təu45

1166. 一共 ~多少钱？ 一共 øi42kuŋ213

1167. 一起我和你~去 一路 øi42lu213

1168. 只我~去过一趟 只 tsʅ42

1169. 刚 这双鞋我穿着～好　刚 tɕiaŋ45
1170. 刚 我～到　刚 kaŋ45
1171. 才 你怎么～来啊？　才 tʂhæ42
1172. 就 我吃了饭～去　就 təu213
1173. 经常 我～去　经常 tɕin45tʂhaŋ42
1174. 又 他～来了　又 Øiəu213
1175. 还 他～没回家　还 xæ42
1176. 再 你明天～来　又 Øiəu213
1177. 也 我～去；我～是老师　也 ØiE343
1178. 反正 不用急，～还来得及　反转 fan343tʂuan0
1179. 没有 昨天我～去　没 mei45
1180. 不 明天我～去　不 pu42
1181. 别 你～去　莫 mo42
1182. 甭 不用，不必：你～客气　莫 mo42
1183. 快 天～亮了　要 Øiɑo213
1184. 差点儿 ～摔倒了　差点儿 tʂhA45tianr343
1185. 宁可 ～买贵的　情愿 tɕhin42Øyan0
1186. 故意 ～打破的　故意 ku21Øi213

1187. 随便 ～弄一下　随便 suei42phian213
1188. 白 ～跑一趟　白 pE42
1189. 肯定 ～是他干的　一定 Øi42tin213
1190. 可能 ～是他干的　可能 kho343lən42
1191. 一边 ～走，～说　旋 ɕyan213

（三）介词、连词

1192. 和 我～他都姓王　跟 kən45
1193. 和 我昨天～他去城里了　跟 kən45
1194. 对 他～我很好　对 tuei213
1195. 往 ～东走　往 Øuaŋ343
1196. 向 ～他借一本书　跟 kən45
1197. 按 ～他的要求做　按 ŋan213
1198. 替 ～他写信　替 thi213
1199. 如果 ～忙你就别来了　要是 Øiɑo21ʂʅ213
1200. 不管 ～怎么劝他都不听　不管 pu42kuan343

第二节　自选词汇

一、饮食

1201. 剩饭 ʂən21fan213
1202. 剩菜 ʂən21tʂhæ213
1203. 锅巴 kho45pA0
1204. 饼干 pin343kan0
1205. 麻花儿 麻花 mA42xuAr42
1206. 烧饼 ʂɑo45pin343
1207. 花卷 xuA45tɕyan343
1208. 核桃馍 核桃饼 xE42thɑo0mo42
1209. 挂面 kuA213mian0
1210. 臊子 sɑo213tsʅ0
1211. 面片子 面片 mian213phian42tsʅ0
1212. 面茶 面糊 mian213tʂhA45
1213. 拌汤 phan213thaŋ45
1214. 月饼 ØyE21pin343
1215. 摊饼子 煎饼 than45pin343tsʅ0
1216. 肉丝 ʐ̞əu213sʅ45

1217. 肉皮 ʐ̩əu213phi42

1218. 骨斗骨头 ku45təu0

1219. 蹄筋 thi42tɕin45

1220. 猪肠子猪肠 tʂu45tʂhaŋ42tsɿ0

1221. 猪尾巴 tʂu45ø̃i343pʌ0

1222. 猪脚膀猪蹄连到猪肘
 tʂu45tɕyo0paŋ213

1223. 猪脑壳猪头 tʂu45lao343ko0

1224. 猪耳朵 tʂu45ø̃ər343to0

1225. 猪心 tʂu45ɕin45

1226. 鸡盒子鸡胗 tɕi45xo42tsɿ0

1227. 鸭肠子鸭肠 øiʌ42tʂhaŋ42tsɿ0

1228. 鸭盒子鸭胗 øiʌ42xo42tsɿ0

1229. 鸭掌 øiʌ42tʂaŋ343

1230. 鸭脖子鸭脖 øiʌ42po42tsɿ0

1231. 咸鸭蛋 ɕian42øiʌ42tan0

1232. 香肠 ɕiaŋ45tʂhaŋ42

1233. 蒸鸡蛋鸡蛋羹 tʂən45tɕi45tan0

1234. 荷包蛋 xo42pao45tan0

1235. 豆腐皮 təu213fu0phi42

1236. 粉条 fən343thiao42

1237. 腐竹 fu343tʂu42

1238. 素菜 su213tshæ42

1239. 荤菜 xuən45tshæ42

1240. 芡粉 tɕhian21fən343

1241. 红苕粉红薯粉 xuŋ42ʂao0fən343

1242. 洋芋粉马铃薯粉 øiaŋ42øy0fən343

1243. 辣椒油 lʌ42tɕiao45øiou42

1244. 浆水菜酸菜 tɕiaŋ45ʂuei0tshæ213

1245. 泡菜 phao21tshæ213

1246. 盐菜 øian42tshæ213

1247. 腊肉 lʌ42ʐ̩əu213

1248. 酢肉米粉肉 tsʌ343ʐ̩əu0

二、天文

1249. 白雨雷阵雨 pɛ42øy343

1250. 霖雨连阴雨 lin210øy343

1251. 毛毛雨细雨 mɑo42mɑo0øy343

1252. 冰柱子冰锥 pin45tʂu213tsɿ0

1253. 结冰 tɕiɛ45pin45

三、地貌

1254. 菜园子菜园 tsæ213øyan42tsɿ0

1255. 坡坡地坡地 pho45pho0ti213

1256. 山底下山脚 ʂan45ti343xʌ0

1257. 堰渠水渠 øian213tɕhy42

四、时间

1258. 春天 tʂhuən45thian0

1259. 热天夏天 ʐ̩ɛ42thian0

1260. 秋天 tɕhiəu45thian0

1261. 冬天 tuŋ45thian0

1262. 七月七七夕 tɕhi45øyɛ0tɕhi42

1263. 重阳节重阳 tʂhuŋ42øiaŋ42tɕiɛ0

1264. 上前年大前年 ʂaŋ213tɕhian42n̠ian42

1265. 大后年 tʌ21xəu213n̠ian42

1266. 闰年 ʐ̩uən213n̠ian42

1267. 上半年 ʂaŋ21pan213n̠ian42

1268. 下半年 ɕiʌ21pan213n̠ian42

1269. 黄昏时候黄昏 xuaŋ42xun0ʂɿ42xəu0

1270. 天要亮了黎明
 thian45øiao21liaŋ213lao0

五、代词

1271. 这回 tʂɛ213xuei42

1272. 那回 lʌ213xuei42

1273. 这些 tʂE213ɕiE0
1274. 那些 lA213ɕiE0

六、农作物

1275. 白米 pE42mi343
1276. 粗米 tʂhu45mi343
1277. 包谷末糁子玉米糁子 pɑo45ku0mo343tʂən45tsʅ0
1278. 稗子 pæ213tsʅ0
1279. 莲子 lian42tsʅ0
1280. 葫芦 xu42lu0
1281. 荠荠菜荠菜 tɕi213tɕi0tʂhæe213
1282. 蔗儿根鱼腥草 tsE42ɵɹ0kən45
1283. 人参 ʐən42sən42
1284. 党参 tɑŋ343sən42
1285. 西洋参 ɕi45ɵiɑŋ42sən42
1286. 柴胡 tʂhæe42xu42
1287. 元胡 ɵyan42xu42
1288. 茴香 xuei42ɕiɑŋ42
1289. 竹瓢子竹茹 tʂu42ʐɑŋ42tsʅ0
1290. 咳麻叶车前子 khE42mA42ɵiE0
1291. 地耳子地软 ti21ɵər343tsʅ0
1292. 旱菜苋菜 xan21tʂhæe213
1293. 蕨苔蕨菜 tɕyE42thæe42
1294. 无花果 ɵu42xuA45ko343
1295. 瓜米子南瓜子 kuA45mi343tsʅ0
1296. 西瓜米子西瓜子 ɕi45kuA45mi343tsʅ0
1297. 甜瓜香瓜 thian42kuA45
1298. 花生壳壳花生壳 xuA45sən0kho42kho0
1299. 花生米米花生米 xuɑ45sən0mi343mi0

七、植物

1300. 桂花 kuei343xuA42
1301. 指甲花凤仙花 tʂʅ343tɕhiA0xuA45
1302. 月季花月季 ɵyE42tɕi0xuA45
1303. 菊花 tɕy42xuA45
1304. 茉莉花 mo42li0xuA45
1305. 喇叭花牵牛花 lA343pA0xuA45
1306. 芍药花芍药 so42ɵyo0xuA45
1307. 金银花 tɕin45ɵin0xuA45
1308. 鸡冠花 tɕi45kuan0xuA45
1309. 马蹄莲 ma343thi0lian42
1310. 杜鹃花 tu213tɕyan0xuA45
1311. 夹竹桃 tɕiA45tʂu45thɑo42
1312. 桑树 sɑŋ45su213
1313. 桑叶 sɑŋ45ɵiE42
1314. 桑泡儿桑葚 sɑŋ45phɑoɹ0
1315. 芭茅芦苇 pA45mɑo42
1316. 芭茅秆儿芦苇秆 pA45mɑo42kanɹ0
1317. 青苔 tɕhin45thæe42

八、农业

1318. 铁锨铁铲 thiE34tʂhan343
1319. 背斗 pei213təu0
1320. 钉耙 tin45phA42
1321. 拌桶 pan21thuŋ343
1322. 割麦子割麦 ko45mE42tsʅ0
1323. 粪坑 fən213khən45
1324. 农家肥粪肥 luŋ42tɕiA45fei42
1325. 井水井 tɕin343
1326. 水桶 ʂuei34thuŋ343
1327. 水车 ʂuei343tʂhE45
1328. 拉拉车人力车 lA45lA0tʂhE45

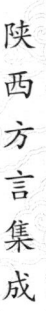

1329. 牛嘴笼子牛笼嘴 ȵiəu42tsuei343luŋ42tsʅ0
1330. 石碾子石磙 sʅ42ȵian343tsʅ0
1331. 磨槽 mo213tshao42
1332. 洋镐镐 Øiaŋ42kao45
1333. 拐耙子 kuæe343phʌ42tsʅ0/杵路棒 tʂhu343lu0paŋ213 拐杖

九、动物

1334. 母马 mu34mʌ343
1335. 公驴 kuŋ45ly42
1336. 母驴 mu343ly42
1337. 羊崽崽羊羔 Øiaŋ42tsæ343tsæ0
1338. 毛毛虫 mao42mao0tʂhuŋ42
1339. 蚂蚱蝗虫 mʌ343tsʌ0
1340. 蛐蛐蟋蟀 tɕhy45tɕhy0
1341. 麻鱼子泥鳅 mʌ42Øy42tsʅ0
1342. 鸡冠子鸡冠 tɕi45kuan45tsʅ0
1343. 鸡爪爪鸡爪 tɕi45tʂuʌ343tʂuʌ0
1344. 公鸭子公鸭 kuŋ45ØiʌA42tsʅ0
1345. 母鸭子母鸭 mu343ØiʌA42tsʅ0
1346. 刀螂螳螂 tao45laŋ42
1347. 黄鳝鳝鱼 xuaŋ42ʂan0
1348. 小鸭子 ɕiao343ØiʌA42tsʅ0
1349. 鸡崽崽刚从蛋里孵出来的小鸡 tɕi45tsæ343tsæ0
1350. 鸭蛋 ØiʌA45tan0
1351. 黑娃子熊的一种 xE42ØuʌA42tsʅ0
1352. 毛狗子狐狸 mao42kəu343tsʅ0
1353. 黄老鼠黄鼠狼 xuaŋ42lao42ʂu0
1354. 马蜂胡蜂 mʌ343faŋ45
1355. 小蚵麻儿蝌蚪 ɕiao343khE42mʌr0
1356. 鱼蛋鱼子 Øy42tan213

1357. 虾米虾仁 ɕiʌ45mi343
1358. 拨丝网 po45sʅ0Øuaŋ343/遮蛛网 tʂE42tʂu45Øuaŋ343 蜘蛛网
1359. 夜食鹰猫头鹰 ØiE213sʅ42Øin45
1360. 老鹰 lao213Øin45
1361. 蚕子蚕 tʂhan42tsʅ0
1362. 四脚蛇壁虎 sʅ213tɕyo0ʂE42
1363. 亮火虫萤火虫 liaŋ213xo0tʂhuŋ42
1364. 花姑娘瓢虫 xuʌ45ku45ȵiaŋ0

十、房舍

1365. 院坝院子 Øyan213pʌ0
1366. 院墙 Øyan213tɕhiaŋ45
1367. 堂屋正房中间的屋子 thaŋ42Øu42
1368. 偏房厢房 phian45faŋ42
1369. 窗台 tʂhuaŋ45thæ42
1370. 碾房磨房 ȵian343faŋ42
1371. 平房 phin42faŋ42
1372. 楼房 ləu42faŋ42
1373. 牛圈 ȵiəu42tɕyan213
1374. 屋顶房顶 Øu45tin343
1375. 房檐 faŋ42Øian42
1376. 街檐房檐下面对应的地面 kæe45Øian42
1377. 猪槽猪食槽 tʂu45tshao42
1378. 狗窝 kəu343Øo45
1379. 椽子 tʂhuan42tsʅ0
1380. 门栓子门栓 mən42ʂuan213tsʅ0
1381. 鸡窝 tɕi45Øo45
1382. 鸡笼笼鸡笼 tɕi45luŋ42luŋ0
1383. 鸡罩罩鸡罩 tɕi45tʂao213tʂao0

十一、家具

1384. 衣柜 Øi45kuei213

1385. 书架子书柜 ʂu45tɕiA213tsʅ0
1386. 碗柜 Øuan34kuei213
1387. 枕套子枕套 tʂən34tʰɑo213tsʅ0
1388. 枕瓢子枕头芯 tʂən343ʐaŋ42tsʅ0
1389. 神案香案 ʂən42ŋan213
1390. 躺椅 tʰaŋ340i343
1391. 蒲团 pʰu42tʰuan42
1392. 镜子 tɕin213tsʅ0
1393. 尿壶夜壶 ȵiɑo213xu0
1394. 床板铺板 tʂʰuaŋ42pan343
1395. 铺上床上 pʰu213ʂaŋ0
1396. 毯子 tʰan343tsʅ0
1397. 铺盖窝窝被窝 pʰu45kæ0o42o0
1398. 烘笼子手炉 xuŋ45luŋ42tsʅ0
1399. 火盆 xo343pʰən42
1400. 铺盖里子被里 pʰu45kæ0li343tsʅ0
1401. 铺盖面子被面
　　 pʰu45kæ0mian213tsʅ0
1402. 草席子草席 tsʰɑo343ɕi42tsʅ0
1403. 凉席子竹席 liaŋ42ɕi42tsʅ0

十二、用具

1404. 风箱 fəŋ45ɕiaŋ45
1405. 火钳 xo34tɕʰian343
1406. 抹布子抹布 mA45pu0tsʅ0
1407. 锯末面锯末 tɕy213mo0mian213
1408. 刨花儿刨花 pʰɑo213xuAr0
1409. 烟筒烟囱 Øian45tʰuŋ343
1410. 锅盖子锅盖 ko45kæ42tsʅ0
1411. 茶杯子茶杯 tʂʰA42pei45tsʅ0
1412. 冷开水 ləŋ343kʰæ45ʂuei343
1413. 案板砧板 ŋan21pan343
1414. 筷兜子筷笼 kʰuæ213təu45tsʅ0

1415. 酒盅盅酒杯 tɕiəu343tʂuŋ45tʂuŋ0
1416. 面板 mian21pan343
1417. 酒壶壶酒壶 tɕiəu343xu42xu0
1418. 蒸笼 tʂən45luŋ42
1419. 洗澡盆澡盆 ɕi34tsɑo343pʰən42
1420. 挖耳子瓢瓢耳挖子
　　 ØuA45Øər343tsʅ0pʰiɑo42pʰiɑo0
1421. 搓衣板洗衣板 tsʰo45Øi45pan343
1422. 胰子香皂 Øi213tsʅ0
1423. 拖把 tʰo45pA0
1424. 洗脚盆脚盆 ɕi213tɕyo343pʰən42
1425. 棒槌 paŋ213tʂʰuei42
1426. 抹脚帕擦脚布 mA45tɕyo0pʰA213
1427. 煤油灯 mei42iəu42təŋ45
1428. 电杠日光灯 tian21kaŋ213
1429. 蒲扇 pʰu42ʂan213
1430. 灯笼 təŋ45luŋ42
1431. 浆子糨糊 tɕiaŋ213tsʅ0
1432. 顶针儿顶针 tin343tʂənr0
1433. 针鼻子针鼻 tʂən45pi42tsʅ0
1434. 烫斗熨斗 tʰaŋ213təu0
1435. 锥子 tsuei45tsʅ0

十三、称谓

1436. 城里人 tʂʰən42li0ʐən42
1437. 乡里人乡下人 ɕiaŋ45li0ʐən42
1438. 学娃子学生 ɕyo42ØuA42tsʅ0
1439. 唱戏的演员 tʂʰaŋ213ɕi213ti0
1440. 外人 Øuæ213ʐən42
1441. 挑挑客挑夫 tʰiɑo45tʰiɑo0kʰE42
1442. 轿夫 tɕiɑo213fu45
1443. 船家子艄公 tʂʰuan42tɕiA45tsʅ0
1444. 大婆子大老婆 tA213pʰo42tsʅ0

1445. 小婆子 小老婆 ɕiɑo343pho42tsʅ0

1446. 大姨子 tᴀ213ɵi42tsʅ0

1447. 小姨子 ɕiɑo343ɵi42tsʅ0

1448. 侄女儿 侄女 tsʅ42n̢yr343

1449. 侄女婿 侄女的丈夫 tsʅ42n̢y343ɕi0

1450. 侄儿媳妇 侄子的妻子
　　　tsʅ42ɵər0ɕi42fu0

1451. 孙女儿 孙女 suən45n̢yr0

1452. 重孙女儿 重孙女
　　　tshuŋ42suən45n̢yr0

1453. 外孙女儿 外孙女
　　　Øuæ213suən45n̢yr0

1454. 外甥女儿 外甥女 Øuæ213sən45n̢yr0

1455. 大舅舅 tᴀ21tɕiəu213tɕiəu0

1456. 大舅母 大舅妈 tᴀ213tɕiəu213mu0

1457. 小舅舅 ɕiɑo34tɕiəu213tɕiəu0

1458. 小舅母 小舅妈 ɕiɑo34tɕiəu213mu0

1459. 大姑 tᴀ213ku45

1460. 大姑父 tᴀ213ku45fu0

1461. 幺姑 小姑 Øiɑo45ku45

1462. 幺姑夫 小姑夫 Øiɑo45ku45fu0

1463. 大姨 tᴀ213ɵi42

1464. 大姨父 tᴀ213ɵi42fu0

1465. 小姨 小姨 ɕiɑo343ɵi42

1466. 小姨父 小姨父 ɕiɑo343ɵi42fu0

1467. 大伯 大伯父 tᴀ213pɛ42

1468. 大伯娘 大伯母 tᴀ213pɛ42n̢iɑŋ42

1469. 干老子 拜认的父亲 kan45lɑo343tsʅ0

1470. 干娘 拜认的母亲 kan45n̢iɑŋ42

1471. 寡妇 kuᴀ343fu0

1472. 婊子 婆娘婊子
　　　piɑo343tsʅ0pho42n̢iɑŋ0

1473. 相好的 姘头 ɕiɑŋ45xɑo343ti0

1474. 私娃子 私生子 sʅ45uᴀ42tsʅ0

1475. 犯人 囚犯 fan21ʐən213

1476. 太爷 曾祖父 thæ213ɵiɛ42

1477. 太太 曾祖母 thæ213thæ0

1478. 两老儿 老夫妻 liɑŋ34lɑo343Øər0

1479. 小两口 小夫妻
　　　ɕiɑo34liɑŋ34khəu343

1480. 堂兄 thɑŋ42ɕyŋ45

1481. 堂弟 thɑŋ42ti213

1482. 堂姐 thɑŋ42tɕiɛ343

1483. 堂妹 thɑŋ42mei213

1484. 老板 lɑo34pan343

1485. 老板娘 lɑo343pan0n̢iɑŋ42

1486. 姑婆 姑奶奶 ku45pho42

1487. 姨婆 姨奶奶 Øi42pho42

1488. 表姐 piɑo34tɕiɛ343

1489. 表妹 piɑo34mei213

1490. 表弟 piɑo34ti213

1491. 表兄 piɑo343tɕyŋ45

1492. 表嫂 piɑo34sɑo343

1493. 亲家母 tɕhin45tɕiᴀ0mu343

1494. 亲家公 亲家翁 tɕhin45tɕiᴀ0kuŋ45

1495. 娘家 n̢iɑŋ42tɕiᴀ0

1496. 婆家 pho42tɕiᴀ0

1497. 瓦匠 Øuᴀ34tɕiɑŋ213

1498. 铜匠 thuŋ42tɕiɑŋ213

1499. 铁匠 thiɛ34tɕiɑŋ213

1500. 结子 口吃的人 tɕiɛ42tsʅ0

1501. 夹舌子 大舌头 tɕiᴀ45ʂɛ42tsʅ0

1502. 棒老二 土匪 pɑŋ21lɑo34Øər213

1503. 羊儿疯 癫病 Øiɑŋ42Øər0fəŋ45

1504. 杀猪匠 屠户 ʂᴀ45tʂu45tɕiɑŋ213

431

十四、身体

1505. 精巴子半裸 tɕin45pʌ42tsʅ0
1506. 光巴子全裸 kuaŋ45pʌ42tsʅ0
1507. 秃头 thu45thəu42
1508. 秃顶谢顶 thu45tin343
1509. 鼻子尖尖鼻子尖
　　　pi42tsʅ0tɕian45tɕian0
1510. 口水唾沫 khəu34ʂuei343
1511. 大牙坐牙 tʌ21θiʌ42
1512. 豁牙巴缺牙齿 xo45θiʌ42pʌ0
1513. 虎牙 xu343θiʌ42
1514. 虫牙 tʂhuŋ42θiʌ42
1515. 脑壳顶顶头顶
　　　lao343kho0θtin343tin0
1516. 后脑爪爪后脑勺子
　　　xəu213lao0tʂuʌ42tʂuʌ0
1517. 后颈窝 xəu21tɕin343θo45
1518. 鼻梁杆鼻梁 pi42liaŋ42kan343
1519. 垢圿人身上的脏东西 kəu343tɕiʌ42
1520. 鼻圿子鼻屎 pi42tɕiʌ42tsʅ0
1521. 眼角屎眼屎 ȵian343tɕyo0ʂʅ343
1522. 耳朵眼眼耳朵眼儿
　　　Øər343to0ȵian343ȵian0
1523. 巴掌手掌 pʌ45tʂaŋ343
1524. 耳巴子耳光 Øər343pʌ0tsʅ0
1525. 少白头 ʂao213pei42thəu42
1526. 刘海儿 liəu42xæer343
1527. 手心 ʂəu343ɕin45
1528. 手背 ʂəu34pei213
1529. 肋巴骨肋骨 lei42pʌ0ku343
1530. 胳夹窝腋窝 kɤ42tɕiʌ00o45
1531. 倒拐子胳臂肘 tao21kuæe343tsʅ0
1532. 大腿 tʌ21thuei343
1533. 小腿 ɕiao34thuei343
1534. 腰杆腰 Øiao45kan343
1535. 腿肚子 thuei34tu213tsʅ0
1536. 脚趾拇儿脚趾头 tɕyo34tʂʅ34mur343
1537. 脚后跟脚跟 tɕyo34xəu213kən45
1538. 光脚片赤脚 kuaŋ45tɕyo34phian213
1539. 脸蛋儿脸蛋 lian34tanr213
1540. 颧骨 tɕhyan42ku343
1541. 酒窝窝酒窝 tɕhiəu343Øo45Øo0
1542. 腮帮子 sæ45paŋ42tsʅ0
1543. 眼皮 ȵian343phi42
1544. 眼眨毛眼睫毛 ȵian343tsʌ42mao42
1545. 心窝子心口 ɕin45Øo45tsʅ0
1546. 汗毛 xan42mɑo42

第四章　语法与口头文化

第一节　语法例句

1. 你是哪里人？

    你是哪里人？

    ȵi34ʂʅ21lᴀ343li0zʅən42?

2. 我是陕西_____人。（说出所在县或市）

    我是陕西留坝人。

    ŋo34ʂʅ21san343ɕi0liəu42pᴀ213zʅən42.

3. 你今年多大？

    你今年好大了？

    ȵi343tɕin45ȵian42xɑo34tᴀ213lɑo0?

4. 我_____岁了。（说出自己的实际年龄）

    我六十三了。

    ŋo343liəu45ʂʅ42san45lɑo0.

5. 你叫什么名字？

    你叫啥名字？

    ȵi343tɕiɑo21ʂᴀ213min42tsʅ0?

6. 我叫_____。（说出自己的名字）

    我叫张金成。

    ŋo34tɕiɑo213tʂaŋ45tɕin45tʂhən42.

7. 你家住哪里？

    你住到哪里的？

    ȵi34tʂu213tɑo0lᴀ343li0ti0?

8. 我家住_____。（说出自己居住的地址）

    我住到留坝城关镇的。

433

ŋo34tṣu213tɑo0liəu42pʌ213tʂhən42kuan45tʂən213ti0.

9. 谁呀？我是老三。

   谁个？我是老三。

   sei42ko0？ŋo34sʅ21lɑo343san45.

10. 老四呢？他正在跟一个朋友说着话呢。

    老四唻？他在跟朋友说话嘞。

    lɑo34sʅ213læe0？thʌ42tsæe213kən45pəŋ42Øiəu0ʂo45xuʌ213lei0.

11. 他还没有说完吗？

    他还没说毕吗？

    thʌ42xæe42mei42ʂo45pi213mʌ0？

12. 还没有。大约再有一会儿就说完了。

    还没有。可能还得一下儿。

    xæe42mei213Øiəu0. ko343lən42xæe42tei45Øi42xʌr0.

13. 他说马上就走，怎么这半天了还在家里呢？

    他说马上就走，哪们这半天了还在屋里头？

    thʌ42ʂo42mʌ343ʂaŋ0təu42tsəu343，lʌ343mən0tʂɛ21pan213thian0lɑo0xæe42tsæe213Øu45li0thəu0？

14. 你到哪儿去？我到城里去。

    你在哪里去？我在城里去。

    ȵi34tsæe21lʌ343li0tɕhi213？ŋo34tsæe213tʂhən42li0tɕhi213.

15. 在那儿，不在这儿。

    在那里，没在这里。

    tsæe21lʌ213li0，mei45tsæe21tʂɛ213li0.

16. 不是那么做，是要这么做的。

    不是那们做的，是这们做的。

    pu42sʅ213lʌ213mən0tsu213ti0，sʅ213tʂɛ213mən0tsu213ti0.

17. 太多了，用不着那么多，只要这么多就够了。

    太多了，用不了那们多，这些就够了。

    thæe213to45lɑo0，Øyŋ213pu42liɑo0lʌ213mən0to45，tʂɛ213ɕiɛ0təu42kəu213lɑo0.

18. 这个大，那个小，这两个哪一个好点呢？

    这个大，那个小，这两个哪个好？

    tʂɛ213ko0tʌ213，lʌ213ko0ɕiɑo343，tʂɛ21liaŋ213ko213lʌ343ko0xɑo343？

19. 这个比那个好。

这个比那个好。

tʂE213ko0pi343lᴀ213ko0xɑo343.

20. 这些房子不如那些房子好。

这些房子没那些房子好。

tʂE213ɕiE0faŋ42tʂʅ0mei45lᴀ213ɕiE0faŋ42tʂʅ0xɑo343.

21. 这句话用_____话怎么说？（填本地地名，本地音）

这些话用留坝话哪们说？

tʂE213ɕiE0xuᴀ21Øyŋ213liəu42pᴀ21xuᴀ211ᴀ343mən0ʂo45？

22. 他今年多大岁数？

他今年好大岁数了？

thᴀ42tɕin45n̠ian42xɑo34tᴀ21suei21su343lɑo0？

23. 大概有三十来岁吧。

可能有三十来岁了。

kho343lən42Øiəu343san45ʂʅ42læ42suei213lɑo0.

24. 这个东西有多重呢？

这个东西有好重？

tʂE213ko0tuŋ45ɕi0Øiəu34xɑo34tʂuŋ213？

25. 有五十斤重呢。

有五十斤咯。

Øiəu34Øu343ʂʅ42tɕin45lo0.

26. 拿得动吗？

拿得起吧？

lᴀ42tei0tɕhi343pᴀ0？

27. 我拿得动，他拿不动。

我拿得起，他拿不起。

ŋo343lᴀ42tei0tɕhi343，thᴀ42lᴀ42pu42tɕhi343.

28. 真不轻，重得连我都拿不动了。

重得很，连我都拿不起了。

tʂuŋ213tei0xən343，lian42ŋo343təu42lᴀ42pu42tɕhi343lo0.

29. 你说得很好，你还会说点儿什么呢？

你说得好，你还会说些啥？

n̠i343ʂo45tei0xɑo343，n̠i343xæe42xuei213ʂo45ɕiE0ʂᴀ0？

30. 我嘴笨，我说不过他。

我嘴巴笨，说不赢他。

ŋo34tsuei343pʌ0pən213, ʂo45pu42ɵin42thʌ42.

31. 说了一遍，又说了一遍。

说了一道，又说了一道。

ʂo45lao0ɵi42tao213, ɵiəu213ʂo45lao0ɵi42tao213.

32. 请你再说一遍。

请你再说一道。

tɕhin34ɳi34tsæ213ʂo45ɵi42tao213.

33. 不早了，快去吧！

不早了，赶忙去！

pu42tsao343lao0, kan343maŋ42tɕhi213!

34. 现在还很早呢。等一会儿再去吧。

这歇还早得很。等一下儿再去。

tʂɛ213ɕiɛ0xæ42tsao343tei0xən343. tən343ɵi42xʌ ɹ0tsæ21tɕhiɛ213.

35. 吃了饭再去好吧？

饭吃了再去噻？

fan213tʂhɿ45lao0tsæ21tɕhi213ʂæ0?

36. 慢慢儿地吃啊！不要急嘛！

慢慢吃！莫急！

man21man213tʂhɿ45! mo42tɕi42!

37. 坐着吃比站着吃好些。

坐到吃比站起吃好。

tso213tao0tʂhɿ45pi34tsan213tɕhi0tʂhɿ45xao343.

38. 这个吃得，那个吃不得。

这个吃得，那个吃不得。

tʂɛ213ko0tʂhɿ45tei0, lʌ213ko0tʂhɿ45pu42tei0.

39. 他吃了饭了，你吃了饭没有呢？

他吃了饭了，你吃了饭没有？

thʌ42tʂhɿ45lao0fan213lao0, ɳi343tʂhɿ45lao0fan213mei42ɵiəu0?

40. 他去过上海，我没去过。

他去过上海，我没去过。

thʌ42tɕhi213ko0ʂaŋ21xæ343, ŋo343mei42tɕhi213ko0.

41. 来闻闻这朵花香不香？

来闻一下这个花香不香？

læ42ɵuən42ɵi42xʌ0tʂE213ko0xuʌ45ɕiaŋ45pu0ɕiaŋ45？

42. 香得很，是不是？

是不是香得很？

ʂʅ213pu42ʂʅ213ɕiaŋ45tei0xən343？

43. 给我一本书！

给我一本书！

kei34ŋo343ɵi42pən343ʂu45！

44. 我实在没有书嘛！

我真的没得书！

ŋo343tʂən45ti0mei45tei0ʂu45！

45. 你告诉他。

你给他说。

n̠i34kei343thʌ45ʂo45.

46. 好好儿地走！不要跑！

好好走！莫跑！

xɑo34xɑo34tsəu343！ mo42phɑo343！

47. 小心跌下去爬也爬不上来！

招架跍下去爬不上来！

tʂɑo45tɕiʌ0pan213xʌ0tɕhiE0pʌ45pu42ʂaŋ213læ42！

48. 医生叫你多睡一睡。

大夫叫你多睡觉。

tæ213fu0tɕiɑo21n̠i343to45ʂuei21tɕiɑo213.

49. 吸烟或者喝茶都不可以。

吃烟喝茶都不行。

tʂhʅ45ɵian45xo45tʂhʌ42təu45pu42ɕin42.

50. 烟也好，茶也好，我都不喜欢。

烟茶，我都不喜欢。

ɵian45tʂhʌ42，ŋo343təu45pu42ɕi343xuan0.

51. 不管你去不去，反正我是要去的，我非去不可。

管你去不去，反转我非要去。

kuan34n̠i34tɕhi213pu0tɕhi213，fan343tsuan0ŋo343fei45ɵiɑo0tɕhi213.

52. 你是哪一年来的？

你是哪年来的？

n̠i343ʂʅ21lᴀ343n̠ian42læ42ti0?

53. 我是前年到的北京。

我是前年到的北京。

ŋo34ʂʅ213tɕhian42n̠ian42tɑo213ti0pɛ42tɕin0.

54. 今天开会谁的主席？

今天开会是谁的主席？

tɕin45tɕhian42khæ45xuei213ʂʅ213ko0ti0tʂu343ɕi42?

55. 你得请我的客。

你得请我。

n̠i343tei0tɕhin34ŋo343.

56. 这是他的书，那一本是他哥哥的。

这本书是他的，那本书是他哥哥的。

tʂɛ213pən343ʂu45ʂʅ213thᴀ45ti0，lᴀ21pən343ʂu45ʂʅ213thᴀ45ko45ko0ti0.

57. 一边走，一边说。

旋走旋说。

ɕyan21tsəu34ɕyan343so45.

58. 看书的看书，看报的看报，写字的写字。

有的看书，有的看报，有的写字。

Øiəu343ti0khan213ʂu45，Øiəu343ti0khan21pɑo213，Øiəu343ti0ɕiɛ35tsʅ213.

59. 越走越远，越说越多。

越走越远，越说越多。

Øyɛ213Øtsəu34Øyɛ21yan343，ØyɛE213ʂo45Øyɛ213to45.

60. 把那个东西拿给我。

把那个东西拿给我。

pᴀ42lᴀ213ko0tuŋ45ɕi0lᴀ42kei0ŋo343.

61. 有些地方把太阳叫日头。

有的地方把太阳叫日头。

Øiəu343ti0ti213faŋ0pᴀ42thæ213Øiaŋ0tɕiɑo213Øər42thəu0.

62. 您贵姓？我姓王。

你贵姓？我姓王。

n̠i34kuei21ɕin213? ŋo34ɕin213Øuaŋ42.

63. 你姓王，我也姓王，咱们两个人都姓王。

你姓王，我也姓王，我们两个都姓王。

n̪i34ɕin213ɵuaŋ42, ŋo34ɵiɛ34ɕin213ɵuaŋ42, ŋo34mən0liaŋ343ko0təu45ɕin213ɵuaŋ42.

64. 你先去吧，我们等一会儿再去。

你先去，我们等一下儿再去。

n̪i343ɕian45tɕhi213, ŋo343mən0tən343ɵi42xʌr0tsæe21tɕhi213.

第二节　北风和太阳

北风跟太阳

有一回，北风跟太阳在那儿争论谁的本事大。争来争去就是分不出高低来。这时候路上来了个走道儿的，他身上穿着件厚大衣。他们俩就说好了，谁能先叫这个走道儿的脱下他的厚大衣，就算谁的本事大。北风就使劲地刮起来了，不过他刮得越是厉害，那个走道儿的把大衣裹得越紧。后来北风没法儿了，只好就算了。过了一会儿，太阳出来了。他火辣辣地一晒，那个走道儿的马上就把那件厚大衣脱下来了。这下儿北风只好承认，他们俩当中还是太阳的本事大。

北风跟太阳

pei45fəŋ45kən45thæe213ɵiaŋ42

有一回，北风跟太阳在那里比本事，看谁的本事大。

ɵiəu343ɵi42xuei42, pei45fəŋ45kən45thæe213ɵiaŋ42tsæe211ʌ213li0pi34pən343sʅ0, khan213sei42ti0pən343sʅ0tʌ213.

争来争去，不分高低。

tsən45læe0tsən45tɕhi0, pu45fən45kao45ti45.

这个时候来了个过路的，他身上穿了件厚棉袄。

tʂɛ213ko0sʅ42xəu0læe42lo0ko21ko21lu213ti0, thʌ42ʂən45ʂaŋ0tʂhuan45lao0tɕian21xəu213mian42ŋao343.

他们两个说，谁先叫这个过路的把身上的棉袄脱了，谁都算本事大。

thʌ42mən0liaŋ343ko0ʂo42, sei42ɕian45tɕiao21tʂɛ213ko0ko21lu213ti0pʌ42ʂən45ʂaŋ0ti0mian42ŋao343tho45lao0, sei42təu21suan21pən343sʅ0tʌ213.

北风就使劲地吹，结果他吹得越厉害，那个过路的把棉袄裹得越紧。

pei45fəŋ45təu21sʅ34tɕin213ti0tʂhuei45, tɕiɛ45ko343thʌ42tʂhuei45ti0ɵyo213li213xæe0, lʌ213ko0ko21lu213ti0pʌ42mian42ŋao0ko343ti0ɵyo21tɕin343.

后来北风看没办法了，只好算了。

xəu213læ0pei45fəŋ45khan0mei45pan213fʌ0lɑo0，tʂʅ42xɑo0suan213lɑo0.

过了一下儿，太阳出来了，晒得火辣辣的，那个过路的赶忙把身上的厚棉袄脱了。

ko213lɑo0Øi42xʌr0，thæe213Øiaŋ42tʂhu45læe42lɑo0，sæe213ti0xo34lʌ213lʌ0ti0，lʌ213ko0ko21lu213ti0kan343maŋ0pʌ42ʂən45ʂaŋ0ti0xəu213mian42ŋɑo343tho45lɑo0.

这回北风只好承认，他们两个还是太阳的本事大。

tʂE213xuei0pei45fəŋ45tʂʅ42xɑo0tʂhən42ʐən213，thʌ42mən0liaŋ343ko0xæe42sʅ21thæe213Øiaŋ42ti0pən343sʅ0tʌ213.

第三节　口头文化

一、十二月对花号子

正那月子里什么花，人人所爱？
什么人啰手挽手，同下的山啰来，
正那月子里什么花，人人所爱？
梁山伯呦祝英台，同下的山啰来。
二那月子里什么花，凑地发芽？
什么人削了发，他去的出家，
龙呀龙东扯，龙呀龙东扯，扯儿龙东扯儿龙东，
杨呀杨八姐，过黄河，这么大点脚脚，
嘉庆王嗷，朝南海口念弥哟陀，哟吼，咿儿咿儿哟，
哟吼，咿儿咿儿哟，郎打号子嘛，姐吔喝，
幺妹那个年轻的爱哪个，就爱的我喂，
放狗屁呀嘛吹牛角，幺妹那个年轻爱公婆，
红呀缎子花鞋白呀绫子裹脚，郎背姐呀嘛哟，
过黄河，这么大点脚脚，
嘉庆王嗷，朝南海口念的弥哟陀。

二、老山歌：太阳出来像把火

太阳出来嘛回合，像把火呀嘛奴的小脚，
照得我贤妹儿红花儿小脚，绿花儿小脚，
小亲那个小妹儿小干哥，汗啰直落哟，

脸蛋儿红似火。

妹把那个帽儿嘛回合，戴给我呀嘛奴的小脚，

宁愿那个太阳红花儿小脚，绿花儿小脚，

小亲那个小妹儿小干哥，莫哟晒得我哟，

早早地往下落。

三、民歌：太阳当顶过

太阳那个当顶过嘞，先生放午学哟，

先生的哟放学先啰放的我哟，路上有耽搁。

恰出那学校门嘞，两脚忙忙行啰，

走路的哟就像风哦送云啰，来到姐家门。

走进了槽门口咧，没人来吆狗，

姐纳的哟丝线锁哟鞋口噢，心里闷忧忧。

姐儿那头不抬吔，我也不进来哟，

求官的哟不成秀才在哟，我转回学堂来。

姐儿忙答话吔，把鞋来丢下哟，

招呼的哟书生进啰屋要哟，吃烟又喝茶。

四、孝歌：十月怀胎

十月那个怀胎呀要临盆，身重呐如山呐不非轻，

事到呐临危呀要分娩，只隔呐阎罗纸一层，

儿奔生来哟娘奔死，九死一生又还呐魂，

一尺五寸生下的哟，把儿抱在娘怀哟里，

尿湿呐左边放右边，尿湿呐右边左面移动，

左右呐两边都湿遍，把儿放在娘胸前，

养儿呐要知娘辛苦，养育之恩报不完。

佛坪县篇

第一章 总 论

第一节 人文地理、历史沿革、人口概况

　　佛坪县位于陕西省汉中市东北部，地处秦岭山脉南麓，东经107°41′～108°10′，北纬33°16′～33°45′，东接安康市宁陕县、石泉县，北邻西安市周至县和宝鸡市太白县，西南连洋县。佛坪下辖袁家庄街道办、陈家坝镇、大河坝镇、西岔河镇等地区，县城袁家庄，总面积1279平方公里。境内山峦重叠，全县森林覆盖率将近90%，是国家级生态示范县。佛坪县属暖温带气候，气候温和，夏无酷暑，冬无严寒，有显著的山地森林小区气候特征，成为特殊的亚热带北缘山地暖温带湿润季风气候。受气候因素的影响，佛坪县处于暖温带和北亚热带两大植物区系的接壤地带；在动物地理区划上，属于古北界和东洋界交混处，动植物种类及数量繁多。同时佛坪还是"大熊猫的故乡"和"中国山茱萸之乡"。

　　佛坪县历史悠久，根据出土的文物，距今一万多年前，境内就有人类繁衍生息。但佛坪建制较晚，至今只有160多年的历史。直到清道光五年（1825年），才设佛坪厅。从春秋战国至建制之间，佛坪辖区变动较大，但大部分地区多为洋县所辖，如从北宋到明朝期间，佛坪就多为洋州（洋县）的下辖地区。1913年2月，废厅，改为佛坪县。1926年9月，佛坪县城由佛爷坪迁袁家庄。1958年，佛坪县撤销。1961年，再次恢复佛坪县，县城仍设袁家庄。1968年～1978年属汉中地区革命委员会，1978年属汉中地区行政公署，1996年6月后属汉中市管辖。

　　佛坪县人口多来自于外地，本地的土著居民较少，且土著居民也多为迁入佛坪年代久远的客民。根据《佛坪县志》，佛坪人口多来源于湖南、湖北、四川等省及本省关中、洋县、城固、安康等地。佛坪县的人口较少，截至2016年，全县户籍总人口为33158人。佛坪县的人口分布密度不均，受地理环境影响因素较大。佛坪县地处秦岭腹地，总体地形西北高、东南低。县境北界秦岭主脊自西而东有黄桶梁、光头山；东有天花山、老庵子；西有烂店子梁、观音山；中部有鳌山、文观庙梁蜿蜒伸展，接连娘娘山主峰，构成倒挂的"山"字形骨架，形成低山和中山的高程差异，县东西两半以

山相隔，汇集为金水、椒溪两个水系。蒲河系过境水，与椒溪交于三河口。三条河道纵贯佛坪县。山体多呈中切峡谷，沟壑纵横，群峰四起。河沟两岸分布大小不等的洪积、冲积、淤积台地，地势较平坦，为基本农田的分布区。本县人口地理分布主要可分为河川沟坝、中部低山和北部中山3种地区。沿蒲河、椒溪河和金水河两岸居住的，为河川沟坝地区，面积虽小，但人口分布较多；低山、中山，地域辽阔，人口分布较少，多是单家独户居住，散居在山坡和山谷之中。佛坪境内人口以汉族为主，其他民族的人口较少。

第二节　方言归属与内部差异

佛坪县是移民集中的县之一，主要来自四川、湖北、湖南等地，风俗方言多融合川楚口音，因此形成"客伙话"。佛坪历代多为洋县管辖，自古至今，境内多有洋县人在本地定居，因此本地人多说"洋县话"。同时受地理环境的影响，陈家坝一带地区邻近石泉县，同时居民多以川楚移民或其后裔为主，因此该地区方言以客伙话为基本框架，并融入石泉话特点，所用方言称之为"石泉话"。因此佛坪县主要形成客伙话、洋县话、石泉话三个方言小区。这三片方言使用区域如下：袁家庄、陈家坝、长角坝、岳坝等地以及石墩河、大河坝、西岔河等地的高山地带，居民以川楚移民后裔为主，所用方言为"客伙话"；大河坝、西岔河、石墩河等地的川道地区，居民多从洋县迁徙过来，所用方言为"洋县话"；蒲河中游的陈家坝一带，聚居着湖北、河南、安徽和本省紫阳、镇巴等地的移民或其后裔，所用方言为"石泉话"。受人口迁徙因素的影响，客伙话和洋县话表现出了靠拢的趋势。

这三个方言小片在语音系统上的差别并不大，主要为个别的声韵不同。例如客伙话同洋县话的区别：声母方面，翘舌音洋县话多读为平舌音；韵母方面，客伙话的[ɛ]，洋县话读为[ə]或[ei]；普通话中带[u]介音韵母，客伙话不带[u]介音；客伙话的卷舌音[ər]，洋县话不卷舌；客伙话的部分韵[uo]洋县话为[ə]。在日常口语方面，也有一些细微的差别。如："不知道"，客伙话为"找不到"，洋县话为"知不道"等。石泉话同本县客伙话的主要区别是少数特殊的声韵不分，如[f][x]不分，[y][ʐu]不分。本县居民使用"客伙话"的占总人口的60%以上，因此三种方言对佛坪方言的影响并不是一致的，客伙话对佛坪方言的影响最大，洋县话次之，石泉话影响最小。近年来，受经济、国家语言政策等的影响，佛坪话正逐渐向普通话靠拢。[①]

[①] 佛坪县地方志编撰委员会. 佛坪县志［M］. 三秦出版社，1993年，第512～513页。

按照《中国语言地图集》，佛坪方言属于西南官话成渝片。内部情况需要进一步调查研究。

第三节　发音人和调查人概况

方言发音人（一）

1. 姓名：赵兴礼
2. 单位（退休前）：无
3. 通信地址：陕西省汉中市佛坪县档案局
4. 性别：男　　民族：汉
5. 出生年月日（公历）：1946年11月
6. 出生地（从省级至自然村级）：陕西省汉中市佛坪县袁家庄街道办
7. 主要经历：出生至今一直在袁家庄生活。
8. 文化程度：初小
9. 职业：农民
10. 会说哪几种话（包括普通话、外语）：佛坪方言
11. 父亲是哪里人，会说什么话：汉中市佛坪县袁家庄街道办人，会说佛坪方言。
12. 母亲是哪里人，会说什么话：汉中市佛坪县袁家庄街道办人，会说佛坪方言。
13. 配偶是哪里人，会说什么话：汉中市佛坪县岳坝镇人，会说佛坪方言。

方言发音人（二）

1. 姓名：许永兴
2. 单位（退休前）：无
3. 通信地址：陕西省汉中市佛坪县档案局
4. 性别：男　　民族：汉
5. 出生年月日（公历）：1952年6月
6. 出生地（从省级至自然村级）：陕西省汉中市佛坪县袁家庄街道办
7. 主要经历：出生、学习、工作一直在佛坪县袁家庄，退休后居住在陈家坝镇。
8. 文化程度：初中
9. 职业：农民
10. 会说哪几种话（包括普通话、外语）：佛坪方言
11. 父亲是哪里人，会说什么话：汉中市佛坪县袁家庄街道办人，会说佛坪方言。

12. 母亲是哪里人，会说什么话：汉中市佛坪县袁家庄街道办人，会说佛坪方言。

13. 配偶是哪里人，会说什么话：安康市宁陕县人，会说宁陕方言和佛坪方言。

调查人

1. 姓名：张　璐
2. 单位：陕西理工大学
3. 通讯地址：陕西省汉中市汉台区东一环路 1 号
4. 协助调查人 1 姓名：李　丹
5. 协助调查人 2 姓名：黄党生
6. 协助调查人 3 姓名：陈　燕
7. 协助调查人 4 姓名：王树伟

第二章 语 音

第一节 声 母

声母二十三个，包括零声母在内。

p 八兵病宝	ph 派片爬票	m 麦明母庙	f 飞风副虎
t 多东毒刀	th 讨天脱特		l 脑南老连
ts 资早字争	tsh 刺草寸祠		s 丝三僧数
tʂ 张竹装纸	tʂh 抽拆车春		ʂ 山双顺书 ʐ 热软黏入
tɕ 酒金假举	tɕh 清全去茄	ȵ 年泥蚁牛	ɕ 想谢县响
k 高共解瓜	kh 开靠口亏	ŋ 熬安藕爱	x 好灰巷下
ø 味荣月玉			

第二节 韵 母

韵母三十五个，不包括儿化韵。

ɿ 师丝紫祠	i 戏米七一	u 谷骨出苦	y 雨局橘女
ʅ 试直十尺			
a 茶塔法下	ia 牙鸭家夹	ua 瓦刮划滑	
		uo 歌坐托壳	yo 药学雀约
ɛ 折车舌热	iɛ 接写贴捏		yɛ 靴月缺血
ər 二日耳儿			
ai 开排鞋还副		uai 快歪国或	
ei 赔飞白麦		uei 对鬼雷灰	
au 饱宝早冒	iau 笑桥飘鸟		
əu 豆走绿锄	iəu 油六丢牛		
an 南山半伞	ian 盐年眼间	uan 短官惯还	yan 权院卷馅

ən 灯升硬根　　in 心新病星　　uən 寸滚春横　　yən 云裙熏菌
aŋ 糖党忙浪　　iaŋ 响讲强　　uaŋ 双床王黄
　　　　　　　　　　　　　　uŋ 东充共恭　　yŋ 兄用穷熊

第三节　单字调

单字调四个。

阴平 45 东该天春　　阳平 211 门铜百哭六罚　　上声 44 懂统买有　　去声 324 动怪卖地

第四节　连读变调

后字非轻声两字组连调模式见表 2-1。

表 2-1　后字非轻声两字组连调模式

前字＼后字	1 阴平 45	2 阳平 211	3 上声 44	4 去声 324
1 阴平 45	45＋45	45＋211	45＋44	45＋324
2 阳平 211	31＋45	31＋211	31＋44	31＋324
3 上声 44	44＋45	44＋211	44＋44	44＋324
4 去声 324	31＋45	24＋211 45＋211	31＋44	24＋324 45＋324

非叠字组后字轻声两字组连调模式见表 2-2。

表 2-2　非叠字组后字轻声两字组连调模式

前字＼后字	1 阴平 45	2 阳平 211	3 上声 44	4 去声 324
1 阴平 45	45＋0	45＋0	45＋0	45＋0
2 阳平 211	31＋0	31＋0	31＋0	31＋0
3 上声 44	44＋0	44＋0	44＋0	44＋0
4 去声 324	31＋0	45＋0 24＋0 31＋0	31＋0	24＋0 31＋0

第五节 单字

0001. 多 tuo45
0002. 拖 thuo45
0003. 大～小 ta324
0004. 锣 luo211
0005. 左 tsuo44
0006. 歌 kuo45
0007. 个一～ kuo324
0008. 可 khuo44
0009. 鹅 ŋuo211
0010. 饿 ŋuo324
0011. 河 xuo211
0012. 茄 tɕhiɛ211
0013. 破 phuo324
0014. 婆 phuo211
0015. 磨动 muo211
0016. 磨名 muo324
0017. 躲 tuo44
0018. 螺 luo211
0019. 坐 tsuo324
0020. 锁 suo44
0021. 果 kuo44
0022. 过 kuo324
0023. 课 khuo324
0024. 火 xuo44
0025. 货 xuo324
0026. 祸 xuo324
0027. 靴 ɕyɛ45
0028. 把量 pa44
0029. 爬 pha211
0030. 马 ma44
0031. 骂 ma324
0032. 茶 tʂha211
0033. 沙 ʂa45
0034. 假真～ tɕia44
0035. 嫁 tɕia324
0036. 牙 Øia211
0037. 虾 ɕia45
0038. 下底～ xa324
0039. 夏春～ ɕia324
0040. 哑 Øia44
0041. 姐 tɕiɛ44
0042. 借 tɕiɛ324
0043. 写 ɕiɛ44
0044. 斜 ɕiɛ211
0045. 谢 ɕiɛ324
0046. 车不是棋子 tʂhɛ45
0047. 蛇 ʂɛ211
0048. 射 ʂɛ324
0049. 爷 Øiɛ211
0050. 野 Øiɛ44
0051. 夜 Øiɛ324
0052. 瓜 kua45
0053. 瓦 Øua44
0054. 花 xua45
0055. 化 xua324
0056. 华中～ xua211
0057. 谱家～,注意声调 phu44
0058. 布 pu324
0059. 铺动 phu45
0060. 簿 pu324
0061. 步 pu324
0062. 赌 təu44
0063. 土 thəu44
0064. 图 thəu211
0065. 杜 təu324
0066. 奴 ləu211
0067. 路 ləu324
0068. 租 tsəu45
0069. 做 tsəu324
0070. 错对～ tshuo324
0071. 箍～桶,注意声调 khu45
0072. 古 ku44
0073. 苦 khu44
0074. 裤 khu324
0075. 吴 Øu211
0076. 五 Øu44
0077. 虎 fu45
0078. 壶 fu211
0079. 户 fu324
0080. 乌 Øu45
0081. 女 ȵy44
0082. 吕 ȵy44
0083. 徐 ɕy211
0084. 猪 tʂu45
0085. 除 tʂhu211
0086. 初 tʂhəu45
0087. 锄 tʂhəu211
0088. 所 suo44
0089. 书 ʂu45
0090. 鼠 ʂu44
0091. 如 ʐu211
0092. 举 tɕy44
0093. 锯名 tɕy324
0094. 去 tɕhy324
0095. 渠～道 tɕhy211
0096. 鱼 Øy211
0097. 许 ɕy44
0098. 余剩～,多～ Øy211
0099. 府 fu44
0100. 付 fu324
0101. 父 fu324
0102. 武 Øu44
0103. 雾 Øu324
0104. 取 tɕhy44
0105. 柱 tʂu324
0106. 住 tʂu324
0107. 数动 səu44
0108. 数名 səu324
0109. 主 tʂu44
0110. 输 ʂu45
0111. 竖 ʂu324
0112. 树 ʂu324
0113. 句 tɕy324
0114. 区地～ tɕhy45
0115. 遇 Øy324

0116. 雨 Øy44
0117. 芋 Øy324
0118. 裕 Øy324
0119. 胎 thai45
0120. 台戏～thai211
0121. 袋 tai324
0122. 来 lai211
0123. 菜 tshai324
0124. 财 tshai211
0125. 该 kai45
0126. 改 kai44
0127. 开 khai45
0128. 海 xai44
0129. 爱 ŋai324
0130. 贝 pei324
0131. 带动 tai324
0132. 盖动 kai324
0133. 害 xai324
0134. 拜 pai324
0135. 排 phai211
0136. 埋 mai211
0137. 戒 tɕiɛ324
0138. 摆 pai44
0139. 派注意声调
　　　phai324
0140. 牌 phai211
0141. 买 mai44
0142. 卖 mai324
0143. 柴 tshai211
0144. 晒 ʂai324
0145. 街 kai45
0146. 解～开 kai44
0147. 鞋 xai211

0148. 蟹注意声调
　　　xai211
0149. 矮 ŋai44
0150. 败 pai324
0151. 币 pi324
0152. 制～造 tʂɿ324
0153. 世 ʂɿ324
0154. 艺 Øi324
0155. 米 mi44
0156. 低 ti45
0157. 梯 thi45
0158. 剃 thi324
0159. 弟 ti324
0160. 递 ti324
0161. 泥 ȵi211
0162. 犁 li211
0163. 西 ɕi45
0164. 洗 ɕi44
0165. 鸡 tɕi45
0166. 溪 ɕi45
0167. 契 tɕhi324
0168. 系联～ɕi324
0169. 杯 pei45
0170. 配 phei324
0171. 赔 phei211
0172. 背～诵 pei324
0173. 煤 mei211
0174. 妹 mei324
0175. 对 tuei324
0176. 雷 luei211
0177. 罪 tsuei324
0178. 碎 suei324
0179. 灰 xuei45

0180. 回 xuei211
0181. 外 Øuai324
0182. 会开～
　　　xuei324
0183. 怪 kuai324
0184. 块 khuai44
0185. 怀 xuai211
0186. 坏 xuai324
0187. 拐 kuai44
0188. 挂 kua324
0189. 歪注意声母
　　　Øuai45
0190. 画 xua324
0191. 快 khuai324
0192. 话 xua324
0193. 岁 suei324
0194. 卫 Øuei324
0195. 肺 fei324
0196. 桂 kuei324
0197. 碑 pi45
0198. 皮 phi211
0199. 被～子 pi324
0200. 紫 tsɿ44
0201. 刺 tshɿ324
0202. 知 tʂɿ45
0203. 池 tʂhɿ211
0204. 纸 tʂɿ44
0205. 儿 Øər211
0206. 寄 tɕi324
0207. 骑 tɕhi211
0208. 蚁注意韵母
　　　ȵi324
0209. 义 Øi324

0210. 戏 ɕi324
0211. 移 Øi211
0212. 比 pi44
0213. 屁 phi324
0214. 鼻注意声调
　　　pi211
0215. 眉 mi211
0216. 地 ti324
0217. 梨 li211
0218. 资 tsɿ45
0219. 死 sɿ44
0220. 四 sɿ324
0221. 迟 tʂhɿ211
0222. 指 tʂɿ44
0223. 师 ʂɿ45
0224. 二 Øər324
0225. 饥～饿 tɕi45
0226. 器 tɕhi324
0227. 姨 Øi211
0228. 李 li44
0229. 子 tsɿ44
0230. 字 tsɿ324
0231. 丝 sɿ45
0232. 祠 tshɿ211
0233. 寺 sɿ324
0234. 治 tʂɿ324
0235. 柿 ʂɿ324
0236. 事 sɿ324
0237. 使 sɿ44
0238. 试 sɿ324
0239. 时 ʂɿ211
0240. 市 ʂɿ324
0241. 耳 Øər44

451

0242. 记 tɕi324	0274. 围 Øuei211	tʂau44	0333. 偷 thəu45
0243. 棋 tɕhi211	0275. 胃 Øuei324	0305. 抄 tʂhau45	0334. 头 thəu211
0244. 喜 ɕi44	0276. 宝 pau44	0306. 交 tɕiau45	0335. 豆 təu324
0245. 意 Øi324	0277. 抱 pau324	0307. 敲 tɕhiau45	0336. 楼 ləu211
0246. 几～个 tɕi44	0278. 毛 mau211	0308. 孝 ɕiau324	0337. 走 tsəu44
0247. 气 tɕhi324	0279. 帽 mau324	0309. 校学～ɕiau324	0338. 凑 tshəu324
0248. 希 ɕi45	0280. 刀 tau45	0310. 表手～ piau44	0339. 钩注意声调 kəu45
0249. 衣 Øi45	0281. 讨 thau44	0311. 票 phiau324	0340. 狗 kəu44
0250. 嘴 tsuei44	0282. 桃 thau211	0312. 庙 miau324	0341. 够 kəu324
0251. 随 suei211	0283. 道 tau324	0313. 焦 tɕiau45	0342. 口 khəu44
0252. 吹 tʂhuei45	0284. 脑 lau44	0314. 小 ɕiau44	0343. 藕 ŋəu44
0253. 垂 tʂhuei211	0285. 老 lau44	0315. 笑 ɕiau324	0344. 后前～xəu324
0254. 规 kuei45	0286. 早 tsau44	0316. 朝～代 tʂhau211	0345. 厚 xəu324
0255. 亏 khuei45	0287. 灶 tsau324	0317. 照 tʂau324	0346. 富 fu324
0256. 跪注意声调 kuei324	0288. 草 tshau44	0318. 烧 ʂau45	0347. 副 fu324
0257. 危 Øuei324	0289. 糙注意声调 tshau324	0319. 绕～线 zau44	0348. 浮 fu211
0258. 类 luei44	0290. 造 tshau324	0320. 桥 tɕhiau211	0349. 妇 fu324
0259. 醉 tsuei324	0291. 嫂 sau44	0321. 轿 tɕiau324	0350. 流 liəu211
0260. 追 tsuei45	0292. 高 kau45	0322. 腰 Øiau45	0351. 酒 tɕiəu44
0261. 锤 tʂhuei211	0293. 靠 khau324	0323. 要重～ Øiau324	0352. 修 ɕiəu45
0262. 水 ʂuei44	0294. 熬 ŋau211		0353. 袖 ɕiəu324
0263. 龟 kuei45	0295. 好～坏 xau44	0324. 摇 Øiau211	0354. 抽 tʂhəu45
0264. 季 tɕi324	0296. 号名 xau324	0325. 鸟注意声调 n̩iau44	0355. 绸 tʂhəu211
0265. 柜 kuei324	0297. 包 pau45	0326. 钓 tiau324	0356. 愁 tshəu211
0266. 位 Øuei324	0298. 饱 pau44	0327. 条 thiau211	0357. 瘦 səu324
0267. 飞 fei45	0299. 炮 phau324	0328. 料 liau324	0358. 州 tsəu45
0268. 费 fei324	0300. 猫 mau45	0329. 箫 ɕiau45	0359. 臭香～ tʂhəu324
0269. 肥 fei211	0301. 闹 lau324	0330. 叫 tɕiau324	
0270. 尾 Øuei44	0302. 罩 tʂau324	0331. 母丈～，舅～ mu44	0360. 手 ʂəu44
0271. 味 Øuei324	0303. 抓用手～牌 tʂua45		0361. 寿 ʂəu324
0272. 鬼 kuei44		0332. 抖 thəu44	0362. 九 tɕiəu44
0273. 贵 kuei324	0304. 找～零钱		0363. 球 tɕhiəu211

0364. 舅 tɕiəu324
0365. 旧 tɕiəu324
0366. 牛 ȵiəu211
0367. 休 ɕiəu45
0368. 优 Øiəu45
0369. 有 Øiəu44
0370. 右 Øiəu324
0371. 油 Øiəu211
0372. 丢 tiəu45
0373. 幼 Øiəu324
0374. 贪 than45
0375. 潭 than211
0376. 南 lan211
0377. 蚕 tshan211
0378. 感 kan44
0379. 含 ～一口水 xan211
0380. 暗 ŋan44
0381. 搭 ta211
0382. 踏注意声调 tha211
0383. 拉注意声调 la45
0384. 杂 tsa211
0385. 鸽 kuo211
0386. 盒 xuo211
0387. 胆 tan44
0388. 毯 than44
0389. 淡 tan324
0390. 蓝 lan211
0391. 三 san45
0392. 甘 kan45
0393. 敢 kan44

0394. 喊注意声调 xan44
0395. 塔 tha211
0396. 蜡 la211
0397. 赚 tsuan324
0398. 杉 ～木，注意韵母 ʂa45
0399. 减 tɕian44
0400. 咸 ～淡 xan324
0401. 插 tsha211
0402. 闸 tʂa324
0403. 夹 ～子 tɕia211
0404. 衫 san45
0405. 监 tɕian45
0406. 岩 ŋai211
0407. 甲 tɕia211
0408. 鸭 Øia211
0409. 黏 ～液 ʐ̩an211
0410. 尖 tɕian45
0411. 签 ～名 tɕhian45
0412. 占 ～领 tʂan324
0413. 染 ʐ̩an44
0414. 钳 tɕhian211
0415. 验 Øian324
0416. 险 ɕian44
0417. 厌 Øian324
0418. 炎 Øian324
0419. 盐 Øian211
0420. 接 tɕiɛ211
0421. 折 ～叠 tʂɛ211

0422. 叶 树～ Øiɛ211
0423. 剑 tɕian324
0424. 欠 tɕhian324
0425. 严 Øian211
0426. 业 ȵiɛ211
0427. 点 tian44
0428. 店 tian324
0429. 添 thian45
0430. 甜 thian211
0431. 念 ȵian324
0432. 嫌 ɕian211
0433. 跌注意声调 tiɛ211
0434. 贴 thiɛ211
0435. 碟 tiɛ211
0436. 协 ɕiɛ211
0437. 犯 fan324
0438. 法 fa211
0439. 品 phin44
0440. 林 lin211
0441. 浸 tɕhin324
0442. 心 ɕin45
0443. 寻 ɕin211
0444. 沉 tʂhən211
0445. 参 人～ sən45
0446. 针 tʂən45
0447. 深 ʂən45
0448. 任 责～ ʐ̩ən324
0449. 金 tɕin45
0450. 琴 tɕhin211
0451. 音 Øin45
0452. 立 li211
0453. 集 tɕi211

0454. 习 ɕi211
0455. 汁 tʂɿ45
0456. 十 ʂɿ211
0457. 入 ʐ̩u211
0458. 急 tɕi211
0459. 及 tɕi211
0460. 吸 ɕi45
0461. 单 简～ tan45
0462. 炭 than324
0463. 弹 ～琴 than211
0464. 难 ～易 lan211
0465. 兰 lan211
0466. 懒 lan44
0467. 烂 lan324
0468. 伞注意声调 san44
0469. 肝 kan45
0470. 看 ～见 khan324
0471. 岸 ŋan324
0472. 汉 xan324
0473. 汗 xan324
0474. 安 ŋan45
0475. 达 ta211
0476. 辣 la211
0477. 擦 tsha211
0478. 割 kuo324
0479. 渴 khuo324
0480. 扮 pan324
0481. 办 pan324
0482. 铲 tshan44
0483. 山 san45

453

0484. 产 注意声调 tʂhan44
0485. 间 房～，一～ 房 tɕian45
0486. 眼 Øian44
0487. 限 ɕian324
0488. 八 pa211
0489. 扎 tsa211
0490. 杀 ʂa211
0491. 班 pan45
0492. 板 pan44
0493. 慢 man324
0494. 奸 tɕian45
0495. 颜 Øian211
0496. 瞎 ɕia211
0497. 变 pian324
0498. 骗欺～ phian324
0499. 便方～ pian324
0500. 棉 mian211
0501. 面～孔 mian324
0502. 连 lian211
0503. 剪 tɕian44
0504. 浅 tɕhian44
0505. 钱 tɕhian211
0506. 鲜 ɕian45
0507. 线 ɕian324
0508. 缠 tʂhan211
0509. 战 tʂan324
0510. 扇名 ʂan324
0511. 善 ʂan324

0512. 件 tɕian324
0513. 延 Øian211
0514. 别～人 piɛ211
0515. 灭 miɛ211
0516. 列 liɛ211
0517. 撤 tʂhɛ44
0518. 舌 ʂɛ211
0519. 设 ʂɛ211
0520. 热 zɛ211
0521. 杰 tɕiɛ211
0522. 孽 niɛ324
0523. 建 tɕian324
0524. 健 tɕian324
0525. 言 Øian211
0526. 歇 ɕiɛ211
0527. 扁 pian44
0528. 片 phian324
0529. 面～条 mian324
0530. 典 tian44
0531. 天 thian45
0532. 田 thian211
0533. 垫 tian324
0534. 年 nian211
0535. 莲 lian211
0536. 前 tɕhian211
0537. 先 ɕian45
0538. 肩 tɕian45
0539. 见 tɕian324
0540. 牵 tɕhian45
0541. 显 ɕian44
0542. 现 ɕian324
0543. 烟 Øian45

0544. 憋 piɛ45
0545. 篾 miɛ211
0546. 铁 thiɛ211
0547. 捏 niɛ211
0548. 节 tɕiɛ211
0549. 切动 tɕhiɛ211
0550. 截 tɕiɛ211
0551. 结 tɕiɛ211
0552. 搬 pan45
0553. 半 pan324
0554. 判 phan324
0555. 盘 phan211
0556. 满 man44
0557. 端～午 tuan45
0558. 短 tuan44
0559. 断绳～了 tuan324
0560. 暖 luan44
0561. 乱 luan324
0562. 酸 suan45
0563. 算 suan324
0564. 官 kuan45
0565. 宽 khuan45
0566. 欢 xuan45
0567. 完 Øuan211
0568. 换 xuan324
0569. 碗 Øuan44
0570. 拨 puo211
0571. 泼 phuo211
0572. 末 muo211
0573. 脱 thuo211
0574. 夺 tuo211
0575. 阔 khuo211

0576. 活 xuo211
0577. 顽～皮，～固 Øuan211
0578. 滑 xua211
0579. 挖 Øua45
0580. 闩 ʂuan324
0581. 关～门 kuan45
0582. 惯 kuan324
0583. 还动 xuan211
0584. 还副 xai211
0585. 弯 Øuan45
0586. 刷 ʂua211
0587. 刮 kua211
0588. 全 tɕhyan211
0589. 选 ɕyan44
0590. 转～眼，～送 tʂuan324
0591. 传～下来 tʂhuan211
0592. 传～记 tʂuan324
0593. 砖 tʂuan45
0594. 船 tʂhuan211
0595. 软 zuan44
0596. 卷～起 tɕyan44
0597. 圈圆～ tɕhyan45
0598. 权 tɕhyan211
0599. 圆 Øyan211
0600. 院 Øyan324
0601. 铅～笔，注意声调 tɕhian45

0602. 绝 tɕyɛ211
0603. 雪 ɕyɛ211
0604. 反 fan44
0605. 翻 fan45
0606. 饭 fan324
0607. 晚 Øuan44
0608. 万麻将牌
         Øuan324
0609. 劝 tɕhyan324
0610. 原 Øyan211
0611. 冤 Øyan45
0612. 园 Øyan211
0613. 远 Øyan44
0614. 发头～fa211
0615. 罚 fa211
0616. 袜 Øua211
0617. 月 Øyɛ211
0618. 越 Øyɛ211
0619. 县 ɕian324
0620. 决 tɕyɛ211
0621. 缺 tɕhyɛ211
0622. 血 ɕyɛ211
0623. 吞 thən45
0624. 根 kən45
0625. 恨 xən324
0626. 恩 ŋən45
0627. 贫 phin211
0628. 民 min211
0629. 邻 lin211
0630. 进 tɕin324
0631. 亲 tɕhin45
0632. 新 ɕin45
0633. 镇 tʂən324

0634. 陈 tʂhən211
0635. 震 tʂən324
0636. 神 ʂən211
0637. 身 ʂən45
0638. 辰 ʂən211
0639. 人 ʐən211
0640. 认 ʐən324
0641. 紧 tɕin44
0642. 银 Øin211
0643. 印 Øin324
0644. 引 Øin44
0645. 笔 pi211
0646. 匹 phi211
0647. 密 mi211
0648. 栗 li211
0649. 七 tɕhi211
0650. 侄 tʂʅ211
0651. 虱 sei211
0652. 实 ʂʅ211
0653. 失 ʂʅ211
0654. 日 Øər211
0655. 吉 tɕi211
0656. 一 Øi211
0657. 筋 tɕin45
0658. 劲有～tɕin324
0659. 勤 tɕhin211
0660. 近 tɕin324
0661. 隐 Øin44
0662. 本 pən44
0663. 盆 phən211
0664. 门 mən211
0665. 墩 tuən45
0666. 嫩 lən324

0667. 村 tʂhuən45
0668. 寸 tʂhən324
0669. 蹲注意声调
         tuən45
0670. 孙～子 suən45
0671. 滚 kuən44
0672. 困 khuən324
0673. 婚 xuən45
0674. 魂 xuən211
0675. 温 Øuən45
0676. 卒棋子 tsəu211
0677. 骨 ku211
0678. 轮 lən211
0679. 俊注意声调
         tɕyən211
0680. 笋 sən44
0681. 准 tʂuən44
0682. 春 tʂhuən45
0683. 唇 ʂuən211
0684. 顺 ʂuən324
0685. 纯 tʂhuən211
0686. 闰 ʐuən324
0687. 均 tɕyən45
0688. 匀 Øyən211
0689. 律 ly44
0690. 出 tʂhu211
0691. 橘 tɕy211
0692. 分动 fən45
0693. 粉 fən44
0694. 粪 fən324
0695. 坟 fən211
0696. 蚊 Øuən211
0697. 问 Øuən324

0698. 军 tɕyən45
0699. 裙 tɕhyən211
0700. 熏 ɕyən45
0701. 云～彩
         Øyən211
0702. 运 Øyən324
0703. 佛～像 fu211
0704. 物 Øuo211
0705. 帮 paŋ45
0706. 忙 maŋ211
0707. 党 taŋ44
0708. 汤 thaŋ45
0709. 糖 thaŋ211
0710. 浪 laŋ324
0711. 仓 tshaŋ45
0712. 钢 kaŋ45
0713. 糠 khaŋ45
0714. 薄形 puo211
0715. 摸注意声调
         muo45
0716. 托 thuo211
0717. 落 luo211
0718. 作 tsuo211
0719. 索 suo211
0720. 各 kuo211
0721. 鹤 xuo211
0722. 恶形，入声
         ŋuo211
0723. 娘 ɲiaŋ211
0724. 两斤～liaŋ44
0725. 亮 liaŋ324
0726. 浆 tɕiaŋ45
0727. 抢 tɕhiaŋ44

0728. 匠 tɕiaŋ324
0729. 想 ɕiaŋ44
0730. 像 ɕiaŋ324
0731. 张量 tʂaŋ45
0732. 长～短 tʂhaŋ211
0733. 装 tʂuaŋ45
0734. 壮 tʂuaŋ324
0735. 疮 tʂhuaŋ45
0736. 床 tʂhuaŋ211
0737. 霜 ʂuaŋ45
0738. 章 tʂaŋ45
0739. 厂 tʂhaŋ44
0740. 唱 tʂhaŋ324
0741. 伤 ʂaŋ45
0742. 尝 ʂaŋ211
0743. 上～去 ʂaŋ324
0744. 让 zaŋ324
0745. 姜生～ tɕiaŋ45
0746. 响 ɕiaŋ44
0747. 向 ɕiaŋ324
0748. 秧 Øiaŋ45
0749. 痒 Øiaŋ44
0750. 样 Øiaŋ324
0751. 雀注意声调 tɕyo211
0752. 削 ɕyo211
0753. 着火～了 tʂuo211
0754. 勺 ʂuo211
0755. 弱 zuo211
0756. 脚 tɕyo211
0757. 约 Øyo211

0758. 药 Øyo211
0759. 光～线 kuaŋ45
0760. 慌 xuaŋ45
0761. 黄 xuaŋ211
0762. 郭 kuo211
0763. 霍 xuo324
0764. 方 faŋ45
0765. 放 faŋ324
0766. 纺 faŋ44
0767. 房 faŋ211
0768. 防 faŋ211
0769. 网 Øuaŋ44
0770. 筐 khuaŋ45
0771. 狂 khuaŋ211
0772. 王 Øuaŋ211
0773. 旺 Øuaŋ324
0774. 缚 fu211
0775. 绑 paŋ44
0776. 胖 phaŋ324
0777. 棒 paŋ324
0778. 桩 tʂuaŋ45
0779. 撞 tʂhuaŋ324
0780. 窗 tʂhaŋ45
0781. 双 ʂuaŋ45
0782. 江 tɕiaŋ45
0783. 讲 tɕiaŋ44
0784. 降投～ ɕiaŋ211
0785. 项 xaŋ324
0786. 剥 puo211
0787. 桌 tʂuo211
0788. 镯 tʂuo211
0789. 角 kuo211

0790. 壳 khuo211
0791. 学 ɕyo211
0792. 握 Øuo211
0793. 朋 phəŋ211
0794. 灯 təŋ45
0795. 等 təŋ44
0796. 凳 təŋ324
0797. 藤 thəŋ211
0798. 能 ləŋ211
0799. 层 tshəŋ211
0800. 僧注意声调 səŋ45
0801. 肯 khən44
0802. 北 pei211
0803. 墨 mei211
0804. 得 tei211
0805. 特 thei211
0806. 贼 tsei211
0807. 塞 sei211
0808. 刻 khei211
0809. 黑 xei211
0810. 冰 pin45
0811. 证 tʂəŋ324
0812. 秤 tʂhəŋ324
0813. 绳 ʂəŋ211
0814. 剩 ʂəŋ324
0815. 升 ʂəŋ45
0816. 兴高～ ɕin324
0817. 蝇注意声调 Øin211
0818. 逼 pi45
0819. 力 li211
0820. 息 ɕi211

0821. 直 tʂʅ211
0822. 侧注意声调 tshei211
0823. 测 tshei211
0824. 色 sei211
0825. 织 tʂʅ211
0826. 食 ʂʅ211
0827. 式 ʂʅ324
0828. 极 tɕi211
0829. 国 kuai211
0830. 或 xuai211
0831. 猛 məŋ44
0832. 打注意韵母 ta44
0833. 冷 lən44
0834. 生 sən45
0835. 省～长 sən44
0836. 更三～，打～ kən45
0837. 梗注意韵母 kən45
0838. 坑 khən45
0839. 硬 ŋən324
0840. 行～为，～走 ɕin211
0841. 百 pei211
0842. 拍 phiɛ211
0843. 白 pei211
0844. 拆 tshei211
0845. 择 tsei211
0846. 窄 tsei211
0847. 格 kei211
0848. 客 khei211

0849. 额 ŋei211
0850. 棚 pəŋ211
0851. 争 tsən45
0852. 耕 kən45
0853. 麦 mei211
0854. 摘 tsei211
0855. 策 tshei211
0856. 隔 kei211
0857. 兵 pin45
0858. 柄 注意声调
       pin44
0859. 平 phin211
0860. 病 pin324
0861. 明 min211
0862. 命 min324
0863. 镜 tɕin324
0864. 庆 tɕhin324
0865. 迎 Øin211
0866. 影 Øin44
0867. 剧 戏～ tɕy324
0868. 饼 pin44
0869. 名 min211
0870. 领 lin44
0871. 井 tɕin44
0872. 清 tɕhin45
0873. 静 tɕin324
0874. 姓 ɕin324
0875. 贞 tsən45
0876. 程 tshən211
0877. 整 tsən44
0878. 正 ～反
       tsən324
0879. 声 ʂən45

0880. 城 tshən211
0881. 轻 tɕhin45
0882. 赢 Øin211
0883. 积 tɕi211
0884. 惜 ɕi211
0885. 席 ɕi211
0886. 尺 tshʅ211
0887. 石 ʂʅ211
0888. 益 Øi324
0889. 瓶 phin211
0890. 钉 名 tin45
0891. 顶 tin44
0892. 厅 thin45
0893. 听 ～见，注意
       声调 thin45
0894. 停 thin211
0895. 挺 thin44
0896. 定 tin324
0897. 零 lin211
0898. 青 tɕhin45
0899. 星 ɕin45
0900. 经 tɕin45
0901. 形 ɕin211
0902. 壁 pi324
0903. 劈 phi44
0904. 踢 thi211
0905. 笛 ti211
0906. 历 衣～ li211
0907. 锡 ɕi211
0908. 击 tɕi211
0909. 吃 tshʅ211
0910. 横 xuən211
0911. 划 计～ xua324

0912. 兄 ɕyŋ45
0913. 荣 Øyŋ211
0914. 永 Øyən44
0915. 营 Øin211
0916. 蓬 ～松
       phəŋ211
0917. 东 tuŋ45
0918. 懂 tuŋ44
0919. 冻 tuŋ324
0920. 通 thuŋ45
0921. 桶 注意声调
       tuŋ44
0922. 痛 thuŋ324
0923. 铜 thuŋ211
0924. 动 tuŋ324
0925. 洞 tuŋ324
0926. 聋 注意声调
       luŋ45
0927. 弄 注意声调
       luŋ45
0928. 粽 tsuŋ324
0929. 葱 tshuŋ45
0930. 送 suŋ324
0931. 公 kuŋ45
0932. 孔 khuŋ44
0933. 烘 ～干 xuŋ45
0934. 红 xuŋ211
0935. 翁 Øuəŋ45
0936. 木 mu211
0937. 读 təu211
0938. 鹿 ləu211
0939. 族 tshəu211
0940. 谷 稻～ ku211

0941. 哭 khu211
0942. 屋 Øu211
0943. 冬 ～至 tuŋ45
0944. 统 注意声调
       thuŋ44
0945. 脓 注意声调
       luŋ211
0946. 松 ～紧 suŋ45
0947. 宋 suŋ324
0948. 毒 təu211
0949. 风 fəŋ45
0950. 丰 fəŋ45
0951. 凤 fəŋ324
0952. 梦 məŋ324
0953. 中 当～ tsuŋ45
0954. 虫 tshuŋ211
0955. 终 tsuŋ45
0956. 充 tshuŋ45
0957. 宫 kuŋ45
0958. 穷 tɕhyŋ211
0959. 熊 注意声调
       ɕyŋ211
0960. 雄 注意声调
       ɕyŋ211
0961. 福 fu211
0962. 服 fu211
0963. 目 mu211
0964. 六 liəu211
0965. 宿 住～，～舍
       ɕy211
0966. 竹 tʂəu211
0967. 畜 ～生
       tshəu211

0968. 缩 suo211
0969. 粥 tʂəu45
0970. 叔 ʂəu211
0971. 熟 ʂəu211
0972. 肉 z̩əu324
0973. 菊 tɕy211
0974. 育 Øy211
0975. 封 fəŋ45
0976. 蜂 fəŋ45
0977. 缝 一条~ fəŋ324
0978. 浓 luŋ211
0979. 龙 luŋ211
0980. 松 ~树，注意声调 suŋ45
0981. 重 轻~ tʂuŋ324
0982. 肿 tʂuŋ44
0983. 种 ~树 tʂuŋ324
0984. 冲 tʂhuŋ45
0985. 恭 kuŋ45
0986. 共 kuŋ324
0987. 凶吉 ~ ɕyŋ45
0988. 拥 注意声调 Øyŋ44
0989. 容 Øyŋ211
0990. 用 Øyŋ324
0991. 绿 ləu211
0992. 足 tsəu211
0993. 烛 tʂəu211
0994. 赎 ʂəu211
0995. 属 ʂəu211
0996. 褥 z̩əu211
0997. 曲 ~折，歌~ tɕhy211
0998. 局 tɕy211
0999. 玉 Øy324
1000. 浴 Øy324

第三章 词 汇

第一节 规定词汇

一、天文、地理

（一）天文

0001. 太阳 ~下山了   太阳 thai31øiaŋ0
0002. 月亮 ~出来了   月亮 øyɛ31liaŋ0
0003. 星星   星宿 ɕin45ɕiəu0
0004. 云   云 yən211
0005. 风   风 fəŋ45
0006. 台风   台风 thai31fəŋ0
0007. 闪电名词   闪电 ʂan44tian324
0008. 雷   雷雨 luei31øy0
0009. 雨   雨 øy44
0010. 下雨   下雨 ɕia31øy44
0011. 淋衣服被雨~湿了   淋 lin211
0012. 晒 ~粮食   晒 ʂai324
0013. 雪   雪 ɕyɛ211
0014. 冰   冰 pin45
0015. 冰雹   冰雹 pin45pau211/冷子 lən44tsɿ0
0016. 霜   霜 ʂuaŋ45
0017. 雾   雾 øu324/罩子 tʂau31tsɿ0
0018. 露   露水 ləu31ʂuei0
0019. 虹统称   虹 kaŋ324
0020. 日食   天狗吃太阳 thian45kəu44tʂʅ45thai31øiaŋ0
0021. 月食   天狗吃月亮 thian45kəu44tʂʅ45øyɛ31liaŋ0
0022. 天气   天气 thian45tɕhi324
0023. 晴天 ~   晴 tɕhin211
0024. 阴天 ~   阴 øin45/暗 ŋan324
0025. 旱天 ~   干 kan45
0026. 涝天 ~   雨水多 øy44ʂuei0tuo0
0027. 天亮   天亮 thian45liaŋ324/天明 thian45min211

（二）地貌

0028. 水田   秧田 øiaŋ45thian211/田 thian211
0029. 旱地浇不上水的耕地   地 ti324
0030. 田埂   田坎 thian31khan0
0031. 路野外的   路 ləu324
0032. 山   山 ʂan45
0033. 山谷   山沟 ʂan45kəu45/峡沟 ɕia31kəu45
0034. 江大的河   江 tɕiaŋ45

0035. 溪小的河　河 xuo211
0036. 水沟儿较小的水道　水沟 ʂuei44kəu45
0037. 湖　湖 fu211
0038. 池塘　堰塘 ɕian45thaŋ0
0039. 水坑儿地面上有积水的小洼儿　水坑 ʂuei44khən45
0040. 洪水　大水 ta31ʂuei44
0041. 淹被水～了　淹 ŋan45
0042. 河岸　河岸 xuo31ŋan324
0043. 坝拦河修筑拦水的　坝 pa324/摆 pai44/堤 thi211
0044. 地震　地震 ti45tʂən324
0045. 窟窿小的　窟窿 khu31luŋ0/洞 tuŋ324/眼 ɕian44
0046. 缝儿统称　缝 fəŋ324

（三）物象

0047. 石头统称　石头 ʂɿ31thəu0
0048. 土统称　泥巴 ȵi31pa0
0049. 泥湿的　稀泥巴 ɕi45ȵi0pa0
0050. 水泥旧称　洋灰 ɕiaŋ31xuei0
0051. 沙子　沙 ʂa45
0052. 砖整块的　砖 tʂuan45
0053. 瓦整块的　瓦 ɕua44
0054. 煤　煤 mei211
0055. 煤油　煤油 mei31ɕiəu211
0056. 炭木炭　炭 than324
0057. 灰烧成的　灰 xuei45
0058. 灰尘桌面上的　灰 xuei45
0059. 火　火 xuo44
0060. 烟烧火形成的　烟子 ɕian45tsɿ0
0061. 失火　失火 ʂɿ31xuo44

0062. 水　水 ʂuei44
0063. 凉水　冷水 lən44ʂuei44
0064. 热水如洗脸的热水，不是指喝的开水　热水 zɛ31ʂuei44
0065. 开水喝的　开水 khai45ʂuei44
0066. 磁铁　磁铁石 ɕi45thiɛ0ʂɿ211

二、时间、方位

（一）时间

0067. 时候吃饭的～　时候 ʂɿ31xəu0
0068. 什么时候　啥时候 ʂa31ʂɿ0xəu0
0069. 现在　这歇 tʂei31ɕiɛ0
0070. 以前十年～　前 tɕhian211
0071. 以后十年～　后 xəu324
0072. 一辈子　一辈子 ɕi31pei0tsɿ0
0073. 今年　今年 tɕin45ȵian0
0074. 明年　明年 min31ȵian0
0075. 后年　后年 xəu24ȵian0
0076. 去年　昨年 tsuo31ȵian0
0077. 前年　前年 tɕhian31ȵian0
0078. 往年过去的年份　往年 ɕuaŋ44ȵian0
0079. 年初　年头 ȵian31thəu211
0080. 年底　年尾 ȵian31ɕuei44
0081. 今天　今天 tɕin45thian45
0082. 明天　明天 min31thian0
0083. 后天　后天 xəu31thian0
0084. 大后天　外后天 ɕuai24xəu31thian0
0085. 昨天　昨天 tsuo31thian45
0086. 前天　前天 tɕhian31thian45
0087. 大前天　上前天 ʂaŋ24tɕhian31thian45

0088. 整天　整天 tʂən44thian45／全天 tɕhyan31thian45

0089. 每天　成天 tʂhən31thian45

0090. 早晨　早晨 tsau44ʂən0

0091. 上午　上午 ʂaŋ44øu0

0092. 中午　晌午 ʂaŋ44øu0

0093. 下午　下午 ɕia31øu0

0094. 傍晚　擦黑 tsha31xei211

0095. 白天　白天 pei31thian0

0096. 夜晚与白天相对，统称　晚上 øuan44ʂaŋ0

0097. 半夜　半夜 pan24øiɛ324

0098. 正月农历　正月 tʂən45øyɛ0

0099. 大年初一农历　大年初一 ta45n̠ian0tshəu45øi211

0100. 元宵节　正月十五 tʂən45øyɛ0ʂʅ31øu44

0101. 清明　清明 tɕhin45min0

0102. 端午　端阳 tuan45øiaŋ0

0103. 七月十五农历,节日名　七月半 tɕhi31øyɛ0pan324

0104. 中秋　八月十五 pa31øyɛ0ʂʅ31øu44

0105. 冬至　冬至 tuŋ45tsʅ324

0106. 腊月农历十二月　腊月 la31øyɛ0

0107. 除夕农历　大年三十 ta24n̠ian31san45sʅ211

0108. 历书　黄历 xuaŋ31li0

0109. 阴历　阴历 øin45li324

0110. 阳历　阳历 øiaŋ31li324

0111. 星期天　星期日 ɕin45tɕhi0øɚ0

(二) 方位

0112. 地方　地方 ti31faŋ0

0113. 什么地方　啥地方 ʂa31ti31faŋ0

0114. 家里　屋里 øu31li0

0115. 城里　城里 tʂhən31li0

0116. 乡下　乡下 ɕiaŋ45ɕia324

0117. 上面从～滚下来　上头 ʂaŋ31thəu0

0118. 下面从～爬上去　底下 ti44xa0

0119. 左边　左边 tsuo44pian0

0120. 右边　右边 øiəu31pian0

0121. 中间排队排在～　中间 tʂuŋ45tɕian0

0122. 前面排队排在～　前头 tɕhian31thəu0

0123. 后面排队排在～　后头 xəu31thəu0

0124. 末尾排队排在～　尾巴 øi44pa0

0125. 对面　对门 tuei24mən0

0126. 面前　面前 mian24tɕhian0

0127. 背后　后头 xəu31thəu0

0128. 里面躲在～　里头 li44thəu0

0129. 外面衣服晒在～　外头 øuai31thəu0

0130. 旁边　侧边 tshei31pian0

0131. 上碗在桌子～　上头 ʂaŋ31thəu0

0132. 下凳子在桌子～　底下 ti44xa0

0133. 边儿桌子的～　边边 pian44pian0／沿沿 ɕian31ɕian0

0134. 角儿桌子的～　角角 tɕyo31tɕyo0

0135. 上去～了　上去 ʂaŋ31tɕhy0

0136. 下来他～了　下来 xa24lai0

0137. 进去他～了　进去 tɕin31tɕhy0

0138. 出来他～了　出来 tʂhu31lai0

0139. 出去他～了　出去 tʂhu31tɕhy0

0140. 回来他～了　回来 xuei31lai0

0141. 起来天冷~了　冷开了 ləŋ44khai0liəu0

三、植物

（一）一般植物

0142. 树　树 ʂu324
0143. 木头　木头 mu31thəu0
0144. 松树统称　松树 suŋ31ʂu324
0145. 柏树统称　柏树 pei31ʂu324
0146. 杉树　沙树 ʂa45ʂu324
0147. 柳树　柳树 liəu44ʂu324
0148. 竹子统称　竹子 tʂəu31tsʅ0
0149. 笋　笋子 suən45tsʅ0
0150. 叶子　叶子 Øiɛ31tsʅ0
0151. 花　花 xua44
0152. 花蕾花骨朵儿　花苞苞 xua44pau0pau0
0153. 梅花　梅花 mei31xua44
0154. 牡丹　牡丹 məu44tan45
0155. 荷花　藕莲花 ŋəu44lian0xua0
0156. 草　草 tshau44
0157. 藤　藤 thən211
0158. 刺名词　刺 tshʅ324
0159. 水果　水果 ʂuei44kuo44
0160. 苹果　苹果 phiŋ31kuo44
0161. 桃子　桃子 thau31tsʅ0
0162. 梨　梨子 li31tsʅ0
0163. 李子　李子 li44tsʅ0
0164. 杏　杏子 xən31tsʅ0
0165. 橘子　橘子 tɕy31tsʅ0
0166. 柚子　柚子 Øiəu31tsʅ0
0167. 柿子　柿子 ʂʅ31tsʅ0

0168. 石榴　石榴 ʂʅ31liəu0
0169. 枣　枣子 tsau44tsʅ0
0170. 栗子　板栗子 pan44li0tsʅ0
0171. 核桃　核桃 xei31thau0
0172. 银杏白果　白果 pei31kuo0
0173. 甘蔗　甘蔗 kan45tʂæ0
0174. 木耳　耳子 Øər44tsʅ0
0175. 蘑菇野生的　菌子 tɕyən31tsʅ0
0176. 香菇　香菇 ɕiaŋ45ku45

（二）农作物

0177. 稻子指植物　水稻 ʂuei44tau324
0178. 稻谷指籽实（脱粒后是大米）　谷子 ku31tsʅ0
0179. 稻草脱粒后的　稻谷草 tau31ku0tshau44
0180. 大麦指植物　大麦 ta24mei211
0181. 小麦指植物　麦子 mei31tsʅ0
0182. 麦秸脱粒后的　麦秆 mei31kan0
0183. 谷子指植物（籽实脱粒后是小米）　小米子 ɕiau44mi0tsʅ0
0184. 高粱指植物　高粱 kau45liaŋ0
0185. 玉米指成株的植物　包谷 pau45ku0
0186. 棉花指植物　棉花 mian31xua0
0187. 油菜油料作物，不是蔬菜　油菜 Øiəu31tshai0
0188. 芝麻　芝麻 tʂʅ45ma0
0189. 向日葵指植物　向日葵 ɕiaŋ24Øər0khuei0
0190. 蚕豆　胡豆 fu31təu324
0191. 豌豆　豌豆 Øuan45təu324
0192. 花生指果实，注意婉称　花生 xua44sən45

0193. 黄豆　黄豆 xuaŋ31təu0

0194. 绿豆　绿豆 liəu31təu0

0195. 豇豆长条形的　豇豆 tɕiaŋ45təu324

0196. 大白菜东北～　白菜 pei31tʂhai324

0197. 包心菜卷心菜，圆白菜，球形的　包包菜 pau45pau0tʂhai324

0198. 菠菜　菠菜 puo45tʂhai324/扯根菜 tʂə44kən0tʂhai324

0199. 芹菜　芹菜 tɕhin31tʂhai324

0200. 莴笋　莴笋 Øuo45suən0

0201. 韭菜　韭菜 tɕiəu44tʂhai324

0202. 香菜芫荽　芫荽 Øian31çy0

0203. 葱　葱 tshuŋ45

0204. 蒜　蒜 suan324

0205. 姜　姜 tɕiaŋ45

0206. 洋葱　洋葱 Øiaŋ31tshuŋ0/团葱 thuan31tshuŋ0

0207. 辣椒统称　辣子 la31tsʅ0

0208. 茄子统称　茄子 tɕhiɛ31tsʅ0

0209. 西红柿　海柿子 xai44sʅ31tsʅ0

0210. 萝卜统称　萝卜 luo31pu0

0211. 胡萝卜　红萝卜 xuŋ31luo31pu0

0212. 黄瓜　黄瓜 xuaŋ31kua0

0213. 丝瓜无棱的　丝瓜 sʅ45kua45

0214. 南瓜扁圆形或梨形，成熟时呈赤褐色　南瓜 laŋ31kua0

0215. 荸荠　荸荠 pu31tɕi0

0216. 红薯统称　苕 ʂau211

0217. 马铃薯　洋芋 Øiaŋ31Øy324

0218. 芋头　芋子 Øy31tsʅ0

0219. 山药圆柱形的　山苕 ʂan45ʂau0

0220. 藕　藕 ŋəu44

四、动物

（一）一般动物

0221. 老虎　老虎 lau44fu0

0222. 猴子　猴娃子 xəu31Øua0tsʅ0

0223. 蛇统称　长虫 tʂhaŋ31tʂhuŋ0

0224. 老鼠家里的　老鼠 lau44ʂu0/高客子 kau45khei0tsʅ0

0225. 蝙蝠　檐老鼠 Øian31lau0ʂu0

0226. 鸟儿飞鸟，统称　鸟 ȵiau44

0227. 麻雀　麻雀 ma31tɕhyo0

0228. 喜鹊　鸦鹊 Øia45tɕhyo0

0229. 乌鸦　老鸹 lau44Øua0

0230. 鸽子　鸽子 kuo31tsʅ0

0231. 翅膀鸟的，统称　翅膀 tʂʅ31paŋ0

0232. 爪子鸟的，统称　爪子 tʂua44tsʅ0

0233. 尾巴　尾巴 Øuei44pa0

0234. 窝鸟的　窝 Øuo45

0235. 虫子统称　虫 tʂhuŋ211

0236. 蝴蝶统称　飞蛾 fei45ŋuo0

0237. 蜻蜓统称　洋丁丁 Øiaŋ31tin44tin0

0238. 蜜蜂　糖蜂 thaŋ31fəŋ0

0239. 蜂蜜　蜂糖 fəŋ45thaŋ0

0240. 知了统称　哩娃子 li45ŋa0tsʅ0

0241. 蚂蚁　蚂蚁子 ma44Øiɛ0tsʅ0

0242. 蚯蚓　蛐蟮子 tɕhy31ʂan0tsʅ0

0243. 蚕　蚕子 tshan31tsʅ0

0244. 蜘蛛会结网的　蛇蛛 kei31tʂu0/遮蛛 tʂei31tʂu0

0245. 蚊子统称　蚊子 Øuən31tsʅ0

0246. 苍蝇统称　苍蝇 tshaŋ45Øin0

0247. 跳蚤咬人的　蛇蚤 kei31tsau0

463

0248. 虱子　虱子 sei31tsʅ0

0249. 鱼　鱼 ɵy211

0250. 鲤鱼　鲤鱼 li44ɵy0

0251. 鳙鱼胖头鱼　大头鱼 ta45thəu31ɵy0

0252. 鲫鱼　母猪鱼 mu44tʂu0ɵy211

0253. 甲鱼　鳖娃子 piɛ211ɵua0tsʅ0

0254. 鳞鱼的　甲 tɕia211

0255. 虾统称　虾 ɕia45

0256. 螃蟹统称　螃蟹 phɑŋ31xai0

0257. 青蛙统称　蚵蟆子 khei31ma0tsʅ0

0258. 癞蛤蟆表皮多疙瘩　癞圪包 lai45khei0pau0

（二）家畜、家禽

0259. 马　马 ma44

0260. 驴　驴子 ly31tsʅ0

0261. 骡　骡子 luo31tsʅ0

0262. 牛　牛 n̠iəu211

0263. 公牛统称　牯牛 ku44n̠iəu0

0264. 母牛统称　母牛 muo45n̠iəu0

0265. 放牛　放牛 fɑŋ45n̠iəu0

0266. 羊　羊子 ɵiɑŋ31tsʅ0

0267. 猪　猪 tʂu45

0268. 种猪配种用的公猪　脚猪 tɕyo31tʂu45

0269. 公猪成年的，已阉的　青猪 tɕhin45tʂu45

0270. 母猪成年的，未阉的　母猪 mu44tʂu45

0271. 猪崽　猪儿 tʂu45ɵər0

0272. 猪圈　猪圈 tʂu45tɕyan324

0273. 养猪　喂猪 ɵuei31tʂu45

0274. 猫　猫 mau45

0275. 公猫　男猫 lan31mau45

0276. 母猫　女猫 n̠y44mau45

0277. 狗统称　狗 kəu44

0278. 公狗　牙狗 ɵia31kəu44

0279. 母狗　草狗 tshau44kəu44

0280. 叫狗～　咬 ŋau44

0281. 兔子　兔子 thəu31tsʅ0

0282. 鸡　鸡子 tɕi45tsʅ0

0283. 公鸡成年的，未阉的　鸡公 tɕi45kuŋ45

0284. 母鸡已下过蛋的　鸡母 tɕi45mu44

0285. 叫公鸡～（打鸣儿）　叫鸣 tɕiau45min211

0286. 下鸡～蛋　下 ɕia324

0287. 孵～小鸡　菢 pau324

0288. 鸭　鸭子 ɵia31tsʅ0

0289. 鹅　鹅 ŋuo211

0290. 阉～公的猪　骟 ʂan324

0291. 阉～母的猪　骟 ʂan324

0292. 阉～鸡　骟 ʂan324

0293. 喂～猪　喂 ɵuei324

0294. 杀猪统称，注意婉称　杀猪 ʂa31tʂu45

0295. 杀～鱼　擘 phuo324

五、房舍、器具

（一）房舍

0296. 村庄一个～　村 tshuən45

0297. 胡同统称：一条～　巷子 xɑŋ45tsʅ0/巷巷 xɑŋ45xɑŋ0

0298. 街道　街 kai45

0299. 盖房子　修房子 ɕiəu45fɑŋ31tsʅ0

0300. 房子整座的，不包括院子　房子

faŋ31tsʅ0

0301. 屋子 房子里分隔而成的，统称　屋 Øu211

0302. 卧室　房屋 faŋ31Øu0

0303. 茅屋 茅草等盖的　草房 tʂhau44faŋ211

0304. 厨房　灶房 tsau24faŋ211

0305. 灶 统称　灶 tsau324

0306. 锅 统称　锅 kuo45

0307. 饭锅 煮饭的　锅 kuo45

0308. 菜锅 炒菜的　锅 kuo45

0309. 厕所 旧式的，统称　茅司 mau31sʅ0

0310. 檩 左右方向的　檩棒 lin44paŋ324/檩条 lin44thiau0

0311. 柱子　柱头 tʂu45thəu0

0312. 大门　大门 ta45mən211

0313. 门槛儿　门槛 mən31khan0

0314. 窗 旧式的　窗子 tʂhaŋ45tsʅ0

0315. 梯子 可移动的　梯子 thi45tsʅ0/楼梯 ləu31thi0

0316. 扫帚 统称　扫把 sau31pa0

0317. 扫地　扫地 sau44ti324

0318. 垃圾　渣渣 tʂa45tʂa0

（二）家具

0319. 家具 统称　家业 tɕia45ȵiɛ0

0320. 东西 我的～　东西 tuŋ45ɕi0

0321. 炕 土、砖砌的，睡觉用　炕 khaŋ324

0322. 床 木质的，睡觉用　床 tʂhuaŋ211/床铺 tʂhuaŋ31phu0

0323. 枕头　枕头 tʂən44thəu0

0324. 被子　铺盖 phu45kai0

0325. 棉絮　棉絮 mian31ɕy0

0326. 床单　单子 tan45tsʅ0

0327. 褥子　坝褥子 pa31ʐu45tsʅ0

0328. 席子　席子 ɕi31tsʅ0

0329. 蚊帐　帐子 tʂaŋ31tsʅ0

0330. 桌子 统称　桌子 tsuo31tsʅ0

0331. 柜子 统称　柜子 kuei31tsʅ0

0332. 抽屉 桌子的　抽匣 tʂhəu45ɕia0

0333. 案子 长条形的　案子 ŋan31tsʅ0

0334. 椅子 统称　椅子 Øi44tsʅ0

0335. 凳子 统称　板凳 pan44təŋ324

0336. 马桶 有盖的　尿桶 ȵiau31thuŋ44

（三）用具

0337. 菜刀　菜刀 tʂhai31tau0

0338. 瓢 舀水的　瓜瓢 kua45phiau0/瓢瓜 phiau31kua0

0339. 缸　缸 kaŋ45

0340. 坛子 装酒的～　坛子 than31tsʅ0

0341. 瓶子 装酒的～　瓶子 phin31tsʅ0

0342. 盖子 杯子的～　盖子 kai31tsʅ0

0343. 碗 统称　碗 Øuan44

0344. 筷子　筷子 khuai31tsʅ0

0345. 汤匙　调羹 thiau31kəŋ0

0346. 柴火 统称　柴火 tʂhai31xuo0

0347. 火柴　洋火 Øiaŋ31xuo0

0348. 锁　锁 suo44

0349. 钥匙　钥匙 Øyɛ31sʅ0

0350. 暖水瓶　电壶 tian45fu0

0351. 脸盆　洗脸盆 ɕi44lian0phən0

0352. 洗脸水　洗脸水 ɕi44lian44ʂuei0

0353. 毛巾 洗脸用　帕子 pha31tsʅ0

0354. 手绢　手帕 ʂəu44pha324

0355. 肥皂 洗衣服用　洋碱 Øiaŋ31tɕian44

0356. 梳子旧式的，不是篦子　梳子 ṣəu45tsʅ0

0357. 缝衣针　针 tṣən45

0358. 剪子　剪子 tɕian44tsʅ0

0359. 蜡烛　蜡 la211

0360. 手电筒　手电 ṣəu44tian324

0361. 雨伞挡雨的，统称　伞 san44

0362. 自行车　车子 tṣhɛ45tsʅ0

六、服饰、饮食

（一）服饰

0363. 衣服统称　衣裳 Øi45ṣaŋ0

0364. 穿～衣服　穿 tṣhuan45

0365. 脱～衣服　脱 thuo211

0366. 系～鞋带　绑 paŋ44

0367. 衬衫　衬衣 tshən31Øi0

0368. 背心带两条杠的，内衣　汗夹儿 xan31tɕiar0

0369. 毛衣　毛衣 mau31Øi45

0370. 棉衣　袄子 ŋau44tsʅ0

0371. 袖子　袖子 ɕiəu31tsʅ0

0372. 口袋衣服上的　荷包儿 xuo31paur0

0373. 裤子　裤子 khu31tsʅ0

0374. 短裤外穿的　短裤 tuan44khu324

0375. 裤腿　裤脚 khu24tɕyo0

0376. 帽子统称　帽子 mau31tsʅ0

0377. 鞋子　鞋子 xai31tsʅ0

0378. 袜子　袜子 Øua31tsʅ0

0379. 围巾　围脖子 Øuei31puo0tsʅ0

0380. 围裙　围腰 Øuei31Øiau0

0381. 尿布　尿片子 ȵiau45phian24tsʅ0

0382. 扣子　纽子 ȵiəu44tsʅ0

0383. 扣～扣子　扣 khəu324

0384. 戒指　戒指 tɕiɛ31tsʅ44

0385. 手镯　手圈子 ṣəu44tɕhyan0tsʅ0

0386. 理发　推头 thuei45thəu211

0387. 梳头　梳脑壳 ṣəu45lau44khuo0

（二）饮食

0388. 米饭　蒸饭 tṣən45fan324

0389. 稀饭用米熬的，统称　米汤 mi44thaŋ45

0390. 面粉麦子磨的，统称　灰面 xuei45mian324

0391. 面条统称　面 mian324

0392. 面儿玉米～，辣椒～　面 mian324

0393. 馒头无馅儿的，统称　蒸馍 tṣən45muo0

0394. 包子　包子 pau45tsʅ0

0395. 饺子　饺子 tɕiau44tsʅ0

0396. 馄饨　馄饨 xuən31thuən45

0397. 馅儿　馅子 ɕyan31tsʅ0

0398. 油条长条形的，旧称　油条 Øiəu31thiau211

0399. 豆浆　豆浆 təu31tɕiaŋ0

0400. 豆腐脑儿　豆腐脑 təu31fu0lau0

0401. 元宵食品　汤圆子 thaŋ45Øyan31tsʅ0

0402. 粽子　粽子 tsuŋ31tsʅ0

0403. 年糕用黏性大的米或米粉做的　糍粑 tsʅ31pa0

0404. 点心统称　点心 tian44ɕin0

0405. 菜吃饭时吃的，统称　菜 tshai324

0406. 干菜统称　干菜 kan45tshai324

0407. 豆腐　豆腐 təu31fu0

0408. 猪血当菜的　血 ɕyɛ211
0409. 猪蹄当菜的　猪蹄子 tʂu45thi0tsʅ0
0410. 猪舌头当菜的，注意婉称　猪舌条 tʂu45ʂɛ31thiau211
0411. 猪肝当菜的，注意婉称　肝子 kan45tsʅ0
0412. 下水猪、牛、羊的内脏　杂件 tsa31tɕian324
0413. 鸡蛋　鸡蛋 tɕi45tan324
0414. 松花蛋　皮蛋 phi31tan324
0415. 猪油　猪油 tʂu45ø̞iəu0
0416. 香油　香油 ɕiaŋ45ø̞iəu0
0417. 酱油　酱油 tɕiaŋ24ø̞iəu0
0418. 盐名词　盐 ø̞ian211
0419. 醋注意婉称　醋 tshəu324
0420. 香烟　纸烟 tsʅ44ø̞ian45
0421. 旱烟　叶子烟 ø̞iɛ31tsʅ0ø̞ian45/旱烟 xan31ø̞ian0
0422. 白酒　辣酒 la31tɕiəu0
0423. 黄酒　黄酒 xuɑŋ31tɕiəu0
0424. 江米酒酒酿，醪糟　甜酒 thian31tɕiəu0
0425. 茶叶　茶 tʂha211/茶叶 tʂha31ø̞iɛ0
0426. 沏～茶　泡 phau324
0427. 冰棍儿　冰棍儿 piŋ45kuər0
0428. 做饭统称　做饭 tsəu24fan324
0429. 炒菜统称，和做饭相对　炒菜 tʂhau44tʂhai324
0430. 煮～带壳的鸡蛋　煮 tʂu44
0431. 煎～鸡蛋　炕 khɑŋ324
0432. 炸～油条　炸 tʂa211
0433. 蒸～鱼　蒸 tʂən45

0434. 揉～面做馒头等　挼 ʐua211
0435. 擀～面，～皮儿　擀 kan44
0436. 吃早饭　吃早饭 tʂhʅ31tsau44fan324
0437. 吃午饭　吃响午 tʂhʅ31ʂaŋ44ø̞u0
0438. 吃晚饭　吃夜饭 tʂhʅ31ø̞iɛ24fan324
0439. 吃～饭　吃 tʂhʅ211
0440. 喝～酒　喝 xuo45
0441. 喝～茶　喝 xuo45
0442. 抽～烟　吃 tʂhʅ211
0443. 盛～饭　舀 ø̞iau44
0444. 夹用筋子～菜　挑 thiau45/拈 ȵian45
0445. 斟～酒　倒 tau324/筛 ʂai45
0446. 渴口～　渴 khuo211
0447. 饿肚子～　饿 ŋuo324
0448. 噎吃饭～着了　哽 kən44

七、身体、医疗

（一）身体

0449. 头人的，统称　脑壳 lau44khuo0
0450. 头发　头发 thəu31fa0
0451. 辫子　髦孩儿 mau31kər0
0452. 旋　旋儿 ɕyər324
0453. 额头　额颅 ŋei31ləu0
0454. 相貌　样方儿 ø̞iaŋ31fɐr0
0455. 脸洗～　脸 lian44
0456. 眼睛　眼睛 ø̞ian44tɕin0
0457. 眼珠统称　眼珠子 ø̞ian44tʂu0tsʅ0
0458. 眼泪哭的时候流出来的　眼流水 ø̞ian44liəu0ʂuei0

0459. 眉毛　眉毛 mi31mau0
0460. 耳朵　耳朵 Øər44tuo0
0461. 鼻子　鼻子 pi31tsʅ0
0462. 鼻涕统称　鼻子 pi31tsʅ0
0463. 擤～鼻涕　擤 ɕin44
0464. 嘴巴人的，统称　嘴巴 tsuei44pa0
0465. 嘴唇　嘴巴皮 tsuei44pa0phi211/嘴皮 tsuei44phi211
0466. 口水～流出来　颔口水 xan45khəu0ʂuei0
0467. 舌头　舌条 ʂɛ31thiau211
0468. 牙齿　牙 Øia211/牙齿 Øia31tʂʅ44
0469. 下巴　下巴 ɕia24pha0
0470. 胡子嘴周围的　胡子 xu31tsʅ0
0471. 脖子　颈项 ɕin44xaŋ0
0472. 喉咙　喉咙 xəu31luŋ0
0473. 肩膀　肩膀 tɕian45paŋ0
0474. 胳膊　手膀子 ʂəu44paŋ44tsʅ0
0475. 手方言指（打✓）：只指手✓；包括臂：他的～摔断了　手 ʂəu44
0476. 左手　左手 tsuo44ʂəu44
0477. 右手　右手 Øiəu31ʂəu44
0478. 拳头　掟子 tin31tsʅ0
0479. 手指　手指拇儿 ʂəu44tsʅ0mər0
0480. 大拇指　大指拇儿 ta31tsʅ24mər0
0481. 食指　二指拇儿 Øər31tsʅ24mər0
0482. 中指　中指拇儿 tsuŋ45tsʅ31mər0
0483. 无名指　四指拇儿 sʅ31tsʅ24mər0
0484. 小拇指　边指拇儿 pian45tsʅ31mər0
0485. 指甲　指甲 tsʅ44tɕia0
0486. 腿　腿 thuei44/腿杆 thuei44kan0
0487. 脚方言指（打✓）：只指脚✓；包括小腿；包括小腿和大腿：他的～轧断了　脚 tɕyo211
0488. 膝盖指部位　圪膝包 khei31tɕhi31pau0
0489. 背名词　背 pei324
0490. 肚子腹部　肚子 təu31tsʅ0
0491. 肚脐　肚脐眼儿 təu31tɕhi0Øiar0
0492. 乳房女性的　奶子 lai44tsʅ0
0493. 屁股　沟子 kəu45tsʅ0
0494. 肛门　屁眼 phi31Øian0
0495. 阴茎成人的　屌 tɕhiəu211/鸡儿 tɕi45Øər0/鸡巴 tɕi45pa0
0496. 女阴成人的　屄 phi45
0497. 肏动词　肏 zʅ211
0498. 精液　尿 suŋ211
0499. 来月经注意婉称　例假 li31tɕia0
0500. 拉屎　屙屎 Øuo45ʂʅ44
0501. 撒尿　屙尿 Øuo45ȵiau324
0502. 放屁　放屁 faŋ24phi324
0503. 相当于"他妈的"的口头禅　屌哎 tɕhiəu31Øai0/肏妈屄 zʅ211ma45pi211

（二）疾病、医疗

0504. 病了　害病 xai24pin324
0505. 着凉　冻凉 tuŋ24liaŋ211
0506. 咳嗽　咳嗽 khei31səu324
0507. 发烧　发烧 fa31ʂau45
0508. 发抖　打颤 ta44tʂan324/抖 thəu44
0509. 肚子疼　肚子痛 təu31tsʅ0thuŋ324
0510. 拉肚子　跑肚子 phau44təu31tsʅ0
0511. 患疟疾　打摆子 ta44pai44tsʅ0
0512. 中暑　中暑 tsuŋ31ʂu44

0513. 肿　发肿 fa31tsuŋ44

0514. 化脓　化脓 xua24luŋ211/
流脓 liəu31luŋ211

0515. 疤好了的　疤子 pa45tsʅ0

0516. 癣　癣 ɕyan44

0517. 痣凸起的　痣 tʂʅ324

0518. 疙瘩蚊子咬后形成的　疙瘩 kei31ta0

0519. 狐臭　臭胎子 tʂhəu31thai45tsʅ0/
香荷包 ɕiaŋ45xuo0pau0

0520. 看病　看病 khan24pin324

0521. 诊脉　拉脉 la31mei211

0522. 针灸　扎干针 tsa31kan45tʂən0/
扎银针 tsa31ɸin31tʂən0

0523. 打针　打针 ta44tʂən45

0524. 打吊针　打吊针 ta44tiau31tʂən0

0525. 吃药统称　吃药 tʂhʅ31ɸyo211

0526. 汤药　中药 tʂuŋ45ɸyo0

0527. 病轻了　松活了 suŋ45xuo0liau0

八、婚丧、信仰

（一）婚育

0528. 说媒　说对象 ʂuo31tuei24ɕiaŋ0

0529. 媒人　介绍人 tɕiɛ24ʂau31ʐən0

0530. 相亲　相亲 ɕiaŋ45tɕhin45

0531. 订婚　定亲 tin31tɕhin45

0532. 嫁妆　陪嫁 phei31tɕia0

0533. 结婚统称　成亲 tʂhən31tɕhin45

0534. 娶妻子男子～,动宾　接媳妇
tɕiɛ31ɕi31fu0

0535. 出嫁女子～　出嫁 tʂhu31tɕia324

0536. 拜堂　拜堂 pai24thaŋ211/周堂
tʂəu45thaŋ211

0537. 新郎　新郎官 ɕin45laŋ0kuan0

0538. 新娘子　新媳妇儿 ɕin45ɕi31fur0/
新大姐 ɕin45ta0tɕiɛ0

0539. 孕妇　怀肚婆 xuai31təu31pho0

0540. 怀孕　怀娃儿 xuai31ɸua31ɸər0

0541. 害喜妊娠反应　害喜 xai31ɕi44

0542. 分娩　生娃儿 ʂən45ɸua31ɸər0

0543. 流产　小月 ɕiau44ɸyɛ0

0544. 双胞胎　双生子 ʂuaŋ45ʂən0tsʅ0

0545. 坐月子　坐月 tsuo24ɸyɛ211

0546. 吃奶　吃奶 tʂhʅ31lai44

0547. 断奶　隔奶 kei31lai44

0548. 满月　满月 man44ɸyɛ211

0549. 生日统称　生儿 ʂən45ɸər0

0550. 做寿　办生 pan31ʂən45

（二）丧葬

0551. 死统称　死 sʅ44

0552. 死婉称,最常用的几种,指老人：他～了　走 tsəu44/老 lau44/过世 kuo24ʂʅ324

0553. 自杀　寻短见 ɕin31tuan44tɕian0/
寻短路 ɕin31tuan44ləu324

0554. 咽气　落气 luo31tɕhi324

0555. 入殓　入棺 ʐu31kuan45

0556. 棺材　寿枋 ʂəu31faŋ0

0557. 出殡　出丧 tʂhu31saŋ45

0558. 灵位　牌位 phai31ɸuei0

0559. 坟墓单个的,老人的　坟 fən211

0560. 上坟　上坟 ʂaŋ45fən211

0561. 纸钱　钱纸 tɕhian31tsʅ44

（三）信仰

0562. 老天爷　天老爷 thian45lau44ɸiɛ0

0563. 菩萨统称　菩萨 phu31sa0

0564. 观音　观音 kuan45ɵin45

0565. 灶神口头的叫法　灶王老爷 tsau24ɵuaŋ31lau44ɵiɛ0/灶神菩萨 tsau45ʂən0phu31sa0

0566. 寺庙　庙 miau324

0567. 祠堂　祠堂 tʂʰɿ31tʰaŋ211

0568. 和尚　和尚 xuo31ʂaŋ0

0569. 尼姑　尼姑 ȵi31ku45

0570. 道士　道士 tau31sɿ0

0571. 算命统称　算命 suan24min324

0572. 运气　运气 ɵyən24tɕʰi324

0573. 保佑　保佑 pau44ɵiəu324

九、人品、称谓

（一）人品

0574. 人一个～　人 z̩ən211

0575. 男人成年的，统称　男人 ȵan31z̩ən211

0576. 女人三四十岁已婚的，统称　女人 ȵy44z̩ən0/媳妇 ɕi31fu0

0577. 单身汉　光棍儿 kuaŋ45kuɚ0

0578. 老姑娘　老姑娘 lau44ku0ȵiaŋ0

0579. 婴儿　月娃 ɵyɛ31ɵua0

0580. 小孩儿三四岁的，统称　小娃儿 ɕiau44ɵuɐ0

0581. 男孩儿统称：外面有个～在哭　儿娃子 ɵɚ31ɵua0tsɿ0

0582. 女孩儿统称：外面有个～在哭　女娃子 ȵy44ɵua0tsɿ0

0583. 老人七八十岁的，统称　老人 lau44z̩ən0

0584. 亲戚统称　亲戚 tɕʰin45tɕʰi0

0585. 朋友统称　朋友 pʰəŋ31ɵiəu0

0586. 邻居统称　邻居 lin31tɕy45

0587. 客人　客 kʰei211/人客 z̩ən31kʰei0

0588. 农民　农民 luŋ31min211/庄稼汉 tʂuaŋ45tɕia0xan324

0589. 商人　做买卖的 tsəu31mai44mai0ti0/做生意的 tsəu31ʂən45ɵi0ti0

0590. 手艺人统称　手艺人 ʂəu44ɵi0z̩ən0

0591. 泥水匠　泥水匠 ȵi31ʂuei0tɕiaŋ324

0592. 木匠　木匠 mu31tɕiaŋ324

0593. 裁缝　裁缝 tsʰai31fəŋ0

0594. 理发师　剃头匠 tʰi45tʰəu31tɕiaŋ324/待诏 tai31tʂau0

0595. 厨师　厨倌师 tʂʰu31kuan0sɿ0

0596. 师傅　师傅 sɿ45fu0

0597. 徒弟　徒弟 tʰəu31ti0

0598. 乞丐统称，非贬称（无统称则记成年男的）　讨口子 tʰau44kʰəu44tsɿ0/叫花子 tɕiau31xua45tsɿ0

0599. 妓女　婊子 piau44tsɿ0

0600. 流氓　流氓 liəu31maŋ0

0601. 贼　贼娃子 tsuei31ɵua0tsɿ0/绺儿匠 liəu44ɵɚ0tɕiaŋ324

0602. 瞎子统称，非贬称（无统称则记成年男的）　瞎子 ɕia31tsɿ0

0603. 聋子统称，非贬称（无统称则记成年男的）　聋子 luŋ45tsɿ0

0604. 哑巴统称，非贬称（无统称则记成年男的）　哑巴 ɵia44pa0

0605. 驼子统称，非贬称（无统称则记成年男的）　驼背子 tʰuo31pei31tsɿ0

0606. 瘸子统称，非贬称（无统称则记成年男的） 跛子 pai45tsɿ0

0607. 疯子统称，非贬称（无统称则记成年男的） 癫子 tian45tsɿ0

0608. 傻子统称，非贬称（无统称则记成年男的） 瓜子 kua44tsɿ0

0609. 笨蛋蠢的人 苕人 ʂau31ʐən0

（二）称谓

0610. 爷爷呼称，最通用的 爷爷 Øiɛ31Øiɛ0/爷 Øiɛ211

0611. 奶奶呼称，最通用的 奶奶 lai44lai0

0612. 外祖父叙称 外爷 Øuei45Øiɛ211

0613. 外祖母叙称 外婆 Øuei45phuo211

0614. 父母合称 爹娘 tiɛ45ȵiaŋ0

0615. 父亲叙称 爹 tiɛ45/爸 pa211/老子 lau44tsɿ0

0616. 母亲叙称 娘 ȵiaŋ211/妈 ma45

0617. 爸爸呼称，最通用的 爸爸 pa31pa0/爹 tiɛ45

0618. 妈妈呼称，最通用的 妈 ma45

0619. 继父叙称 后老子 xəu31lau44tsɿ0

0620. 继母叙称 后妈 xəu31ma45

0621. 岳父叙称 外父 Øuai31fu0

0622. 岳母叙称 外母娘 Øuai31mu0ȵiaŋ0

0623. 公公叙称 公公老汉 kuŋ45kuŋ0lau44xan0/公公老子 kuŋ45kuŋ0lau44tsɿ0

0624. 婆婆叙称 婆婆娘 phuo31phuo0ȵiaŋ0

0625. 伯父呼称，统称 伯伯 pei31pei0

0626. 伯母呼称，统称 伯娘 pei31ȵiaŋ0

0627. 叔父呼称，统称 叔叔 ʂəu31ʂəu0

0628. 叔父呼称，排行最小的，如"幺叔" 幺叔 Øiau45ʂəu0

0629. 叔母呼称，统称 婶婶 ʂən44ʂən0

0630. 姑呼称，统称（无统称则记分称：比父大，比父小；已婚，未婚） 姑 ku45

0631. 姑父呼称，统称 姑父 ku45fu0/姑爷 ku45Øiɛ0

0632. 舅舅呼称 舅舅 tɕiəu31tɕiəu0

0633. 舅妈呼称 舅娘 tɕiəu45ȵiaŋ0

0634. 姨呼称，统称（无统称则记分称：比母大，比母小；已婚，未婚） 姨娘 Øi31ȵiaŋ0

0635. 姨父呼称，统称 姨夫 Øi31fu0

0636. 弟兄合称 弟兄 ti31ɕyŋ0

0637. 姊妹合称，注明是否可包括男性 姊妹包括男性 tsɿ44mei324

0638. 哥哥呼称，统称 哥哥 kuo45kuo0

0639. 嫂子呼称，统称 嫂嫂 sau44sau0

0640. 弟弟叙称 弟儿 ti31Øɚ0

0641. 弟媳叙称 兄弟媳妇 ɕyŋ45ti0ɕi0fu0

0642. 姐姐呼称，统称 姐姐 tɕiɛ44tɕiɛ0

0643. 姐夫呼称 姐夫 tɕiɛ44fu0

0644. 妹妹叙称 妹妹 mei31mei0

0645. 妹夫叙称 妹夫 mei31fu0/妹夫子 mei31fu0tsɿ0

0646. 堂兄弟叙称，统称 隔房弟兄 kei31faŋ0ti31ɕyŋ0

0647. 表兄弟叙称，统称 老表 lau44piau44

0648. 妯娌弟兄妻子的合称 妯娌 tʂhəu31li0

0649. 连襟姊妹丈夫的关系，叙称 挑担 thiau45tan0/老挑 lau44thiau45

0650. 儿子叙称：我的～　娃儿 Øua31Øɾ0

0651. 儿媳妇叙称：我的～　儿媳妇 Øər31ɕi31fu0

0652. 女儿叙称：我的～　女儿 ȵy44Øɾ0／女子 ȵy44tsʅ0

0653. 女婿叙称：我的～　女婿娃 ȵy44ɕi0Øua0／门客 mən31khei0

0654. 孙子儿子之子　孙娃子 suən45Øua0tsʅ0

0655. 重孙子儿子之孙　重孙儿 tʂhuŋ31suən31Øɾ0

0656. 侄子弟兄之子　侄儿 tʂʅ31Øɾ0／侄娃子 tʂʅ31Øua0tsʅ0

0657. 外甥姐妹之子　外侄 Øuai45tʂʅ31

0658. 外孙女儿之子　外孙 Øuai31suən45

0659. 夫妻合称　两口子 liaŋ44khəu44tsʅ0

0660. 丈夫叙称，最通用的，非贬称：她的～　男的 lan31ti0

0661. 妻子叙称，最通用的，非贬称：他的～　媳妇 ɕi31fu0／老婆 lau44phuo0／女人 ȵy44ʐən0

0662. 名字　名字 min31tsʅ0

0663. 绰号　外号 Øuai24xau24／诨名 xuən31min31

十、农、工、商、文

（一）农业

0664. 干活儿统称：在地里～　做活路 tsəu24xuo31ləu0

0665. 事情一件～　事 sʅ324

0666. 插秧　栽秧 tsai45Øiaŋ45

0667. 割稻　割谷子 kuo31ku31tsʅ0

0668. 种菜　种菜 tsuŋ24tshai324

0669. 犁名词　犁头 li31thəu0

0670. 锄头　锄子 tshəu31tsʅ0

0671. 镰刀　镰刀 lian31tau0

0672. 把儿刀～　把把 pa31pa0

0673. 扁担　扁担 pian44tan0

0674. 箩筐　箩筐 luo31khuaŋ0／篾筐 miɛ31khuaŋ0

0675. 筛子统称　筛子 ʂai45tsʅ0

0676. 簸箕农具，有梁的　蒲篮 phu31lan0

0677. 簸箕簸米用　簸箕 puo44tɕi0

0678. 独轮车　独轮车 təu31luən0tʂhɛ0／鸡公车 tɕi45kuŋ0tʂhɛ0

0679. 轮子旧式的，如独轮车上的　轮子 luən31tsʅ0

0680. 碓整体　碓窝 tuei31Øuo0

0681. 臼　窝窝 Øuo45Øuo0／辣子窝 lan31tsʅ0Øuo0

0682. 磨名词　磨子 muo31tsʅ0

0683. 年成　年辰 ȵian31ʂən0

（二）工商业

0684. 走江湖统称　跑四外 phau44sʅ24Øuai0

0685. 打工　卖佃活路 mai31tian44xuo31ləu0

0686. 斧子　响子 ɕiaŋ44tsʅ0／开山子 khai45ʂan0tsʅ0

0687. 钳子　钳子 tɕhian31tsʅ0

0688. 螺丝刀　起子 tɕhi44tsʅ0

0689. 锤子　锤 tʂhuei211

0690. 钉子　钉子 tin45tsʅ0

0691. 绳子　绳子 ʂən31tsɿ0

0692. 棍子　棒 paŋ324

0693. 做买卖　做买卖 tsəu31mai44mai0／做生意 tsəu31sən45Øi0

0694. 商店　铺子 phu31tsɿ0／铺铺 phu31phu0

0695. 饭馆　食堂 ʂɿ31thaŋ0／馆子 kuan44tsɿ0

0696. 旅馆旧称　店子 tian31tsɿ0

0697. 贵　贵 kuei324

0698. 便宜　便宜 phian31Øi211

0699. 合算　划算 xua31suan324

0700. 折扣　折扣 tʂɛ31khəu324

0701. 亏本　折本 ʂɛ31pən44／赔本 phei31pən44／亏本 khuei45pən44

0702. 钱统称　票子 phiau31tsɿ0／钱 tɕhian211

0703. 零钱　零钱 lin31tɕhian211

0704. 硬币　壳儿 khuo31Øər0

0705. 本钱　本 pən44／本钱 pən44tɕhian0

0706. 工钱　工钱 kuŋ45tɕhian0

0707. 路费　盘缠 phan31tʂhan0

0708. 花~钱　花 xua45／用 Øyŋ324

0709. 赚卖一斤能~一毛钱　赚 tʂuan324

0710. 挣打工~了一千块钱　挣 tʂən324

0711. 欠~他十块钱　欠 tɕhian324／争 tsən45

0712. 算盘　算盘 suan45phan0

0713. 秤统称　秤 tʂhən324

0714. 称用秤~　称 tʂhən45

0715. 赶集　赶场 kan44tʂhaŋ211

0716. 集市　市场 ʂɿ31tʂhaŋ0

0717. 庙会　庙会 miau24xuei0

（三）文化、娱乐

0718. 学校　学堂 ɕyo31thaŋ0

0719. 教室　教室 tɕiau24ʂɿ0

0720. 上学　上学 ʂaŋ24ɕyo211

0721. 放学　放学 faŋ24ɕyo211

0722. 考试　考试 khau44ʂɿ324

0723. 书包　书包 ʂu45pau0

0724. 本子　本子 pən44tsɿ0

0725. 铅笔　铅笔 tɕhian45pi0

0726. 钢笔　钢笔 kaŋ45pi0

0727. 圆珠笔　圆子笔 Øyuan31tsɿ0pi0

0728. 毛笔　毛笔 mau31pi0

0729. 墨　墨 mei211

0730. 砚台　砚台 Øian24thai211

0731. 信一封~　信 ɕin324

0732. 连环画　娃娃书 Øua31Øua0ʂu45

0733. 捉迷藏　躲猫 tuo44mau45

0734. 跳绳　跳绳 thiau24ʂən211

0735. 毽子　毽子 tɕian31tsɿ0

0736. 风筝　风筝 fəŋ45tsən0

0737. 舞狮　耍狮子 ʂua44sɿ45tsɿ0

0738. 鞭炮统称　火炮子 xuo44phau31tsɿ0

0739. 唱歌　唱歌 tʂhaŋ31kuo45

0740. 演戏　唱戏 tʂhaŋ24ɕi324／演戏 Øian44ɕi324

0741. 锣鼓统称　锣鼓家什 luo31ku0tɕia0sɿ0

0742. 二胡　弦子 ɕian31tsɿ0／胡琴 xu31tɕhin0

0743. 笛子　笛子 ti31tsɿ0

0744. 划拳　划拳 xua31tɕyan211

0745. 下棋　下棋 ɕia24tɕi211

0746. 打扑克　打牌 ta44phai211

0747. 打麻将　打麻将 ta44ma31tɕiaŋ0

0748. 变魔术　耍把戏 ʂua44pa44ɕi0/
耍魔术 ʂua44muo31ʂu0

0749. 讲故事　说古今 ʂuo31ku44tɕin0/
摆古今 pai44ku44tɕin0

0750. 猜谜语　猜谜子 tʂhai44mi31tsʅ0

0751. 玩儿游玩：到城里～　耍 ʂua44

0752. 串门儿　串门子
tʂhuan24mən31tsʅ0

0753. 走亲戚　走亲戚
tsəu44tɕhin45tɕhi0

十一、动作、行为

（一）具体动作

0754. 看～电视　看 khan324

0755. 听用耳朵～　听 thin45

0756. 闻嗅：用鼻子～　闻 Øuən211

0757. 吸～气　吸 ɕi45

0758. 睁～眼　睁 tsən45

0759. 闭～眼　闭 pi324

0760. 眨～眼　眨 tsa211

0761. 张～嘴　张 tʂa45

0762. 闭～嘴　闭 pi324

0763. 咬狗～人　咬 ŋau44

0764. 嚼把肉～碎　嚼 tɕiau211

0765. 咽～下去　吞 thən45/咽 Øian324

0766. 舔人用舌头～　舔 thian44

0767. 含～在嘴里　含 xan211

0768. 亲嘴　打啵 ta44puo45

0769. 吮吸用嘴唇聚拢吸取液体，如吃奶时
咀 tɕy211/嗍 tsa211

0770. 吐上声，把果核儿～掉　吐 thəu44

0771. 吐去声，呕吐：喝酒喝～了　呕
ŋəu44

0772. 打喷嚏　打喷啾
ta44phən31tɕhiəu0

0773. 拿用手把苹果～过来　拿 la211

0774. 给他～我一个苹果　给 kei324

0775. 摸～头　摸 muo45

0776. 伸～手　伸 tʂhən45

0777. 挠～痒痒　抠 khəu45

0778. 掐用拇指和食指的指甲～皮肉
掐 tɕhia45

0779. 拧～螺丝　扭 ȵiəu44

0780. 拧～毛巾　揪 tɕiəu45

0781. 捻用拇指和食指来回～碎
捻 lən211

0782. 掰把橘子～开，把馒头～开
撇 phiɛ44

0783. 剥～花生　剥 puo211

0784. 撕把纸～了　撕 sʅ45/扯 tʂhɛ44

0785. 折把树枝～断　撇 phiɛ44

0786. 拔～萝卜　拔 pa211

0787. 摘～花　摘 tsei211

0788. 站站立：～起来　站 tʂan324

0789. 倚斜靠：～在墙上　靠 khau324

0790. 蹲～下　跍 ku45

0791. 坐～下　坐 tsuo324

0792. 跳青蛙～起来　跳 thiau324/蹦
pəŋ324

0793. 迈跨过高物：从门槛上～过去
□ tɕhia211

0794. 踩脚～在牛粪上　踩 tʂhai44/踏 tha211
0795. 翘～腿　翘 tɕhiau45
0796. 弯～腰　弯 Øuan45
0797. 挺～胸　挺 thin44
0798. 趴～着睡　趴 pha211
0799. 爬小孩儿在地上～　趴 pha211
0800. 走慢慢儿～　走 tsəu44
0801. 跑慢慢儿走，别～　跑 phau44
0802. 逃逃跑：小偷儿～走了　跑 phau44
0803. 追追赶：～小偷儿　撵 ɲian44
0804. 抓～小偷儿　逮 tai211
0805. 抱把小孩儿～在怀里　抱 pau324/搂 ləu45
0806. 背～孩子　背 pei45
0807. 搀～老人　掌 tʂaŋ44/搀 tʂhan45
0808. 推几个人一起～汽车　挡 tʂhəu45
0809. 摔跌：小孩儿～倒了　跘 pan324
0810. 撞人～到电线杆　碰 phəŋ324
0811. 挡你～住我了，我看不见　挡 taŋ324
0812. 躲躲藏：他～在床底下　躲 tuo44
0813. 藏藏放，收藏：钱～在枕头下面　藏 tshaŋ211
0814. 放把碗～在桌子上　搁 kei324
0815. 摞把砖～起来　码 ma44
0816. 埋～在地下　埋 mai211
0817. 盖把茶杯～上　扛 khaŋ44
0818. 压用石头～住　轧 tʂa324
0819. 摁用手指按：～图钉　按 ŋan324
0820. 捅用棍子～鸟窝　戳 tʂhuo211
0821. 插把香～到香炉里　插 tʂha211
0822. 戳～个洞　戳 tʂhuo211

0823. 砍～树　砍 khan44
0824. 剁把肉～碎做馅儿　剁 tuo324
0825. 削～苹果　削 ɕyo211
0826. 裂木板～开了　裂 liɛ211
0827. 皱皮～起来　皱 tsuŋ324
0828. 腐烂死鱼～了　烂 lan324
0829. 擦用毛巾～手　擦 tsha211
0830. 倒把碗里的剩饭～掉　倒 tau324
0831. 扔丢弃：这个东西坏了，～了它　甩 ʂuai44
0832. 扔投掷：比一比谁～得远　撂 liau324
0833. 掉掉落，坠落：树上～下一个梨　掉 tiau324
0834. 滴水～下来　滴 ti211
0835. 丢丢失：钥匙～了　折 ʂei211
0836. 找寻找：钥匙～到了　找 tsau44
0837. 捡～到十块钱　捡 tɕian44
0838. 提用手把篮子～起来　掂 tia45
0839. 挑～担　挑 thiau45
0840. 扛把锄头～在肩上　捞 lau44
0841. 抬～轿　抬 thai211
0842. 举～旗子　拥 tsəu44
0843. 撑～伞　撑 tshən45
0844. 撬把门～开　撬 ŋau324
0845. 挑挑选，选择：你自己～一个　选 ɕyan44
0846. 收拾～东西　收拾 ʂəu45ʐ̩0
0847. 挽～袖子　挽 Øuan44
0848. 涮把杯子～一下　涮 ʂuan324
0849. 洗～衣服　洗 ɕi44
0850. 捞～鱼　捞 lau211
0851. 拴～牛　拴 ʂuan45

0852. 捆～起来　捆 khuən44
0853. 解～绳子　解 kai44
0854. 挪～桌子　攒 tsan44
0855. 端～碗　端 tuan45
0856. 摔碗～碎了　绊 pan324
0857. 掺～水　掺 tʂhan45
0858. 烧～柴　烧 ʂau45
0859. 拆～房子　拆 tʂhei211
0860. 转～圈儿　转 tʂuan324
0861. 捶用拳头～　扷 tsaŋ211
0862. 打统称：他～了我一下　打 ta44
0863. 打架动手：两个人在～　打捶 ta44tʂhuei211
0864. 休息　歇 ɕiɛ211
0865. 打哈欠　打哈欠 ta44xuo45ɕian0
0866. 打瞌睡　窜瞌睡 tʂhuan44khuo31ʂuei0
0867. 睡他已经～了　睡 ʂuei324
0868. 打呼噜　扯鼾 tʂhɛ44xan45
0869. 做梦　做梦 tsəu24məŋ324
0870. 起床　起来 tɕhi44lai0
0871. 刷牙　刷牙 ʂua31Øia211
0872. 洗澡　洗澡 ɕi44tsau44

(二) 抽象动作

0873. 想思索：让我～一下　想 ɕiaŋ44
0874. 想想念：我很～他　牵挂 tɕhian45kua0
0875. 打算我～开个店　打算 ta44suan0
0876. 记得　记得 tɕi24tei0
0877. 忘记　忘 Øuaŋ324
0878. 怕害怕：你别～　怕 pha324／害怕 xai24pha324

0879. 相信我～你　相信 ɕiaŋ45ɕin324／信 ɕin324
0880. 发愁　愁 tʂhəu211
0881. 小心过马路要～　过细 kuo45ɕi324
0882. 喜欢～看电视　喜欢 ɕi44xuan0
0883. 讨厌～这个人　讨厌 thau44Øian324／讨恨 thau44xən324
0884. 舒服凉风吹来很～　舒服 ʂu45fu0
0885. 难受生理的　难受 lan31ʂəu324
0886. 难过心理的　难过 lan31kuo324
0887. 高兴　欢喜 xuan45ɕi0
0888. 生气　怄气 ŋəu24tɕhi324
0889. 责怪　怪 kuai324
0890. 后悔　后悔 xəu31xuei0
0891. 忌妒　妒忌 təu24tɕi324
0892. 害羞　怕羞 pha31ɕiəu45
0893. 丢脸　丢人 tiəu45ʐən211／丢面子 tiəu45mian31tsɿ0
0894. 欺负　相欺 ɕiaŋ45tɕhi45
0895. 装～病　装 tʂuaŋ45
0896. 疼～小孩儿　心痛 ɕin45thuŋ324／痛爱 thuŋ45ŋai324
0897. 要我～这个　要 Øiau324
0898. 有我～一个孩子　有 Øiəu44
0899. 没有他～孩子　没得 mei24tei211
0900. 是我～老师　是 ʂɿ324
0901. 不是他～老师　不是 pu31ʂɿ324
0902. 在他～家　在 tsai324
0903. 不在他～家　没在 mei24tsai324
0904. 知道我～这件事　晓得 ɕiau44tei0
0905. 不知道我～这件事　不晓得 pu31ɕiau44tei0

0906. 懂我～英语　懂 tuŋ44

0907. 不懂我～英语　不懂 pu31tuŋ44

0908. 会我～开车　会 xuei324

0909. 不会我～开车　不会 pu31xuei324

0910. 认识我～他　认得 ʐən24tei0

0911. 不认识我～他　认不得 ʐən24pu31tei0

0912. 行应答语　得行 tei31ɕin0

0913. 不行应答语　不得行 pu31tei31ɕin0

0914. 肯～来　肯 khən44

0915. 应该～去　该 kai45

0916. 可以～去　可以 khuo44Øi0

(三) 言语

0917. 说～话　说 ʂuo211

0918. 话说～　话 xua324

0919. 聊天儿　打班子 ta44kuaŋ44tsʅ0

0920. 叫～他一声儿　叫 tɕiau324/喊 xan44

0921. 吆喝大声喊　吆喝 Øiau45xuo0

0922. 哭小孩儿～　□ sei45

0923. 骂当面～人　嚁 tɕyɛ211

0924. 吵架动嘴:两个人在～　骂仗 ma45tʂaŋ324

0925. 骗～人　哄 xuŋ44

0926. 哄～小孩儿　哄 xuŋ44

0927. 撒谎　扯谎 tʂhɛ44xuaŋ44/日白 ʐʅ31pei211

0928. 吹牛　冲壳子 tʂhuŋ45khuo31tsʅ0

0929. 拍马屁　舔沟子 thian44kəu45tsʅ0

0930. 开玩笑　说笑 ʂuo31ɕiau324

0931. 告诉～他　说 ʂuo211

0932. 谢谢致谢语　谢谢 ɕiɛ45ɕiɛ0

0933. 对不起致歉语　对不起 tuei31pu0tɕhi44

0934. 再见告别语　二天见 Øər31thian44tɕian324

十二、性质、状态

(一) 形貌

0935. 大苹果～　大 ta324

0936. 小苹果～　小 ɕiau44

0937. 粗绳子～　粗 tshəu45

0938. 细绳子～　细 ɕi324

0939. 长线～　长 tʂhaŋ211

0940. 短线～　短 tuan44

0941. 长时间～　长 tʂhaŋ211

0942. 短时间～　短 tuan44

0943. 宽路～　宽 khuan45

0944. 宽敞房子～　宽绰 khuan45tʂhau0

0945. 窄路～　窄 tsei211

0946. 高飞机飞得～　高 kau45

0947. 低鸟飞得～　矮 ŋai44

0948. 高他比我～　高 kau45

0949. 矮他比我～　矮 ŋai44

0950. 远路～　远 Øyan44

0951. 近路～　近 tɕin324

0952. 深水～　深 ʂən45

0953. 浅水～　浅 tɕhian44

0954. 清水～　清 tɕhin45

0955. 浑水～　浑 xuən45

0956. 圆　圆 Øyan211

0957. 扁　瘪 piɛ44/扁 pian44

0958. 方　方 faŋ45

0959. 尖　尖 tɕian45

0960. 平　平 phin211
0961. 肥～肉　肥 fei211
0962. 瘦～肉　瘦 səu324
0963. 肥形容猪等动物　肥 fei211
0964. 胖形容人　胖 phaŋ324
0965. 瘦形容人、动物　瘦 səu324/啷巴 laŋ45pa0
0966. 黑黑板的颜色　黑 xei211
0967. 白雪的颜色　白 pei211
0968. 红国旗的主颜色，统称　红 xuŋ211
0969. 黄国旗上五星的颜色　黄 xuaŋ211
0970. 蓝蓝天的颜色　蓝 lan211
0971. 绿绿叶的颜色　绿 ləu211
0972. 紫紫药水的颜色　紫 tsʅ44
0973. 灰草木灰的颜色　灰 xuei45

（二）状态

0974. 多东西～　多 tuo45
0975. 少东西～　少 ʂau44
0976. 重担子～　重 tʂuŋ324
0977. 轻担子～　轻 tɕhin45
0978. 直线～　直 tsʅ211
0979. 陡坡～，楼梯～　陡 təu44
0980. 弯弯曲：这条路是～的　弯 Øuan45
0981. 歪帽子戴～了　偏 phian45
0982. 厚木板～　厚 xəu324
0983. 薄木板～　薄 puo211
0984. 稠稀饭～　稠 tʂhəu211/黏 ɲian324
0985. 稀稀饭～　稀 ɕi45
0986. 密菜种得～　密 mi211
0987. 稀稀疏：菜种得～　稀 ɕi45
0988. 亮指光线，明亮　亮 liaŋ324

0989. 黑指光线，完全看不见　黑 xei211
0990. 热天气～　热 zɝ211
0991. 暖和天气～　热和 zɝ31xuo0
0992. 凉天气～　凉快 liaŋ31khuai0
0993. 冷天气～　冷 lən44
0994. 热水～　热 zɝ211
0995. 凉水～　凉 liaŋ211
0996. 干干燥：衣服晒～了　干 kan45
0997. 湿潮湿：衣服淋～了　湿 ʂʅ211
0998. 干净衣服～　干净 kan45tɕin0
0999. 脏肮脏，不干净，统称：衣服～　脏 tsaŋ45
1000. 快锋利：刀子～　快 khuai324
1001. 钝刀子～　钝 tuən324
1002. 快坐车比走路～　快 khuai324
1003. 慢走路比坐车～　慢 man324
1004. 早来得～　早 tsau44
1005. 晚来～了　迟 tʂhʅ211/晏 ŋan324
1006. 晚天色～　暗 ŋan44
1007. 松捆得～　松 suŋ45
1008. 紧捆得～　紧 tɕin44
1009. 容易这道题～　容易 Øyŋ310i0
1010. 难这道题～　难 lan211
1011. 新衣服～　新 ɕin45
1012. 旧衣服～　旧 tɕiəu324
1013. 老人～　老 lau44
1014. 年轻人～　年轻 ɲian31tɕhin45
1015. 软糖～　炦 pha45
1016. 硬骨头～　硬 ŋən324
1017. 烂肉煮得～　烂 lan324
1018. 煳饭烧～了　煳 fu211
1019. 结实家具～　结实 tɕiɛ31ʂʅ0
1020. 破衣服～　烂 lan324

1021. 富他家很~　富 fu324
1022. 穷他家很~　穷 tɕhyŋ211
1023. 忙最近很~　忙 maŋ211
1024. 闲最近比较~　闲 ɕian211
1025. 累走路走得很~　累 luei324
1026. 疼摔~了　痛 thuŋ324
1027. 痒皮肤~　咬 ŋau44
1028. 热闹看戏的地方很~　闹热 lau24ʐɛ211
1029. 熟悉这个地方我很~　熟识 ʂəu31ʂʅ0
1030. 陌生这个地方我很~　生疏 sən45səu0
1031. 味道尝尝~　味道 ʋuei31tau0
1032. 气味闻闻~　气气 tɕhi31tɕhi0
1033. 咸菜~　咸 xan211
1034. 淡菜~　淡 tan324
1035. 酸　酸 suan45
1036. 甜　甜 thian211
1037. 苦　苦 khu44
1038. 辣　辣 la211
1039. 鲜鱼汤~　鲜 ɕuan45
1040. 香　香 ɕiaŋ45
1041. 臭　臭 tʂhəu324
1042. 馊饭~　馊气 sʅ45tɕhi0
1043. 腥鱼~　腥气 ɕin45tɕhi0

（三）品性

1044. 好人~　好 xau44
1045. 坏人~　坏 xa44
1046. 差东西质量~　差 tʂha324/撇 phiɛ324
1047. 对账算~了　对 tuei324

1048. 错账算~了　错 tshuo324
1049. 漂亮形容年轻女性的长相：她很~　牌子 phai31tsʅ0
1050. 丑形容人的长相：猪八戒很~　丑 tʂhəu44/撇 phiɛ324
1051. 勤快　勤快 tɕhin31khuai0
1052. 懒　懒 lan44
1053. 乖　乖 kuai45
1054. 顽皮　调皮 thiau31phi211/匪 fei44
1055. 老实　老实 lau44ʂʅ0
1056. 傻痴呆　瓜 kua44
1057. 笨蠢　笨 pən324/苕 ʂau211
1058. 大方不吝啬　大方 ta31faŋ0
1059. 小气吝啬　夙气 suŋ31tɕhi0
1060. 直爽性格~　直撇 tsʅ31phiɛ0
1061. 犟脾气~　犟 tɕiaŋ324

十三、数量

（一）数字

1062. 一~二三四五……，下同　一 ʋi211
1063. 二　二 ʋər324
1064. 三　三 san45
1065. 四　四 sʅ324
1066. 五　五 ʋu44
1067. 六　六 liəu211
1068. 七　七 tɕhi211
1069. 八　八 pa211
1070. 九　九 tɕiəu44
1071. 十　十 ʂʅ211
1072. 二十有无合音　二十无合音 ʋər24ʂʅ0
1073. 三十有无合音　三十无合音 san45ʂʅ0

1074. 一百　一百 Øi31pei211
1075. 一千　一千 Øi31tɕhian45
1076. 一万　一万 Øi31Øuan324
1077. 一百零五　一百零五 Øi31pei0lin31Øu44
1078. 一百五十　一百五 Øi31pei0Øu44
1079. 第一～，第二　第一 ti24Øi211
1080. 二两重量　二两 Øər31liaŋ0
1081. 几个你有～孩子？　几个 tɕi44kuo324
1082. 俩你们～　两个 liaŋ44kuo324
1083. 仨你们～　三个 san45kuo324
1084. 个把　个把 kuo31pa0

（二）量词

1085. 个一～人　个 kuo324
1086. 匹一～马　匹 phi211
1087. 头一～牛　条 thiau211
1088. 头一～猪　条 thiau211
1089. 只一～狗　条 thiau211
1090. 只一～鸡　只 tʂʅ45
1091. 只一～蚊子　个 kuo324
1092. 条一～鱼　条 thiau211
1093. 条一～蛇　条 thiau211
1094. 张一～嘴　张 tʂaŋ45
1095. 张一～桌子　张 tʂaŋ45
1096. 床一～被子　床 tʂhuaŋ211
1097. 领一～席子　床 tʂhuaŋ211
1098. 双一～鞋　双 ʂuaŋ45
1099. 把一～刀　把 pa44
1100. 把一～锁　把 pa44
1101. 根一～绳子　根 kən45
1102. 支一～毛笔　支 tʂʅ45

1103. 副一～眼镜　副 fu324
1104. 面一～镜子　个 kuo324
1105. 块一～香皂　块 khuai44
1106. 辆一～车　辆 liaŋ44
1107. 座一～房子　厢 ɕiaŋ45
1108. 座一～桥　座 tsuo324
1109. 条一～河　条 thiau211
1110. 条一～路　条 thiau211
1111. 棵一～树　棵 khuo44
1112. 朵一～花　朵 tuo44
1113. 颗一～珠子　颗 khuo44
1114. 粒一～米　颗 khuo44
1115. 顿一～饭　顿 tən324
1116. 剂一～中药　付 fu324
1117. 股一～香味　股 ku44
1118. 行一～字　行 xaŋ211
1119. 块一～钱　块 khuai44
1120. 毛角：一～钱　毛 mau211
1121. 件一～事情　件 tɕian324
1122. 点儿一～东西　点 tian44
1123. 些一～东西　些 ɕiɛ45
1124. 下打一～，动量，不是时量　下 xa324
1125. 会儿坐了一～　下 xa324
1126. 顿打一～　顿 tun324
1127. 阵下了一～雨　阵 tʂən324
1128. 趟去了一～　趟 thaŋ324

十四、代词、副词、介词、连词

（一）代词

1129. 我～姓王　我 ŋuo44
1130. 你～也姓王　你 ȵi44

1131. 您 尊称　你 ȵi44
1132. 他 ~姓张　他 tha45
1133. 我们 不包括听话人：你们别去，~去　我们 ŋuo44mən0
1134. 咱们 包括听话人：他们不去，~去吧　我们 ŋuo44mən0
1135. 你们 ~去　你们 ȵi44mən0
1136. 他们 ~去　他们 tha45mən0
1137. 大家 ~一起干　大家 ta31tɕia0
1138. 自己 我~做的　个人 kuo31ʐən0
1139. 别人 这是~的　侧闲人 tsei31ɕian0 ʐən0/旁人 phaŋ31ʐən0
1140. 我爸 ~今年八十岁　我爹 ŋuo44tiɛ45
1141. 你爸 ~在家吗?　你爹 ȵi44tiɛ45
1142. 他爸 ~去世了　他爹 tha45tiɛ45
1143. 这个 我要~，不要那个　这个 tsei31kuo0
1144. 那个 我要这个，不要~　那个 la31kuo0
1145. 哪个 你要~杯子?　哪个 la44kuo0
1146. 谁 你找~?　哪个 la44kuo0
1147. 这里 在~，不在那里　这里 tsei31li0
1148. 那里 在这里，不在~　那里 la31li0
1149. 哪里 你到~去?　哪里 la44li0
1150. 这样 事情是~的，不是那样的　这们 tsei31mən0
1151. 那样 事情是这样的，不是~的　那们 la31mən0
1152. 怎样 什么样：你要~的?　哪们 la44mən0
1153. 这么 ~贵啊?　这们 tsei31mən0
1154. 怎么 这个字~写?　哪们 la44mən0
1155. 什么 这个是~字?　啥 ʂa324
1156. 什么 你找~?　啥 ʂa324
1157. 为什么 你~不去?　哪们 la44mən0
1158. 干什么 你在~?　做啥 tsəu24ʂa324
1159. 多少 这个村有~人?　好多 xau44tuo0

（二）副词

1160. 很 今天~热　很 xən44
1161. 非常 比上条程度深：今天~热　特别 thai31piɛ0
1162. 更 今天比昨天~热　还 xai211
1163. 太 这个东西~贵，买不起　太 thai324
1164. 最 弟兄三个中他~高　最 tsuei324
1165. 都 大家~来了　都 təu45
1166. 一共 ~多少钱?　一共 øi31kuŋ324
1167. 一起 我和你~去　一路 øi31ləu324
1168. 只 我~去过一趟　就 tsəu324
1169. 刚 这双鞋我穿着~好　将 tɕiaŋ45
1170. 刚 我~到　将 tɕiaŋ45
1171. 才 你怎么~来啊?　才 tshai211
1172. 就 我吃了饭~去　就 tsəu324
1173. 经常 我~去　经常 tɕin45tshaŋ0/时常 ʂɿ31tshaŋ0
1174. 又 他~来了　又 øiəu324
1175. 还 他~没回家　还 xai211
1176. 再 你明天~来　又 øiəu324
1177. 也 我~去；我~是老师　也 øiɛ44

1178. 反正不用急，～还来得及　横顺 xuan31ʂuən324

1179. 没有昨天我～去　没 mei45

1180. 不明天我～去　不 pu211

1181. 别你～去　莫 muo211

1182. 甭不用，不必：你～客气　莫 muo211

1183. 快天～亮了　要 ɕiau324

1184. 差点儿～摔倒了　稀乎 ɕi45xu0

1185. 宁可～买贵的　宁愿 ȵin31ɵyan324

1186. 故意～打破的　刁子 tiau45tsʅ0

1187. 随便～弄一下　随便 suei31pian324

1188. 白～跑一趟　白 pei211

1189. 肯定～是他干的　确实 tɕhyo44sʅ0

1190. 可能～是他干的　多半 tuo45pan324

1191. 一边～走，～说　旋 ɕyan324

(三) 介词、连词

1192. 和我～他都姓王　和 xuo211

1193. 和我昨天～他去城里了　和 xuo211

1194. 对他～我很好　对 tuei324

1195. 往～东走　往 ɵuaŋ44

1196. 向～他借一本书　问 ɵuən324

1197. 按～他的要求做　依 ɵi45

1198. 替～他写信　替 thi324

1199. 如果～忙你就别来了　要是 ɕiau45sʅ0 / 假比 tɕia44pi0

1200. 不管～怎么劝他都不听　不论 pu31luən324

第二节　自选词汇

一、称谓

1201. 兄弟伙弟兄之间相称 ɕyŋ45ti0xuo0

1202. 大老倌长兄 ta31lau44kuan0

1203. 舅老倌妻子的兄弟 tɕiəu31lau44kuan0

1204. 姑婆姑奶奶 ku45phuo0

1205. 姨婆姨奶奶 ɵi31phuo0

1206. 舅婆 tɕiəu45phuo0

1207. 家门中家族中 tɕia45mən0tsuŋ0

1208. 娘母伙母女、婆媳之间 ȵiaŋ31mu0xuo0

1209. 妯娌伙兄弟媳妇之间 tʂhəu31li0xuo0

二、动物、植物

1210. 木脑壳木偶 mu31lau44khuo0

1211. 花熊大熊猫 xua45ɕyŋ0

1212. 黑娃子黑熊 xei31ɵua0tsʅ0

1213. 毛狗狐狸 mau31kəu0

1214. 毛老鼠松鼠 mau31lau0ʂu0

1215. 亮火虫萤火虫 liaŋ31xuo0tʂhuŋ0

1216. 娃娃鱼大鲵 ɵua31ɵua0ɵy211

1217. 丝绵树杜仲树 sʅ45mian0ʂu324

1218. 枣皮山茱萸 tsau44phi0

1219. 夜蘑树合欢树 ɵiɛ31xau0ʂu324

1220. 耳树栎树 ɵər44ʂu324

1221. 教头子小葱 tɕiau24thəu0tsʅ0

482

1222. 洋桃猕猴桃 ɕiaŋ31thau0
1223. 望春花姜朴树 ɕuaŋ31tʂhuən0xua0
1224. 青桩鹭鸟 tɕhin45tʂuaŋ45
1225. 灶鸡子蟋蟀 tʂau31tɕi0tsʅ0
1226. 兔儿兔子 thəu31ɵər0
1227. 狼娃子狼 laŋ31ɵua0tsʅ0
1228. 燕儿燕子 ɕian31ɵər0
1229. 骚羊子公羊 sau45ɕiaŋ0tsʅ0
1230. 青竹标竹叶青蛇 tɕhin45tʂəu31piau0
1231. 爪木倌啄木鸟 tʂua31mu0kuan0
1232. 臭老汉 tʂhəu31lau44xan0/折耳根 tsei31ɵərkən0 鱼腥草
1233. 花柳树青杠木 xua45liəu0ʂu324

三、器具用品

1234. 腰腰 ɕiau31ɕiau0/索索 suo31suo0 捆东西的绳子
1235. 电杠日光灯 tian24kaŋ0
1236. 提篮 thi31lan0/笼笼 luŋ44luŋ0 竹篮
1237. 褂子 kua31tsʅ0/罩衣 tʂau31ɵi0 外套
1238. 折缸茶杯 tsei31kaŋ0
1239. 斗篷雨帽 təu44phəŋ0
1240. 弯刀砍刀 ɵuan45tau45
1241. 洋瓷盆搪瓷盆 ɕiaŋ31tshʅ0phən0

四、人物文化

1242. 绺儿匠小偷儿 liəu44ər0tɕiaŋ324
1243. 骟匠阉割牲畜的人 ʂan24tɕiaŋ324
1244. 棒老二土匪 paŋ31lau0ɵər324
1245. 神婆巫婆 ʂən31phuo0
1246. 媒婆给年轻人介绍对象的人 mei31phuo0
1247. 艺人卖艺的人 ɕi45ʐən211
1248. 咕噜子以赌博为生的人 ku45ləu0tsʅ0
1249. 背老二运货的背夫 pei45lau0ɵər324
1250. 月母子产妇 ɵyɛ31mu0tsʅ0
1251. 尖脑壳显尖讨好的人 tɕian45lau44khuo0
1252. 犟牛性格倔强的人 tɕiaŋ24ɲiəu211
1253. 犟子瘟不听人劝的人 tɕiaŋ31tsʅ0ɵən45
1254. 倒霉的不走运的人 tau44mei31ti0
1255. 瓜女子傻女子 ɵkua44ɲ.y0tsʅ0
1256. 皮摅摅遇事不急，言语不多的人 phi31tʂhuai0tʂhuai0
1257. 闷肚子嘴上不说心里盘算的人 mən45təu0tsʅ0
1258. 温苕不爱多说话的人 ɵuən45ʂau0
1259. 葛拧子性格怪僻难于相处的人 kei31ɲin0tsʅ0
1260. 背时鬼时运不济，干啥不成啥的人 pei45ʂʅ0kuei44
1261. 谝嘴子没有真才实学的人；言而无信、爱说空话大话的人 phian44tsuei44tsʅ0
1262. 直肠子没心计的人 tsʅ31tʂhaŋ31tsʅ0
1263. 恍恍子缺乏处事经验的人 xuaŋ44xuaŋ44tsʅ0
1264. 瞎尿 xa44suŋ0/瞎日三 xa44ɵər0san0 爱做坏事的人
1265. 混婆娘泼妇 xuən31phuo31ɲiaŋ0
1266. 冷尿尽做出格事的人 lən44suŋ0
1267. 没搞场没出息的人 muo31kau44tʂhaŋ0

1268. 不成行不成器的人 pu31tʂhən31xaŋ211

1269. 打卦佬形容话多的人 ta44kua0lau0

1270. 缠皮子遇事与人纠缠不清的人
tʂhan45phi31tsɿ0

1271. 见巴眼见别人做啥就做啥
tɕian31pa0ɸian44

1272. 相家子做事不吃亏的人
ɕiaŋ31tɕia45tsɿ0

1273. 炽脑壳胆小怕事，没主见的人
pha45lau44khuo0

1274. 炽耳朵怕媳妇的人 pha45ɸər44tuo0

1275. 争家子好强，嘴不饶人
tsən45tɕia45tsɿ0

1276. 门槛猴上不了台面的人
mən31khan0xəu0

1277. 占领子总爱找麻烦的人
tsan31lin0tsɿ0

1278. 现成人不操心的人
ɕian31tʂhən0zɿ̩ən0

1279. 浑牛尿爱钻牛角尖的人
xuən31ȵiəu31tɕiəu0

1280. 灵醒人办事会找窍门的人
lin31ɕin0zɿ̩ən0

1281. 尖相人有心计的人
tɕian45ɕiaŋ0zɿ̩ən0

1282. 老好人性格温顺任人宰割的人
lau44xau44zɿ̩ən0

1283. 是非精爱搬弄是非的人
ʂɿ31fei45tɕin45

1284. 苕筒子爱办傻事，没出息的人
ʂau31thuŋ31tsɿ0

1285. 白铁没有内才，没有心计的人
pei31thiɛ0

1286. 半山风处事忽冷忽热的人
pan31ʂan45fəŋ45

1287. 红脚杆办事外行的人
xuŋ31tɕyɛ0kan0

1288. 烂货生活作风轻浮的妇女
lan24xuo324

1289. 炸辣子说话爱大喊大叫的人
tʂa31la31tsɿ0

1290. 肉包子行动迟缓的人
zəu31pau45tsɿ0

1291. 夹噪子说话南腔北调的人
tɕia31sau0tsɿ0

1292. 烧料子轻狂的人 ʂau45liau0tsɿ0

1293. 半汤子学艺未精的人 pan31thaŋ45tsɿ0

1294. 没名堂人无才能或事无意义
muo31min31thaŋ0

五、事物描写

1295. 光沟子光屁股 kuaŋ45kəu45tsɿ0

1296. 光巴子光身子 kuaŋ45pa0tsɿ0

1297. 垢圿身上的汗垢 kəu44tɕia0

1298. 亮泡眼睛的别称 liaŋ45pau324

1299. 米浆馍大米发糕 mi44tɕiaŋ0muo0

1300. 浆巴鲜玉米磨碎做的稀粥 tɕiaŋ45pa0

1301. 甜浆子用豆浆和大米煮的稀粥
thian31tɕiaŋ0tsɿ0

1302. 和渣 xuo31tʂa0／连渣捞
lian31tʂa0lau45 米与豆浆合煮的稀粥

1303. 搭杵子负重歇气时的支撑棒
ta44tʂhu0tsɿ0

1304. 粪堆垃圾堆 fən31tuei0

1305. 窝子鞋棉鞋 ɸuo45tsɿ0xai0

1306. 趿板鞋拖鞋 sa31pan44xai0

484

1307. 片夹子装钱币的口袋 phian45tɕia0tsʅ0

1308. 煨罐烧水用的瓦罐 Øuei45kuan324

1309. 捞篱子灶上用的带把小竹篮 lau31li0tsʅ0

1310. 刷把竹制的锅刷 ʂua31pa0

1311. 纸捻子草纸搓成点火用的空心纸条 tsʅ44n̠ian44tsʅ0

1312. 出坡 tʂhu45phuo45/打枪 ta44tɕhian45/撵山 n̠ian44san45 打猎

1313. 打秋荡秋千 ta44tɕhiəu45

1314. 绊脚给人使绊 phan24tɕyo324

1315. 打仰绊跌倒时胸朝上 ta44n̠iɑŋ44pan0

1316. 打匍趴跌倒时胸朝下 ta44phu45pha0

1317. 趔趄身体向一侧倾斜 liɛ31tɕhiɛ0

1318. 跑趟子跑步 phau44thaŋ31tsʅ0

1319. 捡拾收藏起来 tɕian44sʅ0

1320. 拾掇收拾东西 sʅ31tuo0

1321. 跷尿骚从头上跨过去，也比喻被地位不如自己的人超过 tɕhia31niau31sau0

1322. 赌咒发誓 təu44tʂəu324

1323. 送礼 suŋ31li44

1324. 还礼 xuan31li44

1325. 撵路形容孩子缠着大人不离开的样子 n̠ian44ləu324

1326. 扳澡游泳 pan44tsau44

1327. 钻迷子潜水 tsuan44mi31tsʅ0

1328. 困觉睡觉 khuən24tɕiau324

1329. 日弄人作弄人 zʅ31luŋ0zən0

1330. 日塌了东西弄坏了 zʅ31tha0liau0

1331. 进门女嫁男方：媳妇明年～ tɕin24mən211

1332. 上门男嫁女方：他是～女婿 ʂaŋ24mən211

1333. 挡合扶助 tʂhəu45xuo0

1334. 败脏背地贬低别人 pai45tsaŋ324

1335. 逞能逞强 tʂhən44n̠ən211

1336. 捣蛋调皮 tau44tan324

1337. 耍排场耍阔气 ʂua44phai31tʂhaŋ0

1338. 玩格讲究，享受 Øuan31kei211

1339. 搬辙摆架子 pan24tʂɛ211

1340. 日嘅 zʅ31tɕyɛ0/培治 phei44tsʅ0 教训人

1341. 咥你 tiɛ31n̠i44/剋你 khai31n̠i44 打你

1342. 颇烦人麻烦人 phuo31fan0zən0

1343. 将息好好休息 tɕian45çi0

1344. 造孽受罪 tsau45n̠iɛ324

1345. 害扫人危害别人 xai31sau0zən0

1346. 膘开玩笑翻脸 sau324

1347. 打阳恍心不在焉的样子 ta44Øiɑŋ31xuaŋ0

1348. 急着了非常着急的样子 tɕi31tsau31lau0

1349. 求奔人求人帮忙 tɕhiəu31pən0zən0

1350. 肉肉不叽办事不利索的样子 zəu31zəu0pu0tɕi0

1351. 直杠杠遇事不会转弯子 tʂʅ31kaŋ31kaŋ0

1352. 淡尿话废话 tan24tɕiəu0xua324

1353. 翻窟隆倒水说话翻来覆去 fan45khu31luŋ0tau31ʂuei44

1354. 蔫不索索没精打采的样子 Øian45pu0suo24suo0

1355. 懒赤懒干活不想出力 lan44tʂhʅ0lan44kan0

485

1356. 不要脸赖皮 pu31ɵiau31lian44

1357. 没脸肉从不知道害羞
    muo31lian44ʐəu324

1358. 白眉日眼不知道害羞的样子
    pei31mi0ʐʅ0ɵian0

1359. 白眼窝尽说于事无补的玩笑话
    pei31ɵian0ɵuo45

1360. 毛脚毛手办事走路不稳重
    mau31tɕyo0mau31ʂəu44

1361. 三棱子不规矩 san45lən31tsʅ0

1362. 哦呵感到意外的常用感叹词
    ɵuo31xuo45

1363. 哎呀呀感到叹惜的常用感叹词
    ɵai45ɵiaɵia0

1364. 隔外见外 kei31ɵuai324

1365. 潽了水煮开后向外溢 phu45lau0

1366. 蜷起怕冷而直不起腰 tɕyan45tɕhi0

1367. 凉冰冰食物有点凉的样子
    liaŋ31pin31pin0

1368. 一滴点儿非常少 ɵi31ti45tiɚ0

1369. 一抹多非常多 ɵi31muo44tuo45

1370. 饿痨吃东西多吃多占 ŋuo45lau211

1371. 沾荤吃肉，吃大餐 tsan45xuən45

1372. 打点吃非正餐的点心 ta44tian44

1373. 干缠皮不投资就想获利
    kan44tʂhan31phi0

1374. 模糊不花代价而得到的利益
    muo44xuo0

1375. 麻缠麻烦，棘手 ma31tʂhan31

1376. 搜眼隙找事 səu44ɵian44ɕi0

1377. 扯筋纠缠不休 tʂhei44tɕin45

1378. 缠三搅簸箕再三纠缠的样子
    tʂhan31san0tɕiau44puo44tɕi0

1379. 不稀奇没啥了不起 pu31ɕi45tɕhi0

1380. 怯火害怕 tɕhiɛ31xuo44

1381. 窝火屈才，糟蹋 ɵuo45xuo44

1382. 稀乎差一点儿 ɕi45xu0

1383. 献殷勤热情过分，讨好献媚
    ɕian44in45tɕhin0

1384. 麻利快点 ma31li0

1385. 板也好 pan44ɵiɛ0

1386. 好得很很好 xau44tei0xən44

1387. 稀撇非常不好 ɕi45phiɛ324

1388. 撇脱简单，利索 phiɛ31thuo0

1389. 亮□指房子光线好 liaŋ31saŋ0

1390. 恼火太累，受不了 lau44xuo44

1391. 屎弹了完蛋了 tɕhiəu31than0liau0

1392. 胖臭非常臭 phaŋ45tʂhəu324

1393. 扯故推诿 tʂhə44ku324

1394. 就是 tsəu24sʅ324

1395. 背时的不满意地称呼对方，或戏谑地
    称呼对方 pei24sʅ31ti0

1396. 吃亏吃了大亏 tʂhʅ31khuei45

1397. 劳慰谢谢 lau31ɵuei0

1398. 羞人丢人得很 ɕiəu45ʐən0

1399. 顺荏子顺水推舟的现成事
    ʂuən45tʂha31tsʅ0

1400. 没按到预计不到 mei31ŋan31tau0

1401. 塌伙了失败，散伙 tha31xuo0liau0

1402. 不牵扯不要紧，没关系
    pu31tɕhian45tʂhɛ0

1403. 不合适身体不舒服 pu31xuo0sʅ324

1404. 不日□不好合作 pu31ʐʅ31tsai45

1405. 不胎毛不安分守己 pu31thai45mau211

1406. 没名堂无聊，没意思
    muo31min31thaŋ0

1407. 没抓挖没办法 muo31tʂua45Øua0

1408. 没下数不懂规矩 muo31xa31sɤu0

1409. 没眼隙事情没指望 muo31Øian44ɕi0

1410. 没耳性屡教不改 muo31Øər44ɕin324

1411. 没教招没有家教，不懂礼仪
muo31tɕiau45tʂau0

1412. 没蛇耍无事可做 muo31ʂɛ31ʂua44

1413. □架子大，骄傲的样子 tʂhei324

1414. 二巴难干事情没做完
Øər31pa0lan31kan0

1415. 二不跨五事情做到一半，不完整
Øər24pu31khua31Øu44

1416. 八毛不见眼相差非常远
pa31mau0pu31tɕian31Øian44

1417. 假巴意思假情假意 tɕia44paØi31sʅ0

1418. 屎谈二五胡扯乱道
tɕiəu31than0Øər31Øu44

1419. 七谷八杂种类比较多
tɕhi45ku0pa44tsa0

1420. 乖样子可爱 kuai45

1421. 屎没名堂没意义的举动
tɕiəu31muo31min31thaŋ0

1422. 骚洋情不适时地献殷勤
sau45Øiaŋ31tɕhin0

1423. 背南瓜时倒霉透顶
pei45laŋ31kua0ʂʅ0

1424. 丢丑人多场合丢了人 tiəu45tʂhəu44

1425. 湿巴巴水没晾干 ʂʅ31pia44pia0

1426. 汗帕水流满头大汗
xan24pha0ʂuei44liəu311

1427. 乱麻咕咚乱七八糟
luan24ma0ku44tuŋ0

1428. 吊儿郎当不务正业
tiau44Øər0laŋ24taŋ324

1429. 日鬼捣蛋搞歪门邪道
zʅ31kuei44thau44than324

1430. 偷腔摸腔偷偷的做事
thəu45tɕhiaŋ0mu031tɕhiaŋ0

1431. 冒失盲目地做事 mau24sʅ0

1432. 冒估日天办事没想后果
mau31ku0zʅ31thian0

1433. 胡扯筋摆歪道理 fu31tʂhə44tɕin45

1434. 异奇古怪说话的腔调很怪
Øi45tɕhi31ku44kuai324

1435. 怪眉日眼做事古怪
kuai31mi0zʅ31ɲian0

1436. 鬼画桃符写字很乱的样子
kuei44xua24thau31fu211

1437. 搞不赢的舞不赢形容见到好东西抢吃抢占 kau44puØin31
tiØu44puØin211

1438. 搞不拢去没能力办事
kau44pu0luŋ44tɕhi324

1439. 过细办事认真 kuo24ɕi324

1440. 礼性文雅或有礼貌 li44ɕin324

1441. 稀撒东西不好 ɕi45phiɛ324

1442. 奸像耍滑头或奸狡 tɕian45ɕiaŋ324

1443. 精蹦老人腿脚灵便 tɕin45pəŋ0

1444. 咬牙印说个名堂，决定下来
ŋau44Øia31Øin324

1445. 打岔指别人说话时插话 ta44tʂha324

1446. 残个其他或别的 tʂhan31kuo0

1447. 悬吊吊事情几乎办不成
ɕyan31tiau31tiau324

1448. 面和强弱悬殊或容易 mian45xuo0

1449. 臊突然生气 sau324

1450. 賴□肮脏 lai24ɕi0
1451. 撒学蛮不讲理 sa31ɕyo211
1452. 占相音多占便宜 tʂan31ɕiaŋ45Øin0
1453. 拙实干活踏实卖力 tʂhuo31ʂʅ0
1454. 细密生活很俭朴 ɕi24mi0
1455. 啬赖吝啬，可怜 sei31lai324
1456. 造孽令人可怜 tsau24ȵiɛ324
1457. 心厚贪婪，欲望难以满足的样子 ɕin45xəu324
1458. 猴急暴跳不安分，不稳重 xəu31ɕi31pau24thiau324
1459. 三棱包翘处事不稳重、不合众 san45lən0pau31tɕhiau324
1460. 显尖卖弄聪明 ɕian44tɕian45
1461. 日鬼欺骗、捣鬼 zʅ31kuei44

第四章　语法与口头文化

第一节　语法例句

1. 你是哪里人？

    你是哪里人？

    ȵi44ʂʅ31la44li0ʐən31？

2. 我是陕西_____人。（说出所在县或市）

    我是陕西佛坪人。

    ŋuo44ʂʅ31san44ɕi45fu31phiŋ21ʐən211.

3. 你今年多大？

    你今年好大年纪？

    ȵi44tɕin45ȵian31xau44ta24ȵian31tɕi31？

4. 我_____岁了。（说出自己的实际年龄）

    我七十三了。

    ŋuo44tɕhi31ʂʅ0san45lau0.

5. 你叫什么名字？

    你叫啥名字？

    ȵi44tɕiau24ʂa31min31tsʅ0？

6. 我叫_____。（说出自己的名字）

    赵兴礼。

    tʂau31ɕin31li44.

7. 你家住哪里？

    你家住哪里？

    ȵi44tɕia45tʂu31la44li0？

8. 我家住_____。（说出自己居住的地址）

    我家住佛坪袁家庄。

ŋuo44tɕia45tʂu31fu31phiŋ0Øyan31tɕia0tʂuɑŋ45.

9. 谁呀？我是老三。

   是哪个？我是老三。

   ʂɿ31la44kuo44？ŋuo44ʂɿ31lau44tʂau324.

10. 老三呢？他正在跟一个朋友说着话呢。

    老三咻？这歇跟他老表在打诳子。

    lau44tʂau31Øuai0？tʂei31ɕiɛ0kən44tha31lau44piau44tsai31ta44kuaŋ44tsɿ0.

11. 他还没有说完吗？

    他这歇诳子还没打毕吗？

    tha45tʂei31ɕiɛ0kuaŋ44tsɿ0xai31mei31ta44pi31ma44？

12. 还没有。大约再有一会儿就说完了。

    还没有哎。哪怕还有一下下哟。

    xai31mei31Øiəu44Øai0. la31pha31xai31Øiəu44Øi31xər31xər0Øiəu0.

13. 他说马上就走，怎么这半天了还在家里呢？

    他说他立马就走咻，哪们搞得这半天还在屋里？

    tha44ʂuo31tha44li31ma44tɕiəu31tsəu44Øuai0，la44mən0kau44ti0tʂei31pan31thian44
    xai31tsai31Øu31li0？

14. 你到哪儿去？我到城里去。

    你在哪里去？我在城里去。

    ȵi44tsai44la44li0tɕhy324？ŋuo44tsai24tʂhən31li0tɕhy31.

15. 在那儿，不在这儿。

    在那里，没在这里。

    tsai24la31li44，mei31tsai31tʂei31li44.

16. 不是那么做，是要这么做的。

    不是那们做的，是这么做的。

    pu31ʂɿ31la31mən0tsəu31ti0，ʂɿ31tʂei31mən0tsəu31ti0.

17. 太多了，用不着那多，只要这么多就够了。

    太多了，要不到那们多，有这些就够了。

    thai31tuo45lau0，Øiau31pu0tau0la31mən0tuo45，Øiəu44tʂei31ɕiɛ0tsəu31kəu31lau0.

18. 这个大，那个小，这两个哪一个好点呢？

    这个大，那个小，你说哪个好？

    tʂei31kuo0ta324，la31kuo0ɕiau44，ȵi31ʂuo0la44kuo0xau44？

19. 这个比那个好。

这个赶那一个好。

tʂei31kuo0kan44la24ø i31kuo0xau44.

20. 这些房子不如那些房子好。

这些房子没得那些房子好。

tʂei31ɕiɛ0faŋ31tsʅ0mei44tei0la31ɕiɛ0faŋ31tsʅ0xau44.

21. 这句话用_____话怎么说？（填本地地名，本地音）

这个话佛坪话是哪们说的？

tʂei31kuo0xua324fu31phiŋ0xua324ʂʅ31la44mən0suo31ti0?

22. 他今年多大岁数？

他今年好大年龄？

tha45ɕin45ȵian0xau44ta24ȵian31lin0?

23. 大概有三十来岁吧。

大摸跑怕有三十来岁。

ta31mau31phau44pha31øiəu44san45ʂʅ0lai0suei324.

24. 这个东西有多重呢？

这个东西有好重哎？

tʂei24kuo0tuŋ45ɕi0øiəu44xau44tʂuŋ31øai0?

25. 有五十斤重呢。

有五十斤重。

øiəu44ʉu44ʂʅ0tɕin0tʂuŋ324.

26. 拿得动吗？

拿不拿得起？

la31pu0la31tei0tɕhi44?

27. 我拿得动，他拿不动。

我拿得起，他怕拿不起。

ŋuo44la31tei0tɕhi44，tha45pha31la31pu0tɕhi44.

28. 真不轻，重得连我都拿不动了。

梆重哎，我都稀乎没拿得起哟。

paŋ45tʂuŋ31øai0，ŋuo44təu0ɕi44xu0mei31la31ti0tɕhi44øiəu0.

29. 你说得很好，你还会说点儿什么呢？

你说得好得很，还有啥要摆的，再来一排子。

ȵi44ʂuo31ti0xau44ti0xən44，xai31øiəu44ʂa31øiau31pai44ti0，tsai24lai31øi31phai31tsʅ0.

30. 我嘴笨，我说不过他。

　　我嘴巴笨的，哪们说的赢他哟。

　　ŋuo44tsuei44pa0pən31ti0，la44mən0ʂuo31ti0ɕiŋ31tha45ɕiəu0.

31. 说了一遍，又说了一遍。

　　说了一道，又说了一道。

　　ʂuo31lau0ɕi31tau324，ɕiəu24ʂuo31lau0ɕi31tau324.

32. 请你再说一遍。

　　央就你再说一道。

　　ɕiaŋ44tɕiəu0n̩i44tsai24ʂuo44ɕi31tau324.

33. 不早了，快去吧！

　　时候不早了，赶忙走！

　　ʂʅ31xəu0pu31tsau44lau0，kan44maŋ0tsəu44！

34. 现在还很早呢。等一会儿再去吧。

　　这些还早。等一下下再去。

　　tʂei31ɕiɛ0xai31tsau44. tən44ɕi31xa31xa0tsai24tɕhy324.

35. 吃了饭再去好吧？

　　吃了饭再去，要不要得？

　　tʂhʅ31lau0fan24tsai24tɕhy324，ɕiau31pu0ɕiau24tei0？

36. 慢慢儿地吃啊！不要急嘛！

　　慢些吃！莫急！

　　man31ɕiɛ0tʂhʅ31！muo31tɕi211！

37. 坐着吃比站着吃好些。

　　坐到吃赶站到吃好。

　　tsuo31tau0tʂhʅ31kan44tʂan31tau0tʂhʅ31xau44.

38. 这个吃得，那个吃不得。

　　这个吃得，那个吃不得。

　　tʂei31kuo0tʂhʅ31tei0，la31kuo0tʂhʅ31pu31tei0.

39. 他吃了饭了，你吃了饭没有呢？

　　他把饭吃了，你吃了没有？

　　tha44pa44fan24tʂhʅ31lau0，n̩i44tʂhʅ31lau0mei31ɕiəu0？

40. 他去过上海，我没有去过。

　　他去过上海，我没去过。

　　tha45tɕhy31kuo0ʂaŋ31xai0，ŋuo44mei31tɕhy31kuo0.

41. 来闻闻这朵花香不香?

    来闻一下,这花香不香?

    lai31ɵuən31ɵi31xa324,tʂei31xua45ɕiaŋ45pu31ɕiaŋ45?

42. 香得很,是不是?

    香得很,是不是?

    ɕiaŋ45tei0xən44,ʂɿ31pu0ʂɿ324?

43. 给我一本书!

    给我一本书!

    kei44ŋuo31ɵi31pən44ʂu45!

44. 我实在没有书嘛!

    我确实没得书!

    ŋuo44tɕhyo44ʂɿ0mei31tei0ʂu45!

45. 你告诉他。

    你给他说。

    ȵi44kei31tha45ʂuo31.

46. 好好儿地走!不要跑!

    好心走!莫跑!

    xau44ɕin0tsəu44!muo31phau44!

47. 小心跌下去爬也爬不上来!

    招架拽下去了爬不上来!

    tʂau45tɕia0tʂuai45xa0tɕhy0lau0pa45pu0ʂaŋ24lai0!

48. 医生叫你多睡一睡。

    大夫叫你多睡一歇瞌睡。

    tai31fu0tɕiau31ȵi44tuo45ʂuei31ɵi31ɕiɛ0kuo31ʂuei0.

49. 吸烟或者喝茶都不可以。

    吃烟喝茶都不得行。

    tʂhɿ44ɵian44xuo45tʂha0təu45pu31tei0ɕin31.

50. 烟也好,茶也好,我都不喜欢。

    烟,茶,我都不稀奇。

    ɵian45,tʂha31,ŋuo44təu45pu31ɕi45tɕhi0.

51. 不管你去不去,反正我是要去的,我非去不可。

    管你去不去,我横顺是要去的,我非去不可。

    kuan44ȵi44tɕhy31pu0tɕhy324,ŋuo44xuan31ʂuən0ʂɿ31ɵiau24tɕhy31ti0,ŋuo44fei45 tɕhy31pu31khuo44.

52. 你是哪一年来的？

你是哪一年来的？

ȵi44ʂʅ31la44ø31ȵian31lai31ti0？

53. 我是前年到的北京。

我前年到北京来的。

ŋuo44tɕhian31ȵian0tau31pei44tɕin0lai31ti0.

54. 今天开会谁的主席？

今天开会是哪个的主席？

tɕin44thian44khai44xuei324ʂʅ31la44kuo0ti0tʂu44ɕi0？

55. 你得请我的客。

你该请我一顿。

ȵi44kai45tɕhiŋ44ŋuo44ø31tuŋ324.

56. 这是他的书，那一本是他哥哥的。

这一本是他的，那一本是他哥老倌的。

tʂei31ø31pən31ʂʅ31tha45ti0，la24ø31pən0ʂʅ31tha31kuo45lau0kuan0ti0.

57. 一边走，一边说。

旋走旋说。

ɕyan31tsəu44ɕyan31ʂuo45.

58. 看书的看书，看报的看报，写字的写字。

看书的看书，看报的看报，写字的写字。

khan31ʂu45ti0khan31ʂu45，khan31pau324ti0kan24pau324，ɕiɛ44tsʅ324ti0ɕiɛ44tsʅ324.

59. 越走越远，越说越多。

越走越远，越说越多。

øyɛ31tsəu0øyɛ31øyan44，øyɛ31ʂuo31øyɛ31tuo45.

60. 把那个东西拿给我。

把那个给我拿来。

pa44la31kuo0kei44ŋuo44la31lai0.

61. 有些地方把太阳叫日头。

有些地方把太阳叫日头。

øiəu44ɕiɛ0ti31fɑŋ0pa44thai31øiɑŋ0tɕiau24øər31thəu0.

62. 您贵姓？我姓王。

你贵姓？姓王。

n̠i44kuei24ɕin324？ɕin24øuaŋ31.

63. 你姓王，我也姓王，咱们两个人都姓王。

你姓王，我也姓王，我们两个一个姓。

n̠i44ɕin24øuaŋ31，ŋuo44øiɛ44ɕin24øuaŋ31，ŋuo44mən0liaŋ44kuo0øi31kuo24ɕin324.

64. 你先去吧，我们等一会儿再去。

你先去，我们挨一下下就来。

n̠i44ɕian44tɕhy324，ŋuo44mən0øŋai31øi31xa31xa0tsəu24lai31.

第二节　北风和太阳

北风跟太阳

有一回，北风跟太阳在那儿争论谁的本事大。争来争去就是分不出高低来。这时候路上来了个走道儿的，他身上穿着件厚大衣。他们俩就说好了，谁能先叫这个走道儿的脱下他的厚大衣，就算谁的本事大。北风就使劲地刮起来了，不过他刮得越是厉害，那个走道儿的把大衣裹得越紧。后来北风没法儿了，只好就算了。过了一会儿，太阳出来了。他火辣辣地一晒，那个走道儿的马上就把那件厚大衣脱下来了。这下儿北风只好承认，他们俩当中还是太阳的本事大。

北风跟太阳

pei31fəŋ45kən44thai31øiaŋ0

这有一回呀，北风跟太阳，在那里吵架。

tʂei31øiəu44øi31xuei31øia0，pei31fəŋ45kən44thai31øiaŋ0，tsai31la31li0tʂhau44tɕia324.

他两个人是为了比谁的本事大。

tha31liaŋ44kuo0zən31ʂɻ31øuei31lau0pi44ʂei31ti0pən44sɻ0ta31.

吵来吵去，没得一个上河下坎。

tʂhau44lai31tʂhau44tɕhy324，mei24tei0øi31kuo324ʂaŋ24xuo31ɕia31khan44.

这时候，来了一个过路的，他身上穿了一件又长又厚的袄子。

tʂei45ʂɻ31xəu0，lai31lau0øi31kuo0kuo45ləu31ti0，tha45ʂən45ʂaŋ0tʂhuan45lau0øi31tɕian324øiəu24tʂhaŋ31øiəu24xəu31ti0ŋau44tsɻ0.

北风和太阳商量好了，哪个能让这个过路的把袄子脱下来，就数哪个的本事大。

pei31fəŋ45xuo31thai31øiaŋ0 ʂaŋ45liaŋ0xau44lau0，la44kuo0lən31zaŋ31tʂei31kuo0

495

kuo24ləu31ti0pa31ŋau44tʂʅ0thuo31çia24lai0， tçiəu31səu44la44kuo0ti0pən44sʅ0ta324.

于是哪，这个北风就嗨起来吹，吹呀吹，风吹得越厉害，那个过路人就把那个袄子裹得绑紧。

Øy31ʂʅ324la0， tʂei31kuo0pei31faŋ45tçiəu31xai45tçhi31lai0tʂhuei45， tʂhuei45Øia0tʂhuei45，faŋ45tʂhuei45ti0Øyɛ31li31xai0， la31kə0kuo24ləu24ʐən31tçiəu24pa31la31kə0ŋau44tsʅ0kuo44ti0paŋ45tçin0.

北风一看没了路，只好算尿了。

pei31faŋ45Øi31khan324muo31liau44ləu324， tʂʅ31xau44suan24tçiəu0lau0.

过了一下下儿，火飘火辣的太阳晒了一刚刚儿，那个过路人麻利就把棉袄脱下来了。

kuo31liau0Øi31xa31xɐr0， xuo44phiau0xuo44la0ti0thai31Øiaŋ0ʂai31liau0Øi31kaŋ44kãr0，la31kuo0kuo45ləu45ʐən31ma31li0tçiəu31pa31mian31ŋau44thuo31çia31lai31liau0.

北风只好认输，他们两个啊，数太阳的本事大。

pei31faŋ45tʂʅ31xau44ʐən31ʂu45， tha45mən0liaŋ44kuo324Øa0， səu44thai31Øiaŋ0ti0pən44sʅ0ta324.

第三节 口头文化

一、花鼓戏

1. 贺新年

喜连天来笑连天，
来在贵府贺新年。
人家贺年拿酒拿烟，
我今贺年玩起采莲船。

2. 花鼓子唱了一么多

打起鼓来敲起锣，
花鼓子唱了一么多；
老佬听了花鼓子歌，
帮腔唱来打吆喝；
表嫂听了花鼓子歌，
连忙给我倒茶喝；
老人听了花鼓子歌，

嘴巴扯起后颈窝；
小娃子听了花鼓子歌，
蹦蹦跳跳好不快乐；
大嫂子听了花鼓子歌，
连忙擀面就揉馍；
小妹子听了花鼓子歌，
脸儿红得像苹果；
大姑娘听了花鼓子歌，
写的情书一大摞；
小伙子听了花鼓子歌，
招架你瞌睡睡不着；
新媳妇听了花鼓子歌，
做梦梦到情哥哥；
鹞子翻身床前坐，
抱着枕头叫哥哥，
情郎哥，情郎哥，
我想你来你不想我，
亲一个嘴，打一个啵，
做的过场色赖不过，
丈夫一见发了火，
大声喊："你个砍脑壳，叫你莫听花鼓子歌，
你偏偏要听那皮腔壳，哪个要是再听花鼓子歌，
给你一个王麻子冲火药，当下梭不脱。"

二、八岔调

1. 十梭

正月好唱正月梭，
新结媳妇拜公婆，
红布鞋儿绿挽袖，
八副罗裙就地拖。
二月好唱二月梭，
燕子衔泥过江河，
燕子衔泥口要稳，

一口泥子做成窝。
三月好唱三月梭，
后花园里牡丹多，
大姐掐来二姐采，
采来采去花又多。

2. 夫妻观灯

忙忙走来忙忙行，
不觉来在正北门。
正北门前热闹得很：
鞭炮放得连天响，
锣鼓响得一阵阵，
小伙子走得一行行，
姑娘大姐一群群，
老汉老婆连忙跑，
累得气都出不赢，
小娃子蹦起八丈高，
人群里跑出又跑进。
说起灯就有灯，
前面来了一拨灯，
前面来的是什么灯？
前面来的是杂八灯。
怎样叫作杂八灯？
咳咳咔咔老汉灯，
扭扭捏捏老婆灯，
拉拉扯扯媳妇灯，
说说笑笑姑娘灯，
猫儿灯，狗儿灯，
还有一个羊儿灯，
猪儿灯，牛儿灯，
还有一个兔儿灯，
天上飞的是雀儿灯，
地下爬的是螃蟹灯，
成群飞是大雁灯，

成双对是鸳鸯灯，
穿锦袍是凤凰灯，
穿青白是鸦鹊灯，
会说话是鹦哥灯，
会唱歌是阳雀灯，
叽叽喳喳麻雀灯，
叽里咕噜画眉灯，
头戴冠是鸡子灯，
脚长蹼是鸭子灯，
筋筋吊吊杨柳灯，
敲敲打打芝麻灯，
疙里古瘩葡萄灯，
丁丁包包核桃灯，
高吊起是葫芦灯，
低头开花高粱灯，
红了脸是辣子灯，
黑了心是花椒灯，
长方形是花瓶灯，
平圆形是鼓儿灯，
涨鼓鼓的是南瓜灯，
圆鼓溜溜绣球灯，
摇头摆尾是鲤鱼鲢鱼灯，
提起鲤鱼鲢鱼灯，
好比鲤鱼跳龙门。

三、孝歌：安亡魂

来在大堂往前走，
引魂帆儿拿在手，
要给亡者指路走。
我劝亡者莫走东，
东方有个大青龙。
我劝亡者莫走南，
南方有个火焰山。

我劝亡者莫走西,
西边佛祖在那里。
我劝亡者莫走北,
北方寒冷去不得。
我劝亡者莫走上,
上方有个张玉皇。
我劝亡者莫走下,
下有地狱一十八。
我劝亡者走中央,
乌云托你上天堂。

四、民歌

1. 黄瓜调

姐在园中摘黄瓜,
情郎哥哥打把沙,
打掉了黄瓜花。
咿儿呀子哟,呀儿咿子哟,
打掉了黄瓜花。
打掉公花也小可,
打掉母花不结瓜,
回去爹娘骂。
咿儿呀子哟,呀儿咿子哟,
回去爹娘骂。
你要黄瓜摘些去,
你要玩耍黑了来,
小妹妹满接待。
咿儿呀子哟,呀儿咿子哟,
小妹妹满接待。
院中有棵梧桐树,
你逮到丫把坠下来,
门儿大大开。
咿儿呀子哟,呀儿咿子哟,
门儿大大开。

郎在外面学猫叫，

妹在房中唤猫来，

神仙解不开。

咿儿呀子哟，呀儿咿子哟，

神仙解不开。

2. 双探妹

正月探小妹闹元宵，

我看见小妹长得真美貌，

走你门前过，

妹子呀，

你知道不知道，

我眼睛都望穿了。

小妹一听连忙开言道，

叫一声小朗哥细听奴根苗，

不是不知道，

哥哥呀，

爹妈管紧了，

不敢往外跑。

二月探小妹龙抬头，

我看见小妹坐在大门口，

抬头看见我，

妹子呀，

你板凳往里拖，

为何不见我？

小妹一听连忙开言道，

叫一声情郎哥细听奴根苗，

不是不见你，

哥哥呀，

你的朋友多，

看见要说啰嗦。

三月探小妹是清明，

我和小妹一路去踩青，

踩青是假意，

妹子呀,
试试你的心,
真心不真心。
小妹一听连忙开言道,
叫一声情郎哥哥细听奴根苗,
真心本真心,
哥哥呀,
就爱你一人,
难舍又难分。

镇巴县篇

第一章 总 论

第一节 人文地理、历史沿革、人口概况

镇巴地处大巴山腹地，陕西省南端，汉中市东南隅。县城距汉中180公里，距西安430公里。总面积3437平方公里，辖19镇，1个街道办，157个行政村，24个社区，总人口28.9万。融三秦文化，汇蜀汉遗风。丰富的文化积淀造就了镇巴独特鲜明的文化魅力，镇巴民歌被列入全国非物质文化遗产保护名录，多次在赛事中大放异彩，被文化部命名为"全国文化先进县""中国民间文化艺术之乡"，并成功创建"省级文明县城"。

独特的地理区位造就了镇巴神秘的生态文明和富饶的物产资源。全县森林覆盖率达67.48%，年均空气优良天数超过340天，被确定为全国首批、陕南唯一的国家生态保护与建设示范区；在被誉为"二十一世纪地理大发现"的汉中天坑群中，镇巴县有19个，其中，圈子崖天坑是目前全球海拔最高、世界第五大天坑；天悬天坑是科学家公认的最典型天坑，被评为陕西省地质公园和陕西"十大地质名片"；盛产茶叶、木耳、核桃等农副产品，是"中国名茶之乡"；镇巴腊肉、树花菜、黑木耳、香菇等四项农产品获国家农产品地理标志登记保护；矿产资源有煤、锰、板石等20余种；油气勘探前景看好，中石化集团初步探明镇巴区块天然气上组合储量3061亿立方米，下组合储量132万亿立方米；原国土资源部将镇巴列为全国四大页岩气基地之一。[1]

镇巴历史悠久，夏商时属梁朝域，东周为楚地，东汉和帝永元七年（95年）封平定西域名将班超为定远侯，县地为其封邑，置定远域，亦名平西域、班城。三国蜀汉章武元年（221年）析城固县南部建南乡县，辖今镇巴、西乡两县地，县城设在归仁山，即今本县渔渡镇渔渡坝古城堡，此乃镇巴建县之始。清嘉庆七年（1802年）析西乡南24地，取"汉定远侯封邑"之意置定远厅。其后，镇巴的县级行政区设置即稳定。1913年废厅改称定远县，后又改名镇巴县，1932年，红四方面军创建川陕革命根

---

[1] 根据镇巴县人民政府网，2019年3月6日发布镇巴概况材料整理。

据地，次年9月在县境南部曾建陕南县，1935年2月红四方面军离境长征，陕南县名消失。1949年12月17日镇巴和平解放，19日镇巴县人民政府成立。[1]

第二节 方言归属与内部差异

按照发音人及当地人一般看法，镇巴县方言可分为三大块，通常称为"中区""东区""西区"。"中区"以县城为中心，北到杨家河镇，南到渔渡镇、小洋镇、赤南镇、盐场镇，内部口音比较一致，其中渔渡镇、赤南镇、盐场镇语音尾腔长，词汇方面也更像四川话；"东区"包括碾子镇、兴隆镇、观音镇、平安镇和巴庙镇，内部语音差异较小；"西区"包括青水镇、三元镇、简池镇，延伸至永乐镇、大池镇一带，内部语音差异较小。

第三节 发音人和调查人概况

方言发音人（一）

1. 姓名：蒋德忠
2. 单位（退休前）：陕西省汉中市镇巴县民政局
3. 通信地址：陕西省汉中市镇巴县档案局
4. 性别：男　　民族：汉
5. 出生年月日（公历）：1957年10月
6. 出生地（从省级至自然村级）：陕西省汉中市镇巴县泾洋街道办
7. 主要经历：出生、学习、工作一直在镇巴县泾洋街道办，退休后居住在泾洋街道办。
8. 文化程度：大专
9. 职业：退休干部
10. 会说哪几种话（包括普通话、外语）：镇巴方言
11. 父亲是哪里人，会说什么话：汉中市镇巴县泾洋街道办人，会说镇巴方言。
12. 母亲是哪里人，会说什么话：汉中市镇巴县泾洋街道办人，会说镇巴方言。
13. 配偶是哪里人，会说什么话：汉中市镇巴县泾洋街道办人，会说镇巴方言。

---

[1] 根据镇巴县人民政府网，2019年9月16日发布镇巴历史沿革材料整理。

方言发音人（二）

1. 姓名：李章富
2. 单位（退休前）：陕西省汉中市镇巴县委党校
3. 通信地址：陕西省汉中市镇巴县档案局
4. 性别：男　　民族：汉
5. 出生年月日（公历）：1957年2月
6. 出生地（从省级至自然村级）：陕西省汉中市镇巴县泾洋街道办
7. 主要经历：出生、学习、工作一直在镇巴县泾洋街道办，退休后居住在泾洋街道办。
8. 文化程度：高中
9. 职业：退休干部
10. 会说哪几种话（包括普通话、外语）：镇巴方言
11. 父亲是哪里人，会说什么话：汉中市镇巴县泾洋街道办人，会说镇巴方言。
12. 母亲是哪里人，会说什么话：汉中市镇巴县泾洋街道办人，会说镇巴方言。
13. 配偶是哪里人，会说什么话：汉中市镇巴县泾洋街道办人，会说镇巴方言。

调查人

1. 姓名：张　璐
2. 单位：陕西理工大学
3. 通信地址：陕西省汉中市汉台区一环路1号

第二章　语　音

第一节　声　母

声母二十个，包括零声母在内。

p 八兵病宝　　　ph 派片爬票　　　m 麦明母庙　　　f 飞凤副肥
t 多东毒刀　　　th 讨天脱特　　　　　　　　　　　l 脑南老连
ts 资字张争　　　tsh 刺祠抽抄　　　　　　　　　　s 丝事山手　　　z 热软黏入
tɕ 酒九假举　　　tɕh 清全轻权　　　ȵ 年泥牛娘　　　ɕ 想谢响县
k 高共解瓜　　　kh 开靠口亏　　　ŋ 熬安藕爱　　　x 好灰活下
Ø 味月王用

第二节　韵　母

韵母三十六个，不包括儿化韵。

ɿ 师十直尺　　　i 米戏急一　　　u 苦五骨出　　　y 雨橘局女
a 茶塔法八　　　ia 牙鸭家夹　　　ua 瓦刮划滑
ɛ 折车舌热　　　iɛ 接写贴捏　　　uɛ 国或　　　　yɛ 靴月缺血
o 歌坐盒壳　　　io 药学雀约
ai 开排鞋买　　　　　　　　　　uai 快歪外怪
ei 赔飞白麦　　　　　　　　　　uei 对鬼雷灰
au 饱宝早冒　　　iau 笑桥飘鸟
əu 豆走绿锄　　　iəu 油六丢牛
an 南山半伞　　　ian 盐年眼间　　　uan 短官惯还　　　yan 权院卷馅
ən 灯升硬根　　　in 心新病星　　　un 寸滚春横　　　yn 云裙熏菌
ɑŋ 糖党忙浪　　　iɑŋ 响讲强样　　　uɑŋ 双床王黄
oŋ 东风同中　　　ioŋ 兄用穷荣　　　uoŋ 翁

ər 二日耳儿

第三节 单字调

单字调四个。

阴平 35 东该天春　阳平 31 门铜百哭六罚　上声 52 懂统买有　去声 213 动怪卖地

第四节 连读变调

非重叠两字组连读变调见表 2-1。

表 2-1　非重叠两字组连读变调

前字＼后字	1 阴平 35	2 阳平 31	3 上声 52	4 去声 213
1 阴平 35	35+55	35+52	35+52	35+213
2 阳平 31	31+55	33+31	31+52	31+213
3 上声 52	45+55	45+31	45+52	45+213
4 去声 213	21+55	213+52	21+52	21+55

重叠两字组连读变调见表 2-2。

表 2-2　重叠两字组连读变调

前字＼后字	1 阴平 35	2 阳平 31	3 上声 52	4 去声 213
1 阴平 35	35+55			
2 阳平 31		33+31		
3 上声 52			45+52	
4 去声 213				21+55

第五节　单　字

0001. 多 to35　　　　0006. 歌 ko35　　　　0011. 河 xo31　　　　0016. 磨名 mo213

0002. 拖 tho35　　　0007. 个一～ ko213　　0012. 茄 tɕhiɛ31　　　0017. 躲 to52

0003. 大～小 ta213　0008. 可 kho52　　　　0013. 破 pho213　　　0018. 螺 lo31

0004. 锣 lo31　　　　0009. 鹅 ŋo31　　　　0014. 婆 pho31　　　　0019. 坐 tso213

0005. 左 tso52　　　0010. 饿 ŋo213　　　　0015. 磨动 mo31　　　0020. 锁 so52

0021. 果 ko52
0022. 过 ko213
0023. 课 kho213
0024. 火 xo52
0025. 货 xo213
0026. 祸 xo213
0027. 靴 çyɛ35
0028. 把量 pa52
0029. 爬 pha31
0030. 马 ma52
0031. 骂 ma213
0032. 茶 tsha31
0033. 沙 sa35
0034. 假真~ tçia52
0035. 嫁 tçia213
0036. 牙 Øia31
0037. 虾 xa35
0038. 下底~ xa213
0039. 夏春~ çia213
0040. 哑 Øia52
0041. 姐 tçiɛ52
0042. 借 tçiɛ213
0043. 写 çiɛ52
0044. 斜 çiɛ31
0045. 谢 çiɛ213
0046. 车不是棋子 tshɛ35
0047. 蛇 sɛ31
0048. 射 sɛ213
0049. 爷 Øiɛ31
0050. 野 Øiɛ52
0051. 夜 Øiɛ213
0052. 瓜 kua35

0053. 瓦 Øua52
0054. 花 xua35
0055. 化 xua213
0056. 华中~ xua31
0057. 谱家~ phu52
0058. 布 pu213
0059. 铺 phu35
0060. 簿 pu213
0061. 步 pu213
0062. 赌 tu52
0063. 土 thu52
0064. 图 thu31
0065. 杜 tu213
0066. 奴 lu31
0067. 路 lu213
0068. 租 tsu35
0069. 做 tsu213
0070. 错对~ tsho213
0071. 箍~桶 khu35
0072. 古 ku52
0073. 苦 khu52
0074. 裤 khu213
0075. 吴 Øu31
0076. 五 Øu52
0077. 虎 xu52
0078. 壶 xu31
0079. 户 xu213
0080. 乌 Øu35
0081. 女 ȵy52
0082. 吕 luei52/ly52
0083. 徐 çy31
0084. 猪 tsu35
0085. 除 tshu31

0086. 初 tshu35
0087. 锄 tshu31
0088. 所 so52
0089. 书 su35
0090. 鼠 su52
0091. 如 zu31
0092. 举 tçy52
0093. 锯名 tçy213
0094. 去 tçhi213
0095. 渠~道 tçhy31
0096. 鱼 Øy31
0097. 许 çy52
0098. 余剩~，多~ Øy31
0099. 府 fu52
0100. 付 fu213
0101. 父 fu213
0102. 武 Øu52
0103. 雾 Øu213
0104. 取 tçhy52
0105. 柱 tsu213
0106. 住 tsu213
0107. 数动 su52
0108. 数名 su213
0109. 主 tsu52
0110. 输 su35
0111. 竖 su213
0112. 树 su213
0113. 句 tçy213
0114. 区地~ tçhy35
0115. 遇 Øy213
0116. 雨 Øy52
0117. 芋 Øy213

0118. 裕 Øy31
0119. 胎 thai35
0120. 台戏~ thai31
0121. 袋 tai213
0122. 来 lai31
0123. 菜 tshai213
0124. 财 tshai31
0125. 该 kai35
0126. 改 kai52
0127. 开 khai35
0128. 海 xai52
0129. 爱 ŋai213
0130. 贝 pei213
0131. 带动 tai213
0132. 盖动 kai213
0133. 害 xai213
0134. 拜 pai213
0135. 排 phai31
0136. 埋 mai31
0137. 戒 tçiɛ213
0138. 摆 pai52
0139. 派 phai213
0140. 牌 phai31
0141. 买 mai52
0142. 卖 mai213
0143. 柴 tshai31
0144. 晒 sai213
0145. 街 kai35
0146. 解~开 kai52
0147. 鞋 xai31
0148. 蟹 xai31
0149. 矮 ŋai52
0150. 败 pai213

0151. 币 pi213	0184. 块 khuai52	0217. 梨 li31	0250. 嘴 tsuei52
0152. 制～造 tsʅ213	0185. 怀 xuai31	0218. 资 tsʅ35	0251. 随 suei31
0153. 世 sʅ213	0186. 坏 xuai213	0219. 死 sʅ52	0252. 吹 tshuei35
0154. 艺 Øi213	0187. 拐 kuai52	0220. 四 sʅ213	0253. 垂 tshuei31
0155. 米 mi52	0188. 挂 kua213	0221. 迟 tshʅ31	0254. 规 kuei213
0156. 低 ti35	0189. 歪 Øuai35	0222. 指 tsʅ52	0255. 亏 khuei35
0157. 梯 thi35	0190. 画 xua213	0223. 师 sʅ35	0256. 跪 kuei213
0158. 剃 thi213	0191. 快 khuai213	0224. 二 Øər213	0257. 危 Øuei31
0159. 弟 ti213	0192. 话 xua213	0225. 饥～饿 tɕi35	0258. 类 luei213
0160. 递 ti213	0193. 岁 suei213	0226. 器 tɕhi213	0259. 醉 tsuei213
0161. 泥 ȵi31	0194. 卫 Øuei213	0227. 姨 Øi31	0260. 追 tsuei35
0162. 犁 li31	0195. 肺 fei213	0228. 李 li52	0261. 锤 tshuei31
0163. 西 ɕi35	0196. 桂 kuei213	0229. 子 tsʅ52	0262. 水 suei52
0164. 洗 ɕi52	0197. 碑 pei35	0230. 字 tsʅ213	0263. 龟 kuei35
0165. 鸡 tɕi35	0198. 皮 phi31	0231. 丝 sʅ35	0264. 季 tɕi213
0166. 溪 ɕi35	0199. 被～子 pei213	0232. 祠 tshʅ31	0265. 柜 kuei213
0167. 契 tɕhi213	0200. 紫 tsʅ52	0233. 寺 sʅ213	0266. 位 Øuei213
0168. 系联～ ɕi213	0201. 刺 tshʅ213	0234. 治 tsʅ213	0267. 飞 fei35
0169. 杯 pei35	0202. 知 tsʅ35	0235. 柿 sʅ213	0268. 费 fei213
0170. 配 phei213	0203. 池 tshʅ31	0236. 事 sʅ213	0269. 肥 fei31
0171. 赔 phei31	0204. 纸 tsʅ52	0237. 使 sʅ52	0270. 尾 Øi52
0172. 背～诵 pei213	0205. 儿 Øər31	0238. 试 sʅ213	0271. 味 Øuei213
0173. 煤 mei31	0206. 寄 tɕi213	0239. 时 sʅ31	0272. 鬼 kuei52
0174. 妹 mei213	0207. 骑 tɕhi31	0240. 市 sʅ213	0273. 贵 kuei213
0175. 对 tuei213	0208. 蚁 Øiɛ31	0241. 耳 Øər52	0274. 围 Øuei31
0176. 雷 luei31	0209. 义 Øi213	0242. 记 tɕi213	0275. 胃 Øuei213
0177. 罪 tsuei213	0210. 戏 ɕi213	0243. 棋 tɕhi31	0276. 宝 pau52
0178. 碎 tshuei213	0211. 移 Øi31	0244. 喜 ɕi52	0277. 抱 pau213
0179. 灰 xuei35	0212. 比 pi52	0245. 意 Øi213	0278. 毛 mau31
0180. 回 xuei31	0213. 屁 phi213	0246. 几～个 tɕi52	0279. 帽 mau213
0181. 外 Øuai213	0214. 鼻 pi31	0247. 气 tɕhi213	0280. 刀 tau35
0182. 会开～ xuei213	0215. 眉 mi31	0248. 希 ɕi35	0281. 讨 thau52
0183. 怪 kuai213	0216. 地 ti213	0249. 衣 Øi35	0282. 桃 thau31

0283. 道 tau213
0284. 脑 lau52
0285. 老 lau52
0286. 早 tsau52
0287. 灶 tsau213
0288. 草 tshau52
0289. 糙 tshau213
0290. 造 tshau213
0291. 嫂 sau52
0292. 高 kau35
0293. 靠 khau213
0294. 熬 ŋau31
0295. 好～坏 xau52
0296. 号名 xau213
0297. 包 pau35
0298. 饱 pau52
0299. 炮 phau213
0300. 猫 mau35
0301. 闹 lau213
0302. 罩 tsau213
0303. 抓 tsua35
0304. 找 tsau52
0305. 抄 tshau35
0306. 交 tɕiau35
0307. 敲 khau35
0308. 孝 ɕiau213
0309. 校学～ɕiau213
0310. 表手～piau52
0311. 票 phiau213
0312. 庙 miau213
0313. 焦 tɕiau35
0314. 小 ɕiau52
0315. 笑 ɕiau213

0316. 朝～代 tshau31
0317. 照 tsau213
0318. 烧 sau35
0319. 绕～线 zau52
0320. 桥 tɕhiau31
0321. 轿 tɕhiau213
0322. 腰 Øiau35
0323. 要重～Øiau213
0324. 摇 Øiau31
0325. 鸟 ȵiau52
0326. 钓 tiau213
0327. 条 thiau31
0328. 料 liau213
0329. 箫 ɕiau35
0330. 叫 tɕiau213
0331. 母丈～，舅～ mu52
0332. 抖 thəu52
0333. 偷 thəu35
0334. 头 thəu31
0335. 豆 təu213
0336. 楼 ləu31
0337. 走 tsəu52
0338. 凑 tshəu213
0339. 钩 kəu35
0340. 狗 kəu52
0341. 够 kəu213
0342. 口 khəu52
0343. 藕 ŋəu52
0344. 后前～ xəu213
0345. 厚 xəu213
0346. 富 fu213

0347. 副 fu213
0348. 浮 fu31
0349. 妇 fu213
0350. 流 liəu31
0351. 酒 tɕiəu52
0352. 修 ɕiəu35
0353. 袖 ɕiəu213
0354. 抽 tshəu35
0355. 绸 tshəu31
0356. 愁 tshəu31
0357. 瘦 səu213
0358. 州 tsəu35
0359. 臭香～tshəu213
0360. 手 səu52
0361. 寿 səu213
0362. 九 tɕiəu52
0363. 球 tɕhiəu31
0364. 舅 tɕiəu213
0365. 旧 tɕiəu213
0366. 牛 ȵiəu31
0367. 休 ɕiəu35
0368. 优 Øiəu35
0369. 有 Øiəu52
0370. 右 Øiəu213
0371. 油 Øiəu31
0372. 丢 tiəu35
0373. 幼 Øiəu213
0374. 贪 than35
0375. 潭 than31
0376. 南 lan31
0377. 蚕 tshan31
0378. 感 kan52

0379. 含～一口水 xan31
0380. 暗 ŋan213
0381. 搭 ta31
0382. 踏 tha31
0383. 拉 la35
0384. 杂 tsa31
0385. 鸽 ko31
0386. 盒 xo31
0387. 胆 tan52
0388. 毯 than52
0389. 淡 tan213
0390. 蓝 lan31
0391. 三 san35
0392. 甘 kan35
0393. 敢 kan52
0394. 喊 xan52
0395. 塔 tha31
0396. 蜡 la31
0397. 赚 tsuan213
0398. 杉～木 sa35
0399. 减 tɕian52
0400. 咸～淡 xan31
0401. 插 tsha31
0402. 闸 tsa213
0403. 夹～子 tɕia31
0404. 衫 san35
0405. 监 tɕian35
0406. 岩 ŋai31
0407. 甲 tɕia31
0408. 鸭 Øia31
0409. 黏～液 zan31/lian31

0410. 尖 tɕian35	0441. 浸 tɕhin213	0473. 汗 xan213	mian213
0411. 签 ~名 tɕhian35	0442. 心 ɕin35	0474. 安 ŋan35	0502. 连 lian31
	0443. 寻 ɕyn31	0475. 达 ta31	0503. 剪 tɕian52
0412. 占 ~领 tsan213	0444. 沉 tshən31	0476. 辣 la31	0504. 浅 tɕhian52
	0445. 参 人~ sən35	0477. 擦 tsha31	0505. 钱 tɕhian31
0413. 染 zan52	0446. 针 tsən35	0478. 割 ko31	0506. 鲜 ɕyan35
0414. 钳 tɕhian31	0447. 深 sən35	0479. 渴 kho31	0507. 线 ɕian213
0415. 验 Øian213	0448. 任 责~ zən213	0480. 扮 pan213	0508. 缠 tshan31
0416. 险 ɕian52	0449. 金 tɕin35	0481. 办 pan213	0509. 战 tsan213
0417. 厌 Øian213	0450. 琴 tɕhin31	0482. 铲 tshuan52	0510. 扇 san213
0418. 炎 Øian35	0451. 音 Øin35	0483. 山 san35	0511. 善 san213
0419. 盐 Øian31	0452. 立 li31	0484. 产 tshan52	0512. 件 tɕian213
0420. 接 tsɛ31	0453. 集 tɕi31	0485. 间 房~，一~ 房 kan35/ tɕian35	0513. 延 Øian31
0421. 折 ~叠 tsɛ31	0454. 习 ɕi31		0514. 别 ~人 piɛ31
0422. 叶 树~ Øiɛ31	0455. 汁 tsʅ31		0515. 灭 miɛ31
0423. 剑 tɕian213	0456. 十 sʅ31	0486. 眼 Øian52	0516. 列 liɛ31
0424. 欠 tɕhian213	0457. 入 zu31	0487. 限 ɕian213	0517. 撤 tshɛ52
0425. 严 ȵian31	0458. 急 tɕi31	0488. 八 pa31	0518. 舌 sɛ31
0426. 业 ȵiɛ31	0459. 及 tɕi31	0489. 扎 tsa31	0519. 设 sɛ31
0427. 点 tian52	0460. 吸 ɕi35	0490. 杀 sa31	0520. 热 zɛ31
0428. 店 tian213	0461. 单 简~ tan35	0491. 班 pan35	0521. 杰 tɕiɛ31
0429. 添 thian35	0462. 炭 than213	0492. 板 pan52	0522. 孽 ȵiɛ31
0430. 甜 thian31	0463. 弹 ~琴 than31	0493. 慢 man213	0523. 建 tɕian213
0431. 念 ȵian213	0464. 难 ~易 lan31	0494. 奸 tɕian35	0524. 健 tɕian213
0432. 嫌 ɕian31	0465. 兰 lan31	0495. 颜 Øian31	0525. 言 Øian31
0433. 跌 tiɛ31	0466. 懒 lan52	0496. 瞎 ɕia31	0526. 歇 ɕiɛ31
0434. 贴 thiɛ31	0467. 烂 lan213	0497. 变 pian213	0527. 扁 pian52
0435. 碟 tiɛ31	0468. 伞 san52	0498. 骗 欺~ phian213	0528. 片 phian213
0436. 协 ɕiɛ31	0469. 肝 kan35		0529. 面 ~条 mian213
0437. 犯 fan213	0470. 看 ~见 khan213	0499. 便 方~ pian213	
0438. 法 fa31		0500. 棉 mian31	0530. 典 tian52
0439. 品 phin52	0471. 岸 ŋan213	0501. 面 ~孔	0531. 天 thian35
0440. 林 lin31	0472. 汉 xan213		0532. 田 thian31

0533. 垫 tian213
0534. 年 ɲian31
0535. 莲 lian31
0536. 前 tɕhian31
0537. 先 ɕian35
0538. 肩 tɕian35
0539. 见 tɕian213
0540. 牵 tɕhian35
0541. 显 ɕian52
0542. 现 ɕian213
0543. 烟 Øian35
0544. 憋 piɛ35
0545. 篾 miɛ31
0546. 铁 thiɛ31
0547. 捏 ɲiɛ31
0548. 节 tɕiɛ31
0549. 切 tɕhiɛ31
0550. 截 tɕiɛ31
0551. 结 tɕiɛ31
0552. 搬 pan35
0553. 半 pan213
0554. 判 phan213
0555. 盘 phan31
0556. 满 man52
0557. 端 ~午 tuan35
0558. 短 tuan52
0559. 断绳~了 tuan213
0560. 暖 luan52
0561. 乱 luan213
0562. 酸 suan35
0563. 算 suan213
0564. 官 kuan35

0565. 宽 khuan35
0566. 欢 xuan35
0567. 完 Øuan31
0568. 换 xuan213
0569. 碗 Øuan52
0570. 拨 po31
0571. 泼 pho31
0572. 末 mo31
0573. 脱 tho31
0574. 夺 to31
0575. 阔 kho31
0576. 活 xo31
0577. 顽 ~皮，~固 Øuan31
0578. 滑 xua31
0579. 挖 Øua35
0580. 闩 suan213
0581. 关 ~门 kuan35
0582. 惯 kuan213
0583. 还动 xuan31
0584. 还副 xai31
0585. 弯 Øuan35
0586. 刷 sua31
0587. 刮 kua31
0588. 全 tɕhyan31
0589. 选 ɕyan52
0590. 转 ~眼，~送 tsuan52
0591. 传 ~下来 tshuan31
0592. 传 ~记 tsuan213
0593. 砖 tsuan35

0594. 船 tshuan31
0595. 软 zuan52
0596. 卷 ~起 tɕyan52
0597. 圈圆~ tɕhyan35
0598. 权 tɕhyan31
0599. 圆 Øyan31
0600. 院 Øyan213
0601. 铅 ~笔 tɕhian35
0602. 绝 tɕyɛ31
0603. 雪 ɕyɛ31
0604. 反 fan52
0605. 翻 fan35
0606. 饭 fan213
0607. 晚 Øuan52
0608. 万麻将牌 Øuan213
0609. 劝 tɕhyan213
0610. 原 Øyan31
0611. 冤 Øyan35
0612. 园 Øyan31
0613. 远 Øyan52
0614. 发头~ fa31
0615. 罚 fa31
0616. 袜 Øua31
0617. 月 Øyɛ31
0618. 越 Øyɛ31
0619. 县 ɕian213
0620. 决 tɕyɛ31
0621. 缺 tɕhyɛ31
0622. 血 ɕyɛ31

0623. 吞 thən35
0624. 根 kən35
0625. 恨 xən213
0626. 恩 ŋən35
0627. 贫 phin31
0628. 民 min31
0629. 邻 lin31
0630. 进 tɕin213
0631. 亲 tɕhin35
0632. 新 ɕin35
0633. 镇 tsən213
0634. 陈 tshən31
0635. 震 tsən213
0636. 神 sən31
0637. 身 sən35
0638. 辰 sən31
0639. 人 zən31
0640. 认 zən213
0641. 紧 tɕin52
0642. 银 Øin31
0643. 印 Øin213
0644. 引 Øin52
0645. 笔 pi31
0646. 匹 phi31
0647. 密 mi31
0648. 栗 li31
0649. 七 tɕhi31
0650. 侄 tsʅ31
0651. 虱 sɛ31
0652. 实 sʅ31
0653. 失 sʅ31
0654. 日 zʅ31
0655. 吉 tɕi31

0656. 一 Øi31
0657. 筋 tɕin35
0658. 劲有~ tɕin213
0659. 勤 tɕhin31
0660. 近 tɕin213
0661. 隐 Øin52
0662. 本 pən52
0663. 盆 phən31
0664. 门 mən31
0665. 墩 tun35
0666. 嫩 lən213/lun213
0667. 村 tshən35/tshun35
0668. 寸 tshən213/tshun213
0669. 蹲 tən35/tun35
0670. 孙 sən35/sun35
0671. 滚 kun52
0672. 困 khun213
0673. 婚 xun35
0674. 魂 xun31
0675. 温 Øun35
0676. 卒棋子 tsu31
0677. 骨 ku31
0678. 轮 lun31
0679. 俊 tɕyn213
0680. 笋 sən52
0681. 准 tsun52
0682. 春 tshun35
0683. 唇 tshun31
0684. 顺 sun213
0685. 纯 sun31/tshun31

0686. 闰 zun213
0687. 均 tɕyn35
0688. 匀 Øyn31
0689. 律 ly52
0690. 出 tshu31
0691. 橘 tɕy31
0692. 分动 fən35
0693. 粉 fən52
0694. 粪 fən213
0695. 坟 fən31
0696. 蚊 Øun31
0697. 问 Øun213
0698. 军 tɕyn35
0699. 裙 tɕhyn31
0700. 熏 ɕyn35
0701. 云~彩 Øyn31
0702. 运 Øyn213
0703. 佛~像 fo31
0704. 物 Øuo31
0705. 帮 paŋ35
0706. 忙 maŋ31
0707. 党 taŋ52
0708. 汤 thaŋ35
0709. 糖 thaŋ31
0710. 浪 laŋ213
0711. 仓 tshaŋ35
0712. 钢 kaŋ35
0713. 糠 khaŋ35
0714. 薄形 po31
0715. 摸 mo35
0716. 托 tho31
0717. 落 lo31

0718. 作 tso31
0719. 索 so31
0720. 各 ko31
0721. 鹤 xo31
0722. 恶 ŋo31
0723. 娘 ȵiaŋ31
0724. 两斤~ liaŋ52
0725. 亮 liaŋ213
0726. 浆 tɕiaŋ213
0727. 抢 tɕhiaŋ52
0728. 匠 tɕiaŋ213
0729. 想 ɕiaŋ52
0730. 像 ɕiaŋ213
0731. 张量 tsaŋ35
0732. 长~短 tshaŋ31
0733. 装 tsuaŋ35
0734. 壮 tsuaŋ213
0735. 疮 tshuaŋ35
0736. 床 tshuaŋ31
0737. 霜 suaŋ35
0738. 章 tsaŋ35
0739. 厂 tshaŋ52
0740. 唱 tshaŋ213
0741. 伤 saŋ35
0742. 尝 saŋ31
0743. 上~去 saŋ213
0744. 让 zaŋ213
0745. 姜生~ tɕiaŋ35
0746. 响 ɕiaŋ52
0747. 向 ɕiaŋ213
0748. 秧 Øiaŋ35
0749. 痒 Øiaŋ52

0750. 样 Øiaŋ213
0751. 雀 tɕhio31
0752. 削 ɕyɛ31
0753. 着火~了 tso31
0754. 勺 so31
0755. 弱 zo31
0756. 脚 tɕio31
0757. 约 Øio31
0758. 药 Øio31
0759. 光~线 kuaŋ35
0760. 慌 xuaŋ35
0761. 黄 xuaŋ31
0762. 郭 ko31
0763. 霍 xo213
0764. 方 faŋ35
0765. 放 faŋ213
0766. 纺 faŋ52
0767. 房 faŋ31
0768. 防 faŋ31
0769. 网 Øuaŋ52
0770. 筐 khuaŋ35
0771. 狂 khuaŋ31
0772. 王 Øuaŋ31
0773. 旺 Øuaŋ213
0774. 缚 fu31
0775. 绑 paŋ52
0776. 胖 phaŋ213
0777. 棒 paŋ213
0778. 桩 tsuaŋ35
0779. 撞 tsuaŋ213
0780. 窗 tshuaŋ35
0781. 双 suaŋ35
0782. 江 tɕiaŋ35

0783. 讲 tɕiaŋ52
0784. 降投～ɕiaŋ31
0785. 项 xaŋ213
0786. 剥 po31
0787. 桌 tso31
0788. 镯 tso31
0789. 角 tɕio31
0790. 壳 kho31
0791. 学 ɕio31
0792. 握 Øuo31
0793. 朋 phoŋ31
0794. 灯 tən35
0795. 等 tən52
0796. 凳 tən213
0797. 藤 thən31
0798. 能 lən31
0799. 层 tshən31
0800. 僧 sən35
0801. 肯 khən52
0802. 北 pei31
0803. 墨 miɛ31
0804. 得 tei31
0805. 特 thei31
0806. 贼 tsei31
0807. 塞 sei31
0808. 刻 khei31
0809. 黑 xei31
0810. 冰 pin35
0811. 证 tsən213
0812. 秤 tshən213
0813. 绳 sən31
0814. 剩 sən213
0815. 升 sən35

0816. 兴高～ɕin213
0817. 蝇 Øin31
0818. 逼 pi31
0819. 力 li31
0820. 息 ɕi31
0821. 直 tsʅ31
0822. 侧 tshei31
0823. 测 tshei31
0824. 色 sei31
0825. 织 tsʅ31
0826. 食 sʅ31
0827. 式 sʅ213
0828. 极 tɕi31
0829. 国 kuɛ31
0830. 或 xuɛ31
0831. 猛 məŋ52
0832. 打 ta52
0833. 冷 lən52
0834. 生 sən35
0835. 省～长 sən52
0836. 更三～,打～ kən35
0837. 梗 kən52
0838. 坑 khən35
0839. 硬 ŋən213
0840. 行～为,～走 ɕin31
0841. 百 pei31
0842. 拍 phei31
0843. 白 pei31
0844. 拆 tshei31
0845. 择 tshei31
0846. 窄 tsei31

0847. 格 kei31
0848. 客 khei31
0849. 额 ŋei31
0850. 棚 phəŋ31
0851. 争 tsən35
0852. 耕 kən35
0853. 麦 miɛ31/ mei31
0854. 摘 tsei31
0855. 策 tshei31
0856. 隔 kei31
0857. 兵 pin35
0858. 柄 pin52
0859. 平 phin31
0860. 病 pin213
0861. 明 min31
0862. 命 min213
0863. 镜 tɕin213
0864. 庆 tɕhin213
0865. 迎 Øin31
0866. 影 Øin52
0867. 剧戏～ tɕy213
0868. 饼 pin52
0869. 名 min31
0870. 领 lin52
0871. 井 tɕin52
0872. 清 tɕhin35
0873. 静 tɕin213
0874. 姓 ɕin213
0875. 贞 tsən35
0876. 程 tshən31
0877. 整 tsən52
0878. 正～反

tsən213
0879. 声 sən35
0880. 城 tshən31
0881. 轻 tɕhin35
0882. 赢 Øin31
0883. 积 tɕi31
0884. 惜 ɕi31
0885. 席 ɕi31
0886. 尺 tshʅ31
0887. 石 sʅ31
0888. 益 Øi31
0889. 瓶 phin31
0890. 钉 tin35
0891. 顶 tin52
0892. 厅 thin35
0893. 听～见 thin35
0894. 停 thin31
0895. 挺 thin52
0896. 定 tin213
0897. 零 lin31
0898. 青 tɕhin35
0899. 星 ɕin35
0900. 经 tɕin35
0901. 形 ɕin31
0902. 壁 pi31
0903. 劈 phi52
0904. 踢 thi31
0905. 笛 ti31
0906. 历农～ li31
0907. 锡 ɕi31
0908. 击 tɕi31
0909. 吃 tshʅ31
0910. 横 xun31

515

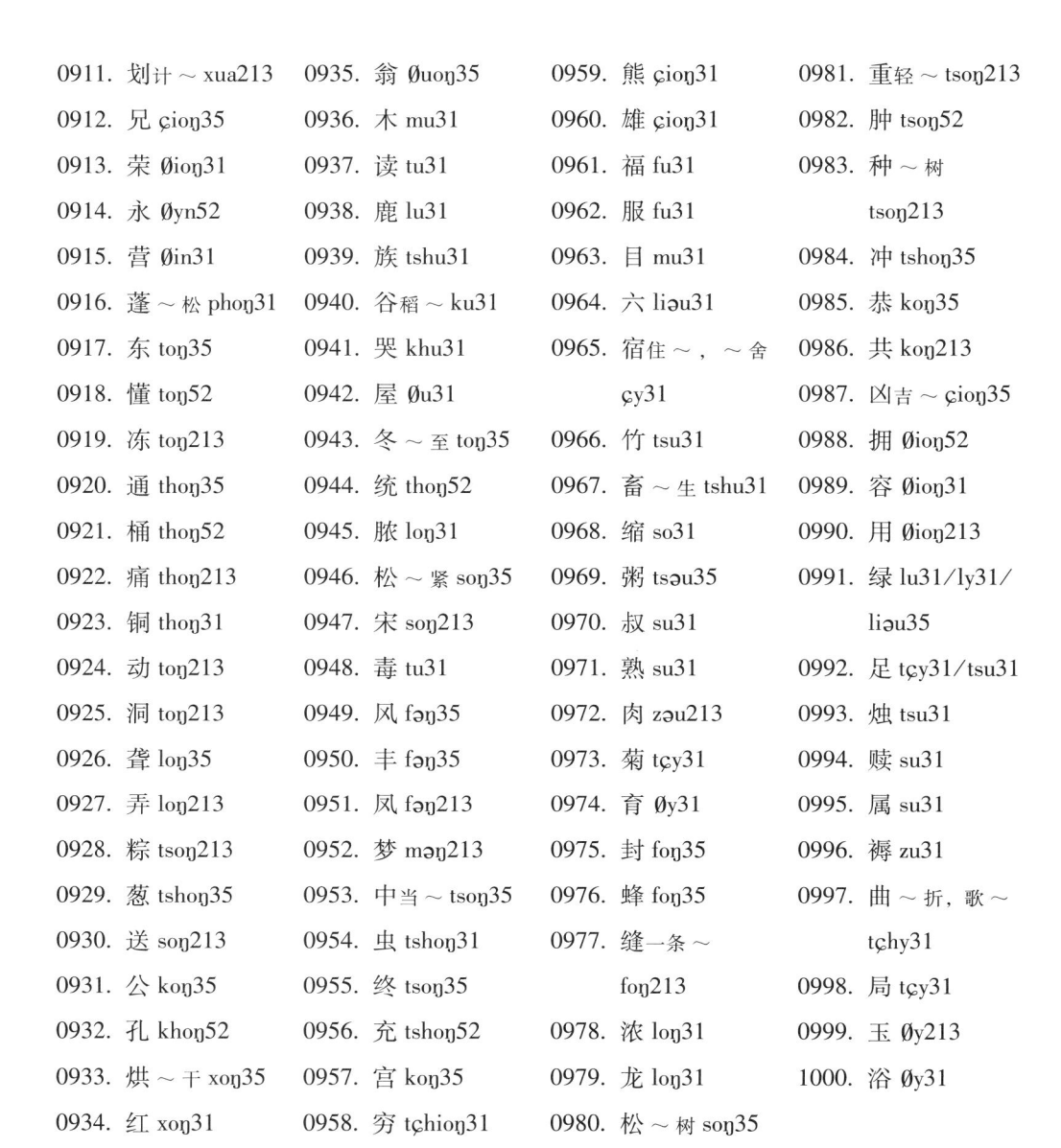

0911. 划计~ xua213	0935. 翁 Øuoŋ35	0959. 熊 ɕioŋ31	0981. 重轻~ tsoŋ213
0912. 兄 ɕioŋ35	0936. 木 mu31	0960. 雄 ɕioŋ31	0982. 肿 tsoŋ52
0913. 荣 Øioŋ31	0937. 读 tu31	0961. 福 fu31	0983. 种~树 tsoŋ213
0914. 永 Øyn52	0938. 鹿 lu31	0962. 服 fu31	
0915. 营 Øin31	0939. 族 tshu31	0963. 目 mu31	0984. 冲 tshoŋ35
0916. 蓬~松 phoŋ31	0940. 谷稻~ ku31	0964. 六 liəu31	0985. 恭 koŋ35
0917. 东 toŋ35	0941. 哭 khu31	0965. 宿住~,~舍 ɕy31	0986. 共 koŋ213
0918. 懂 toŋ52	0942. 屋 Øu31		0987. 凶吉~ ɕioŋ35
0919. 冻 toŋ213	0943. 冬~至 toŋ35	0966. 竹 tsu31	0988. 拥 Øioŋ52
0920. 通 thoŋ35	0944. 统 thoŋ52	0967. 畜~生 tshu31	0989. 容 Øioŋ31
0921. 桶 thoŋ52	0945. 脓 loŋ31	0968. 缩 so31	0990. 用 Øioŋ213
0922. 痛 thoŋ213	0946. 松~紧 soŋ35	0969. 粥 tsəu35	0991. 绿 lu31/ly31/liəu35
0923. 铜 thoŋ31	0947. 宋 soŋ213	0970. 叔 su31	
0924. 动 toŋ213	0948. 毒 tu31	0971. 熟 su31	0992. 足 tɕy31/tsu31
0925. 洞 toŋ213	0949. 风 fəŋ35	0972. 肉 zəu213	0993. 烛 tsu31
0926. 聋 loŋ35	0950. 丰 fəŋ35	0973. 菊 tɕy31	0994. 赎 su31
0927. 弄 loŋ213	0951. 凤 fəŋ213	0974. 育 Øy31	0995. 属 su31
0928. 粽 tsoŋ213	0952. 梦 məŋ213	0975. 封 foŋ35	0996. 褥 zu31
0929. 葱 tshoŋ35	0953. 中当~ tsoŋ35	0976. 蜂 foŋ35	0997. 曲~折,歌~ tɕhy31
0930. 送 soŋ213	0954. 虫 tshoŋ31	0977. 缝一条~ foŋ213	
0931. 公 koŋ35	0955. 终 tsoŋ35		0998. 局 tɕy31
0932. 孔 khoŋ52	0956. 充 tshoŋ52	0978. 浓 loŋ31	0999. 玉 Øy213
0933. 烘~干 xoŋ35	0957. 宫 koŋ35	0979. 龙 loŋ31	1000. 浴 Øy31
0934. 红 xoŋ31	0958. 穷 tɕhioŋ31	0980. 松~树 soŋ35	

第三章　词　汇

第一节　规定词汇

一、天文、地理

（一）天文

0001. 太阳～下山了　太阳 thai213øiaŋ52
0002. 月亮～出来了　月亮 øyɛ31liaŋ55
0003. 星星　星宿 ɕin35ɕiəu213
0004. 云　云 øyn31
0005. 风　风 foŋ35
0006. 台风　台风 thai31foŋ55
0007. 闪电名词　闪 san52
0008. 雷　雷 luei31
0009. 雨　雨 øy52
0010. 下雨　下雨 ɕia213øy52
0011. 淋衣服被雨～湿了　□ tshua31
0012. 晒～粮食　晒 sai213
0013. 雪　雪 ɕyɛ31
0014. 冰　凌冰 lin213pin35
0015. 冰雹　冷子 lən45tsʅ52
0016. 霜　霜 suaŋ35
0017. 雾　罩子 tsau21tsʅ52/雾罩 øu35tsau213
0018. 露　露水 lu21suei52
0019. 虹统称　虹 kaŋ213
0020. 日食　太阳落难 thai213øiaŋ52lo31lan213
0021. 月食　天狗吃月亮 thian35kəu52tshʅ31øyɛ31liaŋ31
0022. 天气　天时 thian35sʅ31
0023. 晴天～　晴 tɕhin31
0024. 阴天～　阴 øin35/暗 ŋan52
0025. 旱天～　干 kan35
0026. 涝天～　雨水多 øy45suei31to35
0027. 天亮　天亮 thian35liaŋ213

（二）地貌

0028. 水田　田 thian31
0029. 旱地浇不上水的耕地　地 ti213
0030. 田埂　田坎 thian31khan52
0031. 路野外的　路 lu213/小路 ɕiau45lu213/毛路 mau31lu213
0032. 山　山 san35
0033. 山谷　山沟沟 san35kəu55kəu55
0034. 江大的河　河 xo31
0035. 溪小的河　河沟 xo31kəu55

0036. 水沟儿较小的水道　水沟 suei45kəu55

0037. 湖　湖 xu31

0038. 池塘　堰塘 ɕian213thaŋ52

0039. 水坑儿地面上有积水的小洼儿
水滩滩 suei45than55than55

0040. 洪水　大水 ta21suei52

0041. 淹被水～了　淹 ŋan35

0042. 河岸　河坝 xo31pa31

0043. 坝拦河修筑拦水的　拦水坝 lan31suei52pa213

0044. 地震　地震 ti213tsən213/地动 ti213toŋ213

0045. 窟窿小的　洞洞 toŋ21toŋ55

0046. 缝儿统称　缝 foŋ213/缝缝 foŋ21foŋ55

（三）物象

0047. 石头统称　鹅包石 ŋo31pau55sʅ31

0048. 土统称　土 thu52

0049. 泥湿的　泥巴 n̟i31pa55

0050. 水泥旧称　洋石灰 ɕiaŋ31sʅ31xuei55/洋灰 ɕiaŋ31xuei55

0051. 沙子　沙 sa35/沙子 sa35tsʅ52

0052. 砖整块的　砖 tsuan35/砖头 tsuan35thəu31

0053. 瓦整块的　瓦 ɕua52

0054. 煤　煤 mei31

0055. 煤油　煤油 mei33ɕiəu31

0056. 炭木炭　木炭 mu31than213

0057. 灰烧成的　灰 xuei35

0058. 灰尘桌面上的　灰 xuei35/扬尘 ɕiaŋ31tshən31

0059. 火　火 xo52

0060. 烟烧火形成的　烟子 ɕian35tsʅ52

0061. 失火　起火 tɕhi52xo52

0062. 水　水 suei52

0063. 凉水　冷水 lən45suei52

0064. 热水如洗脸的热水，不是指喝的开水
热水 zɛ31suei52/煎水 tɕian35suei52

0065. 开水喝的　开水 khai35suei52

0066. 磁铁　吸铁 ɕi35thɛ52

二、时间、方位

（一）时间

0067. 时候吃饭的～　时候 sʅ31xəu213

0068. 什么时候　啥时候 sa213sʅ31xəu213

0069. 现在　这歇 tsɛ213ɕiɛ52

0070. 以前十年～　前 tɕhian31/以前 ɕi45tɕhian31

0071. 以后十年～　后 xəu213/以后 ɕi45xəu213

0072. 一辈子　一辈子 ɕi33pei31tsʅ52

0073. 今年　今年 tɕin35n̟ian52/今年子 tɕin35n̟ian52tsʅ31

0074. 明年　明年 min33n̟ian31

0075. 后年　后年 xəu213n̟ian52

0076. 去年　昨年 tso33n̟ian31

0077. 前年　前年 tɕhian33n̟ian31

0078. 往年过去的年份　往年 ɕuaŋ45n̟ian52/往年子 ɕuaŋ45n̟ian52tsʅ31

0079. 年初　年头 n̟ian31thəu31

0080. 年底　年尾 n̟ian31ɕuei52

0081. 今天　今天 tɕin35thian55

518

0082. 明天　明天 min31thian55

0083. 后天　后天 xəu21thian55

0084. 大后天　外天 Øuai21thian55

0085. 昨天　昨天 tso31thian55

0086. 前天　前天 tɕhian33thian55

0087. 大前天　上前天 saŋ213tɕhian31thian55

0088. 整天　梗天 kən52thian55/闷天 mən45thian55

0089. 每天　天天 thian35thian55

0090. 早晨　早晨 tsau45sən31

0091. 上午　早晨 tsau45sən31

0092. 中午　晌午 saŋ52Øu52

0093. 下午　下午 ɕia21Øu52

0094. 傍晚　擦黑 tsha33xɛ31/打麻影子 ta52ma31Øin52tsʅ52

0095. 白天　白天 pɛ31thian55

0096. 夜晚与白天相对，统称　晚上 Øuan45saŋ213

0097. 半夜　半晚上 pan213Øuan45saŋ213

0098. 正月农历　正月 tsən35Øyɛ31

0099. 大年初一农历　正月初一 tsən35Øyɛ31tshu35Øi31

0100. 元宵节　十五 sʅ31Øu52/正月十五 tsən35Øyɛ31sʅ31Øu52/大年 ta213ȵian31

0101. 清明　清明 tɕhin35min52

0102. 端午　端午 tuan35Øu52/端阳 tuan35Øiaŋ31

0103. 七月十五农历,节日名　七月半 tɕhi33Øyɛ31pan213

0104. 中秋　八月十五 pa33Øyɛ31sʅ31Øu52

0105. 冬至　冬至 toŋ35tsʅ213

0106. 腊月农历十二月　腊月 la33Øyɛ31/lia33Øyɛ31

0107. 除夕农历　三十天 san35sʅ31thian55

0108. 历书　黄历 xuaŋ33li31

0109. 阴历　阴历 Øin35li52

0110. 阳历　阳历 Øiaŋ33li31

0111. 星期天　星期天 ɕin35tɕhi55thian55/星期日 ɕin35tɕhi55Øər31

（二）方位

0112. 地方　地方 ti213faŋ52/地头 ti213thəu52

0113. 什么地方　啥地方 sa213ti213faŋ52/啥地头 sa213ti213thəu52

0114. 家里　屋里 Øu52li52

0115. 城里　城里 tshən31li52

0116. 乡下　乡里 ɕiaŋ35li52

0117. 上面从～滚下来　上头 saŋ213thəu52/高头 kau35thəu52

0118. 下面从～爬上去　下头 ɕia213thəu52/底下 ti45xa31

0119. 左边　左岸 tso45ŋan213

0120. 右边　右岸 Øiəu21ŋan55

0121. 中间排队排在～　当中 taŋ35tsoŋ55

0122. 前面排队排在～　前头 tɕhian33thəu31

0123. 后面排队排在～　后头 xəu213thəu52

0124. 末尾排队排在～　尾巴根儿

Øuei45pa31kɐr55/落巴尾儿 lo31pa31Øuɐr31/顶后头 tin45xəu213thəu52

0125. 对面　面前 mian213tɕhian31/对门儿 tuei213mɐr52
0126. 面前　面前 mian213tɕhian52
0127. 背后　背后头 pei213xəu213thəu52
0128. 里面躲在～　里头 Øi45thəu31
0129. 外面衣服晒在～　外头 Øuai213thəu52
0130. 旁边　边边 pian35pian55/侧岸子 tsɛ31ŋan213tsʅ31
0131. 上碗在桌子～　上头 saŋ35thəu52
0132. 下凳子在桌子～　下头 ɕia213thəu52
0133. 边儿桌子的～　边边 pian35pian55/沿沿 ɕian31ɕian31
0134. 角儿桌子的～　角角 ko33ko31
0135. 上去他～了　上去 saŋ21tɕhi55
0136. 下来他～了　下来 ɕia213lai52
0137. 进去他～了　进去 tɕin21tɕhi55
0138. 出来他～了　出来 tshu33lai31
0139. 出去他～了　出去 tshu33tɕhi31
0140. 回来他～了　回来 xuei33lai31/转来 tsuan45lai31
0141. 起来天冷～了　开 khai35

三、植物

（一）一般植物

0142. 树　树 su213
0143. 木头　木料 mu31liau213
0144. 松树统称　松树 soŋ35su213

0145. 柏树统称　柏树 pɛ31su213
0146. 杉树　杉树 sa35su213
0147. 柳树　柳树 liəu45su213
0148. 竹子统称　竹子 tsu33tsʅ31
0149. 笋　笋子 sən45tsʅ52
0150. 叶子　叶子 Øiɛ33tsʅ31
0151. 花　花 xua35
0152. 花蕾花骨朵儿　花苞苞 xua35pau55pau55
0153. 梅花　梅花 mei31xua55
0154. 牡丹　牡丹 mau45tan55
0155. 荷花　荷花 xo31xua55
0156. 草　草 tshau52
0157. 藤　藤藤 thən33thən52/藤子 thən33tsʅ31
0158. 刺名词　刺 tshʅ213
0159. 水果　果木子 ko45mu33tsʅ31
0160. 苹果　苹果 phin31ko52
0161. 桃子　桃儿 thau31Øər31
0162. 梨　梨儿 li31Øər31
0163. 李子　李子 li45tsʅ52
0164. 杏　杏儿 xɐr213
0165. 橘子　橘子 tɕy33tsʅ31
0166. 柚子　柚子 Øiəu21tsʅ52
0167. 柿子　柿子 sʅ21tsʅ52
0168. 石榴　石榴 sʅ33liəu31
0169. 枣　枣儿 tsau45Øər31/枣子 tsau45tsʅ52
0170. 栗子　板栗子 pan45li31tsʅ52/栗板儿 li33pɐr31
0171. 核桃　核桃 xei33thau31
0172. 银杏白果　白果 pei31ko52
0173. 甘蔗　甘蔗儿 kan213tsɐr52

0174. 木耳　耳子 ɵər45tsʅ52

0175. 蘑菇野生的　菌儿 tɕyɐr213

0176. 香菇　香菇 ɕiaŋ35ku55

（二）农作物

0177. 稻子指植物　秧苗 ɵiaŋ35miau31/谷子 ku33tsʅ31

0178. 稻谷指籽实（脱粒后是大米）　谷子 ku33tsʅ31

0179. 稻草脱粒后的　谷草 ku31tshau52

0180. 大麦指植物　无

0181. 小麦指植物　麦子 miɛ33tsʅ31

0182. 麦秸脱粒后的　麦秆儿 miɛ31kɐr52/麦草 miɛ31tshau52

0183. 谷子指植物（籽实脱粒后是小米）　无

0184. 高粱指植物　高粱 kau35liaŋ52

0185. 玉米指成株的植物　包谷 pau35ku52

0186. 棉花指植物　棉花 mian31xua55

0187. 油菜油料作物，不是蔬菜　菜麻 tshai213ma52

0188. 芝麻　芝麻 tsʅ35ma52

0189. 向日葵指植物　向日葵 ɕiaŋ213zʅ31khuei52

0190. 蚕豆　胡豆 xu31təu213

0191. 豌豆　豌豆 ɵuan35təu213

0192. 花生指果实，注意婉称　花生儿 xua35sɐr55

0193. 黄豆　黄豆 xuaŋ31təu213

0194. 绿豆　绿豆 liəu35təu213/ly31təu213/lu31təu213

0195. 豇豆长条形的　豇豆 tɕiaŋ35təu213

0196. 大白菜东北～　白菜 pei31tshai213

0197. 包心菜卷心菜，圆白菜，球形的　包包菜 pau35pau55tshai213

0198. 菠菜　菠菜 po35tshai213

0199. 芹菜　芹菜 tɕhin31tshai213

0200. 莴笋　莴笋 ɵuo35sən52

0201. 韭菜　韭菜 tɕiəu45tshai213

0202. 香菜芫荽　芫荽子 ɵian33ɕy31tsʅ31

0203. 葱　葱子 tshoŋ35tsʅ52

0204. 蒜　蒜 suan213

0205. 姜　姜 tɕiaŋ55

0206. 洋葱　洋葱 ɵiaŋ31tshoŋ55

0207. 辣椒统称　辣子 la33tsʅ31

0208. 茄子统称　茄子 tɕhiɛ33tsʅ31

0209. 西红柿　西红柿 ɕi35xoŋ31sʅ213/洋柿子 ɵiaŋ31sʅ31tsʅ31

0210. 萝卜统称　萝卜 lo31pu213

0211. 胡萝卜　红萝卜 xoŋ33lo31pu213

0212. 黄瓜　黄瓜 xuaŋ31kua55

0213. 丝瓜无棱的　丝瓜 sʅ35kua55

0214. 南瓜扁圆形或梨形，成熟时呈赤褐色　南瓜 lan31kua35

0215. 荸荠　无

0216. 红薯统称　苕 sau31/红苕 xoŋ33sau31

0217. 马铃薯　洋芋 ɵiaŋ31ɵy213

0218. 芋头　芋头 ɵy213thəu52

0219. 山药圆柱形的　山苕 san213sau52

0220. 藕　藕 ŋəu52

四、动物

（一）一般动物

0221. 老虎　老虎 lau45xu52

0222. 猴子　猴子 xəu33tsɿ31

0223. 蛇统称　蛇 sɛ31／长虫 tshaŋ33tshoŋ31

0224. 老鼠家里的　老鼠子 lau45fu31tsɿ31／老鼠儿 lau45suɐr31／高客子 kau35khei31tsɿ31

0225. 蝙蝠　檐老鼠儿 Øian31lau45suɐr52

0226. 鸟儿飞鸟，统称　雀儿 tɕhio33Øər31

0227. 麻雀　麻雀 ma33tɕhio31

0228. 喜鹊　鸦鹊子 Øia35tɕhio31tsɿ31

0229. 乌鸦　老鸹 lau45Øua31

0230. 鸽子　鸽子 ko33tsɿ31

0231. 翅膀鸟的，统称　翅膀 tsɿ21paŋ52

0232. 爪子鸟的，统称　爪爪 tsau45tsau52

0233. 尾巴　尾巴 Øi45pa55

0234. 窝鸟的　窝 Øuo213

0235. 虫子统称　虫虫 tshoŋ33tshoŋ31

0236. 蝴蝶统称　飞蛾儿 fei35ŋuɐr52

0237. 蜻蜓统称　洋丁丁儿 Øiaŋ31tin55tiɐr55

0238. 蜜蜂　蜂子 foŋ35tsɿ52

0239. 蜂蜜　蜂糖 foŋ35thaŋ52

0240. 知了统称　蚍阿子 pi35ŋa55tsɿ52

0241. 蚂蚁　蚂蚁子 ma45Øiɛ52tsɿ31

0242. 蚯蚓　蛐蟮儿 tɕhy31sɐr31

0243. 蚕　蚕子 tshan31tsɿ31／蚕儿 tshan31Øər31／天虫 thian35tshoŋ31

0244. 蜘蛛会结网的　蛇蛛 kɛ33tsu31／蛇蛛子 kɛ33tsu31tsɿ31

0245. 蚊子统称　夜蚊子 Øiɛ213Øun33tsɿ31

0246. 苍蝇统称　蚊子／Øun33tsɿ31

饭蚊子 fan213Øun33tsɿ31

0247. 跳蚤咬人的　蛇蚤子 kɛ33tsau31tsɿ31

0248. 虱子　虱子 sei33tsɿ31

0249. 鱼　鱼 Øy31

0250. 鲤鱼　鲤鱼 li45Øy31

0251. 鳙鱼胖头鱼　无

0252. 鲫鱼　鲫壳子 tɕi33kho31tsɿ31

0253. 甲鱼　团鱼 thuan33Øy31／鳖娃子 piɛ35Øua33tsɿ31

0254. 鳞鱼的　鱼甲 Øy31tɕia31

0255. 虾统称　虾 ɕia35

0256. 螃蟹统称　螃蟹 phan33xai31

0257. 青蛙统称　蚂蟆子 khɛ33ma31tsɿ31

0258. 癞蛤蟆表皮多疙瘩　癞圪包 lai213khɛ31pau55

（二）家畜、家禽

0259. 马　马 ma52／马儿 ma52Øɐr31

0260. 驴　驴 ly31／毛驴子 mau33ly31tsɿ31

0261. 骡　骡子 lo33tsɿ31

0262. 牛　牛 ȵiəu31／牛儿 ȵiəu33Øɐr31

0263. 公牛统称　骚牛 sau35ȵiəu31

0264. 母牛统称　牸牛 tsɿ213ȵiəu52

0265. 放牛　放牛 faŋ213ȵiəu52

0266. 羊　羊子 Øiaŋ33tsɿ31

0267. 猪　猪 tsu35

0268. 种猪配种用的公猪　脚猪子 tɕio31tsu31tsɿ31

0269. 公猪成年的，已阉的　牙猪 Øia31tsu55

0270. 母猪成年的，未阉的　母猪 mu45tsu55／奶结子

lai52tɕia31tsʅ31

0271. 猪崽　小猪儿 ɕiau45tsu55Øər31

0272. 猪圈　猪圈 tsu35tɕyan213

0273. 养猪　喂猪 Øuei21tsu55

0274. 猫　猫儿 mau35Øər55

0275. 公猫　男猫 lan31mau55

0276. 母猫　女猫 ȵy45mau55

0277. 狗统称　狗 kəu52

0278. 公狗　牙狗 Øia31kəu52

0279. 母狗　草狗 tshau45kəu52

0280. 叫狗～　叫唤 tɕiau21xuan55

0281. 兔子　兔儿 thu213Øər52

0282. 鸡　鸡子 tɕi35tsʅ52

0283. 公鸡成年的，未阉的　鸡公 tɕi35koŋ55

0284. 母鸡已下过蛋的　鸡母 tɕi35mu52

0285. 叫公鸡～（打鸣儿）　叫鸣 tɕiau213min52

0286. 下鸡～蛋　下 ɕia213

0287. 孵～小鸡　菢 pau213

0288. 鸭　鸭子 Øia33tsʅ31

0289. 鹅　鹅 ŋo31

0290. 阉～公的猪　骟 san213

0291. 阉～母的猪　骟 san213

0292. 阉～鸡　旋 ɕyan213

0293. 喂～猪　喂 Øuei213

0294. 杀猪统称，注意婉称　杀猪 sa31tsu35/宰猪 tsai45tsu35

0295. 杀～鱼　杀 sa31

五、房舍、器具

（一）房舍

0296. 村庄一个～　村 tshən35

0297. 胡同统称：一条～　巷巷 xaŋ35xaŋ55

0298. 街道　街 kai35

0299. 盖房子　修房子 ɕiəu35faŋ52tsʅ31

0300. 房子整座的，不包括院子　房子 faŋ33tsʅ31

0301. 屋子房子里分隔而成的，统称　屋 Øu31

0302. 卧室　歇房 ɕiɛ33faŋ31

0303. 茅屋茅草等盖的　草房 tshau45faŋ31

0304. 厨房　灶屋 tsau213Øu31

0305. 灶统称　灶 tsau213

0306. 锅统称　锅儿 ko35Øər31

0307. 饭锅煮饭的　罐儿 kuan213Øər52

0308. 菜锅炒菜的　锅儿 ko35Øər52

0309. 厕所旧式的，统称　茅肆 mau31sʅ31

0310. 檩左右方向的　檩子 lin35tsʅ52

0311. 柱子　柱头 tsu213thəu52

0312. 大门　大门 ta213mən52

0313. 门槛儿　门槛儿 mən31khɐr52

0314. 窗旧式的　窗子 tshuaŋ35tsʅ52

0315. 梯子可移动的　梯子 thi35tsʅ31/楼梯 ləu31thi55

0316. 扫帚统称　扫把 sau21pa52

0317. 扫地　扫地 sau52ti213

0318. 垃圾　渣渣 tsa35tsa55

（二）家具

0319. 家具统称　家什 tɕia35sʅ52

0320. 东西我的～　东西 toŋ35ɕi55

0321. 炕土、砖砌的，睡觉用　无

0322. 床木质的，睡觉用　架架床 tɕia21tɕia55tshuaŋ31

0323. 枕头　枕头 tsən45thəu31

0324. 被子　铺盖 phu35kai55

0325. 棉絮　棉絮 mian31suei55

0326. 床单　单子 tan35tsʅ52

0327. 褥子　坝铺盖 pa21phu55kai55

0328. 席子　席子 ɕi33tsʅ31

0329. 蚊帐　罩子 tsau33tsʅ31

0330. 桌子统称　桌子 tso33tsʅ31/桌儿 tso31ɵər31

0331. 柜子统称　柜子 kuei21tsʅ52

0332. 抽屉桌子的　抽匣 tshəu35ɕia31/抽屉 tshəu35thi52

0333. 案子长条形的　案子 ŋan213tsʅ31

0334. 椅子统称　椅子 ɵi45tsʅ52

0335. 凳子统称　板凳 pan45tən31

0336. 马桶有盖的　夜壶 ɵiɛ213xu52

（三）用具

0337. 菜刀　菜刀 tshai21tau55

0338. 瓢舀水的　马勺 ma45suo31

0339. 缸　缸 kaŋ35

0340. 坛子装酒的~　坛子 than33tsʅ31

0341. 瓶子装酒的~　瓶子 phin33tsʅ31/瓶瓶 phin33phin31

0342. 盖子杯子的~　盖子 kai21tsʅ31/盖盖 kai21kai55

0343. 碗统称　碗 ɵuan52

0344. 筷子　筷子 khuai21tsʅ52/划食子 xua31sʅ31tsʅ31

0345. 汤匙　调羹儿 thiau31kɐr55

0346. 柴火统称　柴 tshai31

0347. 火柴　洋火 ɵiaŋ31xo52

0348. 锁　锁子 so45tsʅ52

0349. 钥匙　钥匙 ɵio33sʅ31

0350. 暖水瓶　电壶 tian213xu52

0351. 脸盆　洗脸盆 ɕi45lian45phən31

0352. 洗脸水　洗脸水 ɕi45lian52suei52

0353. 毛巾洗脸用　洗脸帕 ɕi45lian52pha213/帕帕 pha21pha55

0354. 手绢　手帕 səu45pha213

0355. 肥皂洗衣服用　洋碱 ɵiaŋ31tɕian52

0356. 梳子旧式的，不是篦子　梳子 su35tsʅ52

0357. 缝衣针　针 tsən35

0358. 剪子　剪子 tɕian45tsʅ52

0359. 蜡烛　洋蜡 ɵiaŋ33la31

0360. 手电筒　电棒 tian213paŋ213/手电 səu45tian213

0361. 雨伞挡雨的，统称　伞 san213

0362. 自行车　洋马儿 ɵiaŋ31ma55ɵər31

六、服饰、饮食

（一）服饰

0363. 衣服统称　衣裳 ɵi35saŋ55

0364. 穿~衣服　穿 tshuan35

0365. 脱~衣服　脱 tho31/□ lia31

0366. 系~鞋带　绑 paŋ52

0367. 衬衫　衬衣 tshən21ɵi35

0368. 背心带两条杠的，内衣　汗夹夹儿 xan45tɕia21tɕiɐr55

0369. 毛衣　毛衣 mau31ɵi35

0370. 棉衣　棉袄 mian31ŋau52/袄子 ŋau45tsʅ52/袄袄儿 ŋau45ŋɐr52

0371. 袖子　袖子 ɕiəu21tsʅ52

0372. 口袋衣服上的　包包 pau35pau55/荷包 xo31pɐr55

0373. 裤子　裤子 khu21tsʅ52/裤儿 khu21Øər52/小衣 ɕiau45Øi55

0374. 短裤外穿的　摇裤儿 Øiau31khu213Øər52

0375. 裤腿　裤脚 khu213tɕio52

0376. 帽子统称　帽儿 mau21mɐr55

0377. 鞋子　鞋子 xai33tsʅ31

0378. 袜子　袜子 Øua33tsʅ31

0379. 围巾　围巾 Øuei31tɕin55

0380. 围裙　围裙儿 Øuei33tɕhyɐr31/裙裙儿 tɕhyn31tɕhyɐr31

0381. 尿布　尿片子 ȵiau213phian55tsʅ52

0382. 扣子　纽子 ȵiəu45tsʅ52

0383. 扣～扣子　扣 khəu213

0384. 戒指　戒指 tɕiai21tsʅ52

0385. 手镯　圈子 tɕhyan35tsʅ52/镯子 tso31tsʅ31

0386. 理发　理脑壳 li213lau45kho31/剃头 thi45thəu31

0387. 梳头　梳脑壳 su35lau45kho31

(二) 饮食

0388. 米饭　蒸饭 tsən35fan213

0389. 稀饭用米熬的，统称　稀饭 ɕi35fan213

0390. 面粉麦子磨的，统称　灰面 xuei35mian213

0391. 面条统称　面 mian213

0392. 面儿玉米～，辣椒～　面儿 mian21Øər55

0393. 馒头无馅儿的，统称　馍 mo31

0394. 包子　包子 pau35tsʅ52

0395. 饺子　饺子 tɕiau45tsʅ52

0396. 馄饨　包面 pau35mian213

0397. 馅儿　馅子 ɕyan21tsʅ52

0398. 油条长条形的，旧称　油条 Øiəu33thiau31

0399. 豆浆　豆浆 təu21tɕiaŋ55

0400. 豆腐脑儿　豆腐脑 təu213fu45lau52

0401. 元宵食品　汤圆儿 thaŋ35Øyɐr52

0402. 粽子　粽子 tsoŋ33tsʅ31

0403. 年糕用黏性大的米或米粉做的　年糕 ȵian31kau55

0404. 点心统称　点心 tian45ɕin55

0405. 菜吃饭时吃的，统称　菜 tshai213

0406. 干菜统称　干菜 kan35tshai213

0407. 豆腐　豆腐 təu21fu52

0408. 猪血当菜的　猪血 tsu35ɕyɛ52

0409. 猪蹄当菜的　猪爪爪 tsu35tsua45tsua52

0410. 猪舌头当菜的，注意婉称　猪舌头儿 tsu35sɛ52thɐr31

0411. 猪肝当菜的，注意婉称　肝子 kan35tsʅ52

0412. 下水猪、牛、羊的内脏　杂件儿 tsa33tɕiɐr31/肚腹 tu21fu31

0413. 鸡蛋　鸡蛋 tɕi35tan213

0414. 松花蛋　变蛋 pian213tan213/皮蛋 phi31tan213

0415. 猪油　猪油 tsu35Øiəu52

0416. 香油　香油 ɕiaŋ35Øiəu52

0417. 酱油　酱油 tɕiaŋ213Øiəu52

0418. 盐　名词　盐 ɕian31
0419. 醋注意婉称　醋 tshu213
0420. 香烟　纸烟 tsʅ45ɕian55
0421. 旱烟　叶子烟 ɕiɛ33tsʅ31ɕian55
0422. 白酒　白酒 pɛ31tɕiəu52
0423. 黄酒　黄酒 xuaŋ31tɕiəu52
0424. 江米酒酒酿，醪糟　醪糟儿
　　　lau33tsɐr31
0425. 茶叶　茶 tsha31
0426. 沏 ~ 茶　泡 phau213
0427. 冰棍儿　冰棍儿 pin35kuɐr213
0428. 做饭统称　煮饭 tsu52fan213
0429. 炒菜统称，和做饭相对　炒菜
　　　tshau52tshai213
0430. 煮 ~ 带壳的鸡蛋　煮 tsu52
0431. 煎 ~ 鸡蛋　炕 khaŋ213
0432. 炸 ~ 油条　炸 tsa31
0433. 蒸 ~ 鱼　蒸 tsən35
0434. 揉 ~ 面做馒头等　挼 zua31
0435. 擀 ~ 面，~ 皮儿　擀 kan52
0436. 吃早饭　吃早饭
　　　tshʅ31tsau52fan213
0437. 吃午饭　吃晌午 tshʅ31saŋ21ɕu52
0438. 吃晚饭　吃夜饭
　　　tshʅ31ɕiɛ213fan213
0439. 吃 ~ 饭　吃 tshʅ31
0440. 喝 ~ 酒　喝 xo35
0441. 喝 ~ 茶　喝 xo35
0442. 抽 ~ 烟　吃 tshʅ31
0443. 盛 ~ 饭　舀 ɕiau52
0444. 夹用筷子 ~ 菜　挑 thiau35
0445. 斟 ~ 酒　斟 tsən35 / 筛 sai35
0446. 渴口 ~　渴 kho31

0447. 饿肚子 ~　饿 ŋo213
0448. 噎吃饭 ~ 着了　哽 kən52

七、身体、医疗

（一）身体

0449. 头人的，统称　脑壳 lau45kho31
0450. 头发　头发 thəu33fa31
0451. 辫子　髦縤儿 mau21kɐr55
0452. 旋　旋儿 ɕyɐr213
0453. 额头　额颅 ŋɛ33lu31
0454. 相貌　长相 tsaŋ45ɕiaŋ213
0455. 脸洗 ~　脸 lian52 / 脸包儿
　　　lian45pɐr55
0456. 眼睛　眼睛 ɕian45tɕin31
0457. 眼珠统称　眼珠子
　　　ɕian45tsu55tsʅ52
0458. 眼泪哭的时候流出来的　眼流水
　　　ɕian45liəu31suei52
0459. 眉毛　眉毛 mi33mau31
0460. 耳朵　耳朵 ɕɐr45təu31
0461. 鼻子　鼻子 pi21tsʅ52
0462. 鼻涕统称　鼻子 pi21tsʅ52
0463. 擤 ~ 鼻涕　擤 ɕin52
0464. 嘴巴人的，统称　嘴 tsuei52 / 嘴巴
　　　tsuei45pa55
0465. 嘴唇　嘴皮 tsuei45phi31
0466. 口水 ~ 流出来　口水 khəu45suei52 /
　　　涎口水 xan35khəu45suei52
0467. 舌头　舌头儿 sɛ33thɐr31
0468. 牙齿　牙齿 ɕia31tshʅ52
0469. 下巴　下巴儿 xa21phɐr55
0470. 胡子嘴周围的　胡子 xu33tsʅ31

0471. 脖子　颈项 tɕin45khaŋ31

0472. 喉咙　喉咙 xəu33loŋ31

0473. 肩膀　肩膀 tɕian35paŋ55

0474. 胳膊　膀子 paŋ45tsʅ52/手膀子 səu52paŋ45tsʅ52

0475. 手方言指（打√）：只指手√；包括臂：他的～摔断了　手 səu52

0476. 左手　左手 tso45səu52

0477. 右手　右手 ɵiəu21səu52

0478. 拳头　掟子 tin21tsʅ52/掟子砣砣 tin21tsʅ52tho31tho31

0479. 手指　手指拇儿 səu45tsʅ52mɐr55

0480. 大拇指　大指拇儿 ta213tsʅ52mɐr55

0481. 食指　二指拇儿 ɵr213tsʅ52mɐr55

0482. 中指　中指拇儿 tsoŋ35tsʅ52mɐr55

0483. 无名指　无名指 ɵu33min31tsʅ52

0484. 小拇指　边指拇儿 pian35tsʅ52mɐr213

0485. 指甲　指甲子 tsʅ45tɕia31tsʅ31

0486. 腿　脚杆儿 tɕio31ker52

0487. 脚方言指（打√）：只指脚√；包括小腿；包括小腿和大腿：他的～轧断了　脚 tɕio31

0488. 膝盖指部位　忔膝包儿 khɛ33ɕi31pɐr55

0489. 背名词　背壳壳 pei213kho52kho52

0490. 肚子腹部　肚子 tu21tsʅ52

0491. 肚脐　肚脐眼儿 tu213tɕi55ɵier52

0492. 乳房女性的　□□ maŋ35maŋ55

0493. 屁股　沟子 kəu35tsʅ52

0494. 肛门　屁眼儿 phi213ɵier52

0495. 阴茎成人的　鸡儿 tɕi35ɵər52/鸡巴 tɕi35pa55/鸡娃子 tɕi35ɵua31tsʅ31

0496. 女阴成人的　起麻子 tɕhi45ma52tsʅ31/麻屄 ma31phi35/屄 phi35

0497. 㞗动词　㞗 zʅ31

0498. 精液　㞬 soŋ31/㞬水子 soŋ31suei21tsʅ31

0499. 来月经注意婉称　身上来咯 sən35saŋ55lai31lo31/来例假 lai31li213tɕia213

0500. 拉屎　屙屎 ɵo35sʅ52

0501. 撒尿　屙尿 ɵo35ȵiau213

0502. 放屁　打屁 ta52phi213

0503. 相当于"他妈的"的口头禅　㞗妈的 zʅ31ma33ti31/妈卖屄的 ma35mai21phi35ti31

（二）疾病、医疗

0504. 病了　害病咯 xai213pin213lo52/不爱说 pu31ŋai21so31

0505. 着凉　受凉 səu213liaŋ52

0506. 咳嗽　咳嗽 khɛ31səu213/咳 khɛ31

0507. 发烧　发烧 tɕia31sau55

0508. 发抖　发抖 fa31thəu52

0509. 肚子疼　肚子痛 tu21tsʅ52thoŋ213

0510. 拉肚子　跑肚子 phau52tu21tsʅ52/拉稀 la35ɕi55

0511. 患疟疾　打摆子 ta52pai45tsʅ52

0512. 中暑　中暑 tsoŋ21su55

0513. 肿　肿 tsoŋ52

0514. 化脓　化脓 xua213loŋ31

0515. 疤好了的　疤子 pa35tsʅ52

0516. 癣　癣 ɕyan52

0517. 痣凸起的　痣 tsʅ213

0518. 疙瘩蚊子咬后形成的　包 pau35/
疙瘩 kɛ31ta31

0519. 狐臭　臭胎子 tshəu213thai52tsʅ31

0520. 看病　看病 khan213pin213

0521. 诊脉　拉脉 la33mɛ31

0522. 针灸　扎干针 tsa31kan35tsən55

0523. 打针　打针 ta52tsən55

0524. 打吊针　打吊针 ta21tiau55tsən31/
挂液体 kua21Øiɛ213thi31

0525. 吃药统称　喝药 xo35Øio31

0526. 汤药　中药 tsoŋ35Øio31

0527. 病轻了　松活咯 soŋ35xo55lo31

八、婚丧、信仰

(一) 婚育

0528. 说媒　请介绍人 tɕhiɛ52tɕiɛ21
sau55zən31/提亲 thi31tɕhi35

0529. 媒人　介绍人 tɕiai21sau55zən31/
媒婆子 mei31pho31tsʅ31

0530. 相亲　相亲 ɕiaŋ35tɕhin55

0531. 订婚　定亲 tin21tɕhin55

0532. 嫁妆　陪嫁 phei31tɕia213

0533. 结婚统称　结婚 tɕiɛ31xun55

0534. 娶妻子男子~，动宾　接媳妇儿
tsɛ31ɕi33fɐr31

0535. 出嫁女子~　启发 tɕhi52fa31/该
嫁 kai35tɕia31/嫁女 tɕia21n̩y52

0536. 拜堂　拜堂 pai213thaŋ31

0537. 新郎　新郎官儿 ɕin35laŋ31kuɐr55

0538. 新娘子　新媳妇儿 ɕin35ɕi33fɐr31

0539. 孕妇　怀起咯 xuai31tɕhi52lau31

0540. 怀孕　怀起 xuai31tɕhi52/有咯
Øiəu52lau31

0541. 害喜妊娠反应　害喜 xai213ɕi52

0542. 分娩　生娃儿 sən35Øua31Øɐr31

0543. 流产　小月咯 ɕiau45Øyɛ31lo31

0544. 双胞胎　双生儿 suaŋ35sɐr55

0545. 坐月子　坐月 tso213Øyɛ31

0546. 吃奶　吃□□ tshʅ31maŋ35maŋ55

0547. 断奶　隔奶 kɛ31lai52

0548. 满月　满月 man45Øyɛ31

0549. 生日统称　生早 sən35tsau52

0550. 做寿　办生早 pan213sən35tsau52

(二) 丧葬

0551. 死统称　死 sʅ52

0552. 死婉称，最常用的几种，指老人：他~
了　走咯 tsəu45lo31

0553. 自杀　寻短见 ɕyn31tuan52tɕian31

0554. 咽气　落气 lo31tɕhi213

0555. 入殓　装棺 tsuaŋ35kuan55

0556. 棺材　木头 mu33thəu31

0557. 出殡　出殡 tshu31pin35

0558. 灵位　灵位 lin31Øuei31

0559. 坟墓单个的，老人的　坟 fən31

0560. 上坟　上坟 saŋ213fən31

0561. 纸钱　火纸 xo52tsʅ52

(三) 信仰

0562. 老天爷　天老爷 thian35lau52Øiɛ31

0563. 菩萨统称　菩萨 phu33sa31

0564. 观音　观音菩萨
kuan35Øin55phu33sa31

0565. 灶神口头的叫法，其中如有方言亲属称谓要释义　灶王爷 tsau213Øuaŋ31Øiɛ31/灶神爷 tsau213sən31Øiɛ31/灶神菩萨 tsau213sən52phu31sa31

0566. 寺庙　庙 miau213

0567. 祠堂　祠堂 tshʅ33thaŋ31

0568. 和尚　和尚 xo31saŋ213

0569. 尼姑　尼姑 ȵi31ku55

0570. 道士　道士 tau213sʅ213

0571. 算命统称　算八字 suan21pa31tsʅ213

0572. 运气　运气 Øyn21tɕhi55

0573. 保佑　保佑 pau52Øiəu213

九、人品、称谓

（一）人品

0574. 人一个～　人 zən31

0575. 男人成年的，统称　男的 lan33ti31

0576. 女人三四十岁已婚的，统称　女的 ȵy45ti31

0577. 单身汉　单个子人 tan213ko31tsʅ31zən31/单帮子人 tan35paŋ55tsʅ31zən31

0578. 老姑娘　老姑娘 lau45ku55ȵiaŋ55

0579. 婴儿　月娃儿 Øyɛ33Øuɐr31/奶娃儿 lai52Øuɐr3

0580. 小孩儿三四岁的，统称　细娃儿 ɕi213Øuɐr52/碎娃儿 suei213Øuɐr52/咩咩娃儿 miɛ35miɛ31Øuɐr52

0581. 男孩儿统称：外面有个～在哭　娃儿 Øua33Øər31

0582. 女孩儿统称：外面有个～在哭　女子 ȵy45tsʅ52

0583. 老人七八十岁的，统称　老人 lau45zən31/老的 lau45ti31

0584. 亲戚统称　亲戚 tɕhin35tɕhi52

0585. 朋友统称　朋友 phoŋ31Øiəu52/伙计 xo52tɕi31

0586. 邻居统称　隔壁子 kɛ33pi31tsʅ31

0587. 客人　客 khɛ31

0588. 农民　农民 loŋ33min31/务庄稼的 Øu21tsuaŋ35tɕia31ti31

0589. 商人　做生意的 tsu31sən35Øi55ti52/生意客 sən35Øi55khei31

0590. 手艺人统称　匠人 tɕiaŋ213zən52

0591. 泥水匠　泥水匠 ȵi31suei52tɕiaŋ213

0592. 木匠　木匠 mu31tɕiaŋ213

0593. 裁缝　裁缝 tshai31foŋ213

0594. 理发师　剃头匠 thi213thəu31tɕiaŋ213

0595. 厨师　厨子 tshu33tsʅ31

0596. 师傅　师傅 sʅ35fu55

0597. 徒弟　徒弟 thu31ti213

0598. 乞丐统称，非贬称（无统称则记成年男的）　讨口子 thau45khəu55tsʅ52/叫花子 kau31xua35tsʅ52

0599. 妓女　婊子 piau52tsʅ52/卖屄的 mai213phi55ti52

0600. 流氓　流氓 liəu33maŋ31

0601. 贼　贼娃子 tsuei33Øua31tsʅ31/绺儿匠 liəu52Øər31tɕiaŋ213

0602. 瞎子统称，非贬称（无统称则记成年男的）　瞎子 ɕia33tsʅ31

0603. 聋子统称，非贬称（无统称则记成年男的） 聋子 loŋ35tsɿ52／聋耳朵 loŋ35ɵər31təu31

0604. 哑巴统称，非贬称（无统称则记成年男的） 哑巴 Øia52pa31／瓜子 kua35tsɿ52

0605. 驼子统称，非贬称（无统称则记成年男的） 驼背子 tho31pei21tsɿ52

0606. 瘸子统称，非贬称（无统称则记成年男的） 摆子 pai35tsɿ52／跛子 po52tsɿ31

0607. 疯子统称，非贬称（无统称则记成年男的） 疯子 fən35tsɿ52／癫子 tian35tsɿ52

0608. 傻子统称，非贬称（无统称则记成年男的） 瓜子 kua35tsɿ52

0609. 笨蛋蠢的人 苕包子 sau33pau31tsɿ31／苕屎 sau33soŋ31

（二）称谓

0610. 爷爷呼称，最通用的 爷爷 Øiɛ31Øiɛ31

0611. 奶奶呼称，最通用的 婆婆 pho33pho31

0612. 外祖父叙称 外爷 Øuei213Øiɛ52

0613. 外祖母叙称 外婆 Øuei213pho52

0614. 父母合称 爸妈 pa31ma55

0615. 父亲叙称 爸爸 pa33pa31／老汉儿 lau52xɐr213／老子 lau52tsɿ52

0616. 母亲叙称 妈 ma35

0617. 爸爸呼称，最通用的 爸爸 pa33pa31／爸 pa31

0618. 妈妈呼称，最通用的 妈 ma35

0619. 继父叙称 后老汉儿 xəu213lau52xɐr213

0620. 继母叙称 后妈 xəu21ma35／后娘 xəu213ȵiaŋ52

0621. 岳父叙称 老丈人 lau45tsaŋ213zən31

0622. 岳母叙称 老丈母 lau52tsaŋ21mu31／外母娘 Øuai213mu55ȵiaŋ31／丈母娘 tsaŋ21mu31rȵiaŋ31

0623. 公公叙称 老人公 lau45zən31koŋ55

0624. 婆婆叙称 老人婆 lau45zən31pho31／老人婆妈 lau45zən31pho31ma35

0625. 伯父呼称，统称 爸 pa31／大 ta31／爹 tɛ35

0626. 伯母呼称，统称 妈 ma35／娘 ȵiaŋ31

0627. 叔父呼称，统称 爸 pa31／大 ta31／爹 tɛ35

0628. 叔父呼称，排行最小的，如"幺叔" 幺爸 Øiau35pa31／幺大 Øiau35ta31／幺爹 Øiau35tɛ31

0629. 叔母呼称，统称 妈 ma35／娘 ȵiaŋ31／婶婶 sən52sən31

0630. 姑呼称，统称（无统称则记分称：比父大，比父小；已婚，未婚） 姑 ku35／姑妈 ku35ma35

0631. 姑父呼称，统称 姑父 ku35fu55

0632. 舅舅呼称 舅舅 tɕiəu21tɕiəu55

0633. 舅妈呼称 舅母 tɕiəu213mu52

0634. 姨呼称，统称（无统称则记分称：比母大，比母小；已婚，未婚） 姨姨 Øi35Øi55

0635. 姨父呼称，统称 姨父 Øi35fu55

0636. 弟兄合称　弟兄 ti21ɕioŋ55

0637. 姊妹合称，注明是否可包括男性
姊妹包括男性 tsʅ35mei213

0638. 哥哥呼称，统称　哥哥 ko35ko55

0639. 嫂子呼称，统称　嫂嫂 sau45sau52/
姐姐 tɕiɛ52tɕiɛ31

0640. 弟弟叙称　兄弟 ɕioŋ35ti213

0641. 弟媳叙称　弟媳妇儿
ti213ɕi33fɐr31

0642. 姐姐呼称，统称　姐姐
tɕiɛ45tɕiɛ52

0643. 姐夫呼称　哥哥 ko35ko55

0644. 妹妹叙称　妹妹 mei21mei55

0645. 妹夫叙称　妹夫子 mei21fu55tsʅ52

0646. 堂兄弟叙称，统称　堂兄弟
thaŋ31ɕioŋ55ti213

0647. 表兄弟叙称，统称　老表
lau45piau52

0648. 妯娌弟兄妻子的合称　妯娌
tsu213li52/先后 ɕian31xəu55

0649. 连襟姊妹丈夫的关系，叙称　老挑
lau45thiau55/挑担 thiau35tan52

0650. 儿子叙称：我的～　儿子
Ør33tsʅ31/娃儿 Øua33Ør31

0651. 儿媳妇叙称：我的～　儿媳妇
Ør31ɕi31fu21

0652. 女儿叙称：我的～　女子
ȵy45tsʅ52

0653. 女婿叙称：我的～　女婿娃儿
ȵy45ɕi31Øua33Ør31

0654. 孙子儿子之子　孙子 sən35tsʅ31/
孙娃子 sən35Øua52tsʅ31

0655. 重孙子儿子之孙　重孙儿
tshoŋ31sɐr55

0656. 侄子弟兄之子　侄儿 tsʅ33Øər31

0657. 外甥姐妹之子　外侄 Øuai213tsʅ52

0658. 外孙女儿之子　外孙儿
Øuai21sɐr55

0659. 夫妻合称　两口子
liaŋ45khəu52tsʅ31

0660. 丈夫叙称，最通用的，非贬称：她的～
男的 lan33ti31/当家的 taŋ35
tɕia35ti55

0661. 妻子叙称，最通用的，非贬称：他的～
媳妇儿 ɕi33fɐr31/家属 tɕia35su52

0662. 名字　名字 min31tsʅ213

0663. 绰号　诨名儿 xun35miɐr31/外号
Øuai213xau213

十、农、工、商、文

（一）农业

0664. 干活儿统称：在地里～　做活路
tsu213xo33lu31

0665. 事情一件～　事 sʅ213

0666. 插秧　栽秧 tsai35Øiaŋ55/插秧
tsha35Øiaŋ55

0667. 割稻　割谷子 ko31ku33tsʅ31

0668. 种菜　点菜 tian52tshai213/栽菜
tsai35tshai213

0669. 犁名词　犁头 li33thəu31

0670. 锄头　锄头 tshu33thəu31

0671. 镰刀　镰刀 lian31tau55

0672. 把儿刀～　把子 pa21tsʅ55

0673. 扁担　扁挑 pian45thiau55

0674. 箩筐　箩篼 lo31təu55

0675. 筛子统称　筛子 sɛ35tsʅ52
0676. 簸箕农具，有梁的　撮箕 tsho35tɕi55
0677. 簸箕簸米用　簸箕 po52tɕi55
0678. 独轮车　鸡公车 tɕi35koŋ55tshɛ55
0679. 轮子旧式的，如独轮车上的　滚滚儿 kun45kuɐr213
0680. 碓整体　碓窝 tuei21ɵuo55
0681. 臼　石窝子 sʅ33ɵuo31tsʅ31
0682. 磨名词　磨子 mo21tsʅ52
0683. 年成　年成 ȵian31tshən31

(二) 工商业

0684. 走江湖统称　跑江湖 phau45tɕiaŋ35xu52
0685. 打工　打工 ta52koŋ55
0686. 斧子　开山儿 khai35sɐr35
0687. 钳子　钳子 tɕhian33tsʅ31
0688. 螺丝刀　起子 tɕhi45tsʅ52
0689. 锤子　钉锤儿 tin35tshuɐr52
0690. 钉子　钉子 tin35tsʅ52
0691. 绳子　索索 so33so31
0692. 棍子　棍棍儿 kun21kuɐr55／棒棒 paŋ21paŋ55
0693. 做买卖　做生意 tsu31sən55ɵi55
0694. 商店　店店儿 tian21tiɐr55
0695. 饭馆　食堂 sʅ33thaŋ31／馆子 kuan52tsʅ52
0696. 旅馆旧称　旅社 ly45sɛ213／店子 tian21tsʅ55
0697. 贵　贵 kuei213
0698. 便宜　便宜 phian31ɵi213／相音 ɕiaŋ35ɵin55

0699. 合算　划得着 xua31ti31tso31
0700. 折扣　折扣 tsɛ31khəu213
0701. 亏本　折本儿 sɛ31pɐr52／拐咯老母子咯 kuai52lau31lau52mu52 tsʅ31lau31
0702. 钱统称　钱 tɕhian31
0703. 零钱　零花钱 lin33xua35tɕhian31
0704. 硬币　壳儿 kho33ɵər31
0705. 本钱　底钱 ti45tɕhian31／老母子 lau52mu52tsʅ52
0706. 工钱　工钱 koŋ35tɕhian31／工资 koŋ35tsʅ55
0707. 路费　路费 lu213fei213／盘缠 phan33tshan31
0708. 花～钱　使 sʅ52／用 ɵioŋ213
0709. 赚卖一斤能～一毛钱　赚 tsuan213
0710. 挣打工～了一千块钱　挣 tsən213
0711. 欠～他十块钱　争 tsən35
0712. 算盘　算盘 suan213phan52
0713. 秤统称　秤 tshən213
0714. 称用秤～　称 tshən35／志 tsʅ213
0715. 赶集　赶场 kan52tshaŋ31
0716. 集市　场 tshaŋ52
0717. 庙会　会 xuei213

(三) 文化、娱乐

0718. 学校　学校 ɕio31ɕiau213／学堂 ɕio33thaŋ31
0719. 教室　教室 tɕiau213sʅ52
0720. 上学　上学 saŋ213ɕio31
0721. 放学　放学 faŋ213ɕio31
0722. 考试　考试 khau52sʅ213
0723. 书包　书包 su35pau55

0724. 本子　本本儿 pən45pɐr52

0725. 铅笔　铅笔 tɕhian35pi52

0726. 钢笔　钢笔 kaŋ35pi52/自来水笔 tsʅ213lai31suei45pi31

0727. 圆珠笔　油笔 ɵiəu33pi31

0728. 毛笔　毛笔 mau33pi31/管子 kuan45tsʅ31

0729. 墨　墨 mɛ31

0730. 砚台　砚台 ɵian213thai52

0731. 信一封~　信 ɕin213

0732. 连环画　娃娃儿书 ɵua33ɵuɐr31su55/小人书 ɕiau45zən31su35

0733. 捉迷藏　速弯儿 tai21ɵuɐr55/藏猫儿 tɕhiaŋ31mɐr55

0734. 跳绳　跳绳 thiau213sən31

0735. 毽子　毽儿 tɕyɐr213

0736. 风筝　风筝 foŋ35tsən55

0737. 舞狮　耍狮子 sua52sʅ35tsʅ52

0738. 鞭炮统称　火炮儿 xo52phɐr213

0739. 唱歌　唱歌 tshaŋ31ko55

0740. 演戏　唱戏 ɵian52ɕi213

0741. 锣鼓统称　锣鼓 lo31ku52

0742. 二胡　弦子 ɕian33tsʅ31

0743. 笛子　笛子 ti33tsʅ31

0744. 划拳　划拳 xua33tɕhyan31

0745. 下棋　下棋 ɕia213tɕhi31

0746. 打扑克　打牌 ta52phai31

0747. 打麻将　哈麻将 xa35ma31tɕiaŋ213

0748. 变魔术　耍把戏 sua52pa52ɕi31

0749. 讲故事　摆故事 pai52ku213sʅ213

0750. 猜谜语　猜猜谜子 tshai35tshai35mi33tsʅ31

0751. 玩儿游玩：到城里~　耍 sua52

0752. 串门儿　串门户 kuan213mən31xu213

0753. 走亲戚　走人户 tsəu52zən31xu213

十一、动作、行为

（一）具体动作

0754. 看~电视　看 khan213

0755. 听用耳朵~　听 thin35

0756. 闻嗅：用鼻子~　闻 ɵun31

0757. 吸~气　吸 ɕi35

0758. 睁~眼　睁 tsən35

0759. 闭~眼　闭 pi213

0760. 眨~眼　眨 tsa31

0761. 张~嘴　奓 tsa35

0762. 闭~嘴　闭 pi213

0763. 咬狗~人　咬 ŋau52

0764. 嚼把肉~碎　嚼 tɕiau213

0765. 咽~下去　吞 thən35

0766. 舔人用舌头~　舔 thian52

0767. 含~在嘴里　含 xan31/噙 tɕhin31

0768. 亲嘴　打啵儿 ta52pɐr213

0769. 吮吸用嘴唇聚拢吸取液体，如吃奶时　嗞 tɕy31

0770. 吐上声，把果核儿~掉　吐 thu52

0771. 吐去声，呕吐：喝酒喝~了　吐 thu52

0772. 打喷嚏　打喷嚏 ta52phən213thi52

0773. 拿用手把苹果~过来　拿 la31

0774. 给他~我一个苹果　给 kɛ35

0775. 摸~头　摸 mo35

0776. 伸~手　伸 tshən35

0777. 挠~痒痒　抠 khəu35

0778. 掐用拇指和食指的指甲～皮肉
　　　掐 tɕhia31
0779. 拧～螺丝　车 tshɛ35/揪 tɕiəu52
0780. 拧～毛巾　揪 tɕiəu52
0781. 捻用拇指和食指来回～碎　□ lən35
0782. 掰把橘子～开，把馒头～开
　　　搣 mɛ35/扳 pan35
0783. 剥～花生　剥 po31
0784. 撕把纸～了　扯 tshɛ52
0785. 折把树枝～断　搣 mɛ35/撇 phɛ52
0786. 拔～萝卜　扯 tshɛ52
0787. 摘～花　摘 tsɛ31
0788. 站站立：～起来　站 tsan213
0789. 倚斜靠：～在墙上　靠 khau213
0790. 蹲～下　跍 ku35/偻 ləu35
0791. 坐～下　坐 tso213
0792. 跳青蛙～起来　跳 thiau213/
　　　蹦 pɛ213
0793. 迈跨过高物：从门槛上～过去　□ tɕhia35
0794. 踩脚～在牛粪上　踩 tshai52/跥 tsha31
0795. 翘～腿　翘 tɕhiau35
0796. 弯～腰　踡 tɕyan52/弯 Øuan35
0797. 挺～胸　挺 thin52
0798. 趴～着睡　匍 phu31/□ phoŋ35
0799. 爬小孩儿在地上～　爬 pha31
0800. 走慢慢儿～　走 tsəu52
0801. 跑慢慢儿走，别～　跑 phau52
0802. 逃逃跑：小偷儿～走了　跑 phau52
0803. 追追赶：～小偷儿　撵 ȵian52
0804. 抓～小偷儿　逮 tai31/抓 tsua35
0805. 抱把小孩儿～在怀里　抱 pau213

0806. 背～孩子　背 pei35
0807. 搀～老人　搀 tshan35
0808. 推几个人一起～汽车　拫 tshəu35
0809. 摔跌：小孩儿～倒了　跩 tsuai35
0810. 撞人～到电线杆　撞 tshuaŋ52
0811. 挡你～住我了，我看不见
　　　挡 taŋ213/遮 tsɛ35
0812. 躲躲藏：他～在床底下　藏 tɕhiaŋ31
0813. 藏藏放，收藏：钱～在枕头下面
　　　藏 tɕhiaŋ31
0814. 放把碗～在桌子上　搁 kho213
0815. 摞把砖～起来　码 ma52
0816. 埋～在地下　埋 mai31/壅 Øuoŋ35
0817. 盖把茶杯～上　摃 khaŋ52
0818. 压把石头～住　轧 tsa213
0819. 摁用手指按：～图钉　按 ŋan213/
　　　□ tshən52
0820. 捅用棍子～鸟窝　丢 to31
0821. 插把香～到香炉里　插 tsha31
0822. 戳～个洞　丢 to31
0823. 砍～树　砍 khan52
0824. 剁把肉～碎做馅儿　剁 to213
0825. 削～苹果　削 ɕyɛ31
0826. 裂木板～开了　奓 tsa35
0827. 皱皮～起来　皱 tsoŋ213
0828. 腐烂死鱼～了　臭 tshəu213
0829. 擦用毛巾～手　擦 tsha31/
　　　抹 ma31/搌 tsan52
0830. 倒把碗里的剩饭～掉　倒 tau213
0831. 扔丢弃：这个东西坏了，～了它　甩
　　　suai52/撂 liau213
0832. 扔投掷：比一比谁～得远　甩 suai52
0833. 掉掉落，坠落：树上～下一个梨

落 lo31

0834. 滴水～下来 滴 ti31

0835. 丢丢失：钥匙～了 折 sɛ31

0836. 找寻找：钥匙～到了 找 tsau52

0837. 捡～到十块钱 捡 tɕian52

0838. 提用手把篮子～起来 □ tia35

0839. 挑～担 挑 thiau35

0840. 扛把锄头～在肩上 扛 khaŋ31/挐 lau52

0841. 抬～轿 抬 thai31

0842. 举～旗子 举 tɕy52/抈 səu52

0843. 撑～伞 打 ta52

0844. 撬把门～开 撬 ŋau213

0845. 挑挑选，选择：你自己～一个 挑 thiau35

0846. 收拾～东西 收拾 səu35ʂʅ31

0847. 挽～袖子 缠 pian52

0848. 涮把杯子～一下 涮 suan213

0849. 洗～衣服 洗 ɕi52

0850. 捞～鱼 捉 tso31/逮 tai31

0851. 拴～牛 拴 suan35

0852. 捆～起来 捆 khun52/绑 paŋ52

0853. 解～绳子 解 kai52

0854. 挪～桌子 攒 tsan52/搬 pan35

0855. 端～碗 端 tuan35

0856. 摔碗～碎了 打 ta52/拌 pan213

0857. 掺～水 掺 tshan35

0858. 烧～柴 烧 sau35

0859. 拆～房子 拆 tshɛ31

0860. 转～圈儿 转 tsuan213

0861. 捶用拳头～ 扷 tsaŋ31

0862. 打统称：他～了我一下 打 ta52

0863. 打架动手：两个人在～ 打捶

ta52tshuei31/戈业 ko33ȵiɛ31

0864. 休息 歇气 ɕiɛ31tɕhi213/打软杵 ta52zuan52tshu31

0865. 打哈欠 打呵嗨 ta52xo55ɕian55/打呵欠 ta52xo55xai55

0866. 打瞌睡 窜瞌睡 tshuan35kho52suei213

0867. 睡他已经～了 睡 suei213/困 khun213

0868. 打呼噜 扯噗鼾 tshɛ52phu31xan213/打鼾 ta52xan35

0869. 做梦 做梦 tsu31moŋ213/扯混老二 tshɛ52xun31lau55ər213

0870. 起床 起来 tɕhi45lai31

0871. 刷牙 刷牙 sua213ɕia31

0872. 洗澡 洗澡 ɕi45tsau52/扳澡 pan52tsau52

（二）抽象动作

0873. 想思索：让我～一下 默 mɛ31

0874. 想想念：我很～他 想 ɕiaŋ52

0875. 打算我～开个店 安顿 ŋan35tən55

0876. 记得 记得 tɕi213tɛ52

0877. 忘记 忘咯 ʋuaŋ213lau55

0878. 怕害怕：你别～ 害怕 xai31pha213/虚 ɕy35

0879. 相信我～你 相信 ɕiaŋ35ɕin213

0880. 发愁 焦 tɕiau35

0881. 小心过马路要～ 过细 ko213ɕi213/好心 xau52ɕin31

0882. 喜欢～看电视 爱 ŋai213

0883. 讨厌～这个人 讨厌 thau52

Øian213/烦 fan31/怵 tshu213

0884. 舒服凉风吹来很～　安逸 ŋan35Øi213

0885. 难受生理的　难受 lan31səu213

0886. 难过心理的　难过 lan31ko213

0887. 高兴　欢喜 xuai35çi52

0888. 生气　起气 tçhi55tçhi213/怄气 ŋo45tçhi213

0889. 责怪　怪 kuai213

0890. 后悔　失悔 sʅ35xuei52

0891. 忌妒　眼红 Øian52xoŋ31

0892. 害羞　嫌羞 çian31çiəu35

0893. 丢脸　丢人 tiəu35zən31/臊皮 sau213phi31

0894. 欺负　相欺 çiaŋ35tçhi35

0895. 装～病　装 tsuaŋ35

0896. 疼～小孩儿　心疼 çi35thən31

0897. 要我～这个　要 Øiau213

0898. 有我～一个孩子　有 Øiəu52

0899. 没有他～孩子　没得 mo33tei31

0900. 是我～老师　是 sʅ213

0901. 不是他～老师　不是 pu31sʅ213

0902. 在他～家　在 tsai213

0903. 不在他～家　没在 mei35tsai213/不在 pu31tsai213

0904. 知道我～这件事　晓得 çiau45tei31

0905. 不知道我～这件事　不晓得 pu31çiau45tei31

0906. 懂我～英语　会 xuei213

0907. 不懂我～英语　不会 pu31xuei213

0908. 会我～开车　会 xuei213

0909. 不会我～开车　不会 pu31xuei213

0910. 认识我～他　认得 zən213tei52

0911. 不认识我～他　认不倒 zən213pu52tau52

0912. 行应答语　要得 Øiau213tei52

0913. 不行应答语　要不得 Øiau213pu55tei31

0914. 肯～来　愿意 Øyan45Øi213

0915. 应该～去　应该 Øin31kai35/该 kai35

0916. 可以～去　能 lən31

(三) 言语

0917. 说～话　说 so31

0918. 话说～　话 xua213

0919. 聊天儿　打诳子 ta52kuaŋ45tsʅ52/谝经 san55tçin35

0920. 叫～他一声儿　喊 xan52

0921. 吆喝大声喊　吼 xəu52

0922. 哭小孩儿～　哭 khu31/叫唤 tçiau21xuan55

0923. 骂当面～人　嚯 tçyɛ31/日嚯 zʅ33tçyɛ31

0924. 吵架动嘴：两个人在～　嚯架 tçyɛ31tçia213

0925. 骗～人　哄 xoŋ52

0926. 哄～小孩儿　哄 xoŋ52

0927. 撒谎　扯谎 tshɛ52xuaŋ52/撂白 liau213pɛ52/日白 zʅ33pɛ31

0928. 吹牛　谝嘴 phian52tsuei52/吹经 tshuei35tçin55/说大话 so31ta213xua31

0929. 拍马屁　舔沟子 tihan52kəu35tsʅ52/舔屄□舌 thian55phi35 lia55sɛ31

0930. 开玩笑　说笑 so31ɕiau213/说兴 so31ɕin52

0931. 告诉～他　说给 so31kɛ55

0932. 谢谢致谢语　多谢 to55ɕiɛ213/劳慰 lau31Øuei213

0933. 对不起致歉语　对不起 tuei21pu55tɕhi52

0934. 再见告别语　二天见 Øər21thian55tɕian213

十二、性质、状态

（一）形貌

0935. 大苹果～　大 ta213

0936. 小苹果～　小 ɕiau52/咩咩儿 miɛ35miɚ55

0937. 粗绳子～　粗 tshu35

0938. 细绳子～　细 ɕi213

0939. 长线～　长 tshaŋ31

0940. 短线～　短 tuan52

0941. 长时间～　长 tshaŋ31/久 tɕiəu52

0942. 短时间～　短 tuan52

0943. 宽路～　宽 khuan35

0944. 宽敞房子～　宽绰 khuan35tshau52

0945. 窄路～　窄 tsɛ31

0946. 高飞机飞得～　高 kau35

0947. 低鸟飞得～　矮 ŋai52

0948. 高他比我～　高 kau35

0949. 矮他比我～　矮 ŋai52

0950. 远路～　远 Øyan52

0951. 近路～　近 tɕin213

0952. 深水～　深 sən35

0953. 浅水～　浅 tɕhian52

0954. 清水～　清亮 tɕhin35liaŋ31

0955. 浑水～　浑 xun35

0956. 圆　圆 Øyan31

0957. 扁　扁 pian52

0958. 方　方 faŋ35

0959. 尖　尖 tɕian35

0960. 平　平 phin31

0961. 肥～肉　肥 fei31

0962. 瘦～肉　瘦 səu213

0963. 肥形容猪等动物　肥 fei31

0964. 胖形容人　胖 phaŋ213

0965. 瘦形容人、动物　瘦 səu213/啷巴 laŋ35pa31

0966. 黑黑板的颜色　黑 xei31

0967. 白雪的颜色　白 pei31

0968. 红国旗的主颜色，统称　红 xoŋ31

0969. 黄国旗上五星的颜色　黄 xuaŋ31

0970. 蓝蓝天的颜色　蓝 lan31

0971. 绿绿叶的颜色　青 tɕhin35

0972. 紫紫药水的颜色　乌 Øu35

0973. 灰草木灰的颜色　灰 xuei35

（二）状态

0974. 多东西～　多 to35

0975. 少东西～　少 sau52

0976. 重担子～　重 tsoŋ213

0977. 轻担子～　轻 tɕhin35

0978. 直线～　直 tsʅ31/端 tuan35

0979. 陡坡～，楼梯～　陡 təu52

0980. 弯弯曲：这条路是～的　弯 Øuan35

0981. 歪帽子戴～了　偏 phian35

0982. 厚木板～　厚 xəu213

0983. 薄木板～　薄 po31/枵薄

ɕiau35po31

0984. 稠稀饭～　　　酽 Øian213
0985. 稀稀饭～　　　稀 tɕhin35/清 tɕhin35
0986. 密菜种得～　　密 mi31
0987. 稀稀疏：菜种得～　稀 ɕi35
0988. 亮指光线，明亮　亮爽 liaŋ21saŋ52
0989. 黑指光线，完全看不见　黢黑 tɕhy35xɛ52
0990. 热天气～　　　热 zɛ31
0991. 暖和天气～　　热和 zɛ33xo31
0992. 凉天气～　　　凉快 liaŋ31khuai213
0993. 冷天气～　　　冷 ləŋ52
0994. 热水～　　　热 zɛ31
0995. 凉水～　　　冷 ləŋ52
0996. 干干燥：衣服晒～了　干 kan35
0997. 湿潮湿：衣服淋～了　湿 sʅ31
0998. 干净衣服～　　干净 kan35tɕin213
0999. 脏肮脏，不干净，统称：衣服～　脏 tsaŋ35
1000. 快锋利：刀子～　快 khuai213/锋快 fəŋ35khuai213
1001. 钝刀子～　　　钝 təŋ213
1002. 快坐车比走路～　快 khuai213
1003. 慢走路比坐车～　慢 man213
1004. 早来得～　　　早 tsau52
1005. 晚来～了　　　晏早 ŋan213tsau52
1006. 晚天色～　　　晏早 ŋan213tsau52
1007. 松捆得～　　　松 soŋ35
1008. 紧捆得～　　　紧 tɕin52
1009. 容易这道题～　简单 tɕian52tan55/容易 zoŋ31Øi213
1010. 难这道题～　　难 lan31
1011. 新衣服～　　　新 ɕin35

1012. 旧衣服～　　　旧 tɕiəu213
1013. 老人～　　　　老 lau52
1014. 年轻人～　　　年轻 ɳian31tɕhin55
1015. 软糖～　　　　炮 pha35
1016. 硬骨头～　　　硬 ŋən213
1017. 烂肉煮得～　　炮 pha35/融 zoŋ31
1018. 煳饭烧～了　　煳 xu31
1019. 结实家具～　　结实 tɕiɛ33sʅ31
1020. 破衣服～　　　烂 lan213
1021. 富他家很～　　富 fu213
1022. 穷他家很～　　穷 tɕhioŋ31
1023. 忙最近很～　　忙 maŋ31
1024. 闲最近比较～　闲 ɕian31/空 khoŋ213
1025. 累走路走得很～　累 luei213
1026. 疼摔～了　　　疼 thən31/痛 thoŋ213
1027. 痒皮肤～　　　咬人 ŋau52zən31
1028. 热闹看戏的地方很～　闹热 lau213zɛ52
1029. 熟悉这个地方我很～　熟 su31
1030. 陌生这个地方我很～　生疏 sən35su55
1031. 味道尝尝～　　味道 Øuei21tau55
1032. 气味闻闻～　　气气 tɕhi21tɕhi55
1033. 咸菜～　　　　咸 xan31
1034. 淡菜～　　　　淡 tan213
1035. 酸　　　　　　酸 suan35
1036. 甜　　　　　　甜 thian31
1037. 苦　　　　　　苦 khu52
1038. 辣　　　　　　辣 la31
1039. 鲜鱼汤～　　　鲜 ɕyan35
1040. 香　　　　　　香 ɕiaŋ35
1041. 臭　　　　　　臭 tshəu213

1042. 馊饭～　馊臭 sʅ35tshəu213

1043. 腥鱼～　腥气 ɕin35tɕhi31

（三）品性

1044. 好人～　好 xau52

1045. 坏人～　瞎 xa31

1046. 差东西质量～　撇 phɛ213

1047. 对账算～了　对 tuei213

1048. 错账算～了　错 tsho213

1049. 漂亮形容年轻女性的长相：她很～　
乖 kuai35

1050. 丑形容人的长相：猪八戒很～　难看 lan31khan213/撇 phɛ213

1051. 勤快　勤快 tɕhin31khuai213

1052. 懒　懒 lan52

1053. 乖　听话 thin35xua213

1054. 顽皮　调皮 thiau33phi31/费事 fei35sʅ213

1055. 老实　老实 lau45sʅ31

1056. 傻痴呆　瓜 kua52

1057. 笨蠢　苕 sau31

1058. 大方不吝啬　大方 ta213faŋ55

1059. 小气吝啬　啬皮 sei31phi31/厌性 soŋ31ɕin31/细密 ɕi21mi55

1060. 直爽性格～　耿直 kən45tsʅ31/直爽 tsʅ31suaŋ31/直道 tsʅ31tau213

1061. 犟脾气～　倔 tɕhyɛ213/牛 ȵiəu31

十三、数量

（一）数字

1062. 一～二三四五……，下同　一 ɵi31

1063. 二　二 ɵər213

1064. 三　三 san35

1065. 四　四 sʅ213

1066. 五　五 ɵu52

1067. 六　六 liəu31

1068. 七　七 tɕhi31

1069. 八　八 pa31

1070. 九　九 tɕiəu52

1071. 十　十 sʅ31

1072. 二十有无合音　二十无合音 ɵər213sʅ52

1073. 三十有无合音　三十无合音 san35sʅ52

1074. 一百　一百 ɵi31pɛ31

1075. 一千　一千 ɵi31tɕhian35

1076. 一万　一万 ɵi31ɵuan213

1077. 一百零五　一百零五 ɵi31pɛ31lin31ɵu52

1078. 一百五十　一百五 ɵi31pɛ31ɵu52

1079. 第一～，第二　第一 ti213ɵi31

1080. 二两重量　二两 ɵər213liaŋ52

1081. 几个你有～孩子？　几个 tɕi52ko213/好多个 xau45to55ko213

1082. 俩你们～　两个 liaŋ45ko213

1083. 仨你们～　三个 san35ko213

1084. 个把　个把 ko21pa52/个把个 ko21pa52ko213

（二）量词

1085. 个一～人　个 ko213

1086. 匹一～马　匹 phi31

1087. 头一～牛　条 thiau31

1088. 头一～猪　条 thiau31/头 thəu31

1089. 只一～狗　条 thiau31

1090. 只一～鸡　只 tsɿ35
1091. 只一～蚊子　个 ko213
1092. 条一～鱼　条 thiau31
1093. 条一～蛇　条 thiau31/根 kən35
1094. 张一～嘴　张 tsaŋ35
1095. 张一～桌子　张 tsaŋ35
1096. 床一～被子　床 tshuaŋ31
1097. 领一～席子　床 tshuaŋ31
1098. 双一～鞋　双 suaŋ35
1099. 把一～刀　把 pa52
1100. 把一～锁　把 pa52
1101. 根一～绳子　根 kən35/条 thiau31
1102. 支一～毛笔　支 tsɿ35
1103. 副一～眼镜　副 fu31
1104. 面一～镜子　个 ko213/面 mian213
1105. 块一～香皂　个 ko213
1106. 辆一～车　辆 liaŋ52/个 ko213
1107. 座一～房子　个 ko213/厢 ɕiaŋ35
1108. 座一～桥　座 tso213/栋 toŋ213
1109. 条一～河　条 thiau31
1110. 条一～路　条 thiau31
1111. 棵一～树　根 kən35
1112. 朵一～花　朵 to52
1113. 颗一～珠子　颗 kho52
1114. 粒一～米　颗 kho52
1115. 顿一～饭　顿 tən213
1116. 剂一～中药　副 fu31
1117. 股一～香味　股 ku52
1118. 行一～字　路 lu213
1119. 块一～钱　块 khuai52
1120. 毛角：一～钱　毛 mau31
1121. 件一～事情　个 ko213

1122. 点儿一～东西　点儿 tiɐr52
1123. 些一～东西　些 ɕiɛ35
1124. 下打一～，动量，不是时量　下 xa213
1125. 会儿坐了一～　会儿 xɐr35/歇 ɕiɛ31
1126. 顿打一～　顿 tən213
1127. 阵下了一～雨　刚刚 kaŋ35kaŋ55/下下儿 xa21xɐr55
1128. 趟去了一～　趟 thaŋ213/回 xuei31

十四、代词、副词、介词、连词

（一）代词

1129. 我～姓王　我 ŋo52
1130. 你～也姓王　你 ȵi52
1131. 您尊称　你 ȵi52
1132. 他～姓张　他 tha35
1133. 我们不包括听话人：你们别去，～去　我们 ŋo45mən31
1134. 咱们包括听话人：他们不去，～去吧　我们 ŋo45mən31
1135. 你们～去　你们 ȵi45mən31
1136. 他们～去　他们 tha35mən52
1137. 大家～一起干　大家 ta21tɕia55
1138. 自己我～做的　各人 ko33zən31/各家 ko33tɕia31
1139. 别人这是～的　人家 zən31tɕia55
1140. 我爸～今年八十岁　我爸 ŋo45pa31
1141. 你爸～在家吗？　你爸爸 ȵi45pa52pa55
1142. 他爸～去世了　他爸爸 tha35pa52pa55
1143. 这个我要～，不要那个　勒个

lei21ko55/这个 tsei21ko55

1144. 那个 我要这个，不要～　那个 la21ko55

1145. 哪个 你要～杯子？　哪个 la45ko213

1146. 谁 你找～？　哪个 la45ko213

1147. 这里 在～，不在那里　勒下 lei21xa52/这下 tsei21xa52

1148. 那里 在这里，不在～　那下 la35xa52

1149. 哪里 你到～去？　哪下 la45xa31

1150. 这样 事情是～的，不是那样的　恁们 lən21mən55/恁们价 lən21mən55tɕia31

1151. 那样 事情是这样的，不是～的　那们 la21mən55/那们价 la21mən55tɕia31

1152. 怎样 什么样：你要～的？　哪们 la45mən55/咋块 tsa52khuai55

1153. 这么 ～贵啊？　恁们 lən21mən55

1154. 怎么 这个字～写？　哪们 la45mən55

1155. 什么 这个是～字？　啥 sa213

1156. 什么 你找～？　啥子 sa21tsʅ52

1157. 为什么 你～不去？　哪们 la45mən55/为啥子 ɕuei35sa21tsʅ52

1158. 干什么 你在～？　做啥子 tsu213sa21tsʅ52/［做啥］子 tsua31tsʅ52

1159. 多少 这个村有～人？　好多 xau45to55

（二）副词

1160. 很 今天～热　好 xau52/得很

tɛ31xən55

1161. 非常 比上条程度深：今天～热　太 thai213

1162. 更 今天比昨天～热　还 xai31

1163. 太 这个东西～贵，买不起　太 thai213

1164. 最 弟兄三个中他～高　最 tsuei213

1165. 都 大家～来了　都 təu35

1166. 一共 ～多少钱？　总共 tsoŋ52koŋ213/一把连 ɕi31pa45lian31

1167. 一起 我和你～去　一路 ɕi31lu213

1168. 只 我～去过一趟　只 tsʅ52

1169. 刚 这双鞋我穿着～好　刚 tɕiaŋ35

1170. 刚 我～到　刚 kaŋ35/才 tshai31

1171. 才 你怎么～来啊？　才 tshai31

1172. 就 我吃了饭～去　就 təu213

1173. 经常 我～去　经常 tɕin35tshaŋ31

1174. 又 他～来了　又 ɕiəu213

1175. 还 他～没回家　还 xai31

1176. 再 你明天～来　再 tsai213

1177. 也 我～去；我～是老师　也 ɕiɛ52

1178. 反正 不用急，～还来得及　反正 fan52tsən213

1179. 没有 昨天我～去　没 mei35

1180. 不 明天我～去　不 pu31

1181. 别 你～去　没 mo31

1182. 甭 不用，不必：你～客气　莫 mo31

1183. 快 天～亮了　要 ɕiau213

1184. 差点儿 ～摔倒了　稀乎儿 ɕi35xuɐr55/争一点儿 tsən35ɕi31tiɐr55

1185. 宁可 ～买贵的　情愿

541

tɕhin31ɵyan213

1186. 故意~打破的 专门 tsuan35mən52/有意 ɵiəu52ɵi213

1187. 随便~弄一下 随便 suei31pian213

1188. 白~跑一趟 白 pei31/枉 ɵuaŋ52

1189. 肯定~是他干的 肯定 khən52tin213

1190. 可能~是他干的 莫怕 mo31pha213

1191. 一边~走，~说 旋 ɕyan213

(三) 介词、连词

1192. 和我~他都姓王 跟 kən35

1193. 和我昨天~他去城里了 跟 kən35

1194. 对他~我很好 对 tuei213

1195. 往~东走 朝 tshau31

1196. 向~他借一本书 问 ɵun213

1197. 按~他的要求做 按 ŋan213

1198. 替~他写信 帮 paŋ35

1199. 如果~忙你就别来了 要是 ɵiau213sʅ213

1200. 不管~怎么劝他都不听 不论 pu31lun213

第二节　自选词汇

一、建筑时令

1201. 青砖青色大砖 tɕhin35tsuan55

1202. 红砖红色机制砖 xoŋ31tsuan55

1203. 土砖没有烧制的砖 thu45tsuan55

1204. 泥瓦没有烧制的瓦 ȵi31ɵua52

1205. 亮瓦玻璃做的瓦 liaŋ31ɵua52

1206. 石炭石质材料炭，热量大，镇巴东区常见 sʅ31than213

1207. 火笼坑在地面上挖的烤火坑，可以做饭 xo45loŋ31kɤr55

1208. 罐搭钩烤火坑上方挂做饭罐、烧水罐的钩子，有木质、铁质 kuan31ta31kəu55

1209. 清早 tɕhin45tsau55

1210. 早饭早上九十点的饭 tsau45fan213

1211. 晌午下午三点左右的饭 saŋ45ɵu55

1212. 夜饭晚上八九点的饭 ɵiɛ21fan55

1213. 正月初一 tsən35ɵyɛ31tshu45ɵi31

1214. 七月半鬼节 tɕhi31ɵyɛ31pan213

二、植物、动物

1215. 柏丫柏树枝 pei31ɵia55

1216. 水杉当地常见树种 suei45sa55

1217. 铁杉当地常见树种 thiɛ31sa55

1218. 红豆杉当地常见树种 xoŋ31təu31sa55

1219. 麻柳树当地树种，与柳树不同，枝干较大 ma31liəu31su213

1220. 斑竹竹子的一种，竹竿粗、高大，农户庭院常见 pan45tsu31

1221. 毛竹竹子的一种，竹竿细、生长成群，密度大 mau31tsu31

1222. 木竹竹子的一种，竹竿不粗，竹质密度大，当地最常见 mu33tsu31

1223. 金竹颜色金黄的竹子 tɕin45tsu31

1224. 水竹喜欢生长在水边的竹子 suei45tsu31

1225. 青菜李颜色青黄的李子 tɕhin45tshai31li55

1226. 麦黄李麦黄时候上市的李子 miɛ31xuaŋ31li55

1227. 算盘李颗粒小的李子 suan213phan31li55

1228. 鸡血李紫红色栗子 tɕi35ɕyɛ31li55

1229. 柿饼儿柿饼 sʅ21piɐr52

1230. 磨盘柿上下两层中间有横印，像石磨的柿子 mo213phan31sʅ213

1231. 亮柿子熟透发亮的柿子 liaŋ213sʅ31tsʅ31

1232. 泡柿子泡菜坛子里泡的柿子 phau213sʅ31tsʅ31

1233. 包谷菌儿食用野生菌 pau35ku31tɕyɐr213

1234. 刷把菌儿食用野生菌 sua31pa31tɕyɐr213

1235. 红辣子红干辣椒 xoŋ31la31tsʅ52

1236. 青辣子绿色菜椒 tɕhin35la31tsʅ52

1237. 乌辣子红色菜椒 ɵu35la31tsʅ52

1238. 乌心苕红心红薯 ɵu35ɕin55sau31

1239. 瓜儿苕当地品种，个头较小的甜红薯 kua35ɵr55sau31

1240. 夜猫子猫头鹰 ɵiɛ31mau55tsʅ52

1241. 蛾蛾子夜晚扑灯的飞蛾 ŋo33ŋo31tsʅ52

1242. 娃娃鱼当地野生鱼种 ɵua33ɵua31ɵy31

1243. 钢钎儿当地野生鱼种 kaŋ35tɕhiɐr55

1244. 蛇鱼子当地野生鱼种 sɛ31ɵy31tsʅ31

1245. 角角鱼当地野生鱼种 ko33ko31ɵy31

1246. 黄刺骨儿当地野生鱼种 xuaŋ31tshʅ31kuɐr52

1247. 母猪壳儿当地野生鱼种 mu45tsu55khɐr52

1248. 鬼鱼子当地野生鱼种 kuei45ɵy31tsʅ31

1249. 爬石子当地野生鱼种 pa35sʅ31tsʅ31

1250. 双月猪满两个月的成活率高的小猪崽 suaŋ35ɵyɛ31tsu55

1251. 土鸡当地鸡品种统称 thu45tɕi35

1252. 来航鸡外来鸡品种统称 lai31xaŋ31tɕi35

1253. 唱蛋母鸡叫下蛋 tshaŋ21tan213

1254. 打抿笑微微笑 ta45min55ɕiau52

三、器物用品

1255. 抬罐煮猪食的大罐 thai31kuan213

1256. 大罐做饭罐，容积大 ta35kuan213

1257. 二罐做饭罐，容积中等 ɵər35kuan213

1258. 小罐做饭罐，容积较小 ɕiau45kuan213

1259. 尿脬罐体积小，精致，做细粮的罐子 ȵiau21pau55kuan213

1260. 牛肋巴窗子，较为简陋 ȵiəu31lei31pa31

1261. 满天星窗子，工艺较复杂 man45thian55ɕin35

1262. 竹扫把细竹子做的扫把 tsu31sau31pa31

1263. 棕叶子扫把棕树叶子做的扫把 tsoŋ35ɵiɛ31tsʅ31sau31pa55

1264. 棕扫把棕丝棕片做的扫把
　　　tsoŋ35sau31pa31
1265. 高粱扫把高粱穗子做的扫把
　　　kau35liaŋ31sau31pa31
1266. 罩钩子蚊帐挂钩 tsau21kəu35tsʅ31
1267. 土巴碗粗制土碗 thu45pa31ɵuan55
1268. 细料碗精制瓷碗 ɕi21liau31ɵuan55
1269. 小针缝衣绣花的小型针 ɕiau45tsən35
1270. 绗针缝被子的较大的针 xaŋ31tsən35
1271. 胰子香皂 ɵi31tsʅ52
1272. 阴膀子短袖汗衫 ɵin35paŋ52tsʅ52
1273. 蓼叶当地包粽子常见的叶子
　　　liau31ɵiɛ31
1274. 板油 pan45ɵiəu31
1275. 猪化油猪油 tsu35xua213ɵiəu31
1276. 腊猪油猪肉片卷成的固体油料
　　　la31tsu35ɵiəu31
1277. 漆蜡油漆树的漆籽压榨的油
　　　tɕhi31la31ɵiəu31／漆木油
　　　tɕhi31mu31ɵiəu31
1278. 生漆 sən35tɕhi31
1279. 定心汤产妇坐月子喝的加猪油的营养汤
　　　tin21ɕin35thɑŋ35
1280. 盐巴粗盐 ɵian31pa31
1281. 青颗子盐粗盐
　　　tɕhin35kho55tsʅ31ɵian31
1282. 卷烟烟叶卷成的烟 tɕyan45ɵian35
1283. 叶子烟当地土烟，焙干的烟叶制作
　　　ɵiɛ31tsʅ31ɵian35
1284. 烟锅子烟锅 ɵian35ko55tsʅ31
1285. 旱烟 xan21ɵian35
1286. 水烟杆儿 suei45ɵian55kɐr55
1287. 烟袋 ɵian35tai213

四、生活文化

1288. 连儿杆小腿 lian31ɵər31kan31
1289. 腿肚子小腿肚子 thuei45tu31tsʅ31
1290. 螺磁骨脚踝骨 luo31sʅ31ku31
1291. 脚板儿 tɕio31pɐr52
1292. 沟包子屁股蛋 kəu35pau55tsʅ55
1293. 干仡佬疥疮 kan35kɛ31lau31
1294. 癞子 lai21tsʅ52
1295. 门槛高大户人家，也指狐臭人家
　　　mən31khan31kau35
1296. 有门户狐臭家族
　　　ɵiəu45mən31xu31
1297. 上坎了事情结束 saŋ21khan55lau31
1298. 月母子坐月子的妇女
　　　ɵyɛ31mu55tsʅ52
1299. 出灵出殡前的程序 tshu31lin31
1300. 发困困倦 fa31khun213
1301. 打卦算卦 ta45kua213
1302. 表叔一些地方岳父的叙称 piau45su31
1303. 表婶儿一些地方岳母的叙称 piau45sɐr31
1304. 黄桶腰形容腰很粗的绰号
　　　xuaŋ31thoŋ31ɵiau35
1305. 地咕牛形容又矮又胖的绰号
　　　ti31ku55ȵiəu31
1306. 龅牙齿形容牙齿龇出的绰号
　　　pau213ɵia31tshʅ52
1307. 蚂蟥腰形容腰很细
　　　ma52xuaŋ31ɵiau35
1308. 挖锄长柄，口较宽的锄头
　　　ɵua35tshu31
1309. 薅锄长柄，口较窄的锄头 xau35tshu31
1310. 点锄短柄小锄头 tian52tshu31

1311. 箩儿手持小型的筛子 lo31ɵər31

1312. 大磨大型磨，磨玉米 ta45mo213

1313. 幺磨小型磨，磨黄豆、糯米 ɵiau35mo213

1314. 长工 tshaŋ31koŋ55

1315. 短工 tuan52koŋ35

1316. 点工论钟点计费的工人 tian52koŋ35

1317. 舞龙灯 ɵu52loŋ31tən31

1318. 划彩船 xua31tshai52tshuan31

1319. 打呵嗨 ta52xo35xai31

1320. 咬人痒痒 ŋau52zən31

1321. 膛子胸膛 thaŋ31tsʅ31

1322. 起气生气 tɕhi52tɕhi213

1323. 太阳筋太阳穴 thai21ɵiaŋ55tɕin31

1324. 后脑爪后脑勺 xəu21lau55tsua31

1325. 鼻隆孔儿鼻孔 pi31loŋ31khuɐr55

1326. 胭脂骨颧骨 ɵian35tsʅ33ku31

1327. 脑门心头顶 lau52mi31ɕin55

1328. 密心子头顶 mi31ɕin35tsʅ52

1329. 后颈窝后颈 xəu21tɕin52ɵuo55

1330. 夹子窝腋下 tɕia31tsʅ31ɵuo35

1331. 倒拐子胳膊肘 tau21kuai55tsʅ31

1332. 小肚子小腹部 ɕiau52tu21tsʅ52

1333. 肚囊皮肚皮 tu21laŋ55phi31

1334. 肋巴骨肋骨 liɛ31pa55ku52

1335. 大胯大腿 ta21khua55

1336. 脚后跟儿 tɕio21xəu21kɐr55

1337. 脚尖尖 tɕio21tɕian35tɕian55

1338. 螺丝骨脚踝 lo31sʅ31ku52

1339. 精脚片儿光脚板 tɕin35tɕio21phiɐr55

1340. 精巴子光膀子 tɕin35pa55tsʅ52

1341. 精沟子光屁股 tɕin35kəu55tsʅ52

1342. 光脑壳光头；没戴帽子 kuaŋ35lau52kho31

1343. 瓜瓜瘿大脖子 ɵin52kua33kua31

1344. 拌彪扎猛子 pan21piau35

1345. 钻迷滩儿潜水 tsuan35mi21thɐr55

1346. 野猫子黄鼠狼 ɵiɛ52mau52tsʅ55

1347. 野猪当地常见，有时成灾 ɵiɛ52tsu35

1348. 麂子当地常见，常熏干卤肉 tɕi52tsʅ31

1349. 黑子黑熊 xei31tsʅ52

1350. 毛老鼠儿松鼠 mau31lau31suɐr55

1351. 毛狗子狐狸 mau31kəu52tsʅ55

1352. 亮火虫萤火虫 liaŋ21xo55tshoŋ31

1353. 角包儿犄角 ko21pɐr55

1354. 豌豆雀儿杜鹃鸟 ɵuan35təu31tɕhyɐr31

1355. 蚌壳河蚌 pan213kho31

1356. 蚂蟥水蛭 ma52xuaŋ31

1357. 刺猪子刺猬 tshʅ21tsu55tsʅ52

1358. 猪狪子当地野生动物，小型兽类 tsu35liəu31tsʅ31

1359. 拱猪子当地野生动物，小型兽类 koŋ52tsu31tsʅ31

1360. 树围子当地野生动物，小型兽类 su35ɵuei31tsʅ31

1361. 蛆伢子蛆虫 tɕhy35ɵia33tsʅ31

1362. 推屎爬蜣螂 tshuei35sʅ52pha31

1363. 娃娃鱼大鲵 ɵua31ɵua55ɵy31

1364. 洋桃猕猴桃 ɵiaŋ33thau31

1365. 鹭鸶鹭鸟 lu31sʅ31

1366. 灶几子 tsau31tɕi52tsʅ31

1367. 蛐蛐儿蟋蟀 tɕhy35tɕhyɐr55

1368. 兔儿兔子 thu213ɵər52

1369. 狼 laŋ31

1370. 燕儿燕子 ɵian213ɵər52

545

1371. 羊子羊 ɸiaŋ31tsʅ52
1372. 骚胡子公羊 sau35xu33tsʅ31
1373. 牸羊母羊 tsʅ213ɸiaŋ31
1374. 麻羊子当地常见山羊 ma31ɸiaŋ33tsʅ31
1375. 黑羊子当地常见山羊 xei31ɸiaŋ33tsʅ31
1376. 一锭墨通体纯黑山羊，对哮喘有药效 ɸi31tin213mɛ31
1377. 乌梢蛇当地蛇种，无毒 ɸu35sau35sɛ31
1378. 黄号蛇当地蛇种，无毒 xuaŋ31xau213sɛ52
1379. 菜花蛇当地蛇种，无毒 tshai21xua55sɛ31
1380. 烂草蛇当地蛇种，体型小，有剧毒 lan21tshau55sɛ31
1381. 野鸡项当地蛇种，体型小，有剧毒 ɸiɛ45tɕi55xaŋ213
1382. 气鞭子当地蛇种，体型较大，有剧毒 tɕhi21pian55tsʅ31
1383. 构树斑当地蛇种，体型较大，有剧毒 kəu213su21pan55
1384. 青竹标竹叶青蛇，有毒 tɕhin35tsu31piau35
1385. 爪木倌啄木鸟 tsua31mu21kuan55
1386. 野鸡野鸡，当地常见 ɸiɛ52tɕi35
1387. 锦鸡锦鸡，当地常见 tɕin52tɕi35
1388. 折耳根鱼腥草 tɕiɛ31ɸər31kən35
1389. 惹子苍耳 zɛ42tsʅ52
1390. 黄姜子盾叶薯芋 xuaŋ31tɕiaŋ31tsʅ31
1391. 树花菜当地木本植物，地方菜名 su31xua35tshai213

1392. 构树制作皮纸、旧时妇女卫生纸的上好树种 kəu213su213
1393. 漆树出产生漆、漆籽的树种 tɕhi31su213
1394. 青檀木制作宣纸最好的树种 tɕhin35than33mu31
1395. 皮纸包装点心的用纸，纤维非常好 phi31tsʅ52
1396. 电杠日光灯 tian213kaŋ52
1397. 提篮儿菜篮 thi33lɚ31
1398. 罩衣防尘外套 tsau21ɸi55
1399. 洋瓷盆搪瓷盆 ɸiaŋ31tshʅ33phən31
1400. 蓑衣棕片等制作的雨衣 so35ɸi55/ 棕衣 tsoŋ35ɸi55
1401. 斗篷竹子、蓼叶等制作的雨衣 təu52phəŋ31
1402. 搭杵子负重歇气时的支撑棒 ta35tshu31tsʅ31
1403. 捞篱子灶上用的带把小竹篮 lau31li33tsʅ31
1404. 刷把竹制的锅刷 sua31pa31
1405. 纸捻子草纸搓成点水烟用的空心纸条 tsʅ52ȵian52tsʅ31
1406. 打枪打猎 ta52tɕhiaŋ35
1407. 撵交打猎的分工，撵猎物 ȵian52tɕiau35
1408. 坐交打猎的分工，等猎物 tso31tɕiau35
1409. 倒山猎物倒下 tau52san35
1410. 木脑壳儿木偶 mu31lau52khɚ55
1411. 老衣寿衣 lau52ɸi35
1412. 背日歪歪偏僻的地方 pei31zʅ55ɸuai31ɸuai55
1413. 背黑子阴影处 pei213xei33tsʅ31

陕西方言集成 汉中卷

546

1414. 癞子 麻风病 lai21tsʅ55
1415. 伢子客 买卖猪、牛的说客 ɕia31tsʅ52khei31
1416. 摸价 袖筒里手摸得讨价还价 mo35tɕia213
1417. 棒老二 土匪 paŋ21lau55ɵr213
1418. 神婆子 做神法的女法师 sən31pho31tsʅ52
1419. 神汉 做神法的男法师 sən31xan31
1420. 杠神 跳神 kaŋ213sən52
1421. 耍把戏的 街头卖艺的人 sua52pa52ɕi31ti31
1422. 耍钱的 以赌博为生的人 sua52tɕhian31ti31
1423. 尖脑壳 显尖卖乖的人 tɕian35lau52khɤ31
1424. 犟牛 tɕiaŋ213ȵiəu52／倔牛 tɕyɛ213ȵiəu52 性格倔强的人
1425. 瓜女子 傻姑娘 kua52ȵy52tsʅ31
1426. 瞎贱贱 xa35tɕian213
1427. 冒火 发火 mau21xo55
1428. 眼气 他穿得漂亮，～我们 ɕian52tɕhi213
1429. 没交解 没有解决办法 mo31tɕiau35kai31
1430. 跩实 非常结实 tsuai52sʅ31
1431. 嗇涞 龌龊 sɛ31lai213
1432. 蛮得很 形容粗鄙言语行为 man31ti33xən31
1433. 面愧 感到抱歉 mian45khuei213
1434. 黢黑 很黑 tɕhy35xei31
1435. 苏白 很白 ɕyn213pei31
1436. 绯红 很红 fei35xoŋ31

1437. 渗黄 很黄 sən213xuaŋ31
1438. 足青 很绿 tɕy33tɕhin31
1439. 蛮厚 很厚 man31xəu213
1440. 菲薄 很薄 fei35po31
1441. 绷干 很干 pəŋ31kan35
1442. 绝湿 很湿 tɕyɛ35sʅ31
1443. 凶 优秀，凶恶 ɕioŋ35
1444. 松垮垮 很松 soŋ35khua33khua31
1445. 紧巴巴 很紧 tɕin52pa35pa55
1446. 易得 容易，简单 ɕi213tei31
1447. 新崭崭 很新 ɕin35tsan45tsan31
1448. 旧□□ 很旧 tɕiəu21phia55phia31
1449. 邦硬 很硬 paŋ35ŋən213
1450. 稀炧 很软 ɕi35pha55
1451. 硬邦邦 很硬 ŋən21paŋ35paŋ55
1452. 炧稀稀 很软 pha35ɕi55ɕi55
1453. 稀烂泥泞 ɕi35lan213
1454. 秀气 形容器物和人精致细巧 ɕiəu21tɕhi55
1455. 蛮跩 形容器物粗笨 man31tsuai52
1456. 蛮实 形容人粗笨 man31sʅ55
1457. 轻疼 很疼 tɕhin35thən31
1458. 苦咸 很咸 khu45xan31
1459. 瘪淡 很淡 piɛ45tan31
1460. 揪酸 很酸 tɕiəu35suan55
1461. 抿甜 很甜 min45thian31
1462. 安苦 很苦 ŋan35khu52
1463. 巴辣 很辣 pa35la52
1464. 胖香 很香 phaŋ35ɕiaŋ55
1465. 胖臭 很臭 phaŋ35tshəu213
1466. 稀撇 很差 ɕi35phiɛ213
1467. 起旋了 饭馊变质的样子 tɕhi52ɕyan33lau31

1468. 轻狗子当地孩子的常见贱名
tɕhin35kəu52tsʅ31

1469. 撇娃子当地孩子的常见贱名
phiɛ21Øua55tsʅ31

1470. 小气容易生气 ɕiau45tɕhi213

1471. 挂量词，一～车（大型车）kua213

1472. 差一颗米差一点点
tsha31Øi31kho35mi52

1473. 上天有一天 saŋ21thian55

1474. 莫讲理不要客气 mo21tɕiaŋ52li52

1475. 阴肚子嘴上不说心里盘算的人
Øin35tu21tsʅ52

1476. 夹舌子吐字不清的人
tɕia31sɛ31tsʅ52

1477. 喜乐神儿调皮幽默的人 ɕi45lo31sɚ52

1478. 日巴欻人品不好的人 zʅ31pa33tshua31

1479. 嘴巴客光说不干的人
tsuei52pa33khei31

1480. 睁眼瞎不识字的人
tsən35Øian55ɕia31

1481. 坐烂板凳久坐闲聊不走的人
tso213lan52pan45təŋ31

1482. 搅屎棒挑事找事的人
tɕiau45sʅ52paŋ213

1483. 懒□好吃懒做的人 lan45paŋ31

1484. 直肠子有话直说的人
tsʅ33tshaŋ33tsʅ31

1485. 恍恍子做事不牢靠的人
xuaŋ45xuaŋ52tsʅ31

1486. 瞎尿爱做坏事的人 xa35soŋ31/坏尿
xuai213soŋ52

1487. 没搞场没出息 mo31kau45tshaŋ31

1488. 话八哥儿形容话多的人
xua213pa31kɚ55

1489. 见巴眼儿见别人做啥就做啥的人
tɕian21pa55Øiɐr52

1490. 炝耳朵怕媳妇的人
pha35Øər45təu52

1491. 门槛汉儿上不了台面的人
mən33khan31xɚ55

1492. 犟拐拐爱钻牛角尖的人
tɕiaŋ213kuai52kuai52

1493. 戳是非 tsho31sʅ21fei55/说淡话
so31tan213xua52 搬弄是非

1494. 黄脚杆 xuaŋ31tɕio21kan52/
黄棒 xuaŋ31paŋ213 办事外行的人

1495. 炸辣子说话爱大喊大叫的人
tsa21la55tsʅ52

1496. 烧料子轻狂的人
sau35liau21tsʅ52

1497. 半罐子学艺未精的人
pan213kuan21tsʅ55

1498. 垢圿身上的汗垢 kəu52tɕia31

1499. 娃儿糕 Øua33Øər31kau35/碗儿糕
Øuan52Øər31kua35 大米发糕

1500. 甜浆用豆浆和大米煮的稀饭
thian31tɕiaŋ55

1501. 都面蕨根粉面 tu35mian31

1502. 纸叶子牌川牌，当地纸牌
tsʅ52Øiɛ31tsʅ52phai31

1503. 使勾脚给人使绊 sʅ52kəu35tɕio31

1504. 仰绊 ȵiaŋ52pan31/背仰 pei21ȵiaŋ55
跌倒时胸朝上

1505. 匍趴跌倒时胸朝下 phu33pha31

1506. 趔趄身体向一侧倾斜 liɛ213tɕhiɛ52

1507. 跑趟子跑步 phau52thaŋ21tsʅ55

1508. 跑赛 赛跑 phau52sai213
1509. 跷尿骚 从头上跨过去
    tɕhia31ȵiau21sau55
1510. 赌咒 发誓 tu52tsəu213
1511. 送人情 送礼 soŋ213zən52tɕhin31
1512. 还情 还礼 xuan33tɕhin31
1513. 撵路尾 随 ȵian52lu213
1514. □踢 tsua31
1515. 困瞌 睡睡觉 khun213kho52suei31
1516. 日弄人 作弄人 zʅ31loŋ33zən31
1517. 整尿了 东西弄坏了
    tsən52tɕhiəu33lau31
1518. 挡活 扶助 tshəu35xo55
1519. 大凡小事 红白大事
    ta213fan31ɕiau45sʅ213
1520. 短水 房屋封顶 tuan45suei52
1521. 唱葬戏 tshaŋ21tsaŋ213ɕi52／日瞎话
    zʅ31xa21xua52 背地贬低别人
1522. 调皮 thiau33phi31／捣蛋
    tau45tan213
1523. 骚洋轻 sau35ɵiaŋ31tɕhin52／显摆
    ɕian45pai52 耍阔气

1524. 将息 好好休息 tɕiaŋ35ɕi52
1525. 害扫人 拖累人 xai213sau52zən31
1526. 整失怙了 开玩笑翻脸
    zən52sʅ31ku45lau31
1527. 打阳恍 心不在焉，不专心
    ta52ɵiaŋ33xuaŋ31
1528. 鼓人 非要让人做某事 ku52zən31
1529. 托庇 委托，拜托 tho33pi31
1530. 筋筋索索 办事不利索的样子
    tɕin35tɕin55so55so55
1531. 蔫不咙松 没精打采
    ɵian35pu31loŋ55soŋ55
1532. 懒腰把式 干活不想出力
    lan52ɵiau55pa21sʅ55
1533. 脸厚 从不知道害羞 lian52xəu213
1534. 尿谈锅子 尽说玩笑话
    tɕhiəu33than31ko31tsʅ55
1535. 毛脚毛手 办事爱出错不稳重
    mau31tɕio52mau31səu52
1536. 三棱包翘 不规矩，不整齐
    san35lən31pau52tɕhiau213
1537. 隔外 见外 kei31ɵuai213

549

第四章　语法与口头文化

第一节　语法例句

1. 你是哪里人？

    你是哪下的？

    ȵi52sʅ31la52xa33ti31？

2. 我是陕西_____人。（说出所在县或市）

    我是陕西镇巴的。

    ŋo52sʅ31san52ɕi31tsʅ52pa55ti31.

3. 你今年多大？

    你今年好大岁数咯？／你今年好多岁咯？

    ȵi52tɕin35ȵian31xau52ta31suei21su55lau31？／ȵi52tɕin35ȵian31xau52to55suei52lau31？

4. 我_____岁了。（说出自己的实际年龄）

    我六十一岁咯。

    ŋo52liəu31sʅ31Øi31suei33lau31.

5. 你叫什么名字？

    你叫啥名字？

    ȵi52tɕiau213sa31min33tsʅ31？

6. 我叫_____。（说出自己的名字）

    我叫蒋德忠。

    ŋo52tɕiau213tɕiaŋ52tei31tsoŋ35.

7. 你家住哪里？

    你家住哪下？

    ȵi52tɕia35tsu31la52xa31？

8. 我家住_____。（说出自己居住的地址）

我家住向阳街马王庙。

ŋo35tɕia35tsu21ɕiaŋ213Øiaŋ52kai35ma52Øuaŋ31miau213.

9. 谁呀？我是老三。

哪个？我是老三。

la52ko213？ŋo52sʅ31lau52san35.

10. 老四呢？他正在跟一个朋友说着话呢。

老四哉？他正和一个朋友打诳子。

lau52sʅ21zai55？tha35tsən21xo31Øi31ko21phəŋ31Øiəu31ta52kuaŋ52tsʅ31.

11. 他还没有说完吗？

他还没说撒搁唛？

tha35xai31mei35so35sa33kɛ33mɛ31？

12. 还没有。大约再有一会儿就说完了。

还没有。恐怕还有一下儿。

xai31mei31Øiəu52. khoŋ52pha31xai31Øiəu52Øi31xɐr55.

13. 他说马上就走，怎么这半天了还在家里呢？

他说马上就走外，哪们这半天咯还在屋里？

tha35so35ma52saŋ31təu31tsəu52Øuai31，la52mən31tsai31pan52thian35lau31xai31tsai21Øu31li31？

14. 你到哪儿去？我到城里去。

你到哪去？我到城里去。

ȵi52tau2131la55tɕhi213？ŋo52tau21tshən31li33tɕhi213.

15. 在那儿，不在这儿。

在那，不在这儿。

tsai213la213，pu33tsai31tsɐr213.

16. 不是那么做，是要这么做的。

不是那们做的，要这们价的。

pu31sʅ31la21mən55tsu21ti55，Øiau213tsʅ21mən55tɕia35ti31.

17. 太多了，用不着那么多，只要这么多就够了。

太多了，要不到那么多，只要那们一点点儿就行了。

thai21to35lau31，Øiau21pu31tau55la31mən31to35，tsʅ21Øiau213la31mən31Øi31tian21tiɐr55təu21ɕin31lau31.

18. 这个大，那个小，这两个哪一个好点呢？

这个大，那个小，这两个哪个好些？

tsɛ31ko21ta213，la21ko55ɕiau52，tsɛ21liaŋ52ko21la55ko21xau52ɕiɛ31？

19. 这个比那个好。

    这个比那个好。

    tsɛ31ko55pi52la31ko55xau52.

20. 这些房子不如那些房子好。

    这些房子不及那些房子好。

    tsɛ21ɕiɛ55faŋ31tsʅ55pu31tɕi31la31ɕiɛ55faŋ31tsʅ55xau55.

21. 这句话用_____话怎么说？（填本地地名，本地音）

    这个话用镇巴话哪们说？

    tsei31ko55xua213Øioŋ21tsən21pa55xua213la52mən31so31？

22. 他今年多大岁数？

    他今年好多岁咯？

    tha35tɕin35ȵian31xau52to31suei31lau31？

23. 大概有三十来岁吧。

    恐怕三十来岁。

    khoŋ52pha31san35sʅ31lai31suei213.

24. 这个东西有多重呢？

    这个东西有好重？

    tsɛ31ko55toŋ35ɕi55Øiəu52xau52tsoŋ213？

25. 有五十斤重呢。

    有五十斤重哦。

    Øiəu52Øu52sʅ31tɕin31tsoŋ21ŋo55.

26. 拿得动吗？

    □得起唛？

    tia35ti31tɕhi55mɛ55？

27. 我拿得动，他拿不动。

    我□得起，他□不起。

    ŋo52tia35ti31tɕhi52，tha35tia35pu31tɕhi55.

28. 真不轻，重得连我都拿不动了。

    吔，好重哦，我都□不起咯。

    Øiɛ31，xau52tsoŋ213ŋo31，ŋo52təu31tia35pu31tɕhi55lau31.

29. 你说得很好，你还会说点儿什么呢？

    你说得呱好，你还会说些啥子？

ȵi35so35ti31kua55xau52，ȵi35xai31xuei21so55ɕie31sa33tsʅ31？

30. 我嘴笨，我说不过他。

    我嘴笨，说不赢他。

    ŋo52tsuei52pən213，so35pu31øin31tha35.

31. 说了一遍，又说了一遍。

    说了一道，又说了一道。

    so35lau31øi31tau213，øiəu35so55lau31øi31tau213.

32. 请你再说一遍。

    麻烦你再说一道。

    ma31fan55ȵi55tsai21so55øi31tau213.

33. 不早了，快去吧！

    晏早了，赶紧去！

    ŋan21tsau55lau31，kan52tɕin55tɕhi213！

34. 现在还很早呢，等一会儿再去吧。

    这歇还早倒的，挨一下儿再去。

    tsɛ213ɕie52xai31tsau52tau33ti31，ŋai31øi31xɐr55tsai35tɕhi213.

35. 吃了饭再去好吧？

    吃了饭再去，要不要得？

    tshʅ33lau31fan213tsai35tɕhi21，øiau21pu55øiau21ti55？

36. 慢慢儿地吃啊！不要急嘛！

    慢些吃！莫着急！

    man21ɕie55tshʅ31！mo31tso33tɕi31！

37. 坐着吃比站着吃好些。

    坐到吃比站到吃好些。

    tso21tau55tshʅ31pi31tsan31tau55tshʅ31xau52ɕie31.

38. 这个吃得，那个吃不得。

    这个能吃，那个吃不得。

    tsɛ21ko55lən31tshʅ31，la21ko55tshʅ31pu33ti31.

39. 他吃了饭了，你吃了饭没有呢？

    他吃了饭了，你吃了没有？

    tha35tshʅ33lau31fan21lau55，ȵi52tshʅ35lau31mo31øiəu52？

40. 他去过上海，我没有去过。

    他去过上海，我没去过。

553

tha35tɕhi21ko55saŋ21xai55，ŋo52mei31tɕhi21ko55.

41. 来闻闻这朵花香不香？

    来闻一下这朵花香不香？

    lai31Øuən31Øi31xa55tsɛ31to35xua35ɕiaŋ35pu31ɕiaŋ35？

42. 香得很，是不是？

    喷香的，是不是？

    phəŋ35ɕiaŋ35ti31，sʅ31pu33sʅ213？

43. 给我一本书！

    给我一本书！

    kei52ŋo52Øi31pən52su35！

44. 我实在没有书嘛！

    我确实没得书！

    ŋo52tɕhyɛ213sʅ55mo31ti31su35！

45. 你告诉他。

    你给他说。

    n̻i45kei31tha45suo31.

46. 好好儿地走！不要跑！

    好好走！莫跑！

    xəu415xəu52tsəu52！ mo31phəu52！

47. 小心跌下去爬也爬不上来！

    招呼踺下去爬不上来咯！

    tsau52xu31tsuai52xa31tɕhi55pa35pu31saŋ21lai55lau31！

48. 医生叫你多睡一睡。

    医生叫你多睡一会儿。

    Øi35sən31tɕiau31n̻i52to35suei31Øi31xɐr55.

49. 吸烟或者喝茶都不可以。

    吃烟，喝茶都不行。

    tshʅ31Øian35，xo35tsha31təu35pu31ɕin31.

50. 烟也好，茶也好，我都不喜欢。

    烟跟茶，我都不喜欢。

    Øian35kən35tsha31，ŋo35təu35pu31ɕi55xuan31.

51. 不管你去不去，反正我是要去的我非去不可。

    不论你去不去，反正我要去，非去不可。

pu31lən52n̠i52tɕhi21pu55tɕhi213，fan52tsʅ21ŋo52ØiauƐ21tɕhi213，fei35tɕhi21pu31kho55.

52. 你是哪一年来的？

    你哪年来的？

    n̠i45la45n̠ian31lai31ti0？

53. 我是前年到的北京。

    我是前年到的北京。

    ŋo52sʅ31tɕhian33n̠ian31tau21ti55pei52tɕin31.

54. 今天开会谁的主席？

    今天开会哪个的主席？

    tɕin35thian55khai35xuei213la52ko33ti31tsu52ɕi31？

55. 你得请我的客。

    你总要把我招呼一下嘛。

    n̠i35tsoŋ52Øiau52pa21ŋo55tsau35xu31Øi33xa31ma55.

56. 这是他的书，那一本是他哥哥的。

    这个书是他的，那本儿是他哥哥的。

    tsɛ21ko55su35sʅ31tha35ti31，la31pɐr55sʅ31tha35ko35ko33ti31.

57. 一边走，一边说。

    旋走旋说。

    ɕyan21tsəu52ɕyan21so31.

58. 看书的看书，看报的看报，写字的写字。

    看的看书，看的看报，写的写字。

    khan21ti55khan21su35，khan21ti55khan213pau213，ɕiɛ52ti31ɕiɛ52tsʅ213.

59. 越走越远，越说越多。

    越走越远，越说越多。

    ØyƐ31tsəu52ØyƐ31yan52，ØyƐ31so31ØyƐ31to35.

60. 把那个东西拿给我。

    把那个东西给我拿过来。

    pa52la21ko55toŋ35ɕi31kei21ŋo55la31ko31lai31.

61. 有些地方把太阳叫日头。

    有些地方把太阳叫日头。

    Øiəu52ɕiɛ31ti21faŋ55pa52thai21Øiaŋ55tɕiau21zʅ31thəu31.

62. 您贵姓？我姓王。

你贵姓？免贵姓王。

ȵi52kuei213ɕi213？ mian52kuei21ɕin55Øuaŋ31.

63. 你姓王，我也姓王，咱们两个人都姓王。

你姓王，我也姓王，我们两个是一家子。

ȵi52ɕin213Øuaŋ31， ŋo52ɕiɛ52ɕin213Øuaŋ31， ŋo52mən31liaŋ52ko31sʅ31Øi31 tɕia35tsʅ31.

64. 你先去吧，我们等一会儿再去。

你先去，我们等一下儿再去。

ȵi52ɕian35tɕhi213， ŋo52mən31tən52Øi31xɐr55tsai213tɕhi213.

第二节　北风和太阳

北风跟太阳

有一回，北风跟太阳在那儿争论谁的本事大。争来争去就是分不出高低来。这时候路上来了个走道儿的，他身上穿着件厚大衣。他们俩就说好了，谁能先叫这个走道儿的脱下他的厚大衣，就算谁的本事大。北风就使劲地刮起来了，不过他刮得越是厉害，那个走道儿的把大衣裹得越紧。后来北风没法儿了，只好就算了。过了一会儿，太阳出来了。他火辣辣地一晒，那个走道儿的马上就把那件厚大衣脱下来了。这下儿北风只好承认，他们俩当中还是太阳的本事大。

北风跟太阳

pei52fəŋ35kəŋ35thai21Øiɑŋ55

有一回，北风跟太阳在一起争哪个的本事大。

Øiəu52Øi31xuei31， pei52fəŋ35kən35thai21Øiaŋ55tsai31Øi31tɕhi52tsən35la52ko31ti31 pən52sʅ31ta213.

争来争去，也没分出个输赢。

tsən35lai31tsən35tɕhi213， Øiɛ52mei31fən35tshu35ko31su35Øin31.

这时候，来了个过路的。他身上穿了个棉袄子。

tsɛ21sʅ55xəu31， lai31lo31ko31ko213lu213ti52. tha35sən35saŋ31tshuan35lo31ko31 mian31ŋau52tsʅ31.

他们两个打赌说，看哪个能先叫这个过路的把棉袄子脱咯，就数哪个的本事大。

tha35mən31liaŋ52ko31ta42tu52so31， khan21la55ko213lən31ɕian35tɕiau21tsʅ21ko55 ko213lu55ti31pa52mian31ŋau52tsʅ31tho33lo31， təu31su52la52ko31ti31pən52sʅ31ta213.

北风就努起吹大风。不过他越吹大风，那个过路的把棉袄子裹得越紧。

pei31fəŋ35təu31ləu52tɕhi31tshuei35ta21fəŋ55. pu31ko213tha35øyɛ31tshuei35ta21fəŋ55，la21ko55ko21lu55ti31pa52mian31ŋau52tsʅ31ko52ti31øyɛ31tɕin52.

北风一看，实在没法咯，就算咯。

pei52fəŋ35øi31khan213，sʅ31tsai213mo31fa31lo31， təu21suan52lo31.

过了一会儿，太阳出来咯。光光的太阳一晒，那个过路的赶忙就把棉袄子脱咯。

ko31lo55øi31xɐr55， thai21øiaŋ55tshu33lai31lo31. kuaŋ55kuaŋ55ti31thai21øiaŋ55øi31sai213， la21ko55kuo45lu213ti52kan52maŋ31təu31pa52mian31ŋau52tsʅ31tuo31lo31.

北风只好认输，还是太阳的本事大。

pei52fəŋ35tsʅ31xau52zən31su35， xai31sʅ31thai21øiaŋ55ti31pən52sʅ31ta213.

第三节　口头文化

一、民间故事：会仙桥

今天，我给大家讲一个会仙桥的故事。

镇巴青水的仁和，有一个小地名叫油坊沟，有一座石桥。说起这座石桥，还有一段传说。

相传，乾隆十三年，一个姓蓝的商人，卷了些银两，在油坊沟修座桥。有一天，几个本地石匠正在做活路，突然来了一个外地的石匠，要求入伙修桥。领工的看这个石匠长得撇，穿得又烂，就没答应他。这个外地的石匠，就在这造桥的地方杵了九搭杵，然后到一个孤老汉家里住下。住了些时候，他用石头打了一个猪槽，送给老汉，作为吃住的开销。走的时候，他还叮咛孤寡老汉说："这些修桥的以后要你的猪槽，你一定要一百两银子才卖，少一两都莫缠。这些银子，你留到以后养老用。"说毕，人就没见咯。

说来也巧，桥快要修好咯，中间哪们都合不了龙。匠人到处找不到一块合适的石头，领工的也急得团团转。这个时候，有人记起，孤寡老人屋里的猪槽和桥上要用的石头差不多。匠人们去量了一下，刚合适。领工的就和孤寡老人讨价还价，老汉硬是不少一分钱，领工的只好一百两银子买下咯。

匠人们把猪槽往中间一放，刚好桥就合龙咯。大家很惊奇，就去问孤寡老汉，猪槽是哪个打的。

老汉一说，大家才明白，那个长得撇的石匠，原来是神仙鲁班下凡来帮忙修桥的。

我们是有眼不识泰山啊。桥修好咯，人们就把这座桥取名为"会仙桥"。

二、短句

1. 十个说的，不敌一个丑的。
2. 长工短工，二十四的满工。
3. 瓮鼻子吹海螺——有个暗毛病（指狐臭）。
4. 老太婆收铺盖——开头就扯。
5. 老婆婆赶场——没生意。
6. 鸡毛打鼓——臊皮。
7. 吹唢呐子打匍趴——屎了杆杆了。
8. 使起搭杵子——歇口气。
9. 巷子里抬轿子——直来直去。
10. 蒸笼里头尿尿——失格。
11. 门后头的弯刀——背倒片。
12. 驼背子打仰绊——两头不落实。
13. 摆子拷柴——一老一实（一拷一射）。
14. 篾条贯豆腐——提不得。
15. 半夜里吃柿子——捡爬的捏。
16. 逼着牯牛下儿——妄想。
17. 癞圪包爬香炉——触了一鼻子的灰。
18. 癞圪包打哈欠——好大的口气。
19. 癞圪包吃豇豆——悬吊吊的。
20. 癞圪包垫桌子——硬撑。
21. 针尖尖对栗板儿刺——针锋相对。
22. 狗顶罐子——胡碰。
23. 狗肉做菜——上不了席。
24. 猫儿抓糍粑——脱不了爪爪。
25. 老鼠子钻风箱——两头受气。
26. 老鼠子拖木锨——大头子在后头。
27. 叫花子烤火——各顾各。
28. 讨口子过年——要啥没啥。
29. 黄连树下弹琴——苦中作乐。
30. 黄泥巴糊到裤裆里——不是屎也是屎。

31. 鸡公屙屎——头节硬。
32. 顶起碓窝耍狮子——出力不好看。
33. 校场坝的土地神——管得宽。
34. 秃子头的虱子——明摆起的。
35. 精沟子撵贼——胆大脸厚。
36. 三十晚上看黄历——年下无期。
37. 年三十的磨子——没推时咯。
38. 蓑衣里的虼蚤——看不出来。
39. 镜子里的馍馍——看得到吃不到。
40. 快刀打豆腐——两面取光。
41. 夜蚊子叮木脑壳——叮错了人了。
42. 蛐蟮儿的腰杆——硬不起来。
43. 乌龟吃亮火虫——心里明白。
44. 穿钉鞋拄拐棍——把稳着实。
45. 半天云里炒菜——搭不上言（盐）。
46. 狗屎做的鞭子——文也文不得，武也武不得。
47. 黄瓜打锣——去了一大截。
48. 做梦娶媳妇——尽想好事。
49. 两个瓜母子睡一头——有这样，没那样。
50. 寡妇睡觉——上头没人。
51. 擀面杖吹火——一窍不通。
52. 马背上放屁——两不分明。
53. 聋子的耳朵——做摆设的。
54. 麻子打呵嗨——大家总动员。
55. 和尚打伞——无法无天。
56. 棒槌儿铲锅巴——一咣就过咯。
57. 眨巴眼看太阳——一手遮天。
58. 瞎子点灯——白费蜡。
59. 外甥打灯笼——照旧（舅）。
60. 摆子的沟子——俏货。
61. 哑巴吃馒头——心里有数。
62. 茅屎坑的石头——又臭又硬。
63. 小葱拌豆腐——一清二白。

64. 气包卵坐碓窝——一包在内。

65. 木脑壳壅火——焦人。

66. 尖脑壳赶场——大不合众。

67. 新媳妇坐轿——头一回。

68. 电线杆上绑鸡毛——好大的胆子。

69. 猪鼻子上插大葱——装相（象）。

70. 嫂嫂的肚皮——咯吧（哥爬）。

71. 哑巴吃黄连——有苦难言。

72. 乌梢蛇进店子——常客。

73. 麻雀歇到胡子上——谦虚。

74. 茶壶里头煮饺子——有货倒不出。

75. 上是崖，下是崖，中间有个白胡子老汉钻出来。（推磨）

76. 远看一座城，城里死了人。城外来吊孝，哭死不开门。（夜蚊子）

77. 红帕帕，包剩饭，又好吃，又好看。（石榴）

78. 麻屋子，红帐子，里面睡了个白胖子。（花生）

79. 弯田坎，包雀蛋，风不吹，自己转。（眼睛）

80. 红楼门，白院墙，里头有个耍儿郎。（舌头）

81. 洋县的锤子，城固的尿，西乡一年霉到头。背时的就往镇巴走，要找老子在川里头。

82. 担米的弦子碗米的箫，唢呐子只是一早晨教。

83. 清明前后，点瓜种豆。

84. 茶过夏至，叶开锯齿。

85. 不怕田瘦，就怕田漏。

86. 七葱八蒜。

87. 夏至栽老秧苗，只够喝米汤。

88. 吃不穷，穿不穷，不会划算一辈子穷。

89. 穿衣吃饭量家当。

90. 勤人跑三道，懒人轧断腰。

91. 穷莫丢猪，富莫丢书。

92. 小洞不补，大洞尺五。

93. 天天洗脚，胜过吃药。

94. 三分匠人，七分摆布。

95. 养儿不学艺，挑断箩筷系。

96. 不钻刺扒，不遭刺挖。

97. 没得三年不漏的茅草房。

98. 麻雀飞过去有个影子。

99. 吃菌子莫忘疙蔸恩。

100. 端公斗法，病人遭殃。

101. 艄公多了打破船。

102. 人不走不亲，水不搅不浑。

103. 讨口子住岩洞，有个先来后到。

104. 隔夜的金子不如到手的铜。

105. 家里有金银，隔壁有戥秤。

106. 煮酒熬糖，充不得老行。

107. 乌龟有肉在肚子里。

三、自选地方戏曲与歌谣

（一）山歌

1. 薅草歌

招呼人来招呼人嘞，

招呼的人嘞招呼两岸的掌赛人，

前头那掌赛的张果老，

后头掌赛的吕洞宾哟。

招呼人来招呼人嘞，

招呼的人嘞招呼男人和女人。

招呼那男人高扎裤，

招呼女人就紧拴裙哟。

2. 巴山顶上修堰塘

半天云里嚯炮声响，

巴山哪个顶上嚯修堰塘。

呦，是谁头戴柳条帽，

脚蹬石壁把崖上，

一根麻绳哟天上挂哟，

一头那个哟拴在腰杆上。

她抡起大锤嘛卷旋风，

远近十里响叮当。
一口气打了五尺深啰,
只恨那个钢钎噻不够长啰。
同志哎,她为啥干劲这们大嘛?
你看那崖上八个字嘛,
愚公移山,改造山河,
给她了勇气和力量哟,
给她勇气和力量。
嗨,愚公移山啰,
改造山河哟,改造山河哟,
定叫巴山哟,
换新装啰,噢吼吼。

(二) 小调

1. 十送红军(节选)

一送红军呐下南哟山喏,
秋风那个细雨哟缠绵哟绵。
山里野猫哇哀嚎叫哇,
树树那个梧桐哟叶落完啰。
红军啊,亲人啊,
几时那的人马再回哟山。
十送红军呐转回来啰,
巴山那的顶上哟搭高哟台。
台高十丈哟白玉柱哇,
雕龙那个画凤哟放光彩啰。
红军啊,亲人啊,
这台那的就叫望红哟台。
这台那的就叫望红哟台。

2. 情妹长得好爱人

哎!我和情妹门对门来,
(那才好哟)
看到情妹长成人呐,
(哎呀呀)

花花那个轿儿抬起来走,
你说怄人不怄人呐。
(那才真怄人喏,
哪个叫你学懒汉,
情妹不爱你这种人。)
她不爱我这种人呐,
我干急不得行呐,
没有情来还有义,
我丢下活路送一程。(要得!)

3. 太阳出来四山黄

太阳哩个落土嘛嘿嚯,
四山哟黄嘛奴小脚。
四山那个毛狗嘛,
红花小脚绿花小脚,
小情小郎小干哥。
叫喂昂昂哦,
太阳是飘飘落哟。
大的那个叫唤嘛嘿嚯,
失了呀伴儿嘛奴小脚。
小的那个叫唤嘛,
红花小脚绿花小脚,
小情小郎小干哥。
失哟了娘啰,
太阳是飘飘落哟。
对门那妹儿嘞你听我给你说,
你这们点点儿脚,
你那们点点儿脚,
你哪们往上跷,
你哪们往下落。
画眉那个脸儿嘛,坑坑儿,
突然那个想起嘛曹来二来嫂,
画眉那个脸儿嘛,弯弯儿,
突然那个想起嘛曹来二来嫂,

想起那肝血痨哟喂,

你哪们医得好哟。

想起那肝血痨喂,

你哪们医得好哟。

画眉那个脸儿嘛,坑坑儿,

突然那个想起嘛曹来二来嫂,

画眉那个脸儿嘛,弯弯儿,

突然那个想起嘛曹来二来嫂,

想起那肝血痨哟喂,

你哪们医得好哟,

想起那肝血痨喂,

你哪们医得好哟。

4. 茶韵

大巴山,云雾山,

欢歌笑语噻,醉呀嘛醉茶园。

一棵茶树哟,一段情哟,

风情万种噻,

似呀嘛似茶仙。

大巴山,云雾山,

云里雾里噻舞呀嘛舞蹁跹。

一芽仙毫哟,

一首歌哟,

千歌万曲噻,出呀嘛出秦关。

大巴山,云雾山,

茶歌声声噻,醉呀嘛醉茶园。

情哥情妹哟,

云中舞哟,

风情万种噻,

似呀嘛似茶仙。

5. 镇巴好

镇巴好,镇巴好,

镇巴就在巴山腰。

水旱良田遍山川,

九条大河围山绕。
公路弯弯穿白云，
山川秀丽风光好，风光好。
镇巴好，镇巴好，
镇巴遍地都是宝。
石油煤气和锰矿，
桐茶耳贝产量高，
猪羊满圈牛儿壮，
五谷杂粮真不少，真不少。
镇巴好，镇巴好，
镇巴人民多勤劳。
治山治水不怕难，
金山银山亲手描。
继承红军先烈志，
永远和党心一条，心一条。

城固县篇

第一章 总 论

第一节 人文地理、历史沿革、人口概况

城固县位于陕南汉中盆地，北依秦岭，南屏巴山，总面积2265平方公里，辖15个镇、2个街道办事处，232个行政村，40个社区，总人口54.3万，是古丝绸之路的重要源点、汉中副中心城市和汉中第二人口大县，在《陕西省主体功能区规划》中被列为重点开发区域。

城固历史悠久，人文荟萃。自公元前312年设县制距今已有2300多年，是陕西省首批历史文化名城。丝绸之路开拓者、放眼看世界第一人张骞和被誉为"北斗喉舌"的东汉三朝太尉李固均葬于此，是"一人得道，鸡犬升天"传说的发祥地。抗战时期，西北联大在城固办学八年，被誉为"抗战烽火中的教育圣地"。

城固交通便利，区位优越。城固县城东距西安212公里，西距汉中市区30公里，西汉和十天两条高速、108和316两条国道、阳安铁路和西成高铁两条铁路穿境而过，加之汉中机场在城固境内，共同构成了全市独有、全国少有的"6+1"立体交通网络，是辐射陕、甘、川毗邻地区的重要物资集散地。

城固环境秀美，资源富集。境内气候温润、物产富饶，主产水稻、小麦、油菜，盛产柑桔、茶叶、生猪、大鲵、猕猴桃、中药材等，素有西北小江南、柑桔之乡、生物资源宝库等美誉。"一江五河"纵横交错，水能蕴藏量22.6万千瓦；现已探明金属和非金属矿20余种，其中高品质硅石及大鳞片石墨储量尤为丰富，极具工业开采价值。

城固钟灵毓秀，闻名遐迩。县内文化遗址达437处，出土殷商青铜器等文物3600多件，其中国家一级文物500多件，仅次于河南安阳，位居全国县级第二。拥有各类文化旅游景点60余处，其中尤以陕南唯一世界文化遗产张骞墓、中国柑桔生态观光第一园桔园、国家级水利风景区南沙湖，以及与成都华西坝、重庆沙坪坝并称为中国文化"三大坝"的陕南天主教总舵古路坝等景点闻名遐迩。2017年10月，"汉中三堰"

（山河堰、五门堰、杨填堰，其中五门堰、杨填堰均在城固）跻身世界灌溉工程遗产。①

第二节　方言归属和内部差异

由于自然地理和人文地理的影响，县内又分为三个方言小区。三个方言小区间的主要区别为语音，其次为词汇和语法。分区情况如下：

平坝区：包括博望街道办、龙头镇、桔园镇、文川镇、三合镇。

北山区：包括小河镇和双溪镇，地处秦岭南坡。

南山区：包括五堵镇、天明镇和二里镇，地处巴山北坡。

当然，仔细分还有些许差别。例如原公镇的部分村民语言接近洋县，文川镇西部一些村民语言接近汉中市，上元观镇西部一些村民语言接近南郑区。即使同在平坝区，原公镇、文川镇、上元观镇等地，人们的语言也有一些微小的差别。②

按照《中国语言地图集》，城固方言属于中原官话关中片。

第三节　发音人和调查人概况

方言发音人

1. 姓名：刘清华
2. 单位（退休前）：无
3. 通信地址：陕西省汉中市城固县民主街1号城固县档案馆

调查人

1. 姓名：陈立智
2. 单位：城固县档案馆
3. 通信地址：陕西省汉中市城固县民主街1号城固县档案馆

---

① 根据城固县人民政府网，2019年4月10日发布城固概况材料整理。
② 城固县地方志编纂委员会．城固县志［M］．北京：中国大百科全书出版社，1994年，第737页。

第二章 语 音

第一节 声 母

声母二十八个，包括零声母在内。

p 八兵病把　　ph 派片爬婆　　m 麦明磨买　　f 飞风副肥　　v 武味问网
t 多东毒赌　　th 讨天甜图　　　　　　　　　　　　　　　　l 脑老连路
ts 资字争纸　　tsh 刺祠茶抄　　　　　　　　s 丝三事山
tʂ 张照直汁　　tʂh 抽车朝城　　　　　　　　ʂ 手十舌身　　ʐ 绕任热人
tʃ 租坐柱主　　tʃh 寸初春船　　　　　　　　ʃ 酸双顺书　　ʒ 软如入闰
tɕ 酒九姐举　　tɕh 清全轻权　　ȵ 年泥哑女　　ɕ 想谢响县
k 高共歌瓜　　kh 开箍块靠　　ŋ 熬安鹅爱　　x 好灰活河
Ø 月温云用

第二节 韵 母

韵母三十七个，不包括儿化韵。

ɿ 十直尺
ʅ 师丝试　　　　i 米戏七锡　　　u 苦猪骨谷　　　y 雨橘局吕
a 茶塔辣八　　　ia 牙鸭假夏　　　ua 瓦刮花瓜
　　　　　　　　　　　　　　　　uo 坐活郭国　　 yo 药雀削脚
　　　　　　　　iɛ 写接贴节　　　　　　　　　　 yɛ 靴月药学
ə 歌二热壳　　　　　　　　　　　uə 坐盒活托
ɔ 宝饱帽高　　　iɔ 笑桥要表
ai 开排鞋胎　　　　　　　　　　　uai 快外怪国
ei 赔飞北色白　　　　　　　　　　uei 对鬼罪灰
əu 豆走头奴　　　　　　　　　　　iəu 油六绿修

an 南山半潭	ian 盐年减点	uan 短官赚完	yan 权鲜圆卷
ən 深根本分	in 心新品民	uən 寸滚春嫩	yən 云俊熏群
aŋ 糖张唱防	iaŋ 响讲娘姜	uaŋ 床王双	
əŋ 灯升争横	iŋ 硬病星冰	uŋ 东通聋送	yŋ 兄荣穷用

第三节 单字调

单字调四个。

阴平 53 东通谷六　阳平 311 门龙铜毒　上声 44 懂古统买　去声 213 动痛卖洞

第四节 连读变调

后字非轻声两字组连调模式见表 2-1。

表 2-1　后字非轻声两字组连调模式

后字 前字	1 阴平 53	2 阳平 311	3 上声 44	4 去声 213
1 阴平 53	53+53	53+311	53+44	53+213
2 阳平 311	31+53	31+311	31+44	31+213
3 上声 44	44+53	44+311	44+44	44+213
4 去声 213	31+53	24+311	31+44	24+213

后字轻声两字组连调模式见表 2-2。

表 2-2　后字轻声两字组连调模式

后字 前字	1 阴平 53	2 阳平 311	3 上声 44	4 去声 213	叠字	带后缀字
1 阴平 53	44+0	44+0			44+0	44+0
2 阳平 311	31+24	31+24	31+24		31+24	31+24
3 上声 44	24+0			24+0	24+0	24+0
4 去声 213	31+0	31+0	31+0	31+0	31+0	31+0

第五节 单 字

0001. 多 tuə53
0002. 拖 thuə53
0003. 大~小 ta213
0004. 锣 luə311
0005. 左 tsuə44
0006. 歌 kə53
0007. 个一~ kə213
0008. 可 khə44
0009. 鹅 ŋə311
0010. 饿 ŋə213
0011. 河 xə311
0012. 茄 tɕhiɛ311
0013. 破 phə213
0014. 婆 phə311
0015. 磨动 mə311
0016. 磨名 mə213
0017. 躲 tuə44
0018. 螺 luə311
0019. 坐 tsuə213
0020. 锁 suə44
0021. 果 kuə44
0022. 过 kuə213
0023. 课 khə311
0024. 火 xuə44
0025. 货 xuə213
0026. 祸 xuə213
0027. 靴 ɕyɛ53
0028. 把量 pa44
0029. 爬 pha311
0030. 马 ma44

0031. 骂 ma213
0032. 茶 tsha311
0033. 沙 sa53
0034. 假真~ tɕia44
0035. 嫁 tɕia213
0036. 牙 Øia311
0037. 虾 ɕia53
0038. 下底~ xa213
0039. 夏春~ ɕia213
0040. 哑 ȵia44
0041. 姐 tɕiɛ44
0042. 借 tɕiɛ213
0043. 写 ɕiɛ44
0044. 斜 ɕiɛ311
0045. 谢 ɕiɛ213
0046. 车不是棋子
    tʂhə53
0047. 蛇 ʂə311
0048. 射 ʂə213
0049. 爷 Øiɛ311
0050. 野 Øiɛ44
0051. 夜 Øiɛ213
0052. 瓜 kua53
0053. 瓦 Øua44
0054. 花 xua53
0055. 化 xua213
0056. 华中~ xua311
0057. 谱家~ phu44
0058. 布 pu213
0059. 铺 phu53

0060. 簿 pu213
0061. 步 pu213
0062. 赌 tu44
0063. 土 thu44
0064. 图 tu311
0065. 杜 tu213
0066. 奴 ləu311
0067. 路 ləu213
0068. 租 tʂu53
0069. 做 tsəu213
0070. 错对~
    tshuə213
0071. 箍~桶 khu53
0072. 古 ku44
0073. 苦 khu44
0074. 裤 khu213
0075. 吴 Øu311
0076. 五 Øu44
0077. 虎 xu44
0078. 壶 xu311
0079. 户 xu213
0080. 乌 Øu53
0081. 女 ȵy44
0082. 吕 Øy44
0083. 徐 ɕy311
0084. 猪 tʃu53
0085. 除 tʃhu311
0086. 初 tʃhu53
0087. 锄 tʃu311
0088. 所 ʃu44

0089. 书 ʃu53
0090. 鼠 ʃu44
0091. 如 ʒu311
0092. 举 tɕy44
0093. 锯名 tɕy213
0094. 去 tɕhi213
0095. 渠~道
    tɕhy311
0096. 鱼 Øy311
0097. 许 ɕy44
0098. 余剩~，多~
    Øy311
0099. 府 fu44
0100. 付 fu213
0101. 父 fu213
0102. 武 vu44
0103. 雾 vu213
0104. 取 tɕhy44
0105. 柱 tʃu213
0106. 住 tʃu213
0107. 数动 ʃu44
0108. 数名 ʃu213
0109. 主 tʃu44
0110. 输 ʃu53
0111. 竖 ʃu213
0112. 树 ʃu213
0113. 句 tɕy213
0114. 区地~ tɕhy53
0115. 遇 Øy213
0116. 雨 Øy44

0117. 芋 Øy213	0150. 败 pai213	0183. 怪 kuai213	0216. 地 ti213
0118. 裕 Øy213	0151. 币 pi213	0184. 块 khuai213	0217. 梨 li311
0119. 胎 thai53	0152. 制～造 tʂɿ213	0185. 怀 xuai311	0218. 资 tsɿ53
0120. 台戏～thai311	0153. 世 ʂɿ213	0186. 坏 xuai213	0219. 死 sɿ44
0121. 袋 tai213	0154. 艺 Øi213	0187. 拐 kuai44	0220. 四 sɿ213
0122. 来 lai311	0155. 米 mi44	0188. 挂 kua213	0221. 迟 tshɿ311
0123. 菜 tshai213	0156. 低 ti53	0189. 歪 Øuai53	0222. 师 sɿ53
0124. 财 tshai311	0157. 梯 thi53	0190. 画 xua213	0223. 指 tsɿ44
0125. 该 kai53	0158. 剃 thi213	0191. 快 khuai213	0224. 二 Øə213
0126. 改 kai44	0159. 弟 ti213	0192. 话 xua213	0225. 饥～饿 tɕi53
0127. 开 khai53	0160. 递 ti213	0193. 岁 suei213	0226. 器 tɕhi213
0128. 海 xai44	0161. 泥 ni311	0194. 卫 Øuei213	0227. 姨 Øi311
0129. 爱 ŋai44	0162. 犁 li311	0195. 肺 fei213	0228. 李 li44
0130. 贝 pei213	0163. 西 ɕi53	0196. 桂 kuei213	0229. 子 tsɿ44
0131. 带动 tai213	0164. 洗 ɕi44	0197. 碑 pi53	0230. 字 tsɿ213
0132. 盖动 kai213	0165. 鸡 tɕi53	0198. 皮 phi311	0231. 丝 sɿ53
0133. 害 xai213	0166. 溪 ɕi53	0199. 被～子 pi213	0232. 祠 tshɿ311
0134. 拜 pai213	0167. 契 tɕhi213	0200. 紫 tsɿ53	0233. 寺 sɿ213
0135. 排 phai311	0168. 系联～ɕi213	0201. 刺 tshɿ213	0234. 治 tʂɿ213
0136. 埋 mai311	0169. 杯 pei53	0202. 知 tsɿ53	0235. 柿 sɿ213
0137. 戒 tɕiɛ213	0170. 配 phei213	0203. 池 tshɿ311	0236. 事 sɿ213
0138. 摆 pai44	0171. 赔 phei311	0204. 纸 tsɿ44	0237. 使 sɿ44
0139. 派 phai213	0172. 背～诵 pei213	0205. 儿 Øə311	0238. 试 sɿ213
0140. 牌 phai311	0173. 煤 mei311	0206. 寄 tɕi213	0239. 时 sɿ311
0141. 买 mai44	0174. 妹 mei213	0207. 骑 tɕhi311	0240. 市 sɿ213
0142. 卖 mai213	0175. 对 tuei213	0208. 蚁 Øiɛ44	0241. 耳 Øə44
0143. 柴 tshai311	0176. 雷 luei311	0209. 义 Øi213	0242. 记 tɕi213
0144. 晒 sai213	0177. 罪 tʃuei213	0210. 戏 Øi213	0243. 棋 tɕhi311
0145. 街 kai53	0178. 碎 ʃuei213	0211. 移 Øi311	0244. 喜 ɕi44
0146. 解～开 kai44	0179. 灰 xuei53	0212. 比 pi44	0245. 意 Øi213
0147. 鞋 xai311	0180. 回 xuei311	0213. 屁 phi213	0246. 几～个 tɕi44
0148. 蟹 xai213	0181. 外 Øuai213	0214. 鼻 pi311	0247. 气 tɕhi213
0149. 矮 ŋai44	0182. 会开～xuei213	0215. 眉 mi311	0248. 希 ɕi53

0249. 衣 Øi53	0282. 桃 thɔ311	0314. 小 ɕiɔ44	0345. 厚 xəu213
0250. 嘴 tʃuei44	0283. 道 tɔ213	0315. 笑 ɕiɔ213	0346. 富 fu213
0251. 随 ʃuei311	0284. 脑 lɔ44	0316. 朝～代 tʂhɔ311	0347. 副 fu213
0252. 吹 tʃhuei53	0285. 老 lɔ44		0348. 浮 fu311
0253. 垂 tʃhuei311	0286. 早 tsɔ44	0317. 照 tʂɔ213	0349. 妇 fu213
0254. 规 kuei53	0287. 灶 tsɔ213	0318. 烧 ʂɔ53	0350. 流 liəu311
0255. 亏 khuei53	0288. 草 tshɔ44	0319. 绕～线 zɔ44	0351. 酒 tɕiəu44
0256. 跪 khuei213	0289. 糙 tshɔ213	0320. 桥 tɕhiɔ311	0352. 修 ɕiəu53
0257. 危 Øuei53	0290. 造 tshɔ213	0321. 轿 tɕhiɔ213	0353. 袖 ɕiəu213
0258. 类 luei213	0291. 嫂 sɔ44	0322. 腰 Øiɔ53	0354. 抽 tʂhəu53
0259. 醉 tʃuei213	0292. 高 kɔ53	0323. 要重～Øiɔ213	0355. 绸 tʂhəu311
0260. 追 tʃuei53	0293. 靠 khɔ213	0324. 摇 Øiɔ311	0356. 愁 tshəu311
0261. 锤 tʃhuei311	0294. 熬 ŋɔ311	0325. 鸟 ȵiɔ44	0357. 瘦 səu213
0262. 水 ʃuei44	0295. 好～坏 xɔ44	0326. 钓 tiɔ213	0358. 州 tʂəu53
0263. 龟 kuei53	0296. 号名 xɔ213	0327. 条 thiɔ311	0359. 臭香～ tʂhəu213
0264. 季 tɕi213	0297. 包 pɔ53	0328. 料 liɔ213	
0265. 柜 kuei213	0298. 饱 pɔ44	0329. 箫 ɕiɔ53	0360. 手 ʂəu44
0266. 位 Øuei213	0299. 炮 phɔ213	0330. 叫 tɕiɔ213	0361. 寿 ʂəu213
0267. 飞 fei53	0300. 猫 mɔ53	0331. 母丈～，舅～ mu44	0362. 九 tɕiəu44
0268. 费 fei213	0301. 闹 lɔ213		0363. 球 tɕhiəu311
0269. 肥 fei311	0302. 罩 tsɔ213	0332. 抖 thəu44	0364. 舅 tɕiəu213
0270. 尾 Øuei44	0303. 抓用手～牌 tʃua53	0333. 偷 thəu53	0365. 旧 tɕiəu213
0271. 味 vei213		0334. 头 thəu311	0366. 牛 ȵiəu311
0272. 鬼 kuei44	0304. 找 tsɔ44	0335. 豆 təu213	0367. 休 ɕiəu53
0273. 贵 kuei213	0305. 抄 tshɔ53	0336. 楼 ləu311	0368. 优 Øiəu53
0274. 围 Øuei311	0306. 交 tɕiɔ53	0337. 走 tsəu44	0369. 有 Øiəu44
0275. 胃 Øuei213	0307. 敲 tɕhiɔ53	0338. 凑 tshəu213	0370. 右 Øiəu213
0276. 宝 pɔ44	0308. 孝 ɕiɔ213	0339. 钩 kəu53	0371. 油 Øiəu311
0277. 抱 pɔ213	0309. 校学～ɕiɔ213	0340. 狗 kəu44	0372. 丢 tiəu53
0278. 毛 mɔ311	0310. 表手～piɔ44	0341. 够 kəu213	0373. 幼 Øiəu213
0279. 帽 mɔ213	0311. 票 phiɔ213	0342. 口 khəu44	0374. 贪 than53
0280. 刀 tɔ53	0312. 庙 miɔ213	0343. 藕 ŋəu44	0375. 潭 than311
0281. 讨 thɔ44	0313. 焦 tɕiɔ53	0344. 后前～xəu213	0376. 南 lan311

0377. 蚕 tshan311	0408. 鸭 ɵia53	0438. 法 fa53	0470. 看～见 khan213
0378. 感 kan44	0409. 黏～液 ʑan311	0439. 品 phin44	0471. 岸 ŋan213
0379. 含～一口水 xan311	0410. 尖 tɕian53	0440. 林 lin311	0472. 汉 xan213
0380. 暗 ŋan213	0411. 签～名 tɕhian53	0441. 浸 tɕhin213	0473. 汗 xan213
0381. 搭 ta53	0412. 占～领 tʂan213	0442. 心 ɕin53	0474. 安 ŋan53
0382. 踏 tha311	0413. 染 ʑan44	0443. 寻 ɕin311	0475. 达 ta311
0383. 拉 la53	0414. 钳 tɕhian311	0444. 沉 tʂhən311	0476. 辣 la53
0384. 杂 tsa311	0415. 验 ɵian213	0445. 参人～ səŋ53	0477. 擦 tsha53
0385. 鸽 kə53	0416. 险 ɕian44	0446. 针 tʂən53	0478. 割 kə53
0386. 盒 xuə311	0417. 厌 ɵian213	0447. 深 ʂən53	0479. 渴 khə53
0387. 胆 tan44	0418. 炎 ɵian311	0448. 任责～ ʑən311	0480. 扮 pan213
0388. 毯 than44	0419. 盐 ɵian311	0449. 金 tɕin53	0481. 办 pan213
0389. 淡 tan213	0420. 接 tɕiɛ53	0450. 琴 tɕhin311	0482. 铲 tshan44
0390. 蓝 lan311	0421. 折～叠 tʂə311	0451. 音 ɵin53	0483. 山 san53
0391. 三 san53	0422. 叶树～ ɵiɛ53	0452. 立 li53	0484. 产 tshan44
0392. 甘 kan53	0423. 剑 tɕian213	0453. 集 tɕi53	0485. 间房～，一～ 房 tɕian53
0393. 敢 kan44	0424. 欠 tɕhian213	0454. 习 ɕi311	0486. 眼 ȵian44
0394. 喊 xan44	0425. 严 ɵian311	0455. 汁 tʂɿ53	0487. 限 ɕian213
0395. 塔 tha53	0426. 业 ȵiɛ53	0456. 十 ʂɿ311	0488. 八 pa53
0396. 蜡 la53	0427. 点 tian44	0457. 入 ʐu53	0489. 扎 tsa53
0397. 赚 tʃuan213	0428. 店 tian213	0458. 急 tɕi311	0490. 杀 sa53
0398. 杉～木 sa53	0429. 添 thian53	0459. 及 tɕi311	0491. 班 pan53
0399. 减 tɕian44	0430. 甜 thian311	0460. 吸 ɕi53	0492. 板 pan44
0400. 咸～淡 ɕian311	0431. 念 ȵian213	0461. 单简～ tan53	0493. 慢 man213
0401. 插 tsha53	0432. 嫌 ɕian311	0462. 炭 than213	0494. 奸 tɕian53
0402. 闸 tsa311	0433. 跌 tiɛ53	0463. 弹～琴 than311	0495. 颜 ɵian311
0403. 夹～子 tɕia53	0434. 贴 thiɛ53	0464. 难～易 lan311	0496. 瞎 xa53
0404. 衫 san53	0435. 碟 tiɛ311	0465. 兰 lan311	0497. 变 pian213
0405. 监 tɕian53	0436. 协 ɕiɛ311	0466. 懒 lan44	0498. 骗欺～ phian213
0406. 岩 ɵiɛ311	0437. 犯 fan213	0467. 烂 lan213	
0407. 甲 tɕia53		0468. 伞 san44	
		0469. 肝 kan53	0499. 便方～

pian213	0530. 典 tian44	0562. 酸 ʃuan53	0592. 传～记 tʃuan213
0500. 棉 mian311	0531. 天 thian53	0563. 算 ʃuan213	0593. 砖 tʃuan53
0501. 面～孔 mian213	0532. 田 thian311	0564. 官 kuan53	0594. 船 tʃhuan311
0502. 连 lian311	0533. 垫 tian213	0565. 宽 khuan53	0595. 软 ʒuan44
0503. 剪 tɕian44	0534. 年 ȵian311	0566. 欢 xuan53	0596. 卷～起 tɕyan44
0504. 浅 tɕhian44	0535. 莲 lian311	0567. 完 Øuan311	
0505. 钱 tɕhian311	0536. 前 tɕhian311	0568. 换 xuan213	0597. 圈圆～ tɕhyan53
0506. 鲜 ɕyan53	0537. 先 ɕian53	0569. 碗 Øuan44	0598. 权 tɕhyan311
0507. 线 ɕian213	0538. 肩 tɕian53	0570. 拨 pə53	0599. 圆 Øyan311
0508. 缠 tʂhan311	0539. 见 tɕian213	0571. 泼 phə53	0600. 院 Øyan213
0509. 战 tʂan213	0540. 牵 tɕhian53	0572. 末 mə53	0601. 铅～笔 tɕhian53
0510. 扇 ʂan213	0541. 显 ɕian44	0573. 脱 thuə53	
0511. 善 ʂan213	0542. 现 ɕian213	0574. 夺 tuə311	0602. 绝 tɕyɛ311
0512. 件 tɕian213	0543. 烟 Øian53	0575. 阔 khuə53	0603. 雪 ɕyɛ53
0513. 延 Øian311	0544. 憋 piɛ53	0576. 活 xuə311	0604. 反 fan44
0514. 别～人 piɛ311	0545. 篾 mi311	0577. 顽～皮，～固 Øuan311	0605. 翻 fan53
0515. 灭 miɛ53	0546. 铁 thiɛ53	0578. 滑 xua311	0606. 饭 fan213
0516. 列 liɛ53	0547. 捏 ȵiɛ53	0579. 挖 Øua53	0607. 晚 van44
0517. 撤 tʂhə44	0548. 节 tɕiɛ53	0580. 闩 ʃuan53	0608. 万麻将牌 van213
0518. 舌 ʂə311	0549. 切动 tɕhiɛ53	0581. 关～门 kuan53	
0519. 设 ʂə53	0550. 截 tɕiɛ311	0582. 惯 kuan213	0609. 劝 tɕhyan213
0520. 热 ʐə53	0551. 结 tɕiɛ53	0583. 还动 xuan311	0610. 原 Øyan311
0521. 杰 tɕiɛ311	0552. 搬 pan53	0584. 还副 xa311	0611. 冤 Øyan53
0522. 孽 ȵiɛ53	0553. 半 pan213	0585. 弯 Øuan53	0612. 园 Øyan311
0523. 建 tɕian213	0554. 判 phan213	0586. 刷 ʃuan53	0613. 远 Øyan44
0524. 健 tɕian213	0555. 盘 phan311	0587. 刮 kua53	0614. 发头～ fa53
0525. 言 Øian311	0556. 满 man44	0588. 全 tɕhyan311	0615. 罚 fa311
0526. 歇 ɕiɛ53	0557. 端～午 tuan53	0589. 选 ɕyan44	0616. 袜 va53
0527. 扁 pian44	0558. 短 tuan44	0590. 转～眼，～送 tʃuan44	0617. 月 Øyɛ53
0528. 片 phian44	0559. 断绳～了 tuan213		0618. 越 Øyɛ53
0529. 面～条 mian213	0560. 暖 luan44	0591. 传～下来 tʃhuan311	0619. 县 ɕian213
	0561. 乱 luan213		

0620. 决 tɕyɛ311	0653. 失 ʂʅ53	0685. 纯 tʃhuən311	0717. 落 luə53
0621. 缺 tɕhyɛ53	0654. 日 zʅ53	0686. 闰 ʒuən213	0718. 作 tsuə53
0622. 血 ɕiɛ53	0655. 吉 tɕi53	0687. 均 tɕyən53	0719. 索 suə44
0623. 吞 thəŋ53	0656. 一 Øi53	0688. 匀 Øyən311	0720. 各 kə53
0624. 根 kən53	0657. 筋 tɕin53	0689. 律 Øy53	0721. 鹤 xə53
0625. 恨 xən213	0658. 劲有~ tɕin213	0690. 出 tʃhu53	0722. 恶 ŋə53
0626. 恩 ŋən53	0659. 勤 tɕhin311	0691. 橘 tɕy53	0723. 娘 ȵiaŋ311
0627. 贫 phin311	0660. 近 tɕin213	0692. 分动 fən53	0724. 两斤~ liaŋ44
0628. 民 min311	0661. 隐 Øin44	0693. 粉 fən44	0725. 亮 liaŋ213
0629. 邻 lin311	0662. 本 pən44	0694. 粪 fən213	0726. 浆 tɕiaŋ53
0630. 进 tɕin213	0663. 盆 phən311	0695. 坟 fən311	0727. 抢 tɕhiaŋ44
0631. 亲 tɕhin53	0664. 门 mən311	0696. 蚊 vən311	0728. 匠 tɕiaŋ213
0632. 新 ɕin53	0665. 墩 tuən53	0697. 问 vən213	0729. 想 ɕiaŋ44
0633. 镇 tʂən213	0666. 嫩 luən213	0698. 军 tɕyən53	0730. 像 tɕhiaŋ213
0634. 陈 tʂhən311	0667. 村 tʃhuən53	0699. 裙 tɕhyən311	0731. 张量 tʂaŋ53
0635. 震 tʂən213	0668. 寸 tʃhuən213	0700. 熏 ɕyən53	0732. 长~短
0636. 神 ʂən311	0669. 蹲 tuən53	0701. 云~彩	tʂhaŋ311
0637. 身 ʂən53	0670. 孙~子	Øyən311	0733. 装 tʃuaŋ53
0638. 辰 tʂhən311	ʃuən53	0702. 运 Øyən213	0734. 壮 tʃuaŋ213
0639. 人 zən311	0671. 滚 kuən44	0703. 佛~像 fə311	0735. 疮 tʃhuaŋ53
0640. 认 zən213	0672. 困 khuən213	0704. 物 və53	0736. 床 tʃhuaŋ311
0641. 紧 tɕin44	0673. 婚 xuən53	0705. 帮 paŋ53	0737. 霜 ʃuaŋ53
0642. 银 Øin311	0674. 魂 xuən311	0706. 忙 maŋ311	0738. 章 tʂaŋ53
0643. 印 Øin213	0675. 温 Øuən53	0707. 党 taŋ44	0739. 厂 tʂhaŋ44
0644. 引 Øin44	0676. 卒棋子 tʃu311	0708. 汤 thaŋ53	0740. 唱 tʂhaŋ213
0645. 笔 pi53	0677. 骨 ku53	0709. 糖 thaŋ311	0741. 伤 ʂaŋ53
0646. 匹 phi311	0678. 轮 luən311	0710. 浪 laŋ213	0742. 尝 ʂaŋ311
0647. 密 mi53	0679. 俊 tɕyən213	0711. 仓 tshaŋ53	0743. 上~去 ʂaŋ213
0648. 栗 li53	0680. 笋 ʃuən44	0712. 钢 kaŋ53	0744. 让 zaŋ213
0649. 七 tɕhi53	0681. 准 tʃuən44	0713. 糠 khaŋ53	0745. 姜生~ tɕiaŋ53
0650. 侄 tʂʅ311	0682. 春 tʃhuən53	0714. 薄形 puə311	0746. 响 ɕiaŋ44
0651. 虱 sei53	0683. 唇 tʃhuən311	0715. 摸 muə53	0747. 向 ɕiaŋ213
0652. 实 ʂʅ311	0684. 顺 ʃuən213	0716. 托 thuə53	0748. 秧 Øiaŋ53

577

0749. 痒 Øiaŋ44	0780. 窗 tʃhuaŋ53	0812. 秤 tʂhəŋ213	0843. 白 pei311
0750. 样 Øiaŋ213	0781. 双 ʃuaŋ53	0813. 绳 ʂəŋ311	0844. 拆 tshei53
0751. 雀 tɕhyɛ213	0782. 江 tɕiaŋ53	0814. 剩 ʂəŋ213	0845. 择 tsei311
0752. 削 ɕyɛ53	0783. 讲 tɕiaŋ44	0815. 升 ʂəŋ53	0846. 窄 tsei53
0753. 着 火~了 tʂhə311	0784. 降 投~ ɕiaŋ311	0816. 兴 高~ ɕiŋ213	0847. 格 kei53
0754. 勺 ʂə311	0785. 项 xaŋ213	0817. 蝇 Øiŋ311	0848. 客 khei53
0755. 弱 zə53	0786. 剥 puə53	0818. 逼 pi53	0849. 额 ŋei53
0756. 脚 tɕyɛ53	0787. 桌 tʃuə53	0819. 力 li53	0850. 棚 phəŋ311
0757. 约 Øyɛ53	0788. 镯 tʃuə311	0820. 息 ɕi53	0851. 争 tsəŋ53
0758. 药 Øyɛ53	0789. 角 tɕyɛ53	0821. 直 tʂʅ311	0852. 耕 kəŋ53
0759. 光 ~线 kuaŋ53	0790. 壳 khə53	0822. 侧 tshai53	0853. 麦 mei53
	0791. 学 ɕyɛ311	0823. 测 tshai53	0854. 摘 tsei311
0760. 慌 xuaŋ53	0792. 握 Øuə53	0824. 色 sei53	0855. 策 tshei53
0761. 黄 xuaŋ311	0793. 朋 phəŋ311	0825. 织 tʂʅ53	0856. 隔 kei53
0762. 郭 kuə53	0794. 灯 təŋ53	0826. 食 ʂʅ311	0857. 兵 piŋ53
0763. 霍 xuə213	0795. 等 təŋ44	0827. 式 ʂʅ213	0858. 柄 piŋ44
0764. 方 faŋ53	0796. 凳 təŋ213	0828. 极 tɕi311	0859. 平 phiŋ311
0765. 放 faŋ213	0797. 藤 thəŋ311	0829. 国 kuai53	0860. 病 piŋ213
0766. 纺 faŋ44	0798. 能 ləŋ311	0830. 或 xuai213	0861. 明 miŋ311
0767. 房 faŋ311	0799. 层 tshəŋ311	0831. 猛 məŋ44	0862. 命 miŋ213
0768. 防 faŋ311	0800. 僧 səŋ53	0832. 打 ta44	0863. 镜 tɕiŋ213
0769. 网 vaŋ44	0801. 肯 khən44	0833. 冷 ləŋ44	0864. 庆 tɕhiŋ213
0770. 筐 khuaŋ53	0802. 北 pei53	0834. 生 səŋ53	0865. 迎 Øiŋ311
0771. 狂 khuaŋ311	0803. 墨 mei311	0835. 省 ~长 səŋ44	0866. 影 Øiŋ44
0772. 王 Øuaŋ311	0804. 得 tei53	0836. 更 三~,打~ tɕiŋ53	0867. 剧 戏~ tɕy213
0773. 旺 Øuaŋ213	0805. 特 thai53		0868. 饼 piŋ44
0774. 缚 fə213	0806. 贼 tsei311	0837. 梗 kəŋ44	0869. 名 miŋ311
0775. 绑 paŋ44	0807. 塞 sei53	0838. 坑 khəŋ53	0870. 领 liŋ44
0776. 胖 phaŋ213	0808. 刻 khei53	0839. 硬 ȵiŋ213	0871. 井 tɕiŋ44
0777. 棒 paŋ213	0809. 黑 xei53	0840. 行 ~为,~走 ɕiŋ311	0872. 清 tɕhiŋ53
0778. 桩 tʃuaŋ53	0810. 冰 piŋ53		0873. 静 tɕiŋ213
0779. 撞 tʃhuaŋ44	0811. 证 tʂəŋ213	0841. 百 pei53	0874. 姓 ɕiŋ213
		0842. 拍 phei53	0875. 贞 tʂən53

0876. 程 tʂhəŋ311	0909. 吃 tʂhʅ53	0941. 哭 khu53	0973. 菊 tɕy53
0877. 整 tʂəŋ44	0910. 横 xəŋ311	0942. 屋 Øu53	0974. 育 Øy213
0878. 正~反 tʂəŋ213	0911. 划计~ xua213	0943. 冬~至 tuŋ53	0975. 封 fəŋ53
0879. 声 ʂəŋ53	0912. 兄 ɕyŋ53	0944. 统 thuŋ44	0976. 蜂 fəŋ53
0880. 城 tʂhəŋ311	0913. 荣 Øyŋ311	0945. 脓 luŋ311	0977. 缝一条~ fəŋ213
0881. 轻 tɕhiŋ53	0914. 永 Øyŋ44	0946. 松~紧 ʃuŋ53	0978. 浓 luŋ311
0882. 赢 Øiŋ311	0915. 营 Øiŋ311	0947. 宋 ʃuŋ213	0979. 龙 luŋ311
0883. 积 tɕi53	0916. 蓬~松 phəŋ311	0948. 毒 tu311	0980. 松~树 ʃuŋ53
0884. 惜 ɕi53		0949. 风 fəŋ53	0981. 重轻~ tʃuŋ213
0885. 席 ɕi311	0917. 东 tuŋ53	0950. 丰 fəŋ53	
0886. 尺 tʂhʅ53	0918. 懂 tuŋ44	0951. 凤 fəŋ213	0982. 肿 tʃuŋ44
0887. 石 ʂʅ311	0919. 冻 tuŋ213	0952. 梦 məŋ213	0983. 种~树 tʃuŋ213
0888. 益 Øi53	0920. 通 thuŋ53	0953. 中当~ tʃuŋ53	
0889. 瓶 phiŋ311	0921. 桶 thuŋ44	0954. 虫 tʃhuŋ311	0984. 冲 tʃhuŋ53
0890. 钉 tiŋ53	0922. 痛 thuŋ213	0955. 终 tʃuŋ53	0985. 恭 kuŋ53
0891. 顶 tiŋ44	0923. 铜 thuŋ311	0956. 充 tʃhuŋ53	0986. 共 kuŋ213
0892. 厅 thiŋ53	0924. 动 tuŋ213	0957. 宫 kuŋ53	0987. 凶吉~ ɕyŋ53
0893. 听~见 thiŋ53	0925. 洞 tuŋ213	0958. 穷 tɕhyŋ311	0988. 拥 Øyŋ53
0894. 停 thiŋ311	0926. 聋 luŋ311	0959. 熊 ɕyŋ311	0989. 容 Øyŋ311
0895. 挺 thiŋ44	0927. 弄 luŋ213	0960. 雄 ɕyŋ311	0990. 用 Øyŋ213
0896. 定 tiŋ213	0928. 粽 tʃuŋ213	0961. 福 fu53	0991. 绿 liəu53
0897. 零 liŋ311	0929. 葱 tʃhuŋ53	0962. 服 fu311	0992. 足 tɕy53
0898. 青 tɕhiŋ53	0930. 送 ʃuŋ213	0963. 目 mu53	0993. 烛 tʃu311
0899. 星 ɕiŋ53	0931. 公 kuŋ53	0964. 六 liəu53	0994. 赎 ʃu311
0900. 经 tɕiŋ53	0932. 孔 khuŋ44	0965. 宿住~,~舍 ɕy53	0995. 属 ʃu44
0901. 形 ɕiŋ311	0933. 烘~干 xuŋ53	0966. 竹 tʃu53	0996. 褥 ʐu53
0902. 壁 pi53	0934. 红 xuŋ311	0967. 畜~生 tʃhu53	0997. 曲~折, 歌~ tɕhy53
0903. 劈 phi44	0935. 翁 Øuŋ53	0968. 缩 ʃuə53	
0904. 踢 thi53	0936. 木 mu53	0969. 粥 tʂəu53	0998. 局 tɕy311
0905. 笛 ti311	0937. 读 tu311	0970. 叔 ʃu53	0999. 玉 Øy53
0906. 历农~ li213	0938. 鹿 ləu53	0971. 熟 ʃu311	1000. 浴 Øy213
0907. 锡 ɕi53	0939. 族 tʃhu311	0972. 肉 ʐ̩əu213	
0908. 击 tɕi53	0940. 谷稻~ ku53		

第三章　词　汇

第一节　规定词汇

一、天文、地理

（一）天文

0001. 太阳~下山了　日头 Øə44thəu0

0002. 月亮~出来了　月亮 Øyə44liaŋ0

0003. 星星　星星 ɕiŋ44ɕəŋ0

0004. 云　云 Øyən311

0005. 风　风 fəŋ53

0006. 台风　台风 thai31fəŋ53

0007. 闪电名词　闪电 ʂan44thian213/
闪 ʂan44

0008. 雷　雷 luei311

0009. 雨　雨 Øy44

0010. 下雨　下雨 ɕia31Øy44

0011. 淋衣服被雨~湿了　淋 Øyən311

0012. 晒~粮食　晒 sai213

0013. 雪　雪 ɕyɛ53

0014. 冰　冰 piŋ53

0015. 冰雹　冷子 ləŋ24tsʅ0

0016. 霜　霜 ʃuaŋ53

0017. 雾　雾 vu213/罩 tsɔ213

0018. 露　露水 ləu31ʃuei0

0019. 虹统称　虹 tɕiaŋ213

0020. 日食　日食 Øə44ʂʅ0

0021. 月食　天狗吃月亮
thian44kəu0tʂʅ53Øyɛ44liaŋ0

0022. 天气　天 thian53

0023. 晴天~　晴 tɕhiŋ311/大日头
ta31Øə44thəu0

0024. 阴天~　阴 Øin53/阴阴天
Øin44Øin0thian31

0025. 旱天~　干 kan53

0026. 涝天~　涝 lɔ213

0027. 天亮　天明 thian53miŋ311/天亮
thian53liaŋ213

（二）地貌

0028. 水田　水田 ʃuei44thian311

0029. 旱地浇不上水的耕地　地 ti213

0030. 田埂　田坎 thian31khan24

0031. 路野外的　路 ləu213

0032. 山　山 san53

0033. 山谷　山沟 san53kəu53

0034. 江大的河　江 tɕiaŋ53

0035. 溪小的河　河 xuə311

0036. 水沟儿较小的水道　水沟沟 ʃuei44kəu44kəu0／水渠渠 ʃuei44tɕhy31tɕhy0

0037. 湖　湖 xu311

0038. 池塘　堰塘 Øian31thaŋ0／池塘 tʂhʅ31thaŋ0／水塘 ʃuei44thaŋ311

0039. 水坑儿地面上有积水的小洼儿　水坑坑 ʃuei44khəŋ44khəŋ0

0040. 洪水　大水 ta31ʃuei44

0041. 淹被水～了　淹 ȵian53

0042. 河岸　河坎 xuə31khan0

0043. 坝拦河修筑拦水的　坝 pa213

0044. 地震　地震 ti24tʂən213

0045. 窟窿小的　眼眼 ȵian24ȵian0

0046. 缝儿统称　口口 khəu24khəu0／缝缝 fəŋ31fəŋ0

（三）物象

0047. 石头统称　石头 ʂʅ31thəu0

0048. 土统称　土 thu44

0049. 泥湿的　泥巴 ȵi31pa0

0050. 水泥旧称　洋灰 Øiaŋ31xuei53

0051. 沙子　沙子 sa44tsʅ0

0052. 砖整块的　砖头 tʃuan44thəu0

0053. 瓦整块的　瓦 Øua44

0054. 煤　煤 mei311

0055. 煤油　洋油 Øiaŋ31Øiəu311

0056. 炭木炭　炭 than213／浮躁 fu44tsɔ0

0057. 灰烧成的　灰 xuei53

0058. 灰尘桌面上的　灰 xuei53

0059. 火　火 xuə44

0060. 烟烧火形成的　烟烟 Øian44Øian0

0061. 失火　着了 tʂhə31lɔ0

0062. 水　水 ʃuei44

0063. 凉水　冷水 ləŋ44ʃuei44

0064. 热水如洗脸的热水，不是指喝的开水　温温水 Øuən44Øuən0ʃuei0

0065. 开水喝的　开水 khai44ʃuei0

0066. 磁铁　吸铁石 ɕi44thiɛ0ʂʅ0

二、时间方位

（一）时间

0067. 时候吃饭的～　晌候 tsaŋ24xu0

0068. 什么时候　啥晌候 ʃua31tsaŋ24xu0

0069. 现在　这晌 tʂʅ31tsaŋ0

0070. 以前十年～　前 tɕhian311

0071. 以后十年～　后 xəu213

0072. 一辈子　一辈 Øi31pei213

0073. 今年　今年 tɕin44ȵian0

0074. 明年　明年 min31ȵian0

0075. 后年　后年 xəu31ȵian0

0076. 去年　年时 ȵian31sʅ24

0077. 前年　前年 tɕhian31ȵian24

0078. 往年过去的年份　往年 vaŋ24ȵian0

0079. 年初　开了年 khai44lɔ0ȵian311

0080. 年底　年底 ȵian31ti44／年尽月满 ȵian31tɕin31Øyɛ31man44

0081. 今天　今儿 tɕiər31

0082. 明天　明儿 miər24

0083. 后天　后儿 xəur31

0084. 大后天　外后天 Øuai31xəu24thian0

0085. 昨天　夜个儿 Øian24kər0

0086. 前天　前那个 thian31la24kə0

0087. 大前天　大前天 ʂaŋ24tɕhian31thian24

581

0088. 整天　一天 Øi31thian53

0089. 每天　天天 thian44thian0

0090. 早晨　早晨 tsɔ24ʂəŋ0

0091. 上午　早晨 tsɔ24ʂəŋ0

0092. 中午　晌午 ʂaŋ44Øu0

0093. 下午　下午 xa31Øu0

0094. 傍晚　天黑时 thian31xei53tsaŋ0

0095. 白天　白天 pei31thian24

0096. 夜晚 与白天相对，统称　黑了 xei44lɔ0

0097. 半夜　半夜 pan24Øiɛ213

0098. 正月 农历　正月 tʂəŋ44Øyɛ0

0099. 大年初一 农历　正月初一 tʂəŋ44Øyɛ0tʃhu44Øi0

0100. 元宵节　正月十五 tʂəŋ44Øyɛ0ʂʅ31Øu44

0101. 清明　清明 tɕhiŋ44miŋ0

0102. 端午　端午 tuan44Øu0/五月端午 Øu24Øyɛ0tuan44Øu0

0103. 七月十五 农历，节日名　七月半 tɕhi44Øyɛ0pan213

0104. 中秋　八月十五 pa44Øyɛ0ʂʅ31Øu44

0105. 冬至　冬至 tuŋ53tsʅ213

0106. 腊月 农历十二月　腊月间 la44Øyɛ0tɕian0

0107. 除夕 农历　大年三十 ta31ȵian0san44ʂʅ0

0108. 历书　黄历 xuaŋ31li213

0109. 阴历　阴历 Øin53li213

0110. 阳历　阳历 Øiaŋ24li213

0111. 星期天　礼拜天 li24pai0thian0

（二）方位

0112. 地方　地方 ti31faŋ0

0113. 什么地方　啥地方 ʃua24ti31faŋ0

0114. 家里　屋里 Øu44li0

0115. 城里　城里 tʂhəŋ31li24

0116. 乡下　乡里 ɕiaŋ44li0

0117. 上面 从～滚下来　高头 kɔ44thəu0

0118. 下面 从～爬上去　下头 xa31thəu0/底下 ti24xa0

0119. 左边　左面 tʃua24mian0

0120. 右边　右面 Øiəu31mian0

0121. 中间 排队排在～　中间 tʃuŋ44tɕian0/当中 taŋ53tʃuŋ53

0122. 前面 排队排在～　前头 tɕhian31thəu24

0123. 后面 排队排在～　后头 xəu31thəu0

0124. 末尾 排队排在～　顶后头 tiŋ44xəu31thəu0

0125. 对面　对时面 tuei31sʅ24mian0

0126. 面前　跟前 kən44tɕhian0

0127. 背后　背后 pei31xəu0

0128. 里面 躲在～　里头 li24thəu0

0129. 外面 衣服晒在～　外头 Øuai31thəu0

0130. 旁边　跟搭 kən44ta0/肋巴 lei44pa0

0131. 上 碗在桌子～　高头 kɔ44thəu0

0132. 下 凳子在桌子～　底下 ti24xa0

0133. 边儿 桌子的～　边边 pian44pian0

0134. 角儿 桌子的～　角角 tɕyɛ44tɕyɛ0

0135. 上去 他～了　上去 ʂaŋ31tɕhi0

0136. 下来 他～了　下来 xa31lai0

0137. 进去他~了　进去 tɕin31tɕhi0
0138. 出来他~了　出来 tʃhu44lai0
0139. 出去他~了　出去 tʃhu44tɕhi0
0140. 回来他~了　回来 xuei31lai24
0141. 起来天冷~了　开 khai53

三、植物

（一）一般植物

0142. 树　树 ʃu213
0143. 木头　木头 mu44thəu0
0144. 松树统称　松树 ʃuŋ44ʃu0
0145. 柏树统称　柏树 pei44ʃu0
0146. 杉树　杉树 sa44ʃu0
0147. 柳树　柳树 liəu24ʃu0
0148. 竹子统称　竹子 tʃu44tsɿ0
0149. 笋　笋 ʃuən44
0150. 叶子　叶叶 Øiɛ44Øiɛ0
0151. 花　花 xua53
0152. 花蕾花骨朵儿　花苞苞 xua53pɔ44pɔ0
0153. 梅花　梅花 mei31xua24
0154. 牡丹　牡丹 mu24tan0
0155. 荷花　荷花 xə31xua24
0156. 草　草草 tshɔ24tshɔ0
0157. 藤　蔓蔓 van31van0
0158. 刺名词　刺 tshɿ213
0159. 水果　水果 ʃuei44kuə44
0160. 苹果　苹果 piŋ31kuə24
0161. 桃子　桃儿 thər311
0162. 梨　梨 li311
0163. 李子　李 li53
0164. 杏　杏儿 xər213
0165. 橘子　桔 tɕy311
0166. 柚子　柚 Øiəu213
0167. 柿子　柿 sɿ213
0168. 石榴　石榴 ʂɿ31liəu24
0169. 枣　枣儿 tsər44
0170. 栗子　板栗 pan24li0
0171. 核桃　核桃儿 xə31thər0
0172. 银杏白果　白果 pei31kuə24
0173. 甘蔗　甘蔗 kan53tʂə0
0174. 木耳　木耳 mu31Ø44
0175. 蘑菇野生的　蘑菇 muə31ku24
0176. 香菇　香菇 ɕiaŋ44ku0

（二）农作物

0177. 稻子指植物　稻谷 tɔ24ku0
0178. 稻谷指籽实（脱粒后是大米）　谷子 ku44tsɿ0
0179. 稻草脱粒后的　稻草 tɔ31tshɔ44
0180. 大麦指植物　大麦 ta31mei0
0181. 小麦指植物　麦 mei53
0182. 麦秸脱粒后的　麦秆 mei44kan0
0183. 谷子指植物（籽实脱粒后是小米）　无
0184. 高粱指植物　高粱 kɔ44liaŋ0
0185. 玉米指成株的植物　包谷 pɔ44ku0
0186. 棉花指植物　棉花 mian31xua24
0187. 油菜油料作物，不是蔬菜　油菜 Øiəu31tshai24
0188. 芝麻　芝麻 tsɿ44ma0
0189. 向日葵指植物　向葵 ɕiaŋ24khuei311
0190. 蚕豆　胡豆 xu31təu24
0191. 豌豆　豌豆 Øuan44təu0

0192. 花生指果实，注意婉称　花生 xua44səŋ0

0193. 黄豆　黄豆 xuaŋ31təu0

0194. 绿豆　绿豆 liəu44təu0

0195. 豇豆长条形的　豇豆 tɕiaŋ44təu0

0196. 大白菜东北～　白菜 pei31tshai24

0197. 包心菜卷心菜，圆白菜，球形的　包包菜 pɔ53pɔ0tshai213

0198. 菠菜　菠菜 pə44tshai0

0199. 芹菜　芹菜 tɕhin31tshai24

0200. 莴笋　莴笋 ɕuə44ʃuən0

0201. 韭菜　韭菜 tɕiəu24tshai0

0202. 香菜芫荽　芫荽 ɕian31ʃuei24

0203. 葱　葱 tʃhuŋ53

0204. 蒜　蒜 ʃuan213

0205. 姜　姜 tɕiaŋ53

0206. 洋葱　洋葱 ɕiaŋ31tʃhuŋ53

0207. 辣椒统称　辣子 la44ɕə0

0208. 茄子统称　茄 tɕiɛ311/茄娃 tɕiɛ31ɕua24

0209. 西红柿　海柿 xai44sʅ213

0210. 萝卜统称　萝卜 luə31pu24

0211. 胡萝卜　红萝卜 xuŋ31luə24pu0

0212. 黄瓜　黄瓜 xuaŋ31kua24

0213. 丝瓜无棱的　丝瓜 sʅ44kua0

0214. 南瓜扁圆形或梨形，成熟时呈赤褐色　北瓜 pei44kua0

0215. 荸荠　荸荠 pu31tɕi24

0216. 红薯统称　红苕 xuŋ31ʂɔ311

0217. 马铃薯　洋芋 ɕiaŋ31ɕy24

0218. 芋头　芋头 ɕy31thəu0

0219. 山药圆柱形的　山药 san44ɕɤ0

0220. 藕　藕 ŋəu44

四、动物

（一）一般动物

0221. 老虎　老虎 lɔ44xu0

0222. 猴子　猴娃 xəu31ɕua24

0223. 蛇统称　长虫 tʃhaŋ31tʃhuŋ24

0224. 老鼠家里的　老鼠 lɔ44ʃu0

0225. 蝙蝠　夜蝙蝠 ɕiɛ31piɛ24fu0/檐老鼠 ɕian31lɔ24ʃu0

0226. 鸟儿飞鸟，统称　鸟 ȵiɔ44

0227. 麻雀　雀雀 tɕhyɛ24tɕhyɛ0

0228. 喜鹊　喜鸹 ɕi24ɕua0

0229. 乌鸦　老鸹 lɔ24ɕua0

0230. 鸽子　鹁鸽 pu31kə24

0231. 翅膀鸟的，统称　膀膀 paŋ24paŋ0

0232. 爪子鸟的，统称　爪爪 tsɔ24tsɔ0

0233. 尾巴　尾巴 ɕi24pa0

0234. 窝鸟的　窝 ɕuə53

0235. 虫子统称　虫虫 tʃhuŋ31tʃhuŋ0

0236. 蝴蝶统称　蛾蛾 ŋə31ŋə24

0237. 蜻蜓统称　蚂螂 ma31laŋ311

0238. 蜜蜂　蜂子 fəŋ53ə0

0239. 蜂蜜　蜂糖 fəŋ44thaŋ0

0240. 知了统称　知了 tsʅ31lɔ24

0241. 蚂蚁　蚂蚁 ma44ɕiɛ0

0242. 蚯蚓　蛐蟮 tɕhy44ʂan0

0243. 蚕　蚕儿 tshər24

0244. 蜘蛛会结网的　蛛蛛 tʃu44tʃu0

0245. 蚊子统称　么子 mə53ɕə0

0246. 苍蝇统称　蝇 ɕiŋ311

0247. 跳蚤咬人的　虼蚤 kə31tsɔ24

0248. 虱子　虱子 sei44tsʅ0

0249. 鱼　鱼 Øy311

0250. 鲤鱼　鲤鱼 li24Øy0

0251. 鳙鱼胖头鱼　大头鱼 ta31thəu0Øy311

0252. 鲫鱼　鲫鱼 tɕi44Øy0

0253. 甲鱼　鳖 piɛ53

0254. 鳞鱼的　甲 tɕia53

0255. 虾统称　虾 ɕia53

0256. 螃蟹统称　螃蟹 phan31xai24

0257. 青蛙统称　青蛙 tɕhiŋ44Øua0

0258. 癞蛤蟆表皮多疙瘩　疥疤 kai31pa24

（二）家畜、家禽

0259. 马　马 ma44

0260. 驴　毛驴 mɔ44Øy0

0261. 骡　骡子 luə31tsɿ0

0262. 牛　牛 ȵiəu311

0263. 公牛统称　公牛 kuŋ44ȵiəu0

0264. 母牛统称　母牛 mu24ȵiəu0

0265. 放牛　放牛 faŋ24ȵiəu0

0266. 羊　羊 Øiaŋ311

0267. 猪　猪 tʃu53

0268. 种猪配种用的公猪　脚猪 tɕyɛ44tʃu0

0269. 公猪成年的，已阉　牙猪 Øia31tʃu24

0270. 母猪成年的，未阉的　奶结 lai24tɕi0

0271. 猪崽　猪娃 tʃu44Øua0

0272. 猪圈　猪圈 tʃu53tɕyan213

0273. 养猪　喂猪 Øuei31tʃu53

0274. 猫　猫娃 mɔ44Øua0

0275. 公猫　公猫 kuŋ44mɔ0

0276. 母猫　母猫 mu24mɔ0

0277. 狗统称　狗 kəu44

0278. 公狗　牙狗 Øia31kəu24

0279. 母狗　母狗 mu44kəu0

0280. 叫狗～　咬 ȵiɔ44

0281. 兔子　兔娃 thu31Øua0

0282. 鸡　鸡 tɕi53

0283. 公鸡成年的，未阉的　公鸡 kuŋ44tɕi0

0284. 母鸡已下过蛋的　母鸡 mu24tɕi0

0285. 叫公鸡～（打鸣儿）　叫鸣 tɕiɔ24miŋ311

0286. 下鸡～蛋　下 ɕia213

0287. 孵～小鸡　菢 pɔ213

0288. 鸭　鸭子 Øia44tsɿ0

0289. 鹅　鹅 ŋə311

0290. 阉～公的猪　骟 ʂan213

0291. 阉～母的猪　骟 ʂan213

0292. 阉～鸡　无

0293. 喂～猪　喂 Øuei213

0294. 杀猪统称，注意婉称　杀猪 sa53tʃu311

0295. 杀～鱼　擘 phuə213

五、房舍、器具

（一）房舍

0296. 村庄一个～　村 tʃhuən53

0297. 胡同统称：一条～　巷巷 xaŋ44xaŋ0

0298. 街道　街 kai53

0299. 盖房子　修房 ɕiəu53faŋ311

0300. 房子整座的，不包括院子　房 faŋ311

0301. 屋子房子里分隔而成的，统称

屋 Øu53

0302. 卧室　睡房 ʃuei31faŋ0
0303. 茅屋茅草等盖的　草房 tshɔ24faŋ0
0304. 厨房　灶伙 tsɔ31xuə0
0305. 灶统称　锅头 kuə44thəu0
0306. 锅统称　锅 kuə53
0307. 饭锅煮饭的　锅 kuə53
0308. 菜锅炒菜的　锅 kuə53
0309. 厕所旧式的，统称　厕所 tshai44ʃuɵ0/尿坑 ȵiɔ31khəŋ0
0310. 檩左右方向的　檩条 lin24thiɔ0
0311. 柱子　柱 tʃu213
0312. 大门　大门 ta31mən0
0313. 门槛儿　门槛 mən31khan24
0314. 窗旧式的　窗 tʃhuaŋ53
0315. 梯子可移动的　梯 thi53
0316. 扫帚统称　笤帚 thiɔ31tʃu24/扫把 sɔ31pa0
0317. 扫地　扯地 tʃhə53ti213
0318. 垃圾　渣渣 tsa44tsa0

（二）家具

0319. 家具统称　家具 tɕia44tɕy0
0320. 东西我的～　东西 tuŋ44ɕi0
0321. 炕土、砖砌的，睡觉用　无
0322. 床木质的，睡觉用　床 tʃhuaŋ311
0323. 枕头　枕头 tʂən24thəu0
0324. 被子　铺盖 phu44kai0
0325. 棉絮　网套 vaŋ44thɔ213
0326. 床单　单 tan53
0327. 褥子　坝铺盖 pa31phu24kai0
0328. 席子　席 ɕi311
0329. 蚊帐　帐 tʂaŋ213

0330. 桌子统称　桌桌 tʃuə44tʃuə0
0331. 柜子统称　柜柜 kuei31kuei0
0332. 抽屉桌子的　抽匣 tʂhəu44ɕia0
0333. 案子长条形的　案板 ŋan31pan0
0334. 椅子统称　椅椅 Øi24Øi0
0335. 凳子统称　板凳 pan24thəŋ0
0336. 马桶有盖的　尿桶 ȵiɔ31thuŋ0

（三）用具

0337. 菜刀　切刀 tɕhiɛ44tɔ0
0338. 瓢舀水的　马勺 ma24ʂɔ0
0339. 缸　缸 kaŋ53
0340. 坛子装酒的～　坛坛 than31than0
0341. 瓶子装酒的～　瓶瓶 phiŋ31phiŋ0
0342. 盖子杯子的～　盖盖 kai31kai0
0343. 碗统称　碗 Øuan44
0344. 筷子　筷 khuai213
0345. 汤匙　勺勺 ʂə31ʂə0
0346. 柴火统称　柴火 tshai31xuə0
0347. 火柴　取灯 tɕy44təŋ0/洋火 Øiaŋ31xuə24
0348. 锁　锁 ʃuə213
0349. 钥匙　钥匙 Øyɛ44sʅ0
0350. 暖水瓶　电壶 tian24xu311
0351. 脸盆　洗脸盆 ɕi44lian0phən0
0352. 洗脸水　洗脸水 ɕi44lian0ʃuei0
0353. 毛巾洗脸用　手巾 ʂəu24tɕin0
0354. 手绢　手帕 ʂəu24pha0
0355. 肥皂洗衣服用　洋碱 Øiaŋ31tɕian44
0356. 梳子旧式的，不是篦子　木梳 mu44ʃu0
0357. 缝衣针　针 tʂən53
0358. 剪子　剪 tɕian213

0359. 蜡烛　洋蜡 ɕiaŋ31la311

0360. 手电　手电 ʂəu44tian213

0361. 雨伞挡雨的，统称　伞 san44

0362. 自行车　自行车 tsɿ24ɕiŋ31tʂhə53

六、服饰、饮食

（一）服饰

0363. 衣服统称　衣裳 ɕi44ʂaŋ0

0364. 穿~衣服　穿 tʃhuan53

0365. 脱~衣服　脱 thuə53

0366. 系~鞋带　绑 paŋ44

0367. 衬衫　衬衣 tshən31ɕi0

0368. 背心带两条杠的，内衣　背心 pei31ɕin0

0369. 毛衣　毛衣 mɔ31ɕi53

0370. 棉衣　袄袄 ŋɔ24ŋɔ0

0371. 袖子　袖 ɕiəu213

0372. 口袋衣服上的　包包 pɔ44pɔ0

0373. 裤子　裤 khu213

0374. 短裤外穿的　裤衩 khu31tsha0

0375. 裤腿　裤腿 khu31thuei0

0376. 帽子统称　帽 mɔ213

0377. 鞋子　鞋 xai311

0378. 袜子　袜 va53

0379. 围巾　围脖 ɕuei53pə311

0380. 围裙　裙裙 tɕhyən31tɕhyən24

0381. 尿布　片片 phian31phian0

0382. 扣子　纽 ȵiəu311

0383. 扣~扣子　扣 khəu213

0384. 戒指　戒指 tɕiɛ31tsɿ0

0385. 手镯　镯镯 tʃuə31tʃuə24

0386. 理发　剃头 thi24thəu311

0387. 梳头　梳帽盖 ʃu53mɔ31kai0

（二）饮食

0388. 米饭　蒸饭 tʂəŋ44fan0

0389. 稀饭用米熬的，统称　米汤 mi24thaŋ0

0390. 面粉麦子磨的，统称　面 mian213

0391. 面条统称　面 mian213

0392. 面儿玉米~，辣椒~　面面 mian31mian0

0393. 馒头无馅儿的，统称　馍 mə311

0394. 包子　包子 pɔ53ɵə0

0395. 饺子　饺子 tɕiɔ24ɵə0

0396. 馄饨　馄钝 xuən31thəŋ53

0397. 馅儿　馅 ɕyan213

0398. 油条长条形的，旧称　油条 ɕiəu31thiɔ311

0399. 豆浆　豆浆 təu31tɕiaŋ0

0400. 豆腐脑儿　豆腐脑 təu31fu0lɔ0

0401. 元宵食品　元宵 ɕyan31ɕiɔ0

0402. 粽子　粽 tʃuŋ213

0403. 年糕用黏性大的米或米粉做的　糍粑 tshɿ31pa24

0404. 点心统称　点心 tian24ɕin0

0405. 菜吃饭时吃的，统称　菜 tshai213

0406. 干菜统称　干菜 kan44tshai0

0407. 豆腐　豆腐 təu31fu0

0408. 猪血当菜的　猪血 tʃu53ɕiɛ53

0409. 猪蹄当菜的　蹄蹄 thi31thi24

0410. 猪舌头当菜的，注意婉称　口条 khəu24thiɔ0

0411. 猪肝当菜的，注意婉称　猪肝 tʃu53kan53

0412. 下水猪、牛、羊的内脏　小件 ɕiɔ24tɕian0

0413. 鸡蛋　鸡蛋 tɕi44tan0

0414. 松花蛋　皮蛋 phi31tan24

0415. 猪油　大油 ta24Øiəu311

0416. 香油　香油 ɕiaŋ44Øiəu0

0417. 酱油　酱油 tɕiaŋ24Øiəu311

0418. 盐名词　盐 Øian311

0419. 醋注意婉称　醋 tʃhu213

0420. 香烟　烟 Øian53

0421. 旱烟　老旱烟 lɔ44xan31Øian44

0422. 白酒　烧酒 ʂɔ44tɕiəu0

0423. 黄酒　黄酒 xuaŋ31tɕiəu24

0424. 江米酒酒酿, 醪糟　甜酒 thian31tɕiəu0／窝酒 Øuər44tɕiəu0

0425. 茶叶　茶 tsha311

0426. 沏～茶　泡 phɔ213

0427. 冰棍儿　冰棍 piŋ53kuən213

0428. 做饭统称　做饭 tsəu24fan213

0429. 炒菜统称，和做饭相对　炒菜 tshɔ44tshai213

0430. 煮～带壳的鸡蛋　煮 tʃu44

0431. 煎～鸡蛋　炕 khaŋ213

0432. 炸～油条　炸 tsa311

0433. 蒸～鱼　蒸 tʂəŋ53

0434. 揉～面做馒头等　□ tsai53

0435. 擀～面，～皮儿　擀 kan44

0436. 吃早饭　吃早饭 tʂʰɿ53tsɔ24fan0

0437. 吃午饭　吃晌午 tʂʰɿ53ʂaŋ44Øu0

0438. 吃晚饭　吃夜饭 tʂʰɿ53 Øiɛ31fan0

0439. 吃～饭　吃 tʂʰɿ53

0440. 喝～酒　喝 xuə53

0441. 喝～茶　喝 xuə53

0442. 抽～烟　吃 tʂʰɿ53

0443. 盛～饭　舀 Øiɔ44

0444. 夹用筷子～菜　捯 tɔ53

0445. 斟～酒　倒 tɔ213

0446. 渴口～　干 kan53

0447. 饿肚子～　饿 ŋə213

0448. 噎吃饭～着了　噎 Øiɛ53

七、身体、医疗

（一）身体

0449. 头人的，统称　脑壳 lɔ24kə0

0450. 头发　髦絃 mɔ31kai0

0451. 辫子　辫辫 pian31pian0

0452. 旋　旋 ɕyan311

0453. 额头　额颅 ŋai44ləu0

0454. 相貌　样样 Øiaŋ31Øiaŋ0

0455. 脸洗～　脸 lian44

0456. 眼睛　眼睛 ȵian24tɕiŋ0

0457. 眼珠统称　眼睛珠珠 ȵian24tɕiŋ0tʃu44tʃu0

0458. 眼泪哭的时候流出来的　眼泪 ȵian24luei0

0459. 眉毛　眉毛 mi31mɔ24

0460. 耳朵　耳朵 Øə24tuə0

0461. 鼻子　鼻 pi311

0462. 鼻涕统称　鼻 pi311

0463. 擤～鼻涕　擤 ɕiŋ44

0464. 嘴巴人的，统称　嘴 tʃuei44

0465. 嘴唇　嘴 tʃuei44

0466. 口水～流出来　颔水 xan44ʃuei0

0467. 舌头　舌头 ʂə31thəu0

0468. 牙齿　牙 Øia311

588

0469. 下巴　下巴 xɑ31pha0

0470. 胡子嘴周围的　胡 xu311

0471. 脖子　脖浪骨 pu31laŋ31ku0

0472. 喉咙　喉咙 xu31luŋ24

0473. 肩膀　胛骨 tɕia44ku0

0474. 胳膊　胳膊 kə44pu0

0475. 手方言指（打√）：只指手√；包括臂：他的～摔断了　手 ʂəu44

0476. 左手　左手 tʃuə44ʂəu0

0477. 右手　右手 Øiəu31ʂəu44

0478. 拳头　锤头 tʃhuei31thəu0/掟 tiŋ213

0479. 手指　手指拇 ʂəu44tsʅ44mu0

0480. 大拇指　大指拇 ta31tsʅ24mu0

0481. 食指　二指拇 Øə31tsʅ24mu0

0482. 中指　中指拇 tʃuŋ44tsʅ0mu0

0483. 无名指　无名指 vu31miŋ31tsʅ53

0484. 小拇指　小指拇 ɕiɔ24tsʅ0mu0

0485. 指甲　指甲 tsʅ44ɕia0

0486. 腿　腿 thuei44

0487. 脚方言指（打√）：只指脚√；包括小腿；包括小腿和大腿：他的～轧断了　脚 tɕyɛ53

0488. 膝盖指部位　圪膝盖 khə44tɕhi0kai0

0489. 背名词　脊背 tɕi44pei0

0490. 肚子腹部　肚 tu213

0491. 肚脐　脖脐窝 pu31tɕi24Øuə0

0492. 乳房女性的　奶奶 lai44lai0

0493. 屁股　沟 kəu53

0494. 肛门　屁眼 phi31ȵian0

0495. 阴茎成人的　屌 tɕiəu311

0496. 女阴成人的　屄 phi53

0497. 㞗动词　合 zʅ53

0498. 精液　夙 ʃuŋ311

0499. 来月经注意婉称　例假 li24tɕia213

0500. 拉屎　屙屎 pa44sʅ44

0501. 撒尿　尿尿 ȵiɔ24ȵiɔ213

0502. 放屁　放屁 faŋ24phi213

0503. 相当于"他妈的"的口头禅　合的 zʅ31ti0

（二）疾病、医疗

0504. 病了　害病了 xai24piŋ31lɔ0

0505. 着凉　凉 liaŋ311

0506. 咳嗽　咳 khə311

0507. 发烧　烧 ʂɔ53

0508. 发抖　抖 thəu44

0509. 肚子疼　肚疼 tu24thəŋ311

0510. 拉肚子　跑肚 phɔ44tu311

0511. 患疟疾　打摆子 ta44pai24tsʅ0

0512. 中暑　受了暑了 ʂəu31lɔ0ʃu24lɔ0

0513. 肿　肿 tʃuŋ44

0514. 化脓　发了 fa44lɔ0

0515. 疤好了的　疤疤 pa44pa0

0516. 癣　癣 ɕyan44

0517. 痣凸起的　记 tɕi213

0518. 疙瘩蚊子咬后形成的　饼饼 piŋ24piŋ0

0519. 狐臭　臭根 tʃhəu31kən0

0520. 看病　看病 khan24piŋ213

0521. 诊脉　拉脉 la53mei53

0522. 针灸　扎干针 tsa53kan53tʃən53

0523. 打针　打针 ta44tʃən53

0524. 打吊针　打吊针 ta44tiɔ31tʃən0

0525. 吃药统称　吃药 tʃhʅ53Øyɛ53

0526. 汤药　中药 tʃuŋ44Øyɛ0

0527. 病轻了　松活了 ʃuŋ44xuə0lɔ0

八、婚丧、信仰

（一）婚育

0528. 说媒　提亲 thi31tɕhi53

0529. 媒人　媒婆 mei31phə0

0530. 相亲　见媳妇儿 tɕian31ɕi44fər0

0531. 订婚　见屋 tɕian310u53

0532. 嫁妆　陪送 phei31ʃuŋ213

0533. 结婚统称　结婚 tɕiɛ31xuan53

0534. 娶妻子男子～，动宾　接媳妇儿 tɕiɛ53ɕi44fər0

0535. 出嫁女子～　启发 tɕhi24fa0

0536. 拜堂　拜堂 pai24thaŋ311

0537. 新郎　新女婿 ɕin44ȵy0ɕi0

0538. 新娘子　新新妇儿 ɕin44ɕin0fər0

0539. 孕妇　双身 ʃuaŋ53ʂən53

0540. 怀孕　怀上 xuai31ʂaŋ24

0541. 害喜妊娠反应　害口 xai31khəu44

0542. 分娩　生娃 sɑŋ53ua311

0543. 流产　小月 ɕiɔ24ɥɛ0

0544. 双胞胎　双生 ʃuaŋ53sən0

0545. 坐月子　坐月 tʃuə310ɥɛ0

0546. 吃奶　吃奶 tʂhɿ53lai44

0547. 断奶　摘奶 tsei24lai44

0548. 满月　满月 man24ɥɛ0

0549. 生日统称　生儿 sər53

0550. 做寿　过生儿 kuə31sɑŋ44ər0

（二）丧葬

0551. 死统称　死 sɿ44

0552. 死婉称，最常用的几种，指老人：他～了　走 tsəu44

0553. 自杀　自尽 tsɿ24tɕin213/自杀 tsɿ31sa53

0554. 咽气　断气 tuan24tɕhi213

0555. 入殓　进棺材 tɕin31kuan44tshai0

0556. 棺材　枋子 faŋ44ə0/寿木 ʂəu31mu0

0557. 出殡　发丧 fa53saŋ53

0558. 灵位　牌位 phai310uei213

0559. 坟墓单个的，老人的　坟院 fən310yan213

0560. 上坟　烧纸 ʂɔ53tsɿ44

0561. 纸钱　钱两 tɕian31liaŋ24

（三）信仰

0562. 老天爷　老天 lɔ44thian53

0563. 菩萨统称　菩萨 phu53sa24

0564. 观音　观音 kuan44Øin0

0565. 灶神口头的叫法　灶王爷 tsɔ310uaŋ24Øiɛ0

0566. 寺庙　庙 miɔ213

0567. 祠堂　祠堂 tshɿ31thaŋ24

0568. 和尚　和尚 xuə31ʂaŋ0

0569. 尼姑　姑姑 ku44ku0

0570. 道士　道士 tɔ31sɿ0

0571. 算命统称　算卦 ʃuan24kua213

0572. 运气　运气 Øyən31tɕhi0

0573. 保佑　保佑 pɔ44Øiəu213

九、人品、称谓

（一）人品

0574. 人一个～　人 ʐən311

0575. 男人成年的，统称　男的 lan31ti0

0576. 女人三四十岁已婚的，统称　女的 n̠y24ti0

0577. 单身汉　光棍 kuaŋ44kuən0

0578. 老姑娘　老女 lɔ44n̠y0

0579. 婴儿　月娃 ØyɛɣØua0

0580. 小孩儿三四岁的，统称　小娃 ɕiɔ24Øua0

0581. 男孩儿统称：外面有个～在哭　男娃 lan31Øua311

0582. 女孩儿统称：外面有个～在哭　女娃 n̠y44Øua311

0583. 老人七八十岁的，统称　老人 lɔ44ʐən311

0584. 亲戚统称　亲亲 tɕhin44tɕhin0

0585. 朋友统称　朋友 phən31Øiəu0

0586. 邻居统称　邻里 lin31li24

0587. 客人　客 khei53

0588. 农民　农民 luŋ31min311

0589. 商人　做生意的 tsəu31səŋ44i0ti0

0590. 手艺人统称　手艺人 ʂəu24i0z̩ən0

0591. 泥水匠　瓦匠 Øua31tɕiaŋ0

0592. 木匠　木工 mu44kuŋ0

0593. 裁缝　做衣裳的 tsəu31i44ʂaŋ0ti0

0594. 理发师　剃头的 thi31thəu24ti0/ 待诏 tai31tʂɔ0

0595. 厨师　厨子 tʃhu31Øə0

0596. 师傅　师傅 sɿ44fu0

0597. 徒弟　徒弟 thu31ti0

0598. 乞丐统称，非贬称（无统称则记成年男的）　叫花 tɕiɔ31xua0/要饭的 Øiɔ45fan31ti0

0599. 妓女　妓女 tɕi31n̠y44

0600. 流氓　流氓 liəu31maŋ311

0601. 贼　贼娃 tsei31Øua311

0602. 瞎子统称，非贬称（无统称则记成年男的）　瞎子 xa44Øə0

0603. 聋子统称，非贬称（无统称则记成年男的）　聋子 luŋ44Øə0

0604. 哑巴统称，非贬称（无统称则记成年男的）　哑巴 n̠ia24pa0

0605. 驼子统称，非贬称（无统称则记成年男的）　驼背 thuə31pei24

0606. 瘸子统称，非贬称（无统称则记成年男的）　拐子 kuai24Øə0

0607. 疯子统称，非贬称（无统称则记成年男的）　疯 fəŋ53

0608. 傻子统称，非贬称（无统称则记成年男的）　瓜子 kua44Øə0

0609. 笨蛋蠢的人　瓜尻 kua53ʃuŋ0

(二) 称谓

0610. 爷爷呼称，最通用的　爷 Øiɛ311

0611. 奶奶呼称，最通用的　婆 phə311

0612. 外祖父叙称　外爷 Øuei31Øiɛ0

0613. 外祖母叙称　外婆 Øuei31phə0

0614. 父母合称　娘老子 n̠iaŋ31lɔ24Øə0

0615. 父亲叙称　爸爸 pa31pa24/老子 lɔ24Øə0

0616. 母亲叙称　妈 ma53

0617. 爸爸呼称，最通用的　爸爸 pa31pa24

0618. 妈妈呼称，最通用的　妈 ma53

0619. 继父叙称　后老子 xəu31lɔ24Øə0

0620. 继母叙称　后妈 xəu31ma0

0621. 岳父叙称　老丈人 lɔ44tʂaŋ31ʐən0

0622. 岳母叙称　丈母娘 tṣaŋ31mu0ȵiaŋ0
0623. 公公叙称　公公老 kuŋ44kuŋ0lɔ24
0624. 婆婆叙称　婆婆娘
　　　phə31phə24ȵiaŋ0
0625. 伯父呼称，统称　大老子
　　　ta31lɔ24Øə0
0626. 伯母呼称，统称　大妈 ta31ma0
0627. 叔父呼称，统称　大大 ta31ta24
0628. 叔父呼称，排行最小的，如"幺叔"
　　　幺大 Øiɔ44ta0
0629. 叔母呼称，统称　新妈 ɕin53ma53
0630. 姑呼称，统称（无统称则记分称：比父大，比父小；已婚，未婚）　姑姑
　　　ku31ku24
0631. 姑父呼称，统称　姑父 ku44fu0
0632. 舅舅呼称　舅舅 tɕiəu31tɕiəu0
0633. 舅妈呼称　舅母 tɕiəu31mu0
0634. 姨呼称，统称（无统称则记分称：比母大，比母小；已婚，未婚）　姨姨
　　　Øi31Øi24
0635. 姨父呼称，统称　姨夫 Øi31fu24
0636. 弟兄合称　弟兄 ti31ɕyŋ0
0637. 姊妹合称，注明是否可包括男性　姊妹包括男性 tsɿ24mei0
0638. 哥哥呼称，统称　哥哥 kə44kə0
0639. 嫂子呼称，统称　嫂嫂 sɔ24sɔ0
0640. 弟弟叙称　兄弟 ɕyŋ44ti0
0641. 弟媳叙称　兄弟媳妇儿
　　　ɕyŋ44ti0ɕi44fər0
0642. 姐姐呼称，统称　姐姐 tɕiɛ24tɕiɛ0
0643. 姐夫呼称　姐夫 tɕiɛ24fu0
0644. 妹妹叙称　妹妹 mei31mei0
0645. 妹夫叙称　妹夫 mei31fu0

0646. 堂兄弟叙称，统称　堂弟兄
　　　thaŋ31ti31ɕyŋ0
0647. 表兄弟叙称，统称　表弟兄
　　　piɔ44ti31ɕyŋ0
0648. 妯娌弟兄妻子的合称　先后
　　　ɕiaŋ31xuŋ0
0649. 连襟姊妹丈夫的关系，叙称　挑担
　　　thiɔ44tan0
0650. 儿子叙称：我的～　娃 Øua311
0651. 儿媳妇叙称：我的～　儿媳妇儿
　　　Øə31ɕi24fər0
0652. 女儿叙称：我的～　女 ȵy24
0653. 女婿叙称：我的～　女婿 ȵy24ɕi0
0654. 孙子儿子之子　孙娃 ʃuən44Øua0
0655. 重孙子儿子之孙　重孙娃
　　　tʃhuŋ31ʃuən24Øua0
0656. 侄子弟兄之子　侄娃 tṣɿ310ua24
0657. 外甥姐妹之子　外甥 Øuai31səŋ0
0658. 外孙女儿之子　外孙娃
　　　Øuai31ʃuən24Øua0
0659. 夫妻合称　两口 liaŋ44khəu0
0660. 丈夫叙称，最通用的，非贬称：她的～
　　　男的 lan31ti0/老汉 lɔ24xan0
0661. 妻子叙称，最通用的，非贬称：他的～
　　　媳妇儿 ɕi44fər0/老婆 lɔ24pə0
0662. 名字　名 miŋ311
0663. 绰号　外号 Øuai24xɔ213

十、农、工、商、文

（一）农业

0664. 干活儿统称：在地里～　做活
　　　tsəu24xuə311

0665. 事情一件～　事 sʅ213
0666. 插秧　栽秧 tsai53ɵiaŋ53
0667. 割稻　收稻 ʂəu53tɔ44
0668. 种菜　种菜 tʃuŋ24tshai213
0669. 犁名词　犁头 li31thəu24
0670. 锄头　锄头 tʃhu31thəu24
0671. 镰刀　镰刀 lian31tɔ24
0672. 把儿刀～　把把 pa31pa44
0673. 扁担　扁担 pian24tan0
0674. 箩筐　担斗 tan31təu0
0675. 筛子统称　筛 sai53
0676. 簸箕农具，有梁的　撮箕 tʃhuə44tɕi0
0677. 簸箕簸米用　簸箕 puə24tɕi0
0678. 独轮车　鸡公车 tɕi44kuŋ0tʂə53
0679. 轮子旧式的，如独轮车上的　轮轮 luən31luən24
0680. 碓整体　碓窝 tuei31ɵuə0
0681. 臼　窝窝 ɵuə44ɵuə0
0682. 磨名词　磨 mə213
0683. 年成　年成 ȵian31ʂən24

（二）工商业

0684. 走江湖统称　走江湖 tsəu44tɕiaŋ44xu0
0685. 打工　打工 ta44kuŋ53
0686. 斧子　斧头 fu24thəu0
0687. 钳子　钳 tɕhian311
0688. 螺丝刀　改锥 kai24tʃuei0
0689. 锤子　锤锤 tʃhuei31tʃhuei24
0690. 钉子　钉钉 tiŋ44tiŋ0
0691. 绳子　绳绳 ʂəŋ31ʂəŋ24
0692. 棍子　棍棍 kun31kun0

0693. 做买卖　做生意 tsəu31səŋ44ɵi0
0694. 商店　铺铺 phu31phu0
0695. 饭馆　馆子 kuan24ɵə0
0696. 旅馆旧称　旅舍 ɵy44ʂə213
0697. 贵　贵 kuei213
0698. 便宜　便宜 phian31ɵi24
0699. 合算　划着 xua31tʂə24
0700. 折扣　打折 ta44tʂə53
0701. 亏本　折 ʂə311
0702. 钱统称　钱 tɕhian311
0703. 零钱　零钱 liŋ24tɕhian311
0704. 硬币　分分钱 fən44fən0tɕian311
0705. 本钱　本 pən44
0706. 工钱　工钱 kuŋ44tɕhian0
0707. 路费　盘缠 phan31tʂhan24
0708. 花～钱　使唤 sʅ24xuan0
0709. 赚卖一斤能～一毛钱　见 tɕian213
0710. 挣打工～了一千块钱　挣 tsəŋ213
0711. 欠～他十块钱　争 tsəŋ53
0712. 算盘　算盘 ʃuan31phan0
0713. 秤统称　秤 tʂhəŋ213
0714. 称用秤～　志 tsʅ213
0715. 赶集　赶会 kan44xuei213
0716. 集市　集 tɕi311
0717. 庙会　庙会 miɔ24xuei213

（三）文化、娱乐

0718. 学校　学校 ɕyɛ31ɕiɔ213
0719. 教室　教室 tɕiɔ24sʅ213
0720. 上学　上学 ʂaŋ24ɕyɛ311
0721. 放学　放学 faŋ24ɕyɛ311
0722. 考试　考试 khɔ44sʅ213
0723. 书包　书包 ʃu44pɔ0

0724. 本子　本本 pən24pən0

0725. 铅笔　铅笔 tɕhian44pi0

0726. 钢笔　钢笔 kaŋ44pi0

0727. 圆珠笔　油笔 øiəu31pi53

0728. 毛笔　毛笔 mɔ31pi53

0729. 墨　墨 mei311

0730. 砚台　砚 øian213

0731. 信一封～　信 ɕin213

0732. 连环画　娃娃书 øua31øua24ʃu53

0733. 捉迷藏　藏猫鼠儿 tɕhiaŋ31ma31xuər0

0734. 跳绳　跳绳 thiɔ24ʂəŋ311

0735. 毽子　毛毽儿 mɔ31tɕiər0

0736. 风筝　风筝 fəŋ44tsəŋ0

0737. 舞狮　耍狮 ʃua44sʅ53

0738. 鞭炮统称　炮 phɔ213

0739. 唱歌　唱歌 tʂhaŋ31kɤ53

0740. 演戏　唱戏 tʂhaŋ24ɕi213

0741. 锣鼓统称　锣鼓家什 luə31ku24tɕia44sʅ0

0742. 二胡　弦弦 ɕian31ɕian24

0743. 笛子　笛 ti311

0744. 划拳　猜拳 tʃhuai44tɕhyan311

0745. 下棋　下棋 ɕia24tɕhi311

0746. 打扑克　打牌 ta44phai311

0747. 打麻将　打牌 ta44phai311

0748. 变魔术　耍把戏 ʃua44pa24ɕi0

0749. 讲故事　说故事 ʃuə53ku24sʅ213

0750. 猜谜语　猜谜儿 tʃhuai44miər0

0751. 玩儿游玩：到城里～　耍 ʃua44

0752. 串门儿　串门 tʃhuan24mən311

0753. 走亲戚　走亲亲 tsəu44tɕhin44tɕhin0

十一、动作、行为

（一）具体动作

0754. 看～电视　看 khan213

0755. 听用耳朵～　听 thiŋ53

0756. 闻嗅：用鼻子～　闻 vən311

0757. 吸～气　吸 ɕi53

0758. 睁～眼　睁 tsəŋ53

0759. 闭～眼　闭 pi213

0760. 眨～眼　挤 tɕi44/闪 ʂan44

0761. 张～嘴　张 tʂaŋ53

0762. 闭～嘴　抿 min311

0763. 咬狗～人　咬 ȵiɔ44

0764. 嚼把肉～碎　嚼 tɕiɔ311

0765. 咽～下去　咽 øian213

0766. 舔人用舌头～　舔 thian44

0767. 含～在嘴里　噙 tɕhin311

0768. 亲嘴　斗嘴 təu31tʃuei44

0769. 吮吸用嘴唇聚拢吸取液体，如吃奶时　咂 tsa53

0770. 吐上声，把果核儿～掉　唾 thuə213

0771. 吐去声，呕吐：喝酒喝～了　吐 thu44

0772. 打喷嚏　打喷嚏 ta44phən31thiɛ0

0773. 拿用手把苹果～过来　挼 lɔ53/荷 xan44

0774. 给他～我一个苹果　给 kei213

0775. 摸～头　摸 mə53

0776. 伸～手　伸 tʂhən53

0777. 挠～痒痒　挖 øua53

0778. 掐用拇指和食指的指甲～皮肉　掐 tɕhia53

0779. 拧～螺丝　扭 ȵiəu44

0780. 拧 ～毛巾　拧 n̠iŋ311

0781. 捻用拇指和食指来回～碎　批 tsʅ44

0782. 掰把橘子～开，把馒头～开
　　　掰 mei53

0783. 剥 ～花生　剥 pə53

0784. 撕把纸～了　扯 tʂhə44

0785. 折把树枝～断　折 tʂə44

0786. 拔 ～萝卜　拔 pa311

0787. 摘 ～花　摘 tsei311

0788. 站站立：～起来　立 li53

0789. 倚斜靠：～在墙上　靠 khɔ213

0790. 蹲 ～下　圪蹴 ku44tɕiəu0

0791. 坐 ～下　坐 tsuə213

0792. 跳青蛙～起来　跳 thiɔ213

0793. 迈跨过高物：从门槛上～过去
　　　□ tɕia311

0794. 踩脚～在牛粪上　踏 tha311

0795. 翘 ～腿　翘 tɕhiɔ213

0796. 弯 ～腰　蜷 tɕhyan53

0797. 挺 ～胸　挺 thiŋ44

0798. 趴 ～着睡　趴 pha311

0799. 爬小孩儿在地上～　爬 pa53

0800. 走慢慢儿～　走 tsəu44

0801. 跑慢慢儿走，别～　跑 phɔ44

0802. 逃逃跑：小偷儿～走了　跑 phɔ44

0803. 追追赶：～小偷儿　撵 n̠ian44

0804. 抓 ～小偷儿　逮 tai311

0805. 抱把小孩儿～在怀里　抱 pɔ213

0806. 背 ～孩子　被 pei53

0807. 搀 ～老人　扶 fu311

0808. 推几个人一起～汽车　搊 tʂhəu53

0809. 摔跌：小孩儿～倒了　跘 pan213

0810. 撞人～到电线杆上　碰 phəŋ213

0811. 挡你～住我了，我看不见　挡 taŋ213

0812. 躲躲藏：他～在床底下　藏 tɕhiaŋ311

0813. 藏藏放，收藏：钱～在枕头下面
　　　藏 tɕhiaŋ311

0814. 放把碗～在桌子上　搁 kə213

0815. 摞把砖～起来　摞 luə213/
　　　码 ma44

0816. 埋 ～在地下　埋 mai311/壅 Øuəŋ53

0817. 盖把茶杯～上　摿 khan44/
　　　盖 kai213

0818. 压用石头～住　压 n̠ia213

0819. 摁用手指按：～图钉　按 ŋan213

0820. 捅用棍子～鸟窝　戳 tʃhuə53

0821. 插把香～到香炉里　插 tsha53

0822. 戳 ～个洞　戳 tʃhuə53

0823. 砍 ～树　砍 khan44

0824. 剁把肉～碎做馅儿　剁 tuə213

0825. 削 ～苹果　削 ɕyɛ53

0826. 裂木板～开了　绽 tsan53

0827. 皱皮～起来　簇 tʃhu53

0828. 腐烂死鱼～了　烂 lan213

0829. 擦用毛巾～手　搌 tsan44

0830. 倒把碗里的剩饭～掉　倒 tɔ213

0831. 扔丢弃：这个东西坏了，～了它　甩
　　　ʃuai44/扔 Øə44/撂 liɔ213

0832. 扔投掷：比一比谁～得远　甩 ʃuai44

0833. 掉掉落，坠落：树上～下一个梨
　　　落 luə53

0834. 滴水～下来　跌 tiɛ53

0835. 丢丢失：钥匙～了　没 mə53

0836. 找寻找：钥匙～到了　找 tsɔ44

0837. 捡 ～到十块钱　捡 tɕian44/拾 ʂʅ311

0838. 提用手把篮子～起来　掂 tia53

595

0839. 挑～担　担 tan53
0840. 扛把锄头～在肩上　掮 tɕhiɛ311
0841. 抬～轿　抬 thai311
0842. 举～旗子　拥 tsəu44
0843. 撑～伞　撑 tshəŋ53
0844. 撬把门～开　撬 ŋɔ213
0845. 挑挑选，选择：你自己～一个
　　　　挑 thiɔ53
0846. 收拾～东西　拾掇 ʂɿ31tuə24
0847. 挽～袖子　缏 pian44
0848. 涮把杯子～一下　涮 ʃuan213
0849. 洗～衣服　洗 ɕi44
0850. 捞～鱼　捞 lɔ311
0851. 拴～牛　拴 ʃuan53
0852. 捆～起来　绑 paŋ44／捆 khuən44
0853. 解～绳子　解 kai44
0854. 挪～桌子　攒 tsan44
0855. 端～碗　端 tuan53
0856. 摔碗～碎了　跘 pan213
0857. 掺～水　掺 tshan53
0858. 烧～柴　烧 ʂɔ53
0859. 拆～房子　拆 tshei53
0860. 转～圈儿　转 tʃuan213
0861. 捶用拳头～　扙 tsaŋ44
0862. 打统称：他～了我一下　打 ta44
0863. 打架动手：两个人在～　打捶
　　　　ta44tʃhuei311
0864. 休息　歇 ɕiɛ53
0865. 打哈欠　打哈欠 ta44xuə44ɕian0
0866. 打瞌睡　丢盹 tiəu53tuən44
0867. 睡他已经～了　睡 ʃuei213
0868. 打呼噜　扯鼾 tʃhə44xan53
0869. 做梦　做梦 tsəu24məŋ213

0870. 起床　起来 tɕhiɛ24lai0
0871. 刷牙　刷牙 ʃua53ɵia311
0872. 洗澡　洗澡 ɕi44tsɔ44

(二) 抽象动作

0873. 想思索：让我～一下　想 ɕiaŋ44
0874. 想想念：我很～他　想 ɕiaŋ44／
　　　　牵心 tɕhian44ɕin0
0875. 打算我～开个店　安顿
　　　　ŋan44tuən0
0876. 记得　记哩 tɕi24li0
0877. 忘记　忘了 ɵuaŋ31lɔ0
0878. 怕害怕：你别～　怕 pha213
0879. 相信我～你　相信 ɕiaŋ53ɕin213
0880. 发愁　愁 tshəu311
0881. 小心过马路要～　小心 ɕiɔ24ɕin0
0882. 喜欢～看电视　爱 ŋai213
0883. 讨厌～这个人　烦 fan311
0884. 舒服凉风吹来很～　舒服 ʃu44fu0
0885. 难受生理的　难受 lan31ʂəu213
0886. 难过心理的　难过 lan31kuə213
0887. 高兴　高兴 kɔ53ɕiŋ213
0888. 生气　怄气 ŋəu24tɕhi213
0889. 责怪　怪 kuai213
0890. 后悔　后悔 xəu31xuei0
0891. 忌妒　眼气 ŋian44tɕhi213
0892. 害羞　羞 ɕiəu53
0893. 丢脸　丢人 tiəu53zən311
0894. 欺负　相欺 ɕiaŋ53tɕhi53
0895. 装～病　装 tʃuaŋ53
0896. 疼～小孩儿　爱 ŋai213
0897. 要我～这个　要 ɵiɔ213
0898. 有我～一个孩子　有 ɵiəu44

0899. 没有他~孩子　没得 mə44ti0
0900. 是我~老师　是 sʅ213
0901. 不是他~老师　不是 pu31sʅ213
0902. 在他~家　在 tsai213
0903. 不在他~家　没在 muə31tsai213
0904. 知道我~这件事　知道 tsʅ44tɔ0/晓得 ɕiɔ24ti0
0905. 不知道我~这件事　知不道 tsʅ44pu0tɔ213/不晓得 pu31ɕiɔ24ti0
0906. 懂我~英语　会 xuei213
0907. 不懂我~英语　不会 pu31xuei213
0908. 会我~开车　会 xuei213
0909. 不会我~开车　不会 pu31xuei213
0910. 认识我~他　认得 zʅən31ti0
0911. 不认识我~他　认不得 zʅən31pu24ti0
0912. 行应答语　得行 tei53ɕiŋ311/得成 tei53tʂheŋ311
0913. 不行应答语　不得行 pu31tei53ɕiŋ311/不得成 pu31tei53tʂheŋ311
0914. 肯~来　愿意 Øyan24Øi213
0915. 应该~去　应当 Øiŋ31taŋ53
0916. 可以~去　得 tei53

（三）言语

0917. 说~话　说 ʃuə53
0918. 话说~　话 xua213
0919. 聊天儿　谝传 phian44tʃhuan311
0920. 叫~他一声儿　叫 tɕiɔ213
0921. 吆喝大声喊　吆喝 Øiɔ44xuɔ0
0922. 哭小孩~　叫唤 tɕiɔ31xuan0
0923. 骂当面~人　嚷 tɕyɛ311
0924. 吵架动嘴：两个人在~　嚷架 tɕyɛ311tɕia213
0925. 骗~人　哄 xuŋ44
0926. 哄~小孩儿　哄 xuŋ44
0927. 撒谎　嘈白 tsɔ53pei311
0928. 吹牛　吹 tʃhuei53
0929. 拍马屁　舔沟 thian44kəu53
0930. 开玩笑　开玩笑 khai53Øuan31ɕiɔ213
0931. 告诉~他　说 ʃuə53
0932. 谢谢致谢语　谢了 ɕiɛ31lɔ0
0933. 对不起致歉语　对不起 tuei31pu0tɕhiɛ44
0934. 再见告别语　下回见 ɕia24xuei0tɕian213

十二、性质、状态

（一）形貌

0935. 大苹果~　大 ta213
0936. 小苹果~　小 ɕiɔ44
0937. 粗绳子~　壮 tʃuaŋ44
0938. 细绳子~　细 ɕi213
0939. 长线~　长 tʂhaŋ311
0940. 短线~　短 tuan44
0941. 长时间~　长 tʂhaŋ311
0942. 短时间~　短 tuan44
0943. 宽路~　宽 khuan53
0944. 宽敞房子~　宽绰 khuan53tʂhɔ0
0945. 窄路~　窄狭 tsei44tɕhia0
0946. 高飞机飞得~　高 kɔ53
0947. 低鸟飞得~　低 ti53
0948. 高他比我~　高 kɔ53
0949. 矮他比我~　低 ti53

597

0950. 远路～ 远 Øyan44
0951. 近路～ 近 tɕin213
0952. 深水～ 深 ʂən53
0953. 浅水～ 浅 tɕhian44
0954. 清水～ 清 tɕhiŋ53
0955. 浑水～ 浑 xuən53
0956. 圆 圆 Øyuan311
0957. 扁 扁 pia44
0958. 方 方 faŋ53
0959. 尖 尖 tɕian53
0960. 平 平 phiŋ311
0961. 肥～肉 肥 fei311
0962. 瘦～肉 瘦 ʂəu213
0963. 肥形容猪等动物 肥 fei311
0964. 胖形容人 胖 paŋ213
0965. 瘦形容人、动物 瘦 ʂəu213
0966. 黑黑板的颜色 黑 xei53
0967. 白雪的颜色 白 pei311
0968. 红国旗的主颜色，统称 红 xuŋ311
0969. 黄国旗上五星的颜色 黄 xuaŋ311
0970. 蓝蓝天的颜色 蓝 lan311
0971. 绿绿叶的颜色 绿 liəu53
0972. 紫紫药水的颜色 紫 tsɿ44
0973. 灰草木灰的颜色 灰 xuei53

（二）状态

0974. 多东西～ 多 tuə53
0975. 少东西～ 少 ʂɔ44
0976. 重担子～ 重 tʃuŋ213
0977. 轻担子～ 轻 tɕhiŋ53
0978. 直线～ 端 tuan53
0979. 陡坡～，楼梯～ 陡 təu44
0980. 弯弯曲：这条路是～的 弯 Øuan53

0981. 歪帽子戴～了 偏 phian53
0982. 厚木板～ 厚 xəu213
0983. 薄木板～ 薄 pə311
0984. 稠稀饭～ 干 kan53
0985. 稀稀饭～ 稀 ɕi53
0986. 密菜种得～ 密 mi53
0987. 稀稀疏：菜种得～ 稀 ɕi53
0988. 亮指光线，明亮 亮 liaŋ213
0989. 黑指光线，完全看不见 黑 xei53
0990. 热天气～ 热 ʐə53
0991. 暖和天气～ 暖和 luan24xuə0
0992. 凉天气～ 凉 liaŋ311
0993. 冷天气～ 冷 ləŋ44
0994. 热水～ 热 ʐə53
0995. 凉水～ 冷 ləŋ44
0996. 干干燥：衣服晒～了 干 kan53
0997. 湿潮湿：衣服淋～了 湿 ʂɿ53
0998. 干净衣服～ 干净 kan44tɕiŋ0
0999. 脏肮脏，不干净，统称：衣服～ 脏 tsɑŋ53
1000. 快锋利：刀子～ 利 li213
1001. 钝刀子～ 钝 tuən213
1002. 快坐车比走路～ 快 khuai213
1003. 慢走路比坐车～ 慢 man213/ 肉 ʐəu213
1004. 早来得～ 早 tsɔ44
1005. 晚来～了 迟 tʃhɿ311
1006. 晚天色～ 黑 xei53
1007. 松捆得～ 松 ʃuŋ53
1008. 紧捆得～ 紧 tɕin44
1009. 容易这道题～ 容易 Øyŋ310i213
1010. 难这道题～ 难 lan311
1011. 新衣服～ 新 ɕin53

1012. 旧衣服～　旧 tɕiəu213
1013. 老人～　老 lɔ44
1014. 年轻人～　年轻 ɲian31tɕhin53
1015. 软糖～　炧 phɑ53
1016. 硬骨头～　硬 ɲiŋ213
1017. 烂肉煮得～　烂 lan213
1018. 煳饭烧～了　焦 tɕiɔ53
1019. 结实家具～　结作 tɕiɛ44tʃuə0
1020. 破衣服～　烂 lan213
1021. 富他家很～　富 fu213
1022. 穷他家很～　穷 tɕhyŋ311
1023. 忙最近很～　忙 mɑŋ311
1024. 闲最近比较～　闲 xan311
1025. 累走路走得很～　累 luei213
1026. 疼摔～了　疼 thəŋ311
1027. 痒皮肤～　咬 ɲiɔ44
1028. 热闹看戏的地方很～　热闹 zə44lɔ0
1029. 熟悉这个地方我很～　熟 ʃu311
1030. 陌生这个地方我很～　生 səŋ53
1031. 味道尝尝～　味 vei213
1032. 气味闻闻～　气气 tɕhi31tɕhi0
1033. 咸菜～　咸 ɕian311
1034. 淡菜～　淡 tan213
1035. 酸　酸 ʃuan53
1036. 甜　甜 thian311
1037. 苦　苦 khu44
1038. 辣　辣 la53
1039. 鲜鱼汤～　鲜 ɕyan53
1040. 香　香 ɕiɑŋ53
1041. 臭　臭 tʂhəu213
1042. 馊饭～　坏 xa53
1043. 腥鱼～　腥 ɕiŋ53

（三）品性

1044. 好人～　好 xɔ44
1045. 坏人～　坏 xuai213
1046. 差东西质量～　撇 phiɛ213
1047. 对账算～了　对 tuei213
1048. 错账算～了　错 tʃhuə213
1049. 漂亮形容年轻女性的长相：她很～　惜 ɕi53
1050. 丑形容人的长相：猪八戒很～　难看 lan31khan213
1051. 勤快　勤 tɕhin311
1052. 懒　懒 lan44
1053. 乖　乖 kuai53
1054. 顽皮　调皮 thiɔ31phi311
1055. 老实　老实 lɔ24ʂʅ0
1056. 傻痴呆　瓜 kua53
1057. 笨蠢　瓜 kua53
1058. 大方不吝啬　大道 ta24tɔ213
1059. 小气吝啬　啬 sei53
1060. 直爽性格～　直 tʂʅ311
1061. 犟脾气～　犟 tɕiɑŋ213

十三、数量

（一）数字

1062. 一～二三四五……，下同　一 Øi53
1063. 二　二 Øə213
1064. 三　三 san53
1065. 四　四 sʅ213
1066. 五　五 Øu44
1067. 六　六 liəu53
1068. 七　七 tɕhi53

1069. 八　八 pa53

1070. 九　九 tɕiəu44

1071. 十　十 ʂʅ311

1072. 二十有无合音　二十无合音 Øə31ʂʅ0

1073. 三十有无合音　三十无合音 san44ʂʅ0

1074. 一百　一百 Øi31pei0

1075. 一千　一千 Øi31tɕhian0

1076. 一万　一万 Øi31van213

1077. 一百零五　一百零五 Øi31pei31liŋ31Øu44

1078. 一百五十　一百五 Øi31pei31Øu44

1079. 第一～，第二　第一 ti31Øi53

1080. 二两重量　二两 Øə31liaŋ44

1081. 几个你有～孩子？　[几个] tɕiɛ24

1082. 俩你们～　两人 liaŋ24ẓən0

1083. 仨你们～　三人 san53ẓən0

1084. 个把　个把 kə31pa0

(二) 量词

1085. 个－～人　块 khuai44

1086. 匹－～马　匹 phi311

1087. 头－～牛　头 thəu311

1088. 头－～猪　头 thəu311

1089. 只－～狗　只 tʂʅ53

1090. 只－～鸡　只 tʂʅ53

1091. 只－～蚊子　只 tʂʅ53

1092. 条－～鱼　条 thiɔ311

1093. 条－～蛇　条 thiɔ311

1094. 张－～嘴　张 tʂaŋ53

1095. 张－～桌子　张 tʂaŋ53

1096. 床－～被子　床 tʃhuaŋ311

1097. 领－～席子　张 tʂaŋ53

1098. 双－～鞋　双 ʃuaŋ53

1099. 把－～刀　把 pa44

1100. 把－～锁　把 pa44

1101. 根－～绳子　根 kən53

1102. 支－～毛笔　支 tsʅ53

1103. 副－～眼镜　副 fu213

1104. 面－～镜子　面 mian213

1105. 块－～香皂　块 khuai44

1106. 辆－～车　辆 liaŋ44

1107. 座－～房子　座 tsuə213

1108. 座－～桥　座 tsuə213

1109. 条－～河　条 thiɔ311

1110. 条－～路　条 thiɔ311

1111. 棵－～树　棵 khə44

1112. 朵－～花　朵 tuə44

1113. 颗－～珠子　颗 khə44

1114. 粒－～米　颗 khə44

1115. 顿－～饭　顿 thuən213

1116. 剂－～中药　付 fu213

1117. 股－～香味　股 ku44

1118. 行－～字　行 xaŋ311

1119. 块－～钱　块 khuai44

1120. 毛角：一～钱　毛 mɔ311

1121. 件－～事情　件 tɕian213

1122. 点儿－～东西　点点 tian24tian0

1123. 些－～东西　些 ɕiɛ44

1124. 下打一～，动量，不是时量　下 xa213

1125. 会儿坐了一～　下 xa213

1126. 顿打一～　顿 tuən213

1127. 阵下了一～雨　阵 tʂən213

1128. 趟去了一～　趟 thaŋ213

600

十四、代词、副词、介词、连词

(一) 代词

1129. 我 ~姓王 我 ŋə44
1130. 你 ~也姓王 你 ȵi44
1131. 您 尊称 你 ȵi44
1132. 他 ~姓张 他 ta44
1133. 我们 不包括听话人：你们别去，~去 我们 ŋə24mən0
1134. 咱们 包括听话人：他们不去，~去吧 咱们 tsa31mən0
1135. 你们 ~去 你们 ȵi24mən0
1136. 他们 ~去 他们 tha24mən0
1137. 大家 ~一起干 大家 ta31tɕia0
1138. 自己 我~做的 自家 tsʅ31tɕia0
1139. 别人 这是~的 人家 ʐən31tɕia24
1140. 我爸 ~今年八十岁 我老 ŋə44lɔ311
1141. 你爸 ~在家吗？ 你老 ȵi44lɔ311
1142. 他爸 ~去世了 他老 tha44lɔ311
1143. 这个 我要~，不要那个 这块 tsʅ31khuai0
1144. 那个 我要这个，不要~ 那块 la31khuai0
1145. 哪个 你要~杯子？ 哪块 la44khuai0
1146. 谁 你找~？ 谁 sei311
1147. 这里 在~，不在那里 这儿 tsə31xər0
1148. 那里 在这里，不在~ 那儿 lə31xər0
1149. 哪里 你到~去？ 哪儿 lə44xər0

1150. 这样 事情是~的，不是那样的 这样 tsə24ɵiaŋ213
1151. 那样 事情是这样的，不是~的 兀样 ɵuə24ɵiaŋ213
1152. 怎样 什么样：你要~的？ 啥样 ʃua24ɵiaŋ213
1153. 这么 ~贵啊？ 这们 tsʅ31mən0
1154. 怎么 这个字~写？ 咋 tsa311
1155. 什么 这个是~字？ 啥 ʃua311
1156. 什么 你找~？ 啥 ʃua311
1157. 为什么 你~不去？ 为啥 ɵuei24ʃua311
1158. 干什么 你在~？ 做啥 tsou24ʃua311
1159. 多少 这个村有~人？ 多 tuə53

(二) 副词

1160. 很 今天~热 很 xən44
1161. 非常 比上条程度深：今天~热 特别 thai44piɛ0
1162. 更 今天比昨天~热 还 xa311
1163. 太 这个东西~贵，买不起 太 thai44
1164. 最 弟兄三个中他~高 最 tʃuei213
1165. 都 大家~来了 都 təu53
1166. 一共 ~多少钱？ 总共 tʃuŋ44kuŋ213
1167. 一起 我和你~去 一路 ɵi31ləu213
1168. 只 我~去过一趟 只 tsʅ311
1169. 刚 这双鞋我穿着~好 刚 tɕiaŋ311
1170. 刚 我~到 刚 tɕiaŋ311
1171. 才 你怎么~来啊？ 才 tshai311
1172. 就 我吃了饭~去 就 tsəu213
1173. 经常 我~去 常 tʂhaŋ311

1174. 又他～来了　可 khə53
1175. 还他～没回家　还 xa311
1176. 再你明天～来　再 tsai213
1177. 也我～去；我～是老师　也 ŋai53
1178. 反正不用急，～还来得及　反正 fan44tʂəŋ213
1179. 没有昨天我～去　没 mə53
1180. 不明天我～去　不 pu53
1181. 别你～去　覅 pɔ311
1182. 甭不用，不必：你～客气　覅 pɔ311
1183. 快天～亮了　就 təu213
1184. 差点儿～摔倒了　争点儿 tsəŋ53tiər0
1185. 宁可～买贵的　情愿 tɕhiŋ31Øyan213
1186. 故意～打破　利巴乎 li31pa24xu0
1187. 随便～弄一下　将就 tɕiɑŋ44tɕiəu0／随便 ʃuei31pian213

1188. 白～跑一趟　白 pei311
1189. 肯定～是他干的　肯定 khən44tiŋ213
1190. 可能～是他干的　恐怕 khuŋ44pha213
1191. 一边～走，～说　旋 ɕyan213

（三）介词、连词

1192. 和我～他都姓王　跟 kən53
1193. 和我昨天～他去城里了　跟 kən53
1194. 对他～我很好　对 tuei213
1195. 往～东走　往 vɑŋ44
1196. 向～他借一本书　问 vən213
1197. 按～他的要求做　照 tʂɔ213
1198. 替～他写信　代 tai213
1199. 如果～忙你就别来了　假如 tɕia44ʐu311
1200. 不管～怎么劝他都不听　不论 pu31lən24

第四章　语法与口头文化

第一节　语法例句

1. 你是哪里人？

    你是哪儿的人？

    ȵi44sʅ31lər31ti0ʐən311？

2. 我是陕西_____人。（说出所在县或市）

    我是陕西城固人。

    ŋɤ44sʅ31ʂan24ɕi0tʂhəŋ31ku24ʐən311.

3. 你今年多大？

    你今年多大了？

    ȵi44tɕin44ȵian0tuə31ta31lɔ0？

4. 我_____岁了。（说出自己的实际年龄）

    我今年六十五了。

    ŋɤ44tɕin44ȵian0liəu31sʅ0 0u24lɔ0.

5. 你叫什么名字？

    你叫啥名？

    ȵi44tɕiɔ24ʃua24miŋ311？

6. 我叫_____。（说出自己的名字）

    我叫刘清华。

    ŋə44tɕiɔ24liəu31tɕhiŋ44xua0.

7. 你家住哪里？

    你家在哪儿？

    ȵi44tɕia53tsai31lər31？

8. 我家住_____。（说出自己居住的地址）

    我家在东原公街下头。

603

ŋə44tɕia53tsai31tuŋ53Øyan31kuŋ0kai52xa31thəu31.

9. 谁呀？我是老三。

    谁呀？我是老三。

    sei31Øa0？ ŋə44sʅ31lɔ44san53.

10. 老四呢？他正在跟一个朋友说着话呢。

    老四啦？他跟一朋友说话哩。

    lɔ44sʅ31la24？ tha44kən53Øiɛ31phəŋ31Øiəu24ʃuə53xua31li24.

11. 他还没有说完吗？

    他没说毕？

    tha44mə31ʃuə53pi311？

12. 还没有。大约再有一会儿就说完了。

    没有。再得一下。

    mə31Øiəu44. tsai31tei31Øi31xa213.

13. 他说马上就走，怎么这半天了还在家里呢？

    他说就走哇，咋个这半天还在屋里？

    tha44ʃuə53tsəu31tsəu24Øua44，tsa31kə31tʂə31pan31thian53xa31tsai31Øu53li0？

14. 你到哪儿去？我到城里去。

    你到哪儿［去呀］？我到城里［去呀］。

    n̠i44tɔ213lər44tɕhia31？ ŋə44tɔ213tʂhəŋ31li24tɕhia31.

15. 在那儿，不在这儿。

    在兀儿，没在这儿。

    tsai24Øuər24，mə31tsai24tʂər24.

16. 不是那么做，是要这么做的。

    覅那样做，这样做。

    pɔ24la24Øiɑŋ24tsəu213，tʂə24Øiɑŋ24tsəu213.

17. 太多了，用不着那么多，只要这么多就够了。

    太多，要不了兀们多，只要这们多。

    thai44tuə53，Øiɔ31pu44liɔ44Øu31mən0tuə53，tsʅ31Øiɔ213tʂʅ31mən44tuə53.

18. 这个大，那个小，这两个哪一个好点呢？

    这块大，兀块小，这两块哪块好？

    tʂʅ31khuai44ta213，Øu31khuai44ɕiɔ44，tʂə44liɑŋ44khuai0la44khuai0xɔ44？

19. 这个比那个好。

    这块赶那块好。

tsə44khuai44kan44la24khuai0xɔ44.

20. 这些房子不如那些房子好。

这些房没兀些房好哇。

tʂə31ɕiɛ0faŋ311mɔ31uə31ɕiɛ0faŋ31xɔ24Øua0.

21. 这句话用_____话怎么说？（填本地地名，本地音）

这话用城固话咋说？

tʂə24xua24Øyŋ31tʂhəŋ31ku24xua31tsa31ʃuə53?

22. 他今年多大岁数？

他今年多大岁数了？

tha44tɕin44ȵian0tuə53ta213ʃuei31ʃu24lɔ0?

23. 大概有三十来岁吧。

有三十几吧。

Øiəu44san44ʂʅ0tɕi24pa0.

24. 这个东西有多重呢？

这东西有多重？

tʂə31tuŋ44ɕi0Øiəu44tuə53tsuŋ213?

25. 有五十斤重呢。

有五十来斤吧。

Øiəu44u24ʂʅ0lai0tɕin44pa0.

26. 拿得动吗？

□得动啊吧？

xan24ti0tuŋ213Øa0pa0?

27. 我拿得动，他拿不动。

我□得动，他□不动。

ŋə44xan31ti0tuŋ213, tha44xan24pu31tuŋ213.

28. 真不轻，重得连我都拿不动了。

有分量哩，我都□不动了。

Øiəu44fən31liɑŋ24li0, ŋə44təu31xan24pu31tuŋ31lɔ24.

29. 你说得很好，你还会说点儿什么呢？

你说得很好，你还要说啥？

ȵi44ʃuə53ti0xən44xɔ44, ȵi44xai31Øiɔ24ʃuə53ʃua31?

30. 我嘴笨，我说不过他。

我嘴笨，说不过他。

ŋə44tsuei44pən213，ʃuə53pu31kuə31tha44.

31. 说了一遍，又说了一遍。

　　说道，又道。

　　ʃuə53tɔ31，Øiəu213tɔ31.

32. 请你再说一遍。

　　麻烦你再说道。

　　ma31fan31ɲi44tsai31ʃuə53tɔ31.

33. 不早了，快去吧！

　　不早了，快去吧！

　　pu31tsɔ24lɔ0，khuai24tɕhi31pa0！

34. 现在还很早呢。等一会儿再去吧。

　　这阵还早哩，等下再去。

　　tʂə24tʂən0xa31tsɔ24li0，təŋ24xa0tsai24tɕhi213.

35. 吃了饭再去好吧？

　　饭吃了再去？

　　fan213tʂʅ44lɔ0tsai24tɕhi213？

36. 慢慢儿地吃啊！不要急嘛！

　　慢慢儿吃！不要急！

　　man213mər24tʂʅ53！pu31Øiɔ24tɕi311！

37. 坐着吃比站着吃好些。

　　坐下吃比站兀儿吃好。

　　tsuə31xa0tʂʅ53pi44tsan24Øuər0tʂʅ53xɔ213.

38. 这个吃得，那个吃不得。

　　这个能吃，兀个吃不得。

　　tʂə31kə0ləŋ31tʂʅ53，Øuə31kə0tʂʅ44pu31ti0.

39. 他吃了饭了，你吃了饭没有呢？

　　他吃了，你吃了吧？

　　tha44tʂʅ44lɔ0，ɲi44tʂʅ44lɔ0pa0？

40. 他去过上海，我没有去过。

　　他去过上海，我没去过。

　　tha44tɕhi31kuə0ʂɑŋ31xai44，ŋə44mə31tɕhi31kuə0.

41. 来闻闻这朵花香不香？

　　来闻下这朵花儿香吧？

lai31vən311xa0tʂə31tuə44xuər53ɕiaŋ53pa0?

42. 香得很，是不是？

　　香得很，是吧？

　　ɕiaŋ53ti0xən44，sɿ213pa0?

43. 给我一本书！

　　给我本书！

　　kei31ŋə24pən0ʃu53!

44. 我实在没有书嘛！

　　我真的没书！

　　ŋə44tʂən44ti0mə31ʃu53!

45. 你告诉他。

　　你给他说。

　　ȵi44kei31tha44ʃuə53.

46. 好好儿地走！不要跑！

　　好好走！不要跑！

　　xɔ44xɔ0tsəu44！pu31ɵiɔ0phɔ44!

47. 小心跌下去爬也爬不上来！

　　招呼落下去爬不上来！

　　tʂ44xu0luə31xa31tɕhi0pha31pu0ʂaŋ31lai0!

48. 医生叫你多睡一睡。

　　大夫叫你多睡下。

　　tai31fu0tɕiɔ31ȵi44tuə53ʃuei213xa0.

49. 吸烟或者喝茶都不可以。

　　吃烟，喝茶，都不得行。

　　thɿ53ɵian53，xuə53tsha311，təu53pu31tei31ɕiŋ311.

50. 烟也好，茶也好，我都不喜欢。

　　烟跟茶，我都不喜欢。

　　ɵian53kən31tsha311，ŋə44təu53pu31ɕi24xuan0.

51. 不管你去不去，反正我是要去的，我非去不可。

　　管你去不去，反正我要去。

　　kuan44ȵi44tɕhi31pu24tɕhi31，fan44tʂəŋ24ŋə44ɵiɔ24tɕhi213.

52. 你是哪一年来的？

　　你哪年来的？

ȵi44la31ȵian0lai31ti0?

53. 我是前年到的北京。

    我前年到北京的。

    ŋə44tɕhi31ȵian0tɔ31pei44tɕiŋ0ti0.

54. 今天开会谁的主席？

    今儿开会谁是主席？

    tɕiər53khai53xuei213sei31sʅ31tʃu44ɕi311?

55. 你得请我的客。

    你得请我。

    ȵi44tei31tɕhiŋ24ŋə0.

56. 这是他的书，那一本是他哥哥的。

    这是他的书，兀本是他哥的。

    tʂə24sʅ31tha24ti0ʃu53，Øuə24pən0sʅ31tha44kə44ti0.

57. 一边走，一边说。

    旋走旋说。

    ɕyan31tsəu44ɕyan31ʃuə53.

58. 看书的看书，看报的看报，写字的写字。

    看书的看书，看报的看报，写字的写字。

    khan31ʃu44ti0khan31ʃu53，khan24pɔ31ti0kan24pɔ213，ɕiɛ44tsʅ213ti0ɕiɛ44tsʅ213.

59. 越走越远，越说越多。

    越走越远，越说越多。

    Øyɛ31tsəu44Øyɛ31Øyan44，Øyɛ31ʃuə31Øyɛ31tuɑ53.

60. 把那个东西拿给我。

    把兀个东西给我。

    pa31Øuə31kə0tuŋ44ɕi0kei31ŋə0.

61. 有些地方把太阳叫日头。

    有些地方把太阳叫日头。

    Øiəu24ɕiɛ0ti31faŋ0pa31thai31Øiɑŋ0tɕiɔ31Øər44thəu0.

62. 您贵姓？我姓王。

    你贵姓？我姓王。

    ȵi44kuei24ɕiŋ213? ŋə44ɕiŋ24Øuɑŋ311.

63. 你姓王，我也姓王，咱们两个人都姓王。

    你姓王，我也姓王，咱们两人都姓王。

ȵi44ɕiŋ24Øuaŋ311，ŋə44Øai31ɕiŋ24Øuaŋ311，tsa31mən0liaŋ24zʅən0təu53ɕiŋ24Øuaŋ311.

64. 你先去吧，我们等一会儿再去。

你先去，我们等下再去。

ȵi44ɕian53tɕhi213，ŋə24mən0təŋ44xa0tsai24tɕhi213.

第二节　北风和太阳

北风跟太阳

有一回，北风跟太阳在那儿争论谁的本事大。争来争去就是分不出高低来。这时候路上来了个走道儿的，他身上穿着件厚大衣。他们俩就说好了，谁能先叫这个走道儿的脱下他的厚大衣，就算谁的本事大。北风就使劲地刮起来了，不过他刮得越是厉害，那个走道儿的把大衣裹得越紧。后来北风没法儿了，只好就算了。过了一会儿，太阳出来了。他火辣辣地一晒，那个走道儿的马上就把那件厚大衣脱下来了。这下儿北风只好承认，他们俩当中还是太阳的本事大。

北风跟太阳

pei44fəŋ0kən53thai31Øiɑŋ0

有回，北风跟太阳在那儿争谁本事大。争来争去，争不出个结果。

Øiəu44xuei311，pei44fəŋ0kən53thai31Øiɑŋ0tsai24lər24tsəŋ53sei31pən24sʅ0ta213. tsəŋ53lai31tsəŋ53tɕhi213，tsəŋ53pu31tʃhu53kə0tɕiɛ31kuə44.

这阵来咾个过路的，穿咾件厚大衣。

tʂə24tʂən0lai31lɔ0kə0kuə24ləu21ti0，tʃhuan44lɔ0tɕian0xəu24ta31Øi0.

他们两个就说好，谁先叫这过路的把厚大衣脱咾了，谁的本事大。

tha44mən0liaŋ24kə0tɕiəu31ʃuə53xɔ44，sei31ɕian53tɕiɔ213tʂə31kuə24ləu21ti0pa31xəu24ta31Øi0thuə44lɔ0，sei31ti0pən24sʅ0ta213.

北风攒劲地吹，结果他吹得劲越大，兀个过路的把大衣裹得更紧。

pei44fəŋ0tsan44tɕin21ti0tʃhuei53，tɕiɛ31kuə44tha44tʃhuei44ti0tɕin213Øyɛ31ta213，Øuə31kə0kuə24ləu21ti0pa31ta31Øi0kuə24ti0Øyɛ31tɕin44.

后来北风没法咾，只得算咾。

xəu31lai0pei44fəŋ0mə31fa44lɔ0，tsʅ31tei31ʃuan31lɔ0.

过咾一阵子，太阳出来咾。

609

kuə31lɔ0Øi31tʂən31ØəØ, thai31ØiɑŋOtʃhu44lai0lɔ0.

火辣辣地晒死人，过路的把厚大衣脱咾。

xuə24la31la0ti0sai213sʅ0ẓən311, kuə24ləu21ti0pa31xəu24ta31Øi0thuə44lɔ0.

这下北风只好认输，比来比去，最后还是日头的本事大。

tʂə24xa0pei44fəŋ0tsʅ31xɔ44ẓən31ʃu53, pi44lai31pi44tɕhi213, tsuei24xəu24xa31sʅ0Øə44thəu0ti0pən24sʅ0ta213.

第三节　口头文化

一、哭长城

奉劝世人孝为本，
焚身难报父母恩，
儿女不把父母敬，
世上你算啥子人。

二、牵牛花

牵牛花，靠南墙，
喇叭开着却没响。
只见蜜蜂钻进去，
嗡嗡嗡嗡接线忙。
蝴蝶翩翩飞过来，
一个跳舞一个唱。
要问蜜蜂唱的啥，
它教蝴蝶酿蜜糖。

三、你养孩子图个啥

上班哩，展业哩，
整天工作忙着哩，
其实也有闲时哩，
却让爸妈干等哩。
买菜哩，打酒哩，
改善生活等儿哩，

早等哩，晚等哩，
儿女在外胡逛哩。
交朋哩，结友哩，
业余时间忙着哩，
跑趟哩，转门哩，
迟迟早早有事哩。
父母在家空守哩，
不知儿女咋想哩，
自己将来也老哩，
咋不回家看看哩。

四、城固流传的徐向前诗

此地风景非凡样，
二龙戏珠在前方，
两山自成太极图，
喜逢湑水贯中央。

听书二维码

汉台区篇	汉台区东关篇	勉县篇
南郑区篇	西乡县篇	略阳县篇
宁强县篇	洋县篇	留坝县篇

佛坪县篇　　　　　　　镇巴县篇　　　　　　　城固县篇

参考文献

城固县地方志编纂委员会编．城固县志［M］．中国大百科全书出版社，1994 年．

佛坪县地方志编纂委员会编．佛坪县志［M］．三秦出版社，1993 年．

郭鹏主编，汉中市人民政府主修，汉中市地方志办公室编纂．汉中地区志［M］．三秦出版社，2005 年．

汉中市地方志编纂委员会编．汉中市志［M］．中共中央党校出版社，1994 年．

柯西钢．汉江上游沿江地区方言语音研究［M］．北京师范大学出版社，2018 年．

柯西钢．汉水流域语言与文化研究［J］．陕西师范大学学报（哲学社会科学版），2018 年第 3 期．

留坝县地方志编纂委员会编．留坝县志［M］．陕西人民出版社，2002 年．

略阳县志编纂委员会编．略阳县志［M］．陕西人民出版社，1992 年．

勉县志编纂委员会编．勉县志［M］．地震出版社，1989 年．

南郑县地方志编纂委员会编．南郑县志［M］．中国人民公安大学出版社，1990 年．

宁强县志编纂委员会编．宁强县志［M］．陕西师范大学出版社，1995 年．

西乡县地方志编纂委员会编．西乡县志［M］．陕西人民出版社，1991 年．

邢向东．论陕南方言的调查研究［J］．西北大学学报（哲学社会科学版），2008 年第 2 期．

邢向东．陕西省的汉语方言［J］．方言，2007 年第 4 期．

洋县地方志编纂委员会编．洋县志［M］．三秦出版社，1996 年．

张崇主编．陕西方言词汇集［M］．西安交通大学出版社，2007 年．

张璐．品读方言：方言的发展接触演变解析研究［M］．吉林出版集团股份有限公司，2019 年．

镇巴县地方志编纂委员会编．镇巴县志［M］．陕西人民出版社，1996 年．

后　　记

　　陕西省语言资源丰富，方言种类繁多，陕北、关中、陕南三地方言内部差异大，情况复杂：陕北地区方言绝大部分属于晋语，方言面貌非常古老，很多方言语音系统中还保留着入声韵和入声调，词汇系统中也有大量古语词，这些都是汉语史研究非常重要的佐证材料；关中地区方言属于中原官话，作为历史上汉民族共同语的重要基础方言，在汉语史上有非常重要的地位，关中地区方言研究是官话方言研究的重要组成部分；陕南地区分布着中原官话、西南官话、江淮官话、赣语等多种方言，格局复杂，各种方言在互相影响、互相渗透中不断变化发展，是研究方言接触和融合的绝佳对象。

　　为了全面调查整理陕西方言，保护传承陕西文化，陕西省档案局于2015年3月启动了陕西方言语音建档工作。这项工作依托档案部门在档案收集、整理、保护方面的优势，以留住乡音乡愁为目标，采取纸笔调查和录音录像的方式，对方言语料进行全面的记录整理。方言语音建档是保存方言、留住记忆乡愁的重要形式，是保护方言非物质文化遗产的重要举措。

　　在方言语音建档工作顺利开展，建档成果日益丰富的同时，陕西省档案局和参与方言语音建档的专家学者们也在考虑如何对方言档案进行开发利用，吸引社会各界对方言资源进行保护开发，培养社会大众的语言资源意识，真正唤起人们对方言土语、对传统文化的重视与热爱。以全省方言语音建档成果为基础，编纂一套具有普及性、可读性和学术研究价值的《陕西方言集成》丛书便成为大家共同的追求和目标。

　　2017年初从美国访学回国不久，教育部长江学者特聘教授、陕西方言语音建档首席专家、陕西师范大学语言资源开发研究中心主任邢向东老师就找我谈话，希望我能负责起《陕西方言集成》丛书的编纂工作。之后，邢老师就丛书编纂体例、读者群体特点、编纂团队人选等问题给我做出了明确指示。在邢老师的指导和支持下，《陕西方言集成》丛书编纂工作逐步开展起来。

　　我们邀请了近十位陕西高校从事方言研究的，有较高学术造诣的年轻学者参加编纂工作。他们大都是陕西人，熟悉陕西方言，绝大部分参加过陕西方言语音建档工作和中国语言资源保护工程，有着非常丰富的听音、审音、记音能力，严谨认真，责任心强。团队组建后，大家首先熟悉各点方言语音档案，并对接下来编纂工作中可能出现的问题进行汇总。8月底，《陕西方言集成》丛书编写启动会暨大纲讨论会召开，陕西省档案局局长王建领、副局长赵万吉，方言学家邢向东、王军虎、黑维强，以及全体编纂人员出席了启动会。会议就《陕西方言集成》丛书的格式体例、内容行文、交稿时间等问题进行了深入讨论。会议指出，《陕西方言集成》丛书是对陕西方言语音档案的再加工和再提高，是对方言语音建档成果水平的进一步升华。团队要对现有材料做出完善，要按统一的格式体例要求加工材料，要撰写方言内部差异、声韵调音值说明、连读变调规律等内容，要听验音频、视频，核对修正音值音类、方言本字，对词汇、语法部分做出适当的补充或修改。

《陕西方言集成》丛书是陕西方言语音建档工作的后期成果，是陕西方言语音档案音频与文字汇总版。丛书用文字、音频（扫二维码即可听）的形式全面记录了陕西方言，对保护陕西地区的方言及以方言为载体的陕西地域文化具有非常重要的意义。丛书对方言档案的归纳整理，一方面将为推广普通话和语言规范化工作服务、为西北地区的文化建设事业服务，另一方面也将为学界提供全新的语料，推动陕西方言研究和汉语方言研究的发展。

陕西方言语音建档工作和《陕西方言集成》丛书是汉语方言地方资源库建设的有益尝试，承载着陕西方言研究者和档案工作者的高度责任感，寄托了热爱方言和地方文化的人们的美好愿望，是保护陕西方言、传承陕西文化卓有成效的形式。正如邢向东老师所说，这是"在做一件大事，一件大好事"。我们因为进行着这样一件"大事"而倍感自豪，也"压力山大"。经过近一年的努力，丛书就要陆续出版了，我们怀着既激动又忐忑的心情期盼着她们的面世。因为水平有限，丛书中难免会留下一些瑕疵，请各位读者多多批评指正。

感谢陕西省档案局王建领局长和诸位领导对陕西方言语音建档工作和《陕西方言集成》丛书编写一如既往的关怀和支持；感谢邢向东老师，他作为陕西方言语音建档首席专家、《陕西方言集成》丛书的编委和审稿人，一直身体力行，有了他的顶层设计和悉心指导，我们的工作才能顺利推进；感谢商务印书馆太原分馆编辑团队对丛书编写和出版付出的努力；感谢王军虎、黑维强等专家对工作提出的意见和建议。最后，感谢我们的编纂团队，正是出于他们对陕西方言、陕西文化的那份热爱、那份执着，我们的《陕西方言集成》丛书才有了一些模样，他们是：

《陕西方言集成》（西安卷）编纂者：咸阳师范学院 王一涛；

《陕西方言集成》（宝鸡卷）编纂者：西安石油大学 徐朋彪；

《陕西方言集成》（咸阳卷）编纂者：咸阳师范学院 张攀；

《陕西方言集成》（铜川杨陵韩城卷）编纂者：西安外国语大学 徐馥琼；

《陕西方言集成》（渭南卷）编纂者：西安石油大学 徐朋彪

渭南师范学院 卜晓梅；

《陕西方言集成》（延安卷）编纂者：西安外国语大学 孙建华；

《陕西方言集成》（榆林卷）编纂者：西安外国语大学 贺雪梅；

《陕西方言集成》（安康卷）编纂者：安康学院 李婷；

《陕西方言集成》（汉中卷）编纂者：陕西师范大学 柯西钢

陕西理工大学 张璐；

《陕西方言集成》（商洛卷）编纂者：商洛学院 赵萍君。

柯西钢

2018 年 6 月